현학과 이학의 학술사상 발전경로에 관한 연구

*本书由 "中华社会科学基金(Chinese Fund for the Humanities and Social Sciences)"
资助(19WZXB026)翻译并出版.
이 도서는 중국 정부의 중화학술번역사업에 선정되어 중국사회과학기금(Chinese Fund for the
Humanities and Social Sciences)의 지원을 받아 번역 출판되었습니다. (19WZXB026)

현학과 이학의 학술사상
발전경로에 관한 연구

지은이 주한민 · 옮긴이 석 견

박이정

[지은이] 주한민(朱漢民)

- 중국 호남소양(湖南邵陽) 출생(1954)
- 중국 호남대학교 교수, 중국 호남대학교 악록서원(岳麓書院) 원장
- 중국 국가 사회과학 기금 사업 심사 전문가, 중국 교육부 역사교습지도위원회 위원
  국제유학연합회(國際儒學聯合會) 이사, 중화주자학회(中華朱子學會) 부회장
  중국 호남성철학학회(湖南省哲學學會) 부회장, 중국 호남성역사학회(湖南省歷史學會)
  부회장 등
- 저서
  『송명이학통론(宋明理學通論)』
  『유가 인문 교육의 심사(儒家人文教育的審思)』
  『충효도덕과 신민정신(忠孝道德與臣民精神)』
  『중화문화통지 · 지육지(中華文化通志 · 智育志)』
  『상학원도록(湘學原道錄)』 등

[옮긴이] 석견(石堅)

- 중국 흑룡강대학교 한국어학과 졸업
  한국 경북대학교 국어국문학과 문학박사
- 중국 산동(山東)대학교 부교수
  한국 경북대학교 방문교수(2019-2020)

현학과 이학의 학술사상 발전경로에 관한 연구

초판 인쇄 2024년 12월 5일
초판 발행 2024년 12월 20일

지은이 주한민 | **옮긴이** 석 견 | **편집장** 권효진 | **편집** 정봉선
펴낸이 박찬익 | **펴낸곳** **박이정**
주소 경기도 하남시 조정대로45 미사센텀비즈 8층 F827호
전화 031-792-1195 **팩스** 02-928-4683
홈페이지 www.pijbook.com **이메일** pijbook@naver.com
등록 2014년 8월 22일 제2020-000029호

ISBN 979-11-5848-975-5 (93110)

값 30,000 원

목 차

서론

서론

세계 역사상 가장 먼저 생겨난 중요한 고대문명들 중에서 오직 중화문명만이 지금까지 유구하고도 끊임없이 독특한 체계를 유지해오고 있다. 그리하여 현대 학술계에서는 점점 더 커다란 공감대를 형성하고 있다.[1]

그렇다면 중화문명은 어떻게 세상에서 유일하게 고대문명을 유구하고도 지속적으로 유지해올 수 있었을까? 이 문제를 대답할 때 사람들은 우선 중국의 3면이 고원이고 한 면이 광활한 바다에 둘러싸인 상대적으로 고립된 지형적 환경, 황하와 장강 유역의 자급자족적인 농업경제, 그리고 고도로 통일되고 오랫동안 유지된 중앙집권적 제국 체제 등을 떠올릴 수 있다. 물론 이런 것은 중화 고대문명이 유구하게 지속될 수 있었던 외재적 조건이다. 그러나 우리는 중화문명이 유구한 역사를 지니며 번영 발전할 수 있었던 내재적 조건과 전승의 맥락에 대해 보다 깊은 관심을 나타낸다. 수천 년 동안 이어진 중국 역사에서 중화민족은 헤아릴 수 없이 많은 자연재해, 환경변화, 사회적 우환, 이민족의 침략을 겪었지만, 중화문명은 완강히 살아남았을 뿐

---

1) 여영시(餘英時)는 "머지 않은 미래에 중국문화는 하나의 유구하고도 독특한 전통을 이루어 궁극적으로 역사학 연구의 기본 설정의 하나가 될 것이다"라고 언급함. ('여영시 작품 시리즈(餘英時作品系列)' 『총서(總序)』참고, 『대진 및 장학성을 논함(論戴震與章學誠)』, 삼련서점(三聯書店), 2005년판, p.6)

만 아니라 역사의 긴 흐름 속에서 끊임없이 변화·발전하여 생명을 지속하고 시공간 속에서 끊임없이 개척·발전하는 문화형태를 이루어 왔다.

특히 문화의 핵심적 지위에 놓여 있는 중국 사상학술의 여러가지 변천과 발전의 형태는 줄곧 역사학자들의 큰 관심을 모아왔다. 선진(先秦) 시기의 제자백가(諸子百家), 양한(兩漢) 시기의 경학(經學), 위진(魏晉) 시기의 현학(玄學), 수당(隋唐) 시기의 불학(佛學), 송명(宋明) 시기의 이학(理學), 청대(淸代)의 고증학 등 파란만장한 문화사조의 변천은 항상 사람들의 끝없는 찬탄과 사고를 불러일으켰다. 특히 문화사조의 변천 원인에 대한 탐구가 이어졌다. 사람들은 문화사조의 변천 원인을 사회형태 및 정치제도의 객관적 조건, 즉 경제, 정치 등 사회환경을 주도하는 외연론(外緣論)에서 탐색하기도 한다. 그러나 일부 학자들은 여기에 만족하지 않고 문화사상을 생명력을 지닌 전통있는 변천과정으로 여기고 사상문화의 내부로부터 그 변화의 원인을 찾자고 주장하기도 한다. 예를 들면, 현대 역사학자 여영시(餘英時)는 이른바 '내재적 논리설(內在理路說)'을 제기했다. 이 두 가지 해석 방법은 모두 그 자체적으로 중요한 학술적 가치를 지닌다. '외연론(外緣論)'은 사상문화의 생성·발전을 일정한 사회·역사적 조건에 놓고 사고함으로써 학술사조의 생성·변천에 대한 객관적 조건을 충분히 해석할 수 있다. 예를 들어, 동주(東周)의 봉건제도의 해체 및 제후들의 패권쟁탈은 제자백가(諸子百家)가 생성한 '외연적 조건'임이 확실하다. 그리고 양한(兩漢) 시기 경학(經學) 시기의 출현은 한대(漢代)의 고도의 중앙집권화 중앙제국 수립과 그 문화정책 등의 '외연적 조건'에 의존한다. '내재적 논리설(內在理路說)'은 사상문화를 하나의 독자적인 생명력을 지닌 존재로 인식하고, 사상문화 자체의 문제에서 출발하여 그 형성·변화 과정의 원인과 법칙을 탐구할 것을 주장하는데, 이 역시 학술사조의 생성·변천에 대한 내재적 조건 및 사상적 맥락을 확실하게 설명할 수 있다. 예를 들어, 우리는 서주(西周)의 왕관문화(王官文化)로부터 유가, 도가, 법가, 묵가, 음양가, 병가, 농가 등 제자백가가 생겨난 학술문화의 근거를 찾을 수 있다. 또한 선진 제자백가들이 모두 자신들의 학설로 천하의 사상 요소를 통일할 수 있기를 희망한 것에서 전한(前漢) 시기의 유가(儒家)만을 존중한다는 독존유술(獨尊儒術)의 출현과 유가 경학(經學)으로 천하의 사상문화를 통일하려 한 원인을 이해할 수도 있다. 그래서 우리는 '사회적 외연론'과 '내재적 논리설'은 상호 배타적 관계가 아님을 이해할 수 있다. 이 두 가지 방법을 결합한다면 중국 사상·문화 발전에 대해 더욱 포괄적이고 합리적으로 이해할 수 있을 것이다.

이 책에서는 현학(玄學)과 이학(理學)의 학술적 맥락 및 사상적 논리를 중점적으로 탐구하고, 특히 주요하게 '내재적 논리'의 해석 방법을 채택하여 현학과 이학의 내재적 연관성에 대해 설명하고 있다. 저자는 사상문화의 생성과 변화 발전하는 '내재적 논리'는 항상 일정한 사회조건 하에서 생겨나는 것이며, 우리가 탐구하는 것은 일종의 사회역사의 '외연적 조건'하에서 변천하고 발전되는 '내재적 논리'라고 생각한다. 그러나 이 책에서는 사상문화 변천의 내재적 논리를 탐구하는 데 중점을 두고 있다. 그 이유는 비록 연구가 전면적이지 못하더라도 내재적 논리에 대한 탐구는 아주 중요한 의미를 지니는 작업이기 때문이다. 특히 우리가 중화문명이 어떻게 하나의 유구하고 독특한 체계를 형성할 수 있었는지에 대해 사고함에 있어서 아주 중요한 학술적 가치를 지니기 때문이다.

저자는 중국 고대 사상학술의 내재적 논리에 대한 탐구는 중국 사상문화의 독특성과 연속성에 대한 사고를 심화시키고, 중국 문화의 영구적인 생명력의 근원에 대한 사고를 심화시킬 것이라고 확신한다. 중국 사상의 전통은 본래 중국인의 자연, 사회, 삶에 대한 독립적인 사고를 구현하고, 자신들만의 독특한 사고 방식과 관점을 형성하여 일종의 독자적인 문제의식과 개념체계를 이루어냈다. 예를 들면, 인성(人性)과 천도(天道), 음양(陰陽)과 오행(五行), 명교(名敎)와 자연, 유위(有爲)와 무위(無爲), 지(知)와 행(行) 등을 기반으로 심오하면서도 실용적인 중국식 학술전통 및 사상체계를 구축하였다. 선진제자(先秦諸子)의 학설에서 알 수 있듯이 중국인의 사유방식 및 가치관념은 이미 형성되어 있었고, 중화문명의 독특한 사상문화적 전통도 형성되어 있었으며, 위에서 언급한 우주 및 삶에 대한 다양한 질문에 대해서도 해답을 주었다. 이후 2천여 년의 기나긴 역사와 서로 다른 사회·역사적 조건 하에서 역대의 사상가, 학자들은 이런 기존의 사상·학술의 맥락을 따라 끊임없이 탐구하여 중국 문화적 배경과 특색을 지닌 학술적 맥락과 사상적 논리를 형성하였다.

중국 전통 학술사상이 지닌 '내재적 논리'는 중국 사상문화의 단계성과 연속성의 통일을 충분히 체현해냈다. 현학과 이학은 두 가지의 매우 다른 학술형태 및 사상체계로 보이지만 좀 더 자세히 살펴보면 양자 사이에 내재적 논리가 존재하고 있음을 알 수 있다. 학계에서는 위진(魏晉) 현학 및 송명(宋明) 이학에 대해 모두 비교적 심층적으로 연구하여 큰 성과를 거두었다. 그러나 학계에서는 현학과 이학의 내재적 논리에 대한 연구를 아직 제대로 다루지 않고 있다. 일찍이 20세기 30년대에 사학자 진인각(陳寅恪)은 현대 철학자 풍우란(馮友蘭)의 『중국철학사』하권에 대한 심사보고서에서 "중국은 진(秦)나라 이후부터 오늘에 이르기까지 그 사상 변천과정이 매우 번잡하고 유구하다. 하지만 요약해 보면 오직 하나의 대사건, 즉 새로운 유학(儒學)이 산생되었고 그것이 전해졌을 뿐이다"[2]라고 지적했다. 이 주장은 사실 선진(先秦) 이후의 위진 현학을 비롯한 오랜 기간의 사상 축적이 이학 사조의 형성에 미친 영향을 지적한 것이다. 1980년대 이후 풍우란은 현학과 이학의 연관성을 더욱 명확히 지적하면서 "도학(道學)의 주제는 '이(理)'를 말하는 것이고, 이는 현학에서 이어 받아온 것이다", "천지만물의 이치를 탐구하는 '궁리진성(窮理盡性)' 측면에서 도학과 현학은 합일을 이루었다", "도가(道家)는 현학을 비판하면서도 현학을 계승했다", "현학을 에둘러 말하면 곧 도학(道學)이다"[3]라고 토로했다. 진인각과 풍우란은 비록 이 문제에 대해 구체적이면서도

---

2) 풍우란(馮友蘭):『중국철학사신편(中國哲學史新編)』제5권, 인민출판사(人民出版社), 1988년판.
3) 『중국철학(中國哲學)』제8집, 삼련서점(三聯書店), 1982년판.

서론 15

상세한 논술은 하지 않았지만 저자에게 연구의 방향을 제시해 주었다. 본 저서에서 펼친 현학과 이학의 내재적 논리에 대한 탐구는 바로 현학과 이학의 서로 다른 학술형태에서 그 내재적 연관성을 찾고자 하는 것이다. 또한 현학과 이학의 내재적 논리에 대한 사례연구를 통해 궁극적으로 "중화문명이 어떻게 유구하고 끊임없이 독특한 체계를 형성할 수 있었는가"하는 것에 대한 이해와 해석을 지향한다.

현학과 이학의 내재적 논리에 관한 연구는 본래 다음과 같은 중요한 문제를 사고하고 해결하는 것을 목적으로 삼고 있다. 즉 현학은 왜 이학으로 전환되었는가, 이학은 어떻게 현학을 흡수·대체하여 학술사상의 주류를 이룰 수 있었는가 하는 문제이다. 현학과 이학의 중요한 공통점은 바로 선진(先秦) 시기의 유가와 도가 두 학설을 회통(會通)함으로써 진한(秦漢) 이후의 중국 학술사상이 융합 발전하는 대추세를 보여주는 것이다. 그러나 현학은 도가를 주체로 삼고 유가를 겸용하였기에 당대 학자들에 의해 '신도가(新道家)'라 불렸고, 이학은 유가를 주체로 도가(불교 포함)를 겸용하였기에 당대 학자들은 '신유가(新儒家)'라 불렀다. 위진남북조 시기에는 명교(名教)를 본위로 하는 한(漢)대 경학으로부터 일종의 개인의 가치를 본위로 삼는 관념이 파생되어 전환됨에 따라 도가의 가치관념과 사유방식으로 경전을 주석하였고(이후 끊임없이 유가의 명교관념, 경세(經世)이념으로 도가 경전을 회통함), 심오함과 추상적 이치를 논하는 담현석리(談玄析理)의 학술 풍격을 가진 현학을 형성하였다. 현학은 유가와 도가의 회통을 통해 당시 사대부들이 보편적으로 지니고 있던 개인의식, 형상사변(形上思辨, 형이상학적인 사고변별) 등 면의 정신적 요구를 충족시키고, 명교를 준수하는 태도를 어느 정도로 유지했기 때문에 위진남북조 시기에 주도적 지위의 학술형태와 사상체계가 될 수 있었다. 하지만 이러한 개인적 가치의식이 주도적이고 도가사상을 주체로 유가를 회통하는 학술사상은 종법(宗法) 명교를 배경으로 하는 전통적인 사회구조 속에서는 지배적인 지위를 유지하기 어려웠다. 전통적인 사회 구조는 명교 질서를 취지로 하는 유학과는 고도의 소화를 이루지만, 개인 가치의식을 지나치게 강조하는 현학은 비록 사대부들의 개인적 심신안정 추구의 욕구는 충족시킬 수 있었으나 명교 준수의 사회적 욕구는 제대로 충족시키지 못했기에 전통사회 구조와 통합되는 주류 의식형태가 되기는 어려웠다. 이처럼 사대부들의 개인적 심신안정을 요지로 하는 현학에서 파생되어 나타난 것이 일종의 개인적 심신안정과 사회적 명교 질서에 대한 욕구를 모두 충족시킬 수 있는 이학이다. 이학은 명교 질서를 중시할 뿐만 아니라 개인 안정을 중요시하였기에 현학을 대신하여 향후 수백 년 동안 의식형태의 주류로 자리잡았다.

이학의 출현은 중국 고대 사상문화 발전의 필연적인 결과라고 단언할 수 있다. 양한 시기의 유학은 '독존(獨尊)'의 문화적 지위를 확립했으며, 유가가 추앙한 강상명교(綱常名敎), 인의도덕(仁義道德)은 전통사회의 국가제도, 의식형태, 사회예속(禮俗)이 되었다. 그러나 유학은 여전히 다양한 방향에서 가해지는 힘의 충격을 받았다. 위진, 당말(唐末), 오대(五代)의 사회 혼란 속에서 명교의 질서가 파괴되고 개인 자아의식이 고양됨에 따라 사회적 명교 질서만 중시하고 개인의식을 외면했던 한나라 시기 경학은 쇠락할 수밖에 없었고, 한나라 시기 유가의 도덕적 설교는 보편적으로 냉대와 질타를 받게 되었다. 더욱 심각한 것은 위진, 수당(隋唐) 시기에 날로 융성하던 외래 불교가 심오한 인생 철학, 정교한 철학적 사변(思辨), 효과적인 수양방법으로 사람들의 사상에 강한 충격을 주기 시작하면서 사회는 더욱 큰 문화적 위기와 정신적 위기에 직면하게 되었다는 점이다. 양송(兩宋) 시기에 흥성한 이학은 당시 직면한 심각한 위기를 타개함으로써 유학의 왕성한 생명력을 되살렸다. 방대하고 완전한 사상체계, 정교하고 심오한 철학적 사변, 개척적이고 혁신적인 학술 분야 등 여러 방면에서 볼 때, 송대 시기 유학이 구축한 이학 사상체계는 확실히 선진(先秦), 한당(漢唐)시기의 유학과는 크게 다르다. 특히 중요한 것은 이학은 사회 명교를 고양함과 동시에 개인의 심신안정을 강조함으로써 이전과는 완전히 다른 기상을 나타내 중국 고대 사상사에서 가장 성숙되고 완벽한 이론형태 및 의식형태로 부상하여 동아시아 유교문명 형성의 기반을 구축했다는 점이다.

그렇다면 송대 시기의 유학은 불교의 도전으로 직면한 문화적 위기를 어떻게 타개하고 유학의 중흥을 이루었을까? 불교가 의식형태의 주도적 지위를 차지하고 있는 유학에 도전할 수 있었던 것은 ①가치적 차원의 개인 안정 ②지식적 차원의 철학 사변 ③생활적 차원의 심신 수양 등 크게 세 가지 방면에서 나타난다. 이것이 바로 우리가 흔히 말하는 도(道)·학(學)·술(術)이다. 송대 시기의 유학자들은 반드시 불교의 도전에 맞서야 했고, 이런 사상적 대응을 통해 전통 유학의 부족함을 보완하며 새로운 시기의 유학의 재건을 이루어야 했다. 구체적으로 말하면 송대 시기의 유학은 주로 두 가지 방식을 통해 불교에 대응하여 유학의 재건을 이루고 완성했다. 첫째, 전통적 자원을 충분히 활용·정비하고, 특히 심신의 안정, 철학적 사변, 수양 공부(工夫) 등 세 방면의 자원으로 불교의 도전에 대응했다. 이렇게 송대 시기의 유학자들이 활용하고 통합한 전통적 자원은 이학체계의 중요한 구성부분이 되었다. 둘째, 전통적 자원이 부족한 상황에서도 불교의 사상적 요소를 수용하여 심신안정, 철학적 사변, 수양 공부 방면에 대한 유학의 부족함을 보완하여 유학의 쇄신을 촉진하였다. 송대 시기의 유학이 상술한 두 가지 경로를 통해 유학의 재건을 이루었다는 점을 부인하는 사람은 아무도 없다. 그러나 이런 중요한 문제에 있어서도 일부 인식 부족과 심지어는 잘못된 인식이 존재한다. 한 방면으로, 일부 청대의 유학자와 근대 학자들은 송대 유학의 불교 학습과 수용을 과장하여 '양유음석(陽儒陰釋, 겉으로는 유가 학설을 언급하면서 뒤에서는 불교사상을 선양하는 것)'이라는 표현으로 송대 유학의 사상적 입장과 학술적 혁신을 지나치게 폄하하였다. 다른 한 방면으로, 일부 학자는 송대 유학의 전통적 자원 활용에 대해서 늘 '도통(道統)'적 차원에서만 이학을 선진 시기 유학의 부활이라고 언급하였고, 송대 유학의 기타 자원의 충분한 활용에 대한 점에 대해서는 언급하지 않거나 적게 언급하였다. 특히 학계에서는 송대 유학의 현학에 대한 수용과 융합에 대해서는 거의 언급하지 않고 있다.

사실 송대 유학이 불교의 도전에 대응해 유학을 재건한 두 가지 방식 중에서 전통적 자원 통합이 차지하는 비중이 불교 수용의 비중보다 훨씬 더 컸다. 그리고 송대 유학은 전통적 자원을 통합할 때 현학에 대한 계승을 매우 중요한 위치에 두었다. 그것은 개인의 안정, 철학적 사변, 심심 수양 등 세 가지 면에서는 선진(先秦), 한당(漢唐) 시기의 유학이 위진 현학에 비할 바가 못되기 때문이다. 현학은 외래 불교학설에 대항할 수 있는 중요한 전통 자원이기 때문에 유학의 재건을 위해 중요한 가치있는 커다란 공헌을 기여하였다. 그럼에도 불구하고 유감스러운 것은 현학과 이학의 이런 내재적 연관성에 대해 지금까지도 학계의 큰 중시를 받지 못해 학술적 성과가 미약하다는 점이다.

본 저서에서는 현학과 이학의 사상적 논리를 그 연구 대상으로 삼고 있으며, 이를 통해 학술적 연구 영역의 부족함을 보완하고자 한다. 이런 탐구는 중화문명이 어떻게 유구하고 독특한 체계를 형성할 수 있었는가에 대해 더욱 깊은 사고를 요구한다. 또 다른 한편으로는 송대 유학이 어떻게 전통 자원을 이용하여 불교에 대응하고 중국 사상문화의 시기적 혁신과 이론적 재건을 실현했는가 하는 문제를 더욱 명확히 이해할 수 있다. 후자는 또한 현시대의 중국이 어떻게 전통적 자원을 충분히 활용하여 서양문화에 대한 대응 문제를 해결하고, 전통 유학 및 중국 전통문화의 현대 재건을 실현할 것인가에 대한 시사점을 제시할 수 있다. 저자는 유구하고 끊임없이 이어져 온 중화문명 체계가 오늘날처럼 다양한 문명의 공존을 주창하는 시기에 현시대 중국인의 손에서 중단되지 않을 것이며 중단되어서도 안된다고 굳게 믿고 있기 때문이다.

제1장

명사풍도(名士風度)에서
성현기상(聖賢氣象)에 이르기까지

중국 고대의 풍부한 인생철학과 이상적 인격에 관한 학설은 궁극적으로 모두 일종의 사대부 정신의 표현이다. 사대부는 중국 고대의 독특한 '학자-관료'의 사회계층으로 사회 관리에 종사하는 동시에 문화 창조에도 종사했기에 독특한 사대부 정신과 이상적 인격을 형성했다.

'명사풍도(名士風度)' 및 '성현기상(聖賢氣象)'은 사대부들이 추구하던 이상적 인격의 두 가지 유형으로 위진(魏晉)시기와 송대(宋代)이라는 서로 다른 역사시기에 형성된 시기적 산물이다. 따라서 양자간에는 매우 명확한 차이가 존재한다. 위진 시기의 명사풍도는 흔히 예법에 얽매이지 않고, 자유 분방한 정서와 호방한 풍류를 즐기고, 술을 마시고 단약(丹藥)을 복용하는 생활방식과 연관되는 반면, 송·명(宋明) 시기의 이학(理學) 학자들이 추구한 성현기상은 민생을 걱정하고 천하를 구제하며, 예교를 준수하고, 심성을 수련하는 인생 추구로 체현된다. 실제 이런 이상적 인격의 두 가지 유형은 모두 '학자-관료' 신분인 사대부의 정신적 추구를 보여준다. 본 저서에서는 이 두 가지 이상적 인격 유형이 형성되는 사회적 조건과 문화 자원, 내재된 메커니즘에 대해 좀 더 심도있게 연구하고 이를 통해 독특한 문화적 특성과 사상 형태, 가치 지향에 대한 내재적 논리와 상호 관련성에 대해 살펴보고자 한다.

제1절 위진 시기 명사풍도 및 이중인격

위진(魏晉) 시기의 명사풍도라는 문화현상은 전한(前漢) 이후 출현한 사대부 정치 현상과 밀접하게 연관되어 있으므로 반드시 사대부 정치로부터 실마리를 풀어나가야 한다.

서주(西周) 봉건제시기에 이미 혈연에 기반한 종법(宗法) 귀족 신분의 사(士, 학자)·대부(大夫, 관리)가 존재했고, 이들은 학문과 지식의 도예(道藝)와 정사(政事)를 겸했었다. 그러나 봉건시기의 사(士)·대부(大夫) 신분을 결정짓는 것은 바로 그들의 혈연관계로, 이는 훗날 제국 시기에 문화지식과 관련된 과거(科擧)제도로 사대부의 신분을 결정짓는 것과는 다르다. 서주의 사·대부 계층은 춘추전국시기에 이르러 해체되면서 정사(政事)와 도예(道藝)의 분리가 현저하게 나타났다. 제국으로 등장한 진(秦)나라 시기에는 이런 분리가 한층 제도화되어 문서 법령과 행정을 전담하는 '문리(文吏)'와 지식 문화를 전문화한 '학사(學士)'의 서로 다른 사회적 역할 분립이 출현했다. 그러나 전한 (前漢) 시기부터 '예치주의' 및 '법치체제'가 병행함에 따라 '유생'과 '문리'가 합치되기 시작했고, 후한(後漢) 후기에 이르러 일종의 '유리 (儒吏)'로 합일된 사회계층이 완전히 형성되었다. 즉, 결과적으로 행정 기능과 문화기능을 겸비한 사대부가 탄생한 것이다.[4] 후한 시기에 완성된 사대부 정치는 중화제국 말기까지 이어져 전통적으로 중국의 사회·정치 구조에서 중요한 위치를 차지해왔고, 역사적으로 깊은 영향력을 남겼다.

'사대부' 계층의 진화 및 형성의 과정에서 이른바 '명사(名士)'에 대한 추앙 현상이 나타났다. '명사'가 유명해지고 추앙받을 수 있었던 것은, 첫째로 그들은 문화지식의 점유자로서 학자의 신분이었기 때문이며, 이는 제국시기 사대부들이 고위층 관료의 신분을 차지할 수 있었던 필수조건이었다. 따라서 양한(兩漢)시기에 대거 출현한 명사들은 정무 주관자들과 민간인들에게 재능, 품성, 학식을 두루 갖춘 선비 및 벼슬을 하지 못한 민간학자들로 비쳐졌다. 『예기·월령·계춘지월(禮記·月令·季春之月)』에는 "사신들을 보내 명사들을 빙문하

---

4) 염보극(閻步克) 『사대부 정치연생사고(士大夫政治演生史稿)』 제1장 제1절 참조, 북경대학출판사(北京大學出版社), 1998년판.

고 현인들을 예로서 맞이하였다"라는 구절이 있다. 그리고 『정현주(鄭玄注)』에서는 "명사는 벼슬에 나가지 않는 현인이다"라고 해석했다. 『공영달소(孔穎達疏)』에 소개된 '명사'에 대한 해석을 살펴보면, "왕은 제후에게 명사를 빙문하도록 권고하고, 현인의 예우로 대하도록 장려했다. 채씨(蔡氏)가 일컫기를, "명사는 그 덕행이 정순하고 학술에 능통하며, 권력에 굴복하지 않는 은둔하여 관직에 있지 않는 자'를 말한다"[5]라고 기록되어 있다. 그러나 '학자-관료' 신분을 한몸에 가지게 된 사대부 계층이 형성된 후한(後漢)시기 이후에 들어서, 사람들이 지칭하는 '명사'는 특별히 벼슬에 나가지 않는 '불사(不仕)'의 신분으로 의식되지 않고, 오히려 사대부 특유의 문화적 풍모, 정신적 기품을 지닌 신분으로 의식되었다. 조정과 민간의 지식집단은 보편적으로 이런 사대부들만의 문화적 풍모와 정신적 기품을 추구했기 때문에, 후한 시기에 명사를 추앙하는 사회적 풍조가 나타났다. 이들 사대부들은 종종 "피차간에 서로를 치켜세우고 찬양하여 천하의 명사"[6]라고 칭했다.

비록 보편적으로 사대부의 정신적 기개에 대한 추앙과 찬양이 이어졌지만, 후한(後漢) 시기 말기와 위진 시기에 이르러 '명사'의 기준에 매우 큰 변화가 생겼다. 후한(後漢)시기의 '당고의 화(黨錮之禍)' 발생 전후로는 기개와 정조 있는 '풍절명사(風節名士)'를 표방했고, '명사'는

---

5) 이학근(李學勤) 주필: 『십삼경주소(十三經注疏)』, 『예기정의(禮記正義)』 권15, 북경대학 출판사(北京大學出版社), 1999년판, p.484.

6) 『후한서(後漢書)』 권97 『당고열전(黨錮列傳)』, 중화서국(中華書局), 1965년판, p.2187.

"백성의 신분으로 분개하고, 출사하지 않은 지식인으로 시정을 종론한다"라는 기치를 세워 적극적으로 도덕적 정치 실천을 주장하고, 부패 정치세력과 감히 맞서 싸우는 기개를 보여주었다. 또한 "정직한 자는 파면·추방되고, 간사한 자와는 의기투합하여 결탁한다"[7]라는 사회분위기 속에서 자신의 숭고한 기개 및 정조, 강직한 품격을 체현했다. 이 시기에 추앙된 명사의 기풍은 외척(外戚)·환관(宦官) 집단과의 투쟁인 후한의 태학생(太學生) 운동과 '당고의 화' 사건을 촉발했다. 위진 시기에 표방된 명사는 "풍류 명사, 백성들의 추앙을 받는 자"[8]로 변모했다. 풍류 명사(風流名士)란 무엇인가? 중국 현대 철학자 모종삼(牟宗三)은 "명사란 깨끗하여 속되지 않는 청아한 기개이다. … 규율이나 법칙에 얽매이지 않기에 '풍(風)'의 기를 지닌다. 소탈하고 활달하며 거침 없기에 '류(流)'로 표현되어 이를 합치면 '풍류(風流)'가 된다. 풍류란 바람처럼 움직이고, 물처럼 흐르며, 낡은 틀에 얽매이지 않고 감정의 흐름에 따라 행하는 것"이라고 해석했다.[9] 위진 시기에 추구한 '풍류명사(風流名士)' 풍조는 바로 이런 소탈하고 활달하며 자신의 감정에 귀의한 정신적 자유와 개성으로 표출되었다. 심지어 유가(儒家)의 예법과 도덕을 거스르는 방종한 행위들마저도 위진 시기 명사 풍도의 상징으로 여겨졌다. 예를 들면, 『세설신어(世說新語)』에서 재

---

7) 『후한서(後漢書)』 권97 『당고열전(黨錮列傳)』, 중화서국(中華書局), 1965년판, p.2187.

8) 『진서(晉書)』 권36 『위개전(衛玠傳)』, 중화서국(中華書局), 2008년판, p.1068.

9) 모종삼(牟宗三): 『재성과 현리(才性與玄理)』, 『위진명사 및 형이상학 명리(魏晉名士及其玄學名理)』, 광서사범대학출판사(廣西師大學出版社), 2006년판, p.58.

왕(載王) 효백(孝伯)은 "명사는 특별한 재주를 필요로 하지 않는다. 늘 하는 일 없이 술 마시고 『이소(离骚)』를 읊조리면 명사라고 할 수 있다"라고 서술했다.[10] 이로부터 아무런 근심과 우려도 하지 않는 무사무려(無思無慮)의 정신적 자유 추구, "술이 황홀한 경지로 이끌어 준다"라고 믿는 자아 방종 등 일련의 행위와 생활 태도가 이미 위진 시기 명사의 상징임을 알 수 있다.

후한 시기의 '풍절명사(風節名士, 풍격있고 절개있는 명사)'에서 위진의 '풍류명사(風流名士)'로 전향되고, 중국 고대의 새로운 인생철학과 이상적 인격으로 대표되는 위진 풍도(風度)의 출현은 중국 고대 사대부들이 지닌 개체 독립적인 이상적 인격의 정형으로 나타났다. 이런 새로운 명사 개념의 탄생과 정착에는 당연히 그에 정합되는 중요한 사회정치와 사상문화적 원인 및 배경이 존재한다.

진·한(秦·漢) 제국시기에는 두 가지 권위가 확립되었다. 하나는 사회정치의 권위로써 대통합의 중앙집권제 하에서 황제가 인간사회에서 갖는 권위를 말한다. 다른 하나는 사상문화의 권위로써 천인감흥(天人感興)의 우주론에 기반한 '백신(百神)의 대군(大君)'이 정신세계에서 갖는 권위를 말한다. 그리고 이 두 권위가 혼연일체가 되어 "천자(天子)만이 하늘의 명령을 받고, 천하는 천자의 명령을 받는다"[11]라는 사상이 나타났다. 이런 역사적 배경 하에서 형성된 한(漢)

---

10) 여가석(餘嘉錫): 『세설신어전소·임탄(世說新語箋疏·任誕)』, 중화서국(中華書局), 2007년판, p.897.

11) 동중서(董仲舒): 『춘추번로(春秋繁露)』 권41 『위인자천(爲人者天)』, 중화서국(中華書局), 1975년판, p.386.

나라 시기 사대부 계층은 사회생활과 정신적 생활의 모든 방면에서 이 두 가지의 최고 권위에 의해 지배당했으며, 개인의 감정과 관련된 모든 생활공간은 심각하게 억제되었다. 따라서 이상적 인격이라는 '명사'도 단지 사회체제와 정신체제의 산물에 불과했다. 오직 독서, 인재 선발을 통해서만 황제 권력 하의 관료체제에 진출할 수 있었던 그들의 사회적 역할, 생명적 가치는 바로 봉건제국의 정치체제를 위해 봉사하는 것과 충성, 효도의 윤리강령 순수로 천신(天神)에 내한 숭배 실현이었다. 따라서 후한시기에 나타난 이런 기개와 정조의 '풍절명사(風節名士)'는 어떠한 자아의미와 생존가치를 추구하기보다는 오로지 군주에 충성하고 나라를 걱정하는 충군우국(忠君憂國)의 죽음을 무릅쓴 투쟁에 집착하게 되었다.

전한·후한 양한(兩漢)시기 사대부의 정치적 의존과 정신적 안주는 그리 오래 유지되지 못했다. 양대 권위가 붕괴되자 사대부들은 심각한 도전에 직면했다. 우선 군주의 권위에 대한 의혹으로 인륜을 가르치는 명교(名教)의 가치관이 무너진 것이다. 후한 후기의 수많은 충군우국의 사대부들은 환관·외척의 조정 관여로 인한 정치적 부패와 기강 문란에 불만을 갖고, 군주에게 기강 진작으로 나라를 구해낼 것을 간언했다. 그러나 그들의 충군우국의 충성심은 군주에게 참담히 묵살될 뿐 아니라, 오히려 잔인한 폭군들에 의해 거듭 박해와 살육을 당했다. 예하면, 환제(桓帝), 영제(靈帝) 때, 수많은 충군 인사들이 황제의 칼 아래에서 처참하게 죽음을 당했다. 이런 피비린내 속에서 사대부들은 굴욕을 금치 못했고, 군주의 권위에 대한 곤혹감과 충성의 가치에 대한 당혹감을 느끼지 않을 수가 없었다. 다음으로는 천인감응(天人感應)에 대한 의구심으로 인해 천신 신앙이 실추되었다. 천인감응의 신학(神學) 체제는 사람들의 정신적 의존은 어느 정도 만족시킬 수 있지만, 얕팍하고 조잡한 신학체계로는 왕충(王充)과 같은 이성적 정신을 지닌 사상가들의 의문과 비판을 견더낼 수 없었다. 더욱이 현실 속의 자연재해와 특이한 자연현상에 있어 천신을 구현한다는 군주의 비효율적이고 비합리적인 대응에 대해 의구심이 강하게 일었다. 따라서 군주의 뜻을 받아 충군애국하는 주체인 사대부들 역시 보편적으로 천신에 대한 실망과 의구심에서 벗어날 수 없었다. 후한 말기부터 위진 초기까지는 사회 불안, 신앙의 붕괴, 가치 상실에 처한 위기의 시기였다. 사대부들은 새로운 가치 관념을 추구했고 새로운 이상적 인격을 지향하기 시작하면서 '풍류명사(風流名士)'라는 이상적 인격이 새로운 시기의 조류와 문화 풍조로 부상했다.

후한 말기의 절개와 의리를 표방했던 절의명사(節義名士)와 비교해서 위진 시기의 풍류명사(風流名士)의 두드러진 특징은 개체 의식의 각성이다. 정시명사(正始名士), 하후현(夏侯玄), 하안(何晏), 왕필(王弼), 죽림명사(竹林名士), 완적(阮籍), 혜강(嵇康) 등 죽림칠현는 물론이고, 중조명사(中朝名士), 비해(裴楷), 악광(樂廣) 등 이들 풍류명사의 공통적인 특징은 개체 생명에 대한 관심과 개체 감정을 극대화로 표출했다는 것이다. 이런 개체 자아의식의 각성은 위진 시기 명사들로 하여금 본격적으로 감성적인 생명 및 자아 존재와 관련된 모든 가치에 관심을 두고 중시하게 했다. 외적인 자태와 용모의 아름다움 추구로

"얼굴에 분을 바르고 치장"하거나 "과장된 옷차림으로 풍류를 방출"하는 등 우아한 자태에서부터 무병장수를 지향하는 복식양성(服食養性)을 행했다. 성생활의 향락을 추구하여 하안(何晏) 등은 지나친 성욕으로 '오석산(五石散)'에 의존하기도 했다. 구구절절 형이상학을 내뱉는 철리적 담론을 숭상하고 민생에 관련한 '일반 속세의 일'은 논하지 않으며, 오로지 노자, 장자, 주역 등 개인의 지적 쾌감과 고결한 신분을 발산할 수 있는 '청언(淸言)'만을 논했다. 뿐만 아니라 산림(山林)에 은거하여 본성에 따른 정신적 자유를 추구하여 "내가 죽은 후 명성을 얻는 것보다는 당장의 술 한잔이 낫다"[12]라는 즉시적인 향락을 즐겼다. 종합하자면, 위진 시기 명사들은 양생, 장수, 미모, 지식, 예술 등과 같은 모든 개인의 육체 및 정신적 생명과 관련된 가치, 정신적 향락 및 육체적 쾌감 등을 추구했다. 사회 도덕적으로 '절개와 의리'는 더 이상 그들이 '명사'로서의 인격 상징이 아니었다. 반대로 자의적 감성의 가치와 관련된 행위들, 즉 단약 복용, 음주, 청담(淸談), 시가(詩歌), 솔성(率性), 방종 등이 오히려 위진 시기 명사들의 인격 상징으로 고착되었다.

위진 시기의 명사는 자신의 독특한 행위와 생활방식으로 완전히 새로운 가치관과 이상적 인격을 표출해 냄으로써 위진 시기 사대부들의 자아 의식, 개체 생명에 대한 각성을 체현해 내었을 뿐만 아니라, 또한 위진 명사들은 철학적 사변, 경전 해석을 통해 이런 새로운 명사

---

12) 『진서(晉書)』 제92권 『장한전(張翰傳)』, 중화서국(中華書局), 2008년판, p.2384

의 풍도를 뒷받침하는 '현학(玄学)'이라는 이론과 학설을 탄생시켰다. 동진(東晉)시기 원굉(袁宏)이 저술한 『명사전(名士傳)』에는 명사를 정시명사(正始名士), 죽림명사(竹林名士), 중조명사(中朝名士), 거기다 그가 몸담고 있었던 동진명사(東晉名士)를 합친 4개의 부류를 분기(分期)별로 소개했다. 이런 명사의 분기(分期)는 바로 현학의 역사적 분기이며, 네 분기에 각각 속하는 명사 집단은 바로 현학 발전의 네 단계가 된다. 위진 시기의 새로운 학문사조로 등장한 현학의 주체자인 명사들은 '현리(玄理)'에 대한 토론에 집중하고, 『역경』, 『도덕경』, 『장자』를 삼현(三玄)이라 숭상하여 사상 자료로 삼았으며, '성정(性情)', '명교와 자연', '유무(有無)', '본말(本末)' 등과 같은 지극히 '심원'하고 '심오'한 주제들을 담론했다. 이런 주제들은 표면적으로는 불가사의한 요지와 이치로 보이지만 실제로는 위진 명사들이 추구했던 일련의 가치관념, 이상적 인격과 직결되어 있다. 현학자의 '유무(有無)', '본말(本末)'에 대한 사변은 겉으로는 우주 본체론의 문제로 비치지만 실제적으로는 이상적 인격의 형이상적 근거에 대한 문제로 관조된다. 이들은 처음에는 개체 생명의 '성정(性情)'에 주목하다가 후에는 형이상적 '유무(有无)', '본말(本末)' 문제로 사고를 전환했다. 그 목적은 한창 무르익고 있는 개인 생명, 이상적 인격의 각성을 위한 형이상적 근거 수립을 위해서였다. 위진 시기 명사 풍모의 가장 뚜렷한 표징은 바로 개인 본연의 솔직하고 타고난 성정이다. 그들은 "사람은 태어나면서 감정을 품고, 그 감정에 의해 욕망이 생기는 것[13]", "삶이 있으면 감정이 있고, 감정을 재는 것은 자연 이치이다[14]", "대개 사람은 오정

(五情)을 가지고 태어나는데, 입으로 오미를 생각하고, 눈으로는 오색을 생각하며, 정욕이 동하면 아내를 취하고 싶고, 배고플 때 음식을 구하는 것이 자연의 이치이다"15) 라고 주장 했다. 위진 시기 명사들은 천성적인 정욕으로부터 본성의 천도(天道)적 근거와 '자연이치(自然之理)'의 우주법칙을 탐구했다. 유소(劉劭)의 저작 〈인물지(人物志)〉에서 "사람의 근본은 감정과 본성에서 나온다. 감정과 본성의 이치는 지극히 미묘하고 은연하어 성인의 명찰이 아니라면 누가 그 뜻을 알겠는가!"16) 라고 언급했듯이, 위진 시기의 현학은 바로 개인의 타고난 천성과 기상에서 출발하여 음양오행(陰陽五行), 원일천도(元一天道)의 자연 우주를 깊이 연구하고 나중에는 새로운 인생가치 및 이상적 인격에 도달하기 위한 철학 본체의 논증을 도출해내는 것이다.

그러나 '사대부'는 어디까지나 '학자-관료'가 합일된 사회계층이다. 위진 시기의 명사들은 단지 사상의 자유를 추구하고 방임적으로 행위한 문인학자였을 뿐만이 아니라 그들 대부분은 조정에서 각종 요직을 맡은 관료였다. 그들은 관료 신분으로서 공명과 이록의 추구자였고, 예법 명교의 신봉자인 동시에 천하를 자신의 이상으로 삼는 이상론자

---

13) 환범(桓範): 『세요론·절욕(世要論·節欲)』, 『위진전서(魏晉全書)』 제1권, 길림문사출판사(吉林文史出版社), 2006년판, p.514.

14) 향수(向秀): 『난양생론(難養生論)』, 『위진전서(魏晉全書)』 제2권, 길림문사출판사(吉林文史出版社), 2006년판, p.552.

15) 향수(向秀): 『난양생론(難養生論)』, 『위진전서(魏晉全書)』 제2권, 길림문사출판사(吉林文史出版社), 2006년판, p.553.

16) 유소(劉劭): 『인물지(人物志)』 상권, 『구정제일(九征第一)』, 중주고적출판사(中州古籍出版社), 2007년판, p.31.

이기도 했다. 따라서 위진 시기 명사는 개체의 가치와 예치(禮治)의 질서, 정신적 자유 및 사회적 책임 간의 균형있는 관계 질서를 유지하기 위한 위진 명사 특유의 이중인격이 형성되었다.

첫째, 고대 사대부는 본래 '학자-관료'의 이중신분을 지녔지만, 이중신분이 필연적으로 이중적 인격을 형성하는 것은 아니다. 전한(前漢) 시기 사대부는 학자로서 경술(經術) 연구와 관료로서 치술(治術) 실행을 온전히 일치화할 수 있었다. 다만 유가(儒家)의 사회적 이상과 현실 정치 사이에 심각한 분열이 일어나거나 또는 유학의 문화사상과 현실 정치를 일치시키지 못하는 경우에 봉착했을 때 사대부들은 '학자-관료'의 이중신분으로서 자연과 명교, 은거와 출사, 정신적 자유와 예의 법도 엄수, 현실생활과 문학표현, 충직함과 세속 물정 등과 같은 양면을 오가는 이중인격을 드러내게 된다. 학자는 항상 자신의 독특한 개성과 자유사상을 표현해야 만이 독자적인 학문을 성취할 수 있기 때문에, 정신적 인격에 있어서 독립적 사고, 자유로운 은둔생활, 천성을 따르는 구속없는 행동, 심오한 청담을 의식적으로 강하게 추구하게 된다. 반면 관료는 사회의 관리자로서 예법 질서와 사회적 구속을 강조하기 때문에 인격상으로 군주에게 충성하고, 조상에게 효도하며, 예절과 의식을 엄수하고 위계질서 조화 등을 추구한다. 위진 시기의 명사들은 상술한 학자와 관료의 신분으로서 추구하는 두 가지 인격을 한 몸에 구현하고자 함에 이른바 '이중적 인격'의 문제가 나타나게 되었다.

명사의 풍도가 성행함에 따라서 일부 위진 사대부 역시 늘 내외

불일치, 정신과 형체가 분리되는 '이중적 인격'을 가지게 되었다. 예를 들어, 출사와 은거 중의 인생길 선택에 있어 그들은 내심 한편으로는 부귀공명을 추구하고 높은 관직, 명성과 권력을 동경하면서, 제세경방(濟世經邦)의 정치활동을 통한 자신의 인생 포부를 펼치길 갈망했다. 다른 한편으로는 세속적 권위, 명교 예법을 업신여기면서 세속 초탈의 생활과 산림 은거의 고요하고 안락한 자유 및 청담을 호사할 수 있는 죽림의 한적함 속에서 고아한 인생의 향락을 동경하기도 했다. 따라서 위진 명사들은 늘 '위궐(魏闕)'과 '강호(江湖)' 사이에서 심적 갈등과 정신적 분열로 가득 차 있었다. 죽림칠현의 향수(向秀)는 줄곧 "밖의 물건은 나의 마음을 달랠 수 없다"라는 은둔 생활과 "부귀함보다 숭고한 것은 없다"라는 명리 추구 속에서 허우적거렸다. 혜강(嵇康) 역시 세상을 구하려는 의지 '유제세지(有濟世志)'와 세상사에 관여하지 않는 '불여세사(不與世事)' 사이에서 어려운 선택을 해야만 했다. 곽상(郭象)은 아예 "성인은 겉으로는 하루 종일 바쁘게 일하는 것 같지만, 속으로는 오히려 아무 것도 하지 않는다"[17]라는 이중적 인격 이론과 "조정에 있든 산림에 은거해 있든 성인의 사회적 책무는 변하지 않고, 천하의 안위와 서민의 행복에 관심을 가져야 한다"[18]라는 이중 인격적 철학을 제기했다.

둘째, 명교(名敎)에서의 정신(神)과 형체(形)의 분리로 인해 생긴

---

17) 『장자집석(莊子集釋)』 권3상, 『대종사주(大宗師注)』, 중화서국(中華書局), 1961년판, p.268.
18) 『장자집석(莊子集釋)』 권1상, 『소요유주(逍遙遊注)』, p.28.

이중적 인격이다. 위진 명사는 모두 명교에 의해 양성된 사대부로서 정신적으로 일찍이 유가(儒家)의 명교를 믿고 의지했다. 그들은 외형 및 행위에 있어서 정신적 자유, 개인의 고양된 가치를 추구하였기에 자신을 구속하는 명교에 대해서 신랄하게 폄하하고 비방하기도 했다. 예하면 그들은 본성에 따른 방종한 행위를 일삼으며 명교를 경멸하고, 단약 복용, 폭음, 청담 등의 예교에 위배되는 행위로 명교에 대한 도전을 나타냈다. 특히 죽림명사(竹林名士)는 격앙된 언행으로 명교에 대한 불만을 토로하고 비판했다. 혜강(嵇康)은 "상(商)의 탕왕과 주 (周)의 무왕을 인정하지 않고, 주공(周公)과 공자(孔子)를 경멸하며", "유가의 각종 윤리의 속박을 초월하여 인간의 자연 본성대로 자유롭게 뻗어나갈 것"을 강렬히 주장했다. 완적(阮籍)은 자신의 어머니의 장례에서 바둑을 두고 술을 마셨으며, 미색을 가진 이웃 아낙네의 옆에 드러눕는 등 방탕한 행위로 예법에 대항하기도 했다. 그러나 다른 한편으로 그들은 마음속으로는 명교를 굳게 지키는 예법정신의 확고한 수호자이기도 했다. 위진 명사는 사대부의 사회적 신분으로 결코 명교를 철저히 부정한 적도 없었고 부정할 수도 없었다. 위진 현학의 주제인 자연과 명교의 사변은 어느 한쪽이 다른 한쪽을 부정하는 것이 아니라, 결국에는 양자 간의 내적관계 증명을 통해 자연에 부합되는 명교의 궁극적 근거를 수립하는 것이다. 명교를 가장 격렬히 비판한 죽림명사들 역시 명교의 신봉자였다. 혜강은 명교를 맹렬히 비판하고 자유분방한 행위로 명교와 맞섰지만, 임종 전 그가 자식에게 남긴 가훈서 『가계(家誡)』에서는 명교의 교훈대로 후손을 훈육

할 것을 유언했다. 이는 그가 내심 깊이 명교의 가치에 대해 공감하고 있음을 보여준다. 완적은 겉으로는 예법에 맞지 않는 행위를 일삼았지만, 속으로는 진심으로 명교 정신의 진정성에 충실했다. 모친에 대한 지극한 효심에 완적은 "모친을 여의고 난 뒤 슬픔에 잠겨 넋이 나간 듯 광기의 상태를 보였다", "술을 서 말 마시고 크게 한번 외친 후, 피를 토하고 숨을 거두었다"라고 전해진다. 중국 근현대 문학가 노신(魯迅)은 위진 시기의 풍류명사(風流名士)들이 겉으로는 명교를 비판하고 부정하였지만, 내심으로는 명교를 굳게 믿었다고 위진 풍도에 대해 논평했다.

위진 시기는 명사 풍도의 굴기와 동시에 일련의 내적 및 외적, 정신과 형체, 유가와 도가 간의 이중적 인격 특징이 사대부 집단에서도 널리 유행하게 되었다. 이런 이중인격의 성행에는 사회역사와 문화적 사고의 상호 연관적 합리성이 존재하지만, 또한 위진 풍도의 인격적 결함도 여실히 반영하고 있다. 이런 인격적 결함은 필연적으로 사회역사와 문화창조에 부정적인 영향을 미치게 된다.

제2절 송·명 시기의 성현기상

당·송 시기에는 중국의 정치사회 구조에 거대한 변혁이 발생했고, 그에 따라 사대부의 가치 관념과 인격이념에도 큰 변화가 일어났다. 위진 시기 이래로 명사의 풍도, 이중인격의 사상과 행위는 신세대 사대부의 비난과 질책을 받았고, 주류 사대부들은 보편적으로 새로운 가치 관념과 이상적 인격을 동경하고 추구했다. 북송 초기부터 사대부들은 소위 '성현기상(聖賢氣象)'으로 표징되는 새로운 인격 개념을 주창했다. 의미적으로 근접하는 '풍도(風度)'와 '기상(氣象)'은 모두 정신 인격의 외적 표현과 표출이지만 '명사(名士)'와 '성현(聖賢)'의 함의는 다르다. 위진 시기의 사대부들도 주공(周公), 공자(孔子) 같은 유가(儒家)의 성인을 추앙했지만, 성인을 자신들이 추구하고 실천하는 인생 목표로는 삼지 않았다. 그들은 단지 본성에 따르는 자유로운 풍류 명사가 되기를 원했다. 이에 반해 송대 사대부들은 유가의 성현을 추앙했을 뿐만 아니라, 사대부마다 '수신제가, 치국평천하(修身齊家, 治國平天下)'의 길을 통해 성현이 되어야 한다고 강조하며 성현의 인격 이상을 평생토록 추구하고 실천하는 것을 인생의 목표로 삼았다.

그렇다면, 송대 유가에서 추구했던 '성현기상(聖賢氣象)'이란 무엇일까?

우선, 송대 유가에 있어 '성현기상'을 지닌 사대부는 반드시 사회를 배려하고, 천하를 근심하며, 세상 만물을 사랑하는 넓은 아량을 품고, 사회의 화합, 국가의 부강 및 천하의 평안을 자신의 소임으로 삼아 나라를 다스리는 경세제민(經世濟民)의 활동에 적극적으로 참여해야 한다. 사회를 배려하고, 천하를 근심하는 마음이 바로 유가의 핵심적 가치이다. 후한(後漢)시기 당고의 화(黨錮之禍) 사건 전후로 사대부 및 태학생(太學生)들은 정의롭고 청정한 정치를 위해 환관·외척의 암흑정치 세력과 맞써 싸웠다. 그들의 '충의명사(忠义名士)'로서의 명예와 절개를 위한 행위는 역사가들로부터 호평을 받았다. 전제적 황제권력의 타격을 받은 위진 사대부들은 개체의 생명가치를 주제로 삼는 풍류명사(風流名士) 및 이상적 인생을 추앙하기 시작하면서 '위궐(魏闕)'과 '강호(江湖)' 사이를 배회하는 마음과 '세상을 구하려는 유제세지(有濟世志)'와 '세상사에 관여하지 않는 불여세사(不與世事)'의 이중적 인격이 형성되었다. 그러다 당나라 말기 및 오대(五代: 후량, 후당, 후진, 후한, 후주) 시기에 들어서 이른바 "윤리도덕 문화기 니날이 흩어짐은 인심을 불안케 하고, 유교 도덕의 기본이 되는 삼강(三綱)과 오륜이 끊이게 되었다".[19] 유가 전통의 가치관과 이상적 인격의 회복문제는 송대 초기의 문화 풍조와 사회적 풍습으로 대두되었다. 게다가 북송 사대부들의 정치적 위상이 현저하게 높아지면서 군주와 함께 천하를 다스리는 '동치천하(同治天下)'의 정치적 주체의식이 확대되었다.[20] 이에 따라서 송대의 사대부들은 보편적으로 "천하를 위해 소임을 다한다"라는 사회적 포부를 지니고, 높은 명예와 절개를 지향하는 충성과 절의의 기개를 품게 되었다. 예하면 『송사(宋史)』에서는 송대 초기 사대부의 풍도에 대해 "사대부의 충성 및 높은 기개는 오대에 이르러 거의 모두 변하게 되었다. … 송대의 진종(眞宗)과 인종(仁宗) 재위 시기에 전석(田錫), 왕우칭(王禹偁), 범중엄(范仲淹), 구양수(歐

19) 『신오대사(新五代史)』 권17 『진가인전(晉家人傳)』, 중화서국(中華書局), 1974년판, p.188.

20) 여영시(餘英時) 『주희의 역사세계: 송대 사대부 정치 문화에 대한 연구(朱熹的歷史世界: 宋代士大夫政治文化研究)』 상편 제3장 참조, 대만윤진문화실업주식유한회사(臺灣允晨文化實業股份有限公司), 2003년판.

陽修), 당개(唐介)를 비롯한 여러 현명하고 재능있는 인재들은 직언으로 조정에 간언했다. 그후로 조정 내외의 벼슬아치들은 고상한 명예와 절의, 정직함과 수치심을 갖고 서로를 숭상하게 되었으며, 오대의 추잡한 풍조를 철저히 해소하게 되었다"[21]라고 서술했다.

남송과 북송 양송(兩宋)시기의 사대부 집단의 천하를 걱정하고, 명예와 절의를 지향하는 사림풍습(士林風習)은 전통적 유가의 이상적 인격의 구현인 성현기상에 대한 그들의 집념적인 추구심을 더욱 촉진시켰다. 송대 사대부들은 초기 유학(儒學)에서 천하를 위해 소임을 다 하는 포부를 품고, 널리 은혜를 베풀어 백성을 구제하여 이상적인 인격의 완성체로 상징되는 요(堯)·순(舜)·문(文)·무(武)·주공(周公) 등 성현을 자아 학습의 이상적인 모범대상으로 삼았다. 송대의 정치가 범중엄(范仲淹)은 천하를 근심하고, 명예와 절의의 풍도를 주창한 선도적 인물로 "정권의 원류(源流)를 언급하고 풍속의 후함과 인색을 논하고, 성현(聖賢)의 업적을 진술하고 문무(文武)의 득실을 논할 것"[22]을 주장했다. 이런 "천하의 우환을 먼저 근심하고, 천하가 안락한 후에 즐긴다"라는 책임 정신은 바로 송대 사대부들이 추앙한 '성현기상'의 핵심적 가치이다. 주희(朱熹)는 범중엄의 포부와 기상에 깊은 감명을 받아 "범공은 도량이 넓고 활달하여 의연히 천하와 나라를 자기의 소임으로 삼는다"라고 높이 찬양했다.[23] 특히 범중엄의

21) 『송사(宋史)』 권446 『충의전(忠義傳)』, 중화서국(中華書局), 1985년판, p.1314.
22) 범중엄(范仲淹): 『주상시무서(奏上時務書)』, 『전송문(全宋文)』 권377 제18권에 기재, 상해사서출판사(上海辭書出版社), 안휘교육출판사(安徽教育出版社), 2006년판, p.211.

권세를 두려워하지 않고, 직언과 대담한 간언으로 여러차례 질책을 받은 행동에서 드러난 정신은 당시 및 후세에 기개와 절의 숭상을 고취시키고, 시국을 구하고 올바른 도리를 행하는 정신 고취에 깊은 영향을 미쳤다. 소식(蘇軾)의 "시국을 구하고 올바른 도리를 행하는 것을 현명하다고 여긴다"라는 정신과 석개(石介)의 "매우 강직하여 절대 굽히지 않는다"라는 품성, 주돈이(周敦頤)의 "넓은 도량"과 장재(張載)의 "백성은 모두 나의 형제 자매이고, 만물과 나는 모두 천지가 낳은 것이다"라는 주장이 그러하다. 북송시기 원우당인(元祐黨人)의 '희생정신'과 남송시기 주자학 탄압사건인 경원당금(慶元黨禁)의 죽음을 무릅쓴 투쟁, 국난 극복의 용기있는 투쟁인 항금(抗金)전쟁과 목숨을 바쳐 의리를 지킨 항원(抗元)에 이르기까지, 이 모두는 바로 양송시기 사대부들이 추구했던 "명예와 절의, 청렴결백의 지조와 부끄러움을 아는 마음"의 기상을 표출한 것이다.

송대 유생들이 '성현기상'을 추구하고 표방하면서 주창한 것이 바로 이런 "천하를 위해 소임을 다하고", "높은 명예와 절의"를 구현하는 인격 정신이었다. 북송의 이정(二程: 정호(程顥)와 정이(程頤) 형제)은 제자들에게 유교 경전 강설에서 공자, 자유(子由)와 안자(顔子) 등이 현실 사회에서 구현한 인간의 본성과 인간가치를 긍정하는 인문적 배려 및 사회와 사람에 대한 도덕적 책임감 정신으로부터 '성현의 기상'을 탐구할 것을 강조하면서 다음과 같이 제기했다.

---

23) 『주자전서(朱子全書)』 제18권, 『주자어류(朱子語類)』 권129, 상해고적출판사(上海古籍出版社), 안휘교육출판사(安徽教育出版社), 2002년판, pp.4022-4023.

무릇 글자를 보는 것은 단지 언어를 이해하는 것만이 아니라, 성현의 기상을 알아야 한다. 공자가 '각자 자신의 포부에 대해 말해보라'고 하자, 자로(子路)는 '저의 마차와 가죽옷을 벗과 함께 쓰게 되면 망가뜨려도 아깝지 않다.'고 했고, 안자(顏子)는 '장점을 자랑하지 않고 자신의 공로를 자랑하지 않도록 한다'고 말했다. 이에 공자 가로되 '노인은 안락을 누릴 수 있도록 하고, 벗은 믿어 주어야 하고, 어린이는 품어주어야 하느니라'고 했다. 이 몇 구절을 통해 성현의 기상이 대체로 다르다는 것을 알 수 있다. 만약 이 글을 읽고 성현의 기상을 보지 못했다면 다른 곳에서도 찾아 보기 힘들 것이다. 학자는 반드시 성현의 기상을 이해해야 한다.[24]

정호(程顥)와 정이(程頤) 형제의 천하의 우환을 자신의 일처럼 생각하고, 도의적 책임을 지는 '성현의 기상'에 대한 추앙은 바로 양송(兩宋) 시기 유가 사대부들이 보편적으로 지향했던 가치관 및 이상적 인격을 직관적으로 나타낸다. 정호는 그의 시 『하산우성(下山偶成)』에서 "입고 있던 옷깃이 속세에 물들지 않은지 오래이고, 가마에 올라 은둔처를 자꾸 되돌아보네. 내가 선비로서 나라를 다스려 백성을 구제하는 경세제민(經世濟民)을 소임으로 여기지 않았다면, 어찌 이 한가롭게 떠도는 구름과 자유롭게 노니는 학의 삶을 포기할 수 있었겠는가"[25] 라고 자신의 심중을 읊었다. 그는 세속을 벗어난 은둔 생활을 매우 동경하는 위진의 명사와는 달리 세속에 얽매여 세상의 번영과 민중의 안정을 도모하는 경세제민을 자신의 사명과 책임으로 여겼다.

---

24) 『이정집(二程集)』, 『하남정씨유서(河南程氏遺書)』 권22상, 중화서국(中華書局), 1981년 판, p.284.

25) 『이정집(二程集)』, 『하남정씨문집(河南程氏文集)』 권3, 『하산우성(下山偶成)』, 중화서국(中華書局), 1981년판, p.476.

그가 표현하고자 했던 것이 바로 인문적 배려, 사회적 도의로 충만한 '성현기상'이었다.

여기서 우리가 주의해야 할 것은 송대 유생들이 추앙한 '성현기상'에는 후한 시기의 '절의 명사' 및 유가의 전통인 세상을 구하고 선한 일을 행하며, 명예와 절의 구현의 사회도덕적 함의가 포함될 뿐 아니라, 동시에 위진 시기 풍류명사(風流名士) 및 노장(老庄)의 도가(道家)에서 추구하는 기리낌 없는 자기민족, 유유자적의 개체 인격 및 초딜 정신도 함께 내포하고 있어 깊이 탐구해 볼 가치가 있다는 점이다.

양송 시기부터 사대부 사이에서는 '공안낙처(孔顔樂處: 공자와 안연의 즐거움의 경지)' 추앙이 성행하기 시작했다. 북송의 정호와 정이 두 형제는 열네댓 살에 이학(理學)의 창시자 주돈이(周敦頤)에게서 가르침을 받았는데, 주돈이는 그들에게 심오한 철리와 경전 해석을 전수하는 대신에 "공자와 안연의 즐거움의 근원 및 어떠한 생활로 즐거워하는가"[26]에 대한 탐구를 가르쳤다. 전해지는 말에 의하면, 훗날에 정호는 "주무숙(周茂叔: 주돈이의 字)을 다시 만난 후 풍월을 읊었는바, '나는 증점(曾點: 증자의 부친)과 같이 하겠노라'"[27]라고 토로했는데, 정호는 스승 주돈이로부터 '공안낙처'의 깊은 의미를 깨달은 것이 분명하다. 『논어』에 따르면, 공자는 "거친 밥을 먹고 물 마시고 팔베개하고 누워도 즐거움이 또한 그 가운데 있나니."[28]라고 자술한 적이

---

26) 『이정집(二程集)』, 『하남정씨유서(河南程氏遺書)』 권2상, p.16.
27) 『이정집(二程集)』, 『하남정씨유서(河南程氏遺書)』 권3, p.53.
28) 『주자전서(朱子全書)』 제6권, 『사서집주(四書集注)』, 『논어집주(論語集注)』 권4, 『술이

있다. 이 외에도 공자는 제자인 안회(顔回)를 가리켜 "안회는 참으로 현자로다! 한 소쿠리의 밥과 한 표주박의 물로 끼니를 때우며, 누추한 작은 집에서 살면서도 남들이 견딜수 없는 가난과 걱정을 그 어떤 흔들림도 없이 즐기고 있으니 안회는 참으로 현자로다!"[29]라고 칭찬했다. 송대 유생들의 입장에서 보자면, 공자와 안자의 "남들은 견딜 수 없는" 힘든 생활에서 느끼는 정신적 행복과 기쁨에는 깊은 사상적 의미와 인생 지도적 의의가 지대했다. 이런 '성현의 안빈낙도(安貧樂道)' 사상은 그들이 깊이 사고하고 본받아야할 점이었다.

공안지락(孔顔之樂)의 깊은 의미는 어디에 있을까? 바로 '성현기상'에서 지향하는 언행이 소탈하고 스스로 만족하는 개체의 정신세계의 일면을 나타내는 데 있다. 성현이 내면적으로 도달한 '물아일체(物我一體)'와 '천인합일(天人合一)'의 정신적 경지가 외형적으로 자유스럽고 호방하며, 여유롭고 즐거움에 만족하는 '성현기상'[30]으로 발현된 것이다. 이런 관점은 정호와 정이 형제가 주돈이에게서 '공안낙처'를 지도받는 과정에서 매우 뚜렷하게 드러난다. 주돈이는 이런 태연하고 스스로 만족하는 유유자적의 인생의 경지를 추구했고 이에 도달한 사람이다. 기록에 의하면, 주돈이의 인성에 대해 "인품이 매우 높고, 마음이 소탈하여 마치 비가 그친 후의 맑은 바람과 밝은 달과 같다."[31]라고

(述而)』, p.124.

29) 『주자전서(朱子全書)』 제6권, 『논어집주(論語集注)』 권3, 『옹야(雍也)』, p.112.

30) 풍우란(馮友蘭):『중국철학사신편』 제5권, 인민출판사(人民出版社), 2008년판, pp.121-123.

31) 황정견(黃庭堅):『염계시(濂溪詩)』, 『전송문(全宋文)』 권2279 제104권에 기재, p.249.

품평했다. 바로 그의 인생 경지가 송대 유생들이 추앙한 '성현기상' 그 자체로 체현된 것이다. 북송의 성리학자 이동(李侗)은 "이 문장은 덕을 갖춘 사람으로 그 기상이 최고임을 형용한 것"[32]이라고 찬탄했다. 그만큼 '공안낙처'와 '성현기상'이 깊은 연관이 있음을 알 수 있다.

사실 유가의 사대부들도 보편적으로 이런 '성현기상'과 '공안낙처'에 대한 사유와 추구를 품고 있었다. 주돈이만이 마음이 맑고 깨끗한 '광풍제월(光風霽月)'의 인품을 가진 것이 아니라 다른 송대 유가 사대부들도 그렇게 고고한 인품을 수양했다. 그들은 모두 유가의 우려와 환난에 대한 의식, 인문적 배려의식을 유지하는 동시에 보편적으로 개인의 정신적 초탈, 마음의 안락을 추구했다. '공안낙처'는 송대 유생들이 매우 열정적으로 탐구 토론하고 애써 추구하던 인생 목표였다. 송학(宋學)의 선도자인 호원(胡瑗)은 태학(太學)에서 강의하면서 '공안낙처'에 대해 매우 심취하여 '안자소호하학론(顏子所好何學論)'을 학생들 시험의 시제로 삼기도 했다. 이정 형제는 주돈이에게서 지도받은 후로 줄곧 공안낙처를 탐구하고 즐거움의 근원처에 관심을 가졌다. 정호는 "자기 자신을 되돌아 보았을 때 진실한 것"에서 최고의 즐거움인 '대락(大樂)'을 찾았는데 바로 맹자가 말한 "세상 만물의 이치가 모두 나에게 갖추어져 있으니 나를 돌아보고 진실되면 그 보다 더한 즐거움은 없다"라고 여겼다[33]. 정이 역시 제자들과 "안자(顏子)가 어찌하여 그 즐거움을 바꾸지 못하느냐?"를 주제삼아 열띤 토론을 벌였

---

32) 『주자전서(朱子全書)』 제13권, 『연평답문(延平答問)』, p.322.
33) 『이정집(二程集)』, 『하남정씨유서(河南程氏遺書)』 권2상, pp.16-17.

다. 그의 제자 선우선(鮮于侁)이 "안자는 도(道)를 지켜 즐긴다"라고 아뢰자, 이에 정이는 "만약 안자가 도를 즐거움으로 여기는 일로써 즐거움을 느낀다면, 이는 안자가 아니니라."[34]라고 일렀다. 남송시기 이학자 장재(張載)가 성리학에 입문할 때에도 역시 '공안낙처'를 근본이념으로 삼았다. 『송사·도학전(宋史·道學傳)』에 의하면, 장재는 어릴 적에 군사에 대해 이야기하기를 좋아했으며, 스물한 살이 되던 해에 서신으로 범중엄(范仲淹)과 교류하였는데, 범중엄은 그가 원대한 포부를 가진 젊은이라는 것을 단번에 알아보고 "유학지사는 인륜의 명분을 밝히는 명교로부터 낙을 느끼거늘, 어찌하여 병사를 논하는가"라고 경계의 일침을 날리며 그에게 『중용(中庸)』을 탐독하길 충고했다. 이처럼 명교로부터 낙을 느낀다는 명교가락(名敎可樂) 역시 장재가 성리학에 심취하여 구축한 도학(道學) 이론의 관건이다. 요컨대, 북송시기 유가 사대부들은 '공안낙처'와 '명교가락'을 지극히 중시했기 때문에, 이 문제는 염계(濂溪)와 주돈이, 정호와 정이, 장재, 주희 등과 같은 저명한 이학자들이 도학을 전수하는 요점이 되었다. 그리하여 현시대의 학자들은 명교가락이 북송 학술의 '문제의식'이며, 이런 문제의식이 바로 '도학의 태동'[35]임을 지적했다.

이로부터 송대 사대부들이 추앙한 '성현기상'은 천하를 위해 걱정하는 심우천하(心憂天下), 세상을 구제하며 하늘의 뜻을 널리 펼치는 구시행도(救時行道)의 구현일 뿐만 아니라, 소탈하고 스스로 만족하는

---

34) 『이정집(二程集)』, 『하남정씨수언(河南程氏粹言)』 권2, p.1237.
35) 노국룡(盧國龍) 『송유미언(宋儒微言)』 참조, 화하출판사(華夏出版社), 2001년판, p.248.

쇄락자득(灑樂自得), 유유자적의 즐거움인 한적안락(閒適安樂)의 정신세계 추구의 일면도 내포되어 있음을 알 수 있다. 당시 유림(儒林)의 수많은 사대부들은 사상문화계에서 이에 대한 의식의 결핍을 자각하고서 쇄락자득과 한적안락의 정신세계 추구에 더욱 중점을 두고서 '성현기상'을 품고 있는지 여부를 가늠하는 중요한 표징으로 삼았다. 송대 사대부들은 항상 『논어』 중의 공자(孔子), 안회(顏回), 증점(曾點) 등 성현들의 '낙(樂)'에 대한 추구에 의지하며, 자신의 자아 영혼세계에서 자유, 자재, 자득(自得), 자락(自樂)에 대한 무한한 동경과 추구를 표현했다. 그들은 모두 시문과 담론을 통해 자신의 정신적 만족에 대한 희락을 토로했으며, 이런 사상적 경지와 심리적 상황은 종종 위진 시기 풍류명사(風流名士)와 매우 유사하게 나타났다. 예하면 다음의 글귀에서 주돈이(周敦頤)의 풍아함을 엿볼 수 있다. "밤에 오동나무에 기대거나 베개 삼으니, 풍월이 마음속에 가득 차고, 혹은 시문을 읊거나 혹은 침묵하며, 혹은 술을 즐기거나 혹은 거문고를 울리느니. 항상 수십개의 황금빛 두루마리의 성현의 서적을 가까이 하여 늘 성현과 허물없이 대화를 나눈 듯하노라."[36] 주돈이의 집 정원에는 초목이 무성하여 창가까지 녹음이 밀려들었고, 그는 그런 가운데 "내 집의 뜻과 같음"을 체현했다. 이런 생활의 즐거움과 풍아한 기상은 바로 그의 자유자재한 마음의 경지를 반영한다. 또 다른 예로, 정호가 지은 시 구절에서 정신적 자유로움의 풍격을 엿볼 수 있다. "머릿속에

---

36) 『주돈이집(周敦頤集)』, 『제염계서당(題濂溪書堂)』, 중화서국(中華書局), 1990년판, p.60.

두 생각이 뒤섞여도 반드시 얻는 바가 있거늘, 내 마음은 곳곳을 유유자적하게 노니누나", "하는 일 없이 한가로움이 찾아와, 잠들어 눈을 뜨면 동창에는 이미 햇빛이 붉게 비쳐오네"[37], "새와 짐승의 울음소리를 조용히 들으면서, 한가로이 달빛을 불러본다"[38]. 정호가 표현한 '한적함', '유유자적'의 정신적 즐거움은 바로 그의 주체의식이 "우주만물과 일체가 되는 몰아의 경지에서 느끼는 무한한 즐거움"[39]에서 공안낙처를 체현한 것이다. 사상가 소옹(邵雍)은 더욱 쾌활하고 초연한 기상을 나타내며, 자신의 학문은 '낙(樂)'을 위해 분발한 것이며, "학문에 즐거움이 있지 않으면 좋은 배움이라고 할 수 없다"라고 강력히 피력했다. 또한 자신의 거처를 '안락와(安樂窩)'라고 이름짓고, 자신의 안락와에서 "안락와에는 아무 일도 없고, 오로지 한 권의 복희서만이 남아 있다", "등잔 촛불 아래 삼천일, 물가의 꽃들 사이에서 이십년을 살았네. 산과 하천에 주인 있어도 권적은 차지하기 어렵고, 바람과 달은 주인이 없으니 다투지 않고 즐기나니. 한가히 읊조린 자는 묻지 마라, 이 공력은 세상에 전해지지 않으리"[40]라고 읊었다. 소옹이 추구한 '관물지락(觀物之樂)', '한정지락(閑靜之樂)'의 경지 역시 "하늘이 호걸을 냈으니 영특함이 세상을 뒤덮고, 한가로이 지금과 옛날을

---

37) 『이정집(二程集)』, 『하남정씨문집(河南程氏文集)』 권3, 『추일우성2수(秋日偶成二首)』, p.482.

38) 『이정집(二程集)』, 『하남정씨문집(河南程氏文集)』 권3, 『화화암(和花庵)』, p.484.

39) 『이정집(二程集)』, 『하남정씨유서(河南程氏遺書)』 권2상, p.33.

40) 소옹(邵雍): 『안락와중음(安樂窩中吟)』, 『사고전서(四庫全書)』 제1101권에 실림, 『격양지(擊壤集)』 권10, p.80.

살펴보고, 술을 마시니 또 다른 세상이 보이네"의 묘사와 같이 활달한 기상을 표현하고 있다. 요컨데 북송 이학자들의 '공안낙처'에 대한 추구와 표방은 매우 독특한 문화현상으로 나타났다.

도학 대가들의 '공안낙처'에 대한 추구의 영향으로 사대부 집단에서는 종종 '낙(樂)'의 경지에 도달 여부를 득도(得道) 실현 여부의 기준으로 삼았다. 송대 유학자인 나대경(羅大經)은 다음과 같이 서술했다.

> 우리들은 도를 배우는 것에 있어 마땅히 교심을 갖고 즐겁게 해야 한다. 옛말에 마음에 근심이 없고, 화를 내지 않으면 즐거움이 생기며, 가장 큰 즐거움이 된다고 했다. 안자(顔子)는 누추한 골목에서 바가지를 긁는 즐거움이 있고, 증점(曾點)은 목욕을 하고 시를 읊는 것에서 즐거움이 생기며, 증삼(曾參)은 팔꿈치가 드러난 남루한 의복을 입으면서 금석같은 노랫소리를 낼 수 있는 낙을 즐겼으며, 주정(周程)은 연꽃을 좋아하고 화초를 감상하며, 풍월을 읊으면서 즐겁게 봄나들이를 즐겼다. 배움은 책 속의 무궁한 즐거움을 체득할 수 있어야만 진정한 수확을 거둘 수 있다. 대개 세상의 모든 성색(聲色)과 기호(嗜好)를 깨끗이 씻어내고, 모든 영욕(榮辱)과 득실을 간파한 다음에야 인생을 자유롭고 즐겁게 살 수 있다[41].

도학자들은 공자와 안회에서 주돈이, 정호, 정이에 이르기까지 이 같은 '마음 속 즐거움'의 인생의 경지를 추구하지 않는 자가 없다고 확신했다. 주돈이, 정이, 정호와 같은 도학가들의 연꽃을 좋아하고 화초를 감상하며, 풍월을 읊으면서 즐기는 인생은 실제로 그들이 도

---

41) 나대경(羅大經): 『학림옥로(鶴林玉露)』 권2, 『사고전서(四庫全書)』 제865권에 기재, p.270.

(道)와 하나가 되는 '여도일체(與道一體)'의 삶의 경지에 이르렀기 때문에 능히 일상생활에서 '성현의 기상'을 체현해 낼 수 있었다. 이런 '낙처(樂處)' 및 '기상(氣象)'은 사대부들이 수양을 거쳐서 개체 자아와 천지만물, 천도천리(天道天理)의 합일체를 구현할 수 있는 최상의 인생 경지였다. 정호도 이런 정신적 경지의 박대함과 숭고함에 대해 다음과 같이 묘사했다. "학자는 마땅히 인(仁)을 우선 알아야 한다. 인(仁)이라는 것은 혼연히 사물과 일체가 되는 것이다… 맹자는 '만물은 모두 나를 위해 갖추어져 있나니'라고 일렀다. 나를 되돌아보아 진실로 인덕을 수양했다면 최고의 즐거움일 것이오, 만약 진실되지 아니하면, 자신과 사물은 여전히 대립된 두개의 세계이니, 너와 나로 남아서 결국에는 일체감을 느낄 수 없을지니 어찌 즐거움을 얻을 수 있겠는가?"42) 그 이후의 도학자들 역시 종종 자아심신과 천리 만물의 합일로부터 '공안낙처'와 '성현기상'을 거론했다.

위에서 언급한 바와 같이 송·명 시기의 '성현기상'은 두 가지 중요한 측면을 포함하고 있음을 알 수 있다. 하나는 사회적 책임, 우환의식과 도의적 마음이고, 다른 하나는 개인의 안락, 자유자재의 안일함과 소탈한 마음이다. 전한(前漢) 이래의 유가 사대부들에게 있어서 이 두 측면은 항상 대립적인 긴장 관계가 존재해 왔다. 후한(後漢) 시기의 명사는 자신의 사회적 책임, 우환의식, 도의적 마음을 실행하기 위해 환관, 외척 정치집단과 사투를 벌이면서 개인의 자존과 안일

---

42) 『이정집(二程集)』, 『하남정씨유서(河南程氏遺書)』 권2상, pp.17-18.

함을 포기했을 뿐 아니라 심지어 자유와 생명까지 포기했다. 반면 위진 시기의 명사는 개인 심신의 자유자재, 안일함과 초탈적인 안거만을 지나치게 추구하고, 인륜의 명분을 밝히는 가르침인 명교에 대한 패역과 방탕한 행위를 일삼았다. 송대 사대부들은 오히려 양자를 결합하여 수용하기를 원했다. 한 방면으로 그들은 유학의 이상적 인격 부흥의 의지를 품고 있었다. "예악(禮樂)이 붕괴되고, 삼강과 오륜의 기강이 무너지는" 위기에 치하자 유가의 윤리 회복을 위해 사대부들에게 "천하를 위해 소임을 다하라"는 원대한 포부를 품고 요(堯)·순(舜)의 제세구민(濟世救民)의 정신을 독려했다. 따라서 송대 사대부들은 줄곧 제민(濟民)의 의지 및 사회배려를 이상적 인격의 핵심 가치로 추종했으며, 불교와 도교, 위진 명사 및 한당(漢唐) 유가의 세상구제와 사회적 배려 등 가치이념 이탈에 대해서 엄중하게 비판했다. 다른 한 방면으로 송대 사대부 집단은 위진 시기에 각성된 생명가치, 독립인격에 대해 깊이 공감하고, 진당(晉唐) 이래 불교와 도교가 지향한 초연한 정신적 경지와 자유자재의 무애한 인생태도를 광범하게 흡수했다. 또한 '공안낙처'와 '명교가락(名教可樂)'을 주장하고 '명교'의 사회적 배려와 '낙(樂)'의 개체 존재의 조화로운 결합을 희망했다. 즉, 모두가 '성현기상'의 이상적 인격을 갖추어 사회적 책임을 부담하는 동시에 개인 심신의 자유를 도모하며, 깊은 우환의식을 가지는 동시에 여유로운 마음가짐을 포기하지 않으며, 도의적 마음을 고수하는 동시에 자유자재의 무애한 마음을 지닐 수 있기를 추구한 것이다. 위진 시기 명사들 역시 일찍이 이같은 결합을 시도 노력한 적이 있었다. 그들은 유가의 '명교'와 도가의 '자연'의 결합을 시도했지만, 결과적으로 명교의 사회적 배려와 개인 심신의 안일 사이에 큰 분열이 초래되면서 풍류명사(風流名士) 보편성의 내외(內外) 불일치와 신형(神形) 분리의 이중적 인격이 생겨났다. 이런 '이중인격'은 유가 사대부들의 이상적 인격의 건강한 발전에 불리할 뿐만 아니라, 특히 사회역사에 심각한 악영향을 미치게 된다.

송·명시기의 유가가 중국 사상학술사에 기여한 가장 큰 공헌은 바로 '성현기상'이 표방하는 사회적 배려와 개인의 안일을 '천도(天道)', '천리(天理)', '태극(太极)', '성실(誠實)'을 궁극적 근거로 삼는 철학 본체론의 토대 위에서 구현했다는 것이다. 명교와 개체 인격의 궁극적인 의거는 모두 위진의 명사들이 거론했던 '무(無)'와 '자연'이 아니라 바로 현실사회와 자아심성에 실재 존재하는 '천도(天道)', '천리(天理)', '태극(太极)'이라는 것이다. 이 당시 사회에 대한 우환, 세상을 다스리는 심경에 대한 가치의 근거는 인간의 본성과 가치의 배려인 인문적 배려일 뿐만 아니라 음양조화와 관련된 우주 정신이기도 했다. 마찬가지로 개체 심신의 안일함, 소탈한 기상의 인도(人道)에 대한 집착 역시 도덕적 신념에 국한하지 않고, 광대한 덕화(德化)를 지배하는 궁극적인 실체인 정신에도 의지했다. 송대 유가는 바로 이런 '천리(天理)', '천도(天道)', '태허(太虛)', '태극(太極)'에 근거하여 '성현기상'에서 추구하는 사회적 배려와 개인의 심신 안일의 일체화를 정립했다.

송·명시기 이학 역사에서 저명한 도학자의 반열에 오른 주요 학자들은 이학 관련 저서의 대표적인 저자들이다. 그들은 거의 모두 우주

본체론의 확립에 있어서 사회적 배려와 개인의 안일을 일체 조화한 '성현기상' 이론의 체계화에 지대한 공헌을 남겼다. 주돈이의 『태극도설(太極圖說)』과 『통서(通書)』, 장재(張載)의 『서명(西銘)』, 정호의 『식인편(識仁篇)』및 『정성서(定性書)』, 정이의 『이천역전(伊川易傳)』, 소옹(邵雍)의 『황극경세서(皇極經世書)』와 『관물내외편(觀物內外篇)』, 주희의 『사서집주(四書集注)』, 왕양명(王陽明)의 『대학문(大學問)』등의 지서들은 비록 태극, 성실, 태허, 천리, 전도, 성(誠) 등 서로 다른 사상적 범주로 우주본체학설을 설명했지만, 모두 사회 명교와 개인의 심신 안일을 일체화하여 사대부들이 동경하고 추구하는 '성현기상'을 위한 확고한 이론적 근거를 제시했다. 여기에서 장재의 『서명(西銘)』을 예를 들어 도학자가 어떻게 우주본체론 학설 토대 위에 성현기상을 정립했는지 살펴보도록 한다. 장재의 『서명(西銘)』은 "진한(秦漢) 이래 학자들이 접하지 못한"[43] 이학의 명작으로 평가되어 이학 각 유파의 대가들로부터 극찬을 받았으며, 유가의 성현기상 추구를 충분히 체현해 냈다. 『서명(西銘)』의 전체 내용은 태허위본(太虛爲本), 천인일기(天人一氣)의 우주본체론을 기반으로 삼는다. 우선, 장재는 명교정치와 예법사회는 태허의 기(氣)를 근간으로 삼는다고 주장하며 아래와 같이 호탕하게 피력했다: "건은 아버지, 곤은 어머니라", "모든 백성은 나의 형제이고, 나는 만물과 더불어 사니, 임금은 내 부모의 종손이요, 대신들은 종손의 가신이로다. 노인을 높이는 것은 나의

---

43) 『이정집(二程集)』, 『하남정씨유서(河南程氏遺書)』 권2상, p.22.

어른을 어른으로 모시는 도리요, 불쌍한 아이를 자애함은 나의 자식을 자식으로 기름이로다". 다음으로 장재는 유가 사대부들의 개체 생명 의식과 정신적 초월, 심적 안일 역시 이같은 태허위본을 근간으로 삼는다고 여기면서 다음과 같이 서술했다: "부귀와 행복과 윤택함은 하늘이 나의 삶을 풍부하게 해주는 것이요, 빈천과 근심 걱정은, 그대를 옥처럼 갈고 연마함으로써 완성시키려는 것이다. 살아서 모든 일을 순리대로 풀어내면, 죽은 다음에도 내가 편안해질 것이니라". 이런 초연하고 소탈하며 자유자재한 본성 역시 천인일기(天人一氣) 관념에 의존하고 있다. 사회 명교와 개체 안일 모두가 태허의 기(氣)를 바탕으로 일체되었기 때문에, 장재의 『서명(西銘)』에서 하늘과 인간의 혼연일체된 웅장한 기세와 일맥상통하는 성현기상을 표현할 수 있었고, "천지를 위해 마음을 세우고, 백성을 위해 함께 지켜나갈 도(道)를 제시하며, 공자와 맹자 등 예전 성현의 단절된 학문을 계승하여, 천하의 후세를 위한 영원한 태평의 근간을 개척한다"라는 정신을 힘써 상구하는 자주적 인격의 풍모를 고스란히 나타내고 있었다.

송대 유생들은 이런 사회적 배려와 개인의 심신 안일을 회동하여 합일한 성현기상을 구축함에 있어 편파적인 경향에 빠지는 것을 경계하고, 일방적인 주장으로 정치적 공리 관습 혹은 도덕적 허무에 빠지는 폐단을 교정하는 데 매우 주의를 기울였다.

이학자들은 '공안지락(孔顏之樂)', '증점기상(曾點氣象)'을 추앙함에 있어 만약에 개인 심신의 자유, 안일, 안정과 평온, 희락만을 지나치게 강조해서 이런 심신의 자유 추구와 사회적 배려, 경세제민 사이에 분열이 생기면 위진 명사와 불교 및 도교의 가치는 허무 속으로 빠지게 되고, 중국 고대 성인인 주공(周公)과 공자(孔子)가 확립한 성인의 학문에 등을 돌리게 되는 것이지 결코 주공와 공자의 가르침인 '성현기상'이 아니라는 사실을 깨닫게 되었다. 주희(朱熹)는 『논어』의 '증점기상'에 대해 해석과 주석을 달 때 항상 개인 심신의 안일과 사회적 배려, 경세제민의 결합에 매우 주의를 기울였다. 그는 "증점기상은 초탈적이고 자유자재한데, 그것이 왜 그린지는 반드시 살펴봐야 한다. 그 뜻을 알면 자연적으로 요(堯)·순(舜)의 덕치의 업적을 이해하고 실행할 수 있을 것이다."[44]라고 언급했다. 주희는 성현의 초탈적이고 자유자재한 무애의 기상은 반드시 윤리 도덕의 천리를 체득하고, 요·순의 덕행 수양을 기본으로 추구해야 하며 그렇지 않으면 불교나 도교와 다를 바 없다고 주장했다. 주희는 일찍이 "증점기상이 장자(庄子)와 같아지고 있다"[45]라는 점에 대해 매우 경계하며 지적했었다. 이는 바로 천리(天理) 체득, 요·순의 덕행 함양과 일체되지 않는 자유 방종한 행위로 유가의 인의(仁義) 가치관이 상실되었기에 "장자(庄子)와 같아진다"라고 지적한 것이다. 따라서 주희는 증점기상을 해석하고 주석할 때에 항상 "증점이 보여준 것은 바로 근본 핵심이다. 멈추지 않고 계속 실행하면 불가능한 것이 없고 그 업적은 요·순이 천하를 다스린 것만큼 될 수 있다."[46]라고 강조했다. 또 다른 한편

---

44) 『주자전서(朱子全書)』 제23권, 『회암선생 주문공문집(晦庵先生朱文公文集)』 권61, 『답구양희손(答歐陽希遜)』, p.2951.

45) 『주자전서(朱子全書)』 제15권, 『주자어류(朱子語類)』 권40, p.1427.

으로, 유가 사대부로서 경세의 업적만을 탐논하고 천리의 근본 핵심을 벗어난다면 아무리 뛰어난 재능으로 정치적 업적을 성취하더라도 정치적 공리의 습성에 빠져서 성현의 기상을 상실하게 된다는 것이다. 주희도 이에 대해서도 논술한 바가 있다. 『주자어류(朱子語類)』에서 "묻기를 '공자 문하의 가르침에서 인(仁)보다 큰 것은 없다. 맹무백(孟武伯)은 자로(子路) 등을 공자가 애중하는 문하생이라 여기고 공자에게 그들이 인에 도달할 수 있냐고 물었다. 자로(子路), 염구(冉求), 자화(子華) 세 제자의 재능을 인정하고, 그 인(仁)을 평가하지 않았다.' 말하길 '무슨 까닭으로 공자는 그들의 재능만을 인정하고 인에 도달하는지는 평가하지 않는가? 이에 답하기를 '세 사람의 재능이 각기 일을 처리할 수는 있는 재주는 있지만, 일을 행할 때 사심없이 할 수 있을지는 모르겠소이다.' 이에 또 이르되 '그런가, 성인은 비록 어느 한 면에는 재능이 있지만, 인을 추구하는 도덕을 수양하지 않으면, 결국에는 비열한 사람일뿐 성현적인 기상은 없다.'"[47]라고 서술했다. 주희는 일처리 능력이 뛰어나고 업적을 성취한 자라 할지라도 만약 도덕적 심성에 공을 들이지 않으면 여전히 성현의 기상이 없는 것이라 주장했다. 그가 강조하는 성현의 기상은 반드시 정치적 업적과 자유로운 기상, 요 · 순의 인덕 수양이 서로 일체되는 기초 위에 구현되어야 한다는 것이다.

---

46) 『주자전서(朱子全書)』 제15권, 『주자어류(朱子語類)』 권40, p.1438.
47) 『주자전서(朱子全書)』 제15권, 『주자어류(朱子語類)』 권28, p.1208.

제3절 명사풍도와 성현기상의 내재적 연관성

위진 시기에 성행한 '명사풍도(名士風度)'와 송·명시기에 추구한 '성현기상(聖賢氣象)'은 모두 중국 문화사에 나타난 찬란한 풍경과도 같다. 그 당시는 물론 후세의 문인학자들에게 추앙받았고, 각기 다른 역사적 조건과 다양한 인생의 기로에서 만난 사대부들에 의해서도 꾸준히 추구되어 왔다. 이는 고대 사대부의 두 가지 인격 이상의 유형이라 할 수 있으며, 양자 간에 명확한 차이가 존재하기 때문에 간략히 분석하고 검토해도 무방하리라 생각한다.

첫 번째로, 명사풍도와 성현기상은 서로 다른 가치체계를 대표한다. 위진 시기의 명사풍도는 명확히 일종의 개체 가치의식을 나타낸다. 위진의 명사들은 보편적으로 개성 지향, 자유 추구, 인생 향락의 가치 취향을 표출했다. 비록 그들 역시 사회 기강, 명교 질서에 대해서 어느 정도로는 긍정했지만, 가치의 우선순위에서 항상 개체 가치가 사회집단의 가치보다 우위를 차지했다. 반면 송명 시기의 성현기상에서 뚜렷하게 표출한 것은 바로 사회집단의 가치의식이다. 송명 시기 사대부들 역시 개인 심신의 안일과 자유자재한 삶의 경지를 추구했지만, 개인의 심신 자유와 안일은 반드시 궁극적으로 천리(天理)를 체득하고 요(堯)·순(舜)의 덕행을 실천하는 토대 위에서 행해져야 한다고 여겼다.

두 번째로 검토할 것은 가치의식과 관련된 것으로 명사풍도와 성현기상이 나타내는 명교 및 자연과의 관계에 대한 사고의 차이이다.

'명교(名教)'는 윤리도덕인 삼강오륜(三綱五倫)의 교화를 말하고, '자연(自然)'은 개인의 본성적인 진솔한 성품을 말한다. 위진 시기의 명사는 보편적으로 '자연'이 '명교'의 토대이고 근본이라고 강조했다. 즉, 개인의 본성적 성품이 바로 '명교' 존재의 근원이며 '명교'의 합리성을 판단하는 기준이라고 강조했다. 이와 달리 송명의 도학자(道學者)들은 삼강오륜 윤리의 '명교'가 인간 본성의 기초이고 근본이라고 여겼다. 또한 '명교' 자체가 '천지지성(天地之性)', '천도(天道)'이고, 개체의 감정 심리를 지배하는 선천적 조건이며, 인간의 감정과 욕구가 합리적인지 여부를 판단하는 기준이라고 주장했다.

세 번째로는, 종교적으로도 유교와 도교의 사상에는 차이가 있다. 위진 및 송명 시기의 사대부들 모두 유교와 도교를 통합하여 하나의 사상 자원으로 삼았으며, 유교와 도교를 상호 보완하는 특징을 나타낸다. 그러나 위진의 명사들은 개인의 가치를 추앙하고 '자연'을 인격의 근본으로 여겼기에 노자와 장자의 도가 학설을 매우 신봉했다. 따라서 "도교를 본체로 삼고, 유교를 응용하는" 방식의 유교와 도교 사상의 상호 보완적 특징이 형성되었다. 반면 송명의 사대부들은 사회집단의 가치를 최상의 가치라는 관념을 고수했기에 명교에 내포된 '성(性)'이 인성의 본질과 기초라고 주장했다. 이들은 공자, 맹자의 초기 유학의 부흥을 강조하여 "유교를 실체로 하고, 도교를 응용하는" 입장에서 유교와 도교의 상호 보완적 사상을 형성했다.

그러나 명사풍도와 성현기상은 결코 단순히 서로 다른 유형의 인격 이상일 뿐만 아니라, 고대 사대부의 인생철학, 인격 이상의 발달과정에서 전후로 연관되는 두 단계이기도 하다. 명사풍도와 성현기상 사이에는 계승발전의 역사적 관계가 뚜렷하게 나타날 뿐만 아니라, 또한 문제의식에 있어서도 깊은 사상적 맥락과 논리적 이치를 내재하고 있다.

아래에서 이 문제에 중점을 두고 진일보한 분석을 해보고자 한다.

1. 사대부의 주체의식

'명사풍도' 및 '성현기상'으로 나타나는 인생철학과 인격 이상의 형성 주체는 모두 중국 역사상 동일한 사회계층과 집단인 즉, '학자-관료'의 이중신분을 지닌 사대부이다. 전통적 중국의 사회정치체계에서 사대부가 감당해야 할 사회적 책임, 직면한 역사적 상황과 인생행로의 선택에는 여러 가지 공통점이 있다. 예하면, 사대부는 모두 문화의 창조 및 전파와 사회정치 관리 책무의 이중적 책임을 감당해야 했고, 전제적 황권과 상호 의존 및 상호 대립의 모순적 관계에 처하기도 했으며, 도(道) 근본의 정치 혹은 군주와 동행하는 정치 사이의 선택, 출사(出仕) 혹은 은거의 인생행로 선택에 직면하기도 했다. 위진과 송명의 사대부들은 비록 '명사풍도'와 '성현기상'이라는 서로 다른 이상적 인격을 추구했지만 여전히 사대부의 인생철학과 이상적 인격의 사상적 논리 맥락과 발전 논리를 심도있게 구현했다.

위진 명사풍도의 사상적 특징 및 평가에 대해서 학술계에서 비교적 오랫동안 인정받아온 견해는 사대부 계층의 사상적 해방 및 인간에 대한 자각이며, 사대부의 개체 자아의식의 각성을 체현했다는 것이다.[48] 이런 점은 후한(後漢)시기의 명사들이 천하를 위한 소임 실행을 고수하고, 정치 투쟁에 적극 참여하며, 도덕적 절개와 의리를 추구하던 가치관념과는 확연히 다른 양상을 띤다. 위진 시기 명사는 개체 생명의 가치에 더욱 치중했다. 그들은 양생과 단약 복용, 산수 유람, 시를 읊조리고, 각종 예술생활을 누리며, 철리 담논에 열중했으며, 이런 관념과 행위는 모두 생명의 의미, 정신적 즐거움, 감성적 쾌락에 대한 개체 자아의식의 각성을 표출한 것이다. 위진 명사들은 감성적 생명의 '형(形)'을 소중히 여김과 동시에 정신적 생명의 '신(神)'을 중시했다. 죽림명사(竹林名士)의 대표적 인물인 혜강(嵇康)의 저서 『양생론(養生論)』에는 바로 이런 개체 자아의식의 각성을 구체적으로 체현하고 있다: "그런 까닭에 군자는 육체보다 정신에 의지하여 설 수 있고 정신은 또 육체를 떠나서 존재할 수 없음을 알고 있다. 또한 양생의 이치가 쉽게 손상될 수 있음을 깨닫고, 한 번의 잘못으로도 생명을 해칠 수 있음을 알고 있다. 따라서 군자는 본성을 닦아서 정신을 보존하고 마음을 편히 하여 육체를 온전하게 유지한다. 애증의 감정이 마음에 깃들지 않게 하고, 근심과 기쁨이 의식에 머물지

---

48) 종백화(宗白華) 『미학산책(美學散步)』 참조, 상해인민출판사(上海人民出版社), 1981년판, pp.208-226; 이택후(李澤厚): 『미의 역정(美的歷程)』제5장, 중국사회과학출판사(中國社會科學出版社), 1984년판; 여영시(餘英時): 『중국 지식인 역사의 고찰(中國知識人之史的考察)』, 『한나라와 진나라 때 사대부들의 새로운 자각과 새로운 사조(漢晉之際士之新自覺與新思潮)』, 광서사범대학출판사(廣西師範大學出版社), 2004년판.

않게 하며, 담담하게 감정의 욕심을 해소하여 육체의 기운이 평온하도록 한다. 또 숨을 들어 마시고 내뱉는 호흡과 단약을 섭취하여 육체를 양생하고, 육체와 정신을 서로 친밀하게 하면 육신의 안팎을 모두 보완할 수 있게 된다."[49] 혜강의 문장 전체를 통해서 위진 명사들의 개인의 육체 및 정신 생명에 대한 애착을 엿볼 수 있다. 이것이 바로 양한(兩漢) 시기에서는 보기 힘들었던 사대부의 자아 주체의식의 각성이다.

이에 비해 송명 시기 사대부는 '성현기상'의 인격 이상을 추구했고 이는 사대부 집단의 가치의식의 고양을 보여준다. 이런 이상적인 인격은 천하를 위해 소임을 다한다는 주체의식의 정신적 발로이다. 이 같은 '성현기상'은 현대 역사학자 여영시(余英時)가 말한 바와 같이 "송명 시기 유생들은 후한 시기 사대부의 정신과 뜻이 사뭇 부합한다"[50]라는 의미를 명확히 체현하고 있다. 그러나 조금 더 깊이 고찰해 보면 송대 유생들이 추앙한 '성현기상'에도 마찬가지로 위진 명사풍도에 담긴 개성화된 주체의식의 함의가 내포되고 여실히 체현되어 있음을 알 수 있다. 만약에 후한시기 명사는 집단의 가치의식 정신을 체현한 것이고, 위진 시기 명사들이 추구한 것은 개인의 가치의식이라 한다면, 송명 시기 사대부들이 추앙한 '성현기상'은 바로 집단 가치의식과 개체 가치의식의 이중적인 추구라고 말할 수 있다. 송명 시기

---

49) 혜강(嵇康): 『양생론(養生論)』, 『위진전서(魏晉全書)』 제2권에 기록, p.440.
50) 여영시(餘英時): 『중국 지식인의 역사 고찰(中國知識人之史的考察)』, 광서사범대학출판사(廣西師範大學出版社), 2004년판, p.310.

사대부의 언행에서 '성현기상'과 관련된 개체 자아의식에 대한 심오한 표현들이 상당히 많이 나타난다. 만약에 위진 명사의 개체생명, 자아의식에 대한 각성의 추구가 없었다면, 송명 사대부의 '성현기상'과 관련된 이상적인 인격에 대한 독특한 추구와 포괄적인 체현도 없었을 것이다. 따라서 우리는 왜 사대부들이 '성현기상'을 추구함에 있어서 위진의 풍도와 매우 부합되고 일치하는 부분이 많은 지를 이해할 수 있다.

이와 같이 사대부의 주체의식에 입각하여 고찰해 보자면, 송명 시기의 성현기상은 사대부의 집단적 가치의식의 각성을 내포하고 구현한 것일 뿐만 아니라, 그들의 천하를 걱정하는 인문사회적인 배려, 세상을 다스리며 백성을 구제하는 경세제민의 사회적 책임까지도 나타냈으며, 이와 동시에 사대부의 개체적 가치의식을 더불어 수용함으로써 개체의 심적 쾌락 추구와 자아정신의 안정에 대한 관심을 나타내고 있음을 알 수 있다. 만약에 송명 시기의 '성현기상' 추종에서 오로지 집단적 가치의식만 추구되었다거나 혹은 개인적 가치의식만이 포함되었다면, 한나라 및 위나라 시기의 사대부 정신과 별반 차이가 없어서 사대부의 정신적 인격의 풍부한 발전과 역사적 진보를 구현해 내지 못했을 것이다. 이는 바로 '성현기상'이 상술한 두 가지 측면을 모두 포괄하고 있기 때문에, 위진 명사풍도와 연관된 정신적 맥락과 내재된 논리적 관계가 증명될 수 있는 것이다.

2. 명교가락(名敎可樂)에 관한 문제

사대부의 인생철학과 이상적 인격의 형성 과정에서 명교가락(名敎可樂) 역시 간과할 수 없는 문제이다. 유가의 윤리도덕 강상인 '명교(名敎)'는 집단 생존의 사회적 윤리도덕, 사회질서와 연관되고, '낙(樂)'은 개체 존재의 생명의식과 인생의 의미와 연관된다. 그렇다면 이 둘은 현실에서 과연 어떤 관계일까? 역대 사대부들은 각자가 처한 역사적 조건, 사회적 상황에서 모두 명교와 낙 사이의 긴장관계를 감지할 수 있었다. 하지만 이들은 사회의 관리자로서나 문화의 창조자로서나 모두 명교와 낙을 통합해 이론적·실천적으로 '명교가락'의 문제를 입증하려 했다.

'명교'와 '낙'을 연관시키는 '문제의식'은 위진 시기 '명사'에서 비롯되었다. 위진 명사의 "명교는 자연에서 나온다", "명교는 바로 자연이다"라는 사상적 명제는 원래 '명교가락'을 증명하기 위해 제시한 것이다. 그러나, 죽림명사는 명교의 정치적 윤리관계에서 비롯되는 번뇌와 억압에서 벗어나 현실을 초월한 정신적 쾌락을 추구하는 심적 해방을 추구했고, "유가의 각종 윤리강상의 속박에서 벗어나 개인 본성의 자유를 펼친다"[51]라는 사상을 제기하여 '명교'와 '낙'의 긴장관계를 한층 격화시킨 적도 있었다. 이런 사대부들이 기대했던 명교와 낙 합일의 가치이념에 위배되는 언행은 다른 많은 명사들로부터 비판을 받기도 했다. 서진(西晉)의 명사 악광(樂廣)은 "명교 안에 바로 즐거

---

51) 『진서(晉書)』 권43, 『악광전(樂廣傳)』, p.1245.

움의 경지가 있거늘 하필이면 왜 이럴까."라고 탄식했다. 그는 명교를 지향하는 것과 쾌락을 추구하는 것은 결코 서로 대립적인 것이 아니라고 주장했다. 그러나 위진 명사들은 명교의 즐거움은 명교가 근원으로 삼는 '자연'에서 비롯되기 때문에 명교의 즐거움은 오로지 자연으로 귀속될 수 밖에 없다고 주장하여 명교와 낙의 긴장관계는 진정으로 완화되지 못했다. 보다시피 현학자들이 제기한 명교와 낙의 합일 문제는 해결되지 못했고, 이런 '문제의식'을 해결하려면 반드시 '명교' 자체를 살펴봐야 한다. 송대 유학자들은 명교는 결코 개인에게 외적인 강제적 요구 혹은 필연적 법칙이 아니라, 마땅히 각 개인 자신 내면의 심처(深處)와 타고난 본성에 깃들어야 비로소 진정한 명교의 즐거움을 터득할 수 있다는 문제의식을 반드시 해결해야만 했다. 또한 이런 자아 내면의 즐거움은 지식의 축적, 개념적 논리에 근거할 수 없는 것이며, 만약 지식축적과 개념적 논리에 근거한다면 그것은 외재사물의 규칙성을 깊이 탐구하는 것이지 결코 자아에 내재된 즐거움을 발견하는 것이 아니라는 점도 해결해야 했다. 주돈이(周敦頤), 정호(程顥), 장재(張載) 등 송대 유학자들이 '공안낙처(孔顔樂處)' 추구에서 보여준 '성현기상'을 보면, 그들은 확실히 자신의 마음 깊은 곳에서 이런 명교지락을 터득했음이 틀림없다. 주돈이의 "가슴 속이 후련한 것이 마치 비갠 뒤의 공기가 맑고 달이 밝은 것 같이 쾌활하도다", 정호의 "맑은 바람과 밝은 달을 감상하며 시를 짓고 즐겁게 노닐다", "내 마음이 있는 곳에는 즐거움이 있도다", 소옹의 "안락와에는 아무

일도 없도다", 명나라 진헌장(陳献章)의 "파도에 몸을 맡기고 우주를 바라본다", 왕양명(王陽明)의 "즐거움은 마음의 본체이다", "증점의 광(狂)이야말로 모름지기 나의 즐거움을 더해주는구나" 등은 모두 시를 통해 내심 깊은 곳에서 우러나오는 쾌락을 표현한 것이다. 이런 평온함과 초연함, 담담함, 대범한 태도와 경지는 위진 명사가 추구한 자연경지와 매우 근접한다. 이로써 위진 명사들의 '낙'과 송·명(宋明) 이학자들의 '낙'은 상통하는 점이 있는데, 즉 세속의 득실, 비방과 칭찬, 시비, 생사의 초탈로부터 마음의 자유를 얻어 정신적 쾌락의 경지에 도달한다는 것이다.

위진 명사는 실천과 이론 상으로 모두 '지락(至樂)'과 '소요(逍遙)'를 추구했지만, 그들이 체득한 '낙'은 명교 자체에서 비롯된 것이 아니라 명교를 초월한 '자연'의 도(道)에 근원한 것이기에 진정으로 명교가락의 문제를 해결하지는 못했다. 송명 시기의 유학자들이 간절히 추구한 '지락(至樂)'과 '대락(大樂)'은 곧 자신의 내심과 본성으로부터 천도(天道)와 천리(天理)를 발견하고 깨닫는 최상의 삶의 경지이다. 이 천도, 천리의 핵심은 '인의예지(仁義禮智)'와 같은 이른바 명교의 내용에 속하기 때문에, 송명의 유학자들이 거론하는 '지락', '대락'은 실제적으로 일종의 윤리경지를 포용하는 천지의 경지를 의미한다. 송대 유학자의 이런 천지의 경지만이 진정으로 '명교가락'의 문제를 해결할 수 있다고 주장했다. 송대 유학자들은 공안지락(孔顏之樂)을 거론할 때에 "마음의 평온과 자유를 얻었기에 세상 사람들이 추구하는 부귀,

명예 등을 잊을 수 있었다"[52]라는 관념을 주시했기 때문에 "마땅히 되돌아보아 진실되면 대락(大樂)이도다"[53]라는 관념을 강조했다. 그들이 말하는 '낙'은 천도(天道)가 자아의 마음속에 발현되는 최고의 삶의 경지이며, 이때에 나타나는 '낙'은 바로 '나'와 '천도(天道)'가 일체 조화된 '낙'을 일컫는다. 이른바 "즐거움의 경지가 곧 도(道)이며, 결코 다른 이의 도(道)로써 내 마음을 기뻐하지 않는다."[54]라는 관점이다. 그러나 그들이 도와 더불어 하나가 되는 '여도일체(與道一體)'의 천지의 경지에 도달을 실현함과 동시에 유가의 인의(仁義)의 가치배려, 명교의 사회 윤리강상을 실현 · 완성하는 것이 바로 '천도'의 핵심적 의미이다. 주희(朱熹)는 "증점지학(曾点之學)은 천도의 올바른 도리를 다 하고, 사심 없는 수준에 도달해야만 일용지간(日用之間) 어디에서나 볼 수 있기 때문에, 그 인기척은 이토록 여유로울 수 있다"[55]라고 언급했다. 주희는 배움은 반드시 명교에 부합되고, 인의를 추구함에 있어서 도와 하나가 되는 '여도일체'의 천지 경지에 도달해야 함을 강조했는데, 이것이 바로 송대 유학자들이 명교가락에 관한 문제에 대한 최종적인 해답이라 할 수 있다.

---

52) 『주돈이집(周敦頤集)』 권2, 『통서 · 안자제23(通書 · 顔子第二十三)』, p.31.

53) 『이정집(二程集)』, 『하남정씨유서(河南程氏遺書)』 권2상, 중화서국(中華書局), 1981년 판, p.17.

54) 황종희(黃宗義): 『송원학안(宋元學案)』 권36, 『목종학안(木鐘學案)』, 중화서국(中華書局), 1986년판, p.2095.

55) 『주자전서(朱子全書)』 제22권, 『회암선생주문공문집(晦庵先生朱文公文集)』 권51, 『답만정순(答萬正淳)』, p.2389.

3. 성정(性情)에 관한 문제

명사풍도(名士風度)와 성현기상(聖賢氣象)은 일종의 이상적 인격으로써 모두 이론적으로 성정(性情) 구조에 근거한다. 만약 위진(魏晉) 및 송명(宋明) 시기의 서로 다른 이상적 인격 간에 내재된 체계와 논리적 사유의 연관성을 깊이 탐구하려면 반드시 인격의 이론적 근거인 성정학설(性情學說) 이론을 고찰해야 한다.

중국 고대의 인생철학은 자신만의 뚜렷한 특징이 있는데, 그 사상의 논리적 발단과 최종 결론은 인간의 지식, 이성이 아니라 바로 사람이 본래 지니고 있는 온갖 감정인 인정(人情)이라는 점이다. 이 점은 일찍이 중국 근대 철학자 양수명(梁漱溟), 전목(钱穆) 등도 지적한 적이 있으며, 양수명은 『중국문화요의(中國文化要義)』에서 주자와 공자의 교화는 "감정을 근본으로 한다"라고 언급했다. 현대 사상가 이택후(李澤厚)는 이를 '정본체(情本體)'라고 칭했으며, "이른바 '정본체(情本體)'라 함은 '정(情)'을 인생 궁극의 실체와 근본으로 삼는 것"[56]이라고 해석했다. 실제로 초기의 유가는 사회와 인생에 대해 사유할 때 항상 '정(情)'을 사고의 시작이자 최종 목표로 삼았다.

'정(情)'과 밀접하게 관련된 개념은 '성(性)'이다. 선진(先秦) 유가사상에서는 항상 '정(情)'을 그 학설의 기치로 삼았고, 동시에 '성(性)'을 '정(情)'의 내재적 근거로 삼았기 때문에 성(性)과 정(情)의 관계는 밀접

---

56) 이택후(李澤厚): 『실용이성 및 낙감문화(實用理性與樂感文化)』, 삼련서점(三聯書店), 2005년판, p.55.

히 연관된 개념으로 간주된다. 『중용(中庸)』에서는 인간의 희로애락의 감정을 '미발(未發)' 및 '이발(已發)'로 나눠 성정(性情)의 이론을 해명했다. 또한 사맹학파(思孟學派)가 저술한 곽전초간(郭店楚簡)에 기재된 『성자명출(性自命出)』에서는 "도(道)는 정(情)에서 나오고, 정(情)은 성(性)에서 나온 것이다"[57]라고 서술했다. 이 글귀에서도 역시 성과 정 사이의 내재적 관계를 명확하게 서술하고 있다. 『맹자』는 『중용(中庸)』의 이론과 비교적 근접하며, 외부로 드러나는 '사단(四端, 즉 측은(惻隱)·수오(羞惡)·사양(辭讓)·시비(是非) 등의 마음)'의 '정'을 통해 내재된 고유한 본성인 인의(仁義)의 '성'을 탐색했다. 『예기·악기(禮記·樂記)』에서는 '정(静)'과 '동(動)'을 통해 "인생이 고요한 것은 하늘의 본성이며, 사물에 감명을 받아 움직이는 것은 본성의 욕망이다"라고 성(性)과 정(情)을 묘사했다. 순자(荀子)는 성과 정(情)의 관계에 대해 "본성은 자연적으로 만들어진 것이다. 감정은 본성의 실제적인 내용이다. 욕망은 외부 사물에 대한 감정의 반응이다"[58]라고 포괄적인 정의를 내렸다. 순자(荀子)의 인성론(人性論)은 비록 사맹학파(思孟学派)와는 관점을 달리하지만, 마찬가지로 성정(性情)의 관계를 선천적인 것과 후천적인 것, 내적 및 외적인 것으로 이해하고 있다.

선진 시기 유학을 계승한 위진 명사들은 인격의 근거에 관한 토론에서 '정성(情性)'은 모든 사람의 근본 관념이라는 것을 인정했다. 유

57) 형문시박물관(荊門市博物館): 『곽점초묘죽간(郭店楚墓竹簡)』, 문물출판사(文物出版社), 1998년판, p.179.
58) 『정명(正名)』, 『제자집성(諸者集成)』 2권에 기재, 『순자집주(荀子集注)』 권16, 중화서국(中華書局), 2006년판, p.284.

소(劉劭)는 "사람과 사물의 근본은 정성에서 나온다"[59]라고 말했다. '정성(情性)'은 모든 사람과 사물의 근본이며, 인격의 근본이기도 하다. '정(情)'을 인격의 근거로 삼는 견해는 본래 선진 시기 유가의 학설에서 유래된 것이다. 유가의 예악(禮樂) 문화는 모두 '정(情)'을 토대로 정립되었다. 유가사상의 전통을 계승한 위진 명사들은 명교제도를 인정하고 준수했을 뿐만이 아니라, 그들도 역시 인간이 보편적으로 지니는 감정을 명교의 합리성으로 간주했다. 위(魏) 정시(正始) 연간의 현학사조인 정시명사(正始名士)의 대표적 인물인 왕필(王弼)은 공자의 "시로써 감정을 일으키고, 예절로 행동하는 규범을 세우고, 음악으로 심신의 즐거움을 완성한다"라는 문구에 대해 "무릇 사람의 희로애락은 본성적으로 우러나오는 것이다. 감응에 의해 움직임이 있고 소리와 노래가 나온다. 그러므로 민간의 시가를 수집하여 민정을 관찰하고 여론을 살피며, 민정을 토대로 예법을 세우고, 예를 악으로 만들어 민심을 감화시킨다."[60] 라고 주석했다. 왕필의 주장에 의하면, 시가를 채집하고, 예법을 세워 즐거움으로 삼는 정치적 활동, 명교제도는 결국 모두 백성들의 희로애락에 비춰진 자연적인 감정에 기반한다는 것이다. 또한 예악(禮樂) 제도의 합리성과 효능성도 역시 인간의 기쁨, 두려움, 슬픔, 즐거움에 대한 감정 표출에서 벗어날 수 없다는 견해이다. 그러나 사람의 감정은 무한히 풍부하고 매우 복잡다변하며, 지나

---

59) 유소(劉劭): 『인물지(人物志)』 상권, 『구정제일(九征第一)』, p.31.

60) 『왕필집교석(王弼集校釋)』, 『논어석의 · 태백(論語釋疑 · 泰伯)』, 중화서국(中華書局), 1980년판, p.625.

친 감정과 태도는 때로 사람들이 예교에 어긋나는 원인이 될 수도 있기에 역대 유학자들에게서 '정악(情惡)'이라는 견해까지 등장했었다. 그러므로 역대 학자들은 '정(情)'과 '성(性)'을 연관시키는 데 있어서 인간의 본성적인 감정과의 조화는 곧 삶의 다양한 상황에 적절하게 처신하는 중절(中節) 및 진실한 감정으로 체현되고, 사람의 본성적인 감정과의 불화는 바로 부중절(不中節)과 허위적 감정으로 체현된다고 여겼다. '정(情)'은 경험적 사실이고, '성(性)'은 일종의 가치 지향적이고 선행적 가설 이론이다. 유가는 사람의 기쁨, 두려움, 슬픔, 즐거움의 '중절'과 '부중절'에 주목하여, 중절의 정(情)은 성(性)에서 나오고, 부중절의 정(情)은 물(物)에서 비롯된다고 주장했다. 그러나 도가에서는 인간의 감정의 진실성에 더 주목하여, 진실된 감정은 인간의 자연 본성에서 나오고, 거짓된 감정은 인간의 외재적인 간교한 마음에서 나온다고 주장했다.

위진 명사들의 성정학설(性情學說)은 '진정(眞情)'은 인간의 자연적 본성에서 비롯된다는 유가와 도가의 핵심관점을 수용하여 결합한 특색을 나타내면서, 도가의 자연학설을 흡수함으로써 선진 시기 유가의 성정학설을 위진의 인성학설로 한층 더 발전시켰다. 위진 시기 현학 사조인 정시명사(正始名士)의 대표적 인물인 왕필(王弼)은 '정(情)'과 '성(性)'의 관계에 대해 유명한 관점을 제시했다.

> 자연 본성을 느끼지 않고서야, 어찌 오랫동안 그 바른 일을 할 수 있겠는가?[61]

왕필은 인간의 자연 본성에서 오는 정(情)은 '진정한 정'이기 때문에 올바른 정이고, 사물에 대한 욕망에서 나온 간교한 심보의 정은 '거짓된 정'이기에 사악한 정이라고 여겼다. 그는 '성(性)'이 감정의 진위(眞僞)와 정사(正邪)를 판단할 수 있는 것은 바로 인성(人性)의 자연이 천도(天道)의 자연에서 나온 것이기 때문이라고 주장했다. 그러나 위진 명사들의 성정학설에도 많은 문제가 존재했다. 왕필의 명교는 자연에서 유래된 것, 혜강(嵇康)의 명교를 넘어 자연에 맡기는 것, 또는 곽상(郭象)의 명교가 곧 자연이라는 이런 모든 주장은 성정학설의 내재적 모순을 품고 있다. 동시에 이런 성정론을 근거로 삼는 명사풍도는 현실 생활 중의 실행에서 더욱 심각한 인격적 분열을 드러냈다. 자연을 동경하면서도 명교에 연연하고, 명교에 반항하면서도 명교를 신봉했다. 위진 명사들의 '조정 출사'와 '탈속 은거', '자연 세계'와 '인위 세속', '무심'과 '순유(順有)' 사이의 방황은 바로 인격 분열의 당혹감과 고통을 그대로 투영한 것이다.

송명(宋明) 사대부들이 추구한 '성현기상(聖賢氣象)'은 바로 이같은 인격 분열의 난제에 대한 해결책이었다. 그들은 우선적으로 이상적 인격의 근거인 성정학설을 해결해야 했다. 이론적으로 보면 송명 시기 이학의 성정학설은 정(情)과 성(性)을 관통하는 문제에서 위진의 현학을 계승하였기에 현학과 이학 사이에는 학문적 전승관계와 논리적 연관성을 내포하고 있다. 위진 현학은 성으로 정을 통섭하는 이성

---

61) 『왕필집교석(王弼集校釋)』, 『논어석의·양화(論語釋疑·陽貨)』, p.631.

통정(以性統情) 이론으로 유형화되어 송(宋)의 성리학자 주돈이(周敦頤)·정호(程顥)·정이(程顥)·주희(朱熹)·장식(張栻) 등에 의해서 이학 사상체계로 흡수되었다. '성현기상'이 구현하는 가치 추구는 세상 만물을 사랑하는 사회적 책임, 천하를 걱정하는 인문적 의식이다. 그러나 위진 명사들이 내세운 자연무위의 인성 추구의 설정으로는 성현기상에서 추구하는 이상적 인격을 위한 이론적 근거를 제시할 수 없다. 따라서 이학사상에서 최우선적으로 해결해야 할 점은 인성(人性)에 대한 탐구였다. 이학사상의 체계에서 '성(性)'은 성인(聖人) 인격의 내재적 근거이며, '정(情)'의 정사(正邪), 중절(中節)과 부중절(不中節)을 분별하는 내재적 기준이다. 또한 '성'은 인간의 천도(天道) 실행이며 하늘과 인간을 이어주는 매개체이다. 그러나 이학자들은 '성'이 '정'을 이끌어 내고 결정하고, 통제하는 요소가 되는 것은 도가의 자연적 도(道)의 필연적 요구 때문이 아니라, 오히려 유가의 인문적 도(道)의 이성적 진화인 응연(應然)법칙에 의한 것이라고 여겼다. '성'의 '정'에 대한 지배와 제약은 유가의 명교 등 인문적 도(道)에서 '정'에 대한 제약에 불과하다는 것이다.

따라서 이학자들은 우선 인간의 내재적 본성을 유가의 가치 지향과 부합되도록 설정해야 했다. 위진 명사가 본성의 자연성을 중시하는 것과는 달리, 송명의 유학자들은 '정'이 유가 인의예지신(仁義禮智信)의 '중절' 혹은 '부중절'에 부합하는지 여부에 대해 더욱 치중함으로써 성리(性理)에 유가 윤리의 함의를 부여한 것이다. 따라서 송대 유학자들은 '성'의 내재 함의를 유가의 윤리적 이치로 확정하는 '성'에 대한 새로운 해석을 내놓았다. 송대 유학자들은 『맹자』, 『중용(中庸)』및 『역전(易傳)』에 대한 재해석을 통해 '선한 본성이 곧 하늘의 이치'라는 중요한 사상을 확립했다. 주희(朱熹)는 "인의예지(仁義禮智)가 바로 성이다"[62]라고 제시했다. '정'의 중절(中節) 여부의 기준은 인의예지(仁義禮智)의 '성'에 있다는 것이다. 비록 '정'에 대한 '성'의 제약과 지배는 지각작용의 '마음'을 통해 실현되지만, 주희는 "성은 본체이고, 그 작용은 정이다. 마음은 본성을 다스리고, 움직임과 고요함을 통해 지배된다"[63]라고 주장했다. 그는 성체정용(性體情用)으로 '성(性)'의 지배성을 표현했으며, 표면적으로는 마음이 지배한다고 말하지만 본질적으로는 지배자는 바로 '성리(性理)'를 의미한다. 즉 "마음이 감정을 지배하기에 지배자는 즉 천리이다"[64]라는 것이다. 이렇게 해서 이학자들은 '정'의 합리성을 유가의 윤리를 대표하는 '성'의 지배 하에 귀결시켰다.

4. 성(性)과 천도(天道)에 관한 문제

현학과 이학은 모두 성(性)과 정(情)을 관통시켜 도덕과 인생의 출발점을 해결하고, 인도(人道) 원칙의 내재적 근거를 확립했다. 그러나

---

62) 『주자전서(朱子全書)』 제6권, 『사서집주(四書集注)』, 『맹자집주(孟子集注)』 권3, 『공손추장구(公孫醜章句)』 상, p.289.

63) 『주자전서(朱子全書)』 제23권, 『회암선생주문공문집(晦庵先生朱文公文集)』 권74, 『맹자강령(孟子綱領)』, p.3584.

64) 『주자전서(朱子全書)』 제14권, 『주자어류(朱子語類)』 권1, p.117.

도덕과 인생은 현실적 출발이 필요할 뿐만 아니라 최종 목적도 수립해야 한다. 또한 인간의 내재적 근거와 초월적인 의지를 확립해야만 이 비로소 이상적 인격과 그 인생의 경지를 위한 형이상의 궁극적 근거를 세울 수 있다. 따라서 현학과 이학은 모두 공통적으로 철학적 사유 논리를 통한 인성(人性)과 천도(天道)를 관통시켜 선진유가 공자 제자들이 "인간의 본성과 천도에 대해서는 들을 수가 없었다"라고 표현했던 정신적 신앙과 철학적 사유 논리의 부족 문제를 해결해야만 했다.

그런 중에 성과 천도에 관한 위진 시기의 현학이 표방한 명사풍도와 송명 시기의 이학이 추구했던 성현기상은 전후로 계승되는 동일한 사상적 맥락과 내재적 논리를 보였다.

선진(先秦)의 유가와 도가 역시 성과 천도의 관계에 대해 일찍 약간의 견해를 표명했었다. 초기 유학은 도덕과 인생의 궁극적 의지 수립을 위해 인성은 천명(天命)에서 비롯된다는 관점을 제기했지만, '성(性)-명(命)'에 대한 형이상학적 논증이 부족했다. 도가는 도(道)를 궁극의 존재로 삼는 우주론적 철학을 구축해 성과 천도(天道)의 연관성 문제에 대한 이론적 논증과 사상적 해석을 수립했다. 그러나 도가는 '자연', '무위(無爲)'를 인성의 본질 및 인도(人道)의 원칙으로 규정했지만, 그런 규정이 세속적 생활을 기점으로 삼고 정치적 포부를 목표로 삼는 사대부들에게 인생의 근거를 제시해주지는 못했다. 유교와 도교 모두 '성(性)-명(命)' 문제에 있어서 각각 탁월한 견해와 부족함이 존재했다고 볼 수 있다. 위진 현학과 송명의 이학은 모두 유교와 도교를 통섭하여 우주본체론적 철학의 토대 위에서 '성과 천도의 연관성 문제를 탐구해야 했다.

현학은 위진 명사풍도의 철학적 기반이다. 양한(兩漢) 시기의 유학자들이 사회, 경제, 문화 각 방면의 규정과 법률 및 자연계 만물에 대한 명물제도와 고서의 훈고(訓詁)에 침체되어 있었던 것에 비해서 위진 명사들의 사유는 한층 더 자유자재함으로 돋보였다. 위진 명사들은 자연, 사회 및 인생의 다양한 현상을 철학본체론의 수준 높이로 끌어올렸고, '본말(本末)', '체용(體用)', '일다(一多)', '무유(無有)' 등의 철학본체론 방법에 대한 새로운 사고를 정립하여 기존 유가의 '성정(性情)'등 핵심 개념을 현학화(玄學化)했다. 선진 시기 유가에서는 함의가 근접했던 '성'과 '정'의 개념은 위진 명사에 의해서 '체용(體用)', '본말(本末)'의 본체론적 사유로 승화되면서 현학의 체용(體用)본성론이 형성되었다. 성은 일단 형이상화하여 '체(體)'가 되면 우주 본체의 '천도(天道)'와 융통하게 된다는 것이다. 왕필은 『주역·건·상 (周易·乾·象)』에 주석을 달면서 "평온할 때는 한결같고 변동할 때는 강직하여 조화를 잃지 않는다. 이것이 바로 천도의 변화로 만물의 속성을 바로 잡는 것이 아니겠는가?"라고 서술했다. 왕필이 성으로 정을 통섭한다는 '성기정(性其情)' 관점을 주장한 이유는 '성명(性命)'은 자연 본성이고, 이는 '천도(天道)'의 자연 본성과 본질적으로 상통하기 때문이다. 왕필은 성과 천도 자연은 내재 함의가 동일한 개념이라고 지적했다. 그는 "도(道)가 자연을 어기지 않으면 성을 얻게 되고 법칙도 자연적으로 있게 된다"라고 언급했다.[65] 여기서의 '성'은 인간과 만물의 자연적인 본성을 의미하기도 하고, 천도의 자연적인 본성을 뜻하기도 한다. 이런 관점은 다른 현학자들에 의해 더욱 자세하게 논술되었다. 곽상(郭象)은 천지만물의 자연성을 우주 본체로 승화하여 독특한 성본론(性本論) 이론을 제시했는데, 그 요지는 모든 사물의 생존 변화의 근거를 본성(本性:진성(眞性), 성분(性分)이라고도 함)(66)에 귀결시켜야 한다는 것이다. 그는 "성은 만물 존재의 근본이다. 만물이 제각기 성에 순응하면 근본에 순응하는 것이다."(67)라고 피력했다. 여기서 곽상이 말한 '성'은 '정'의 합리성을 위한 내재적 근거일 뿐만이 아니라, 즉 유소(劉劭)가 『인물지 · 재리(人物誌 · 材理)』에서 언급한 "사람이 본디 가지고 있는 온갖 욕망의 이치는 정(情)의 이치에 있다"라는 의미뿐만 아니라 더욱 중요한 것은 곽상은 천지만물이 반드시 순응해야 한다는 '자연의 이치'는 모두 '자연의 성(性)'에서 나온다고 여겼다. 이렇게 '성'과 '천도'는 일체(一體)로 관통되면서 모두 우주본체론 체계의 핵심적인 범주에 포함되었다.

위진 명사는 인성의 함의와 고유 본질을 '자연'의 특성으로 설정하고, 또 인간의 본성인 자연지성(自然之性)을 천도자연(天道自然)에 귀결시켜서 인성과 천도를 관통하는 일관성을 구축했다. 이런 일관성은 유가의 정(情)에 근거한 명교(名教)와 도교의 천도에 근거한 자연지성

---

(65) 『왕필집교석(王弼集校釋)』, 『노자주(老子注)』 제25장, p.65.
(66) 왕효의(王曉毅) 『곽상평전(郭象評傳)』 제3장 제1절 "성"본론 참조, 남경대학출판사(南京大學出版社), 2006년판.
(67) 곽상(郭象) 주: 『대종사주(大宗師注)』, 『장자집석(莊子集釋)』 권1상에 기재, 중화서국(中華書局), 2004년판, p.239.

의 상호 결합으로 비롯된 것이다. 이론적·실천적으로 이런 '정(情)-성(性)-천(天)'을 관통하는 관계성은 그다지 원만하게 통섭되지 못했고, 그 이론은 명교와 자연의 차이를 해소하는 과정에서 심각하게 분열되었다. 송·명 시기 이학은 유가의 경전에 근거해서 『논어』, 『맹자』, 『대학』, 『중용(中庸)』, 『주역(周易)』에 대한 재해석을 시도해 '성과 천도'의 관계성을 확립하고자 했다. 형이상적 명확한 사유에서 유가와 도가의 학설 통섭에 이르기까지, 그리고 인성과 천도를 융합하는 사상체계에 이르기까지, 이학과 현학은 모두 이론적인 동일 구조의 특징을 나타낸다. 이학자들 역시 '체용(體用)', '형이상(形而上)과 형이하(形而下)'의 본체론 사유를 통해 본성 문제를 숙고했다. 그들은 "성은 실체이고, 정은 작용이다"라는 관점을 견지하며 '성'의 인간의 감정지각 등 정신현상에서 차지하는 형이상적 주재자로서의 지위를 강조했다. 내용 상으로 볼 때 이학이 말하는 '성'은 더 이상 인간의 자연적인 본성이 아니라 '인의예지(仁義禮智)'의 사회적 본성을 의미한다. 천도 또한 자연법칙이 아니라 주로 인문적 준칙의 의미를 내포하고 있다. 그러나 '성과 천도'를 연결시키는 이론적 형식에서 보면 이학은 오히려 현학의 철학적 이념과 사유방식을 완전히 계승했다. 이학자들은 유가의 윤리를 토대로 삼아 인성과 천도를 동질화시켰다. 정호(程顥)와 정이(程頤)는 "이(理), 성(性), 명(命) 이 세 가지 모두 차이가 없다."[68]라고 주장했었다. 장재(張載)는 "형이후(形而后)에 인간의 후

---

(68) 『이정집(二程集)』, 『하남정씨유서(河南程氏遺書)』 권21상, 중화서국(中華書局), 1981년 판, p.274.

천적인 본성인 기질지성(氣質之性)이 있는 바, 본래의 선한 성품으로 되돌아가면 곧 하늘과 땅의 본성을 갖게 된다."[69]라고 주장했다. 정호, 정이와 장재 모두 인성과 천도를 결합해 인성에 우주적 의미를 부가했다. 주희(朱熹)는 한걸음 더 나아가 우주론적 논술과 확립을 통해 인성의 형성을 우주론의 진화과정에 귀납시켰다. 그는 "성은 곧 이(理)이고, 하늘이 부여한 음양오행의 다양한 조합에 의해 만물이 생성된다. 하늘이 주는 기(氣)와 이(理)가 있을 때 그에 맞는 사명을 부여할 수 있게 된다. 그러므로 사람과 만물은 각각 하늘이 부여한 이치에 힘입어 건순오상(健順五常)의 덕을 보여주는데 이것이 바로 성이다"[70]라고 말했다. 이기(理氣)의 운행, 만물이 화생하는 우주과정에서 형성되는 인성은 바로 "성은 인간이 하늘로부터 얻은 이치"라는 의미이다. 따라서 인의예지(仁義禮智)의 윤리준칙은 바로 우주대화(宇宙大化)를 주재하는 '천리(天理)'이며 또한 인간의 감정을 지배하는 성'이다. 이런 '성과 천도'에 대한 논증과 사유는 바로 현학과 이학이 이상적 인격을 구현하는 궁극적 근거에 학술 이론적 맥락과 계승관계로 체현되었다.

---

69) 『장재집(張載集)』, 『정몽 · 성명편(正蒙 · 誠明篇)』, 중화서국(中華書局), 1978년판, p.23.
70) 『주자전서(朱子全書)』 제6권, 『사서집주(四書集註)』, 『중용장구집주(中庸章句集注)』, p.28.

제2장

현학 및 이학의 신심지학(身心之學)과 사상 논리

제1절 서론

이학자들은 자신들의 사상학설을 '신심성명지학(身心性命之學)'이라 불렀으며, 사실 이 개념은 신심지학(身心之學)과 성명(리)지학(性命(理)之學) 두 부분을 포함한다. 신심지학은 개체적 존재에 관한 학설로써 자아와 관련된 몸과 정신에 대해 사유하고, 성명(리)지학은 궁극적 존재에 관한 학설로써 우주와 인생의 궁극적 의지 문제에 대해 사유한다. 물론 '신심(身心)'과 '성명(性命)'은 서로 연관되어 있으며, 소위 '신심성명지학'은 개체 자아와 궁극적 의지의 관계에 관한 학설이라 할 수 있다. 현학과 이학은 모두 중국 고대 최고의 철학적 사변과 체계적인 논증을 갖춘 학설이다. 또한 현학과 이학은 계승관계로써 일맥상통하는 '내재적 논리'를 지닌다. 이런 점은 신심지학과 성리지학에서 더욱 뚜렷하게 체현된다. 본 장에서는 먼저 신심지학에 있어서의 현학과 이학의 내재적 연관성에 대해 토론하고, 제3장에서는 한걸음 더 나아가 성리지학의 구축에 있어서 현학과 이학의 사상논리에 대해 고찰하고자 한다.

현학과 이학이 제시한 신심학설(身心學說)은 모두 선진(先秦)의 제자백가 특히 유가와 도가를 토대로 발전한 것이다. 따라서 현학과 이학에 관한 신심학설을 논할 때는 반드시 선진 유가와 도가의 신심사상을 되짚어 봐야 한다.

유학(儒學)은 중국 고대 사상문화에서 줄곧 지배적 우위를 차지했고, 유가의 신심(身心) 사상 또한 그러했다. 선진 시기 유가가 일찍이 인간의 신심(身心)문제에 대해 깊이 사유한 것은 유학이 비교적 일찍 개체 존재에 관한 문제를 제기한 것과 관련 있다. 공자가 창립한 유학은 일종의 예(禮) 중심의 윤리, 바로 정치학설의 일종이다. 유학에서의 개인은 항상 군신부자(君臣父子)의 정치권력 관계와 혈통에 의한 가족관계 규정인 종법(宗法)의 관계망 속에서 생활했다. 그러나 초기 유학에서는 종법적인 정치적 관계를 강조하는 동시에 개체 자아의식도 매우 강조했었다는 점을 지적하지 않을 수 없다. 중국 사상문화사에서 유학의 가장 큰 특색은 서주(西周)가 세운 예제질서를 개체 존재와 정신적 자각의 사상적 토대 위에 형성했다는 것이다. 신심문제에 대한 사유는 바로 이런 개체 존재에 대한 관심과 관련 있다. 공자는 학문은 응당 자신을 위한 배움이라는 '위기지학(爲己之學)'의 실행을 강조하며, "스스로 원인을 찾고 자기 성찰과 검토를 잘할 것"을 주장했다. 또한 공자는 "인간은 도(道)를 넓힐 수는 있으나 도(道)로 인간을 넓힐 수는 없다"라는 주체적 정신을 특히 중시했다. 공자는 "기수(沂水) 옆에서 목욕을 하고, 무우대(舞雩臺)에서 바람을 쐬이네. 걸음걸음 목청껏 노래를 부르고, 돌아오는 길 내내 내처 걸었네."라는 구절에 대해 심중의 감탄을 표현한 것 역시 그들의 개체 존재 의식에 대한 깊은 표현이기도 하다. 이 모든 것은 초기 유학의 주체의식에 대한 강화 및 개체적 존재에 대한 관심을 보여준다.

유학 정신을 가장 잘 구현한 것은 바로 인학(仁學)이라 할 수 있다. 인학 역시 유학이 내포한 개체존재 의식과 신심지학을 잘 나타내고 있다. 아주 흥미롭고 매우 중요한 역사적 현상으로 새로 출토된 곽점죽간(郭店竹簡)에는 이미 소실된 전국(戰國)시기 중기의 유가 문헌이 많이 보존되어 있다는 것이다. 이런 초기유가 문헌들에 기록된 "자는 '身'과 '心'이 합쳐진 복합자인데, 당대 학자들의 연구 고증에 따르면 이 글자는 원래 '仁'의 본자였다. 일찍이 선진 유가 문헌에는 서로 다른 구성형태의 두 개의 '仁'자가 병존했다. 하나는 '仁'자로 뜻은 인간 '人'과 두 '二'가 합쳐져 두 사람이 서로 사랑하고 친하다는 '상인우(相人偶)'의 의미를 나타낸다. 다른 하나는 "자로 몸(身)과 마음(心)을 의미하며 자아 신심에 대한 관심을 나타낸다. 그래서 어떤 학자는 '인(仁)'의 두 가지 의미를 합쳐서 "'자의 발견으로 말미암아 '인(仁)'은 '人+二'의 구성형태 외에도 '身+心'의 구성형태도 있으며, 동시에 '人/

我'와 '心/身'의 이차원적 구성을 겸하고 있고, 공자의 인학(仁學) 은 바로 이런 전통에서 발상된 것으로 여기에는 '성기(成己)'와 '애인(愛人)' 사상의 내용이 내포되어 있음을 알게 되었다"[71]라고 언급했다. 이로부터 우리는 유학에서 말하는 '인(仁)'이 선진 시기에는 한때 '신(身)'과 '심(心)'으로 구성되었는데 이는 바로 유가 인학의 개체 존재에 대한 관심과 신심사상을 반영한 것임을 알 수 있다.

공자의 인학 중의 '성기' 전통 및 그 신심 관념은 맹자(孟子)를 거쳐서 더욱 체계적이고 명석하게 논술되었다. 맹자의 신심학설에서는 주체적 인격정신의 선양 및 개체 존재사상 강화를 파력했다. 마음, 수양, 실행 등을 포괄하는 맹자의 신심학설에서는 그의 신심의 상호 연관성에 대한 인식을 엿볼 수 있다. 맹자는 "군자의 본성은 인(仁), 의(義), 지(智)가 마음 속에 뿌리를 내리는 것이고, 드러내는 얼굴빛은 순수하고 온화하다. 이런 것들은 얼굴에서 나타나고 어깨에서 드러나며 수족과 사지에서 체현된다. 인간들은 군자가 말을 하지 않아도 군자의 수족, 사지의 몸놀림을 보고서 그 뜻을 한눈에 확연히 알 수 있다."[72]라고 말했으며, 또한 "인간의 몸과 얼굴은 천성적인 것이다. 이런 외모의 아름다움은 내재적인 아름다움으로 충실하게 한다. 이는 성인만이 이룰 수 있는 것이다."[73]라고 말했다. 맹자는 도덕적 주체

71) 양도(梁濤): 『곽점죽간과 사맹학파((郭店竹簡與思孟學派)』, 중국인민대학출판사(中國人民大學出版社), 2008년판, p.68.

72) 『사서장구집주(四书章句集注)』, 『맹자집주(孟子集注)』 권13, 『진심상(盡心上)』, 중화서국(中華書局), 2005년판, p.355.

73) 『사서장구집주(四书章句集注)』, 『맹자집주(孟子集注)』 권13, 『진심상(盡心上)』, 중화

정신의 '심(心)'은 반드시 인간의 천부적으로 타고난 성품인 '천형(践形)'의 방식으로 인간의 몸에 나타나며, 또한 도덕적 정신을 지니고 있는 몸을 지배한다고 주장했다. 여기서 특히 주시할 것은 신심일체의 개체 존재는 내재적 본성이 하늘과 상통하기 때문에 궁극적 존재의 근거를 갖는다는 것이다. 그래서 맹자는 "선량한 마음을 충분하게 확장한다면 이는 인간의 본성(本性)을 아는 것이 된다. 인간의 본성을 안다면 천명(天命)을 아는 것이다. 인간의 본심(本心)을 지키고 인간의 본성을 양성하는 것은 천명을 대하는 방법이다"74)라고 덧붙였다. 이는 본심을 지키는 존심(存心)과 타고난 성품인 천형(践形)은 모두 종국에는 '천성(天性)'으로 체현되어, 천명을 대하는 '사천(事天)'의 궁극적 의미와 연결된다는 것이다.

유가의 인학(仁學)에 포함된 '성기(成己)'와 '애인(爱人)' 이념에서 성기의 신심사상이 여전히 예교질서에 의존하고 있다면, 도가(道家)의 신심사상은 전적으로 개체 존재의 핵심가치에 기초한 것이다. 춘추전국 시기에는 다양한 나라를 편안하게 다스리는 치국안방(治国安邦), 천하통일의 사회정치사상 출현과 더불어 개체 존재를 핵심으로 삼는 사상학설도 등장했다. 그 중에서 가장 대표적인 것이 양주(楊朱)와 장자(莊子)의 학설이다. 양주와 장자는 모두 군신부자(君臣父子)의 명교 질서와 치국안방의 정치적 공리(功利)를 경시하고, 개체의 생명적

서국(中華書局), 2005년판, p.360.

74) 『사서장구집주(四书章句集注)』, 『맹자집주(孟子集注)』 권13, 『진심상(盡心上)』, 중화서국(中華書局), 2005 년판, p.349.

의미와 형신(形神)적 가치를 무엇보다 중시했기 때문에 사상관념 방면에서 일맥상통한다고 볼 수 있다75). 다른 학파들이 국가와 천하의 가치를 높이 든 반면 양주는 나를 위해 자신을 귀하게 여기는 '위아(爲我)'와 '귀기(貴己)'를 강조하며 개체 존재의 의미를 최고로 삼았다. 역사서에서는 양주의 갖가지 언행을 다음과 같이 기록하고 있다. "양주는 위아(爲我)를 주창했는데 천하를 이롭게 하는데 자기의 솜털 한 오리도 뽑을 생각을 하지 않았다"76), "지금 여기 어떤 인간은 전쟁 위험이 있는 성에 들어가지 말고, 군대 안에 머물지 말며, 천하의 큰 이익과 자기 종아리의 솜털 한오리와도 맞바꾸지말 것을 주창하고 있다"77), "천성(天性)을 유지하고 물질세계에 의해 형체(形體)가 얽매이지 말아야 한다. 이는 양주(楊朱)가 창립한 학설이다"78). 당시 양주의 언행에 대해서 "양주, 묵적(墨翟)의 언론은 세상 사람들로부터 큰 반향을 얻었다. 천하의 언론은 양주 일당에게 등을 돌리고 묵적(墨翟) 일파에게 찬사를 아끼지 않았다"라고 언설될 정도로 사회적으로 큰 반향을 일으켰는데, 이는 춘추전국시기의 종법(宗法) 정치질서에 심한 충격을 받았던 당시의 자아의식의 각성과 개체 존재 의미에 대한

---

75) 역대의 학자들은 양주(楊朱)의 사상은 도가(道家)에 속한다고 인정했다. 양주의 사상과 장자의 사상 사이에 확실히 연관성이 있다고 할 수 있다. 예컨대, 『회남자(淮南子)』에서 "인간은 자기 본성에 맞춰 살아야지 물질에 얽매여서는 안 된다"고 말하다시피 양주의 학설은 장자의 학설과 아주 일치하다.

76) 『사서장구집주(四書章句集注)』, 『맹자집주(孟子集注)』 권13, 『진심상(盡心上)』, p.357.

77) 『제자집성(諸子集成)』 제5권, 『한비자집해(韓非子集解)』 권19, 『현학(顯學)』제50, 상해 서점(上海書店), 1986 년판, p.353.

78) 『제자집성(諸子集成)』 제7권, 『회남자(淮南子)』 권13, 『사론훈(氾論訓)』제13, p.218.

고양된 의식을 반영한다.

양주가 제시한 '귀기'와 '위아'는 자아의 형체(形體)를 특히 중시하는데, 이른바 "인색하기 그지없다"와 "물질에 얽매이지 말라"라는 표현은 그의 자아 형체에 대한 중시를 극명히 나타낸다. 장자(莊子)는 양주의 사상을 토대로 개체적 존재의 의미를 형체에서 정신으로 진일보 발전시켰다. 장자는 '전신(全身)'과 '전생(全生)'의 개체적 생명 및 몸을 논할 때마다 항상 형신(形神)과 신심(心身)도 함께 언급했다. 이렇게 『장자(莊子)』에서는 몸과 마음은 서로 스며든다는 개체 존재의 철학을 논설하면서 도가의 신심학설을 심화시켰다. 장자는 다음과 같이 말했다.

> 대도(大道)를 알고 지키는 인간은 덕행(德行)이 완벽하고 형체(形體)가 건강한 온전한 인간이다. 몸이 건강하고 온전하면 정신이 포만하며, 정신이 포만하면 곧바로 성인의 도를 깨친 인간이다.[79]
> 정신을 고요하게 다스려 형체를 지치게 하지 말며, 정신을 낭비하지 말아야 장생할 수 있다. 눈은 현혹되지 말아야 하고 귀는 교란을 받지 말아야 하며 내심엔 계략이 없어야 한다. 정신이 형체를 보호해야만이 형체가 장생할 수 있다.[80]

장자는 몸과 마음, 형체와 정신은 통일체로써 형체를 잘 보존하면 정신을 안정시킬 수 있고, 같은 도리로 정신이 안정되면 형체를 잘 보존할 수 있다고 여겼다. 또한 장자는 개체의 마음과 몸을 고려하는

---

79) 진고응(陳鼓應): 『장자금주금역(莊子今注今译)』, 『장자·천지(莊子·天地)』, 중화서국(中華書局), 2007년판, p.319.
80) 진고응(陳鼓應): 『장자금주금역(莊子今注今译)』, 『장자·재유(莊子·在宥)』, p.279.

동시에 마음과 정신의 중요성을 더욱 강조했다.

유가의 사맹학파(思孟學派)와 마찬가지로 장자 역시 신심일체의 개체 자아는 그 내재적 본성을 통해 천도에 통달하게 됨으로써 개체 신심과 궁극적 존재를 연관시킬 수 있다고 인정했다. 장자는 이런 내재적 본성을 '덕(德)'이라 불렀는데, 인간의 신심(身心)과 형신(形神)은 모두 덕(德)을 근거로 삼아 천도에 도달할 수 있다고 여기며 다음과 같이 말했다.

> 따라서 형체(形體)는 도의에 어긋난다면 생길 수 없고, 생명은 도의에 어긋난다면 그 가치가 빛을 잃게 된다. 형체가 한결같고 생명이 충실하며 도덕을 세워 덕을 분명히 하는 것이야말로 훌륭한 품덕인 것이다."[81]
> 모든 선명한 것은 어두컴컴한 것에서 생성하고, 유형적인 것은 무형적인 것에서 생성한다. 형질적인 것은 정신과 기력에서 생성하고 만물은 모두 개별적인 유형의 것들이 서로 영향을 끼쳐 생성되는 것이다."[82]

장자의 사상에서 정신과 형체, 몸과 마음은 응당 모두 자신의 내재적 자연의 덕성으로 회귀하고 형상적인 자연의 도(道)를 근거로 삼아야 한다는 것이다. 장자는 본래 개체의 형신과 신심을 중시하면서 한편으로는 "정신을 잊고 몸에 집착하지 말라"[83]라는 견해를 제시해 자아 신심에 대한 망각을 통해 도(道)와 일체되는 경지에 도달을 희망했다. 이는 그가 인간의 신심을 경시해서가 아니라 이미 도(道)와 융

---

81) 진고응(陳鼓應): 『장자금주금역(莊子今注今译)』, 『장자 · 천지(莊子 · 天地)』, p.300.
82) 진고응(陳鼓應): 『장자금주금역(莊子今注今译)』, 『장자 · 지북유(莊子 · 知北遊)』, p.569.
83) 진고응(陳鼓應): 『장자금주금역(莊子今注今译)』, 『장자 · 천지(莊子 · 天地)』, p.318.

화 일체된 신심을 추구하는 것이 바로 자아 신심의 궁극적 근거라고 여겼다.

앞서 선진(先秦)의 유가 및 도가의 신심사상을 언급하는 과정에서 유가와 도가 양가의 신심학설은 많은 공통점을 지닌다는 점을 발견했다. 이는 이후의 사대부가 체계적인 신심지학을 정립할 수 있는 여건을 제공했다. 첫째로 유가와 도가의 신심학설은 모두 일종의 개체 생명에 관한 존재철학으로써 춘추전국시기의 개체 자아의식의 발전과 주체적 정신을 구현한 동시에 당시의 개인의 신체 및 정신적 가치에 대한 중시를 나타낸다. 둘째로 유가와 도가는 모두 서양식의 신심 이원적 분열의 관념 대신에 개체 자아를 신심합일(身心合一)의 존재로 인정하고, 몸과 마음, 형체와 정신의 상호의존, 상호 영향의 일체관계를 강조했다. 셋째로, 유가와 도가의 신심관(身心觀)은 모두 신심의 조화는 반드시 그 본성에 부합하는 기초 위에 형성되어야 하며, 이런 본성과 천도(天道)는 상통하며 이를 토대로 개체의 신심과 궁극의 생명을 통섭하는 철학을 세울 수 있다고 여겼다. 이러한 유가와 도가 신심관념의 공통점 때문에 후대의 사대부들은 유가와 도가를 상호 관련 해석하는 방식을 이용해 새로운 신심지학을 구축할 수 있었다.

그러나 선진 시기 유가와 도가의 신심관(身心觀)에는 매우 중요한 차이가 존재했기 때문에 훗날 위진(魏晋), 송명(宋明) 시기의 신심지학의 정립에 서로 다른 사상적 자원을 제공하였다. 선진 시기 유가의 신심사상은 사회 본위적 가치관의 기초 위에 세워진 것으로 그들이 일컫는 개체 신심은 일종의 도덕화된 신심이다. 따라서 정신이 육신을 지배한다는 신심의 상호작용 관념은 궁극에는 명교 질서, 정치 공리에 귀결된다. 선진 시기 도가의 신심사상은 개인의 본위적 가치 관을 근거로 형성된 것으로써 그들이 추구하는 것은 일종의 자연화된 신심이다. 도학자들은 자연의 도(道)를 궁극적인 근거로 삼아서 "덕행이 원만한 자만이 그 형체가 건전하고, 형체가 건전한 자만이 그 정신이 포만함"의 조화로운 신심의 구현을 추구했다. 이런 유가와 도가의 신심관 차이 역시 위진 및 송명 시기 사대부들에게 유가와 도가를 상호 보완한 신심지학의 구축 가능성을 열어주었다.

제2절 현학(玄學)의 신심사상(身心思想)

사람들은 양한 및 위진 시기의 사상과 학술을 언급할 때 습관적으로 '양한경학(兩漢經學)'과 '위진현학(魏晉玄學)'이라고 부른다. 그러나 양한에서 위진으로 이어지는 학술문화의 변천은 단지 경학(經學)에서 현학(玄學)으로의 학술적 형태 교체만이 아니라 동시에 정치-우주 철학에서 예술-인생 철학으로의 사상적 형태의 전환이기도 하다. 위진 현학의 취지는 생명의 의미를 해결하는 인생철학이며, 그 인생철학의 이론적 근거와 사상의 전제는 바로 일찍이 선진 시기부터 주목 받았던 신심문제에 대한 사유이다.

그러므로 신심문제는 위진 현학의 사상 기초인 동시에 위진 현학의 학술적 공헌으로 체현된다. 위진의 신심사상은 송명이학(宋明理學)에 영향을 미쳐서 송대 이학자들의 신심합일(身心合一)이라는 개인의 인생철학을 해결하는 데 중요한 사상 자원을 제공했고, 고대 사대부의 위진의 명사풍도(名士風度) 추구로부터 송명의 성현기상(聖賢氣象)에 대한 추앙 단계로의 행보를 촉진했다.

1. 정신적 권위의 붕괴와 개체 자아의 부상

후한(後漢) 말기부터 위진(魏晉)에 이르는 시점까지는 중국의 사상 문화가 급변한 시기로써, 양한(兩漢) 시기에 구축된 천인감응(天人感應)과 군권신수(君權神授)의 사상과 문화체계가 붕괴될 상황에 직면하고, 개체 자아를 핵심으로 한 가치 체계가 만연해지는 양상이 단적으로 나타났다. 위진의 독특한 신심사상은 바로 이 시기의 급격한 사상과 문화의 변혁으로 탄생된 산물이다.

양한의 사상과 문화는 하늘과 사람은 동일한 구조라는 '천인동구(天人同構)'의 거대한 우주론적 사상체계를 기본구조로 세워진 것으로 이 체계에 의해 두 권위가 확립되었다. 첫째는 '백신지대군(百神之大君)'으로서의 '하늘'의 권위이며, '하늘'은 천지자연과 인간 사회를 지배하는 최고 통치자이다. 둘째는 '수명우천(受命于天)'의 '천자(天子)'의 권위로 '천자'는 인간세상에 있어서 '하늘'을 대표하는 존재이다. 이 두 정신적 권위는 양한 시기의 사상관념과 의식형태 중에서 가장 높은 지위를 차지하였고, 이 두개의 강력한 사상적 권위의 그늘 아래서 모든 개체 자아는 아무런 독립적 의미도 없이 종속되었다. 우선,

모든 인간은 '하늘' 과 '천의(天意)'에 의해 생겨난 것이고, 또한 '하늘'
은 인간의 몸은 하늘과 같아서 수(數)가 서로 어울리기에 생명이 서로
연결된다는 '인부천수(人副天數)'와 '천인감응(天人感應)'의 방식으로
모든 개체의 인간을 통제한다는 것이다. 다음으로, '하늘'은 그의 아들
즉, '천자(天子)'를 파견해 만민을 통솔하고 관리하는데 이것이 곧 "천
자는 하늘의 뜻을 받들어 천하를 다스리고, 천하는 천자의 다스림을
받는 것이다"[84]라는 관념이다. 이렇듯 인간의 몸와 정신은 모두 '천의
(天意)'에 의해 생겨난 만큼 응당 모두 절대적으로 '하늘'의 의지에
순응해 '백신지대군(百神之大君)'의 하늘을 위해 자신을 봉사 · 헌신해
야 한다는 것이다. 따라서 양한 시기에는 독립적 개체가 존재할 수
있는 어떠한 여지도 없었다. 또한 모든 개체의 인간은 외형적인 몸으
로부터 내적인 마음에 이르기까지 이 지고무상한 정신적 주재자에게
종속되어 복종하고, 군신(君臣), 부자(父子), 부부(夫婦)의 존비(尊卑)
등급 관계망에 갖히게 된다. 이른바 "음기는 양기와 어울리고, 아내는
남편과 어울리며, 아들은 아버지와 어울리고, 신하는 군주와 어울린
다"[85]라는 것이다. 이와 동시에 군부(君父)의 정치권력과 하늘의 정신
적 권력은 일체화로 분리될 수 없고, 군신 · 부자 · 부부 등의 불가분
의 관계는 궁극적으로 최고 권위인 '하늘'에서 비롯된다는 것이다.
"천자(天子)는 하늘로부터 명령을 받고, 제후들은 천자로부터 사명을
받으며, 아들은 아버지로부터 명령을 받고, 신하는 군주로부터 사명

---

84) 진고응(陳鼓應): 『장자금주금역(莊子今注今譯)』, 『장자 · 천지(莊子 · 天地)』, p.318.
85) 『춘추번로(春秋繁露)』 권12, 『기의(基義)』 제53, p.432.

을 받으며, 아내는 남편으로부터 사명을 받는다. 각자가 받은 사명은 최고의 사명으로 결국 하늘의 것이다. 그러므로 하늘로부터 사명을 받은 것이라 말해도 무방한 것이다."[86]라는 견해이다. 이런 강력하고 경직된 정신적 권위와 정치 권력의 관계에는 오로지 군신(君臣)·부자(父子)·부부(夫婦)의 사회적 신분만 존재할 뿐 개체화(個體化)한 자아는 결코 생겨날 수 없었다.

그러나 후한(後漢) 후기에 이르러 '하늘'의 권위는 심각한 도전을 받으며 신앙적 위기를 맞이하게 된다. 양한 시기의 '하늘'의 권위는 자연재해와 이상현상 등과 같은 하늘의 견책과 충고인 재이견고(災異譴告), 천인감응(天人感應), 천인동류(天人同類) 등 사상학설을 토대로 세워진 것이다. 하지만 후한 후기에 이르러 빈번이 발생하는 자연재해로 인해 사람들의 재이지설(災異之說)에 대한 의구심이 커졌다. 또한 이성적 의식의 소유자인 왕충(王充)의 『논형(論衡)』이 사대부들 사이에 널리 퍼지면서 천인감응론(天人感應論)의 붕괴를 심화시켰다. 따라서 사람들은 '하늘'은 의지할 수 없으며, 인간 세상과 자연계를 지배할 수 없기에 인간의 정신적 의지와 정신적 귀착을 해결할 수 없다는 것을 지각했다. 이와 동시에 '천자'로서의 군주의 권위도 의심을 받아 심각한 정치적 위기에 봉착했다. 원래 한대(漢代) 사대부의 보편적인 가치관념은 명교의 질서 속에서 충군효부(忠君孝父), 경세치국(經世治國) 및 입덕(立德), 입공(立功), 입언(立言)의 삶의 이상을 실현하는 것

---

86) 『춘추번로(春秋繁露)』 권15, 『순명(順命)』 제70, pp.520-521.

이었다. 그러나 후한 말년의 당고지화(黨錮之禍)에서 군주와 나라에 충성한 사대부들은 조정의 탄압에 의해 체포되고 감금되고 학살당하는 등 엄한 징벌에 처해진 반면, 나라와 백성에게 재난을 안겨준 환관, 간신들은 오히려 군주로부터 중용되었다. 이런 냉혹한 정치 현실에서 충의(忠義)를 추구하던 유가 사대부들은 '천자'마저도 의지할 수 없는 존재라는 사실을 뼈저리게 느끼게 되었다. 더욱이 후한 말기부터 삼국시기에 이르기까지 자연재해와 인재가 끊이질 않았다. 전염병, 기근, 홍수, 가뭄, 지진이 빈번히 발생하고 게다가 암흑정치와 사악한 세력의 난립, 끊임없는 전쟁까지 더하여 시신이 도처에 널려 있는 참혹한 현실에 사람들은 비관하고 실망을 느꼈다.

'하늘'과 '천자'의 권위가 붕괴되자 개체는 그 방대하고 무거운 천인동구(天人同構)의 정신적 족쇄에서 벗어나 외재적인 강제 혹은 관섭이 없는 독립적인 자아로 부각되었다. 그리고 한위(漢魏) 시기의 사람들이 처했던 비참하고 고통스러운 시절과 참혹한 현실은 개체 생명의식을 더욱 강화시켰다. 또한 사람들은 예전 사람들이 믿었던 '백신지대군(百神之大君)'의 '하늘'과 '수명우천(受命于天)'의 '천자'는 모두 의지할 수 없고, 전통적 도덕과 절의, 정치적 공명 역시 무의미한 것임을 의식했다. 게다가 혼란스럽고 고통스런 격동 시기의 개체 생명은 항상 그 생사가 무상했기에 가장 소중한 것은 진정으로 자신의 경계에 속하고 단 한번 밖에 없는 생명, 즉 신심이 합일된 개체의 생명이라는 점을 자각하기 시작했다.

그래서 위진 시기의 사회풍조, 특히 사대부들의 생활태도에 큰 변화가 일어났다. 후한시기 사대부들의 도덕적 절개에 대한 추구, 관직 없는 명사들이 사사로이 국정을 함부로 논하는 것에 죽음으로 항쟁하거나, 충군의 애국의식은 더 이상 찾아볼 수 없었다. 이에 대신해 생겨난 것이 바로 인생의 무상함과 생명의 짧음을 한탄하고, 세상 예법의 구속없는 자유로운 생활 추구, 적시적 향락 또는 산수를 유람하고, 예술을 즐기며, 철학적 사변 속에서 정신적 초탈 추구였다. 요컨대 이런 행위는 온전히 개체 자아로 회귀하는 생활태노이고, 자아 중심의 가치관으로 '하늘'과 '군부(君父)' 중심의 가치관념을 대체하는 것이다. 자아의식의 각성과 개체 존재의 부각은 바로 위진 현학이 흥기하는 중요한 사상적 원인이다.

그래서 학계에서 위진 시기는 사대부 계층의 사상적 해방과 개체 자각의 시기로 간주되어 왔고, 사대부가 개체 자아로 새롭게 인식된 시기이기도 하다. 사대부들은 마침내 가치 근거에 대한 사유와 탐구를 다시 시작했고, 명교의 체계로 인해 사라졌던 '자아'를 재발견했다. 따라서 사대부들은 자신들의 인생목표 설정과 만사 만물의 가치를 평가할 때 '자아'를 평가 및 선택의 주체로 삼았고, '자아' 야말로 진실하고 유일한 가치 근거라는 점을 부각시켰다.

> 하필이면 이것저것 고민할 것이 없다. 제일 중요한 것은 늘 자아(自我)를 갖추는 일이다. 시름은 하늘에 날려보내고 번뇌는 땅에 묻어야 한다. 『오경(五經)』을 파기하고 『시경(詩經)』의 '풍(風)'과 '아(雅)'를 파기해야 한다. 백가(百家)들의 자질구레한 언론들을 모두 태워버려야 한다. 뜻은 높은 곳에 두고 마음은 바다에서 노닐어야 한다. 원기(元氣)를 배로 삼고

미풍을 선미(船尾)로 삼아야 한다. 하늘에서 노닐면서 마음껏 즐겨야 한다.[87]

　가치 선택 및 인생목표 확립에 관한 중대한 문제에서 주체가 되거나 근거로 삼을 수 있는 것은 국가적 의식형태의 유가 경전이나 제자백가가 아니라, 그것은 바로 정치 구조와 종법(宗法)제도에서 벗어난 독립된 '자아'라는 것이다. '아(我)'는 더 이상 군신부자(君臣父子)의 명교 구성 속의 사회적 역할로 인정이 아니라, 완전히 유일하고 독립적이며 감성적인 개체로써의 자아이다. 예하면, 진(晉)나라 사대부 장한(張翰)이 "내가 죽은 후의 명예를 쫓기보다 지금의 한 잔 술이 더 좋다"[88]라는 언급에서의 '아(我)'는 명교 질서, 천신백귀(天神百鬼)와는 모두 무관하며, 독립적 개체로서 '죽은 후에 명예를 쫓는 것'과 '술 한잔'에 관한 선택이다. 이는 완전히 근본적 인생행로와 가치 등급에 관한 선택이지만, 주체적으로 이런 선택을 결정할 수 있는 것은 바로 독립적이고 개성적이며 유일한 '아(我)'라는 것이다.

　그렇다면 이 유일하고 독립적이며 개성적인 '아'는 무엇인가? 이 '아'는 과연 어떻게 형성할 것인가? 또한 이 '아'가 지닌 문화적 의미는 무엇인가? 위진 시기의 신심지학(身心之學)이 바로 이 '아'의 사상적 이론의 근거이기 때문에 위진 현학의 신심관(身心觀)을 한층 더

---

87) 범엽(範曄):『후한서(后汉书)』권49『중장통전(仲長統傳)』, 중화서국(中華書局), 2001년판, pp.1645-1646.

88) 방현령(房玄齡) 등:『진서(晉书)』권92『장한전(張翰傳)』, 중화서국(中華書局), 2008년판, p.2384.

94 현학과 이학의 학술사상 발전경로에 관한 연구

깊이 분석해 볼 필요가 있다.

선진 시기의 유가와 도가에서 이미 인간의 신심문제에 대해 깊이 있게 탐구한 것은 춘추전국시기 사람들의 굴기와 관련있다. 유교 및 도교를 회통한 위진의 현학 역시 선진의 유가와 도가의 신심관을 계승 발전시킨 것이다. 위진 사대부들이 각성시킨 자아의식의 '자아(自我)'는 각 개인의 몸와 마음 혹은 형체와 정신이라 할 수 있다. 그들이 정립한 '자아' 핵심의 기치관념과 인생철학은 다름 아닌 바로 각 개인의 유일무이한 '자아' 및 그 몸과 마음의 지고지상한 지위를 강조한 것이다.

우선, 위진 사대부들은 매우 이성적인 태도로 모든 개체 자아가 존재할 수 있는 기초와 근거는 바로 자신의 몸이라는 것을 깨달았다. 그들은 형(形)·형해(形骸)·신(身)·체(體) 등을 독립적 개체의 근거로 삼았다. 그들은 인간의 몸은 우주기화(氣化) 과정에서 '기(氣)를 머금고 생겨난 것'이며, 인간이 죽으면 기(氣)가 흩어지고 신(神)과 혼(魂)은 더 이상 존재하지 않는다는 것을 인식했다. 다시 말해서 "인간이 태어나는 것은 기(氣)의 일시적인 응집이고 물(物)의 일시적인 현령(顯靈)에 지나지 않는다."[89] 따라서 '보신(保身)'과 '안신(安身)'만이 인생에서 가장 중요한 일이라는 것을 자각했다. 진(晉)나라 반니(潘尼)는 그의 저서 『안신론(安身論)』에서 "품덕을 증수(增修)하는 데 가장 중요한 것은 자신을 안정시키는 것이다", "군자는 반드시 먼저 자신의

---

89) 장담(張湛): 『열자주·양주(列子注·楊朱)』, 양백준(楊伯峻) 『열자집석(列子集釋)』 권 7에 실림, 중화서국(中華書局), 2007 년판, p.216.

몸을 안정시켜야 비로소 뜻한 바를 이룰 수 있다."⁹⁰⁾라고 서술했다. 위진 시기의 사대부들은 늘 위태롭고 혼란스런 상황에 처해 있었기에 자기 한몸을 더없이 소중히 여기고 아꼈으며, 몸이야말로 진실하고 근본적인 가치의 본원이고 몸 이외의 정치적 업적이나 명성과 도덕 같은 것들은 자신의 몸과 비교할 것이 못된다고 여겼다. 북조의 문인 안지추(顔之推)가 "하안(何晏)과 왕필(王弼)은 예전 현인들의 뜻을 본받아 도가(道家)의 심오한 현리(玄理)를 진술하며 서로 현학을 숭상했다. 당시 그들은 그림자처럼 붙어 다녔는데 풀이 바람을 따르듯 했다. 그들은 모두 신농(神農), 황제(黃帝)의 교화(教化)를 천명으로 삼았다. 하지만 주공(周公)의 경술(經術)은 도외시 했다."⁹¹⁾라고 언급한 것처럼, 그는 하왕(何王:하안과 왕필)을 비롯한 위진 명사들은 모두 자신을 근본삼는 '기신(己身)'을 인생가치의 근본으로 삼았고, 원래 사회의식의 주류를 이뤘던 '주공지업(周孔之業)의 유가사상'은 일찌감치 도외시 당했다고 주장했다.

다음으로, 위진의 사대부들은 '신(身)'과 분리 불가한 '심(心)'의 중요성을 강하게 의식하여 '심(心)'을 개체 자아의 가치를 평가하는 궁극적 근거로 삼았다. 선진 시기 유가와 도가의 신심철학에서는 모두 몸과 마음은 분리불가적인 통일체라고 인정했으며, 위진 사대부들도 이런 관점에 대해 대체로 동의했다. 유소(劉卲) 역시 '개체지인(個體之人)'을

---

90) 『진서(晉書)』 권55 『반니전(潘尼傳)』, p.1507.
91) 안지추(顔之推): 『안지가훈 · 면학(潘尼傳 · 勉學)』, 『안씨가훈역주(顔氏家訓譯注)』 권3 에 실림, 상해고적출판사(上海古籍出版社), 2006 년판, p.127.

논함에 있어 신심(身心)과 형신(形神) 은 통일체라고 여기면서, "무릇 생명이 있는 모든 물체는 모두 형상이 있다. 형상은 내재적 정신에 의해 체현된다. 만약 정신을 충분히 파악하면 사물의 도리와 인간의 본성을 연구할 수 있다."[92]라고 지적했다. 그러나 형신과 신심의 관계에서 '신(神)'과 '심(心)'은 인간이 개체 자아의식을 갖는 근본 조건이기에 개체 자아의 지배자이다. 그래서 혜강(嵆康)은 양생에 대한 실천을 통한 신심관계를 언급할 때 심(心)의 신(身)에 대한 지배자적 역할을 크게 강조했다. "정신은 형체(形體)에 있어서 한 나라의 군왕과 같은 것이다. 내재적 정신이 초조하고 불안하다면 외재적 형체는 정상 상태를 잃게 된다. 한 나라의 임금님이 멍청하고 어리석으면 나라가 혼란에 빠지는 것과 마찬가지 도리이다."[93]라고 피력했다. 개체 생명의 '양생(養生)' 측면에서 말하자면, 양신(養身)과 양심(養心), 양형(養形)과 양신(養神)은 어느 것도 홀시할 수 없지만 양심(養心)과 양신(養神)은 더욱 중요한 근본이라는 것이다.

위진 시기 사대부들이 비록 자신들의 학설을 '신심지학'이라고 부른 적은 없었지만 그들의 사상은 항상 개체의 신심(身心)을 둘러싸고 전개되었고, 풍부하고 심오한 현학사상 또한 개체의 신심에서 출발하여 정립된 것이다.

---

92) 유소(劉劭): 『인물지·구정(人物志·九征)』, 『위진전서(魏晉全書)』 제1권, 길림문사출판사(吉林文史出版社), 2006 년판, p.429.
93) 혜강(嵆康): 『양생론(養生論)』, 『위진전서(魏晉全書)』 제2권에 실림, p.440.

2. 명사의 신심(身心) 추구와 곤경

위진 시기 사대부들은 정신적으로 '하늘'의 종교적 권위와 군주의 정치적 권위에서 벗어나자 외적인 권위에 의존하지 않는 개체 자아를 자각하고, 가치 근거를 자아의 존재로 전환시켰다. 당시 냉철한 위진 명사들은 마침내 삶의 의미와 가치는 허상적인 '하늘'과 외재적인 명교가 아니라 온전히 나 자신만의 내적 자아와 진실한 생명임을 깨닫게 되었다. 다시 말해서 위진 사대부들은 개체 생명의 일시성, 일회성, 독특성을 의식한 것이다. 세계 만물을 지배하는 '백신지대군(百神之大君)'의 '하늘'이 허위라면, 스스로를 '천자(天子)'라고 자처하는 군주 및 명교 질서 역시 허위적인 것으로 이 모두가 환영적이고 의지할 수 없는 존재이다. 그렇다면 유일한 진실은 단지 자아의 일시적인 개체 생명뿐이며, 모든 가치의 본원 역시 우연한 일회성의 개체 생명뿐이라는 것이다. 『열자·양주편(列子·楊朱篇)』에는 위진 사대부들의 개체적 생명의 진실성과 유일성에 대한 느낌을 매우 투명하게 표현하고 있다.

> 만물이 서로 다른 것은 생존이고 똑같은 것은 죽음이다. 생존에는 현명한 것도 있는가 하면 우매한 것도 있으며 고귀한 것이 있는가 하면 비천한 것도 있다. 이는 서로 다른 것이다. 죽으면 부패해서 악취가 풍기다가 자취없이 소멸된다. 이는 서로 같은 것이다. 설사 이렇다 하더라도 현명한 것과 우매한 것, 고귀한 것과 귀천한 것은 인간의 힘으로 이룰 수 있는 일이 아니다. … 하지만 만물의 생과 사는 모두 같으며 현명한 것과 우매한 것도 같으며 귀한 것과 비천한 것도 같은 것이다. 십년을 살아도

죽으며 백년을 살아도 죽는다. 의로운 인간도 죽으며 성인도 죽는다. 악한 인간도 우매한 인간도 죽는다. 생전에 요·순 임금처럼 위대하게 살았을지라도 죽으면 썩은 뼈가 된다. 혹은 하왕 걸(桀)과 상왕 주(紂)일지라도 죽으면 썩은 뼈가 되기는 마찬가지이다. 썩은 뼈는 똑같다. 누가 그것들의 차이를 알겠는가? 하물며 이번 생을 위해 바삐 돌아치다보면 어느 시간에 사후를 돌볼 수 있겠는가?[94]

위진 명사들은 인간은 반드시 한번은 죽게 된다는 객관적 사실을 더욱 절실하게 깨달았다. 인간의 일생에 비록 현우(賢愚)와 귀천(貴賤)의 갖가지 차별이 존재하지만 모든 인간은 결국은 한번 죽게 되며, 죽은 후에는 부골(腐骨)이 되는 똑같은 결말에 이르니 생명을 소중히 여기고 세상에 살아있는 것만으로도 행복과 만족을 느끼는 것을 인생의 의미와 목적으로 삼았다.

그렇다면 어떻게 생명을 소중히 여길 것인가? 인간세상의 진정한 행복은 무엇인가? 위진 명사들은 개체의 신심을 근거로 이에 대한 답안을 제시했다. 그들은 신체적 욕망 혹은 내면의 정신적 쾌락을 추구해야 한다고 주장했다. 물론 그들은 이 양자의 통합을 가장 완벽한 결과로 여겼다.

우선, 위진 사대부들은 신체적 욕망에 대한 강한 추구를 나타냈다. 외형적 '하늘'과 명교 질서가 미덥지 못한 것이라면 이와 관련된 명성, 명예, 신앙 따위는 허위적인 것이고 남은 것은 오로지 개체 지아의 근본인 신체뿐이다. 그렇다면 가장 진실하고 절실한 관심사는 바로

---

94) 『완위별장(宛委別藏)』 제96권, 『열자·양주 제7(列子·楊朱第七)』, 강소고적출판사(江蘇古籍出版社), 1988 년판, p.161

자신의 몸과 욕망뿐이다. 그래서 수많은 위진 사대부들은 인생가치에 대해 논할 때 모든 몸과 관련된 욕구와 만족을 가장 중요한 핵심적 위치에 두었다. 특히 그들이 "청장년 시절은 한번 지나가면 다시는 오지 않는다. 부귀하고 영화로운 생활도 한번 지나가면 다시는 돌아오지 않는다. 인생의 아름다운 시간은 짧으며 쉽게 흘러가 버린다. 죽은 후 몸은 흙이 되며 모든 것은 환상에 지나지 않는다"[95]라는 것을 의식하면서 신체적 즐거움을 어떻게 취하느냐는 것이 위진 명사들의 가장 절실한 욕구가 되었다. 중국 근현대 문학가 노신(魯迅)은 『위진의 풍도 및 문장과 약 및 술의 관계(魏晉風度及文章與藥及酒之關系)』라는 문장에서 위진 명사들 사이에 성행한 약물 복용과 음주 이 두가지 사회 풍조는 모두 신체적 욕구를 충족시키는 즉시적인 향락을 즐기려는 생활태도와 관련있다고 논했다. 예하면, 위진 명사들이 약물 오석산(五石散)을 복용한 근본적인 동기는 "지나치게 미색과 음악에 집착하는 것으로 장수를 바라거나", "한식산(寒食散)을 복용하는 것으로 자기의 욕망을 채우기 위해서 였다."[96]라고 평했다. 약 복용은 욕구 감정을 드러내는 생활 및 신체 보양의 필요와 관련있음을 알 수 있다. 이 외에 위진 명사들이 음주에 심취한 것 역시 신체적 욕구와 관련있다. 이른바 그들이 말한 "3일 동안 술을 마시지 않으면 육체와 정신은 하나로 결합될 수 없다", "좋은 술은 자연스럽게 사람

---

95) 완우(阮瑀): 『칠애시(七哀詩)』, 『건안칠자집(建安七子集)』 권5, 중화서국(中華書局), 2006 년판, p.160.
96) 『자치통감(資治通鑑)』 권115 『진기(晉紀)』 권37 인호삼성주인소식어(引胡三省注引蘇軾語), 중화서국(中華書局), 1976 년판, p.3614.

들로 하어금 명승지에 있는 듯한 느낌을 준다"[97]라는 표현처럼 그들은 자신의 몸에만 관심을 두고 사후의 명예같은 것은 상관하지 않았다. 이른바 "내가 죽은 후의 명예를 쫓기보다 지금의 한 잔 술이 더 좋다"라는 관념이다. 위진 시기에 바로 이런 신체적 욕망에 대한 강렬한 추구가 성행하였기 때문에 형체적 향락과 신체적 쾌락 추구를 요지로 삼는 인생 관념이 형성된 것이다. 그들은 『열자·양주편(列子·楊朱篇)』을 통해 이런 인생철학을 체계적으로 표명했다.

> 인간은 무엇을 바라고 사는가? 무엇으로 쾌락을 얻어야 하는가? 먹고 마시고 놀고 즐기기 위하여, 인간들의 칠정육욕을 만족시키기 위하여 … 상고시기의 인간들은 인생이란 잠시 오는 것이고 죽음이란 잠시 가는 것이라고 알고 있었다. 때문에 마음이 가는 대로 움직였으며 자연의 섭리를 거스르지 않았다. 또 일부러 이번 생과 오늘 누려야 할 쾌락을 일부러 피하지 않았다. 따라서 명예의 지배를 받지 않았다. 본성에 충실히 행동했고 만물의 섭리를 거스리지 않았으며 몸 밖의 명예에 연연하지 않았으며 법도 범하지 않았다. …… 듣고 싶은 것만 듣고 보고 싶은 것만 보며 맡고 싶은 냄새만 맡으며 말하고 싶은 것만 말하며 몸이 편한 대로 행동하고 생각대로 했다.[98]

심지어 『열자·양주편』의 저자는 생명을 소중히 여기는 진생(珍生)과 양생(養生)의 근본 조건은 바로 신체적 욕구의 충족을 통해 형체적 개인의 모든 쾌락을 만족시키는 것이라고 여겼다. 이는 위진 사대부

---

97) 여가석(餘嘉錫): 『세설신어전소(世說新語箋疏)』, 상해고적출판사(上海古籍出版社), 1993 년판, p.763, p.760.

98) 『완위별장(宛委別藏)』 제96권, 『열자·양주 제7(列子·楊朱第七)』, 강소고적출판사(江蘇古籍出版社), 1988 년판, pp.159-163.

들이 추구하는 형체적 향락의 인생 가치관에 대한 가장 적절한 표현
이다.

다음으로, 위진 사대부들은 내심적 요구와 정신적 쾌락의 추구를
드러냈다. 개인의 짧은 삶에 대한 자극은 신체적 향락은 물론 정신적
쾌락에 대한 추구도 이끌어냈다. 많은 위진 시기의 사대부들은 신체
적 향락의 만족은 매우 제한적이고, 약물 복용과 음주를 즐기는 방임
적 향락으로도 여전히 죽음에 대한 초조함에서 벗어날 수 없음을
자각했다. 그들은 심적 쾌락과 정신적 만족을 통해 신체적 향락을
초월할 수 있기를 원했기 때문에 곧 마음이 육체의 한계에서 벗어남
으로써 자유로운 생명이 유가(儒家)와 예속(禮俗)의 구속에서 벗어나
는 정신적 초월을 추구하여 물아상명(物我相冥)과 도아합일(道我合一)
의 경지에 도달해야 한다는 '유기형해(遺其形骸)' 사상을 제시했다.
혜강(嵇康)은 개체 존재의 신심관계에서 '심(心)'은 '본(本)'이고, '신(身)'
은 곧 '말(末)'이라고 정의하고, "정신은 형체에 있어서 한 나라의 군왕
과 같은 것이다. 내적 성신이 초조하고 불안하다면 외적 형체는 정상
상태를 잃게 된다. 마치 한 나라의 임금님이 멍청하고 어리석다면
나라가 혼란에 빠지는 것과 마찬가지 도리이다."[99]라고 주창했다.
'정신'이 '군왕'과 '근본'이고, '형해'가 '국가'와 '종말'이라고 한다면,
'정신적' 쾌락과 즐거움을 실현하는 것이야말로 생명에 대한 가장 근
본적인 자각이며 소중함이다는 것이다. 위진 사대부들이 산수를 유람

---

99) 혜강(嵇康): 『양생론(養生論)』, 『위진전서(魏晉全書)』제2권, 길림문사출판사(吉林文史
    出版社), 2006년판, p.440.

하고, 시를 읊조리고 노래를 부르고, 현학과 철리의 담론에 열중하는 행위들은 모두 일종의 내심적 즐거움과 정신적 쾌락에 대한 추구이다. 그들이 추구한 생활방식은 늘 "새벽과 밝은 태양 아래에서 화락(和樂)을 즐기며 수려하고 그윽한 수림에서 목청껏 노래 부른다. 저녁 무렵에 달과 함께 길을 떠나고 집에 들어서면 오현금(五弦琴)을 튕긴다. 오현금의 소리는 맑고 가락은 우아하며 격앙하다. 남향의 바람은 나의 옷깃을 흔든다. 감미로운 술은 나의 생각을 버리고 정확하고 적당한 언어는 나의 내심을 말끔히 씻어준다. 누가 깊고 고아한 정감을 갖춘 나를 알아줄 것인가? 나의 오현금 소리에 귀를 기울여 감상하라"[100]라는 서술 그 자체였다. 이것은 위진 명사들이 일반적으로 즐겼던 산속에서 은거하고, 시문으로 사상감정을 전하고, 예술을 감상하는 생활방식이다. 이런 심적인 즐거움과 정신적 쾌락에 대한 추구로 죽음에 대한 불안감을 떨칠 수 있을 뿐만 아니라 형체적 만족의 유한성을 초월할 수도 있었다. 바로 조비(曹丕)가 "문장은 나라를 다스리는 공적에 영향을 주며 후세에 길이 전해지는 불후의 성대한 위업이다. 인간의 나이 및 장수와 요절에는 시간의 제한이 있고 영예나 즐거움은 한 개인에게 속하고 일정한 시간에 그칠 뿐이다. 하지만 문장은 영원히 전해지며 그 끝이 없다"[101]라고 말한 것처럼 시문과 예술은 사대부들에게 개인의 정신적 쾌락을 선사할 뿐만 아니라 그

---

100) 사안(謝安): 『여왕호지(與王胡之)』, 녹흠립(逯欽立)이 편찬한 『선진한위진남북조시(先秦漢魏晉南北朝詩)』, 『전진시(全晉詩)』 권5, 중화서국(中華書局), 1983 년판, p.439.
101) 조비(曹丕): 『전론(典論)』, 소통(蕭统) 『문선(文選)』 권52, 악록서사(嶽麓書社), 2002 년판, p.1566.

작품 성과는 영구히 보존할 수 있기 때문에 인류의 정신적 활동 성과인 '불후의 위대한 업적' 성취가 됨으로써 개체의 유한한 생명에 대한 초월을 실현케 한다는 것이다.

물론 개인의 행복을 추구하고 자신의 생명을 소중히 여기며 가장 이상적인 목표는 "마음을 안정시켜 몸을 보전하는 것"으로 개체의 정신과 육체의 분리 불가 및 상호 보완을 통해 인간 생명체의 정상적인 신심 기능과 건강을 유지해 행복한 삶을 실현하는 것이다. 그러나 여기에서 말하는 "내심을 안정시켜 몸을 보호하며, 인간 생명체의 정상적인 마음과 육체의 기능 및 건강을 유지해 준다"라는 것은 단지 하나의 이상적인 목표일 뿐이다. 위진 사대부들의 실제 생활에 있어서 정신과 육체 간의 모순적인 상황도 종종 보였다. 그들은 종종 신체적 향락과 정신적 쾌락 간의 선택에 있어서 과연 무엇을 인생의 목표로 삼을 것인가 하는 문제로 여러 가지 곤혹을 느끼기도 했다. 예하면, 혜강(嵇康), 향수(向秀) 두 사람은 형체적 향락과 정신적 쾌락 중에 어느 것이 근본인가 하는 문제를 놓고 논쟁을 벌였다. 혜강은 『양생론(養生論)』에서 "양생에 능한 사람들은 마음이 맑고 겸허하며, 행위가 평온하고 태연자약하다. 사심과 욕심이 적으며, 명예가 높고 크면 도덕을 손상시킨다는 것을 알고 있다. 따라서 그들은 명예를 경시하고 추구하지 않는 것이지 결코 얻고저 하면서도 억지로 금지하는 것이 아니다. 너무 좋은 음식이 몸을 해친다는 것을 알고 있기에 버리고 거들떠보지 않는 것이지 탐식한 후에 억제하는 것이 아니다."[102]라고 언급했다. 혜강은 인간의 신체적 욕망은 자신의 정신적 생활과 생명 자체에 위해를 가져다 줄 수 있기에 "인간됨이 맑고 겸허하며, 행위가 평온하고 태연자약하며 끊임없이 사심과 탐욕을 줄이다가 나중에는 아주 버린다"라는 정신적 경지를 추구해 도달하는 것이 바로 개체 생명을 지키는 근본적 요구라고 주장했다. 하지만 향수는 『난양생론(難養生論)』에서 혜강의 주장에 대해 "생명이 있으면 욕망이 있게 된다. 뜻대로 되면 기분이 좋아지고 의기양양해진다. 만약 욕망을 단절하고 배척한다면 생명이 없는 것과 같다. 묻거니, 생명보다 귀한 것이 무엇이 있겠는가? 인간의 기호는 욕망이며 대부분 인간은 영예를 좋아하고 치욕을 증오하며 휴식을 즐겨하고 힘든 일을 싫어한다. 이런 것은 자연에서 천성적으로 생겨나는 것이다."[103]라고 반박했다. 분명한 것은 향수는 개체 인생에 있어서 본능적인 욕망과 형체적 쾌락의 중요성을 강조하면서 혜강이 주장한 사심과 탐욕이 없어질 때까지 끊임없이 노력하는 인생태도는 곧 생명이 없는 것과 같기에 신체적 욕망을 인생 의미의 근본적 근거로 삼아야 한다고 여겼다.

그래서 위진 시기의 명사풍도는 비록 모두 개체 생명의 가치를 고양하고 개체 인생 의미를 구현했으나, 개체의 근거인 신심문제에서는 오히려 두 가지의 서로 다른 인생가치의 근거가 나타났다. 하나는 마음이 육체의 한계에서 벗어남으로써 자유적인 생명이 유가와 예속

---

102) 혜강(嵇康): 『양생론(養生論)』, 『위진전서(魏晉全書)』 제2권에 실림, p.440.
103) 향수(向秀): 『답혜숙야「난양생론」(答嵇叔夜「難養生論」)』, 『위진전서(魏晉全書)』 제2권에 실림, p.552.

의 구속에서 벗어난 정신 상의 초월을 추구하여 물아상명(物我相冥)과 도아합일(道我合一)의 경지에 도달한다는 '유기형해(遺其形骸)'를 통해 정신적 만족과 심적 쾌락을 충족시킨다는 인생가치이다. 이런 가치를 믿는 명사들은 『장자(莊子)』의 '타여형해 (墮汝形骸: 외재적 형체를 버림)'의 사상관을 계승하여 개체가 진정으로 심적 자유와 정신적 만족을 얻길 바란다면 하상공(河上公)이 말한 대로 "나의 마음과 정신이 육체의 속박에서 벗어나게 해야 한다."[104]라고 여겼다. 따라서 위진 명사들은 분분히 개인의 신체적 욕구를 초월하는 차원에서 '유기형해(遺其形骸)'에 관한 문제를 담론했다. 왕필(王弼)은 "모든 형체가 있는 물건은 그 형체에 얽매기 마련이다. 영원히 원래의 모습을 그대로 보존할 수는 없다."[105]라고 말했고, 완적(阮籍)은 "세상엔 영원한 삶이란 없다. 인간의 생명은 아침처럼 짧다. 그러할진대 자신의 득실이 얼마인지를 막론하고 추구할 가치가 있겠는가?"[106]라고 제시했으며, 곽상(郭象)은 "외재적 형식을 버리고 망아(忘我)의 정신적 경지에 도달해야 한다."[107]라고 주창했다. 그들은 인간의 신체 및 그 욕망은 인간 마음의 자유와 정신의 승화를 저애하는 장애물이기 때문에 정신

---

104) 『노자도덕경하상공장구(老子道德經河上公章句)』, 중화서국(中華書局), 1993 년판, p.49.

105) 『주역주 · 건주역주 · 건(周易注 · 乾周易注 · 乾)』, 『왕필집교석(王弼集校釋)』, 중화서국(中華書局), 1980년판, p.213.

106) 완적(阮籍): 『대인선생전(大人先生傳)』, 『완적집교주(阮籍集校注)』 권상, 중화서국(中華書局), 2006 년판, p.176.

107) 곽상(郭象): 『장자주 · 덕충부(莊子注 · 德充符)』, 곽경번(郭慶潘) 『장자집석(莊子集釋)』 권2하, 중화서국(中華書局), 2004 년판, p.200.

적 만족을 위해서는 신체적 욕망를 버려야 한다고 주장했다. 또 다른 한가지 인생태도는 정반대로 인생의 진정한 의미를 신체적 쾌락으로 여기며, "인간은 살아서 일생의 즐거움을 다 누리고, 그때그때의 즐거움을 마음껏 누려야 한다"라는 관점을 인생의 목표로 삼았다. 이들은 또 인간의 생명은 매우 짧기 때문에 "인간은 일생을 왜 사는 것인가? 무슨 즐거움이 있는가? 호의호식하고 가무와 여색을 즐기기 위해 사는 것이 아닌가?"라고 여겼다. 또한 그들은 정신적 쾌락을 추구하여 양생의 목적을 실현할 수 있다는 관점에 대해서도 동의하지 않았고, 신체의 욕망을 마음껏 표출하고 인생의 자연적인 욕망을 억제하지 않아야만이 양생의 목적을 달성할 수 있다고 생각했다. 『양주편(楊朱篇)』에서 거론한 것처럼 듣고 싶은 것만 듣고 보고 싶은 것만 보며, 맡고 싶은 냄새만 맡고 말하고 싶은 것만 말하며, 몸이 편한 대로 행동하고 생각하는 신체적 욕구 실현에서 양생의 목적에 도달할 수 있다고 여겼다. 이는 향수(向秀)의 '기욕(嗜欲)' 즉 신체적 욕망은 "모두 자연에서 비롯된 것"라는 관념과 완전히 일치한다.

어떻게 이런 몸과 마음의 단편적인 강조를 조화시킬 수 있을 것인가? 많은 이들이 몸과 마음, 형체와 정신이라는 이중적인 필요에 대한 강한 염원을 나타냈다. 개체 생명이 포괄하는 몸과 마음이 일체되어야만이 진실하고 완전한 생명이 이루어질 수 있다. 위진 명사들은 사회환경, 개인적 경력 및 취향이 서로 다르기 때문에 때로는 신체적 향락 혹은 심적 쾌락에 대해 일방적 강조의 경향을 보이기도 했지만 더 많은 수의 사대부는 오히려 몸과 마음의 이중적 필요와 갈구로부터 개체 자아의 향락과 쾌락을 추구했다. 『진서·석숭전(晉书·石崇傳)』에는 다음과 같은 내용이 기재되어 있다.

> 석숭(石崇)은 왕돈(王敦)과 같이 태학(太學)에 진학했다. 안회(顔回), 원헌(原憲)의 그림을 보면서 '만약 저들과 함께 공자의 청당에 올라 제자가 된다면 저런 사람들과 무슨 구별이 있겠는가!'하고 탄식했다. 왕돈이 '공자의 다른 제자들은 어떠한지 모르겠지만 내가 보건대 당신과 자공(子貢)은 비슷한 것 같구려.'라고 말하자, 석숭의 표정이 엄숙해지면서 '글을 읽는 사람은 반드시 생활이 편해야 하고 명성과 지위가 안정되어야 하네. 내가 어찌 가난한 사람을 가지고 다른 사람과 담론할 수 있겠는가!'라고 말했다.[108]

진(晉)나라 사람들이 생각하는 '명(名)'은 사실 도덕, 시문, 지위 등 정신적 향락을 포함한 명망(名望)이다. 그러므로 사대부들이 추구한 안정된 명예와 지위 즉, '신명구태(身名俱泰)'는 실질적으로 몸과 마음 양면 모두에 대한 만족을 말한다. 혜강(嵇康)은 유명한 『양생론(養生論)』에서 몸과 마음, 형체와 정신의 상호 의존관계, 공동 보양의 원칙에 대해 자세히 논술했다.

> 군자는 형체(形體)는 정신에 의존하여 수립되고, 정신은 반드시 형체에 의존하여 존재한다는 것을 안다. 또 군자는 인간은 양생의 도리를 쉽게 등한시하며 한번의 잘못으로 생명을 해치게 된다는 것도 안다. 때문에 성정(性情)을 수양하는 것으로 정신을 보양해야 하며 심리를 평형하는 것으로 몸을 보전해야 한다.[109]

---

108) 『진서(晉書)』 권33 『석숭전(石崇傳)』, p.1007.
109) 혜강(嵇康): 『양생론(養生論)』, 『위진전서(魏晉全書)』 제2권에 실림, p.440.

형체와 정신이 상호 의존하는 과정에서 인간의 생명 존재가 형성된 다면, 신체와 관련된 '수성(修性: 천성과 성품의 함양)'을 통해 마음의 '보신(保神)'을 이룰 수 있다는 것이다. 같은 이치로 정신적인 '안심(安心)'을 통해 형체적 '전신(全身)'을 이룰 수 있는 것이다. 그래서 혜강은 자신이 창도한 개체 생명을 본위로 하는 양생이론에 항상 몸과 마음, 형체와 정신 두 가지 방면을 포함시켰다. 혜강은 "인간의 정신과 육체는 서로 분리될 수 없으며, 양자는 서로 영향을 주고 보완하며, 공동으로 인간 생명체의 정상적인 마음과 육체의 기능 및 건강을 유지해 준다"라는 개념 실현을 통해 몸과 마음이 서로 조화되는 개체 생명을 추구했다.

그러나 어떻게 개체의 신체와 마음의 조화를 실현할 것이며, 형체와 정신의 이중적 요구를 충족시킬 것인가 하는 문제는 이론적으로나 실천적으로나 신체 혹은 마음 어느 일면만으로는 해결할 수 없다. 위진 명사들은 신심지학에 대한 관심뿐만 아니라 성리지학(性理之學)에 더욱 열중했는데 그 이유는 성리(性理)야말로 개체 신심이 존재할 수 있고, 합리적인 형이상 근거와 본체(本體)의 초월이기 때문이다.

3. 위진 시기 신심지학의 근거 : 성(性)과 이(理)

위진(魏晉) 사대부들의 자아(自我) 각성은 개체 생명을 핵심으로 하는 신심지학 정립의 학술사상으로 체현된다. 그러나 이런 주체적인 신심지학은 또 다시 객관적인 궁극적 근거 문제에 직면하게 된다.

중국 고대 사상사에서 개체 존재의 신심문제에 대한 사유는 항상 궁극적으로 존재하는 생명 문제의 사유와 연관되어 있다.

사실 위진 명사의 인생관에서 신체적 욕망을 주창하거나, 정신적 만족을 근본으로 제시하거나 혹은 "인간의 정신과 육체는 서로 분리될 수 없으며, 서로 영향을 주고 보충해서 공동으로 인간 생명체의 정상적인 마음과 육체의 기능 및 건강을 유지해준다"라는 신심합일관(身心合一觀)을 주장하거나 그들의 잠재의식 혹은 현재의식으로는 모두 신심의 근거인 성(性)과 이(理, 천도, 자연, 생명)의 존재를 인정했다. 신심의 근거인 성(性)과 이(理)는 개인의 신체적 욕망과 정신적 쾌락의 합리성을 평가하는 최상의 근거이다. 위진 사대부들은 욕망을 따르는 것을 기쁨으로 삼는 '종욕위환(從欲爲歡)'의 형체적 만족을 창도하거나, 신심의 초탈과 범속하지 않음을 따르는 '신초형월(神超形越)'의 정신적 초월을 강력히 주장하거나 모두 성(性)과 이(理)가 이런 형체적 향락 혹은 정신적 초월의 근거라는 점을 인정했다. 그리고 그들이 정립한 현학의 사상 체계에서는 구체적으로 인간과 사물에 내재된 '성(性)'과 우주천지를 초월하는 이(理)-천도(天道)는 합일체로 존재한다.

우선적으로 위진 명사들이 어떻게 '성'을 통해 형체적 향락과 정신적 초월의 근거를 구축했는지 살펴보고자 한다.

중국 전통 사상에서 '성'과 '생(生)'은 밀접히 관련된 개념이다. 춘추시기 이전에 이미 '생'으로 '성'을 논하는 사상전통이 형성되었다. 전국시기에 이르러 한층 더 발전하여 '성'을 인간과 사물의 태생적 천성

혹은 인간과 사물이 태어나면서 있는 그대로의 자연상태의 근거로 삼는 관념이 형성되었다. 예하면, 순자(荀子)는 "인간이 태어나서 갖고 있는 본성(本性)을 천성(天性)이라고 한다. 천성적인 것은 음과 양 두개의 기에 의해 산생된다. 정신이 물질세계와 접촉하여 얻은 반응, 인간의 노력을 거치지 않고 자연적으로 형성된 것을 본성이라고 한다."110)라는 견해를 제시했다. 위진 명사들은 선진 사상가들의 '성'을 인간의 신심이 대생적으로 타고닌 그대로의 '자연 상태'라는 견해를 계승하여 '성'은 신체의 태생적 자연 상태의 근거이며 또한 정신의 인위적이지 않고 자연적 형성의 근거라고 여겼다. 어떠한 개체도 오로지 그 내재하는 본유의 본성에 순응한다면 그 자아는 신심의 전반적인 만족을 얻을 수 있다는 것이다. 서진(西晉)의 현학자 곽상(郭象)은 '성'에 대해 다음과 같이 매우 상세하게 논술했다.

> 만약 본성이 허락하는 범위에서 충분히 발전하고 명(命)이 부여한 한계에 안주한다면 멀거나 가까운 것, 깊거나 얕은 것을 막론하고 태연하게 행동할 수 있으며 소요한 행복을 얻을 수 있다. 그들에겐 아무런 부당한 것이 있을 수 없으며 나 역시 유쾌하지 않은 것이 없다.111)
> 성(性)은 인간을 포함한 만물의 선천적인 내적 본질을 나타내며 만물이 존재하고 발전하는 근본이다. 모든 사물은 반드시 각자 제자리에 안주해야 하며 각자 자기의 본성을 만족시켜야 한다.112)

---

110) 『제자집성(諸子集成)』 제2권, 『순자집해(荀子集解)』 권16, 『정명편(正名篇)』, 상해서점(上海書店), 1986년판, p.274.
111) 『장자집석(莊子集釋)』 권1, 『제물론주(齊物論注)』, p.90.
112) 『장자집석(莊子集釋)』 권3, 『대종사주(大宗師注)』, p.239.

각 개체마다 차이가 존재한다. 외적 형체나 내적 정신도 모두 다르지만, 사람들이 명(命)이 부여한 제한에 안주하여 자신의 고유한 본성을 충분히 체현하고 구현한다면 자신의 신체적 쾌적함과 정신적 자유자재함을 실현할 수 있다는 것이다. 이른바 "나도 유쾌하지 않은 것이 없다", "모든 사물은 반드시 각자 제자리에 안주해야 한다"라는 것은 개체 자아의 신심의 조화와 형신(形神)의 친화를 말한다. 바로 곽상(郭象)이 묘사한 것처럼 "인간은 반드시 자신의 본성(本性)에 의거하여 자유무애한 소요(逍遙)의 경지에 도달해야 한다. 끝없이 펼쳐진 도(道)의 길에서 노닐어야 하며 자기의 몸을 하늘과 땅 사이에 두어야 한다. 정신을 사면팔방에 기탁하고 슬픔도 즐거움도 두지 말아야 하며 일체를 자연에 맡겨야 한다."[113]라는 것이다. 이것이 바로 본성을 따르는 솔성(率性)을 통해 신체와 정신의 향락과 쾌락 모두를 실현한다는 것이다. 이는 '성'이 인간의 신체적 욕망의 필연성과 합리성의 근거가 되기 때문이다. 위진 사대부 중에 욕망의 방임 즉 종욕론(從欲論)을 주장하는 자나, 욕망의 통제 즉 절욕론(節欲論)을 창도하는 자나 그들 모두 욕망의 합리성에 대한 근거는 동일하며 그것은 바로 인간 개체 생명의 내재적 '성'이다. 향수(向秀)와 혜강(嵇康)은 어떻게 양생할 것인가 하는 문제를 놓고 치열한 논쟁을 벌였다. 향수는 "가무와 미인을 즐기면 인성(人性)은 생기를 띠고 막힘이 없이 잘 통하게 된다."라는 양생법을 제기했다. 그는 인간의 욕망과 형체적 향락에 대한 추구는

---

113) 『장자집석(莊子集釋)』 권7, 『지북유주(知北遊注)』, p.742.

모두 고유한 본성에서 나온 것이기 때문에 그런 욕망을 절제해 양생 목적에 도달하려는 방법들은 모두 "정리(情理)를 어기고 본성(本性)을 잃는 것으로 '천리(天理)'인 인륜에 맞지 않는 것이다."라는 견해를 제시했다. 반면에 혜강은 욕망의 절제를 통해 양생의 목적에 도달할 것을 주장했다. 그러나 혜강 역시 욕망은 인간의 본성에서 비롯된 자연적인 욕구라는 점은 인정했다. 그는 "육경(六經)은 억제와 인도를 요지로 하며, 인간의 천성은 순종적인 욕망을 기쁨으로 여긴다. 게다가 억제와 인도는 인간의 염원을 거스리고, 욕망에 순종하는 것은 자연적인 천성에 따른 것이다."[114]라고 주장했다. 따라서 혜강은 사회 명교의 인성에 위배되는 '인간의 천성을 억제'하는 방법에 대해서 부정적으로 여기면서도, 한편으론 과도하게 욕망을 방종하면 본성을 해치고 양생에 불리하다고 여겼다. 그가 주장하는 인생태도는 "사상이 담백하고 허무하며 행위가 평온하고 태연하며 끊임없이 사심과 탐욕을 줄이다가 나중에는 아주 버려야 한다"라는 것이다. 그 이유는 "줄곧 명예와 지위만 추구한다면 도덕을 손상하게 된다. 과도하게 좋은 음식을 탐낸다면 본성(本性)을 해치게 된다"[115]라는 것이다. 혜강은 여전히 인성(人性)을 근거로 "끊임없이 사심과 탐욕을 줄이다가 나중에는 아주 버려야함"의 필연성과 합리성을 입증하고 있음을 알 수 있다. 사실상 위진 명사들이 생각하는 '성'이란 신체적 욕망의 필연

---

114) 혜강(嵇康): 『난장요숙자연호학론(難張遼叔自然好學論)』, 『위진전서(魏晉全書)』 제2권, p.467.

115) 혜강(嵇康): 『양생론(養生論)』, 『위진전서(魏晉全書)』 제2권, p.440.

성과 필요성을 설명하는 근거인 동시에 욕망의 적정성과 합리성을 가름하는 근거이기도 하다. 바로 혜강이 주장한 "천성(天性)에 적응하는 것을 준칙으로 하고 자연의 묘물(妙物)로 자기의 몸을 보양해야 한다."[116]라는 서술처럼 '성리(性理)'는 신체적 욕망의 합리성의 기준이 된다.

다른 한편으로, '성'은 인간 마음의 즐거움과 정신적 자유의 근거이기도 하다. 위진 시기 명사풍도에는 물론 욕망과 형체의 방종 일면도 포함되어 있지만, 더 많은 명사들은 정신적 자유와 내심적 즐거움을 추구했기에 신체와 관련된 감성적 욕구를 절제와 초월의 대상으로 삼았다. 그렇다면 위진 명사들은 어떤 상황에서 내심적 즐거움을 느꼈을까? 그들은 또 무엇에 의존하여 자신의 욕망을 충족시키면서 정신적 자유를 얻었을까? 이 모든 상황 또한 각 개체에 내재한 '성'에 의존할 수밖에 없다. 예를 들어 위진 명사들은 모두 『장자(莊子)』중의 '소요(逍遙)'를 자아가 얻는 심적 즐거움과 정신적 자유로 삼았다. 그리고 정신적으로 '소요(逍遙)'를 실현하려면 반드시 천성을 준수하고 순종해야 하며, 자신에게 내재한 자연적 본성을 따르고 방임을 실현하는 것에서 정신과 마음의 소요 경지에 도달해야 한다고 여겼다. 따라서 곽상(郭象)은 정신적 '소요(逍遙)'를 논할 때마다 모두 '성'과 연관시켰으며, 다음과 같이 말했다.

---

116) 혜강(嵇康): 『답「난양생론」(答「難養生論」)』, 『위진전서(魏晉全書)』 제2권, p.444.

만약 자기의 '성(性)'에 만족하고 적성(適性)에 자족하는 태도로 생존한다면 대붕(大鵬)이나 작은 새를 막론하고 모두 소요(逍遙)의 상태에 이를 수 있다.[117)

따라서 우주만물의 법칙을 따른다는 뜻은 만물의 본성에 순응하는 것을 말한다. 이는 육기(六氣) 즉 음(陰), 양(陽), 풍(風), 우(雨), 회(晦), 명(明)의 변화를 장악했다는 것을 말한다. 즉 변화의 과정에서 소요(逍遙)함을 의미한다. 이렇듯 예전부터 무궁(無窮)에서 자유롭게 노닐고 다른 것에 기대지 않은 것이다. 이는 바로 성인과 내가 앞으로 이루려는 소요(逍遙)와 일치하는 것이다.[118)

일반인의 무엇에 의지하는 '유대(有待)'적 소요나 성인의 그 어느 것에도 의지하지 않는 '무대(無待)'적 소요를 막론하고 모두 자신의 본성에 순응하여 정신적 경지에 도달을 통해 자신의 심적 즐거움과 쾌락을 만족시킬 수 있다는 것이다.

다음으로 한걸음 더 나아가서 '성(性)'에서 '이(理)' 혹은 '천도(天道)'에 이르기까지 위진의 명사들이 어떻게 개체 자아의 형체적 만족과 정신적 초월을 위한 궁극적 근거를 정립했는지 살펴보고자 한다.

위진 시기 현학에서, '성'은 이(理)-도(道)-천도(天道)와 상통한다. 일반적으로 '성'은 모든 개체 존재와 세계 만물의 내재적 본질이며, '이' 혹은 '도'는 모든 천지만물의 외형적 법칙이라고 말한다. 현학이 정립한 '성리지학(性理之學)'은 바로 일종의 내외상통, 천인동구(天人同構)의 우주본체학설이다. 그래서 위진 명사들은 '성'을 개체 자아의 신체

---

117) 『장자집석(莊子集釋)』 권1 상, 『소요유주(逍遙遊注)』, p.9.
118) 『장자집석(莊子集釋)』 권1 상, 『소요유주(逍遙遊注)』, p.20.

적 향락과 정신적 초탈을 추구하는 내재적 근거로 삼았을 뿐 아니라 '천도'와 '천리(天理)'를 신체적 향락과 정신적 초탈을 추구하는 외재적 근거로 삼았다. 이에 대해 곽상(郭象)은 자신의 관점을 다음과 같이 피력했다.

> 하늘은 저절로 밝아진다. 성(性)도 아주 자연적이며 천성적인 것이다. 인간 본신이 이런 자연적인 것을 지니고 있는가? 사물 자체의 본래의 모습이 바로 성(性)인 것이다.[119]
> 인간 본성에 의해 행한다면 인간의 도덕적 규범도 모두 갖추게 된다.[120]

곽상을 포함한 현학자들은 본성에서 비롯된 모든 것은 '자연(自然)'이며, 소위 '자연(自然)'이란 '하늘(天)' - '천리(天理)' - '도(天道)'에 부합되는 보편적 법칙이라고 여겼다. 이렇게 '성(性) - 자연(自然) - 하늘(天)'의 사상적 동형구조를 통해 인간의 내재적 '성'과 외재적 '하늘'과 '천리'를 통합시켰다.

인간의 신체적 욕망이 내재적 인성(人性)에서 비롯된 것이라면 이런 욕망 또한 천리(天理)와 천도(天道)에 부합된다고 여겼다. 이로써 현학자들은 인성의 차원에서뿐만 아니라 더욱이 '천리(天理)'와 '천도(天道)'라는 최상의 법칙을 통해 개체 자아의 자연적 욕망의 합리성과 필연성을 확립하고 있음을 알 수 있다. 향수(向秀)는 다음과 같이 언급했다.

---

119) 『장자집석(莊子集釋)』 권7 상, 『산목주(山木注)』, p.694.
120) 『장자집석(莊子集釋)』 권7 상, 『달생주(達生注)』, p.638.

인간은 체내에 오행(五行)을 포함하고 있기에 생존이 가능한 것이다. 입으로 맛있는 음식을 먹으려 하고, 눈으로는 울긋불긋한 색깔을 보려 하며, 마음이 움직이기에 욕망이 생기는 것이다. 배고프면 음식을 구할 생각을 갖는 것은 자연적인 규율이다.[121]

하물며 생명의 즐거움은 사랑과 연결되어 있는 것이다. '천리(天理)'에 따르고 인사(人事)에 따르는 것이다. 배우자를 찾아 결혼하는 것은 신심을 즐겁게 하며 부귀영화는 심지(心志)를 즐겁게 한다. 잔치를 벌여 좋은 음식을 먹으면 오정(五情)을 풀 수 있다. 음악을 듣고 여색을 즐기면 인성(人性)의 생기는 막힘이 없이 잘 통하게 된다. 이런 것들은 자연적이고 천성적이며 인간들에게 적합한 것으로 삼대지왕(三代之王)으로서도 개변할 수 없다.[122]

향수가 자각하는 인간의 신체적 욕망에 관한 필연성과 합리성은 한편으로는 인간의 본성에 속하는 인간의 내재적 근거이고, 다른 한편으로는 '자연의 도리' 및 '천리의 자연'으로 간주되는 우주천지의 외재적 근거가 된다. 따라서 신체와 관련된 구욕미(口欲味), 목욕색(目欲色), 감이욕실(感而欲室), 기이구식(飢而求食) 등의 성색지욕(聲色之欲)을 포함한 모든 감정적 욕망은 인간의 본성에 부합될 뿐만 아니라 '천리자연(天理自然)'에도 부합되는 것이라는 견해이다.

마찬가지로 개체 자아의 정신적 초탈과 내심적 즐거움의 근거는 인간의 내재적 본성에서 비롯될 뿐만 아니라 우주의 '천리(天理)'에서도 비롯된다는 것이다. 혜강 역시 인간의 '성리(性理)'를 논함에 있어

---

121) 향수(向秀): 『답혜숙야「난양생론」(答嵇叔夜「難養生論」)』, 『위진전서(魏晉全書)』제2권, p.553.

122) 향수(向秀): 『답혜숙야「난양생론」(答嵇叔夜「難養生論」)』, 『위진전서(魏晉全書)』제2권, p.553.

우주의 법칙과 합일하여 사유했으며, 다음과 같이 언급했다.

> 그래서 옛사람들은 위로는 천지음양을 본받고 아래로는 지지강유(地之
> 剛柔)를 알맞게 조화시켰으며, 중간으로는 인간의 성리(性理)를 분별했다.
> 하늘과 땅, 인간의 삼재가 조화를 이루도록 하여 대도(大道)에 함께 어울
> 리게 하였으므로 도리를 궁구하여 사물을 각기 제 몫을 다하게 하였
> 다.123)

'성리(性理)'는 인간의 감정과 욕망을 불러일으키는 내재적 근거이
지만, 이 근거는 외재적 천지음양(天地陰陽) 및 강유지도(剛柔之道)와
합일되어 큰 도와 함께 어울리기에 각 개체에게 정신적 초탈과 즐거
움 및 만족을 줄 수 있다는 것이다. 곽상(郭象)은 정신적 초월의 경지
를 '소요(逍遙)'라고 표현했다. 그는 늘 이 경지를 '명(冥)', '명물(冥物)'
이라 부르곤 했다. '명'은 주체적 자아가 스스로 내재적 본성에 회귀하
여 천지만물 및 만물의 이치와 합일체로 명합(冥合)되는 경지를 가리
킨다. 즉, 소위 "사물은 자기의 도리(道理)를 지닌다. 도리에는 지고무
상의 경지가 있다. 철학, 최고의 진리를 체득한 후에 순응하거나 적당
하기만 하면 자연명연(自然冥然)한 것이 하나가 되는 경지에 도달할
수 있다. 이것은 언어로 표현할 수 있는 것이 아니다."124)라는 것이
다. 주체가 일단 '물명(物冥)'의 경지에 도달하면 곧 '천성에 순응'의
결과이고, 또한 '철학과 최상의 진리 체득'의 완성이기 때문에 천인동

---

123) 혜강(嵇康): 『답「석난택무길흉섭생론」(答「釋難宅無吉凶攝生論」)』, 『위진전서((魏晉
全書)』 제2권, p.478.
124) 『장자집석(莊子集釋)』 권1 하, 『제물론주(齊物論注)』, p.99.

체(天人同體), 만물위일(萬物爲一)의 최상의 경지에 이르게 된다는 것이다. 이에 대해 곽상(郭象)은 다음과 같이 서술했다.

> 신형(神形)을 겸비하고 만물이 합일하는 경지에 도달한 인간은 비록 극히 복잡한 변화를 겪는다 해도 그 본인은 변하지 않는다. 그러므로 마음은 평탄하며 불쾌한 것이 없다.[125]
>
> 정신을 보전하고 본성에 회귀한다면 인간과 사물이 일치한 경지에 도달한다. 사물과 일치해야 함을 아는 인간은 세계상의 아무 곳에 가더라도 그 나라의 만족을 얻을 것이다.[126]

주체가 만물과 하나가 되는 '여물명(與物冥)'의 정신적 경지에 이를 수 있는 까닭은 주체가 천리(天理)에 순응함에 따라 주체적 자아가 자신의 내재적 본성에 회귀하는 '신전심구(神全心具)'의 극도의 정신적 쾌락과 마음의 조화를 체현했기 때문이다.

제3절 이학(理學)의 신심지학(身心之學)

중국 사상사에서 자신들의 학술적 취지와 학술적 형태를 '신심지학(身心之學)'이라고 명시적으로 표방한 것은 송명(宋明) 시기의 유학(儒家)이다. 비록 유학자들이 자신들의 학술에 대해 '도학(道學)', '이학(理學)', '성학(聖學)' 등 여러 호칭으로 불렀지만 '신심지학' 역시 매우

---

125) 『장자집석(莊子集釋)』 권1 하, 『제물론주(齊物論注)』, p.96.
126) 『장자집석(莊子集釋)』 권2 하, 『덕충부주(德充符注)』, p.189.

중요하고 주목받던 호칭이었다. 송명 시기 유학을 대표하는 인물들의 저작과 어록에는 훗날 유학자들이 직접적으로 자신들의 학문을 '신심지학'이라 부를 정도로 신심 문제와 관련된 사고와 토론이 많이 담겨 있다. 물론 송명 시기 유학의 '신심지학'과 유학에서 중시한 도덕적 수신(修身)의 전통은 연관성을 지닌다. 바로 일부 학자들이 지적한 바와 같이 "유학의 수신 전통은 훗날의 송명 이학자들에 의해 '신심지학'으로 정의 되었다."127)라는 것이다. 그러나 송명 이학자들의 '신심지학'은 선진(先秦) 유가의 수신지학(修身之學)과는 매우 다르다. 송명의 신심지학은 현학을 비롯한 많은 새로운 관념들을 융합했기 때문에 개체 존재에 대한 풍부한 사상적 함의를 내포함으로써 사상적으로 더욱 깊고 풍부해졌다.

아래에서는 송대 유학자의 신심지학에 대해 세 가지 면에서 요약해 서술하고 그 시기의 신심지학과 현학의 관계도 살펴보고자 한다.

1. 이학의 개체 자아의식

이학의 학술적 취지는 무엇인가? 이학자들은 자신들의 학문을 신심, 생명 등의 근본적인 문제에 대한 추구로 이해하고, 한학(漢學)의 경전의 글귀에 관한 해석을 통해 고전(古典) 본래의 사상을 이해하려는 고증훈고(考證訓詁)와 차별을 두곤 했다. 훗날 학계에서도 이런

---

127) 펑궈샹(彭國翔): 『유가전통: 종교와 인문주의 사이(儒家傳統: 宗敎與人文主義之間)』, 북경대학출판사(北京大學出版社), 2007년판, p.245.

견해를 인정했다. 청나라 학자 모성(茅星)은『근사록집주(近思錄集注)』
제14권을 편찬해『후서(后序)』를 지으면서 아래와 같이 서술했다.

> 송대(宋代) 이후 이학과 유가학으로 나뉜다. 송대의 학자 정이(程頤)와
> 주희(朱熹)를 연구하는 사람들은 신심성명지학(身心性命之學)을 추구할
> 뿐 유가 경전에 통달하는 것과 고서적을 학습하고 연구하는 것을 중시하
> 지 않았다. 나는 개인적으로 경학의 대학자 마융(馬融), 鄭玄(정현), 가규
> (賈逵), 공영달(孔穎達)의 학설을 토론하는 것은 마치 여러 가지 물건들을
> 한데 모아놓은 것과 같다고 여긴다. 송대(宋代)의 학자 정이와 주희의
> 이학(理學)을 주창하는 사람들은 표준과 법칙을 파악하여 마치 모든 물화
> 의 장단(長短)과 경중(輕重)의 균형을 이루려는 것과 흡사하다.[128]

송대 이후로 학술사에서 비교적 유행한 견해는 한·당(漢·唐)의
여러 유학자들이 경전의 글귀에 관한 해석인 장구훈고(章句訓詁)를
중시했던 반면, 송명 시기 유학자들은 '신심과 생명의 관계'를 추구했
다는 것이다. 따라서 학계에서는 흔히 이학을 '신심성명지학(身心性命
之學)'이라 불렀다. 송원(宋元)과 명청(明淸) 시기의 문헌서에 자주 등
장하는 '신심성명지학'은 바로 송명 시기의 '이학'과 그 학술적인 취지
를 가리킨다. 이미 언급한 바 있듯이 '신심성명지학'은 두 가지의 개념
을 포괄하는 학문이다. 하나는 '신심지학(身心之學)'이며, 그 사유의
핵심은 개체 존재 및 그 생명의 의미 문제에 있다. 다른 하나는 '성명
(이)지학(性命(理)之學)'으로 그 사유의 핵심은 우주와 인생의 궁극적

---

128)『흠정사고전서총목(欽定四庫全書總目)』권92,『근사록집주14권(近思錄集注十四卷)』,
　　중화서국(中華書局), 1983년판, p.781.

근거 문제이다. 물론 유학은 일종의 이른바 '내재적 초월'에 관한 학설이기 때문에 송대 유학자의 신심지학과 성명(이)지학은 하나의 완전한 체계, 즉 '신심성명지학'으로 총화되었다.

신심지학의 '신(身)'은 개체 자아의 자기 한몸을 가리키는 것이고, '심(心)'은 개체 의식의 정신현상을 말한다. 따라서 신심지학의 사조는 늘 그 시기의 개체 자아 의식의 강화와 관련있다. 송명 시기의 이학사조가 이론적 사유의 중점을 신심문제에 기반한 것도 확실히 그 시기 사대부들의 강화된 자아의식이 굴기하는 주체적 정신과 관련있다. 송대의 사상문화 분야에서 눈에 띄는 현상 중 하나가 바로 사대부들에게 나타난 천하의 일을 자신의 소임으로 삼는 주체의식과 공안지락(孔顔之樂)을 추구하는 자아의식의 발로이며, 그들이 추앙한 '성현기상(聖賢氣象)'은 이처럼 강화된 주체의식과 자아의식을 한층 더 함축시켰다는 것이다. 바로 이런 문화사상의 배경 하에서 개체 자아도 송대 유학자의 사유의 핵심문제로 부상했다.

아마 아직까지도 많은 사람들이 이학을 일종의 정치적으로 인륜강상 질서를 강화하고 경직된 '천리(天理)'로 개체 존재를 억압하는 정치윤리학설이라 여기고, 이학의 관점을 집단적 질서로써 개체 자아를 억압하는 사회의식형태라고 이해하고 있을 것이다. 사회적 윤리강상의 질서를 유지시키는 것은 분명히 이학의 주요한 문화적 기능이라고 할 수 있다. 그러나 이학의 또 다른 하나의 중요한 문화적 기능은 바로 사대부의 주체의식과 자아의식이 발로되면서 개체 자아를 위한 생명의 의미와 안신입명(安身立命)의 근거를 제시한다는 점이다. 그래서 송명 시기의 유가에서 자아 및 자아와 관련된 신심의 문제는 줄곧 이학사상 체계의 핵심적인 문제로 인식되었다.

초기 이학에서는 '이(理)', '기(氣)', '성(性)' 등의 추상적인 철학의 범주가 이학체계의 근간처럼 여겨진다. 사실 이런 범주는 단지 '자아'의 형이상적 근거일 뿐, 이학사상 체계에서 '자아'는 무시할 수 없는 중요한 위치를 차지한다. 장재(張載)는 이학의 선구자로서 그의 『서명(西銘)』은 줄곧 이학의 대표 경전서로 꼽인다. 장재가 『서명(西銘)』에서 가족의 윤리강상, 정치 도덕 등의 인도(人道)를 논할 때마다 문장 곳곳에서 건부곤모(乾父坤母), 천인일기(天人一氣)의 사회적 관심과 우주정신을 드러냈다. 그러나 『서명(西銘)』을 자세히 읽어보면 많은 부분에서 개체 자아인 '오(吾)'의 주체의식과 자아존재에 대한 의식을 곳곳에 나타내고 있음을 발견할 수 있다. 그는 다음과 같이 서술했다.

> 하늘을 아버지라 칭하고, 땅을 어머니라 칭한다. 나의 몸은 이렇듯 미미한 존재로서 천지지도(天地之道)와 한몸이 되어 천지지간(天地之間)에 존재한다. 그러므로 천지지간에 충만한 것은 바로 나의 형색지체(形色之體)이다. 천지만물의 변화를 이끌고 통솔하는 것은 바로 나의 천연본성(天然本性)이다. 만물은 모두 나와 같은 무리들이다. 천자(天子)는 나의 부모의 장자이며 대신(大臣)은 장자의 가신이다. … 부귀복록의 은택은 부모가 하사한 것으로 나의 삶을 풍성하게 해주는 것이다. 빈천하고 근심함은 그대를 옥처럼 갈고 연마하여 완성시키려는 것이다. 살아있을 때 내가 사리에 순종하면 죽을 때에는 도리에 어긋나지 않아 마음이 편안하여 조용히 눈을 감을 수 있다.[129]

---

129) 『장재집(張載集)』, 『정몽·건칭편(正蒙·乾稱篇)』, 중화서국(中華書局), 1978년판,

'오(吾)'는 천인일체(天人一體)의 인문질서와 우주체계에서 매우 중요하고도 독특한 위치에 있는 존재라는 것이다. '오(吾)'는 우주체계의 천지지간에 존재하는 핵심이며, '오(吾)'는 천지만물과 혼연일체를 이룰 뿐만 아니라 부모 및 군신(君臣)과도 긴밀히 연관된 존재이다. 심지어 '오(吾)'의 몸에는 천지지간에 충만한 세계 만물을 포함할 수 있고, '오기성(吾其性)'은 천지만물을 지배할 수도 있다는 것이다. 특히 지적할 만한 점은 이 위대한 '자아'는 이른바 사회적 '자아' 혹은 우주의 '대아(大我)'라는 가상적인 말이 아니라 실제적 개체 존재로서의 감성적 자아라는 것이다. 또한 이런 '자아' 역시 인간세상의 부귀와 행복을 추구하는 만큼 인생의 빈천과 근심 및 슬픔과 직면할 수 있고 더욱 중요한 것은 생사존망의 궁극적인 문제와도 맞닥뜨릴 수 있다는 것이다. 따라서 『서명(西銘)』에 표출된 우주의식과 종법(宗法)정치 관념은 송대 사대부들의 개체화된 주체정신과 자아 존재의식의 토대 위에서 형성된 것임을 알 수 있다.

마찬가지로 이학사상 체계 역시 『서명(西銘)』에서 표현된 사대부의 주체정신과 자아의식을 기초로 형성된 것이다. 송대 사대부의 주체정신과 자아의식은 그들의 현실생활 실천에서 '공안낙처(孔顏樂處)', '성현기상(聖賢氣象)'에 대한 인생 추구로 체현되고, 자아 신심의 안락함, 한적함, 소탈함과 자유로움을 힘써 추구했다. 송대 유학자가 보편적으로 개체 존재의 신심 문제에 관심을 두고 신심의 안락과 자유를

p.62.

추구한 것은 그 시기 사대부들에 의해 굴기된 주체정신 및 자아의식과 관련있다. 따라서 비록 송대 유학자들이 추앙한 '성현기상'은 늘 천하의 일을 자신의 소임으로 삼고, 널리 은혜를 베풀어 대중을 구제하는 경세(經世)의 심경을 포함하고는 있지만, 그들 역시 개체 신심의 안락과 자유로움과 활달함과 소탈함을 성현의 필수적 외재의 표징으로 삼았다. 이로부터 이학자 집단은 천하의 일을 자신의 소임으로 삼는 집단일 뿐만 아니라 자아 신심의 안락을 추구하는 집단임을 알 수 있다. 이런 관점은 이학 창시자를 통해 한층 더 구체적으로 설명할 수 있다.

주돈이(周敦頤)가 인품을 논한 "인간의 마음이 솔직하고 밝음이 비가 그치고 하늘이 맑고 깨끗해지는 광경과도 같다"라는 서술은 유유자적한 성현의 기상을 나타낸 것이다. 그가 이정(二程) 형제에게 고도의 주체적 자유와 극도의 정신적 만족을 추구하는 '공안지락(孔顔之樂)'의 탐구를 교육한 것에서도 그의 신심 안락에 대한 끈질긴 추구를 엿볼 수 있다. 주돈이가 비록 무극(無極), 태극(太極)을 세계 본원으로 하는 우주본체론 체계를 정립했으나, 그의 사상체계에서 송대 사대부들의 주체의식으로 구현된 '입인극(立人極)'은 바로 그가 고민하고 해결해야 할 근본적인 문제였다. 따라서 개체 자아와 관련된 '신(身)'과 '심(心)'의 문제 역시 주돈이가 반드시 해결해야 할 과제였다. 주돈이는 『통서(通書)』제33장 「부귀(富貴)」에서 다음과 같이 서술했다.

군자는 도덕을 충실하게 하고 완벽하게 하는 것을 귀중하게 여기며 몸이 건강한 것을 부유한 것으로 여기며 늘 만족을 느낀다. 지위나 재부를 한푼의 가치도 없다고 여긴다.[130]

여기에서 주돈이는 신체 건강이 곧 부유함이라는 '신안위부(身安爲富)'의 주요 관점을 제기했다. '신안(身安)'에 대한 추구는 바로 송대 사대부들이 추구한 신심의 맑음과 여유자적의 자아의식의 체현이다. 다시 말해서 도덕으로 충실함과 완벽함을 이루는 것이 더없이 중요하다는 '도충위귀(道充爲貴)'의 의식이 도(道)로 천하를 구한다는 도제천하(道濟天下)의 사회적 가치의식을 구현했다면, '신안위부(身安爲富)'는 개체 개인의 안락에 대한 자아 존재의식을 구현한 것이라 할 수 있다. 선진(先秦) 이래로 줄곧 '신(身)'과 '기(己)'의 의미는 상통했으며, 신체적 안락에 대한 추구는 바로 이런 자아존재 의식의 체현이다. 이는 바로 청나라 이학자 장백행(張伯行)이 설명한 "군자는 도덕을 충실하게 하고 완벽하게 하는 것을 귀중하게 여기며 몸이 건강한 것을 부유한 것으로 여긴다. 군자는 도덕이 고상하고 흉금이 넓으며 외모가 안온하며 늘 만족을 느낀다"[131]라는 표현과 상통한다. 주돈이는 "나의 몸이 안락한 것을 귀하게 여긴다"라는 표현으로 송대 사대부들의 자아존재 의식을 유감없이 드러냈다. 그렇다면 어떻게 해야 '신체적 안락(身安)'의 경지에 도달할 수 있을까? 주돈이 역시 '신체적

---

130) 주돈이(周敦頤): 『주돈이집(周敦頤集)』 권2, 『통서・부귀(通書・富貴)』, 중화서국(中華書局), 2009년판, p.40.

131) 장백행(張伯行): 『섬락관민서(濂洛關閩書)』 권1, 『부귀』 제33(『富貴』 第三十三), 중화서국(中華書局三十三), 1985년판, p.28.

안락(身安)'과 '심성의 수양(養心)'은 불가분의 관계라고 여겼다. 자신의 『양심정설(養心亭設)』에서 "심성(心性)을 수양하면 이렇듯 양선(良善)하는 역할을 하게 되는데 모두 자기의 노력에 달려 있는 것이다"[132]라고 언급했다. 그는 수양하는 마음인 '양심(養心)'과 스스로에게 달려 있다는 '존인(存人)'을 서로 연관시켰는데, 그 이유는 '심성(心性)'은 인간으로 하여금 욕망의 지배에서 벗어나 초탈하고 활달하고 즐거운 정신적 경지에 이르게 하기 때문에 그린 심성의 수양인 '양심(養心)'은 신체적 안락함인 '신안(身安)'과 '존인(存人)'에 있어 아주 중요한 의미를 지니기 때문이다.

그 이후로 송대의 유학자들은 모두 이런 신심의 상호작용과 심성의 수양으로써 신체적 안락을 추구하는 과정을 거쳐 신심지학을 정립하고, 개체 신심의 쾌락에 대한 추구를 인생의 궁극적 목표로 삼게 되었다. 예컨대, 정호(程顥) · 정이(程頤) 형제는 주돈이를 스승으로 모시고 배우면서 '공안지락(孔顏之樂)'의 신심의 쾌락에 대해 깊이 사유하고 실천하려고 노력했다. 정호(程顥)가 언급한 "스스로 돌이켜 자성하여 성실하고 속임이 없다면 가장 큰 즐거움인 것이다."[133]라는 표현에서 그가 신심의 '대락(大樂)'의 경지를 애써 추구한 것을 엿볼 수 있다. 그렇다면 '대락(大樂)'이란 무엇인가? 그의 시문에서 "몸을 만물 속에 맡기면 몸과 만물은 일체가 된다. 이는 얼마나 즐거운 일인가"[134],

---

132) 주돈이(周敦頤): 『주돈이집(周敦頤集)』권3, 『잡착 · 양심정설(雜著 · 養心亭說)』, p.52.
133) 『이정집(二程集)』, 『하남정씨유서(河南程氏遺書)』권2上, 중화서국(中華書局), 1981년판, p.17.

"모든 일은 결국 모두 그의 결과를 보게 된다. 때문에 나의 내심은 오직 유유자적하고 쾌적한 생활을 바랄 뿐이다."135)라고 서술했는데, 여기에서 정호(程顥)가 추구한 것은 자아와 천지만물이 하나가 되는 즐거움으로 이는 일종의 자아 신심의 안락하고 자유롭고 소탈한 인생의 경지를 가리킨다. 소옹(邵雍)은 "한가로이 현재와 과거를 살펴보고 취중에 건곤(乾坤)을 살피네"라는 인생관을 가진 활달한 성격의 선비였다. 그는 자신의 거처를 '안락와(安樂窩)'라고 이름 지을 정도로 개체의 신심 안락을 인생의 최고 목표로 삼았다. 그러나 그는 신체의 안락은 마음의 안락 위에서 이뤄진다고 생각했다. 그는 『심안음(心安吟)』에서 이렇게 자신의 신심관을 표현했다.

> 마음이 평안하면 몸이 자연스럽게 평안하게 된다. 몸이 평안하면 처하고 있는 환경이 넓어지게 된다. 마음과 몸이 모두 평안하다면 무슨 일이 자신을 귀찮게 하겠는가? 한 개인은 보잘것 없다고 말하지만 평안함은 태산에 비할 수 있는 것이다. 한 칸의 집은 작을지라도 천지마냥 넓을 것이다.136)

소옹(邵雍)이 '몸과 마음의 안락'을 인생의 최고 목표로 삼은 것은 바로 송대 사대부들의 신심의 쾌락을 추구하는 자아 존재의식을 극명하게 보여준다. 그러나 그가 주장하는 신심의 안락은 심성의 수양을

---

134) 『이정집(二程集)』, 『하남정씨유서(河南程氏遺書)』 권2상, 중화서국(中華書局), 1981년판, pp.33-34.
135) 『이정집(二程集)』, 『하남정씨문집(河南程氏文集)』 권3, 『추일우성(秋日偶成)』, p.482.
136) 소옹(邵雍): 『심안음(心安吟)』, 『사고전서(四庫全書)』) 제1101권에 실림, 『격양집(擊壤集)』권11, p.88.

전제로 추구한 것이며, 그는 "마음은 몸을 지배하는 주재자이며, 심지(心志)는 개인의 절기(節氣)에 직접적인 영향을 미치며 절기는 몸을 지탱해주는 것이다"[137]라는 점을 굳게 믿었으며 심성의 수련이 인생의 근본이라고 주장했다.

이처럼 송대 사대부는 보편적으로 개체의 자아의식과 주체정신을 창도하고 자아존재에 대한 관심을 드러냈으며, 신심지학은 그들 사유의 주요한 과제였음을 알 수 있다.

2. 이학의 신심일체관(身心一體觀)

송명 시기 유학자들은 자신들의 학설을 '신심지학(身心之學)'이라고 불렀고, 유학의 도덕적 이치가 공허한 설교와 추상적 이치에 그치지 않음을 강조하기 위해서 이런 도덕적 이치와 자신들의 신심 실천을 결합시키곤 했다. 그러나 이러한 도덕적 이치와 신심 실천의 결합 과정은 온전히 개체 존재의 주체정신과 자아의식의 기초 위에 형성되기 때문에 이는 또한 개체 자아가 신심 안락이라는 인생 목표를 실현하는 과정이기도 하다. 말하자면 '스스로 돌이켜 자성하여 성실하고 속임이 없다면 최대의 즐거움'이며, '몸과 신심이 모두 안락(安樂)'한 인생 경지에 도달해야 한다는 것이다. 이와 같이 송명 유가의 신심지학은 일종의 도덕적 수신에 관한 학문일 뿐만 아니라 개체 존재의

---

137) 『격양집(擊壤集)』 권19, 『섭생음(攝生吟)』, p.154.

학문이기도 하다. 이학자들이 개체 신심의 편안함, 자유로움과 안락함을 주창할 때 그들이 선양한 것은 일종의 개체 존재에 관한 삶의 지혜와 정신적 경지였다.

송대 유학자의 신심지학은 개체적 존재와 도덕적 수신(修身)을 포괄하는 이중적 의미이며, 신심일체의 사상적 토대 위에 세워졌음을 알 수 있다. 본래 위진 시기 명사들이 개체의 생존 철학을 정립할 당시에 인간의 몸과 마음, 형체와 정신은 상호 의존적이고 상호 침투적인 일체 존재임을 강조하면서, "형체와 정신은 상호 의존"하고, "형체는 정신에 의지하여 존재하는 동시에 정신 역시 형체에 의지해야만 존재할 수 있으며 형체와 정신은 분리불가적인 관계이다"라고 주장하면서 개체 존재의 신심 문제에 관한 많은 주요한 견해를 제기했다. 위진 명사의 신심관념은 송대 이학자의 신심지학에도 영향을 미쳤다. 송대 유학자들이 거론한 것은 수신(修身) 문제였지만, 송대 유학자의 수신은 도덕수양과 생존수련이라는 두 가지 방면을 포함하고 있어 그들의 신심 공부에는 위진 현학의 생존 지혜도 포함되어 있다. 예하면 주희(朱熹)가 쓴 시구의 "몸과 마음에 대해서는 심려할 필요가 없다. 시간이 지나면 자연적으로 안락함을 느끼게 된다. 하물며 맑은 연못(淸池)과 조용한 저택(凉館)이 있음에야"[138]라는 표현에서 언급한 신심에 대해 심려할 필요없다는 '신심무루(身心無累)'가 바로 위진 명사의 생존 지혜를 계승한 것이다. 이와 동시에 주희가 말하는 신심(心

---

138) 『주자전서(朱子全書)』제20권, 『회암선생주문공문집(晦庵先生朱文公文集)』권10, 『화서강월(和西江月)』, 상해고적출판사(上海古籍出版社), 2002년판, p.562.

身) 수련에서 더욱 강조한 것은 일종의 도덕적 수신(修身) 공부이다. 송대 유학자는 도덕적 이성과 생존 지혜가 일체화된 신심 수련을 지속적으로 사유하는 동시에 신심의 일체화 문제를 특히 강조했다. 예하면, 주희가 반복적으로 강조한 바는 다음과 같다.

> 몸과 마음을 단속하는 것은 노력하면 성사할 수 있는 것이다.[139]
> 나는 돌이켜 몸과 마음에 질문을 던진다. 따라서 끊임없이 새로운 변화기 발생하고 새로운 사물이 산생하며 숨결도 막힘이 없으며 멈춤이 없다.[140]
> 무릇 자기의 몸과 마음의 것은 모두 하나의 시비(是非)를 체험할 수 있다.[141]

주희의 사상 언론에서 일상생활이나 마음을 가라앉히고 좌정하거나 독서를 하거나 하는 모든 것은 일종의 자신과 밀접하게 관련있는 신심 공부이다. 즉, 그가 거듭 강조한 바와 같이 "공부함에 있어서 가장 중요한 것은 자신의 신심이다"[142]라는 것이다. 위진 시기 명사들이 신심 일체, 형신(形神)의 상호의존을 강조했듯이 송대 이학자들이 말하는 신심지학 역시 신심 일체의 관계를 긍정했다. 또한 도덕적 수신이나 개체적 생존의 차원에서 볼 때 신심은 모두 일체로 상호 연동되는 관계이다.

---

139) 『주자전서(朱子全書)』 제14권, 『주자어유(朱子語類)』 권7, 『학일(學一)』, p.269.
140) 『주자전서(朱子全書)』 제15권, 『주자어유(朱子語類)』 권36, 『논어18(論語十八)』, p.1353.
141) 『주자전서(朱子全書)』 제14권, 『주자어유(朱子語類)』 권15, 『대학2(大學二)』, p.462.
142) 『주자전서(朱子全書)』 제18권, 『주자어유(朱子語類)』 권114, 『주자11(朱子十一)』, p.3611.

첫째로, 송대 유학자는 '심(心)'이 '신(身)'에 침투하는 영향을 강조함으로써 신심 일체를 인정했다. 위진 명사와 마찬가지로 송대 이학자 역시 자아 신심의 즐거움, 소탈함, 편안함과 초탈함을 추구함으로써 개체 자아의 정신적 만족 실현을 고대했다. 위진 사대부들은 "형체는 정신에 의지하여 존재하고, 정신 역시 몸에 의지해야만 존재할 수 있다"라는 신심 일체의 관점을 인정하면서 '신(身)'에 대한 '심(心)'의 지배와 영향을 특히 강조했다. 송명 시기 이학자들 역시 마찬가지로 신심 일체의 관점에서 출발하여 수신의 중요성을 한층 더 강조했다. 그들은 또 심성의 수양은 신체의 편안함에 직접적인 영향을 미친다고 여겼다. 원대(元代) 이학자 허형(許衡)은 『대학(大學)』의 "도덕으로 신심을 윤택하게 하면 흉금이 넓어지고 안색이 밝아지게 된다"라는 문구의 해석에서 "도덕이 있는 인간들은 마음 속에 양심의 가책을 느끼지 않으며 마음이 탁 트이고 몸이 자연스럽게 편안해지고 태연해진다. 이것이 바로 도덕이 몸을 편안하게 해주는 효능이다."[143]라고 서술했다. 그는 유가의 덕성 수양 역시 일종의 신심 공부이기 때문에 마음의 "관대광평(寬大廣平)"에 영향을 미칠 뿐만 아니라 몸의 "자연스런 편안함"을 가져다준다고 피력했다. 이처럼 송대 유학자의 도덕성 수양과 생존 지혜는 항상 하나로 연관되어 있으며, 송대 유학자의 신심지학에는 위진 명사의 "마음이 편안하면 몸이 자연적으로 건강하게 된다"라는 생존 지혜가 내포되어 있음을 알 수 있다. 명·청(明淸)

---

143) 『사고전서(四庫全書)』 제1198권, 『노재유서(魯齋遺書)』 권4, 『대학직해(大學直解)』,
    p.327.

시기 이학자들은 종종 이학의 심성 수양 공부를 일종의 신체적 건강 및 양생의 수단으로 간주했다. 예하면, 도덕적 심성 수양을 통한 양생의 목적에 도달을 추구했던 명나라 양명학자 왕기(王畿)는 "덕성을 기르는 동시에 양생도 해야 한다"[144]라고 주장했다. 명말 청초 시기의 이학자 육세의 (陸世儀)는 "내가 보건대, 작은 병에 걸리면 이학에 관한 서적을 보는 것이 가장 좋을 듯싶다. 그렇게 하면 화가 가라앉고 마음이 편안해지면서 병이 자연적으로 나을 수 있기 때문이다"[145]라고 언급했다. 이로부터 이들 이학자들은 모두 유가의 도덕적 심성 수양 활동이 신체에 유익하기 때문에 양심(養心)이 양신(養身)에 영향을 미칠 수 있다고 여겼음을 알 수 있다.

둘째, 송대 유학자들은 '신(身)'에 대한 '심(心)'의 영향을 강조했으며, 인간의 선천적으로 타고난 기질인 '기품(氣稟)'으로 몸이 마음에 미치는 영향을 거론했다. 송대 유학자들은 모든 사람의 인성은 같지만 사람의 몸은 강하고 약함을 태생적으로 타고나는 '품기(稟氣)'에 의해 비롯되며, 이런 사람마다 타고난 기질인 '기품(氣稟)'의 다름으로 인해 신체적 차이가 나타나며 결국에는 마음도 달라지는 것이라고 주장했다. 주희(朱熹)는 "인성(人性)은 서로 같지만 원기(元氣)는 같지 않다. 목기(木氣)가 강한 사람은 측은지심(惻隱之心)이 많은 반면에 수오지심(羞惡之心), 겸비지심(謙卑之心), 시비지심(是非之心)이 적은

---

144) 왕기(王畿):『왕기집(王畿集)』권4,『유도회기(留都會記)』, 남경봉황출판사(南京鳳凰 出版社), 2007년판, p.95.

145) 육세의(陸世儀):『수양류(修養類)』,『사고전서(四庫全書)』제724권,『사변록집요(思辨 錄輯要)』권9, p.79.

편이다. 금기(金氣)가 강한 사람은 수오지심(羞惡之心)은 항상 많은 반면에 측은지심(惻隱之心), 겸비지심(謙卑之心), 시비지심 (是非之心)이 조금 적다. 수기(水氣)와 화기(火氣) 역시 마찬가지이다. 음양(陰陽)이 서로 통하고 결합해야만 오행(五行)이 갖춰지는데 이런 사람이야말로 진정 군자이다."146)라고 피력했다. 이는 선천적인 차이에서 본 '신(身)'이 '심(心)'에 미치는 결정 및 영향을 파악한 것이다. 송대 유학자들 역시 후천적인 신체 수련이 정신상태에 영향을 미칠 수 있다고 여겼으며, 용모와 행위의 수신을 통해 심성 수양의 목적에 도달할 것을 강조했다. 예하면, 주희는 공경으로 스스로를 자제하는 '거경(居敬)'의 수양을 언급할 때 '거경(居敬)'에는 언제나 몸과 마음의 이중 공부가 포함된다고 강조했으며, 특히 신체적 노력이 정신적 수련에 미치는 역할과 영향을 강조하며 다음과 같이 말했다.

> 공경(恭敬)을 유지하는 것은 더 말할 나위가 없다. 정연, 엄숙하고, 위엄 있고 엄격함 등을 많이 체득하고, 자기의 내심 감정을 얼굴에 나타내고 사상을 정리하고 용모를 단정하게 하고 눈빛이 정내해야 한다. 이런 것들을 착실하게 노력하여 실천한다면 소위 정직하고 한결같은 내심(內心)을 힘들이지 않고 이룰 수 있으며 몸과 마음이 공경함을 지니고 겉과 속이 일체가 된다.147)

여기서 언급한 '경(敬)'의 수련은 사람의 외재 형체의 수련 가공을 의미하지만, 이런 외재적 신체의 가공훈련은 정직한 마음인 '직내(直

---

146) 『주자전서(朱子全書)』 제14권, 『주자어유(朱子語類)』 권4, p.205.
147) 『주자전서(朱子全書)』 제14권, 『주자어유(朱子語類)』 권12, p.373.

內' 및 전념하는 '주일(主一)'의 과정을 통해 정신 수련 및 마음 수양의 목적에 도달할 수 있다.

송대 유학자가 구축한 신심지학에서 몸과 마음은 일체되어 상호 작용한다. 이런 상호작용은 도덕적 수련과 생존 수련 과정에서 모두 체현될 수도 있다. 하지만 도덕적 수련과 생존 수련은 모두 일종의 주체 자아의 정신활동이며, 주체적 활동은 반드시 객관적 근거를 필요로 한다. 그러므로 개체 존재 및 도덕적 수양을 위한 신심지학 은 반드시 성리학과 결합하여 자아 초월의 객관적 근거를 확보해야 한다.

3. 신심지학과 성리지학(性理之學)

양송 시기 사대부의 자아의식과 주체정신의 굴기로 개체 존재에 대한 관심이 높아지면서 개체 자아의 신심지학이 형성되었다. 사상적 본질로 말하자면, 송대 유학자의 신심지학은 도덕적 수양과 개체 생 존이라는 이중 사상을 내포하고 있기 때문에 필연적으로 사회적 관심 과 개인 개체의 안돈(安頓)을 어떻게 통합할 것인가 하는 난제에 직면 하게 된다. 송대 유학자는 한편으로는 현실을 배려하고 천하를 근심 하는 인덕(仁德)을 추구하여 대중을 구제하는 경세(經世)의 업적을 이 루려고 노력했고, 다른 한편으로는 안락하고 자유로운 마음을 지향하 며 여유롭고 소탈한 삶을 영위하기를 희망했다. 그렇다면 사회 배려 의 우환의식과 개체 신심의 안락과 자유로움을 어떻게 통합시킬 것인가? 이는 줄곧 송대 유학자의 신심지학이 직면한 중대한 도전이었다. 주희(朱熹)는 몸과 마음 공부는 하지 않으나 일처리에 능하고 공훈과 업적을 이룩한 자들을 일컬어 "설령 그렇다 할지라도 경솔하여 성현의 모습을 찾아볼 수 없다"[148]라고 평했다. 하지만 그는 오로지 개인의 자유와 편안함만을 추구하는 신심 안돈의 인생태도에 대해서도 크게 불만을 나타냈다, 기수(沂水)에서 미역을 감고 돌아오는 길에 노래를 부른다는 고상한 정조에 비유되는 '기수귀영(沂水歸咏)'을 인생의 목적으로 삼는 '증점지지(曾點之志)'의 행복관을 비평하면서 "증점(曾點)의 의도는 장자(莊子)의 의도와 비슷하다"라고 지적했다. 송대 유학자의 인격적 이상은 기쁨과 슬픔의 감정을 통섭하여 융합하는 '우낙원융(憂樂圓融)'인 것만은 분명하다. 그렇다면 어떻게 '우낙원융'의 인생철학을 수립할 것인가? 이는 반드시 내재적 자아의 신심지학과 외재적 초월의 성리지학(性理之學)을 통합해 하나의 완전한 신심성명지학을 수립해야만 한다.

위진 시기 사대부가 자아의식의 각성 후에 정립한 개체 신심학설(身心學說)은 형체적 향락과 함께 정신적 안락도 포함한다. 그러나 형체적 향락과 마음의 안락 간에는 종종 모순적이다. 형체적 향락에 빠지면 더욱 많은 정신적 곤혹과 번뇌가 따를 수 있다. 정신적 안락을 추구하려면 여러가지 많은 물욕의 추구와 형체적 향락을 포기해야 한다. 이 양자의 균형을 유지하여 '형신의 일체화 및 표리의 조화'의

---

148) 『주자전서(朱子全書)』 제15권, 『주자어유(朱子語類)』 권28, p.1028.

이상적 상황을 실현하려면 위진 사대부는 반드시 자아 초월의 궁극적인 근거를 탐구해야 하는데 그것이 바로 '성(性)'과 '이(理)'이다. 이렇듯 개체 자아의 감정, 욕망의 필연성과 적정성의 근거는 인간 내재의 '성'에 의해 결정되는 것이며, '성'의 규정은 곧 인간의 신체적 욕망에 적절한 근거이다. 마찬가지로 개체 자아의 심적 쾌락과 정신적 안락 역시 자신의 내재적 '성'에 근거하기에 인간은 '성'에 따라 행동하면 곧 정신적 쾌락을 실현할 수 있다. 신심의 근거가 되는 '성'은 내재적인 존재일 뿐만 아니라 모든 개체 존재를 초월하는 보편적 우주법칙으로 이른바 '천리(天理)·천명(天命)·천도(天道)'이다.

위진 명사들이 형체적 향락과 정신적 안락을 추구하는 과정에서 직면한 당혹감 속에서 반드시 하나의 균형적이고 통합적인 궁극적 근거를 찾아야 했다면, 송대 유학자들 역시 사회적 우환과 개체적 안락의 곤혹 속에서 균형적인 궁극적 근거를 찾아야 했다. 그리고 송대 유학자가 정립한 신심지학의 궁극적 근거 역시 '성'과 '이(천명, 천도)'였다. 주희(朱熹)는 '증점(曾點)의 기상(氣象)'에 대해 다음과 같이 논술했다.

> 증점(曾點)은 침착하고 초연하고 대범했다. 그렇다면 그가 어찌하여 침착하고 초연하고 대범했는지 알 필요가 있다. 원인과 뜻을 안다면 그가 어찌하여 요순(堯舜)처럼 공훈을 세우고 업적을 쌓을 수 있었는지를 자연적으로 알게 된다.[149]

---

149) 『주자전서(朱子全書)』제23권, 『주문공문집(朱文公文集)』권61, 『답구양희손(答歐陽希遜)』, p.2952.

주희는 여기에서 증점(曾點)은 어찌하여 여유롭고 소탈한 성현의 기상을 소유하게 되었느냐는 중요한 질문을 제기했다. 그의 대답은 아주 명확하게 바로 내재적 인성과 외재적 '천리(天理)'라는 것이다. 고대 성현들이 사회적 우환 속에서도 능히 개체적 안락을 얻고 요순(堯舜)이 천하를 다스리는 과정에 여유로움과 소탈함을 보일 수 있는 것은 그들의 마음 속에 항상 내재적 '성'이 자리잡고 있었으며, 이 '성' 역시 초월적 외재 '천리(天理)'에 통달했기 때문이다.

송대 유학자들은 고대 성현들이 생활의 곤궁, 사회적 우환과 세상을 다스리는 과정에서 능히 '여유로움과 소탈함'을 내보이고 기쁨과 괴로움을 얼굴에 내비치지 않을 수 있었던 것은 그들 마음 속에 자리잡은 내재적 본성을 지켰기 때문이라고 여겼다. 내재적 본성으로 모든 욕망과 감정의 합리성을 침착하게 수용하여 정신적 평온과 여유로움에 도달하는 것이 원래 위진 시기 명사의 사상적 관점이다. 송대 유학자들이 지속적으로 인간의 내재적 본성을 잣대삼아 인간의 온갖 욕망을 가늠하고 제약함으로써 '정성(定性)', '복성(複性)', '명심견성(明心見性)' 등과 같은 '성'과 관련된 본체인 공부론(功夫論)을 구축한 것은 바로 위진 명사의 사상을 계승한 것이다. 정호(程顥)는 저서 『횡거선생의 정성서에 답함(答横渠先生定性書)』에서 '정성(定性)'을 인간의 욕망과 감정의 본체적 근거와 공부의 수단으로 삼았다. 그는 '정성(定性)'을 설명하면서 '성'은 동정(動情)과 내외(內外)의 구분이 없음을 강조했다. 이렇게 개체적 존재의 인간은 울적함과 즐거움, 슬픔과 기쁨의 감정적 욕구를 유지하면서도, 즐거움과 울적함, 기쁨과 슬픔의 한가운데서 신심의 평화를 유지할 수 있다. 또한 인간의 내재적 본성에서 즐거움과 근심, 기쁨과 슬픔의 마음을 찾을 수 있으며, 외재세계 속의 보편적인 법칙이 될 수도 있다고 주장했다.

> 천지(天地)는 자기의 심(心)을 갖지 못한다. 만물지심(萬物之心)이 곧바로 그의 심(心)이다. 성인의 정신적 경지는 천지와 마찬가지로 도량이 넓고 공평무사한 것이다. 때문에 그의 호악(好惡)은 만물에 순응하는 것이지 자기의 이해에 관한 호악(好惡)은 없는 것이다. 성인들은 만물의 즐거움에 의해 즐거워하고 만물의 분노에 의해 분노하였다."150)

여기서 정호는 명백하게 왕필(王弼)이 창도한 성인들은 정감이 있지만 정감에 얽매이지 않는다는 '유정무루(有情無累)'의 사상을 계승하고 있다. 즉, 중국의 현대 철학자 풍우란(馮友蘭)이 말한 바와 같이 "신유가(新儒家)에서 감정을 다루는 방법은 왕필(王弼)의 방법을 따른 것이다".151) 그래서 송대 유학의 '성' 역시 인간의 희로애락 등 감정적 욕망을 합리화하는 근본적 근거가 되며, 따라서 '정성(定性)' 역시 송대 유학자가 사회적 우환과 개체적 안락을 통일시키는 공부의 방향이기도 하다.

그렇다면 '성'을 어떻게 이해하면 개체 자아의 근거가 될 수 있을까? 송대 유학자가 공들여 정립한 신심지학에서의 '성'은 인간의 신체적 근거일 뿐만 아니라 인간의 정신적 근거이기도 하다. 한 방면으로,

---

150) 『이정집(二程集)』, 『하남정씨문집(河南程氏文集)』 권2, 『答橫渠張子厚先生書』, pp.460-461.
151) 풍우란(馮友蘭): 『중국철학간사(中國哲學簡史)』, 북경대학출판사(北京大學出版社), 1996년판, p.245.

송대 유학자가 주장하는 '성'은 인간의 몸과 감정 욕망의 근거이고, 인간의 몸은 '기(氣)'로 구성된다면 인간이 천성적으로 타고나는 기품(氣稟)에 의해 나타나는 갖가지 내재적 속성을 곧 '인성(人性)'이라 할 수 있다. 예를 들어, 인간의 신체 및 그와 연관된 각 기관이 상응하여 생겨나는 갖가지 감정적 욕망은 사실 모두 '인성(人性)'에서 비롯된 것으로 볼 수 있다. 이와 관련하여 송대 유학자들은 다음과 같이 논술했다.

> 입, 눈, 귀, 코의 욕구는 인간의 자연본성에서 기인한 것이다.[152]
> 인간의 눈은 온갖 색깔을 변별하고 귀는 온갖 소리를 변별하며 입은 온갖 맛을 변별하는데 이런 것들은 모두 인간의 자연본성이며 후천적으로 형성된 것은 아니다.[153]

일반적으로 송대 유학자들 역시 원래 내재적 인성의 근거를 갖고 있는 인간의 신체적 욕망에 대해 긍정적 견해를 갖고 있었다. 이는 송대 유학자의 생존철학과 도덕철학의 특징을 명확하게 보여주는 관점이기도 하다. 다른 한 방면으로, '성'은 인간의 '심(心)'적 근거이기도 하다. 송대 유학자는 인간의 선천적 감정적 욕망은 자신과 사회에 해를 끼칠 수 있기 때문에 구속과 통제를 받아야 한다고 거듭 강조했다. 그렇다면 누가 그 통제의 잣대를 잡을 것인가? 그 안에서 '심(心)'은 아주 중요한 역할을 한다. 호굉(胡宏)은 "마음은 천지에 대한 감지

---

152) 『이정집(二程集)』, 『유서(遺書)』 권19, p.257.
153) 『호굉집(胡宏集)』, 『지언·음양(知言·陰陽)』, 중화서국(中華書局), 1987년판, p.7.

와 만물에 대한 지배로 성(性)을 드러나게 한다"[154]라고 언급했다. 여기에서 '성'은 '심'에 의해 이루어지지만 '성'은 또한 '심'을 결정할 수 있음을 알 수 있다. 관련하여 장재(張載)는 다음과 같이 언급했다.

마음이 물질세계에 이끌려 본심을 잃는다면 인간의 물화(物化)가 천리(天理)를 잃게 된다. 반대로 자기의 천부적인 본능을 유지한다면 사물의 제약을 초월하게 된다. 그렇게 오래되면 물질세계가 자아를 속박하는 행위를 전혀 생기지 않게 되어 바로 개체의 존재 의미를 실현한 것이 된다.[155]

사람이 만약 신체적 욕구 충족을 위해 물질세계만 추구한다면 "사물에 얽매어서 마음을 잃을 수 있고", '심(心)'이 내재적 본성에 순응한다면 물질세계에 대한 욕구에서 벗어날 수 있게 된다는 것이다. 이렇게 해서 이학자들은 도덕철학과 생존철학 차원에서 결국에는 모두 '성'을 인간의 신심 및 그와 연관되는 감정적 욕망의 합리적 근거로 확정했다.

'성'이 신심의 합리성과 필연성의 근거가 될 수 있는 까닭을 해명하기 위해 송대 유학자들은 반드시 자신들의 신심지학을 위한 우주본체론의 철학적 해답을 제시해야 했다. 위진 시기 명사들은 '성'을 개체 신심의 근거라고 강조하면서 중국 사상사에서 최초로 본체론적 철학 체계, 즉 '현학(玄學)'을 구축했다. 현학자들은 인간의 내재적 본성(本

---

154) 『호굉집(胡宏集)』 부록1, 『송 주희 호자지언 의의(宋朱熹胡子知言疑義)』, p.328.
155) 『장재집(張載集)』, 『정몽·신화편(正蒙·神化篇)』, 중화서국(中華書局), 1978년판, p.18.

性)과 외재적 천리(天理)는 동일한 것이며, 성(性) · 이(理) · 도(道) · 무(無)는 곧 개체 신심의 형이상적 근거라고 여겼고 때로는 그것들을 합쳐서 '성리(性理)'라고 불렀다. 송대 사대부도 마찬가지로 신심(心身)과 성리(性理)를 합일해야 하는 철학적 과제를 안고 있었다. 그들은 현학의 내재적 인성과 외재적 천리를 통섭하는 성리학설을 계승하여 하나의 체계적인 우주본체론학설에 포함시켜서 '성리지학(性理之學)'을 세우고 이를 줄여서 '이학(理學)'이라 불렀다. 송대 유학자는 하나의 우주론적 이론체계로 '성즉리(性即理)'의 원리를 논했다. 이와 관련하여 주희는 다음과 같이 언급했다.

> 인간의 내심의 본성은 곧 외적인 '천리(天理)'이다. 우주는 음양오행의 변화에 의해 만물이 산생한다. 만물은 기(氣)의 운행에 의해서만 외적 형체를 갖게 된다. '이(理)'도 그중에 포함된다. 따라서 인간과 만물이 생겨남과 동시에 생겨나는 과정에서 각자를 형성하고 존재하게 하는 '이(理)'를 얻게 된다. 만물은 각자 모두 '이(理)'를 갖고 있기 때문에 아주 훌륭하게 '인의예지신'을 대하는 총체적 태도인 오상지덕(五常之德)'에 순응하게 되며 각자 서로 다른 특징을 나타내는데, 이것이 곧 소위 말하는 '성(性)'이다.[156]

주희 등 송대 유학자들이 정립한 이기운행(理氣運行), 인물화생(人物化生)의 우주론은 내재적 인성과 외재적 천리를 연계함으로써 우주론의 지지를 얻게 되었고, "인간의 본성은 외재적 '천리(天理)'에서 비롯된다"[157]라는 인간이 내재적 본성에 근거해야 하는 이유를 유력하게

---

156) 『사서장구집주(四書章句集注)』, 『중용장구(中庸章句)』 제1장, p.5.

실증해냈다. 이렇게 해서 송대 유학의 신심지학(身心之學)이 성리지학 (性理之學)과 합일되어 그들 스스로 즐겨 담론하는 '신심생명지학(身心 生命之學)'이 탄생되었다.

철학체계의 동형구조뿐만이 아니라 위진 명사와 송대 사대부는 정 신적 경지에 있어서도 일치하는 전승관계를 맺고 있다. 송대 유학에 서 신심생명지학의 등장은 원래 신심 수련을 기초로 여유있고 소탈한 '성현기상'과 '공안낙처'의 경지에 도달을 추구한 것이다. 위진 시기 명사는 성리의 형상에 근거해 신체적 향락과 내심적 초월의 곤경을 해소하고, 개체 신심의 '소요(逍遙)' 경지에 도달을 애써 추구했다. 송대 사대부 역시 개체 신심과 성리의 연관성을 힘써 강구했는데, 이는 사대부 개체가 필연적으로 직면하게 될 사회적 배려와 개인적 평안, 우환의식과 여유롭고 안락함 사이의 모순을 해결하여 최종에는 우락원융(憂樂圓融)의 경지에 도달하기 위함이었다.

위진 시기 명사의 신심사상은 언제나 신심과 성리의 관통을 통해 천인일체의 정신적 경지를 추구했다. 바로 곽상(郭象)이 언급한 "인간 은 반드시 자신의 본성(本性)에 의거해 소요(逍遙)의 경지에 도달해야 한다. 끝없이 펼쳐진 도(道)의 길에 노닐어야 하며 자기의 몸을 천지 사이에 두어야 한다. 정신을 사면팔방에 기탁하여 슬픔도 즐거움도 두지 말아야 하며 일체 자연에 맡겨야 한다"[158]라는 경지의 도달을 추구했다. 송대 유학자 역시 신심과 성리의 관통을 근거로 '정성(定

---

157) 『사서장구집주(四書章句集注)』, 『맹자집주(孟子集注)』 권11, 『고자(告子)』, p.326.
158) 『장자집석(莊子集釋)』 권7, 『지북유주(知北遊注)』, p.742.

性)', '복성(復性)', '명심견성(明心見性)' 등 신심수양 공부를 주장하며 천인합일의 경지 도달을 실현했다. 이런 최상의 인생 경지에서 송대 사대부는 사회적 우환과 개인적 안락을 서로 합일시킬 수 있었다. 예하면, 송대 유학자들이 자주 논의했던 '성현기상', '공안지락', '증점 지지(曾点之志)'의 인생 경지는 개체 신심과 덕성 천리의 관통, 즉 천인 (天人)합일의 경지에 도달할 것을 강조한 것이다. 이런 경지에 도달한 사람은 내면적으로 여유로움과 소탈함, 충실함과 즐거움뿐만 아니라 사회에 대한 우환의식과 천하를 다스리는 경세의 심경도 충만할 수 있다. 예를 들어 장재(張載)가 『서명(西銘)』에서 묘사한 바와 같이 건부곤모(乾父坤母), 천지일체의 초연한 경지로 개체 신심의 충실함과 즐거움, 여유로움과 소탈함을 표현하면서도 고난한 사회에 대한 근심 을 애틋하게 나타내고 있다. 소위 "천하에 노쇠한 자 혹은 장애자, 외롭고 가난하며 의탁할 곳이 없는 사람 혹은 홀아비, 과부를 막론하 고 어려워도 어디에 하소연할 곳이 없는 사람들은 모두 나의 형제 이다"라는 의식은 개체의 안락과 사회적 우환을 관통한 천인(天人)의 경지라 볼 수 있다. 이런 경지에서 개인의 정신적 만족, 심적 쾌락과 사회에 대한 우환의식 및 세상을 구제하는 경세의 심경이 하나로 융합될 수 있는 것이다. 이와 관련하여 정호, 정이 형제는 다음과 같이 언급했다.

인자(仁者)는 자기를 천지만물과 밀접한 관계가 있는 하나의 전체로 보는 것이지 자기만 있다고 여기지 않는다. 때문에 도달하지 못할 곳이 없는 것이다. 만약 그렇지 않다면 자연은 자신과 상관없게 된다. 마치

수족 같은 형제가 인의를 저버린 것과 마찬가지로 호흡은 결국 막히게
되며 따라서 모든 것이 자기에 속하지 않게 된다. 때문에 세상을 넓게
구제하는 것은 성현이 감히 감당할 수 있는 사회적 책임이다.[159]

성현의 인격을 갖춘 '인자(仁者)'는 내재적 신심과 외재적 천리를
관통한 사람이기 때문에 '천지만물과 일체'라는 인생의 경지에 도달한
사람이라고 할 수 있다. 이런 정신적 경지에 도달한 사람들이 사회적
우환가 널리 은혜를 베풀어 대중을 구제하는 행위의 체현은 외재적인
사회적 책임감과 도덕적 의무감 때문이 아니라 그들의 '인간은 천지
만물과 일체'라는 내재적 신심에서 비롯된 것이며, 이는 그들 내심에
없어서는 안 될 성인이 마땅히 해야 하는 사회적 책임인 '성지공용(聖
之功用)'인 것이다.

성현의 인격을 갖춘 사람은 개체 신심과 우주의 천리를 관통하기에
스스로 이미 천지만물과 일체화'를 직감할 수 있다. 그렇다면 현실세
계의 모든 고난에 대해 관심을 갖고 널리 은혜를 베풀어 대중을 구제
하는 사회적 책임을 과감히 짊어지는 것은, 사실 자신이 매우 하고
싶어하고 즐거하는 일일 뿐이며, 이런 일을 행할 때에 마음의 유유자
적, 소탈과 자유로움은 바로 현학자가 추구하는 '소요(逍遙)'의 경지와
같은 신심 쾌락의 경지이다. 주희(朱熹)는 다음 같이 서술했다.

천시만물의 이치를 터득하는 것보다 더 즐거운 일이 있을까.[160]

---

159) 『이정집((二程集)』, 『유서(遺書)』 권2상, p.15.
160) 『주자전서(朱子全書)』 제15권, 『주자어유(朱子語類)』 권32, p.1149.

천지간의 도리를 반드시 끝까지 상세하고 투철하게 규명해야 한다. 그런 후에 만물과 일체될 수 있으며 장애물이 없고 마음은 차분하게 되니 어찌 즐겁지 않을 수 있겠는가![161]

주희는 '공안지락', '증점지지'와 '성현기상'을 논함에 있어서 항상 고대 성현들의 사회적 근심 및 널리 은혜를 베풀어 대중을 구제하는 것은 결코 '남을 위해 자신의 몸을 바치는 것'이 아님을 거듭 강조했다. 예를 들어 '증점의 즐거움'은 "일상의 사소한 일에도 즐거워했다. 처음부터 남을 위해 자신의 몸을 바치려는 생각은 없었다. 하지만 그의 흉금은 거리낌이 없었으며 덕행과 업적이 위로는 하늘에 견줄 수 있고 아래로는 천지와 나란히 운행하였다"[162]라는 것이다. 이는 마치 위진 명사가 추구한 신심의 소요(逍遥)와 유사하며, 또한 모두 신심과 성리의 상호 관통의 기초 위에 형성된 관념이다. 다른 점은 위진 명사의 소요의 경지는 순전히 사회적 책임감을 포기한 개인적 소요이고, 송대 사대부의 '공안지락'과 '증점지지'는 일종의 슬픔과 즐거움이 융합된 소요로써 이는 만민동체(萬民同體)와 보시제중(博施濟衆)을 통해 '마음의 소탈함'과 '가장 큰 즐거움'을 체득하는 신심의 소요라는 점이다.

---

161) 『주자전서(朱子全書)』 제15권, 『주자어유(朱子語類)』 권31, p.1126.
162) 『사서장구집주(四書章句集注)』, 『논어집주(論語集注)』 권6, 『선진(先進)』 제11, p.130.

제4절 현학과 이학의 신심지학과 발전 과정

신심 문제에 대한 관심은 사대부의 개체 의식의 발달 및 강화와 관련있다. 위진 시기에는 '명사풍도(名士風度)'가 성행했는데, 사대부 집단이 보편적으로 개체의 생명 및 신심 문제에 관심을 갖게 된 것은 그 시기 사대부의 주체적 자아의식의 각성과 관련있다. 송명 시기에는 '성현기상(聖賢氣象)'이 성행하면서 사대부 집단이 다시 신심 문제에 관심을 보인 것도 역시 사대부 집단의 자아의식과 무관하지 않다. 바로 위진 시기의 '명사풍도'와 송명 시기의 '성현기상' 사이에 내재적 논리체계의 발전 경로가 있듯이 현학과 이학의 신심 사상에도 매우 뚜렷한 발전 경로가 존재한다.

이학의 신심지학은 현학으로부터의 발전과 초월을 여러 방면에서 보여주고 있는데, 특히 지적할 만한 것은 이학 신심지학의 발전과 초월은 현학의 계승과 호환의 토대 위에 구현되었다는 점이다. 현학과 이학의 '신심지학(心身之學)' 논리체계의 발전 경로는 주로 아래 몇 가지 방면에서 나타난다.

1. 유기형해(遺其形骸)에서 형해천지상응(形骸天地相應)으로의 전환

위진 시기의 신심사상 중 주요관념이 있는데, 이른바 '유기형해(遺其形骸)'이다. 위진 명사는 원래 개체 신심을 특히 중시하여 '형신상친

(形神相親)', '표리구제(表里俱濟)', '신전형구(神全形具)'의 신심 합일을 주장했는데, 그들은 왜 또 마음이 육신의 한계에서 벗어남으로써 정신적 초월을 추구하는 '유기형해(遺其形骸)'의 관념을 제시했을까? 중국 근현대 철학가 탕용동(湯用彤)은 이에 대해서 "위진 명사의 인생관은 득도(得道)하여 자신의 개체적 존재를 망각하는 것이다 … 득도와 동시에 내심의 안정을 찾음으로써 근심을 덜려는 것이다."163)라고 견해를 제시했다. 위진 명사는 '도(道)'의 본질이 '무(無)'라고 여겼다. 그리고 사람의 육신인 형해(形骸)는 바로 개체가 도(道)의 무(無)를 깨닫는 것을 저애하는 장애물이기 때문에 득도와 형해를 망각하는 것은 동일한 과정이라 여겼다. 즉 형해를 망각해야만 득도할 수 있고, 득도자는 반드시 형해를 망각해야 한다고 여겼다. 서진(西晉) 초기 학자 황보밀(皇甫謐)은 "만약 견실한 몸, 심후한 도행(道行)을 유지하면서 명리와 부귀를 도외시하고 외면적인 것으로 가볍게 여긴다면 나의 도행(道行)은 아주 완벽하다"164)라고 제기한 바 있다. 이로부터 위진 명사의 이른바 '유기형해(遺其形骸)', '유호형해지표(游乎形骸之表)'는 인간의 정신이 형체적 자아를 초월해야만이 '무(無)'의 경지에 도달할 수 있다는 관점을 표명한 것이며, '득의(得意)'와 '도전(道全)'도 모두 '무(無)'에 대한 깨달음이라는 것을 알 수 있다.

위진 명사의 사상관념으로 보자면 인간의 개체 생명은 형해와 정

---

163) 탕용동(湯用彤): 『위진현학논고 · 언의지변(위진(魏晉 玄學論稿 · 言意之辯)』, 상해고 적출판사(上海古籍出版社), 2007년판, p.36.

164) 황보밀(皇甫謐): 『현수론(玄守論)』, 『전진문(全晉文)』 권71, 상무인서관(商務印書 館), 2006년판, p.751.

신, 몸과 마음으로 구성된 것이지만 개체 생명의 본질은 내재적이고 초월적인 '성(性)', '이(理)' 혹은 '도(道)'라는 것이다. 인간의 정신과 마음의 근본적인 임무는 이 초월적인 '성'과 '도'를 확실히 인식하는 것이다. 그러나 일상생활에서 인간은 자신의 형해에 구속되어 물질세계에 대한 추구와 욕망에만 집착함으로써 개체 생명의 본질인 '진성(真性)'과 '천도(天道)'를 망각하는 경우가 많다. 때문에 위진 명사는 유기형해(遺其形骸)의 주장을 제기하게 된 것이나. 예하면, 위진 시기 현학자 왕필(王弼)은 "만물의 본성을 따라야 하며 형체로 만물의 본성을 제약하지 말아야 한다"[165]라고 피력했고, 완적(阮籍)은 "득세할 때 술을 마시고 노래를 부르고 거문고를 타면 늘 유유자적하여 자신의 형체적 존재를 망각하게 된다"[166]라고 했으며, 곽상(郭象)은 "형체를 망각함으로써 세속적인 욕망에서 벗어나야 한다"라고 주장했고, 완부(阮孚)는 "심신을 초탈하여 정신이 범상치 않은 신초형월(神超形越)"[167]을 주장했다. 이들이 표현하는 의미는 매우 비슷한데 바로 '유(遺)', '망(忘)'으로 형해의 질곡과 욕망의 집착을 해소하고, 정신적으로 개체 생명의 본질인 '진성(真性)', '천도(天道)'에 회귀함으로써 '무(無)'의 경지에 도달한다는 것이다. 이는 위진 명사가 유기형해(遺其形骸)를 주장한 것은 본체론의 토대에서 '무'를 창도한 것과 관련있음을

---

165) 왕필(王弼):『노자주(老子注)』제27장, 누우열(樓宇烈)『왕필집교석(王弼集校釋)』, 중화서국(中華書局), 2007년판, p.71.

166) 『진서(晋書)』권49『완적전(阮籍傳)』, 중화서국(中華書局), 2008년판, p.1359.

167) 장만기(張萬起) 등:『세설신어역주・문학(世說新語譯注・文學)』, 중화서국(中華書局), 2008년판, p.229.

보여준다. 우주 본체를 '무'라고 한다면 "천지만물은 모두 보이는 유형질(有形質)에서 비롯된 것이고, 유형질은 또한 보이지 않는 무형질(無形質)에서 비롯된 것이며, 무형질은 천지만물이 생성되는 본원 혹은 근거이다".[168] 그렇다면 인간의 개체 자아의 본성에 대한 직관적인 이해 혹은 자아 본성에서 우주 본체에 도달하는 이해는 모두 단지 무형무상(無形無象), 무위무심(無爲無心)의 '무'의 본체일 뿐이며, '무'를 확실히 인식하고 '무'의 정신적 경지에 도달하려면 형해의 구속을 받지 않는, 즉 '유기형해(遺其形骸)'를 통해서만 도달할 수 있다는 것이다.

송대 유학자들이 구축한 이학체계에서도 인간은 형신(形神)과 신심(心·身)으로 구성된 개체로 존재하며, 인간으로서의 형체적 자아를 초월해 정신의 수련을 통해 '복성(復性)'에서 '천리(天理)'에 나아갈 수 있기를 희망했다. 보다시피 현학과 이학은 철학적 본체론의 구축에서부터 형이상학 경지에 대한 견해 방면까지 모두 동질성을 보인다. 그러나 현학과 이학의 인간의 형해를 대하는 태도는 확연히 다르다. 위진 명사가 '유기형해'를 주된 인생관과 가치 추구로 삼았다면, 송대 유학자가 취한 태도는 "인간의 몸은 천지와 상응하는 것"[169]이었다. 말하자면 송대 유학자는 '유기형해'를 통해 '득도(得道)'하여 '천인합일(天人合一)'을 이루는 것이 아니라, 오히려 자신의 형해가 천지와 상응하는 신체의 수련을 통해 천인합일의 삶의 경지에 도달할 수 있다고

---

168) 왕필(王弼): 『노자주(老子注)』 제40장, 『왕필집교석(王弼集校釋)』에 실림, p.110.
169) 『사고전서(四庫全書)』 제710권, 『성리대전(性理大全)』 권29, 『성리 1(性理一)』, p.650.

굳게 믿었다.

현학의 '유기형해'가 '이무위본(以無爲本)'의 철학적 본체론을 기초로 구축된 것이라면, 송대 유학자들의 '형해와 천지의 상응' 관념은 '도물일체(道物一體)', '현미무간(顯微無間)'의 우주본체론을 토대로 구축된 것이라 할 수 있다. 송대 유학자들은 형이상(形而上)의 도(道)와 형이하(形而下)의 물(物)은 분리할 수 없다는 관점을 견지하고, 물(物)을 떠나 도(道)를 추구하는 '이무위본'의 관점을 반대했다. 그들은 나음과 같이 주장했다.

> 도(道)를 추구함에 있어서 만물을 떠나서는 안 되고, 만물 또한 도를 떠나 독자적으로 존재할 수 없다. 도는 만물의 발전 법칙이고, 도와 만물은 마치 바람이 불면 물결이 일듯이 서로 떠날 수 없는 것이다.[170]
> 도(道)는 외재적 사물을 떠나서는 존재할 수 없는 형이상에 속하는 존재이지만 물체는 도와는 달리 형이하에 속하는 존재이다 ⋯ 외재적 사물을 떠나 도를 추구하는 것은 마치 무엇이 결여된 듯이 아무런 성과도 이룰 수 없다. 그것은 바로 노자와 장자가 인정하는 도(道)이다.[171]

송대 유학자들의 노자와 장자의 형(形)을 떠나 도(道)를 구하는 '이형이구도(離形以求道)'의 관점에 대한 비판은 곧 현학의 무(無)를 본체로 하는 '이무위본'의 관점을 비판한 것이며, 이런 허무적인 본체론은 필연코 '유기형해'의 가치관을 유도할 수 밖에 없다. 그리고 송대 유학자들은 도(道)는 형(形)을 떠날 수 없다는 '도불이형(道不離形)'의 관점

---

170) 『호굉집(胡宏集)』, 『지언 · 수신(知言 · 修身)』, p.4.
171) 『장식전집(張栻全集)』, 『남헌역설(南軒易說)』 권1, 장춘출판사(長春出版社), 1999년판, p.16.

을 견지하면서 인간의 형해는 본래 '도(道)'의 구현이기 때문에 인간의 형해를 통해서만이 그 속에 내포된 내재적 본성(本性)과 형상적 천도(天道)를 나타내고 각성할 수 있다고 강조했다. 바로 주희(朱熹)가 주장하는 바와 같이 "인간의 몸은 선천적인 것이고 하늘이 부여한 것으로 그 자체가 곧 도(道)의 구현이다".172) 이는 바로 천리(天理)와 인성(人性)은 모두 '이 몸'에 내재한다는 것이다.

사실 송대 유학자들이 도는 형을 떠날 수 없다는 '도불이형' 관점을 강조한 것은 그들이 주장하는 '도(道)'와 노자, 장자 및 현학이 주장하는 '도(道)'가 다르기 때문이다. 노자와 장자의 도(道)는 무형무상(無形無象), 자연무위(自然無爲)의 '도(道)'로써 그 내재적 함의는 '무(無)'이다. 송대 유학자들이 말하는 '도(道)' 역시 무형무상(無形無象)이지만, 이는 유형(有形) 세계의 필연적인 법칙으로써 그 내재적 함의는 '유(有)'이다. 이에 대해 주희(朱熹)는 다음과 같이 정리했다.

> 도(道)는 인간들이 예로부터 지금까지 애써 추구해온 것이다. 마치 아버지는 반드시 선(善)을 다하고 아들은 반드시 효(孝)를 다하고 군주는 반드시 인(仁)을 다하고 신하는 반드시 충(忠)을 다하는 것과 같다. 이는 모든 인간들이 공인하는 도리(道理)이다. 덕(德)은 바로 도(道)로 자신을 단속하는 것이다. 그것은 바로 군주는 반드시 인의를 베풀고 신하는 반드시 충성을 다해야 한다는 것이다. 이런 것들은 모두 자신을 출발점으로 삼아야만 비로서 진정 이해할 수 있는 것이다. 노자(老子)는 '도의(道義)'에 대한 요구를 버려야만 덕행(德行)이 있는 사람이 될 수 있다'라고 말했

---

172) 『주자전서(朱子全書)』 제23권, 『주문공문집(朱文公文集)』 권63, 『답엽인부(答葉仁父)』, p.3059.

는데, 도의와 덕행을 모르고 두개의 사물로 나누어 보게되면, 도(道)는 밑도 끝도 없는 허망한 사물이 된다. 우리 유가에서는 단지 하나의 사물로 보며 이는 고금 모두 공통된 것이다. 사람의 형해에 집착하지 않음이 바로 도(道)라 일컫는다. 덕(德)은 바로 온전히 자기 속에 도(道)를 품는 것을 일컫는다.[173]

도(道)는 유형의 사물을 벗어난 허무가 아니라 유형의 세계에 존재하는 '고금의 공통된 이치'이고, 모든 자연법칙과 사회규범은 도(道)의 구현이라는 것이다. 예를 들면 사람의 일상생활 속의 여러가지 의례제도들 예하면 무릎 꿇음, 읍배, 음식, 언행에는 규칙이 있고, 기쁨과 노여움, 선과 악, 슬픔과 즐거움, 주고 받음에는 정도가 있다. 이런 것들은 인간의 형해 및 그와 관련된 감정을 통해서 표현되는 의례적인 행위이다. "따라서 아주 섬세한 것으로 의지를 굳히고 그 형체를 제약하는 것이다". 이 역시 마찬가지로 '도(道)'의 구현이며, 소위 "도(道)는 사는 곳 어디에나 존재한다"[174]라는 관점이다. 송대 유학자의 입장에서 보면 인간은 도덕적, 예의적 실천을 통해 '형해와 천지의 상응'을 실현할 수 있다. 형해는 인간이 천성을 깨닫고 천도(天道)에 이르는 것을 저해하는 장애물이 아니라 오히려 인간이 득도하는 필연적인 경로이다.

비록 송대 유학자의 '형해와 천지상응'의 관념은 위진 사대부의 '유기형해'와는 다르지만 역시 '유기형해'의 내재적 사상관념을 계승하고

173) 『주자전서(朱子全書)』 제14권, 『주자어류(朱子語類)』 권13, pp.397-398.
174) 방효유(方孝孺): 『유의잡함20수(幼儀雜箴二十首)』, 『사고전서(四庫全書)』 제1235권, 『손지재집(遜志齋集)』 권1.

수용했다. 정신적 경지의 차원에서 볼 때 위진 명사의 '유기형해'와 송명 유학자의 '형해와 천지의 상응'은 모두가 개체자아와 우주본체가 유연히 합일된 정신적 경지에 도달을 추구한다는 매우 중요한 공통점을 지닌다. 위진의 '유기형해'는 명사들이 형체적 자아를 초월하여 정신적 자아와 내재적 본성, 초월적 천도(天道)를 '명연(冥然)'하게 합일하라는 것이고, 송명의 '형해와 천지의 상응' 역시 유학자들에게 자아 초월, 즉 신심의 수련과 실천을 통해 궁극적으로 개체 자아가 '타고난 개성을 충분히 발휘하고', 만물의 이치를 깨닫게 하여 '천도(天道)'와 합일하는 최상의 경지에 도달하라는 것이다. 비록 그들이 정신적 경지에 들어서는 구체적인 경로는 다르지만, 그들의 정신적 경지에 대한 체험만은 유사하여 모두 만물과 일체되는 '여물동체(與物同體)'의 느낌을 준다. 예를 들어, 위진 현학은 '유기형해(遺其形骸)', '홀망형해(忽忘形骸)'를 논할 때마다 항상 '명물(冥物)'의 경지를 거론했는데 이것이 바로 여물동체의 정신적 경지이다. 현학자들은 "만약 정신과 내심이 합일되면 몸과 만물은 서로 감응(感應)하여 '명물(冥物)'의 경지에 도달하게 된다. 이런 인간은 천하가 아무리 크다 해도 가지 못할 곳이 없으니 어찌 한 나라 뿐이겠는가?,[175] "만물과 하나로 융합된다면 허무한 경지에 도달하게 된다."[176]라고 논했다. 이런 만물과 일체가 되는 '여만물위체(與万物爲體)'의 경지에서 인간들은 자신이 곧

---

175) 『장자집석(莊子集釋)』, 『덕충부(德充符)』, 중화서국(中華書局), 1961년판, p.189.
176) 『장자집석(莊子集釋)』, 『응제왕(應帝王)』, p.297.

천지만물이고 천지만물이 곧 자신이라고 느끼게 된다는 것이다. 사실 송대 유학자들 역시 형해와 천지의 감응 추구에서 이런 '여만물동체'를 체험하였다. 정호(程顥)는 "인자(仁者)는 천지만물과 자신의 혈육(血肉)은 서로 연결되어 혼연 일체라고 여긴다. 그렇다면 도달하지 못할 곳이 어디에 있겠는가?",[177] "만약 인자(仁者)가 되려면 반드시 자신과 만물을 일체로 여기고 천지지간의 만물을 자기 몸의 각 부분으로 여겨야 한다."[178]라고 언급했다. 여기에서 정호(程顥)노 곽상(郭象)과 마찬가지로 '천지만물은 한 몸'이라는 정신적 경지를 체험했음을 엿볼 수 있다.

물론 앞서 설명했듯이 현학과 이학의 '성(性)', '천도(天道)'에 대한 내재 함의는 다르다. 현학자들이 주장하는 '성(性)'과 '도(道)'의 내재 함의는 '무(無)'이다. 따라서 곽상이 주장한 '만물과 한 몸이 된다'는 것은 일종의 '무아(無我)'의 경지를 의미한다. 이학자들이 일컫는 '성(性)'과 '도(道)'의 내재적 함의는 실제로 존재하는 '실유(實有)'이다. 따라서 정호의 '천지만물은 한 몸'이라는 것은 '만물이 모두 나에게 갖추어져 있다'는 '유아(有我)'의 경지를 말한다. 이런 정신적 경지의 차이로 말미암아 그들이 마음 공부하는 데 있어서 중요한 차이를 초래하게 된다.

---

177) 『이정집(二程集)』, 『유서(遺書)』 권2상, p.15.
178) 『이정집(二程集)』, 『유서(遺書)』 권4, p.74.

2. 무심(無心)에서 대심(大心)으로의 전환

현학과 이학이 정립한 천인합일의 경지론(境界論)은 신심지학을 토대로 한 것이다. 이들이 '무아(無我)'와 '유아(有我)'의 경지에 큰 차이를 보이는 것은 공부론(工夫論) 상의 주요한 차이와 관련 있는데 바로 '무심(無心)'과 '대심(大心)'의 차이이다. 현학의 천지사물과 일체가 되는 '명물(冥物)' 경지는 '무심(無心)'을 공부하는 것이고, 이학은 현학의 '무심(無心)'을 송대 유학자의 '대심(大心)'으로 승화시켜서 현학의 신심지학을 뛰어넘었다. 송대 유학이 현학의 '유기형해' 대신에 '형해와 천지의 상응'을 선택한 것은 '신(身)' 및 신(身)과 관련된 경지론(境地論)을 통해 현학을 초월한 것이다. 마찬가지로 송대 유학자는 현학의 '무심(無心)' 대신에 '대심(大心)'을 택하여 '심(心)' 및 '심(心)'과 관련된 공부론(工夫論)을 통해 현학에 대한 초월을 실현한 것이다.

위진 현학은 '무(無)'를 근본으로 삼는 '이무위본(以無爲本)'의 우주본체론을 고수했기 때문에 삶의 최고 경지는 '무(無)'의 경지라고 여겼다. 인간이 이런 경지에 도달하는 데 영향을 미치는 근본적인 장애물을 모두 개체 자아의 신심과 관련되는 관념과 집착이라는 것이다. 그렇다면 인간이 진정한 '득도' 즉 자신과 천지만물이 명연일치되는 정신적 경지에 도달하기 위해서는 반드시 '무심(無心)'의 공부를 거쳐야만 한다. 물론 엄격히 말하면, '무심(無心)'은 본래 유위(有爲)적 노력인 '공부'가 아니라 '무위(無爲)'를 요구하는 것인데, 사람이 인의적으로 무엇인가를 행하는 자신의 유위지심(有爲之心)을 극복하기가 너무 어려운 점을 고려하고, 특히 하고자 함이 없으면 이루어지지 않는 일이 없다는 '무위이무불위(無爲而無不爲)'를 고려해서 여전히 '무심공부(無心工夫)'라고 일컫는 것이다

위진 시기의 현학자는 '무(無)', '자연(自然)'의 정신적 경지를 논할 때마다 항상 '무심(無心)'의 문제를 거론했다. 그들이 생각하는 '무(無)'는 천지만물의 근원이고, 천지 역시 무(無)를 그 중심으로 삼기 때문에 오로지 '무심(無心)'에 의해서만이 천지의 마음을 볼 수 있다는 것이다. 그렇지 않고 '유심(有心)'에만 의지한다면 필연코 형해의 구속을 받고 지식 혹은 감정의 욕망에 얽매이게 된다고 주장했다. 왕필(王弼)은 『노자(老子)』에 주석을 달면서 "만약 통치자가 사욕을 없애고 무위(無爲)의 도를 따르고, 남의 존경을 받으며 자신을 몸을 안전하게 보존한다면 온세상 사람들은 모두 그를 우러러 볼 것이고 먼곳의 사람들이나 가까운 곳의 사람들을 막론하고 모두 그를 찾아와 귀순할 것이다. 만약 그가 유위(有爲)를 따를 뿐만 아니라 사심까지 있다면 그는 자기의 몸을 안정하게 유지할 수 없을 뿐만 아니라 그의 근육과 뼈가 서로 용납될 수 없게 될 것이다."[179]라고 서술했다. 또한 그는 『주역(周易)』의 주해에서도 "천지는 본(本)을 중심으로 한다. 이 본(本)은 바로 무(無)이자 정(靜)이다. 하지만 비록 본(本)은 정(靜)이라 하지만 움직임이 땅속에서 잦아들고 있는 '동식지중(動息地中)'의 괘상(卦象)을 통해 선명하게 드러낸다. 움직임이 잦아들면 곧 고요해지고, 이치

---

179) 『왕필집교석(王弼集校釋)』, 『노자주(老子注)』 제38장, p.93.

를 깨달아 분별할 것이 없기에 천지의 중심은 동(動)의 범주에 속하는 것이 아니라 정(靜)의 범주에 속하는 것이다."[180)라고 제시했다. 따라서 왕필은 오로지 '무심(無心)'을 통해서만이 천지의 중심을 볼 수 있고, 정도(正道)를 몸소 행하는 체도(體道)의 정신 경지에 도달할 수 있다고 여겼다.

곽상(郭象)은 '무심(無心)' 공부를 체계적으로 논술한 현학자이다. 그는 종종 '명(冥)'으로 '무심(無心)'의 특징을 표현했다. '명(冥)'이란 무엇인가? 곽상은 "인간의 마음에는 항상 온갖 지식을 담고 있는데 만약 이런 자신의 지식을 비워내면 일종의 무지상태에 들어서게 되는데 이것이 곧 '명(冥)'이다."[181)라고 해석했다. 곽상은 항상 '명(冥)'을 '명물(冥物)' 혹은 '명극(冥極)'이라 불렀다. '무심 (無心)'의 정신상태에서 인간은 이목(耳目)이나 지식, 재주 등의 포기를 통해 자기 본성을 자연스럽게 실현하게 된다는 것이다. 이에 관련해서 곽상은 다음과 같이 언급했다.

> 때문에 '무심(無心)' 상태의 사람들은 사물과 부합하는 경지에 도달하게 되며 천지만물과 서로 대립하지 않는다.[182)
> 만약 한 사람이 이목(耳目)이나 지식, 재주를 포기함으로써 자기의 본성(本性)을 실현하면 제 마음대로 통하게 되며 사물과 부합하는 경지에 도달하게 된다. 이런 심오한 도리를 이해한다면 인간만물의 도리야 더 말할 나위가 있겠는가![183)

---

180) 『왕필집교석(王弼集校釋)』, 『주역주·복(周易注·複)』, pp.336-337.

181) 『장자집석(莊子集釋)』 권7하, 『지북유주(知北遊注)』, p.757.

182) 『장자집석(莊子集釋)』 권1하, 『제물론주(齊物論注)』, p.68.

이런 '명물(冥物)'의 정신적 경지는 '무심(無心)'의 공부를 통해 얻어지며, '무심(無心)'의 결과로 인간은 본성을 스스로 얻게 되는 '임성자통(任性自通)'의 경지에 이르게 된다는 것이다. 이런 경지에 이를 수 있는 사람은 바로 자아와 천지자연의 혼연일체를 이루고 '담백한 내면으로 번잡한 세계에 대처'하는 성인이다. 이른바 "성인은 늘 무심(無心)을 통해 명물(冥物)의 정신적 경지에 도달하게 된다. 그들은 천지만물과 한몸이 되는 무아시경(無我之境)에 도달하기에 천하만사를 굽어보고 태연자약하다"[184]라는 것이다. 이런 '무심(無心)'을 가진 성인은 천지만물과 한 몸을 이루는 무아지경에 도달했기 때문에 "세상 만물을 마주하고 태연자약한 모습"을 보여줄 수 있다는 것이다.

송명 이학자들은 천지만물과 동체인 '유아지경(有我之境)'을 추구했다. 송대 유학자는 각 개인은 반드시 자아 신심의 수련 및 '진심(盡心)'과 '대심 (大心)'의 공부를 통해 유아지경의 숭고한 경지에 도달할 수 있음을 강조했다. 이 과정에서 인간의 주체의식은 시종일관 그 중에 관철되고 끊임없이 확충되면서 궁극적으로 '천하의 모든 것은 나의 것'이라는 '유아지경'의 경지에 도달할 수 있게 된다고 여겼다. 그래서 송대 유학자들은 '심(心)'에 대해 토론할 때마다 항상 '심(心)'의 함양, 확충, 궁구함을 강조했다. 장재(張載)가 제기한 '대심(大心)' 이론은 송대 유학자의 심(心)의 공부를 다음과 같이 명료하게 표현했다.

---

183) 『장자집석(莊子集釋)』 권2중, 『인간세주(人間世注)』, p.151.
184) 『장자집석(莊子集釋)』 권3상, 『대종사주(大宗師注)』, p.268.

수학(修學)하는 사람이 진정으로 자기의 마음을 무한히 넓힌다면 스스로 천하 만물을 확실하게 인식할 수 있으며, 또한 천하만물을 자기의 몸처럼 융섭할 수 있게 된다. 만약 천하에 아직 한개의 물건이 자기의 신심(身心) 밖에 놓여 있다면 이 수학자의 마음은 내외(內外)가 따로 있고, 한계가 있는 것으로 수련이 무한히 넓혀진 경지에 도달하지 못할 것이다. 세상 사람들의 마음은 흔히 귀로 듣고, 눈으로 보는 것에 국한되며, 눈과 귀가 보고 들은 것 이외의 경지에 도달하기 어렵다. 하지만 성인은 다르다. 그들은 깊은 수련을 통해 본성에 도달하여 자기 마음을 간파한다. 들은 것으로 자신의 내심을 속박하지 않으니 천인합일(天人合一)의 경지에 도달하게 된다. 성인의 눈에는 세간의 어떠한 물건도 자신의 몸과 마음에 내재되지 않는 것이 없다. 맹자가 말한 '마음을 다하면 지성지천(知性知天)한다'는 것은 이런 경지를 말한다. 천지의 마음은 무한히 넓고 경계가 없다. 때문에 수학자의 마음이 만물을 포용하여 자신의 몸과 융합할 정도로 넓지 않으면 여전히 내외 분별의 경지에 처해서 천지의 웅대한 마음과 합일하는 경지에 미치기 부족하게 된다.[185]

위진 명사들도 마찬가지로 천지만물을 인식하는 '체천하지물(體天下之物)'의 경지를 추구했다. 그러나 그들은 이런 경지의 실현은 '무심(無心)'의 과정에 의존해야만이 도달할 수 있다고 여겼다. 한편 송대 유학자는 마음의 도량을 크게 가지는 '대기심(大其心)' 및 본성에 도달하여 자기 마음을 간파하는 '진심(盡心)'의 과정을 통해서만이 천지만물을 인식할 수 있는 '체천하지물(體天下之物)'의 경지에 이를 수 있다고 강조했다. 이는 천도(天道)와 인도(人道)의 실현 과정에 차이가 있기 때문이다. '천도(天道)'의 완성은 '무심(無心)'의 자연적인 과정이지

---

185) 『장재집(張載集)』, 『정몽 · 대심편(正蒙 · 大心篇)』, 중화서국(中華書局), 1985년판, p.24.

만, 인도(人道)의 완성은 인간의 마음에 의해 강제로 자각되는 과정이다. 이는 바로 장재(張載)가 언급한 "하늘은 본래 무심(無心)하지만 하늘은 만물을 만든다. 이는 하늘의 공로이다. 때문에 이것을 천지(天地)의 인심(仁心)이라 한다. 인인(仁人)도 이를 따라야 하는 바 처음에는 부지런하고 최후에는 자연으로 회귀해야 한다."[186]라는 것과 같은 의미이다. 그래서 반드시 '대심(大心)' 및 '진심(盡心)'의 과정을 거쳐야 한다는 것이다.

송대 유학자가 말하는 '대기심(大其心)'의 과정은 인간의 주체의식을 명확히 부각시켜 마음이 천지의 만사와 만물을 지배하는 과정이기도 하다. 송대 유학자들이 늘상 마음의 지배적 지위와 역할을 언급하는 것도 인도(人道)의 완성과정을 사람의 마음이 지배하는 만사와 만물이 천도(天道) 및 천리(天理)에 부합하는 자각과정으로 간주했기 때문이다. 송대 유학자들은 자주 다음과 같이 주장했다.

> 마음은 인간의 신체 행위를 지배하는 것이다. 그러기에 마음이지 기타 부분이 아니다. 마음은 주인이지 손님이 아니다. 사물에 지배당하는 것이 아니라 사물을 지배하기 때문이다.[187]
> 인간의 마음은 만사만물을 지배하며 천도(天道), 천리(天理)에 부합하며 만물의 지배자이기도 하다.[188]

---

186) 『장재집(張載集)』, 『경학리굴·기질(經學理窟·氣質)』, p.266.
187) 『주자전서(朱子全書)』 제23권, 『주문공문집(朱文公文集)』 권67, 『관심설(觀心說)』, p.3278.
188) 『장식전집(張栻全集)』, 『남헌집(南軒集)』 권12, 『경재기(敬齋記)』, p.724.

송대 유학자의 입장에서 보면 '심(心)'은 '신(身)'의 지배자일 뿐만 아니라 천하 만사만물의 지배자이기도 하다. 따라서 천지가 아무리 크고, 만물이 아무리 많다고 하더라도 인간의 마음은 항상 관여하고 주도하는 근원적인 역량으로 송대 유학자들은 이를 '본체(本體)'라고 부르기도 했다. 바로 "천인합일의 우주본체의 경계에서 심(心)은 지배자이며, '천지지심(天地之心)'의 책임자로 끝없는 우주 운행 중에 널리 퍼지며 운행한다"189)라는 것이다. 천인합일의 우주본체의 경지에서 '심(心)'은 지배자로서 줄곧 '천지지심(天地之心)'의 주관자로서 방대한 우주의 흐름에 맞추어 운행된다.

때문에 송대 유학자들은 주체적 정신의 포기를 의미하는 현학의 '무심(無心)'에 반기를 들었다. 육구연(陸九淵)은 "마음은 스스로 밝아지며 도(道)는 외부로부터 찾지 않는다. 때문에 핵심은 어떻게 본심을 기만하는 것들을 버리는가에 달려 있다. 옛사람들은 교육의 목적을 인간을 교화하는 교인(教人), 심성을 수양하는 양심(養心) 및 마음의 안정을 구하는 방심(放心)을 추구하는 데 두었다"190)라고 토로했다. 송대 유학자는 현학자처럼 '득도(得道)'를 '무심(無心)' 공부의 결과로 본 것이 아니라, 반대로 '득도(得道)'를 용심(用心)의 과정, 존심(存心)ㆍ용심(用心)ㆍ양심(養心) 및 방심(放心)의 과정으로 보았고, 또한 대기심(大其心)과 심재만물(心宰萬物)의 과정으로 보았다. 위진과 송대의

189) 『장식전집(張栻全集)』, 『남헌집(南軒集)』 권9, 『계양군학기(桂陽軍學記)』, p.685.
190) 육구연(陸九淵): 『상산집(象山集)』 권5, 『여서서미(與舒西美)』, 중화서국(中華書局), 2008년판. p.64.

사대부 모두 만물과 한 몸이 된다는 '여만물동체(與萬物同體)'의 정신적 경지를 추구했지만, 위진 현학자들은 '무심(無心)'의 공부를 강조했고, 이와 달리 송대 유학자들은 '대심(大心)'과 '진심(盡心)'의 공부를 강조했다. 송대 유학자 주희(朱熹)는 유가와 불가의 차이에 관한 해석에서 "유가 사상과 불가 사상의 차이는 유가는 심(心)과 이(理)를 합일(合一)하고 같은 개념의 다른 표현일 뿐이라고 여겼고, 불가에서는 서로 다른 개념으로 본다"[191]라고 지적했다. 이 주장으로는 현학과 이학의 차이도 설명할 수 있다. 현학은 '심(心)'의 무위(無爲)로 만물의 이치에 순응을 주장했는데 사실 이는 '심(心)'과 '이(理)'를 이분한 것이다. 이학은 "인간의 내심이 청정하고 자연스럽고 대의(大意)를 깊이 명확하게 안다면 정확한 사리에 대해서도 인정할 수 있다."[192]라는 관점을 강조했기 때문에 사실 '대기심(大其心)'은 '홍기도(弘其道)'이고, 심재만물(心宰萬物)은 바로 '이재만물(理宰萬物)'을 의미한다.

물론 송대 유학의 대심(大心)공부에는 무심(無心)의 사상 성과도 포함하고 있고, '대심(大心)'과 '무심(無心)'은 주체의식에 대한 관점에 있어 그 차이가 매우 명확하지만 양자 사이에는 자신의 이욕과 탐욕과 편견을 버려야 한다는 점에서는 중요한 일치성을 띠고 있다. 위진의 '무심(無心)'은 인간들이 자신의 주관적인 견해, 태도, 욕망, 지식, 편입견에서 완전히 벗어나 무지무욕(無知無欲)의 혼돈한 마음으로 우주만

191) 『주자전서(朱子全書)』 제23권, 『주문공문집(朱文公文集)』 권56, 『답정자상(答鄭子上)』, p.2689.
192) 『주자전서(朱子全書)』 제14권, 『주자어류(朱子語類)』 권5, p.230.

물의 자연 본성과 명연하게 합일을 이루어 만물과 한몸이 되는 '여만물동체(與萬物同體)'의 정신적 경지에 도달을 요구한다. '무심(無心)' 공부를 통해 바로 "천하의 몸은 내 몸이고, 천하의 물건은 내 물건이다"[193]라는 '여만물동체'의 경지에 도달할 수 있다는 것이다. 송대 유학의 '대심(大心)' 역시 개인적 사욕과 사심의 소아지심(小我之心)에서 벗어나 우주만물의 본성에 완전히 순응함으로써 천지만물과의 합일 경지에 이르도록 하는 것이다. 송대 유학자들이 언급한 이런 정신 경지는 위진 명사의 설법과 매우 근접하는데, 이른바 "성인은 정세하고 깊은 수련을 통해 본성에 도달하며 자심(自心)을 간파한다. 들은 말로 자신의 내심을 속박하지 않으며 천인합일의 경지에 도달하게 된다"[194]라는 것이다. 따라서 송대 유학자들은 종종 '대심(大心)', '진심(盡心)'을 강조하면서 이 역시 일종의 '무심(無心)'이라고 주장했다. 장재(張載)는 "인간은 본래 무심하지만 사물을 가지기 때문에 마음이 생긴다. 만약 본 것과 들은 것에 머물러 있다면 인간의 사물에 대한 이해와 지식은 협소하고 제한적일 수밖에 없다"[195]라고 지적했다. 송대 유학의 '대심(大心)'은 '천하만물을 체험하고 천하만물에 대한 인식'을 요구하는데, 그저 본 것과 들은 것만을 마음이라 여기는 '문견위심(聞見爲心)'의 차원에서 볼 때 이 역시 '무심(無心)'이라 여기게 된다. 정호(程顥)는 주체적 '진심(盡心)'과 '식인(識仁)'의 공부를 강조했지만,

---

193) 장담 (張湛) 주(注): 『양주(楊朱)』, 양백준(楊伯峻) 『열자집석(列子集釋)』, 『열자(列子)』 권7에 실림, 중화서국(中華書局), 1979년판, p.235.

194) 『장재집(張載集)』, 『정몽·대심(正蒙·大心)』, p.24.

195) 『장재집(張載集)』, 『장자어록·어록하(張子語錄·語錄下)』, p.333.

인간의 주체적 의식을 확장하는 진심(盡心) 공부에는 '무심(無心)'의 사상적 함의도 내포되어 있다고 여겼다. 그는 "천지는 불변하는 것으로 만물을 널리 비추면서 사심이 없다. 성인의 정신경지도 천지와 같이 널리 모든 사물에 사심없이 공평하다. 그러므로 성인의 호악(好惡)은 자신의 이해를 위한 호악이 아니라 만물에 순응하는 것이다. 따라서 군자의 학문도 우주처럼 광대하고 공평한 이치를 알고 만물을 받아들이는 것이다."196)라고 논설했다. 이로부터 알 수 있듯이 만물을 널리 비추는 '심보만물(心普萬物)'의 '대심(大心)', '진심(盡心)'과 우주의 이치를 알고 만물에 순응하는 '물래순응(物来順應)'의 '무심(無心)'은 완전히 대립되는 것만은 아니다. 송대 유학의 '대심(大心)' 공부는 '무심(無心)'을 초월하며, 또한 그 속에 '무심(無心)'을 포함한다. 그러나 정호(程顥)의 '무심(無心)'은 인간의 주관적인 견해, 태도, 욕망, 지식, 선입견에서 완전히 벗어나 마음의 이치와 만물의 이치를 합일하여 만물과 한몸을 이루는 '여만물동체'의 정신적 경지에 이르도록 하는 것으로, 이는 현학이 완전히 무지무욕의 혼돈스런 마음에서 벗어나 우주만물의 자연 본성과 명연하게 합일을 이루는 '여만물동체'와는 다르다.

물론 현학의 '무심(無心)'과 이학의 '대심(大心)' 양자 간에는 매우 큰 차이가 존재하는데, 이런 차이는 공부 상의 차이일 뿐만 아니라 그들의 자아 가치관념의 차이이기도 하다.

---

196) 『이정집((二程集)』, 『답횡거장자후선생서(答橫渠張子厚先生書)』, 『하남정씨문집(河南程氏文集)』, p.460.

3. 자연지아(自然之我)에서 명교지아(名敎之我)로의 전환

이학은 형해와 정신, 몸과 마음 방면에서 현학을 초월하여 현학의 신심과 사상에 대한 전환을 완성했다. 주지하다시피 신심 문제에 대한 관심은 개체 자아의식의 발전과 관련있다. 마찬가지로 송대 이학이 신심지학 방면에서 현학을 초월하려는 것 역시 이 두 시기의 자아 가치의식의 전환과 관련있다. 위진 시기의 자아 가치의식은 '자연지아(自然之我)' 중심의 완전히 '위기(爲己)' 의 자아 가치의식이다. 송대의 자아 가치의식은 '명교지아(名敎之我)' 중심의 '위기(爲己)'와 '위인(爲人)'을 통합한 자아 가치의식이다. 송대 유학자의 신심지학은 자아 가치의 전환을 완성했다.

위진 사대부의 자아의식 각성이라는 큰 배경 하에서 자연지아(自然之我)를 중심으로 삼는 신심(心·身) 사상이 생겨났다. 위진 사대부는 개체의 자아를 고양시키며 "이것저것 고려할 필요 없이 가장 중요한 것은 자아(自我)이다" [197]라는 관점을 제기하며, '나'의 독립적 가치를 주장했다. 동진(東晋)의 정치가 은호(殷浩)는 "나는 '나'와 오랫동안 상의했지만 결국 나는 '나'를 택했다"[198]라고 말했다. 위진 시기 사람들의 사상에서 이 '나'는 개체의 자아의식이 각성된 뒤부터 중시되기 시작한 '자연지아(自然之我)'의 '나'이다. 위진 사람들이 매우 중시했던 신심의 문제 역시 자기 자신의 본질을 밝히는 '위기(爲己)'의 실현을

---

197) 『후한서(後漢書)』 권49, 『중장통전(仲長統傳)』, pp.1645-1646.
198) 장만기(張萬起) 등: 『세설신어주·품조(世說新語譯注·品藻)』, 중화서국(中華書局), 2008년판, p.493.

추구했던 개인주의 가치의식이다.

위진 명사의 '신(身)'에 대한 관념은 그들의 '자연지아(自然之我)'의 체현이다. 자아 생명에 대한 애착, 형체적 향락을 중시하는 석신(惜身), 전신(全身)의 관념은 위진 사대부들의 자아 가치의식의 발로이다. 천신(天神)과 명교(名教)의 허위성과 불확실성을 깨달은 위진 사대부들은 가치의 의존을 외재적 천신과 명교로부터 내적 자아 및 그와 관련된 신체로 돌리기 시작했다. 특히 그들은 개체 생명의 일시성을 깨닫고 형체적 향락을 목표로 하는 인생관념을 더욱 강조하면서 자연지신(自然之身)의 욕구를 충족시키는 삶의 목표를 추구했다. 즉 "생명이란 세상에 잠시 머무를 뿐이며, 죽음도 잠시의 떠남에 불과하다는 것을 안다. 마음을 방종하게 행동하더라도 자연의 본성을 위반하지 않고 자신의 즐거움을 버리지 않는 것을 추구한다"[199]라는 것이다. 위진 명사가 중시한 개체 자아는 '자연소호(自然所好)'를 추구하는 자아이며 '신지오(身之娛)'를 추구하는 자아이다. 한마디로 일종의 '자연지신(自然之身)'을 본위로 삼는 자아 가치의식이다.

위진 사대부들의 자아 가치의식은 또한 그들의 자연지심(自然之心)에 대한 추구에서도 나타난다. 위진 사대부들은 신체적 향락은 제한적이며, 형체적 사치와 향락 및 방임으로도 여전히 생명은 쉽게 소실된다는 불안감에서 벗어날 수 없음을 깨닫고, 마음의 '자연지성(自然之性)'에 대한 회귀를 통해 형체의 일시성에 대한 정신적 초월 실현을

---

199) 『완위별장(宛委別藏)』 제96권, 『열자・양주제7(列子・楊朱第七)』, p.160.

추구했다. 따라서 위진 명사는 개인의 신체적 욕망을 초월하기 위해 '유기형해(遺其形骸)'를 제기했으며, 심지어 그들은 "세상엔 영원한 삶이란 없다. 인간의 생명은 아침처럼 짧다. 그러할진대 자신의 득실이 얼마인지 막론하고 추구할 가치가 있겠는가?"[200]라는 관점까지 제시했다. 이 일파는 마음의 자연본성으로 회귀를 적극적으로 추구하고 실현하기 위해 '유기형해(遺其形骸)'의 관점을 제시했다. 이들의 자아 가치의식의 사상 출발점은 같으며, 즉 개체 자아의 '자연(自然)' 가치에 대한 추구의 표현에서 출발했음을 알 수 있다. 위진 명사들은 개인의 심적인 쾌락을 추구하기 위해 개인의 사회적 책임과 도덕적 의무에서 벗어나 몸과 마음을 안정시키고 몸을 온전하게 보존하는 자연지아(自然之我)로의 회귀를 강조했다.

송대의 사대부는 위진 명사가 내세웠던 자아의식과 자아가치의 풍조를 이어받아 개체 신심의 만족에 대한 추구를 표출하기도 했다. 그러나 송대에 고양된 개체 자아의 내재 함의에 매우 중대한 변화가 일어났다. 위진 사대부의 자아 가치의식은 전적으로 개인 가치를 본위로 삼고, 송대 사대부의 자아 가치의식은 명교를 본위로 삼았다. 송대 유학의 자아 가치관념은 비록 위진 사대부의 개체 신심에 대한 추구를 포함하고 있지만, 위진의 개인 본위의 신심관을 초월하여 일종의 개체 존재와 사회 명교를 합일한 신심관으로 승화되었다.

따라서 송대 유학자들은 개체 자아의 신심 문제를 매우 중시했고,

---

200) 완적(阮籍): 『대인선생전(大人先生傳)』, 『완적집교주(阮籍集校注)』 권상, p.176.

개체 존재의 신심 문제가 그들의 학술사상 체계에서 매우 중요한 위치를 차지하기 때문에 자신들의 학설을 신심지학(心身之學)이라고 불렀다. 송대 유학자들은 위진 명사처럼 자아의식에 대한 관심과 개체 정신에 대한 추구를 표현했으며, 신체의 편안함을 강조하여 신체 건강과 재복을 쌓는 '신태위부(身泰爲富)'의 관점을 제기한 것이나 마음의 안정을 추구하면서 '안심(安心)'과 '정심(定心)'을 제시한 것은 모두 개체 자아의 평온과 평화를 추구한 것이다. 송대 유학자들이 평생 동안 '공안낙처(孔顔樂處)'와 '증점지지(曾点之志)'를 반복적으로 토론하고 추구한 것은 바로 송대 유학자의 이런 개체의 자아 가치의식의 체현이다. 송대 유학자들이 나타낸 인생태도, 예를 들어 주돈이(周敦頤)의 "인간의 마음이 솔직하고 밝은 것이 비가 그치고 하늘이 맑고 깨끗해지는 풍경과도 같다", 정호(程顥)의 "바람과 눈과 꽃과 달을 빌어 시를 읊조리고", "내 마음 여기저기 유유히 떠도네", 소옹(邵雍)의 "몸과 마음이 다 편안한데 무슨 상관이 있단 말인가", "꽃을 마주하고 술에 취해 꽃가지를 노래하네", 주희(朱熹)의 "신심이 피곤하지 않고 편안하니, 하물며 청지양관(淸池凉館)이 있음에랴", "원융(圓融)하여 끝이 없으니 이 몸과 마음이 허무하도다" 등의 인생태도는 모두 위진 명사가 신심의 만족을 추구한 것과 매우 유사하다. 그래서 송대 사대부의 가치의식은 위진의 개체 가치의식을 포함한다고 말하는 것이다.

그러나 송대 유학자가 구축한 신심지학은 위진 명사의 신심사상 및 그 가치의식 또한 초월했다. 송대 유학자가 말하는 자아(自我)는 단지 개체적 자아만이 아니라 명교질서 속의 자아이며, 정신적 안일과 마음의 평화를 추구하는 자아만이 아니라 사회적 책임을 지고 경세 대업을 개척하는 자아이기 때문이다. 장재(張載)는 『서명(西銘)』에서 자아가치와 주체의식을 강조하는 동시에 명교 질서 및 사회우환의 의식을 강화하면서, "『역경(易經)』의 곤괘(坤卦)는 천도(天道) 창조의 비밀을 나타내며 만물의 아버지라 일컫는다. 곤괘는 만물 생성의 물질성 원칙과 결구성 원칙을 나타내며 만물의 어머니라 일컫는다. 나는 이렇듯 작으나 천지지도(天地之道)와 한몸이 되어 천지지간에 존재한다. 그러므로 천지지간에 충만한 것은 바로 나의 형색지체(形色之體)이다. 천지만물의 변화를 이끌고 통솔하는 것은 바로 나의 천연본성이다. 백성은 나의 동포의 형제자매들이며 만물은 모두 나와 같은 무리들이다. 천자는 내 부모의 적장자이며, 대신은 적장자의 집사이다. 천하에 노쇠한 자 혹은 장애자, 외롭고 가난하며 의탁할 곳이 없는 사람 혹은 홀아비, 과부를 막론하고 어려워도 어디에 하소연할 곳이 없는 사람들은 모두 나의 형제이다"[201]라고 피력했다. 여기에서 개체의식과 사회의식, 자연과 명교, 개인의 신심 안락과 사회의 우환의식은 모두 서로 교차되어 있다. 이로부터 송대 이학의 신심지학은 위진의 신심사상을 모두 포용했을 뿐만 아니라, 위진의 개체중심의 신심관을 초월해 유가 사대부의 자아 가치의식을 역사적으로 전환·승화시켰음을 알 수 있다.

---

201) 『장재집(張載集)』, 『정몽·건칭편(正蒙·乾稱篇)』, p.62.

제3장

현학 및 이학의 성리지학(性理之學)과
사상적 논리

제1절 서론

중국 사상학설은 매우 긴 발전 과정을 거쳐왔고, '성(性)'과 '이(理)'
에 대한 탐구 역시 매우 유구한 역사를 지니고 있다. 글자 그대로
'성리학'은 '성(性)'과 '이(理)' 및 그와 서로 연관된 학설이다. 그러나
정작 일종의 학술사상 및 학술형태로써 '성리학'이라 부르기 시작한
것은 양송(兩宋) 시기부터이다. 그렇다면 성리학의 개념은 어떤 학술
적 배경하에서 생겨난 것일까? 그 개념의 함의는 무엇일까? 특히 왜
이를 통해 현학과 이학의 내재적 논리를 고찰해야 하는가? 이는 필자
가 본장의 총체적인 논술을 전개함에 있어 가장 우선적으로 해답해야

할 문제이다.

양송(兩宋, 960~1279) 시기는 중국 사상학설 발전의 중요한 역사단계로 송대(宋代) 학자들은 유학 부흥과 유가 경전의 새로운 해석이라는 기치 아래 사실현상을 통해 본질을 밝히고, 자연현상과 인간사회 간의 상호 의존의 상대적 관계를 탐구하는 '구천인지제(究天人之際)'에 관한 새로운 학술체계를 만들어 그들 스스로 이를 '도학(道學)', '이학(理學)', '의리지학(義理之學)', '성리지학(性理之學)' 등으로 불렀다. 이런 서로 다른 호칭들은 원래 제각기 다른 학술사상을 내포하고 있었다. '도학(道學)'은 송대의 일부 학자들이 유가의 '도통(道统)'을 계승했다고 자처하는, 비교적 강한 당파성 단체가 자칭한 것으로 송대의 학술사조 전체를 대표하는 것은 아니다. '이학(理學)'은 '의리지학(義理之學)'과 '성리지학(性理之學)'의 약칭이다. 따라서 '의리지학'과 '성리지학' 이 두 개념에 대해 간략하게 구분할 필요가 있다.

'이학(理學)'은 역사적으로 흔히 '의리지학' 혹은 '성리지학'의 약칭으로 쓰였다. 이런 서로 다른 칭호는 어떤 의미적 차이가 있을까? 표면적으로 '의리지학'과 '성리지학'은 모두 '이(理)'와 관련되어 있기 때문에 종종 이를 이학과 동일한 개념으로 간주되지만, 이 두 개념은 그 기원, 함의, 범위 등에서 차이를 보인다. 송대 유학은 일종의 경전을 재해석하는 경학의 학문 형태였고, 또한 일종의 자연과 인간 및 사물의 상호관계에 대한 탐구인 구천인지제(究天人之際)의 사상이론 형태였다. '의리지학'과 '성리지학'은 바로 이 양자의 다른 명칭이었다. 이른바 '의리지학'이라는 명칭은 경전적 해석, 경학(經學) 유파의 관점에서 불려진 명칭이다. '의리(義理)' 두 글자의 본뜻은 의미와 도리(道理)이다. 그 예로『예기 · 예기(禮記 · 禮器)』에서 "의미와 도리는 예(禮)의 외재적 형식이다"[202]라고 해석했다. 유가 경학을 최고의 유일한 목표와 기준으로 삼았던 양한(兩漢, B.C208-A.D220) 시기에 학자들은 경학을 연구하는 방법과 목적에서 문자 훈고(訓詁)의 중시와 의리(義理)에 대한 설명 추구의 차이를 보였다. 예를 들어,『한서 · 유흠전(漢書 · 劉歆傳)』에 "예전『좌씨전(左氏傳)』의 대부분은 고문자로 적혀있다. 학자들의 저작들은 경문(經文)을 해석하고 글자의 뜻을 해석하는 것에 지나지 않았다. 유흠(劉歆)이『좌씨전』을 연구할 때에 이르러 그는 경문을 해석한 저서를 인용하여 경전을 해석함으로써, 서로 인증하고 옛 것 중에 쓸모 없는 것을 버리고 좋은 것을 찾아내 새로운 방향으로 발전시켰다. 이렇게 경문을 해석한 저작들은 경문의 단락구(段落句)도 읽을 수 있을 뿐만 아니라 경문의 총체적인 정신도 파악할 수 있게 되었다"[203]라고 기록되어 있다. 그후 경학사에서 이른바 한학(漢學), 송학(宋學)의 구별이 생겨났고, 한학(漢學)은 경전의 문자를 해석하는 훈고를 중시하고, 송학(宋學)은 경전의 내용과 이치 설명을 중시했다. 송대 유학자들 사이에서 경전을 재해석하는 열풍이 일어나고 내용과 이치에 대한 관심이 보편적으로 높아짐에 따라 송대의 경학은 의리지학(義理之學)으로 불리게 되었다. 송대 학자 황진(黃

---

202)『십삼경주소(十三經注疏)』하권,『예기정의(禮記正義)』,『예기(禮器)』, 중화서국(中華書局), 1996, p.1430.

203)『한서(漢書)』권36,『유흠전(劉歆傳)』, 중화서국(中華書局), 2007년판, p.1967.

震)은 "송대 이학자들이 말하는 의리지학(義理之學)은 이미 한대 유학의 경전 문자훈고체계의 구애로부터 벗어났다"[204], "의리지학은 현재 왕조에서 독보적으로 성행했고, 그 종사(宗師)는 정호(程顥)·정이(程頤)선생이다"[205]라고 언급했다. 황진(黃震)의 말에서 알 수 있듯이 의리지학은 '훈고에서 벗어난' 다른 한 종류의 경학(經學) 유파이며 송대에 독보적으로 성행했다. 당시 염계(濂溪)의 주돈이(周敦頤), 낙양(洛陽)의 정호(程顥)·정이(程頤), 관중(關中)의 장재(張載), 민중(閩中)의 주희(朱熹) 등 주요 이학파들이 의리지학(義理之學)을 자처했을 뿐만 아니라, 송대 초기 삼선생(三先生)으로 알려진 손부(孫緮)·석개(石介)·호원(胡瑗)를 비롯한 왕안석(王安石) 중심의 형공신학(荊公新學), 소순(蘇洵)·소철(蘇轍)·소식(蘇軾)등이 세운 학술사상체계 소씨촉학(蘇氏蜀學) 역시 의리(義理)로 경문 해석을 중시했으며, 모두 의리지학의 범주에 속한다. 예를 들어 이학자 장재(張載)는 '의리지학'을 자처하면서 "의리(義理)를 연구하는 학문도 깊이 연구해야만 독창적 견해가 있는 것이지 겉핥기식 탐구로 얻어지는 것이 아니다"[206]라고 지적했다. 또한 당시 학계에서는 왕안석(王安石)의 신학(新學)이 의리지학의 대표주자로 꼽히자 송대 이강(李綱)은 "왕안석이 『자설(字說)』을

---

204) 문연각(文淵閣)『사고전서(四庫全書)』제707권,『황씨일초(黃氏日抄)』권2,『독논어(讀論語)』, p.4.

205) 문연각(文淵閣)『사고전서(四庫全書)』제708권,『황씨일초(黃氏日抄)』권91,『발윤과정가전(跋尹和靖家傳)』, p.986.

206)『장재집(張載集)』,『경학이굴(經學理窟)』,『의리(義理)』,중화서국(中華書局), 2006년판, p.273.

저작하여 의리지학에 대해 심층적이고 창조적으로 설명했다"[207]라고 평가했다. 이는 왕안석이 『삼경신의(三經新義)』에서 문자훈고를 중시하지 않고 경전의 대의(大義)를 밝히는 '의리지학'을 강조했기 때문으로 여겨진다.

이 외에도 송대 학계에서는 '성리지학(性理之學)'과 '성명지학(性命之學)'의 견해가 성행했다. 중국 고대 사상가들은 줄곧 역사적 사실 현상을 통해 본질을 제시하고, 자연현상과 인류사회 간의 상호작용 관계를 탐구하는 '구천인지제(究天人之際)'의 사상이론을 최고의 학문으로 여겼다. 송대에 성행한 '성리지학' 혹은 '성명지학'은 바로 이런 '구천인지제(究天人之際)' 사상에 대한 경전적 표현이다. 성리학설(性理學說)에서는 인성(人性)과 천리(天道)를 연결하여 합일을 완성하며, 내재적 인성이 초월적인 천리(天理)의 규정을 체득하고, 초월적인 천리는 또한 내재적 인성을 통해 실현된다는 이론이다. 이로부터 송대 사람들의 '성리지학(性理之學)', '성명지학(性命之學)', '성명지리(性命之理)'에 대한 서술은 일종의 인성과 천리의 관계를 탐구하는 이론적 취지임을 알 수 있다. 송대 학자들은 모두 생명의 이치에 대한 사고와 토론에 열중했기 때문에 '성리지학' 또는 '성명지학' 역시 송학(宋學) 여러 학파의 통칭이 되었다. 그것은 먼저 주돈이(周敦頤), 정호(程顥)·정이(程頤), 장재(張載), 주희(朱熹) 등의 도학(道學)자들이 자칭하는 학문이 되었다. 예를 들면, 주희(朱熹) 학파는 다음과 같이 주장했다.

---

207) 이강(李綱): 『예양과 허송로서(澧陽與許松老書)』, 문연각(文淵閣) 『사고전서(四庫全書)』 제1126권에 기재, 『양계집(梁溪集)』권110, p.325.

성리학설(性理學說)은 원래 정세하고 깊으며 미묘하다.208)

당나라 중기 이후 불교도들은 심학(心學)이 도를 혼란에 빠뜨린다고
바꿔 말하기 시작했으며, 염계(濂溪), 낙양(洛陽) 두 지방의 유생들이 성리
지학(性理之學)으로 바로잡았다. 따라서 도의(道義)는 갈수록 명확해지게
되었다.209)

여기서 '성리지학'은 모두 성리학의 주요 학파인 염계(濂溪)의 주돈
이(周敦頤), 낙양(洛陽)의 정호(程顥)·정이(程頤), 관중(關中)의 장재(張
載), 민중(閩中)의 주희(朱熹) 등의 이학파를 가리킨다. 그리고 왕안석
의 신학 역시 '성명지리(性命之理)'에 관한 학문으로 인정받았다. 왕안
석은 "선왕들이 주장한 치국(治国)의 도덕은 생명의 본모습에서 정화
되어 비롯된 것이고, 생명의 본모습은 인간의 마음에서 비롯된다"210)
라고 여겼다. 또한 왕안석의 제자 채변(蔡卞) 역시 왕안석의 학설로
도덕적 생명의 이치를 해명할 수 있다고 주장했다. 그렇지만 낙양(洛
陽)의 정호(程顥)·정이(程頤) 형제에 의해 성리지학(性理之學) 등 방면
의 사상은 더욱 체계적이고 심오해 졌으며, 이정(二程) 형제는 '천리
(天理)'라는 두 글자를 발명했을 뿐만 아니라 '성즉리(性即理)'라는 중
요한 명제를 제시함으로써 성리학을 천도와 일체 융합하는 체계적인
학설로 정립시켰다. 그래서 송대의 원흥종(員興宗)은 『소씨 왕씨 정

---

208) 『주자전서(朱子全書)』 제23권, 『회암선생주문공문집(晦庵先生朱文公文集)』 권61, 『답
임시형(答嚴時亨), 상해고적출판사(上海古籍出版社), 2003년판, p.2964.

209) 문연각(文淵閣) 『사고전서(四庫全書)』 제708권, 『황씨일초(黃氏日抄)』 권88, 『강서제
거사무주임여서원산장청기(江西提舉司撫州臨汝書院山長廳記)』, p.942.

210) 『왕문공문집(王文公文集)』 권34, 『건주학기(虔州學記)』, 상해인민출판사(上海人民出
版社), 1974년판, p.402.

씨 삼가지설 시비책(蘇氏王氏程氏三家之說是非策)』에서 다음과 같이
말했다.

소씨부자(蘇氏父子)는 경국제세(經国濟世)에 능통했고, 낙양(洛阳)의 정
이(程頤)는 성리학설(性理學說)에 능통했으며, 임천(臨川)의 왕안석은 예
수(禮数)에 능통했다.[211]

원흥종은 소씨(蘇氏), 왕씨(王氏), 정씨(程氏) 세 학파의 학설을 평가
할 때 정호와 정이 형제의 낙학(洛學)이 성리(性理)보다 뛰어나다고
인정했는데 이는 그야말로 정확한 개괄이며, 도학자들의 이 문제에
대한 중시 및 학술사적 기여를 반영하고 있다. 따라서 '성리(性理)'
혹은 '성리지학(性理之學)'은 종종 염계(濂溪)의 주돈이(周敦頤), 낙양
(洛陽)의 정호(程顥)·정이(程頤), 관중(關中)의 장재(張載), 민중(閩中)
의 주희(朱熹) 등으로 대표되는 이학파 학설사상의 고유명칭이 되기
도 했다. 특히 주자(朱子)의 제자 웅절(熊節)이 편집하고 웅강대(熊剛
大)가 주해를 단『성리군서구해(性理群書句解)』라는 서적은 최초로 '성
리군서(性理群書)'라는 서명을 달았는데, 편집된 서적 및 내용은 곧
도학(道學) 체계를 주축으로 한 인물들과 그들의 저술이다.

이 책은 송대(宋代)의 박학다식한 대학자들이 남긴 문장을 분류하여
배열하였다. 첫 부분에는 염계(濂溪, 주돈이), 명도(明道, 정호), 윤천(伊川,
정이), 횡거(橫渠, 장재), 강절(康節, 소옹), 속수(涑水, 사마광), 고정(考亭,
주희)의 영정과 전도지파(傳道支派)를 순서대로 배열하였다. 다음 순서는

---

211) 원흥종(員興宗):『구화집(九華集)』권9, 문연각(文淵閣)『사고전서(四庫全書)』제1158
권에 기재,『소씨왕씨정씨삼가지설시비책(蘇式王氏程氏三家之說是非策)』, p.68.

각기 『찬(賛)』, 『훈(訓)』, 『계(戒)』, 『잠(箴)』, 『규(規)』, 『명(銘)』, 『시(詩)』, 『부(賦)』, 『서(序)』, 『기(記)』, 『설(說)』, 『록(錄)』, 『변(辨)』, 『론(論)』, 『도(圖)』, 『정몽(正蒙)』, 『황극경세(皇極經世)』, 『통서(通書)』, 『문(文)』등 순서로 배열했으며 제일 마지막 편은 『칠현행실(七賢行實)』이며 총 20개 문목(門目)으로 편성했다.[212]

이 저서는 주돈이, 정호와 정이, 장재, 주희 등 이학자를 주축으로 '성리지학'의 주체를 확립함으로써 후세에 지대한 영향을 미쳤다. 명나라 영락(永樂, (1403~1424)) 연간에 조정에서는 정호·정이 학파와 주희 학파의 관학(官學) 지위를 강화하기 위해 『오경대전(五經大全)』, 『사서대전(四書大全)』, 『성리대전(性理大全)』등의 표준본 교과서를 편찬했는데, 그중의 『성리대전(性理大全)』은 바로 웅절(熊節)의 『성리군서구해(性理群書句解)』를 참고로 편성한 것이다. 『사고총목제요(四庫總目提要)』에서는 "명나라 영락 연간에 조서를 내려 『성리대전(性理大全)』을 편찬하였다. 이 책에 수록된 유생들의 어록은 모두 『근사록(近思錄)』을 답습하여 확충하였다. 이 책에 수록된 유생들의 문장 역시 『근사록』을 답습하여 확충하였다. 또한 '성리(性理)'라는 명칭을 채용했는데 『근사록』의 옛 명칭을 계승한 듯하다"[213]라고 기록되어 있다. 『성리대전(性理大全)』은 조정에 의해 반포되었기에 사회적 지위와 역사적 영향력이 매우 컸으며, 따라서 '성리지학'은 정호·정이의 이정

---

212) 『사고전서총목제요(四庫全書總目提要)』 권92, 『자부이·유가류이(子部二·儒家類二)』, 중화서국(中華書局), 1995년판, p.787.

213) 『사고전서총목제요(四庫全書總目提要)』 권92, 『자부이·유가류이(子部二·儒家類二)』, 중화서국(中華書局), 1995년판, p.787.

학파 및 주희 학파를 주체로 한 이학자들의 사상학문의 고유명칭이 되었다.

그러나 '성리학(性理學)'이라는 명칭의 등장은 중국 고전철학 발전사에서 더욱 중요한 의미를 가질뿐만 아니라 중국 고전철학의 전형적 형태의 성숙과 완성을 상징한다. 중국 고전철학은 일종의 인도(人道)에서 천도(天道)로 향하는 '구천인지제(究天人之際)'의 학설이다. 선진(先秦) 시기부터 중국 고대의 현철(賢哲)들은 사회를 걱정하고 인도(人道)에 대해 사고하는 동시에 인도(人道)와 천도(天道)의 합일에 주력했다. 따라서 인도(人道)의 근거가 되는 동시에 천도(天道)를 표현하는 '성(性)', '명(命)', '이(理)', '도(道)'는 중국 고대 명현들이 열렬히 탐구하고 깊이 사고하던 중요한 범주이자 사상문제였다. 2천여 년 간의 기나긴 역사의 흐름 속에서 '성(性)'과 '이(理)'에 대한 사고와 소급은 역사적 사실 현상을 통해 본질을 제시하고, 자연현상과 인류사회 간의 상호작용 관계를 탐구하는 구천인지제(究天人之際)를 희망하는 현철들의 근본적인 관심사가 되었다. 중국 고대 학자들의 '성'과 '이'에 대해 탐구의 역사를 살펴보면, '성'은 인간의 내재적 본질과 잠재적 성향을 대표하고, '이'는 사물의 외재적 법칙과 조리를 대표하며, '성리지학'은 일종의 인간의 내재적 본질과 사물의 외재적 법칙을 통합한 철학적 사고와 학술적 구조로써 인도와 천도의 상호관계를 탐구하는 구천인지제의 이론과 학설이다. 송대 유학자의 이학이 '성리지학'의 완성인 이유는 송대 이학은 확실히 중국 고대철학 발전의 최고 단계이자 성숙된 형태를 보이기 때문이다. 하지만 중국 철학 발전의 최고 단계라는 것은 이학이 오랜 기간의 형성 발전과 역사 구축의 과정을 거쳤다는 것을 말해준다. '성리지학'에 대한 양성과 구축 과정을 탐구함으로써 '성리지학' 형태의 사상적 특성과 이론적 의미에 대해 비교적 심도있게 이해할 수 있을 것이다.

수천 년의 중국 고대 역사의 흐름 속에서 현학과 이학은 의심할 여지없이 추상적 이론과 철학적 사변(思辨)을 가장 많이 내포한 학술체계이며, 이 두 학술사조는 이상적인 인격, 경전 해석, 사유방식 등 방면에서 많은 공통점을 지닌다. 사실 가장 추상적 이론과 사변적인 학술체계로써 현학과 이학 간에는 그 범주 체계, 형상학적 사변의 철학적 이론 방면에서 역사적으로 계승되는 사상맥락이 존재하며, 중국 철학의 구축 과정 중의 내재적 논리를 나타내는데, 이점은 '성리학'의 구축 과정에서 명확하게 나타난다. 중국 고전철학 발전사의 거시적 배경 하에서 '성리학'의 구축 과정을 고찰하다보면 현학과 이학 사이의 사상적 맥락과 내재적 논리를 찾아낼 수 있다.

제2절 선진 시기 성리관념의 근원 탐구

'성리지학(性理之學)'은 현학과 이학이 정립한 철학사상 체계인데, 그 중에서도 가장 중요한 두개의 핵심 범주인 '성(性)'과 '이(理)'에 의해 형성된 것이다. 비록 성리학의 학술체계가 현학을 토대로 이학에 의해 완성되었다고 하지만 선인들의 '성' 및 '이'라는 두개의 범주와 성리관념에 대한 아주 긴 사유의 과정을 거쳐왔다. 위진(魏晉), 양송(兩宋) 시기는 단지 선인들의 사상적 성과를 토대로 성리지학(性理之學)이라는 철학적 구조를 완성하고 '성리지학'이라는 명칭을 사용했을 뿐이다. 그래서 성리지학(性理之學)의 구축 과정을 탐구하려면 우선적으로 선진(先秦)의 성리(性理) 문제에 대한 탐구로부터 시작해야 한다.

본래 '성리지학'은 내재적 심성(心性)에서 천리(天理)에 도달이 어떻게 가능한지 어떻게 실현힐 깃인지에 관한 학실이며, 일종의 내면에서 외면에 이르는 천인합일(天人合一)의 철학적 구조이다. 비록 선진(先秦), 양한(兩漢)의 문헌에는 '성리' 혹은 '성리지학'이라는 개념은 없지만, 중국 고대에 '인성(人性)' 개념이 형성될 때부터 내재적 인성과 외재적 권위를 서로 연관시키는 사상적 성향을 띄고 있었다. 선진(先秦) 시기에 나타난 이런 '성명(性命)' 관념은 바로 그 후에 나타나는 '성리지학'의 원초적 형태라고 볼 수 있다. 그래서 필자의 고찰은 선진의 '성' 및 '성명(性命)', '성천(性天)'의 개념과 사상에서 시작한다.

본 책에서는 비록 중국 근대 사학자 부사년(傅斯年)이 제기한 '철학은 언어학의 부산물'이라는 개념에 반드시 동의하지는 않지만, 중국 고대 사상세계에서 많은 중요한 철학적 범주, 그 함의와 특징은 항상 이 단어의 언어학적 의미 및 변천과 관련이 있다. 분명히 이러한 글자와 단어들은 모두 중국 문화를 배경으로 생겨났기 때문이고, 그 것들은 이런 문화적 모체에서 생겨난 세포이기에 그 속에 무한히 풍부한 문화적 정보를 내포하고 있다. '성'의 범주 형성 및 변천 과정이 바로 그런 것이다. 춘추전국 시기에 논의된 '성'의 범주는 본래

'생(生)'이란 글자에서 유래한 것이다. '생'자에서 인성(人性), 물성(物性) 및 천성(天性) 등 의미가 파생된 후에도 여전히 '생'의 본래 의미를 지니고 있었기에 이후 '성'에 대한 연구와 사유에서도 항상 '생'의 본래 의미를 벗어나지 않았으며, 중국의 전통철학에서 '성'을 사고할 때 '생'에 대한 관심은 줄곧 유지되어 왔다. 부사년(傅斯年)의 저서 『생명고훈변증(性命古訓辨證)』에서는 훈고학, 고증학, 언어학의 시각에서 갑골문, 금문(金文) 및 선진 전적(典籍) 중의 '성'과 '명(命)' 두 글자에 대해 분석하고, '성'과 '생'의 내재적 연계에 대한 해석을 시도했다. 그는 다음과 같이 서술했다.

> '생(生)' 자의 본뜻은 '출생하다'라는 동사적 의미를 지닌다. 출생의 근원 및 부여된 자질(資質)을 모두 '생(生)'이라 부른다. (이후 '姓'자로 출생 근원을 나타내고 '性'자로 후천적인 자질을 나타낸다). 만물 제각기 자기 만의 '생(生)'이 있기에 그래서 인간에게도 '생(生)'이 있고, 개에게도 '생(生)'이 있으며 소에게도 '생(生)'이 있다. 그들의 '생(生)'은 모두 마찬가지 이지만 그들은 살아있는 것으로 즉, 생자(生者)로서 서로 다른 것이다. 고대 최초에 인간들은 만물의 '생(生)'은 모두 조물주가 하사한 것이며, 모든 인간과 생물이 지닌 자질(資質)은 모두 천성적인 것이라고 믿었다. 그래서 후인들이 말하는 '성(性)'이란 이전에는 구체적인 동작에서 나온 결과만을 나타냈을 뿐이며, 맹자 (孟子), 순자(荀子), 여자(呂子)가 말하는 '성(性)'은 모두 '생(生)'의 본뜻에서 벗어날 수 없다.[214]

부사년(傅斯年)은 선진 문헌 중의 '성'의 글자 뜻과 '생' 및 '천(天)'의

---

214) 부사년(傅斯年): 『생명고훈변증(性命古訓辨證)』상권, 광서사범대학출판사(廣西師範大學出版社), 2006년판, p.67.

관계를 강조하면서, "생명은 하늘이 내리고 그것을 받아들이는 것은 인간이다. '성'은 하늘이 내린 것이고 인간에게 준 것이기에 선진 시기의 '성명설(性命說)'이 바로 당시의 '천인론(天人論)'이다"[215]라고 주장했다. 부사년의 연구는 선진의 생명관념을 고찰함에 있어 첫째로는 '성'에 관한 문자학적 근원 탐구를 통해 '성' 관념의 사상사적 함의를 해석했고, 둘째로는 '생'과 '성'에 대한 연원관계를 통해 '성'과 '천(天)', '명(命)' 사이의 내재적 연관성을 실명했기에 중요한 의미를 지닌다. 이는 우리가 선진의 '성명(性命)' 개념 및 그 사상적 의미를 고찰하는 데 있어서 중요한 방향을 제시해 준다.

고대 중국인들은 '생' 자로 선천적인 속성인 본성(本性)의 의미를 나타냈기 때문에 '성' 자와 '성' 관념이 가장 먼저 등장한 선진 문헌에서 '성'은 항상 '생'과 밀접한 관계를 가지며, 생명이 생겨나고 생명이 유지되고, 그리고 이 식(食)과 색(色)에 관련된 자연적인 감정과 욕망도 포함된다. 전국(戰國) 시기에 맹자와 인성에 관한 대토론을 벌인 고자(告子)는 "식욕과 색욕은 인간의 본성이다"라는 관점을 제기했는데, 그 사상 전제가 바로 '성'의 본래 의미로써 즉, '천성적인 속성이 바로 성(性)이다'라는 관점을 그 입론의 근거로 삼은 것이다. 그러므로 고자(告子)의 인성(人性) 사상은 역사와 어의(語義)의 이중적 근거가 있다고 말할 수 있다.

선진 문헌 중에 『상서(尚書)』, 『좌전(左傳)』에서 가장 먼저 '성' 자를

---

215) 부사년(傅斯年): 『생명고훈변증(性命古訓辨證)』 상권, 광서사범대학출판사(廣西師範大學出版社), 2006년판, p.67.

찾아볼 수 있는데, 그 함의는 모두 '생'과 밀접한 관계가 있다. 즉, 생명의 탄생과 유지 및 그와 연관되는 자연스러운 감정욕구와 밀접한 관계가 있다는 것이다. 『상서(尚書)』에 "왕은 은상(殷商)의 옛 신하들을 중용했으며 그들을 우리 주왕조의 업무 담당 관원들과 친근하게 지내도록하고, 성정을 절제하여 화합하는 감정이 날로 두텁게 되었다. 왕은 참답게 일을 해야하며 행덕(行德)을 중시하지 않으면 안된다"[216]라고 기재되어 있다. 소공(召公)이 성왕(成王)을 훈계하는 내용에는 '절성(節性)'과 '경덕(敬德)'에 관한 도덕 교육이 포함되어 있다. '성'이 절제의 대상으로 여겨진 원인은 당시 성왕(成王)이 젊고 혈기가 왕성해 자신의 생리욕구를 절제하지 못해 국정에 차질을 빚을까 우려했기 때문이다. 소공(召公)은 성왕(成王)의 "사치와 탐욕이 극도에 달하면 필시 목숨을 잃게 될 것이라 염려해 불의의 사고를 피하기 위해 몸을 수양하고 덕행을 중요시하며 자신의 품성을 수양할 것을 요구했다"[217]. 이로부터 서주(西周) 시기의 '성' 과 '덕(德)'에 대한 관념과 후대 유가의 사맹학파(思孟學派), 도가의 장자학파(庄子學派)가 '성'과 '덕'을 동등한 관념으로 여겼던 것과는 달리 소공(召公)이 일컫는 '성'은 반드시 절제해야 할 자연스러운 감정욕구이고, '덕'은 반드시 공경해야 할 도덕적 성품으로 여겼음을 알 수 있다.

서주 및 상고시기 사상관념에서 인간의 생리적이고 자연적인 감정

---

216) 『십삼경주소(十三經注疏)』 상권, 『상서정의(尚書正義)』 권15, 『주서·소고(周書·召誥)』, p.213.
217) 부사년(傅斯年): 『생명고훈변증(性命古訓辨證)』 상권, p.28.

욕구는 완전히 부정적 의미가 아니라 오히려 이를 우선적으로는 긍정적 의미로 인정했다. 『역전(易傳)』에서 말한 "조물주의 최대 은덕은 우주와 인류를 위해 끊임없이 생장하고 번식할 수 있는 환경을 지어 줌으로써 여러 종류의 생명들이 각자 자기가 있을 자리에 있고 근심 없이 생활할 수 있게 한 것이다"라는 관념은 본래 유구한 사상사적 연원을 지니며, 상고시기의 원시문화에서는 이미 중국 선민의 생명의식 및 생명가치와의 관련에 대한 충분한 인식이 있었다. 서주(西周)의 인성 관념에서 '생(生)'과 관련된 '성(性)'의 관념 역시 긍정적이고 필연적인 의미를 띠고 있기 때문에 '성'을 '천성(天性)'이라고도 일컬었다. 『상서 · 상서 · 서백감려(尚書 · 商書 · 西伯戡黎)』에서 "대왕(大王)이 지나치게 술과 색 그리고 놀음을 좋아했기에 자멸을 자초한 것이다. 따라서 우리는 하늘의 버림을 받게 되었고 우리네 백성들은 평안한 생활을 누릴 수 없게 되었다. 대왕은 천성(天性)을 도외시했으며 법전(法典)을 따르지 않았다"[218]라고 서술했는데, 여기에서 말하는 "천성을 도외시했다"라는 것은 상나라 주왕(紂王)이 지나치게 색을 즐겨서 '천성(天性)'의 필연법칙을 고려하지 않았다는 뜻이다. 이 '천성(天性)'은 천도(天道)의 의미이며, 여기의 '성'은 천지지성(天地之性) 또한 인도(人道)의 의미를 가리킨다. 여기에서 말하는 '천성(天性)'은 인간의 '생(生)'과 관련된 자연스러운 요구를 가리킨다. 이 점은 『좌전 · 양공14년(左傳 · 襄公十四年)』에 나오는 '성'에 관한 견해에서 더욱 뚜렷하

---

218) 『십삼경주소(十三經注疏)』상권, 『상서정의(尚書正義)』권10, 『상서 · 서백감려(商書 · 西伯戡黎)』, p.177.

게 나타난다. "하늘은 백성을 창조하여 그들의 왕을 뽑도록 하고 왕으로 하여금 백성들을 다스려서 천성(天性)을 잃지 않도록 했다. … 하늘은 백성들을 아주 아끼며 보살폈다. 어찌 한 인간이 백성의 꼭대기에 올라앉아 함부로 행동하고 그의 사악함을 방임함으로써 천지(天地)의 본성(本性)을 내버리게 할 수 있겠는가? 결코 그렇게 하지는 않는다"[219]. 여기에서 말하는 '성'은 한편으로는 백성의 '생'과 관련된 자연적인 요구를 뜻하므로 춘추시기 진(晉)나라의 악사(樂師) 사광(師曠)은 "성을 상실하지 말라"라고 강조했었다. 다른 한편으로 이 '성'은 또한 '천지지성(天地之性)'이기에 고대 중국에서는 줄곧 인간의 생(生)은 천(天)에서 생겨난 것이라 주장해왔고, '생'과 관련된 '성' 역시 필연적 성향의 천(天)에서 비롯된 것이기에 '성'을 '천성(天性)' 혹은 '천지지성(天地之性)'이라고 불렀다.

인성(人性)의 함의 및 인성과 천명(天命), 천도(天道) 사이의 관계 문제는 전국(戰國) 시기 백가쟁명의 학자들이 자주 논의하고 논쟁하는 중대한 문제였다. 비록 유가학파의 창시인 공자는 '성과 천도'의 문제에 대해 체계적인 관점을 발표한 적은 없었지만, 공자는 확실히 인도(人道), 인성(人性)과 관련된 많은 중대한 문제에 대해 깊이 사고했었다. 예를 들면, 공자는 "인간의 본성은 비슷하나 후천적인 습성에 의해 인간 사이의 차이가 초래된 것이다"라고 지적하고 인덕(仁德)을 행하는 것은 전적으로 자기 자신에게 달려 있다는 '위인유기(爲人由

---

219) 『십삼경주소(十三經注疏)』 하권, 『춘추좌전정의(春秋左傳正義)』 권32, 『양공14년(襄公十四年)』, p.1958.

己' 사상을 제기했다. 공자가 말한 '성'은 분명히 '생'과 관련된 자연의 '성', 즉 주희(朱熹)가 해석한 바와 같이 "기질(氣質)을 겸비해야 한다"라는 것이다. 공자가 말하는 인덕(仁德)은 마음에 내재한 관념으로써 마땅히 선량한 본성을 이끌어 낼 수 있다는 결론이다. 공자 별세 후에 유가는 8개 유파로 나뉘면서 공자의 제자들은 '성'과 천명(天命)에 관한 문제를 두고 크게 엇갈렸다.

초기 유학의 저술에 속하는 곽점초간(郭店楚簡)에 전적으로 생명시학(性命之學)을 토론한 문장이 있는데 바로 『성자명출(性自命出)』이다. 고고학 및 문헌학 전문가들의 견해에 따르면, 곽점초간(郭店楚簡)의 저작 연대는 공자 이후, 맹자 이전으로 추정되는데, 『성자명출』의 관점은 바로 이 시기 공자 제자들의 생명문제에 대한 기본 견해를 반영하고 있다. 『성자명출(性自命出)』의 '성명(性命)'에 대한 견해는 다음과 같다.

> 인간은 누구나 천성적인 본성(本性)을 지니고 있지만, 심지(心智)의 관념이 어지럽게 흩어지지 않을 때에만 본성이 외물(外物)의 영향을 받아 드러나고, 기쁠 때만 비로소 행동하게 되고 습관된 후에야 심지(心智)가 굳어지는 희로애상(喜怒哀傷) 기질이 바로 성(性)이다. 성이 겉으로 드러나는 것은 바로 외부환경에 의해 비롯된 것이다. 성(性)은 명(命)에서 비롯된 것이고 명(命)은 천성적인 본성이다.[220]

『성자명출』에는 생명 문제에 관한 두 가지 중요한 관점이 나타난

---

220) 이영(李零):『곽점초간교독기(郭店楚簡校讀記)』, 인민출판사(人民出版社), 2007년판, p.136.

다. 첫째, 여기서 말하는 '성'은 여전히 자연의 성이며, '생'의 의미와 관계된 '희로애비(喜怒哀悲)' 기질로써 이런 감정적 욕구의 '성'은 분명히 서주(西周) 이래의 '생'을 '성'으로 보는 사상 전통을 계승한 것이다. 둘째, 인성(人性)은 항상 모종의 필연적 추세, 지고무상한 권위인 '천(天)', '명(命)'과 내재적인 연관이 있다고 여기는 것 역시 『상서(尙書)』, 『좌전(左傳)』에 나오는 '천성(天性)', '천지지성(天地之性)'과 마찬가지로 서주 이래로 '천(天)'과 '명(命)'을 '성'으로 보는 사상 전통을 계승한 것이다. 곽점초간(郭店楚簡)은 『상서(尙書)』, 『시경(詩經)』, 『좌전(左傳)』에 나오는 불분명한 생명 관념을 보다 더욱 명료하고 깊이 있고 체계적으로 발전시킨 것은 분명하다. 그러나 『성자명출』의 생명 관념을 『중용(中庸)』, 『맹자(孟子)』와 비교해 보면 비록 그들의 '성'과 '명' 관계의 이론구조 방면에서는 비교적 근접하지만 인성의 내재적 본질 면에서는 큰 차이가 난다는 것을 발견할 수 있다. 『중용(中庸)』, 『맹자(孟子)』의 인성론은 도덕적 형상학(形上學)이고, 『성자명출』의 인성론은 일종의 감정적 형상학(形上學) 또는 정본론(情本論)적 관점으로 여겨진다.[221]

『성자명출』의 자연적인 감정 욕구를 '성'이라고 말하는 사상전통은 순자(荀子)에 의해 한 단계 더 발전했다. 인성(人性)의 특성, 인성과 천명의 관계 문제에 있어서 순자(荀子)는 서주(西周) 이래의 '생'으로 '성'을 말하는 성명합일(性命合一)의 사상 전통을 이어받은 것이 분명

---

221) 양도(梁濤) 『곽점죽간과 사맹학파(郭店竹簡與思孟學派)』, 중국인민대학출판사(中國人民大學出版社), 2008년판, p.148 참조.

하다. 순자(荀子)는 다음같이 주장했다.

인간은 태어나기에 이런 것을 천성(天性)이라 한다. 천성적인 것은 화
기(和氣)에 의해 생성한다. 정신이 외계 사물과 접촉할 때 느끼는 반응
즉 인간의 인위적인 노력을 거치지 않고 자연스럽게 형성되는 것을 본성
(本性)이라 한다.[222]

본성(本性)은 자연적으로 형성되는 것이며, 감정은 본성의 실제 내용이
며, 욕망은 감정의 외계사물에 대한 반응이다.[223]

대체로 본성(本性)은 천성적으로 나드나는 것으로 배워낼 수 없으며
인위적으로 만들어낼 수 없다. … 인간에게서 배워낼 수 없으며 인위적으
로 만들어낼 수 없는 것을 본성이라고 한다.[224]

순자(荀子)의 인성에 대한 사고와 논술에서 그가 '생'으로 '성'을 말
하는 사상 전통의 계승이 뚜렷이 드러난다. 우선, '성'은 '천성적'인
것, 즉 태어날 때부터 갖고 있는 것이다. 예하면 "눈은 미색을, 귀는
아름다운 음성을, 입은 맛있는 것을 즐기길 좋아하고, 마음은 재물과
이익을 탐하고, 몸은 편안함과 안일함을 좋아하는 등 이런 것들은
모두 인간의 본성에서 비롯된 것이다"[225]. 이는 바로 '생'의 자연인성
론 관점에서 비롯된 것이다. 다음으로, '성'의 근원은 필연적인 '천(天)'
과 관련있다는 것이다. 이른바 "성은 천성적이다"라는 것으로 이는

---

222) 『제자집성(諸子集成)』 제2권, 『순자집해(荀子集解)』 권16, 『정명편(正名篇)』, 상해서
점(上海書店), 1996년판, p.274.

223) 『제자집성(諸子集成)』 제2권, 『순자집해(荀子集解)』 권16, 『정명편(正名篇)』, 상해서
점(上海書店), 1996년판, p.284.

224) 『제자집성(諸子集成)』 제2권, 『순자집해(荀子集解)』 권17, 『성악편(性惡篇)』, p.290.

225) 『제자집성(諸子集成)』 제2권, 『순자집해(荀子集解)』 권17, 『성악편(性惡篇)』, p.291.

곽점초간(郭店楚簡)에서 말하는 "성은 명에서 비롯되고, 명은 하늘이 내린 것"이라는 인성 사상과 일맥상통한다.

이로부터 '생'으로 '성'의 의미를 나타내는 자연인성론과 성명학설은 선진 시기에 뿌리 깊은 사상적 근원과 중요한 역사적 지위를 차지하고 있음을 알 수 있다. 『서(書)』, 『시(詩)』에서부터 『좌전(左傳)』에 이르는 역사자료, 인간의 본성은 비슷한 것이라는 공자의 '성상근(性相近)' 관점에서 곽점초간(郭店楚簡)과 순자(荀子)의 자연인성론까지 모두 전승되면서 발전한 사상적 맥락을 나타낸다.

그러나 선진 유가 사상에 또 하나의 새로운 도덕인성론과 그와 관련된 성명학설이 나타나 유학인성론, 특히 송명(宋明) 이학의 인성론 및 성리학에 매우 심원한 역사적 영향을 미쳤다. 이에 이 새로운 덕성인성론에 대해 논술할 필요가 있다.

『상서(尙書)』등 상고 시기의 문헌에서는 인간의 자연적 본성과 도덕적 본성을 각각 '성(性)'과 '덕(德)'으로 표현하고 있다. 서주(西周) 사람들은 흔히 '경덕(敬德)', '명덕(明德)' 및 덕을 갖춘 자만이 천명을 받을 수 있다는 '이덕배천(以德配天)'을 거론했는데, 이는 한편으로는 도덕에 대한 내심의 인식과 공경의 뜻을 나타낸 것이고, 다른 한편으로는 덕성(德性)과 천도(天道)의 상호 관계를 강조한 것이다. 공자는 한발 더 나아가 인(仁), 덕(德)과 인간의 내재적 감정과 정신적 욕구 사이의 밀접한 관계를 강조하며, "인(仁)이 우리와 그리 멀리 떨어져 있단 말인가? 내가 요구하면 바로 올 것이다"[226]라고 제기했다. 공자는 이런 인덕을 행하는 것은 전적으로 자기 자신에게 달려 있다는

'유인유기(爲仁由己)'의 정신은 내재적 인애(仁愛)와 덕성(德性)을 표현한다고 여겼을 뿐만이 아니라 또한 이런 덕성은 하나의 초연적 근거가 있다고 인정했다. 또한 그가 스스로 "나의 품행은 하늘이 내린 것이다"라고 말하며 덕행과 천도(天道)의 관계를 표현했다. 그러나 공자가 말하는 '성'은 일종의 자연본성이어서 도덕적 본성으로서의 '인(仁)' 및 '덕(德)'과는 다르다. 마찬가지로 곽점초간(郭店楚簡)의 초기 유가 문헌 중의 『성자명출』에서도 '희로애비(喜怒哀悲)의 기실' 및 '호악(好惡)'의 자연적인 감정을 '성'이라 했고, 또한 '애(愛)'의 도덕적 감정을 '성'이라 말했는데 이는 공자의 인애와 덕성 관계에 관한 사상이 발전한 것이다. 『성자명출』에서 "애(愛)에는 일곱 가지가 있다. '성'에서 비롯된 애(愛)만이 인(仁)에 가깝다. 지(智)에는 다섯 가지가 있는데 의(義)만이 충성(忠誠)과 가깝다. 악(惡)에는 세 가지가 있는데 불인(不仁)을 혐오하는 것만이 의(義)에 가깝다"라고 서술했다. 애(愛), 악(惡) 등 자연적인 감정은 인간의 본성에서 비롯된 것이지만, 그것들은 인(仁), 충(忠), 의(義) 등의 도덕적 규범에 근접한다. 그런 의미에서 볼 때, 곽점초간(郭店楚簡)은 또한 "군자는 백성에게 가르침을 펴지 않아도 백성들은 늘 착한 마음을 갖고 있는데 이는 인간의 본성이 착하기 때문이다"라는 '선(善)'의 도덕적 본성에 대해서도 긍정을 나타냈다.

주공(周公), 공자(孔子), 곽점초간(郭店楚簡)의 덕성에 관한 사상을

---

226) 『십삼경주소(十三經注疏)』하권, 『논어주소(論語注疏)』권10, 『술이(述而)』, 중화서국(中華書局), 1996년판, p.2483.

진정으로 체계적인 인성학설로 발전시킨 것은 『맹자(孟子)』이다. 많은 연구자들이 발견했듯이, 맹자는 인간의 내재된 도덕적 감정으로부터 인간은 천성적으로 선량한 본성을 타고났다는 것을 탐구하고 설명한 주공과 공자의 사상을 계승했을 뿐 아니라, 상고시기에 '생'으로 '성'을 말하고, '성'을 천(天)에 귀결시키는 사상 전통도 이어받았다. 하지만 맹자는 선인들의 인성사상을 계승하는 토대 위에서 또 하나의 중대한 발전을 이룩했고, 그는 이런 사상에 대한 깊은 사고와 변증을 통해 새롭고 체계적인 이론을 제기했다. 맹자는 인성과 생명 문제에 대해 다음과 같은 독특한 견해를 밝혔다.

> 입은 맛있는 것에, 눈은 미색에, 귀는 좋은 소리에, 코는 향기로운 냄새에, 수족사지(手足四肢)는 안락한 것을 좋아하는데 이런 애호는 모두 천성적인 것이다. 그러나 획득 여부는 모두 운명에 속하는 것이다. 그래서 군자는 그런 것들은 천성이라 여기지 않는다. 인(仁)이 부자지간, 의(義)가 군신지간, 예(禮)가 빈주(賓主)지간, 지혜가 현자에 대해, 성인이 천도(天道)에 대해 실현 가능한지 여부는 운명에 속하는 것이다. 그러나 또한 천성적인 필연의 요구에 속하는 것이기에 군자들은 그것들이 응당 운명에 속한다고 여기지 않는다.[227]

여기에서 맹자는 '성(性)'과 '명(命)' 두개의 중요한 개념에 대해 자신의 독특한 관점을 제시했다. 한편으로 그는 자연인성론의 전통적 관점을 긍정하고, 성색취미(聲色臭味)의 감정적 욕구는 인성에서 비롯된

---

227) 『십삼경주소(十三經注疏)』 하권, 『맹자주소(孟子注疏)』 권14상, 『진심하(盡心下)』, p.2775.

다고 여겼다. 그러면서도 그는 "군자는 그런 것들을 천성이라 여기지 않았다"라고 강조했다. 다른 한편으로 맹자는 인간의 도덕 추구는 천명(天命)의 필연적 요구라는 전통적 관점을 인정하면서도 도덕은 더욱이 인간이 선천적으로 타고난 내재적 덕성(德性)의 체현이라 여기며 또 "군자들은 그것들이 운명에 속한다고 여기지 않는다"라고 주장했다. 사실상 맹자는 '성'과 '명'에 관한 문제 상에 서로 다른 두개의 견해, 즉 상식적 견해와 군자적 견해가 있으며 이 두 견해는 상반된다고 여겼다. 상식적 견해에 의하면, 성색취미(聲色臭味)의 감정적 욕구는 인간이 천성적으로 타고난 자연적인 욕구이기에 응당 '성'으로 봐야 한다는 것이다. 그러나 이는 단지 일종의 상식적인 견해일 뿐이며, 독립적 인격을 갖춘 군자는 이런 감정적 욕구의 충족 여부는 운명에 의해 제한 받는다고 생각하기에 이를 '명'이라 할 수 있지 '성'이라 할 수 없다는 것이다. 그렇다면 군자가 생각하는 '성'은 무엇일까? 군자는 인간 마음의 인의예지(仁義禮智)에 대한 덕성(德性) 추구, 즉 마음에서 생겨나는 덕(德)이 곧 '성'이라고 여겼다. 맹자는 인간과 동물은 마찬가지로 '생'을 '성'으로 삼지만, 동물은 자연생명의 '생'을 '성'으로 하고, 인간은 도덕지심(道德之心)의 '생'을 '성'으로 삼을 수밖에 없다고 여겼다. 중국 현대 철학가이며 철학사 연구자인 당군의(唐君毅)는 『설문(說文)』에 의거해 "도덕지심(道德之心)으로 '성'을 해석해야 한다"라고 주장하면서, "오늘날 우리가 도덕지심(道德之心)으로 공자가 말한 '성'을 해석하는 것은 '성은 마음에서 나온다'라는 뜻과 부합된다"[228]라고 인정했다. 맹자는 마음에서 덕행이 실행되는 과정에 대해 다음같이 논했다.

> 군자의 본성은 인의예지(仁義禮智)의 뿌리가 그의 마음 속에 박혀있고,
> 표정은 순하고 온윤하다. 그것이 얼굴에서 나타나고 어깨와 등에서 반영
> 되는데 수족사지(手足四肢)가 될 정도이다. 수족사지의 동작에 있어서는
> 말할 필요도 없이 다른 사람들이 한눈에 환히 알 수 있다.[229]

구체적으로 말하면 군자의 덕성은 내재적 측은(惻隱), 수오(羞惡),
사양(辭讓), 시비(是非)지심인 '생(生)'의 체현이며, 이 덕성은 인간의
형색(形色)과 사지(四肢)에서도 나타난다. 맹자는 인간의 '성'과 '명'에
관한 문제에 대해 위와 같이 구분하면서 군자가 인정하는 '성'은 인간
만이 갖고 있는 도덕적 본성이고, 이 도덕적 본성 역시 초월적인 근거
인 '천(天)'을 갖고 있다고 강조했다. 그는 "선량한 본심(本心)을 충분
히 확장시키는 것 그것이 바로 인간의 본성(本性)을 깨닫는 것이다.
인간의 본성을 알면 천명(天命)을 알 수 있다. 인간의 본심을 지키고
본성을 양성하는 것이 곧 천명(天命)을 대하는 방법이다"[230]라고 설명
했다. 맹자는 '이심지생덕(以心之生德)'의 성명학설(性命學說)로 정욕
지생(情慾之生)의 성명학설을 대체했음을 알 수 있다.

이로부터 선진 시기 유가(儒家)의 성명학설에는 두 가지 맥락이 존

---

228) 당군의(唐君毅): 『중국철학원론·원성편(中國哲學原論·原性篇)』, 중국사회과학출판
사(中國社會科學出版社), 2005년판, p.19.
229) 『십삼경주소(十三經注疏)』 하권, 『맹자주소(孟子注疏)』 권13상, 『진심상(盡心上)』,
p.2764.
230) 『십삼경주소(十三經注疏)』 하권, 『맹자주소(孟子注疏)』 권13상, 『진심상(盡心上)』,
p.2766.

재했음을 알 수 있다. 하나는 인간이 선천적으로 타고난 자연적 감정 욕구에 따라 그 천명의 근거를 찾는 것이고, 다른 하나는 인간의 내재적 덕성에 따라 천명의 근거를 찾는 것이다. 이 두 가지 성명학설 모두 당시에 큰 영향력을 미쳤는데, 전자는 당시에 더 큰 영향을 미쳤고, 후자는 오히려 후대에 더 깊은 영향을 미쳤다고 봐야 한다.

선진 시기 '성리(性理)' 관념에 대한 근원 탐구에서는 위에서 언급한 '성(性)'과 '성명(性命)' 외에 신진의 '이(理)' 개념노 소급해 살펴봐야 한다.

선진의 문헌에는 '이(理)'라는 글자가 그다지 많이 등장하지도 않고, 또한 철학적 의미를 띤 추상적인 개념도 아니다. '이(理)' 자의 최초의 함의는 '옥(玉)'의 무늬가 잘 드러나도록 가공한다는 치옥(治玉)'을 뜻하는데, 『설문해자(說文解字)』에서는 "이(理)가 곧 치옥(治玉)이다"라고 풀이했다. 이 '치옥'의 본의에서 두 가지 함의가 파생되었는데, 하나는 동사로 해석해 '치옥(治玉)'을 정리, 다스림의 뜻으로 전의해 사용했고, 다른 하나는 명사로 해석해서 옥돌의 무늬가 전의해서 사물의 '이치(도리)'로 파생되었다. 훗날 '이(理)'는 '이치(도리)'라는 의미의 명사로 더 많이 사용되었는데 주로 여러 학자의 저서에 많이 사용되었다. 아래에 유가, 묵가, 도가, 법가 등 제자백가의 저서에서 각각 역대로 비교적 주목받았던 몇 가지 '이(理)'에 관한 자료를 인용해 놓았다.

『묵자(墨子)』: 대개 군자가 안정될 수 있는 것은 무슨 연유일까? 그들의 행동이 합리적이기 때문이다. [231]

『순자(荀子)』: 사물을 인식할 수 있는 것은 인간의 본성이다. 사물이 인간에게 인식될 수 있는 것이 사물의 법칙이다.232)

『관자(管子)』: 예는 도리에 따라 생기고, 도리는 의에 따라 생긴다.233)

『장자(庄子)』: 성인은 천지의 아름다움을 추구하기에 만물의 도리에 통달할 수 있다.234)

『한비자(韓非子)』: 이(理)는 구체적인 사물을 구성하는 구체적인 법칙이다. 길고 짧음, 크고 작음, 네모와 둥근 것, 단단함과 부드러움, 흑과 백 등 성질의 규정성을 이(理)라고 한다.235)

『주역(周易)』: 도덕으로 여러 관계를 조정하고 의리(義理)로 복잡한 인사(人事)를 조정하며 만물의 법칙과 특징을 따져 만물의 궁극적인 목적을 파악하는 경계에 도달한다. 옛적 성인들이 『역경(易經)』을 만들어 이를 통해 우주만물의 본질적인 법칙을 탐구하려 했다.236)

선진 시기 제자백가의 저서에서 유가, 묵가, 도가와 법가 모두가 보편적으로 '이(理)'의 개념을 사용하고 있었음을 알 수 있다. 또한 그들이 사용한 '이(理)' 자에 나타나는 두 가지 중요한 특징은 첫째, '이(理)'가 자연, 인문 및 사물에 광범위하게 나타나기에 만물을 이루는 자연의 이치가 되기도 하고, 예의 질서를 가리키는 인문의 이치가 되기도 한다는 것이다. 둘째, '이(理)'는 항상 구체적인 사물과 연관되어 있고, 구체적 사물에 의지해 사물의 차이점을 나타내며, 이 중에는

---

231) 『제자집성(諸子集成)』 제4권, 『묵자한고(墨子閒詁)』 권1, 『소염편(所染篇)』, p.10.

232) 『제자집성(諸子集成)』 제2권, 『순자집해(荀子解集)』 권15, 『해폐(解蔽)』, p.270.

233) 『제자집성(諸子集成)』 제5권, 『관자교정(管子校正)』 권13, 『심술(心術)』, p.1121.

234) 『장자집석(莊子集釋)』 중권7(하), 『지북유(知北遊)』, p.735.

235) 『제자집성(諸子集成)』 제5권, 『한비자집해(韓非子集解)』 권6, 『해로(解老)』, p.111, p.107.

236) 『십삼경주소(十三經注疏)』 상권, 『주역정의(周易正義)』 권9, 『실괘전(說卦傳)』, p.93.

만물의 장단, 대소, 흑백의 차이 및 사회적 신분과 장소에 따른 예의 차이도 포함된다. 이것이 곧 후대의 학자들이 말하는 구체적인 다양한 사물의 있는 그대로의 자기법칙이라는 '분수지리(分殊之理)'이다. 선진 제자의 저서에서 언급한 '이(理)'는 고도의 추상적이고 보편적 의미인 '성(性)', '명(命)', '도(道)', '천(天)' 등의 개념처럼 철학적 범주로 승화되지 않았음을 알 수 있다. '이(理)'가 나타내는 것은 각종 사물의 특유한 객관적 이치성이다. 요컨대, 선진 문헌에서 말하는 '이(理)'는 『장자 · 칙양(庄子 · 則陽)』에서 말하는 '만물수리(萬物殊理)'와 『한비자 · 해로(韓非子 · 解老)』에서 말하는 '만물각이리(萬物各異理)'처럼 서로 다름의 의미에서 이치를 말한다.

그래서 선진 제자의 사상에서는 '명(命)', '천(天)' 혹은 '천도(天道)'를 인성의 초월적인 근원과 외재적 근거로 삼았지만 이는 결코 '이(理)'가 아니었다. 그들은 '성명(性命)', '성천(性天)', '성(性)과 천도(天道)'의 여러 개념만 제시했을 뿐 '성리(性理)'에 관한 견해는 제기하지 않았다. 물론 『주역 · 설괘전(周易 · 說卦傳)』에는 이미 "만물의 법칙과 특성의 근본을 따져 우주만물의 궁극적 목표를 파악하는 경계에 이른다", "우주만물의 본질적 법칙을 탐구한다"라는 견해가 나오면서 '성(性)', '이(理)'와 '명(命)'을 서로 연관시키기 시작했고 이는 훗날 성리지학(性理之學)의 탄생에 중요한 사상 자원을 제공했다. 하지만 『역전(易傳)』에서 '이(理)'는 여전히 '분수지리(分殊之理)'일 뿐이며, 『역전(易傳)』은 단지 이런 분수지리와 초월적 근거의 '명(命)'은 서로 연관되어 있다고 여겼다. 즉, 구체적 사물의 '이(理)'와 '성(性)'은 모두 숭고하고 필연적인 '명(命)'에서 비롯된다고 여겼다. '이(理)'가 '도(道)', '천(天)', '명(命)'처럼 보편적이고 초월적인 개념이 된 것은 위진(魏晉) 시기 이후의 일이다.

제3절 현학 : 성리학설(性理學說)의 초기 형태

중국 학술사상 발전사에서 일반적으로 위진남북조(魏晉南北朝) 시기에 나타난 담현석리(談玄析理)를 특징으로 하는 학술사조를 현학(玄學)이라고 한다. 학계에서 인정하듯 현학자들은 『주역(周易)』, 『노자(老子)』, 『장자(庄子)』의 '삼현(三玄)'을 연구 대상으로 언의(言意), 유무(有無), 본말(本末) 등 현리(玄理) 담론에 열중하는 명사(名士)들이다. 삼국시기(위(魏)·촉(蜀)·오(吳), 220~280)의 선비들 사이에 도(道)의 현묘함과 심원함을 숭상하는 현담(玄談)의 풍습이 나타났다. 서진(西晉) 시기에 이르러서는 '현학(玄學)'이라는 명칭이 등장하여 곧 보편적인 공감을 얻게 되었다. 남조(南朝, 420~589)에 이르러 현학은 유학, 문학, 사학과 어깨를 나란히 할 정도의 학문으로 발전했고 학문의 형성과 역사적 위상을 보여주는 관학(官學)이 되었다.

현학(玄學)이 현학이라고 불리우는 까닭은 그 학술 내용과 형식이 노장의 도(道)와 『주역』을 근거로 명리를 판단하고 논하는 '담현석리(談玄析理)'의 특징을 띠고 있기 때문이다. 현학자들이 담현석리(談玄析理) 과정에서 이룬 최대 학술 성과는 바로 양한(兩漢) 시기에 성행한 우주생성론을 우주본체론으로 발전시킨 것이다. 여기에서 주목할 점은 "사물의 '자연성'과 그에 따른 '자연의 이치'를 연구하는 것이 위진 현학의 가장 중요한 이론적 특징이다"[237]라는 중국 현대 사상가 왕효의(王曉毅)의 말처럼 현학자들은 현학의 사변적 방법과 본체론적 관념을 운용하여 성리학설(性理學說)을 연구했다는 점이다. 현학자들은 선진 제자들이 토론한 성리지학(性理之學)의 개념을 철학적으로 승화시키시 '성리지학'이라는 사상적 틀과 사유 방식의 기반을 마련했다. 중국 현대 철학가 왕보현(王葆玹)은 더 나아가 "현학의 성리 관념은 양송 시기 이학자들이 완성한 성리지학(性理之學)에 심원한 영향을 미쳤다"[238]라고 지적했다. 그러나 여기에서 현학의 성리학 이론체계가 어떻게 정립되었는지에 대한 심도있는 고찰이 필요하다.

현학이 성리(性理) 문제에 대한 깊은 사고를 통해 본체론적 성질의 성리지학을 구축한 것은 '현학'의 사변적 방법 및 철학적 관념과 관련 있다. 따라서 현학의 성리학설(性理學說)을 논하기에 앞서 먼저 '현학'의 철학적 의미와 방법적 특성을 살펴볼 필요가 있다.

현학의 '현(玄)'은 어떤 의미일까? '현'은 분명히 노자의 『도덕경(道德經)』 제1장에서 논술한 '도(道)'의 유무일체(有無 一體)의 특징과 관련이 있다. 노자는 '도(道)'는 천지만물의 본원으로서 무(無)이자 유(有)라고 여겼다. 그는 더 나아가 "이 '유(有)'와 '무(無)'는 하나의 근원을

---

237) 왕효의(王曉毅): 『곽상평전(郭象評傳)』, 남경대학출판사(南京大學出版社), 2006년판, p.289.
238) 왕보현(王葆玹): 『정시현학(正始玄學)』, 제로서사(齊魯書社), 1987년판, p.283.

두고 서로 다른 명칭을 가지는데, 그들은 모두 심원하여 헤아릴 수 없다. 유형(有形)의 심원한 경지로부터 무형(無形)의 심원한 경지에 도달하는데 이것이 바로 일체 오묘하고 신비한 총체적인 경지로 통하는 길이다"라고 해석했다. 이와 같이 후대의 학자들은 '현(玄)'을 논할 때 우주 본원의 도에 대한 심원하고 분리할 수 없는 즉유즉무(即有即無)의 특징을 빼놓지 않고 더불어 논했다. 예를 들어, 위진(魏晉) 현학에 큰 영향을 미친 한대(漢代) 학자 양웅(揚雄)은 그의 저서 『태현(太玄)』에서 노자가 형용한 도(道)의 '심오하고 예측하기 어려운' 특징인 '현(玄)'을 우주 본원의 범주로 끌어올렸는데, 이것이 곧 천도(天道), 지도(地道)와 인도(人道)를 합쳐 명명한 우주 본원이다. 양웅은 '현(玄)'의 특징을 논하면서, "현(玄)과 가까이 하는 사람은 현(玄)도 그와 가까이 하고, 현(玄)과 멀리하는 사람은 현(玄)도 그를 멀리하는데, 이는 마치 하늘의 동서남북은 모두 쪽빛이라 머리를 들어 쳐다보면 푸른 하늘이 보이지만 머리를 숙이고 아래로 쳐다보면 보이지 않는 것과 같다"[239]라고 피력했다. 양웅이 말하는 '현(玄)'은 노자가 주장한 '도(道)'와 같은 것으로 바로 즉유즉무(即有即無)의 우주 본원이다.

위진(魏晉) 시기의 명사(名士)들은 현학에 열중하면서 노자, 장자와 양웅의 유무론(有無論)으로 우주 본원의 도(道)를 논하는 사상 전통을 계승했으며, 그 학설은 총체적으로 '현묘함에 현묘함을 더하는' 사상 특색과 학문적 풍격을 체현했다. 그러나 위진 현학의 형성은 단순히

---

239) 정만경(鄭萬耕): 『태현교석(太玄校釋)』, 북경사범대학출판사(北京師範大學出版社), 1989년판, p.264.

선진(先秦)과 양한(兩漢)의 사상 학설에 대한 계승일 뿐만이 아니라 전통 사상 학설을 발전시킨 것과도 연관된다. 현학이 중국 사상사에서 가장 중요한 공헌 중 하나는 바로 양한(兩漢) 이래에 성행한 우주생성론을 보다 정밀하고 심오한 우주본체론으로 발전시켰다는 점이다. 그래서 현학자들은 『노자(老子)』, 『장자(庄子)』를 주석할 때 여전히 '도(道)'와 '자연(自然)'을 논하면서도 '유무(有無)'와 '본말(本末)'의 관계로 우주 본체를 파악했다. 그러니 현학의 사상체계에서 '무(無)'는 우주 본체를 표현하는 가장 중요한 범주가 된다. 우주기원론은 천지만물의 진화과정에 대해 탐구하는 것으로 '유(有)'에 대한 서술과 탐구이다. 우주본체론은 천지만물의 형상적 근거를 탐구하는 것으로 '무(無)'에 대한 소급과 사변(思辨)이다. 그래서 『진서(晉書)』에서는 정시(正始) 현학의 학술 취지를 기술하면서, "위(魏)나라 정시년간(正始年間, 240-249)에 하안(何晏), 왕필(王弼) 등이 『노자(老子)』, 『장자(庄子)』의 사상을 계승·발전시켰으며, 천지만물은 모두 무(無)를 근본으로 삼는다는 이무위본(以無为本) 학설을 제시했다. 무(無)는 만물의 법칙을 밝혀내고 인사(人事)를 모두 적재적소에 안치시키는 바 존재하지 않는 곳이 없다"[240]라고 서술했다. 여기에서 정시(正始)현학의 현론(玄論)을 '이무위본(以無为本)'으로 개괄하여 현학의 본체론적 사상 특색과 학문적 성취를 충분히 나타냈다. 본체를 '무(無)'라고 한다면 이는 일종의 무형(無形), 무상(無象), 무명(無名)의 존재라고 봐야 한다. 그렇

---

240) 『진서(晉書)』 권43 『왕연전(王衍傳)』, 중화서국(中華書局), 2008년판, p.1236.

다면 사람은 이 본체적 존재를 어떻게 사고하고 파악하고 토론할
수 있을까? 현학자들은 반드시 '명(名)'의 도움을 빌려야 한다고 여겼
고, 사람들이 흔히 말하는 '도(道)', '현(玄)' 등은 '무(無)'가 부득이하게
사용하는 '명(名)'을 가르킨다. 바로 정시현학의 하후현(夏侯玄)이 『본
현론(本玄論)』에서 말한 바와 같다.

> 자연은 '도(道)'에 속하는 것으로 '도(道)'는 묘사할 수 있는 것이 아니다.
> 그래서 노자는 억지로 도(道)라고 불렀다. 공자는 요(堯) 임금의 은혜가
> 너무 광대하여 어떻게 형용할지 모른다고 말했다. 이어서 공자는 요 임금
> 의 공적은 천고에 길이 전해져서 억지로나마 이렇게 표현하고 세상 사람
> 들이 아는 말로 부를 뿐이다. 만약 묘사할 수 있는 것이라면 어찌 그것을
> 묘사할 수 없다고 말하겠는가? 오직 묘사할 수 없는 것만을 세상 만물로
> 그것을 묘사할 수 있는 것이다.[241]

현학자들은 '이무위본(以無为本)'의 우주본체론을 확립하고, '무(無)'
는 비록 무명(無名)이지만 "억지로라도 이름을 붙여야 하며" 또한 "세
상 만물로 이름붙여 묘사할 수 있다"라고 여겼다. 물론 현학자들은
억지로라도 묘사해야 한다면 이 '명(名)'은 모두는 '무(無)'의 본체를
표현하기에는 제한적이고 불충분하다는 것을 설명한다고 여겼다. 바
로 왕필(王弼)이 주장하는 바와 같다.

> '도(道)'란 명칭은 사물이 생성된 근원에서 비롯된 것이고, '현(玄)'이란
> 명칭은 깊고 아득함에서 나온 근원에서 얻어진 것이다. '심(深)'이란 명칭

---

241) 『열자집석(列子集釋)』 권4 『중니편(仲尼篇)』(장담주(張湛注)), "탕탕호민무능명언(蕩
蕩乎民無能名焉)", 중화서국(中華書局), 2007년판, p.121.

은 사물의 심원한 근원을 탐구하여 더 이상 추구할 수 없는 본말에서 취한 것이며, '대(大)'라는 명칭은 천지에 가득 찼으나 궁극을 규명할 수 없는 것에서 얻어진 것이며, '원(遠)'이란 명칭은 면면하고 아득히 멀어서 도달할 수 없다는 것에서 얻어진 것이며, '미(微)'란 명칭은 깊고 고요하고 미묘해서 볼 수 없다는 것에서 얻어진 것이다. 도(道), 현(玄), 심(深), 대(大), 미(微), 원(遠) 이런 낱말들은 각자 구체적인 의미를 지니지만 만사 만물의 본연(本然)을 낱낱이 나타낼 수는 없는 것이다.[242]

이로부터 알 수 있다시피 '도(道)', '현(玄)' 등의 명칭은 모두 단지 어떤 방면에서만 본체의 '무(無)'의 어느 한 특징을 나타낼 뿐이지 '무(無)'와 동일하지는 않다. 그것은 각자 제한성을 띠고 있어서 만사 만물의 본연을 낱낱이 나타낼 수는 없다.

위진(魏晉) 시기에 정립된 '이무위본(以無为本)'의 우주본체론이라는 큰 사상적 배경 하에서 현학은 선진 시기의 또 다른 두개의 중요한 개념인 '성(性)'과 '이(理)'에 대해 일련의 창조적 해석과 발현을 통해 본체론적 특징을 지닌 '성리지학'을 구축할 수 있었다. 한편으로, '무(無)'는 원래 무명(無名)이기에 세상의 만물로 무(無)를 묘사할 수 있으며, 선진 제자들이 자주 사용하던 인간과 사물의 본질을 표현하는 '성'과 사물의 규칙을 표현하는 '이'는 동시에 현학의 사유세계 속으로 들어가게 된다. 다른 한편으로, 현학자는 유무(有無), 본말(本末), 일중(一衆)의 본체적 사변적 방법을 가지고 있었기 때문에 본래 구체적인 경험적 색채를 띠고 있던 '성'과 '이'에 대한 새로운 이해와 발현을

---

242) 『왕필집교석(王弼集校釋)』 상권, 『노자지략(老子指略)』, 중화서국(中華書局), 1980년
    판, p.196

통해 '성'과 '이'는 본체적 의미를 갖는 중요한 범주로 부상했다.

일찍이 삼국시기 위나라 전기에 사상 문화계는 변혁의 준비 단계에 처해 있었고, 인재 선발과 밀접한 관련이 있는 재능 심사평가 문제가 사상계의 쟁점으로 떠오르면서 성리(性理) 문제 탐구는 재능을 심사 평가하는 과정에서 나타났다. 따라서 재능 심사평가에 대한 사고는 점차적으로 성리철학 사고의 수준까지 올라갔다. 이런 사고를 기록한 중요한 문헌 중의 하나가 유소(劉劭)의 『인물지(人物誌)』이다. 유소의 『인물지(人物誌)』는 위진(魏晉) 현학사조의 효시인 동시에 최초로 '성 리지학'을 조명하고 구축했다. 유소는 저서의 첫머리에서 단도직입적으로 성리(性理) 문제를 지적하면서 다음과 같이 말했다.

> 인간의 재능과 성품의 근원은 정신활동에서 나온다. 정신활동의 규칙은 은밀하고 오묘하다. 만약 성인들의 정밀한 연구고찰이 없었다면 누가 그 경위를 탐구하고 분명하게 밝혀낼 수 있겠는가? 무릇 인간이라면 신체의 각종 생리조직에서 원기를 품지 않는 것이 없다. 이들은 음양(陰陽)의 두 기(氣)를 이어받아 자기의 성품을 쌓고, 신체 내의 수목금화토(水木金火土)의 다섯 가지 물질 요소를 모두 인간의 형체(形體)에 드러낸다. 만약 형체와 신체의 각 조직에 표현되면 인간의 성품을 능히 알아낼 수 있게 된다.243)

비록 여기에서 유소는 양한(兩漢) 사상의 심원한 영향을 받아 원기(元氣), 음양(陰陽), 오행(五行)의 형질(形質)로 성리문제를 고찰하고 설

---

243) 유소(劉劭): 『인물지(人物志)』 상권, 『구정제일(九征第一)』, 중주고적출판사(中州古籍出版社), 2007년판, pp.31-32.

명했지만 훗날 현학자들이 도달한 본체론 철학의 사상 수준까지는 도달하지 못했다. 그러나 유소는 '성' 및 '이'에 관한 문제를 아주 심오한 현학적 문제로 보고 성리적 사고의 현학화를 활성시켰다. '인물지본(人物之本)', '성정지리(性情之理)' 문제를 '심히 미묘하면서도 현묘한' 철학적 차원에서 사고해야 한다는 것이 유소의 지론이었다. 따라서 그의 인성에 대한 사고는 '이'의 규칙 수준까지 올라갔고, 인성과 관련된 보편적 이치의 문제를 도출해냈다.

유소는 『인물지(人物誌)』에서 비록 인간의 형질에서 인간의 본성을 탐구할 것을 주장했지만, 또한 인간의 형질은 수목금화토(水木金火土)의 오행(五行)으로 구성되고, 인성 속의 인의예지신(仁義禮智信)의 오상지덕(五常之德)은 오행(五行)에서 비롯된다고 여기며 다음과 같이 말했다.

> 만약 인재(人才)의 자질을 가늠하려면 인체의 수목금화토(水木金火土)의 다섯 가지 생리적 자질을 살펴봐야 한다. 이 다섯 가지 신체적 자질의 징후도 인체에 드러난다. 인체 내의 목(木)은 뼈, 금(金)은 힘줄, 화(火)는 기, 토(土)는 피부, 수(水)는 피에 각각 속한다. 이것이 바로 다섯 가지 물질의 구체적인 표현이다. 다섯 가지 물질의 실제 표상은 제각기 장점을 가지고 있다. 그래서 뼈가 곧고도 유연한 것을 홍의(弘毅)라고 한다. 홍의는 인애(仁愛)의 목표이다. 원기(元氣)가 맑고 깨끗하면 문리(文理)가 된다. 문리는 예악(禮樂) 제도의 근본이다. 신체가 바르고 성실한 것을 정고(貞固)라 한다. 정고는 성실과 신용의 근본이다. 힘줄이 강력하고 건장한 것을 용감이라 한다. 용감은 은의(恩義)를 결정할 수 있다. 안색이 온화하고 윤택한 것을 통미(通微)라 하며, 통미는 총명재지(聰明才智)의 근본이

다. 수목금화토(水木金火土)의 다섯 가지 소질은 천성이 영원히 변하지
않음으로 오상(五常)이라 한다.[244]

음양오행(陰陽五行)에 의해 구성된 인간의 형질(形質)로부터 인성(人
性)을 탐구하는 것은 양한 시기에 크게 성행한 사유방식이자 사상
주장이다. 그러나 유소의 『인물지(人物誌)』는 한걸음 더 나아가 인성
을 인간의 형색(形色)에서 나타나는 이른바 '정(精)'과 '신(神)'으로 귀결
시켜 인간의 오상지성(五常之性)은 항상 인간의 형색(形色)을 통하여
나타나며, "그래서 인간이 진실로 인애(仁愛)하는 마음을 가지면 반드
시 온화하고 유순한 표정을 나타내며, 진실로 용기가 있다면, 용맹스
럽고 과감한 표정을 나타낼 것이며, 진실로 총명하다면 반드시 명백
하면서도 이치에 통달한 표정을 나타낼 것이다"[245]라고 강설했다.
유소는 또한 성리(性理)는 인간의 형색(形色)이 보여주는 정(精) 및 신
(神)과도 서로 연관된다고 주장하면서, "세상의 생물은 생겨날 때부터
형체를 갖고 있고, 형체는 정신을 갖고 태어난다. 인간의 의식활동을
잘 이해한다면 곧 인간의 도리를 완전히 깨닫게 되고 다양한 인재의
특성을 모두 알 수 있게 된다"[246]라는 관점을 제시했다. 그렇다면
인간의 형색(形色)과 성리(性理)는 하나의 대응관계가 되며, 훗날 현학
자들이 토론했던 '본말(本末)', '체용(體用)', '유무(有無)'의 관계에 접근
하게 된다. 유소(劉劭)는 더 나아가 '성(性)'과 '이(理)'의 관계에 대해서

---

244) 유소(劉劭): 『인물지(人物志)』 상권, 『구정제일(九征第一)』, p.35.
245) 유소(劉劭): 『인물지(人物志)』 상권, 『구정제일(九征第一)』, p.40.
246) 유소(劉劭): 『인물지(人物志)』 상권, 『구정제일(九征第一)』, p.40.

도 깊이 탐구했으며, 다음과 같이 서로 다른 몇 가지 '이(理)'를 제기했다.[247)

> 하늘, 대지, 음양의 기(氣)의 변화를 말할 때에 영허(盈虛)와 손익(損益)은 자연계 변화의 법칙이다. 법령제도가 정돈되어 모든 일에서 합리적 결과를 얻는 것은 정치법률의 법칙이다. 예의로 교화하고 진퇴(進退)가 적절한 것은 도덕윤리의 법칙이다. 사람의 감정변화에서는 언어가 관건이며 이는 인간 심리활동의 법칙이다. 자연변화의 법칙, 정치법률의 법칙, 도덕윤리의 법칙, 심리활동의 법칙은 서로 다르다. 이 네 가지 법칙을 파악하는 재능을 가지려면 반드시 먼저 통달한 후에야 비로소 밝힐 수 있다. 통달하려면 인간의 천성에 의존해야 한다. 그래서 인간의 천성이 네 가지 이치 중 어떤 이치의 법칙과 서로 부합해야만이 비로서 그 법칙을 파악할 수 있다. 네 가지 이치 중의 어떤 이치의 법칙에 완전히 통달해야만이 그 법칙을 파악할 수 있다. 네 가지 이치 중의 어느 이치의 법칙을 완전히 파악하면 이 방면의 전문가가 될 수 있는 것이다.

유소는 여기에서 네 가지 '이(理)'를 제시했다. 표면적으로 유소의 '이(理)'는 여전히 구체적 사물의 분수지리(分殊之理)로써 선진 제자들이 말한 '이(理)'와 유사한 점이 있지만, 사실상 유소의 '이(理)'는 큰 변화와 발전이 있었다. 첫째, 유소가 말하는 '이(理)'는 천지자연, 사회제도, 윤리규범, 심리감정 등 여러 방면에 광범위하게 걸쳐 이미 보편적이고 추상적인 정도가 더 높은 범주이고, 특히 그의 글에서는 '이(理)'와 '질(質)'의 대응관계에 관한 견해가 등장하여 형상형하(形上形下)의 관계와 흡사하고, 송대 유학의 '이(理)'와 '기(氣)'의 대응관계와

---

247) 유소(劉劭): 『인물지(人物志)』 상권, 『재리제사(材理第四)』, pp.79-80.

아주 유사하다. 둘째, 유소가 주장하는 '이(理)'는 곧 '성리(性理)'이다. 유소가 언급한 '네 가지 이(理)'가 비록 매우 광범위하지만 이 모두는 인간의 '재능과 성품' 문제와 밀접한 관계의 '성리(性理)'이다. '이(理)'는 항상 사람의 재질(材質)을 통해 나타나기 때문에 "이런 규칙과 재능을 파악하려면 반드시 우선 통달해야 밝힐 수 있고", "네 가지 이(理) 중의 어느 한 이치에 완전히 통달해야 만이 비로소 그 법칙을 파악할 수 있다"라고 지적했다. 이런 사람의 재질을 통해 나타나는 '이(理)'는 실제로는 '성(性)'에 해당하기 때문에 유소는 "형체는 정신을 갖고 있기에 인간의 의식활동을 잘 이해하고 파악한다면 인간의 도리를 완전히 깨닫게 되고, 다양한 인재의 특성을 모두 알 수 있게 된다"라고 말했다. 여기에서 말하는 '성(性)'과 '이(理)'가 바로 인간의 형질(形質)을 통해 나타나는 '정신(神精)'이다.

이로부터 유소의 『인물지(人物誌)』는 현학 사조의 시작과 동시에 현학의 성리학설(性理學說) 구축의 장을 열었음을 알 수 있다. 그러나 진정으로 본체론적 수준에서 성리학설을 정립한 인물은 바로 '정시지음(正始之音)' 시기의 천재 철학자 왕필(王弼)이다.

학계에서는 위진(魏晉) 현학사는 물론 중국 사상사에서도 진정한 본체론 철학을 정립한 사람은 현학자 왕필(王弼)이라고 보는 시각이 지배적이다. 왕필은 모든 유형유상(有形有象)의 사물 뒤에는 반드시 하나의 무형무상(無形無象)의 근거가 있다고 주장하면서, "형상과 이름이 없는 사물은 세상 만물의 종주(宗主)이다"[248]라고 피력했다. 그는 이 세상 만물의 종주의 존재를 '무(無)'라고 말할 수 밖에 없다고 강조했다. 왕필은 한걸음 더 나아가 '이무위본(以無爲本)'의 사상을 제시하면서, "천하 만물은 모두 보이는 유형질(有形質)에서 비롯된 것이고, 유형질은 또 보이지 않는 무형질(無形質)에서 생긴다, 무형질은 천지만물 생성의 본원 혹은 근거이다"[249]라고 주장했다. 우주 본체는 무형무명(無形無名)의 존재로 명명(命名)할 수가 없지만 사람들이 이를 탐구하고 교류하기 위해 '도(道)', '현(玄)', '본(本)', '일(一)', '태극(太極)' 등의 다른 호칭을 상황에 따라 부른 것이다. 하후현(夏侯玄)의 "묘사할 수 없는 것이 있기 때문에 그래서 천하 만물의 명칭으로 그것을 부를 수 있다"라는 견해에 근거하면, 왕필은 '이(理)', '성(性)'이 두 가지의 중요한 명칭으로 본체의 '무(無)'를 지칭한 것이 확실하다. 말하자면, 왕필이 본격적으로 본체론의 철학적 관념과 사유방식으로 '성'과 '이'를 재해석하기 시작하면서부터 본체론 철학은 형상학적 의미를 띠게 되었다.

우선 왕필의 '이'의 본체적 의미에 대한 이해를 살펴본다. 왕필의 저서에서 비록 '이'가 많이 나타나지는 않지만 본체적 존재를 지칭하는 중요한 범주이다. 왕필의 『주역(周易)』학 저서 중에 『역(易)』의 '이'는 바로 본체를 가리키며, 그는 다음과 같이 말했다.

> 사물의 발생은 임의적인 것이 아니라 반드시 그의 법칙을 따른다. 통일될 때에는 반드시 근원이 있고, 모일 때에는 우두머리가 있기 마련이다. 그래서 만물은 잡다하지만 난잡하지 않으며 많으나 인심을 혼란시키지

---

248) 『왕필집교석(王弼集校釋)』 상권, 『노자지략(老子指略)』, p.195.
249) 『왕필집교석(王弼集校釋)』 상권, 『노자도덕경주(老子道德經注)』 상편 제40장, p.110.

않는다. … 그래서 스스로 총화하고 탐구하면 사물은 비록 번다하지만 일반적인 법칙을 안다면 모든 것을 통제할 수 있다. 사물의 근본으로부터 관찰한다면 비록 도리는 많지만 일반적인 도리를 알면 모든 것을 말할 수 있다.[250]

여기에서 '이(理)'는 '물(物)'을 결정하는 근거이다. 왕필이 이어서 언급한 "통일될 때에는 반드시 근원이 있기 마련이고, 모일 때에는 반드시 우두머리가 있기 마련이다", "일반적 법칙을 안다면 모든 것을 통제할 수 있다"라는 관점을 보면, '이'는 천지만물을 지배할 수 있는 우주본체임에 틀림없다. 왕필은 두 방면에서 '이'의 본체적 지위를 논했다. 첫째는 일리(一理)와 중리(衆理)의 관계에 관한 것으로, 선진 제자가 언급한 '이'는 별개의 중리(衆理)이며 통일된 '이'를 논하지는 않았다. 왕필은 "만물은 모두 본원(本源)에 귀착하며 이치는 모두 한데 모아져 통일을 이룬다. 그래서 만물의 본원 귀결을 이해하면 설사 사물이 복잡하게 얽혀도 요약할 수 있고, 일반적이고 보편적인 이치를 안다면 이치가 아무리 많아도 철저히 파헤칠 수 있다"[251]라고 말했다. 왕필이 공자가 말한 "나의 학설은 하나의 근본적인 원칙으로 관통할 수 있다"라는 관점 이해에는 본체론적 사유방식으로 중리(衆理)와 일리(一理)의 대응관계 확정이 포함되어 있으며, "모든 것을 말할 수 있고", "철저히 파헤칠 수 있다"라는 것은 '이'는 필연적으로 우주 본체의 '이'가 된다. 이는 앞서 언급한 "통일될 때에는 반드시

250) 『왕필집교석(王弼集校釋)』 하권, 『주역략례 · 명단(周易略例 · 明彖)』, p.591.
251) 『왕필집교석(王弼集校釋)』 하권, 『논어석의 이인(論語釋疑 · 裏仁)』, p.622.

근원이 있기 마련이고, 모일 때에는 반드시 우두머리가 있기 마련이다"의 "일반적 법칙을 안다면 모든 것을 통제할 수 있다"라는 관점과 일맥상통한다. 둘째, 왕필은 '이(理)'와 '물(物)' 사이의 본체와 현상의 관계를 확정했다. 왕필이 본체론 철학을 정립할 수 있었던 것은 그가 우주를 '소연지물(所然之物)'과 '소이연지도(所以然之道)'의 관계로 귀결시켰기 때문이다. 이는 형이하(形而下)와 형이상(形而上) 간의 '즉분즉합(即分即合)'의 관계이다. 바로 왕필이 말하는 "도(道)는 무명무형(無名無形)의 상태에서 만물을 분화한다. 만물은 나타나서 완성될 때까지 자신이 왜 이렇게 되는지 모른다"[252]라는 것이다. 왕필이 거론한 '소이연(所以然)'은 바로 만물지후(萬物之后)의 본체적 근거를 가리킨다. 그는 만물의 운동변화는 '소이연(所以然)의 이치'에 의해 결정된다고 여기며, "만물의 변화운동을 인식하면 그중의 이유와 도리를 모두 알 수 있다"[253]라고 말했다. 이로써 '이'와 '물'의 대응관계에서 '이'의 본체성을 명확히 나타냈다. 특히 왕필의 후학인 한강백(韓康伯)은 『계사전주(繫辭傳注)』에서 '이'의 무형무상(無形無象)의 형이상적 특징을 더욱 강조했다. 한강백이 말한 "사소한 이치를 세세히 잘 따지는 것을 극히 심오하고 깊다고 말하는 것이다"[254]라는 견해는 '이(理)'와 '물(物)'의 관계가 일종의 형이상과 형이하의 본체적 현상 관계임을 명확히 나타낸다.

---

252) 『왕필집교석(王弼集校釋)』 상권, 『노자도덕경주(老子道德經注)』 상편 제1장, p.1.
253) 『왕필집교석(王弼集校釋)』 상권, 『주역주·상경·건(周易注·上經·乾)』, p.216.
254) 『왕필집교석(王弼集校釋)』 하권, 『계사상·한강백주(繫辭上·韓康伯注)』, p.551.

또한 왕필은 본체론적 사유방식으로 '성(性)'의 본체성도 탐구했다. 왕필은 『노자(老子)』·『주역(周易)』·『논어(論語)』를 주석한 그의 저서에서 '성'의 범주를 자주 사용했다. 선진 시기에서 '성'은 '생(生)'과 관련된 경험적 특징의 개념이다. 그러나 왕필의 저서에서 '성'은 보다 보편적이고 추상적이며 형이상적 본체성을 뚜렷하게 나타낸다. 그는 『노자도덕경주(老子道德經注)』에서 여러 차례 다음과 같이 언급했었다.

> 자연적인 정기(精氣)를 사용해 가장 연약한 조화의 상태에 이르게 되면 갓난애처럼 아무런 욕심도 없을 수 있을까? 그러게 되면 사물은 원만히 완성되어서 본을 얻게 될 것이다.[255]
> 근본으로 회귀하면 평온해지기 때문에 '정(靜)'이라 말한다. 평온해지면 생명의 본질로 회귀할 수 있기에 '복명(復命)'이라 말한다. 생명의 본질에 회귀하면 우리의 본성과 운명 중의 가장 근본적이고 영원하며 보편적인 법칙에 순응하기에 '상(常)'이라 말한다.[256]

왕필의 사상에서 '성(性)'은 선진문헌에서 언급한 인간의 감정적 욕구나 도덕적 본능과는 전혀 무관한 '자연(自然)', '상(常)', '정(靜)' 등의 특성을 지닌 본체적 존재를 가리킨다. 다시 말해서 '성'은 '도(道)', '현(玄)', '일(一)', '이(理)' 같은 명칭과 마찬가지로 모두 본체의 '무(無)'를 가리키는 명칭 중의 하나라는 것이다. 왕필은 더 나아가 자신이 부득이 '도(道)', '현(玄)'과 같은 명칭을 사용할 수 밖에 없었다고 토로

---

255) 『왕필집교석(王弼集校釋)』 상권, 『노자도덕경주(老子道德經注)』 상편 제10장, p.22.
256) 『왕필집교석(王弼集校釋)』 상권, 『노자도덕경주(老子道德經注)』 상편 제16장, p.36.

하고, 이름과 형상에 집착하면 본체를 파악할 수 없다고 주장하면서 다음과 같이 지적했다.

> 그러나 그것을 말로 설명하면 그의 항상(恒常)을 잃게 되고, 그것을 호칭하면 그것의 원모습을 포기하게 되고, 그것을 억지로 강요하면 그것의 본성을 파괴하게 되고, 그것을 고수하면 그것의 본원(本原)을 상실하게 된다. 그래서 성인들은 말로 가르치는 것을 위주로 하지 않기에 사물의 항상에 위배되지 않으며, 항상이라 명칭하지 않기에 곧 사물의 본진을 버리지 않으며, 망령되게 하지 않기에 사물의 본성을 망치지 않으며, 고집하는 것을 제도로 삼지 않기에 사물의 본원을 잃지 않게 된다.257)

왕필이 보기에 '상(常)', '진(眞)', '성(性)', '원(原)'은 모두 '무(無)'의 본체에 대한 지칭이며, '언(言)', '명(名)', '위(爲)', '집(執)'에 현혹되면 모두 본체를 잃게 된다고 여겼다. 이로부터 '성(性)' 역시 '도(道)', '현(玄)', '상(常)', '진(眞)'과 마찬가지로 '무(無)'의 본체에 관한 명칭 중의 하나임을 알 수 있다. 사실 왕필은 본체적 의미에서 '성'을 자주 논했다. 예를 들어, 그가 말한 "그래서 많은 사람들로부터 숭배를 받는 사람이 태초의 본원(本原)에 대해 연설하는 것은 사람들로 하여금 사물의 자연적인 본성(本性)을 깨닫게 하고, 깊고 고요하고 명합(冥合)한 극치를 추론(推演)하게 함으로써, 의혹과 미망을 조정하여 일치시키는 것이다"258)에서 언급한 '성'이 바로 '태초의 본원'이라는 본체적 의미를 나타낸다.

---

257) 『왕필집교석(王弼集校釋)』 상권, 『노자지략(老子指略)』, p.196.
258) 『왕필집교석(王弼集校釋)』 상권, 『노자지략(老子指略)』, p.196.

왕필은 "명명(命名)은 반드시 그 구별됨이 있어야 하고 명칭(名稱)은 반드시 그 근거가 있어야 한다"[259]라고 강조했다. 그는 '성'은 단지 '무'의 근본 중 하나일 뿐이라며 '성'의 본체성을 부여했는데, 그렇다면 "제각각 의미를 띠고 있다"는 '도(道)', '현(玄)', '심(深)', '대(大)'의 명칭과 비교했을 때 '성'의 내재적 함의는 어디에 치중되어 있는 것일까? 왕필의 주장을 보면, 그는 주로 인격의 본체적인 의미에서 '성'을 논했는데, 그 이유는 '성'은 '생(生)'에서 비롯된 것으로 본래 인간의 생명 존재와 그와 관련된 근거를 탐구하기 위한 범주이기 때문이라는 것이다. 왕필은 '성'을 논할 때 종종 사람의 개체 생명과 연관된 '정(情)'을 거론했으며, '성'과 '정'의 관계에 대한 아주 중요한 견해를 다음과 같이 제기했다.

'성(性)'으로 '정(情)'을 구속하지 않고서야 어찌 오랫동안 '정(情)'을 유지하고 정도(正道)에 부합할 수 있겠는가? '성(性)'은 '정(情)'을 구속하는 정도(正道)이다.[260]

왕필의 사상에서 '성'과 '정'은 일종의 주종(主從), 정동(靜動), 본말(本末)의 대응관계 관념을 내포하고 있다. 즉, '정'은 동적이고 다변적이며 감물적으로 생겨난 형이하(形而下)로서 그가 거듭 언급한 바와 같이 "세상 만물의 '정'은 자신의 감각에서 생겨난다"[261]라는 것이다. 그리고 본체로써 존재하는 '성'은 정적이고 항상적이며 선천적으로

259) 『왕필집교석(王弼集校釋)』 상권, 『노자지략(老子指略)』, p.196.

260) 『왕필집교석(王弼集校釋)』 하권, 『논어석의 · 양화(論語釋疑 · 陽貨)』, p.631

261) 『왕필집교석(王弼集校釋)』 하권, 『주역주 · 하경 · 함(周易注 · 下經 · 鹹)』, p.374.

타고난 형이상(形而上)이다. 그렇다면 이른바 '성기정(性其情)'이란 바로 왕필이 본체론 학설에서 자주 언급한 "일반적인 법칙을 파악하면 모든 것을 통제할 수 있다", "본질적인 것을 추구하고 현상의 것에 현혹되지 말아야 한다"라는 것이다. 왕필은 『주역 · 단전(周易 · 象傳)』을 주석을 달면서 '성'으로 '정'을 바로잡는 이성정정(以性正情)의 본체론적 사유방법을 명확히 나타냈다. 그는 "이런 운행의 변화에 의해 계절적 기후가 형성되고 만물은 대자연 속에서 사신의 생존에 적합한 환경을 찾는다"라는 내용을 주석하면서, "평온할 때 몰두하게 되며, 변동할 때 강직해지고 조화로움을 잃지 않게 된다. 이것이 바로 천도(天道)의 변화로 만물의 속성을 바로잡는 것이 아니겠는가"[262]라고 서술했다. '성'으로 '정'을 바로 잡는다는 이성정정(以性正情)은 사실 본체론 상의 건(健)으로 형(形)을 묘사한다는 이건용형(以健用形)의 다른 표현일 뿐이다. 그는 이 우주본체론으로 이성정정(以性正情) 관점을 논한 것에 이어서 "천(天)은 형상의 명칭이고, 건(健)은 형상을 묘사하는 데 쓰이는 단어이다. 형상은 단지 물체를 제약할 뿐이다"[263]라고 말했다. 이로부터 이성정정(以性正情)의 인격본체론은 이건용형(以健用形)의 우주본체론과 동일 구조임을 알 수 있다.

그렇다면 왕필의 사상학설에서 '성(性)'과 '이(理)'는 무슨 관계일까? 유소(劉劭)가 『인물지(人物志)』에서 '성리(性理)' 문제를 직접 제기하고 탐구한 것과는 달리 왕필은 주로 본체론적 철학관념 및 사유방식으로

---

262) 『왕필집교석(王弼集校釋)』 상권, 『주역주 · 상경 · 건(周易注 · 上經 · 乾)』, p.213.

263) 『왕필집교석(王弼集校釋)』 상권, 『주역주 · 상경 · 건(周易注 · 上經 · 乾)』, p.213.

'성'과 '이'를 본체의 '무(無)'를 지칭하는 중요한 명사로 해석했다. 그러나 '성'과 '이'가 모두 동일한 본체를 지칭하고, 이런 본체론의 궁극적 목표가 인생의 최고 경지를 구현하는 것이라면 이 양자 사이의 내재적 연관성은 인정된다. 왕필은 이상적인 인격인 성인에 대해 "성인들의 신명(神明)은 뭇인간들을 능가한다. 그래서 능히 '자연(自然)'을 체험할 수 있고 무(無)의 도리를 관통할 수 있다. 성인의 오정(五情)은 뭇인간들과 같다. 그래서 엄청난 슬픔이거나 커다란 즐거움을 겪었을 때 성인의 정서도 상응하는 반응을 나타내게 된다"264)라고 말했다. 성인들이 희로애락을 느끼는 마음인 감물지정(感物之情)과 '무(無)'의 도리를 관통하는 통무(通無)의 정신적 경지에 이를 수 있는 까닭은 그들이 '성'으로 '정'을 바로잡는 성기정(性其情)의 도리를 알고 그대로 실천에 옮겼기 때문이라는 것이다. 이런 '성'이 '정'을 통솔하는 것을 왕필은 또한 감정은 이성을 따른다는 뜻의 '이정종리(以情從理)'라고 말하기도 했다. 왕필은 "안자(顔子)를 제자로 두었으니 기쁘지 아니할 수 없다. 그를 잃으면 애통하지 않을 수 없다. 하지만 늘 이런 외계의 사물을 두고 쉽게 감정을 드러내는 사람들을 비웃으면서, 그들은 사리(事理)로 감정을 억누르지 못한다고 여긴다"265)라고 지적했다. '성'과 '이'는 서로 상통함을 알 수 있는 견해이다. 다시 말해서 왕필이 비록 본체론의 성리학설(性理學說)을 명확히 제시하지는 않았지만 그는 '성'과 '이'를 모두 본체성의 '무(無)'를 지칭하는 범주로 격상시켰고,

---

264) 『삼국지(三國志)』 卷28 『왕필전(王弼傳)』, 중화서국(中華書局), 2006년판, p.591.
265) 『삼국지(三國志)』 卷28 『왕필전(王弼傳)』, 중화서국(中華書局), 2006년판, p.591.

또한 이 범주가 모두 인격본체론과 그 정신적 경지와 관련되어 현학적 성리학의 구축을 위한 토대를 마련해 주었다. 사실 왕필 이후에 본체론적 수준의 성리학설이 구축되었다.

혜강(嵇康)은 현학의 관점으로 성리학설(性理學說)을 구축한 중요한 인물 중의 한사람이다. 왕필은 '무(無)'를 근본으로 삼는 '이무위본(以無爲本)'을 강조했고, 여기에서 말하는 '무(無)'는 정시(正始)현학이 구축한 우주 본체이다. 그리고 혜강(嵇康)과 원적(阮籍)이 창노한 것은 자연을 근본삼는 '이자연위본(以自然爲本)'으로 이 '자연(自然)'은 바로 혜강이 인정하는 우주 본체이다. 혜강은 때로 '이(理)'를 '자연(自然)' 본체와 동일시해 '자연의 이치'라고도 했다. 그는 자연지리(自然之理)를 현학의 유추에 따라 사물을 변별하는 유비추리(類比推理)의 목표로 확정했으며, 다음과 같이 언급했다.

> 유비추리(類比推理)로 사물을 분명하게 구별하려면 반드시 먼저 자연의 이치를 추구해야 한다. 의리가 이미 충분하다면 그 다음에 옛사람의 도리를 빌려 그것을 더 설명하면 된다.[266]

혜강이 추구한 자연지리(自然之理)는 사실 인성(人性)이 지닌 '이(理)'이다. 그는 인성을 인간의 자연본체로 여겼기 때문에 이를 '성리(性理)'라고 지칭했다. 따라서 혜강은 최초로 '성리(性理)' 개념을 명확히 제시하여 자연본체론의 기반 위에 성리를 구축한 사상가이다. 그는

---

266) 혜강(嵇康): 『성무애악론(聲無哀樂論)』, 대명양(戴明揚) 『혜강집교주(嵇康集校注)』 권5, 인민출판사(人民出版社), 1962년판, p.204.

몇 부분에서 '성리(性理)' 문제를 언급하며 다음과 같이 말했다.

> 군자는 그것들이 그런 줄 알고 있기에 천성에 맞는 것을 준칙으로 하며,
> 자연의 묘물(妙物)을 이용해 자신의 몸을 보양한다.[267]
> 그래서 옛사람들은 위로는 하늘의 음양을 본받고, 아래로는 땅의 강유
> 를 알맞게 조합했으며, 그 중간에 인간의 성리(性理)를 분별해 천(天)·지
> (地)·인(人) 삼재(三才)를 조화시키고, 함께 대도(大道)의 경지에 도달하
> 도록 했다. 이렇듯 사물의 이치를 탐구하였기에 사물은 각기 자신의 몫을
> 다할 수 있었다.[268]

혜강의 사상체계에서 한편으로 '성리(性理)'는 인격의 본체이며, 사
람의 신체 및 신체와 관련된 감정적 욕망의 본체적 존재이기 때문에
사람이 정욕을 조절하고 신체를 보양하는 기준이자 근거가 된다. 다
른 한편으로, '성리(性理)'는 우주의 본체이며 또한 천지의 이치와 조
화 일치를 이루는 동일한 본체적 존재로써, 인간의 내재적 '성리(性理)'
에 대한 충분한 인식과 완전한 표현은 대통(大通)의 '천인합일'의 경지
에 이르게 한다. 그래서 혜강은 본체론적 성리학설을 확립하는 데
중요한 역사적 지위를 지닌다.

그러나 더 나아가 보다 체계적으로 성리학설(性理學說)을 제기한
사람은 서진(西晉)의 곽상(郭象)이다. 곽상은 선대의 현학사상 성과를
기반으로 성리(性理) 핵심의 사상체계를 구축했다. 정시현학의 왕필

---

267) 혜강(嵇康): 『답「난양생론」(答「難養生論」)』, 대명양(戴明揚) 『혜강집교주(嵇康集校
注)』권4, p.182.
268) 혜강(嵇康): 『답「석난댁무길흉섭생론」(答「釋難宅無吉凶攝生論」)』, 대명양(戴明揚) 『
혜강집교주(嵇康集校注)』권9, p.306.

이 '이무위본(以無爲本)'의 본체론을 구축했고, 죽림현학 혜강과 원적은 자연을 근본으로 하는 '이자연위본(以自然爲本)' 본체론을 구축했다면, 이미 발전 성숙한 서진(西晉) 현학의 곽상이 구축한 것은 성리(性理)를 근본으로 삼는 '이성리위본(以性理爲本)'의 본체론이다. 곽상의 성리학설(性理學說)은 현학 본체론 구축이 성숙했음을 의미한다.

곽상은 예전의 현학자들이 우주본체를 '무(無)' 혹은 '유(有)'로 귀결시킨 것에 대해 동의하지 않고, "조물주가 있는가 없는가? 없다면 누가 만물을 만들 수 있는가? 있다면 수많은 사물의 외형을 만들 수 없는 것이다"[269]라고 말했다. 또한 그는 음양(陰陽), 자연(自然), 도(道) 등 범주를 선천적으로 타고나고 세상 만사만물의 생존을 결정하는 본체적 존재로 간주하는 관점에 대해서도 동의하지 않았으며, "누가 최초의 조물주였는가? 나는 음양이 조물주라고 생각한다. 그렇다면 음양이 곧바로 이른바 물체(物體)인 것이다. 그러면 무엇이 음양보다 앞서 존재하였는가? 나는 자연이 음양보다 앞서 있었다고 생각한다. 그렇다면 자연이 곧 물체 그 자체인 것이다. 나는 도(道)가 최초의 조물주라고 생각하지만 도는 도리어 허무한 것이다. 허무한 것인데 또 어떻게 조물주가 되겠는가?"[270]라고 반문했다. 곽상은 이전 시기 현학자들의 '무(無)', '유(有)', '자연(自然)', '도(道)', '음양(陰陽)'을 우주의 본체로 보는 관점을 부정하고, 우주만물이 생겨난 것은

---

269) 『장자집석(莊子集釋)』 상권1, 『제물론주(齊物論注)』, 중화서국(中華書局), 1961년판, p.111.
270) 『장자집석(莊子集釋)』 중권7, 『지북유주(知北遊注)』, p.764.

'자생(自生)', '독화(獨化)'의 결과라고 강조했다. '자생(自生)'이란 우주
만물의 탄생이 외재적인 조물주에 의한 것이 아닌 예하면 '무(無)',
'도(道)' 등이 아니라 우주만물 자체에 의해 생성되는 것을 말한다.
'독화(獨化)'란 우주만물의 변화 동기는 어떤 외재적인 힘 때문이 아니
라 우주만물 자체에 의해 일어난다는 것을 말한다. 그렇다면 우주만
물이 '자생(自生)', '독화(獨化)'할 수 있는 나름의 이유 즉, 내재적 '소이
연(所以然)'의 근거는 또 무엇일까? 곽상은 이를 '성(性)', '본성(本性)'
혹은 '천성(天性)'이라 불렀다. 그는 『장자주(庄子注)』에서 우주 본체
로서의 '성(性)'에 대해 많이 언급했다.

> 만물은 모두 제각기의 본성(本性)을 지니고 있다. 본성은 각자 자기만
> 의 한계를 지니고 있다. 만약 모두 나이와 지혜를 비교한다면 까치발을
> 하고 그에 필적할 수 있겠는가![271]
> 왜 존재를 생성하는 것이 자연적인 존재인지 모른다. '성(性)'을 제외하
> 면 또 무엇이 있겠는가![272]
> 사물의 행적과 현상을 초월하는 존재가 바로 '진성(眞性)'이다. 선왕들
> 의 진성을 이어받은 것이 바로 육경(六經)이다.[273]
> '성(性)'은 만물 존재의 근본이다. 만물은 모두 제각기의 본성에 만족
> 한다.[274]

곽상은 '성(性)'은 우주만물이 모두 갖고 있는 내재적 근거이고 천지

---

271) 『장자집주(莊子集釋)』 상권1, 『소요유주(逍遙遊注)』, p.11.
272) 『장자집석(莊子集釋)』 하권8, 『칙양주(則陽注)』, p.881.
273) 『장자집석(莊子集釋)』 중권5, 『천운주(天運注)』, p.532.
274) 『장자집주(莊子集釋)』 상권3, 『대종사주(大宗師注)』, p.239.

만물이 자생, 독화할 수 있는 근원이며, 일체의 형적(形迹)이 생겨나고 변화하는 것을 초월하는 존재로서 '소이적자(所以迹者)'라고 명확히 지적했다. 이것은 분명히 형이하(形而下)의 물(物)을 지배하는 형이상(形而上)의 본체적 존재를 의미한다.

선진(先秦)으로부터 양한(兩漢)까지의 학자들은 '성(性)'에 관한 문제를 사고하고 토론할 때 주로 인성(人性) 문제에 대해 탐구했으며, 간혹 물성(物性)에 대해 언급했어도 인성에 관한 문제를 사고하기 위한 참고물에 불과했다. 왕필이 '성'으로 '무(無)'의 본체를 지칭한 것 역시 이 '성'을 인성론의 측면에서 입론한 것이다. 그런데 곽상이 '성'을 일종의 천지만물이 보편적으로 갖고 있는 내재적 근거로 격상시켰을 때 이 우주만물 본체로서의 '성'과 인성(人性)은 어떤 관계일까? 이것은 바로 현학 본체론에 대한 기본적인 관점과 연관된다. 이론적으로 볼 때, 현학의 본체론 범주로는 도(道), 현(玄), 무(無), 유(有), 음양(陰陽), 성(性), 이(理) 등이 모두 우주의 생성 및 천지만물의 근거 등 문제와 연관된다. 그러나 이런 철학적 사변, 이론적 구성의 핵심은 여전히 사람의 문제이다. 이는 많은 학자들이 "현학자들의 본체론은 모두 자연계 혹은 객관세계에 관한 문제를 토론한 것이 아니라 인간의 생명존재 및 정신생활에 관한 문제를 해결하기 위한 것이므로 본체성 문제는 마음의 경지에 관한 문제와 서로 밀접하게 연관되어 있다"[275]라고 지적한 바와 같다. 정확히 말하자면, 현학 본체론의

---

275) 몽배원(蒙培元):『곽상의 "현명지경"을 논함(論郭象的"玄冥之境")』, 탕일개(湯一介)등 편저『위진현학연구(魏晉玄學研究)』, 호북교육출판사(湖北教育出版社), 2008년판,

이론적 요지는 원래 인간의 생명 존재 및 그 정신적 안착에 관한 문제를 해결하기 위한 것이다. 그러므로 곽상의 성본론(性本論)은 보기에는 우주만물 및 그 형상의 근거에 대해 토론한 것으로 보이지만, 그가 주장한 '성' 역시 인성을 중심으로 전개되고 궁극적으로 인간 생명 존재의 본체적 근거 문제를 해결하기 위한 것이었다. 따라서 곽상의 성본론은 오로지 인간의 생명 존재를 기점으로 삼고, 인성론을 핵심으로 해야만이 정확하게 이해될 수 있다. 곽상의 성본론에 대한 탐구를 통해 몇가지 사실을 발견할 수 있다. 첫째, 그는 먼저 인간의 본성에 대해 직접적으로 탐구했다. 이런 상황은 아주 보편적이며, 예를 들어 곽상은 "본성(本性)에 의해 움직이는 일은 하지 않을 수 없다. 본성이 미치지 않는 일은 강행할 수 없다"[276]라고 말했다. 그리고 여기서 곽상이 말하는 '성'은 성인(聖人)의 '성'이든 일반인(凡人)의 '성'이든 모두 인간이 실현해야 하는 '명물(冥物)' 혹은 '명극(冥極)' 경지의 본체론적 근거이다. 둘째, 본래 사물의 본성 혹은 진성(真性)을 탐구하는 것이 목표이지 객관사물의 법칙에 대한 파악은 분명히 아니라는 것이다. 그 목적은 바로 만물의 '자생(自生)'과 '독화(獨化)'를 위해 인간이 응당 취해야할 초탈적인 태도를 표현하기 위함이다. 즉, 모든 유위지심(有爲之心)을 버리고 자신의 본성과 본분에 순응하여 평안을 구하는 '무심순유(無心順有)'를 추구하여 인간의 '자연(自然)' 본성을 실현하는 것이다. 예하면 그가 말한 "이른바 천도(天道)라는

p.460.
276) 『장자집주(莊子集釋)』 하권9, 『외물주(外物注)』, p.937.

것은 바로 무위(無爲)로 사물 본래의 모습에 순응하는 것이다. 사람들은 언제면 이런 도리를 알 수 있겠는가? 자연 그 자체가 바로 성(性)인 것이다"[277]라는 의미이다. 곽상이 여기서 말한 '자연 그 자체가 성이다'라는 관념은 당연히 천지만물과 연관되지만, 그 목적은 인간은 응당 무위로 사물 본래 모습에 순응할 것을 강조함으로써 인간의 자연 본성을 실현하기 위함이다. 즉, "인간과 하늘이 혼연일체일 때 만물은 모두 그 중에 존재하는 것이다"[278]라는 것이다. 셋째, 인성(人性)을 설명하기 위해서 물성(物性)을 거론해서 비유했다. 예를 들어, 대붕(大鵬)과 작은 새의 '성'을 논하면서, "인간은 반드시 자기의 본성에 만족해야 한다. 대붕이 작은 새에 비해 자신이 더 존귀하다고 생각하지 않는 것과 마찬가지이다. 작은 새도 대붕이 넓은 바다와 큰 강물을 보는 것을 부러워하지 않는다. 그들은 모두 자신의 본성에 만족한다. 그래서 비록 크기가 다르지만 그 만큼의 여유를 즐긴다"[279]라고 강설했다. 이는 대붕과 작은 새를 비유한 것으로 실제로는 서로 다른 사회적 위계의 사람들은 응당 각자 자신의 본성에 만족해야 한다는 것이다. 요컨대 곽상이 말하는 성본론(性本論)은 비록 천지만물의 '성'이 포함되어 있지만 그 사상의 요지 및 핵심은 전적으로 인성론이다.

곽상은 인성론 중심의 성본론 체계를 구축했을 뿐만 아니라 더욱이 특색있는 '이(理)'에 관한 문제를 많이 토론하고, '성(性)'과 '이(理)'를

---

277) 『장자집주(莊子集釋)』 중권7, 『산목주(山木注)』, p.694.
278) 『장자집주(莊子集釋)』 중권7, 『산목(山木)』 성현영소(成玄英疏), p.694.
279) 『장자집주(莊子集釋)』 상권1, 『소요유주(逍遙遊注)』, p.9.

통합해 진정한 본체론적 깊이의 성리학설을 구축했다는 점이다.

곽상의『장자주(庄子注)』에도 '이(理)' 자가 다량 사용되었다. 중국 현대 역사학자 및 사상가인 전목(錢穆)의 집계에 따르면, 곽상(郭象)의 주석 내편(內篇)에서 '이(理)' 자를 사용한 문구는 70개, 주외(注外), 잡편(雜篇)에는 76개의 문구에 달한다.[280] 그 중 곽상이 말한 '이(理)' 는 대부분 필연적인 법칙 의미의 철학적 범주이며, '성(性)'을 논술한 것과 매우 비슷하다.

> 세상의 만사만물은 모두 자신의 발전 법칙이 있다.[281]
> 자연과 진리의 본래 면모에 따라 자연과 진리를 인식한다면, 어떠한 주관적인 보탬없이도 심오하고 유현한 경지와 혼연일체가 되는 경지에 도달할 수 있다.[282]
> 모든 내가 갖고 있는 것, 갖고 있지 않는 것, 내가 했거나 경험한 일들은 모두 내가 결정할 수 있는 것이 아니다. 이(理)는 바로 그런 것이다.[283]

여기서 말하는 '이(理)'는 '성(性)'과 같은 것으로 즉, 우주만물의 '자 생(自生)' 및 '독화(獨化)'의 근거로 이해된다. 다시 말해서 인간이 '이' 를 따르면 '명연자회(冥然自会)'의 경지에 도달하게 된다는 것이다. 이렇게 '성'과 '이'의 의미가 매우 비슷하기 때문에 곽상은 자주 이 두 가지를 연계시켜 논했다. 몇 가지 예를 들면 다음과 같다.

---

280) 전목(錢穆),『장로통변(莊老通辨)』하권, 대만동대도서회사(臺灣東大圖書公司), 1988 년판, pp.379-403 참조.
281) 『장자집석(莊子集釋)』상권1, 『제물론주(齊物論注)』, p.84.
282) 『장자집석(莊子集釋)』상권1, 『제물론주(齊物論注)』, p.99.
283) 『장자집석(莊子集釋)』상권2, 『덕충부주(德充符注)』, pp.199-200.

인간의 천성에 간섭하지 않고 자연에 순응하면 인성과 천리(天理)가
제각기 있을 자리에 있게 된다.[284]

잃는 것을 두려워하는 품성이 좋은 사람은 바로 천리(天理)를 안다고
할 수 있다.[285]

'성(性)'은 만물이 존재하는 근본이다. 만물은 자기의 본성에 만족한다.
모든 유덕한 선비들의 자아고찰에 의탁하여 자기 본성에 만족하는 사람
이 사물의 근본에 이르고, 사물의 근본을 이해할 수 있으면 자연히 '이
(理)'를 알게 된다.[286]

위의 몇 단락에서 알 수 있듯이 곽상은 확실히 '성(性)'과 '이(理)'를
동일시하여 하나의 동일한 본체적 존재로 보았다. 이런 주장은 위(魏)
나라 시기 이래 유소(劉劭), 왕필(王弼), 혜강(嵇康), 배위(裴頠) 등의
성리문제에 관한 사상학설을 계승한 것이라 할 수 있다. 그러나 곽상
은 왕필, 혜강과는 성리관(性理觀)이 달랐으며, 독자적으로 '성리(性
理)'를 핵심 범주로 하는 본체론 학설을 구축했다.

비록 곽상의 성리학설에서 '성(性)'과 '이(理)'는 모두 천지만물 본체
를 표현하는 범주로 볼 수 있지만 이 양자는 의미상에서 여전히 구별
된다. 한 방면으로, 공간적 형태의 구별이다. 곽상은 천지만물의 내재
적 본체는 '성'이며, 이 본성의 외재적 확대와 실현이 바로 '이'라고
주장했다. 이로부터 같은 본체라도 표현되는 공간적 형태는 다르다.
곽상은 "이전의 성인들은 사물의 겉모습만 보고 사물의 세계만 인식

---

284) 『장자집석(莊子集釋)』 중권7, 『달생주(達生注)』, p.638.

285) 『장자집석(莊子集釋)』 중권7, 『달생주(達生注)』, p.654.

286) 『장자집석(莊子集釋)』 상권3, 『대종사주(大宗師注)』, p.239.

했을 뿐이며, 사물의 겉모습의 이치에 대해서는 인식하지 못했다"[287] 라고 설명한 적이 있다. 곽상은 '이(理)'는 만물의 특성과 경계의 내면 인 '성분지내(性分之內)'에 있는 것이 아니라 사물의 특성과 경계의 외면인 '물지성표(物之性表)'에 있는 만큼 '성'과 '이'는 모두 자연의 본체의 의미는 분명하지만, 그 공간적 형태로 말하자면 내재적 잠재 력과 외재적 전개로 구분된다고 여겼다. 다른 한 방면으로는 시간적 인과(因果)의 구별이다. 곽상이 말하는 '성'과 '이' 사이에는 종종 원인 과 결과의 과정 상태로 나타나기도 한다. 곽상은 '성'과 '이' 사이의 관계를 논할 때, 자연에 순응하는 천성이동(天性而動)으로부터 천리 (天理)가 제자리에 있게 된다는 이역자전(理亦自全)까지, 품성이 좋은 성덕(性德)에서 천리를 이해하게 되는 달리(達理)까지, 자기의 본성에 만족한다는 성지본지(性之本至)'로부터 '이'를 이해하게 된다는 이진 (理盡)을 강조했는데 여기에는 일종의 인과적 시간관계가 있는 것이 분명하다. 이로부터 곽상의 '성'과 '이'의 관계는 일종의 내부로부터 외부에 이르는 공간적 관계이자 잠재력으로부터 전개에 이르는 시간 적 관계임을 알 수 있다.

곽상의 성리학설(性理學說)의 이와 같은 특징은 그 성본론(性本論)의 사상적 요지 및 이론적 형태와 관련있다. 곽상을 포함한 위진(魏晉) 시기 현학 전체가 구축한 본체론은 인간의 생명 존재와 그 정신적 안착의 문제를 해결하기 위한 것으로, 곽상의 성본론(性本論)은 일종

---

287) 『장자집석(莊子集釋)』 상권1, 『제물론주(齊物論注)』, p.85.

의 우주본체론처럼 보이지만 사실은 일종의 인격본체론이다. 우주본체론의 논리과정은 '우주 자연 → 사회 인륜 → 개체 존재'로서 이는 외면에서 내면에 이르는 시공간적 형태이다. 그리고 인격본체론의 논리과정은 '인격 자아 → 인륜 사회 → 천지자연'으로 이는 내면에서 외면에 이르는 시공간적 형태이다. 곽상의 성리학은 주로 인격본체론으로 비록 표면적으로는 그의 인성론과 본체론이 합일된 것처럼 보이지만, 그의 '성(性)'과 '이(理)' 사이에 나타나는 공간직 내외, 시간적 인과의 관계는 바로 곽상 현학의 주체성 인격본체론의 사상적 특징을 나타내기 때문에 주관에서 객관적으로, 내면에서 외면에 이르는 이론적 구조를 갖고 있다. 이 이론적 구조는 수백 년이 지난 송대의 이학자들로부터 큰 호응을 얻었다.

제4절 이학 : 성리학의 완성

선진 제자의 '성(性)'과 '이(理)'에 대한 사고는 중국 고대 성리학설 사상의 근원이고, 위진 시기의 '성리(性理)'에 대한 사상 개척은 성리학설의 기초이며, 양송(兩宋) 시기의 성리학이야말로 중국 고대 성리학의 성숙한 형태이자 최종 완성이다. 양송 시기의 유학자들은 '성리지학(性理之學)'이라는 명칭을 정식으로 사용해 자신들이 새로 정립한 학술사상 체계를 개괄하고 표현했을 뿐만 아니라 사상의 심오성, 학술의 체계성, 이론의 완전성 등에서 성리지학을 보완함으로써 이런 독특한 유가철학 형태를 역사의 최고 단계로 발전시켰다.

양송 시기의 유학 학술사조는 역사적으로 이학(理學), 도학(道學), 의리지학(義理之學), 성리지학(性理之學)등의 서로 다른 명칭으로 지칭되었다. '의리지학(義理之學)'은 경학사(經學史)에서 착안한 학술적 형태이고, '성리지학'은 일종의 '천인합일(天人合一)'의 철학적 이론체계를 말한다. 명(明)나라 초기에 황제의 명으로 제작된 어제(御製) 관학(官學) 교과서에는『오경대전(五經大全)』,『사서대전(四書大全)』과『성리대전(性理大全)』이 있는데 앞의 두 대전은 관학 경학(經學) 교과서이고, 뒤의 성리대전은 관학 철학 교과서이다. 그래서 흔히 '이학(理學)' 혹은 '도학(道學)'은 대체로 '성리지학'과 대응되는 개념이고, '의리지학(義理之學)'은 경학사(經學史) 분야의 '송학(宋學)'과 연관된 개념이라 말한다. 이 점은 송대 학자 황진(黃震)의『독본조제유이학서(讀本朝諸儒理學書)』에 비교적 명확하게 서술되어 있으며, 황진이 말한 송대의 본조이학(本朝理學)은 '성리지학'과 동일하지만 '의리지학'보다는 확연히 좁은 개념으로 주로 주돈이(周敦頤), 정호(程顥)와 정이(程頤), 나종언(羅從彦), 이동(李侗)부터 주희(朱熹)에 이르는 '이학(理學)' 혹은 '도학(道學)' 계열의 학자들과 연관된다. 황진(黃震) 역시 '성리(性理)'에 대한 사고 맥락에 따라 유학사(儒學史)를 고찰한 적이 있었으며, 그는 "공자는 '성리(性理)'에 대해 논했지만 약간 언급했을 뿐 상세히 설명하지는 않았다. 또는 행동을 통해 성리를 이행했기 때문에 그의 이론은 오랜 세월 동안 남을 수 있었으며 결점이 없다"[288]라고 말했다. 그러나 황진은 유교의 도학 전수의 계통인 '도통(道統)'의 차원에서 주돈이, 정이와 정호, 주희 등의 성리지학(性理之學)의 사상 근원을 고찰했다. 이로부터 황진의 눈에 비친 '이학(理學)'은 바로 '성리지학(性理之學)'임을 알 수 있다.

그렇다면 이학(理學)을 왜 '성리지학(性理之學)'이라 불렀을까? 이 점은 이학체계의 '성(性)'과 '이(理)' 두 핵심개념으로 분석할 수 있다. '성리지학'은 그 핵심개념인 '성'을 가장 중요한 위치에 두고, '이기론(理氣論)' 중의 '이'는 '성'의 사상적 의미와 철학관념을 해석하는 개념으로 보았다. '성'과 '이'를 조합한 '성리지학'은 '이학(理學)'의 철학적 의미와 사상 특색을 충분히 체현해내고 있다. 이런 점은 원대(元代) 이학자 오징(吳澄)의 '성리지학'에 대한 해석에서 충분히 드러난다.

> 이른바 '성리지학'이란 본성이 곧 천리(天理)라는 것을 알고, 노력을 통해 자신의 본성을 알아보고 천리를 깨달아 자기의 본성을 회복하고 발전시키는 것이다.[289]

오징(吳澄)은 '성리지학'은 본체론과 공부론 두 방면을 포함하고 있다고 여겼다. 본체론은 내재적인 '오지성(吾之性)'의 인격본체로써 외재적인 '천지의 이치'의 우주본체를 확인하는 일종의 천인동구(天人同構)의 본체론이다. 공부론(功夫論)은 인격의 내적 수신(修身)인 지성(知性), 양성(養性) 등의 공부를 통해 궁극적으로 내외합일(內外合一), 천

---

288) 문연각(文淵閣) 『사고전서(四庫全書)』 제707권, 『황씨일초(黃氏日抄)』 권33, 『독본조제유이학서 · 정씨문집(讀本朝諸儒理學書 · 程氏文集)』, p.18.

289) 『송원학안(宋元學案)』 권92, 『초로학안 · 초로정어(草廬學案 · 草廬精語)』, 중화서국(中華書局), 1986년판, p.3038.

인합일(天人合一)의 정신 경지를 실현하는 것이다. 오징은 '성리지학'의 이론 구성과 사상 특징에 대해 정확하게 파악했으며, 오늘날 우리가 '성리지학'을 이해하는 데 중요한 참고 가치가 있다.

현시대 학자 당군의(唐君毅)는 고대 이학자들의 사상 정수를 파악하고, 그의 저서『중국철학원론(中国哲學原論)』에서 '이(理)'의 근원에 대한 탐구를 통해 송명 시기 이학의 '이(理)'는 '성리(性理)'를 특징으로 삼고 있다고 주장하며 다음과 같이 서술했다.

> 그러나 송명 시기 이학(理學)에서 논술한 '이(理)'는 주로 '성리(性理)'였다. 그리고 다시 '성리(性理)'를 '천리(天理)'로 승화시켰다. 송명 시기의 학자들은 천리를 논할 때 천리를 외재적 물질의 발전, 변화의 법칙으로만 보지 않았다. 만약 천리를 외재적 물질의 발전, 변화의 법칙으로만 본다면 그것은 다만 '물리(物理)'일 뿐 천리가 아니다. 진정한 천리는 바로 '성리(性理)'에서 승화시킨 후에 자신의 내면과 외적 세계를 연결시켜 회합·관통하는 '이(理)'여야 한다. 그래서 '성리(性理)'는 송명 이학가들이 가장 중요하게 여기는 '이(理)'이다.[290]

당군의(唐君毅)는 '성리지학'이 바로 유가(儒家)의 성현지도(聖賢之道)의 내재적 근거인 인성(人性)을 확립했으며, 이런 심성의 이치에 의해 통달된 천인지리(天人之理)를 실현한 것이 바로 송명 유가철학의 근본적 특징이라고 인정했다. 이로부터 성리지학(性理之學)은 송명 유학의 가장 관건적이고 핵심적인 내용이며 철학화한 송명 유학이

---

290) 당군의(唐君毅):『중국철학원론·서론편(中國哲學原論·導論篇)』제2장 '원리하(原理下)', 중국사회과학출판사(中國社會科學出版社), 2005년판, p.32.

사상면에서 공헌한 가장 중요한 내용이라는 것을 알 수 있다.

사실 성리지학은 바로 중국 고전철학의 성숙된 형태를 대표한다. 중국 고전철학은 일종의 인도(人道)에서 천도(天道)에 이르는 역사적 사실 현상을 통하여 본질을 제시하고, 자연현상과 인류사회 간의 상호작용 관계를 탐구하는 구천인지제(究天人之際)의 학설이다. 선진제자부터 중국 고대 명현들은 사회를 걱정하고 인도(人道)를 사고하면서 인도(人道)와 천도(天道)의 결합에 노력했다. 그래서 인도(人道)의 근거이며 또한 천도(天道)를 표현할 수 있는 성(性)·이(理)·도(道)는 중국 고대 명현들이 열렬히 탐구하고 깊이 사고할 수 있는 중요한 문제였다. 2천여 년 간의 긴 역사의 흐름 속에서 '성(性)'과 '이(理)'에 관한 사고는 최종적으로 송대 유학(儒學)자들에 의해 '성리학'의 이론 체계로 완성되었다. 성리학의 가장 큰 특징은 인성(人性)에서 천리(天理)로 관통되는 인격 본체와 우주 본체 합일의 사상 학설의 구축이다. 송대의 이학이 '성리학'이라고도 불리는 것은 이학자들이 보편적으로 이런 인성으로부터 천리를 관통하는 사유방식과 이론체계를 인정했기 때문이다. 이런 사유방식과 이론체계에는 두 가지 특징이 있다. 하나는 본체론적 수준의 인성(人性)이 그 이론체계에서 핵심적 위치를 차지한다는 것이다. 또 하나는 인성이 내재적인 인격 본체로서 반드시 외재적 우주본체 (이(理)·도(道)·태극(太極)·태허(太虛))와 상통한다는 것이다. 그래서 송대 이학사조는 흥행하면서부터 아주 뚜렷한 특징을 나타냈는데, 즉 보편적으로 인성 문제에 대해 관심을 드러내며 성(性)과 천도(天道), 천리(天理)를 연결시켰다는 점이다. 이학사조의 발전과 체계가 성숙됨에 따라 체계화된 성리학설(性理學說)을 구축할 수 있었다.

송학(宋學)이 처음 흥행한 북송(北宋) 중기에 이르러 유학자들은 대부분 역전(易傳)의 글뜻을 근거로 경문을 해석하는 방법 운용과 동시에 보편적으로 인성 문제에 관심을 보였다. 북송 고문(古文)운동의 선구자인 구양수(歐陽修)로부터 형공신학(荊公新學)의 왕안석(王安石), 촉학(蜀學)의 대가 소식(蘇軾)으로부터 역사학자 사마광(司馬光), 도학(道學)의 창시자 주돈이(周敦頤), 소옹(邵雍)에서 이학의 창시자 장재(張載), 정호(程顥) · 정이(程頤)형제에 이르기까지 이들은 모두 인성 문제에 관심을 보였다. 장재와 정호 · 정이 이전의 학자들은 인성 문제에 대해 열렬히 토론하며 인성과 천도의 관계를 탐구하기 시작했다. 예컨대 구양수(歐陽修)는 인성(人性)은 모든 인간이 타고난 고유한 본성이기 그래서 선악(善惡)의 관념으로 설명할 수 있는 것이 아니라고 주장하면서, "인성(人性)은 인간의 육체와 동시에 태어나는 모든 사람이 다 가지고 있는 것이다. 군자라면 자신의 수양을 강화하고 마음을 다해 백성들을 다스리면 되는 것이지 인성의 선악에 대해서 깊이 따질 필요가 없다"[291]라고 피력했다. 이런 '몸과 함께 생겨난' 성(性)은 일종의 '천성(天性)'으로서 천도(天道)의 근원을 갖고 있다는 것이다. 소식(蘇軾)은 비록 '성(性)과 천도(天道)'의 문제는 꼬집어 말하기 어려운 문제라고 인정하면서도 그 역시 인성과 천리를 서로 연결

---

291) 『구양수전집(歐陽修全集)』 권47, 『답이후 제2서(答李詡第二書)』, 중화서국(中華書局), 2001출판, p.670.

시켜 "성인이 논하는 인성은 바로 만물의 원리를 속속들이 깊이 연구하는 것이다"[292]라고 말했다. 이런 인성으로부터 천리를 다한다는 관념은 후대 이학자의 성리학설과 상통하는 면이 있다. 왕안석(王安石) 또한 인성은 단순히 선악에 의해 도덕적 평가를 할 수 없는 것이라고 인정하면서, "인성은 천성적으로 타고난 본성이다"[293]라는 사상을 제기했다. 이로부터 왕안석의 신학(新學) 역시 본체론의 관념으로 인성 문제를 고찰했음을 알 수 있다. 그러나 구양수, 소식, 왕안석 등의 인성론 사상은 결국 이학이 구축하려는 성리학설과는 비교적 큰 차이가 있다. 송대 유학의 성리학설의 진정한 형태는 이학의 창시자인 장재와 그의 제자 정호·정이 형제에 의해 완성되었다.

장재(張載)는 송대 유가 성리학의 주요 창시자이다. 비록 장재의 이학 사상체계에는 태허(太虛), 태화(太和), 기(氣), 신(神), 도(道), 이(理), 성(性), 성(誠) 등 여러 범주가 조합된 이학사상의 체계가 포함되어 있지만, 이 중의 성(性)과 이(理)는 단지 이런 계열 범주 중의 하나일 뿐이다. 그러나 태허(太虛), 태화(太和), 신(神) 등으로 구축된 천도론(天道論)은 궁극적으로 인도(人道)를 논증하기 위한 것 일뿐이며, 인도(人道)는 시종 이학체계의 사상 핵심을 차지했다. 그러므로 태허(太虛)와 태화(太和)는 단지 인성의 근원을 해결하기 위한 것 일뿐이고, 그 모든 윤리관, 정치관, 인생관은 여전히 그와 연관된 인성론에

---

292) 『소식문집(蘇軾文集)』 권4, 『양웅론(揚雄論)』, 중화서국(中華書局), 1999출판, p.111.
293) 『임천선생문집(臨川先生文集)』 권68, 『원성(原性)』, 중화서국(中華書局), 1959년판, p.726.

바탕을 두고 있다. 장재는 우주천지는 모두 '태허(太虛)의 기(氣)'로 구성되어 있고, '성(性)'은 우주본체인 '기(氣)'의 고유한 본질이라고 주장하며, '성(性)'과 '기(氣)'의 관계를 다음과 같이 논했다.

> 무릇 형태가 있어 보이는 사물은 모두 객관적으로 존재하는 것이다. 객관적으로 존재하는 사물은 모두 자연현상의 표현이다. 이런 현상을 모두 영기(靈氣)가 작동하여 이루어진 것으로 곧 만물은 영성(靈性)을 지닌다고 해석할 수 있다. 기(氣) 자체에는 고정된 형태가 없으며 그 운동의 변화는 신묘하여 헤아릴 수 없다. 하지만 이런 운동법칙과 성(性)은 기(氣)의 고유한 본질이다. 바로 역학(易學)에서 말하는 '기(氣)'는 바로 음·양(陰陽) 두 기를 뜻하며, 철학적으로는 극미(極微)한 물질의 기(氣)라는 의미로 전의된다.[294]

'성(性)'은 본체적 '기(氣)'에 원래 존재하는 것으로 모두 세계만물의 형상적 근거가 되기에 우주 본체의 의미도 띠고 있다. 사실 장재 역시도 우주본체론의 차원에서 '성(性)'을 논하곤 했다. 그는 "유(有)와 무(無), 허(虛)와 실(實)은 어떤 하나의 사물 속에 통합되어 있으며 그것이 바로 기(氣)의 본성이다"[295], "성(性)은 만물 통합의 근원이지 인간만이 독점하고 있는 것이 아니다"[296]라고 언급했다. 천하만물은 모두 기(氣)의 응집으로 형성된 것이지만 만물 종류의 형성 근거는 바로 '성(性)'에 있다는 것이다. 장재는 이로부터 '성(性)'은 유무(有無)와 허실(虛實)을 하나의 물(物)로 관통되게 하고, '성(性)'은 만물의 근

---

294) 『장재집(張載集)』, 『정몽·건칭편(正蒙·乾稱篇)』, p.63.
295) 『장재집(張載集)』, 『정몽·건칭편(正蒙·乾稱篇)』, p.63.
296) 『장재집(張載集)』, 『정몽·성명편(正蒙·誠明篇)』, p.21.

원이라는 관점을 제기했다. 이렇게 장재의 이학사상의 체계에서 '성
(性)'은 태허·태화·기·도와 마찬가지로 우주 본체론을 나타내는
범주에 속한다. 예하면 그가 말한 바와 같이 "태화의 기(氣)를 도(道)라
할 수 있는데 그것 자체로 부침(浮沉), 승강(昇降), 동정(動靜) 및 상호
감응하는 능력을 내포하고 있다. 이는 음양 두 기가 조화와 융합,
상호 격동, 강약과 기복 변화를 일으키는 근원이 된다"[297]라는 관점
이다. 요컨대, 대화(太和)의 기(氣)에 의해 천지만물의 실체가 형성되
고 '성(性)'은 만물의 운동과 변화를 일으키는 근거라는 것이다. 장재
가 주장한 인성(人性)은 바로 이 우주 본체의 '성(性)'과 내재적 관계를
지닌다. 그는 인성이 바로 우주의 근본인 '천성(天性)'이라 여기며,
이른바 "천성은 인간에게 존재하는데 이는 마치 물성(物性)이 얼음
속에 존재하는 것과 같은 이치이다. 비록 형상은 달라도 하나는 응집
된 고체이고, 다른 하나는 흩어져 있는 액체이지만 여전히 같은 물건
이다"[298]라는 견해이다. 그리고 인간이 천지의 경지를 소유한 성인이
되려면 내재적인 '천지의 성'에 회귀해야 한다는 것이다. 즉, "인간은
형체가 생긴 후에 기질의 성(性)이 생겨나서 자신의 본성을 회복하는
데 능숙하게 된다. 그러면 천지의 성(性)도 여전히 갖추게 될 것이다
."[299]라는 것이다. 장재는 인간의 내재 본성에 대한 인식과 실천을
천지의 '성(性)'에 대한 보존과 실현으로 간주해 인성에 대한 이학자의

297) 『장재집(張載集)』, 『정몽·태화편(正蒙·太和篇)』, p.7.
298) 『장재집(張載集)』, 『정몽·성명편(正蒙·誠明篇)』, p.22.
299) 『장재집(張載集)』, 『정몽·성명편(正蒙·誠明篇)』, p.23.

견해를 충분히 체현해냈다.

장재(張載)가 인간의 내재적 본성과 외재적 '천성(天性)', '천지지성 (天地之性)'을 연관시켰기 때문에 '성(性)'을 천지만물의 법칙을 표현하는 '이(理)' 혹은 '도(道)'와도 연결시킬 수 있었다. 장재의 사상체계에서 이(理)와 도(道)는 모두 태허(太虛)의 기(氣), 천지만물의 운동 및 변화의 법칙을 가리킨다. 그는 "천지의 기(氣)는 비록 응집·소산·배제·흡수의 경로는 다양하고 복잡하지만 모두 기(氣)의 운동변화의 법칙에 부합하는 것으로 정상적인 궤도를 벗어나지 않는다",300) "음과 양 두 기(氣)는 운동 변화하는데, 인간들은 이런 규칙적이면서도 인식하기 어려운 운동 변화를 '도(道)'라도 부른다"301)라고 말했다. '이(理)'는 '도(道)'와 마찬가지로 모두 태허의 기(氣) 혹은 천지만물의 변화, 운동의 객관적 법칙을 가리킨다. 이렇게 장재가 거론한 성(性)과 이(理), 도(道)는 통합할 수 있으며, 다음과 같이 언급했다.

> 이것이 바로 음양 두 기(氣)의 변화가 무궁무진하고 끊임없이 운행하며 외물(外物)의 명령을 받지 않는다는 것이다. 따라서 생명과 본성의 도리를 따지지 않는다면 만물의 생명과 본성의 형성에 대해 또 다른 어떤 해석이 있을 수 있겠는가?302)

장재(張載)는 한걸음 더 나아가 인격본체론으로서의 성리학설(性理學說)을 두 가지 다른 정신 경지로 나누고, 다음과 같이 말했다.

---

300) 『장재집(張載集)』, 『정몽·태화편(正蒙·太和篇)』, p.7.

301) 『장재집(張載集)』, 『정몽·태화편(正蒙·太和篇)』, p.9.

302) 『장재집(張載集)』, 『정몽·삼량편(正蒙·叄兩篇)』, p.12.

자성명(自誠明)과 자명성(自明誠)은 서로 다르다는 것을 알아야 한다. 자성명(自誠明)한 사람은 본성을 다하는 것에서 출발하여 덕성(德性)을 토대로 이치에 대한 인식을 실현한다. 자명성(自明誠) 사람은 명철한 도리로부터 출발하여 견문지식을 토대로 천성에 대한 인식에 도달한다.[303]

장재(張載)가 언급한 '성명지리(性命之理)', '성즉천도(性卽天道)'의 관점은 바로 송대 유학자들이 구축하려 했던 성리지학(性理之學)의 전형적인 형태이며, 본성이 진지하고 도리에 밝은 천성인 '자성명(自誠明)'과 도리에 밝은데서 성심을 발현하는 교화를 의미하는 '자명성(自明誠)'이라는 두 가지 정신적 인격에 대한 장재의 해명은 성리학설(性理學說)을 한층 더 심화시켰다. 이로부터 장재의 학술체계는 이미 송대 유학자들이 본체론적 성리학설(性理學說)을 구축할 수 있는 기반을 마련했다는 것을 알 수 있다.

정호(程顥), 정이(程頤) 형제가 송대의 성리학 이론적 형태의 창시자라는 점은 분명하다. 장재는 '기(氣)'를 우주 본체로, '성(性)'은 '기(氣)'의 내재적 본질로 규정했고, 정호(程顥), 정이(程頤) 형제는 직접적으로 '이(理)'를 우주 본체로 삼아 자연법칙 및 사회 인륜으로서의 '이(理)'가 형이상적 본체적 지위를 갖고 있다고 인정했다. 정호(程顥), 정이(程頤) 형제는 '이(理)'가 구체적인 자연 및 사회적인 사물들 속에 존재한다는 것을 확신하면서 다음과 같이 말했다.

---

303) 『장재집(張載集)』, 『장자어록(張子語錄)』 하, p.330.

이(理)는 만물이 따라야 하는 원리와 원칙이다. 만물이 있으면 곧 이 (理)가 있게 되며 사물마다 모두 이(理)를 갖고 있다.[304]

부자(父子), 군신(君臣) 등의 윤리위계 질서는 천하의 규칙이며, 천지지 간(天地之間) 어디에 가도 벗어나기 어렵다.[305]

여기에서 이(理)는 천하의 여러가지 구체적인 사물을 결정하는 필 연적인 법칙이자 '천하의 정리(定理)'이기도 하다. 이 '정리(定理)'라고 하는 사물의 '이(理)'는 '모든 것이 천만 가지로 다르다'는 만수(萬殊)와 는 차이가 있지만 이들은 모두 '이(理)'로 통합된다는 관점은 바로 정이(程頤)가 주장하는 바와 같다.

'이(理)'는 세계만물의 본원(本源)이며 세계만물의 변화·발전의 법칙 이다. 비록 만물은 서로 다르고 만사의 변화는 복잡다양하지만 그것들은 모두 하나로 귀결되어 이(理)를 따른다.[306]

이 '하나로 귀결된다'는 이(理)가 바로 '천(天)', '천도(天道)'이다. 정 이가 흔히 말하는 "천(天)이 곧 이(理)이다", "이(理)가 곧 천도(天道)이 다" 역시 이런 의미에서 한 말이다.

정호와 정이의 인성론은 바로 이 이(理)를 우주 본체로 삼는 토대 위에 세워진 것이다. 그들이 제시한 '성즉리(性卽理)"라는 명제는 송대 유가 성리학설의 핵심적 명제이자 사상 토대가 되었다. 이정(二程)은 인성에 대한 사고는 경험의 표면적인 형식이 아니라 본체론의 차원에

---

304) 『이정집(二程集)』, 『유서(遺書)』 권18, p.193.

305) 『이정집(二程集)』, 『유서(遺書)』 권5, p.77.

306) 『이정집(二程集)』, 『이천역전(伊川易傳)』 권3, p.858.

서 그 근원을 탐구해야 한다고 여기며, 다음과 같이 말했다.

하늘의 일은 비록 소리도 냄새도 없지만 그 본체는 역(易), 운행의 이치는 도(道), 묘용(妙用)은 신(神), 인간에게 부여된 생명을 성(性)이라 말한다.[307]

이학의 사상에서 '성(性)'과 '이(理)'의 함의는 완전히 동일하지만 존재의 공간적 형태에서 차이가 있을 뿐이다. 성(性)은 인간이 천명으로부터 받은 내재적 본질이고, 이(理)는 천명을 표현하는 외재적 법칙이며, 이른바 '천명(天命)'은 별도로 존재하는 다른 실체가 아니고, 그 자체가 바로 '성(性)'과 '이(理)'이다. 정호(程顥), 정이(程頤) 형제는 다음과 같이 강조했다.

'성(性)'과 '이(理)'의 본질은 같은 것으로, '이(理)'가 곧 '성(性)'이다.[308]

여기에서 '성(性)'과 '이(理)'는 서로를 규정짓는 본체적 존재이다. 다시 말해서 '성'이 곧 '이'이고 '이'가 곧 '성'으로서, 단지 '성'은 인간의 내재적 본원으로 말하자면 인간의 '궁극적 근원'에 대한 검토의 결과이다. '이'는 천지, 만물, 귀신을 지배하는 외재적 법칙으로서 모든 사물은 천만 가지로 제각기 다르고 끊임없이 변화하는 것이기에 "거역할 수 없다"라는 관점에서 체현된다. '성'과 '이'를 일종의 공간적 구조 상의 차이로 보는데, 즉 인간의 내재적 본질과 사물의 외재적

---

307) 『이정집(二程集)』, 『유서(遺書)』 권1, p.4.
308) 『이정집(二程集)』, 『유서(遺書)』 권22, p.292.

법칙으로 구별된다는 관점은 바로 송대 유가 성리학의 중요한 이론적 특색인데 이 점도 바로 위진 현학의 성리학설에서 비롯된 것이다.

　　정호(程顥), 정이(程頤) 형제는 이론적으로 성리학의 기반을 닦았을 뿐만 아니라 인격 본체의 '성(性)'과 우주 본체의 '이(理)'를 통합해 하나의 내재성과 초월성을 동시에 갖춘 본체론을 구축하는 한편, 수신(修身) 공부에 있어 내재적 '정성(定性)', '주경(主敬)'과 외재적 '격물(格物)', '치지(致知)'의 이중적 방법을 제시함으로써 성리학의 내외적 수련을 구체화했다. '성'은 인간의 내재적 인격 본체로서 수신(修身)할 때 자신을 천리(天理), 천도(天道)와 상통하는 '성(性)'에 대해 공경하고 전념하는 태도인 '거경(居敬)'을 유지해야 하며, 자신의 내재적 본성의 실현을 간섭하고 영향을 미치는 각종 감정과 욕망인 '정성(定性)'을 조절하고 억제해야 한다고 피력했다. 예를 들어, 정호(程顥)는 『답횡거선생정성서(答橫渠先生定性書)』에서 전문적으로 '정성(定性)'의 공부에 대해 논하면서, "천지(天地)는 그 자체의 마음은 없으며, 만물의 마음이 바로 그것의 마음이다. 성인의 정신적 경지는 천지(天地)와 마찬가지로 도량이 넓고 대공무사한 것이기 때문에 성인의 호악(好惡)은 만물에 순응할 뿐이며 자기의 이해(利害)에 대한 호악은 없다. 즉, 성인의 감정은 사심이 없다. 군자의 학식 중에 광범하고 공평하며 자연에 순응하는 것보다 더 중요한 것은 없다"[309]라고 강설했다. 이런 "천지 자체는 마음이 없다. 만물의 마음이 곧 그 마음이다", "성인

---

309) 『이정집(二程集)』, 『서기(書記)』, p.460.

의 감정은 사물의 변화에 따라 생겨나는 것으로, 기쁘면 기쁨을 나타내고 화가 나면 화를 낸다"라는 공부는 완전히 내재적 성(性)의 공부에서 시작된다. 그러나 성리학설에는 또 '이(理)'라는 외재적 법칙이 포함되기에 정호(程顥), 정이(程頤) 형제는 또한 공부론(工夫論) 상에서 '격물치지(格物致知)'를 통한 외재적 이치 탐구의 방법을 주장했다. 정이(程頤)는 "격(格)이란 곧 깊이 탐구하고 철저하게 파헤치는 것을 말한다. 물(物)이란 바로 만물의 본원(本原)을 말한다. 그래서 격물치지(格物致知)라고 이른다"[310]라고 했다. 그러나 천하의 만사만물은 모두 제각기의 이(理)를 가지고, 격물(格物)은 만사만물의 이치를 한곳에 집중하는 과정이기에 정호(程顥), 정이(程頤) 형제는 학자들은 궁극적으로 "사물의 이치를 탐구하는 과정을 통해 외재적 '이(理)'와 내재적 '성(性)'을 홀연히 스스로 깨달아 관통하는 탈연관통(脫然貫通)"[311]의 경지에 도달해야 한다고 주장했다. 이런 "스스로 깨달음", "홀연히 스스로 깨달아 서로 상통하게 한다"라는 말은 사실 인간이 사물의 이치를 탐구하는 과정을 통해 외재적 '이(理)'와 내재적 '성(性)'을 탈연하게 관통시키는 것을 말한다.

정호(程顥), 정이(程頤) 형제는 송대 성리학의 창시자이고, 주희(朱熹)는 바로 성리학의 완성자이다. 주희는 이정(二程)의 성리지학을 전면적으로 계승하고, 이를 체계화, 정밀화, 완비화해서 송대 유학의 성리학설을 전례없는 철학적 이론의 수준으로 발전시켰다.

---

310) 『이정집(二程集)』, 『유서(遺書)』 권25, p.316.
311) 『이정집(二程集)』, 『유서(遺書)』 권17, p.175.

우주본체론에 관해서 보다 더 체계적으로 이본론(理本論)의 관념을 논술한 주희는 자신의 이기론(理氣論)에서 '이(理)'의 형이상적 본체 지위를 강조하면서 "세계에는 '이(理)'도 있고 '기(氣)'도 있다. '이(理)'는 형이상(形而上)으로 만물의 본원(本源)이다. 기(氣)는 형이하(形而下)로써 만물의 외재적 체현이다"312)라고 언급했다. 또한 그는 '이일분수(理一分殊)'의 이론을 통해 우주 본체인 '일리(一理)'와 천하 만사만물의 이치인 '중리(衆理)' 또는 '분리(分理)' 사이의 관계를 논술함으로써 최종적으로 하나의 방대한 천리론(天理論) 철학체계를 구축했다. 그러나 주희(朱熹)의 이학체계에서 '성(性)'은 여전히 이학체계의 핵심적 지위를 차지하고 있다. 비록 '성(性)'은 천지만물의 화생(化生)과정에서 '이(理)'가 인간과 사물에게 부여함으로 인해 생성된 것 같이 보이는데, 즉, "하늘은 음양오행(陰陽五行)으로 만물을 낳고 기를 형성하며 이(理)도 동시에 부여했는데 이는 명령과도 같다. 그리하여 인간과 사물의 출생은 제각기 하늘이 부여한 이(理)에 힘입어 건건(乾健), 곤순(坤順), 오상(五常)이 지닌 덕행을 형성하였다. 이것이 바로 이른바 본성이다"313)라는 해석이다. 그러나 주희(朱熹)의 이학체계에서 천리론(天理論)은 단지 인성론에 우주 본체론적 근거를 제공한 것일 뿐이고, 인성론이야말로 그 사상체계의 핵심과 관건이다. 이 점은 『주자어류(朱子語類)』의 이학 구조를 보면 알 수 있다. 이학사상 체계

312) 『주자전서(朱子全書)』 제23권, 『회암선생주문공문집(晦庵先生朱文公文集)』 권58, 『답황도부(答黃道夫)』, p.2755.
313) 『주자전서(朱子全書)』 제6권, 『중용장구(中庸章句)』 제1장, p.32.

는 아주 방대하고 그 범주가 매우 다양하여 학파별 관점 또한 서로 다르지만 그 학술체계는 주로 이기론(理氣論), 성리(性理) 또는 심성론(心性論), 격물치지론(格物致知論)의 세 부분으로 구성되어 있다. 『주자어류(朱子語類)』의 1장~13장은 이학사상 체계에 따라 편성되어 있으며, 그 내용의 구성 및 목차 역시 '이기(理氣)', '성리(性理)', '학(學)' 세 부분으로 나뉜다. 표면적으로 이기론(理氣論)은 우주천지의 구조 및 그 본질과 연관되는 중대한 문제이자 성리론(性理論) 빛 위학공부(爲學工夫)를 위한 이론의 전제로 보인다. 그래서 많은 연구자는 송대 유학의 철학 형태 및 그 체계의 특징을 논할 때도 항상 이기론(理氣論)을 그 사상체계의 기초와 주체로 삼고, 이본론(理本論), 기본론(氣本論), 심본론(心本論)으로 이학파의 철학적 취지와 학파의 근본적인 표준을 구분했다. 그러나 실제적으로 이학체계의 '이기(理氣)', '성리(性理)', '위학공부(爲學工夫)' 세 구성 중에서 '성리론'이 바로 이학체계의 핵심이다. 초기 유학으로부터 송명(宋明) 유학까지 그 가치지향과 학술취지는 모두 천지자연의 구성 및 그와 관련된 인식에 관한 문제가 아니었고, 그런 것은 서양철학의 가치 지향과 지식 추구이며, 유학은 원래 성현의 도(道)와 그에 의해 확립된 인륜질서를 학문적 취지와 정신적 추구로 삼았다. 그래서 성현을 완성시킨 내재적 근거인 '성리론'이 바로 그 방대한 사상체계의 핵심이고, '이기론'은 단지 성리론을 위한 거시적 우주배경을 제공한 것이고, '위학공부'는 '성리(性理)'를 이론적 기초로 삼아 성현을 완성시키기 위한 수단과 방법일 뿐이다.

그래서 주희(朱熹)의 이학은 흔히 '성리지학(性理之學)'이라고 불리는데, 이 개념은 성리론의 '성(性)'과 이기론(理氣論)의 '이(理)'를 결합한 것일 뿐만 아니라 송대(宋代) 유학의 가장 핵심개념인 '성(性)'을 정확하게 전체 사상체계의 핵심적 위치에 안착시킨 개념이다. 사실 주희의 사상체계의 전반에 걸쳐 사회정치, 예악병형(禮樂兵刑), 윤리 도덕, 문학예술, 문화교육 등이 포함되는데 이런 것들은 모두 그의 인성론을 이론적 기반 및 사상 전제로 삼고 있다. 즉. 주희의 사상체계에서 정치생활, 사회윤리, 문학예술, 문화교육에 존재하는 여러가지의 '분리(分理)'는 모두 인간의 본성에서 비롯된 것으로, 현실의 생활 세계에서 '성(性)'과 '이(理)'의 관계는 공간적 구조 상의 내외적인 관계일 뿐만 아니라 시간적 인과의 전후관계로써 '성'에 의해 '이'가 생겨난 것이지 우주본체론 중의 '이'가 '성'을 부여해 생겨나게 한 것이 아니라는 것이다. 이에 대해 주희(朱熹)는 다음같이 말했다.

> 성(性)은 근원이 있으며 군신(君臣)의 의(義), 부자(父子)의 인(仁)을 생기게 한다. 성(性)은 비록 허(虛)하지만 모두 실제적인 이(理)이다.[314]

'성(性)'이 세상 생활에서 인의예지신(仁義禮智信) 등 각종 실제적 이치를 산생시키는 '근원'이 된다는 점에서 '성'은 확실히 주희의 사상체계의 핵심적 범주임이 분명하다. 주희 이학체계에서 '성'의 핵심적 위치는 이것뿐만이 아니라, 주희가 '성'의 중요성에 대해 논할 때마다 흔히 '성'을 인간세상의 '천(天)'으로 여기고, 그 내용이 전체 세계를 포괄한다고 인정하며, "성에 관한 여러 방면의 것을 이해하면 곧 천

---

314) 『주자전서(朱子全書)』 제14권, 『주자어류(朱子語類)』 권5, p.223.

(天)을 이해한 것과 같다"[315]라고 말했다. 그는 또 '성' 자체가 곧 '태극 (太極)의 합체(合體)'라는 말을 자주 했으며, 이와 관련해서 다음과 같이 논했다.

천하에는 '성(性)'에 부합하지 않는 사물이란 없다. 오행(五行)의 탄생은 그 특성에 따라 다소 다르다. 이것이 이른바 '각일기성(各一其性)'이다. 즉 제각기 '성(性)'을 갖고 있지만 서로 다르다는 것이다. '각일기성(各一其性)'은 만물이 천성이 다름에 따라 '성(性)'이 달라지는 차변성을 말한다. 제각기 사물은 모두 태극(太極)을 구비하고 있는데 이야말로 '성(性)은 존재하지 않는 곳이 없다'는 원리를 진실하게 체현한다.[316]

주희(朱熹)는 심지어 인성(人性)뿐만 아니라 물성(物性)을 포함한 모든 것이 '태극(太極)의 합체(合體)'라고 생각했다. 주희는 또 이 순수한 '성(性)'을 '본연의 이치'에 해당한다고 생각해 이를 인간과 사물이 생겨나기 이전의 공유적 본성인 '천명지성(天命之性)' 혹은 '천지지성(天地之性)'으로 부르기도 했으며, 또한 이를 천지만물의 본원을 철저히 규명해내는 '극본궁원(極本窮源)' 소급의 결과라고 주장했다. 그는 다음과 같이 말했다.

본체의 최고(最高)이고 가장 완벽한 형이상 실체인 이(理)는 가장 이상적인 경지이기 때문에 천지의 성(性) 역시 가장 이상적 경지이다. 맹자가 말한 인성위선(人性爲善)과 정이가 말한 성지본(性之本), 내가 말한 극본궁원지성(極本窮原之性)은 모두 천지지성(天地之性)을 가리킨다.[317]

---

315) 『주자전서(朱子全書)』 제17권, 『주자어류(朱子語類)』 권99, p.3337.
316) 『주돈이집(周敦頤集)』 권1, 『태극도설해(太極圖說解)』, 중화서국(中華書局), 1990년 판, p.4.

주희(朱熹)의 학설에 나오는 인간이 가진 태허본성이며 천리인 '천지지성(天地之性)'은 바로 세상을 지배할 수 있는 '본연의 이치'이다. 이렇게 주희가 구축한 성리학은 이중적 함의로 '성(性)'과 '이(理)'를 연결하거나 혹은 통합했다. 하나는, 현실의 생활 세계 측면에서 보면 '성(性)'에서 '이(理)'가 생겨난 것이며, 즉 외재적 이(理)는 모두 내재적 '성(性)'에 의해 생겨난 것이다. 다른 하나는 형이상과 형이하의 본체적 구조에서 봤을때 '성즉리(性即理)'로 인정되는 '성(性)'은 전체의 '이(理)'이며 또한 본연의 '이(理)'이다.

주희(朱熹)의 이학이 사실 성리학이라는 주장은 그의 공부론(工夫論)에서 더욱 명확하게 드러난다. 학계에서는 주희의 철학은 일종의 이(理)가 심(心)의 외부에 있다는 '이재심외(理在心外)'의 천리론(天理論)이기 때문에 물(物)에서 이(理)를 구하는 구리우물(求理于物)의 격물치지론(格物致知論)이 그 지식론의 근본적 특징이라는 견해가 지배적이었다. 그러나 이런 견해로는 주희(朱熹)의 심성론(心性論)에서 '심(心)'에 대한 강조와 공부론(工夫論)에서 구리우물(求理于物)에 대한 긍정을 설명할 수 없다. 그래서 전목(錢穆), 진영첩(陳榮捷), 김춘봉(金春峰) 등 많은 학자들도 주희 학설의 심학(心學) 특색을 극히 강조했는데 이 점을 어떻게 해석할 것인가? 사실 우리는 주희의 이학을 '성리학'으로 이해해야만이 그의 심학(心學) 관점을 합리적으로 해석할 수 있다. 주희가 공부론(工夫論)에서 격물치지(格物致知)의 외계사물에서 이(理)

---

317) 『주자전서(朱子全書)』 제6권, 『논어혹문(論語或問)』 권10, 『양화(陽貨)』, p.875.

를 구하는 구리우물(求理于物)의 관념을 강조하면서 동시에 "인간은 태어날 때부터 지식을 소유한다"[318]라는 관념을 긍정한 그 이유는 바로 그가 "인간의 마음은 우주만물 각기의 이(理)를 포용하고 있거나 혹은 우주만물의 매 각기의 이(理)는 모두 인간의 마음에 포함되어 있다"[319]라는 관점을 제시하고 또한 내향적인 공부를 통해 이(理)를 밝힐 것을 주장한 것에 있다. 그래서 주희(朱熹)의 위학공부(爲學工夫)에는 항상 내(內), 외(外) 두 방면이 포함되는데, 예를 들면 격물치지(格物致知)와 성의정심(誠意正心), 사물의 이치를 탐구하는 궁리(窮理)와 거경(居敬), 명찰식별 및 수양이 포함된다. 그는 격물치지, 궁리, 명찰식별을 거론할 때는 종종 외재적 사물의 이(理)에 대한 관심을 보이곤 했다. 그러나 그는 성의정심(誠意正心), 거경(居敬), 함양 등 공부(工夫)를 논할 때에는 내심의 이(理)를 중시하는 모습도 보였다. 그는 심지어 "외부에서 찾을 필요가 없다"라는 견해를 제시하면서 "도(道)는 외부에서 찾을 필요가 없는 것으로 어느 곳이나 존재한다"[320]라고 논설했다. 또한 그는 모든 사물은 각자의 '성(性)'을 띠고 있고 물성(物性) 속에 모든 사물의 이치가 담겨있기에 격물(格物)을 통해 만물의 이치를 구해야 하며, 인간마다 내재한 본성 속에 모든 사물의 이치가 담겨 있기에 반드시 심(心)에서 이(理)를 구해야 한다고

318) 『주자전서(朱子全書)』 제21권, 『주자문집(朱子文集)』 권30, 『여장흠부 (與張欽夫)』, p.1315.
319) 『주자전서(朱子全書)』 제14권, 『주자어류(朱子語類)』 권9, p.306.
320) 『주자전서(朱子全書)』 제6권, 『중용혹문(中庸或問)』 上, p.551.

주장했다. '성(性)'은 오로지 인간의 마음을 통해서 드러난다는 것이 바로 성리학의 기본 관점이다. 그래서 우리는 성리학의 관점을 통해 서만이 공부론(工夫論)에서 언급한 바를 이해할 수 있다.

> 대학(大學)을 가르칠 때부터 반드시 학자는 천하의 일체 사물에 대해 탐구하도록 하고, 모든 사물을 알게 된 학자는 이미 깨달은 이(理)의 기초 위에서 한걸음 더 나아가 탐구함으로써 철저하게 파헤치는 정도에 도달 하게 해야 한다.[321]
>
> '지(知)'는 내 마음의 지각능력을 가리키는 주체이다. '이(理)'는 사물의 내재적 성리로써 빈객에 속한다. 만약 '이(理)'를 '지(知)'로 해석하면 피차 (彼此), 주빈(主賓)이 혼동되기에 옳지 않다.[322]

만약 주희(朱熹)를 그저 구체적인 사물에 근거하여 그 도리를 궁구 해야 한다는 즉물궁리(卽物窮理)의 아리스토텔레스식의 외향적 인식 론자로만 본다면, 주희 본인이 즉물궁리의 관점을 제시할 때 강조한 "자신이 소유하고 있는 지식으로 더 나아가 탐구해야 한다", "지(知)는 바로 내 마음의 지각능력이다"라는 도리를 이해할 수 없을 것이다. 그리고 성리학의 관점에서 볼 때 격물치지(格物致知)는 하나의 만사만 물 중의 '이(理)'에 대한 인식과 축적을 통해 궁극적으로 내재적 성 (性)·이(理)과 외재적 이(理)를 단번에 완전히 깨닫는 '활연관통(豁然 貫通)'의 경지에 불과하다. 주희(朱熹)는 또 이를 물아(物我) 간의 내외 합일의 이치 과정이라 지적하고 "만물의 이치가 이렇다는 것을 스스

---

321) 『주자전서(朱子全書)』 제6권, 『대학장구(大學章句)』 제5장, p.20.
322) 『주자전서(朱子全書)』 제6권, 『회암선생주문공문집(晦庵先生朱文公文集)』 권44, 『답 강덕공(答江德功)』, p.20.

로 알고, 반드시 이(理)에 따라 응하고, 순리(順理)에 따라 행해야 한다. 사물의 도리를 따져 밝히고 자신을 돌이켜 반성하는 것이 바로 내외지리(內外之理)에 부합하는 것이다"[323]라고 피력했다. 그리고 '거경(居敬)', '성의정심(誠意正心)', '명심(明心)'의 내향적 공부는 마음 속에 소유하고 있는 천리(天理)를 내면으로 인식하고 함양하고, 이를 모든 사물로 확장시켜 내재적 심성(心性)의 이(理)를 외재적 천지만물의 이(理)로 나타내기 위한 것이다.

제5절 성리학의 구축과 중국 철학의 정신

중국 사상사에서 가장 형상(形上)적인 추구와 철학적 사변(思辨)을 갖춘 학술체계는 현학과 이학이며, 현학과 이학은 바로 '성리학'의 개척자이고 완성자이다. 현학사조와 이학사조에는 각 사조의 발전을 대표하는 사상의 정점과 대표인물이 등장하는데, 각각 서진(西晉)의 곽상(郭象)과 남송(南宋)의 주희(朱熹)이다. 이들은 성리학에 가장 중요한 공헌을 했으며, 성리학설(性理學說)의 가장 뛰어난 대표인물이다. 여기에 성리학은 중국 고전철학의 전형적 형태이며 중국 고전철학 발전의 최고단계라는 중요한 결론을 내포하고 있다. 앞에서 언급한 선진(先秦)에서부터 위진(魏晉), 양송(兩宋)에 이르는 성리학의 구축 역사는 중국 철학의 발전 과정과 맥락을 명확하게 보여주고 있다.

---

323) 『주자전서(朱子全書)』제14권, 『주자어류(朱子語類)』권15, p.477.

물론 중화민족 정신사에서 '중국 철학'이 존재했는가 하는 문제에 대해서는 여전히 논란의 여지가 있지만, 의견을 달리하고 있는 양측 모두 성리학의 존재와 중요성에 대해서만은 부인하지 않고 있다. '중국 철학'의 존재를 긍정하는 학자들은 성리학이 형상사변(形上思辨)의 본체론적 수준 및 역사적 사실 현상을 통해 본질을 제시하고, 자연현상과 인류사회 간의 상호작용 관계를 탐구하는 사상적 깊이를 가지고 있기에 중국 철학의 전형적인 형태임을 전적으로 인정하고 있다. 반면, '중국 철학'의 존재를 부인하는 학자들은 성리학이 '순수이성(純粹理性)'을 주장하는 고대 그리스 철학과 서유럽의 근대 철학과는 다르다는 이유로 성리학으로 '중국 철학'을 대체할 것을 주장하며 성리학의 독특성과 중요성을 한층 더 강조했다. 이로부터 성리학을 '중국 철학'의 전형적인 형태 혹은 최고 단계로 보는 것이 보편적인 공통 인식임을 알 수 있다. 따라서 현학, 이학의 성리학설의 구축 과정은 중국 철학의 구축 과정으로 이해될 수도 있다. 만약 중국 철학의 구축이라는 이 거대한 시각에서 현학, 이학의 성리학설의 구축 과정을 고찰한다면, 중국 철학의 발전 추세와 정신적 특징 및 사상적 성취에 대해 한층 더 심도있게 이해할 수 있을 것이다.

성리학의 구축 과정을 보면, 위진 시기 명사(名士)는 중국 고대 성리학의 개척자이고, 송대 유학자는 성리학의 완성자이다. 이로부터 현학과 이학은 성리학설 방면에서 밀접한 연관이 있음을 알 수 있다. 한편으로, 현학과 이학은 모두 성리학의 구축자이며, 이들은 역사적 사실 현상을 통해 본질을 제시하고, 자연현상과 인류사회 간의 상호

작용 관계를 탐구에 있어 동일한 이론적 취지, 사변방식, 형상 구조를 나타내기 때문에 '성리(性理)' 문제에 대해 강한 관심을 나타냈다. 현학과 이학은 역사시기적으로 전후(前後)의 관계를 갖고 있기 때문에 전승관계로 볼 수 있다. 즉, 현학의 성리학설은 이학을 인도하여 영향을 미쳤고, 이학의 성리학설은 현학을 흡수하고 계승했다. 다른 한편으로, 현학, 이학의 성리학은 결국 서로 다른 역사적 발전단계에 처해 있는 만큼 사상의 완전성 정도 및 이론 발전 수준면에서 중요한 차이가 존재한다. 송대 이학이 성리학 발전의 최고 단계에 이를 수 있었던 이유는 송대 이학자들이 위진 시기 성리학설의 이론적 부족과 사상적 편향을 해결함으로써 성리학을 특정한 역사적 특징이 있으면서도 중국 철학 발전 추세의 이론 형태를 제대로 체현할 수 있도록 발전시켰기 때문이다. 그래서 우리는 성리학의 형성 및 발전의 차원에서 현학과 이학의 계승 및 발전의 관계를 고찰해볼 필요가 있다.

먼저 송대 유학자들이 구축하고 완성시킨 성리학의 현학 계승에 대해 분석해 본다.

양송(兩宋) 시기의 정호·정이 형제와 주희로 대표되는 송대 유학이 성리학의 철학체계를 순조롭게 완성할 수 있었던 것은 그들이 선진 제자에서 수당(隋唐) 불학(佛學)에 이르기까지의 이론을 성공적으로 흡수한 것과 연관있다. 그러나 중요한 것은 송대 유학이 위진 현학의 성리학설을 흡수하고 계승했다는 점이다. 위진 현학의 성리학설은 두 가지의 관건적인 문제를 해결했다. 첫째는 인격의 본체적 근거이고, 둘째는 인격 본체와 우주 본체의 상관관계이다. 이것이 바로 위진 현학이 중국 사상사에 가장 중요한 이론적 공헌이자 성리학설의 가장 근본적인 이론 문제이기도 하다.

성리학은 일종의 인성(人性)으로 천리(天理)를 관통하는 학설로써 이런 이론의 가장 중요한 전제는 인성을 본체화하여 역사상 본래의 인성론을 일종의 인격본체론으로 승화시키는 것으로 이것이 바로 현학의 중요한 이론적 공헌이다. 선진(先秦)에서 양한(兩漢)에 이르기까지 각 유파는 모두 인성론 문제를 탐구했으나, 그들이 제시한 '성(性)'은 주로 '생(生)'과 관련된 경험적 개념으로 식색지욕(食色之欲), 측은지정(惻隱之情)을 막론하고 '성(性)'은 항상 감성적 색채의 경험적 개념이었다. 주지하다시피 현학은 중국 고대 사상사에서 본체론의 창시자이고, 현학 본체론의 궁극적 목표는 인격본체론 수립이며, 현학자들은 우선적으로 인성 문제에 대한 본체적 사고로부터 시작되었다. 물론 현학이 인격본체론을 구축할 수 있었던 것은 현학자들이 시종 본말(本末), 일다(一多), 유무(有無)의 본체적 사유방식으로 인성 문제를 새롭게 사고한 것과 관련있다.

유소(劉邵)의 『인물지(人物志)』는 비교적 일찍 본말(本末)의 사유방식으로 인간의 '형(形)', '색(色)'과 '정(精)', '신(神)'의 관계를 탐구했는데, 유소는 후자를 '성(性)', '이(理)'라 부르며 '성'에 본체의 의미를 부여했다. 그러나 진정으로 '성' 중심의 인격본체론을 수립한 현학자는 왕필(王弼), 곽상(郭象) 등 여러 현학 대가들이다. 왕필(王弼)은 먼저 본말(本末), 일다(一多), 유무(有無)의 본체적 해석방법을 주장하고 무(無)가 천지만물 생성의 본원이라는 이무위본(以無爲本)의 본체론을 구축했다. 또한 '성'은 기타 범주에 속하는 '도(道)', '현(玄)', '일(一)', '이(理)'와 마찬가지로 듣지도 못하고, 보이지도 않고, 만질 수도 없고, 맛볼 수도 없으며, 형상도 없고 호칭도 없는 '무형무명(無形無名)'의 '무(無)'를 가리킨다고 지적했다. 한편으로, '성'은 인간의 감성적 개체로써의 지배와 근거로 즉, 왕필(王弼)이 말하는 성(性)으로 정(情)을 바로잡다는 '성기정(性其情)'이다. 다른 한편으로, '성'은 일종의 천지개벽 이전의 원시적 우주 상태인 대시지원(太始之原)의 본체적 존재이며, 즉 "우주의 근본에 대해 토론하는 것은 자연법칙을 명확히 하기 위한 것이다"324)라는 것을 의미한다. 이렇게 왕필의 철학체계에서 '성'은 경험적인 인성 개념이 아니라 무형무명(無形無名)의 인격본체론 범주에 속한다. 또한 그의 철학체계에서 인격의 '무(無)'와 우주의 '무(無)'는 서로 상통하고, 인격본체론은 우주본체론을 이론적 배경으로 한다. 곽상(郭象)은 더욱이 왕필(王弼), 혜강(嵇康), 배위(裴頠)가 개척한 '성'을 근본으로 하는 인격본체론 사상의 기초 위에 인성을 핵심으로 삼는 성본론(性本論) 철학 사상체계를 구축했다. 곽상(郭象)의 사상체계에서 인성은 의심할 여지없이 그 사상체계의 가장 중요한 관건이자 핵심이다. 그는 성인지성(聖人之性) 및 범인지성(凡人之性)을 포함하여 현실생활 속의 인성 문제에 열렬히 관심을 가졌지만, 이 '성'은 결코 감정적 욕망 같은 경험적 내용이 아니라 '명물(冥物)', '명극(冥極)'의 경지에 이르도록 하는 '소이연(所以然)'의 본체적 근거이며, 인

---

324) 『왕필집교석(王弼集校釋)』 상권, 『노자지략(老子指略)』, p.196.

간의 감정적 욕망을 주재하고 지배하는 '자연(自然)'의 본체이다. 곽상(郭象)은 한발 더 나아가 '자연지성(自然之性)'을 우주만물까지 확장하여 "만물은 각자의 본성을 갖고 있고, 본성은 각자의 한계를 갖고 있다"325)라고 주장했다. 천지만물은 모두 '자생(自生)', '독화(獨化)'에 의해 생성되고, '성(性)'은 천지만물의 소이연(所以然)의 내재적 근거이기 때문에 이를 '본성(本性)' 혹은 '천성(天性)'라고도 부른다. '본성(本性)', '천성(天性)'은 '이(理)', '지리(至理)'와도 역시 상통한다. '성'은 내적 본체이고, '이'는 본성의 외적 확장이다. 그래서 곽상은 "인간의 천성을 간섭하지 않고 자연에 순응한다면 인성(人性)과 천리(天理)는 각자 자기가 있을 자리에 있게 된다"326)라고 주장했다. 이로부터 곽상의 성본론(性本論) 철학은 사실 일종의 인격본체론 철학이며, 그의 우주본체론과 인격본체론은 상통하는 것으로 전자는 후자의 이론적 확장 및 사상적 배경일 뿐임을 알 수 있다.

　인성론을 중심으로 인격본체론을 구축한 현학 철학사상은 송대 유학자들에 의해 계승되었다. 송대 유학자들은 하나의 더욱 체계적이고 정밀하며 실용적인 철학체계를 세웠는데 이 방대한 철학체계에서 인성론은 항상 가장 핵심적 위치에 있었다. 송대 유학의 철학체계에서 인성은 인간의 선천적인 감정적 욕망이 아니라 그 감정적 욕망 이후의 본체적 근거이다. 바로 현학자들이 유무(有無), 일다(一多), 본말(本末)의 본체론적 해석방법으로 성(性)과 정(情)의 관계를 해석했듯이,

---

325) 『장자집석(莊子集釋)』 상권1, 『소요유주(逍遙遊注)』, p.11.
326) 『장자집석(莊子集釋)』 중권7, 『달생주(達生注)』, p.638.

이학자들은 반복적으로 체(體)와 용(用), 형이상(形而上)과 형이하(形而下)의 본체론적 해석방법으로 성(性)과 정(情)을 해석했다. 주희(朱熹)는 성(性)과 정(情)의 관계는 바로 체(體)와 용(用)의 관계라고 강조하면서 "성과 정은 모두 심(心)에 통괄되며 심의 체와 용이다"327)라고 했다. 주희의 철학체계에서 체(體)는 형이상(形而上)의 주재자로서 태극(太極), 천리(天理), 도(道), 성(性) 등 범주로 나타나고, 용(用)은 형이하(形而下)의 사물로서 음양(陰陽), 기(氣), 기(器), 성(情) 등 범주로 나타난다. 그는 항상 이런 형이상 및 형이하의 체용(體用) 이분법으로 인간의 본체적 근거인 '성(性)'과 심리현상인 '정(情)' 혹은 '심(心)'을 해석하면서, "성(性)은 태극(太極)과 흡사하고 심(心)은 음양과 흡사하다. 태극은 오로지 음양 속에 있으며 음양을 떠날 수 없다. 하지만 태극에 대해 논할 때 태극은 자연히 태극이고, 음양은 자연히 음양이다. 성(性)과 심(心) 역시 이와 마찬가지이다. 이것이 바로 하나가 둘로 나뉘고 두개가 하나로 합칠 수 있다는 것이다"328)라고 설명했다. 사실 주희(朱熹)를 비롯한 송대 유학자들이 상당한 편폭을 할애하여 태극(太極)의 음양(陰陽), 이기(理氣) 등 우주론적 철학문제를 다룬 것은 전적으로 대자연의 신비에 대한 경이로움과 흥취가 아니라 인격 본체의 '성(性)'을 위한 우주론적 의미의 근거를 세우기 위해서이다. 그래서 송대 유학자들의 진짜 관심사는 '성리(性理)'이지 '물리(物理)'가 아니었으며, '성리(性理)'는 바로 자아 내재의 형상적 근거를 탐구하는

327) 『주자전서(朱子全書)』 제14권, 『주자어류(朱子語類)』 권5, p.226.
328) 『주자전서(朱子全書)』 제14권, 『주자어류(朱子語類)』 권5. p.222.

것으로 즉, 인격본체론인 동시에 인격본체로부터 우주본체로의 관통을 체현하는 것이다. 이는 원대(元代) 이학자 오징(吳澄)이 언급한 "이른바 '성리지학'이라는 것은 본성(本性)이 곧 천리(天理)라는 것을 이해하는 것이며, 노력을 통해 자신의 본성을 깨닫고 천리(天理)를 경험하여 자기의 본성을 회복·발전시키는 것이다"[329]라는 의미와 같다. '자신의 본성(本性)'은 인격 본체이고, '천리'는 우주 본체로써 오징은 자아 본성으로부터 우주 본체에 도달할 수 있음을 강조했다.

현학, 이학은 중국 고대 사상사에서 가장 철학적 사변을 갖춘 양대 학술사조로써 양자는 이 문제에 있어서 많은 공통점을 나타내고 있다. 예를 들어 현학과 이학은 공통적으로 인성 문제에 대해 이론적 흥미를 가지고 있으며, 본체 사변의 방법으로 인성을 해석하여 동일한 사상 특색을 지닌 인격 핵심의 본체론적 철학을 구축했다. 현학과 이학이 이렇듯 공통된 이론적 취지와 상통하는 사변적 방법, 일치된 문화철학을 가진 것은 결코 우연이 아니며, 이 양자 사이에는 전후로 이어지는 계승관계가 명확하게 나타난다. 현학의 인성문제에 대한 형상학적 확장 및 인격본체와 우주본체의 관통없이는 송대 유학의 성리학 확장에 의한 철학적 성취도 있을 수 없다.

그러나 현학의 성리학설 그 자체로도 부족함이 많았기 때문에 현학이 비록 학술적 성취는 높았지만 이학처럼 오랜 기간 주류적 이데올로기의 지위로 사회 각 방면에 스며들지는 못했다. 여기서 현학의

---

329) 『송원학안(宋元學案)』 권92, 『초로학안·초로정어(草廬學案·草廬精語)』, p.3038.

성리학설에 존재하는 몇 가지 부족함을 짚어보고자 한다. 우선, 현학은 본말(本末)의 본체 해석방법으로 성(性)을 근본으로 삼는 인격본체론을 구축했다. 이런 현학 본체론의 주도적인 사유방식이 있는데, 즉 본질적인 것을 추구하고 표면적인 것에 미혹되지 말아야 한다는 숭본식말(崇本息末)을 주장함으로써 현학은 가치관념, 정신적 경계에서 원융(圓融)하지 못하고 심지어 내적 긴장까지 생기게 된다. 예를 들면, 현학은 '성(性)'을 인격본체로 삼고, 내재적 '성(性)'이 외재적 '이(理)'와 상통하는 것을 '성리(性理)'로 인정하며, 만사만물의 이치인 '중리(衆理)'는 지극한 진리인 '지리(至理)'의 지배를 받는다고 주장했다. 왕필은 "설사 이치가 아무리 많다 하더라도 끝이 있는 것이다. 마치 황제가 백성을 통솔할 때 '일(一)'이 '중(衆)'을 제재하는 것과 같은 도리이다"[330]라고 언급하면서도 '일리(一理)'와 '중리(衆理)'의 관계에 대해 "황제가 만민을 통솔", "만물의 본체를 통괄하고 지배하는 것은 중(衆)이 아니라 일(一)"의 방법을 취할 것을 주장했다. 이는 물론 '지리(至理)'와 '일리(一理)'의 본체적 지위를 부각시켰지만, '일(一)'과 '중(衆)' 사이의 부조화도 두드러졌다. 곽상(郭象)은 한발 더 나아가 이(理)를 '물지리(物之理)'와 '지리(至理)'로 나누고, 만물은 제각기 그 이치를 갖는다고 인정하면서 "세상의 만사만물은 모두 그 발전 법칙을 갖고 있다"[331]라고 주장했다. 그러나 곽상은 또한 인성 속의 지극한 이치인 '지리(至理)'의 존재를 강조하면서, "내가 말하는 지리(至理)

---

330) 『왕필집교석(王弼集校釋)』 하권, 『논어석의(論語釋疑)』, p.622.
331) 『장자집석(莊子集釋)』 상권1, 『제물론주(齊物論注)』, p.84.

는 만사만물의 성명(性命)을 가리킨다"332)라고 말했다. 곽상이 언급한 '성(性)'의 이치는 종종 '지리(至理)'를 가리킨다. 위진 시기의 현학자들이 보편적으로 '지리(至理)', '일리(一理)', '천성(天性)', '본성(本性)'을 '자연(自然)', '무위(無为)'로 규정지었기 때문에 지리(至理)의 함의는 '무(無)'이고, '물리(物理)'의 함의는 '유(有)'이다. 숭본식말(崇本息末: 본질적인 것을 추구하고 표면적인 것에 미혹되지 말아야 한다), 집일통중(執一統衆: 만물의 본체를 통괄하고 지배하는 것은 중(衆)이 아니라 일(一)이다), 이무위본(以無爲本: 무(無)는 천지만물이 생성하는 본원 혹은 근거이다)라는 학술 취지하에 '지리(至理)'와 '물리(物理)' 사이에 엄청난 부조화가 나타나고, 정신적 경계 '자연(自然)'을 숭배하는 것과 '인문(人文)'을 숭배하는 것 사이에 부조화가 나타났으며, 정신적 경지의 구현에서는 '무(無)'와 '유(有)' 사이의 부조화가 나타났다.

현학은 본말지변(本末之辨)의 본체론을 구축하여 양한(兩漢) 시기에 성행한 우주론체계를 대체했다. 구체적으로 말하자면, 현학자들은 '말(末)'에서 '본(本)'을 보고, '유(有)'에서 '무(無)'를 체험하고, '적(迹)'에서 '소이적(所以迹)'을 사고함으로써 천지만물을 제재할 수 있는 '무(無)', '자연(自然)'의 초월적 본체를 확립한 것이다. 현학의 성리학은 바로 이 본말(本末) 사유방법의 기초 위에 세워진 인격본체론이다. '성(性)'과 '이(理)'는 모두 본체에 속하지만 또한 차이점도 있다. '성(性)'은 인격의 내재적 근거이고, '이(理)'는 '성(性)'의 외적 표현이다.

---

332)『장자집석(莊子集釋)』하권10,『천하주(天下注)』, p.110.

'성(性)'은 선행 원인이고, '이(理)'는 결과이다. 이런 학설은 인격본체론적 의미에서는 통하지만 우주본체론적 의미에서는 통용되지 않는다. 그 이유는 중국 전통사상이 주도한 천인합일(天人合一)의 사유방식에서는 항상 하늘로부터 인간에 이르는 우주론 유형을 먼저 설정하고, 다시 인간으로부터 하늘에 이르는 인격론적 철학사상 구조를 구축하여 하늘로부터 인간, 인간으로부터 하늘에 이르는 쌍방향 구조를 완성했기 때문이나. 현학의 성리학설은 양한(兩漢)의 음양오행 우주론을 전부 버리고, 즉 하늘로부터 인간으로의 우주론 유형을 일소함으로써 우주론에 의존하지 않는 인격본체론으로 거듭났다. '성(性)'은 인격 본체로서 단지 내재적인 것일 뿐이며 외적인 초월적 근거를 상실한 모든 사물의 원인이 된다. 자체적으로 원인을 상실했기 때문에 현학의 성리학설은 이론적 설득력과 신앙적 정복력에서 모두 비교적 취약했다.

양송(兩宋) 시기에 성행한 이학사조는 한편으로는 현학이 성리학 방면에서 이룩한 철학적 성과를 계승하고, 현학에서 성(性)을 근본으로 삼는 인격본체론 및 인격본체와 우주본체의 일치된 사상을 모두 이학 사상체계 속에 포함시켰다. 다른 한편으로 이학은 현학의 성리철학 구축과정에서의 취약점을 해결함으로써 중국 고대 성리학설을 성숙시키고 보완했다.

앞에서 언급한 바와 같이, 현학의 인격본체론이 직면한 첫번째 이론적 딜레마는 인성(人性)의 '지리(至理)'와 세계만물의 '물리(物理)' 사이의 모순과 분열, 그리고 이 이론적 딜레마에 실제로 내포된 '자연(自

然)'과 '인문(人文)'의 가치 분열 및 '무(無)'와 '유(有)'라는 두 가지 정신적 경지의 내적 부조화이다. 이학은 일종의 유학(儒學) 부흥사조(復興思潮)로 그 목적은 유가의 인륜 물리(人倫物理)에 형이상(形而上)의 '지리(至理)'를 제공함으로써 가치 영역의 '인문(人文)'과 '자연(自然)'의 합일 및 정신적 경지에 있어 '유(有)'와 '무(無)'의 통합을 실현하는 것이다. 송대 유학자들은 이런 이론적 난국을 해결하는 과정에서 독자적이고 특색을 갖춘 '분수(分殊)' 학설을 내세워 상술한 '일(一)'과 '만(萬)'의 분열로 인해 비롯된 일련의 철학이론, 정신신앙 및 생활실천의 모순을 해결했다. 송대 유학자들은 특히 우주본체로서의 '본성(本性)'은 실제로 인간과 사물 속에 갖춰진 '인성(人性)' 혹은 '물성(物性)'과 합일된다고 강조하면서 다음과 같이 언급했다.

> 겉으로 보면 사물의 형상은 천차만별이다. 하지만 그 본성을 속속들이 따져보면 근원은 오직 하나이다. 즉 '성(性)'이 만물의 유일한 근원이다.[333]
> 성(性)이 곧 태극(太極)이고 태극이 곧 성이다. 성과 태극은 똑같이 우주본체이다. 다만 다른 시각에서의 서로 다른 제시 방법일 뿐이다. 태극이 있으면 곧 물(物)이 있는 법이고, 성(性) 외에 물(物)이 존재하지 않는다. 성(性) 본체는 기물(氣物)로부터 독립하여 독자적으로 존재할 수 없다.[334]

송대 유학자들은 세상 인간의 성(性)은 차별적이기 때문에 '기성유

---

333) 『호굉집(胡宏集)』, 『지언·왕래(知言·往來)』, 중화서국(中華書局), 1987년판, p.14.
334) 장식(張栻): 『장식전집(張栻全集)』, 『맹자설(孟子說)』권6, 장춘출판사(長春出版社), 1999년판, p.431.

이(其性有異)'를 강조했지만, 그 본원적으로는 서로 다른 만물의 성(性) 또한 통합적 성(性)의 체현이라 할 수 있다. 송대 유학자들은 성(性)의 본원적 통합을 강조하기 위해 태극(太極)을 성(性)과 동일시하기도 했다. 사물마다 제각기의 성(性)을 갖고 있다는 것은 바로 사물마다 각각의 태극(太極)을 갖고 있다는 뜻이다. 천지만물이 본원의 성(性)에 의해 통합된다는 것은 바로 우주본체의 태극(太極)으로 통합된다는 것이다. 송내 유학자들은 일관되게 모든 것이 천만 가시로 나른 만수(萬殊)의 성(性)(혹은 태극 또는 이)과 본원의 성(性)(혹은 태극 또는 이)을 실제적으로 완전히 일치하는 동일한 것이라고 주장했다. 주희(朱熹)는 다음과 같이 해석했다.

> 만사만물은 각기 다른 표현과 기준이 있다. 일만개일지라도 한개이며 한개일지라도 역시 일만개이다. 세상만물은 하나의 태극으로 구성하지만 각각의 사물은 자신만의 하나의 태극을 지니고 있다. 바로 우리가 말하는 '만사만물은 각기 다른 표현형식과 표준이 있다', '만물은 제각각 자기만의 위치를 갖고 있다. 즉 각자가 자기에게 알맞은 위치를 갖고 있다'는 것과 같다.[335]
> 태극은 천지만물의 이(理)이다. 만물은 각자 자기의 태극을 지닌다. 천지 간의 이 '태극' 운동의 총체적 법칙은 자연계와 인간사회가 공존하는 태극을 비춰준다. 하늘에 달이 단 하나뿐이지만 수많은 강하(江河), 호수, 바다에 비치여 어디에서나 볼 수 있다. 그러나 우리는 그것을 달이 쪼개졌다고 말할 수 없는 것이다.[336]

---

335) 『주자전서(朱子全書)』 제17권, 『주자어류(朱子語類)』 권94, p.3167.
336) 『주자전서(朱子全書)』 제17권, 『주자어류(朱子語類)』 권94, pp.3167-3168.

송대 유학자들은 '만(萬)'이 곧 '일(一)'이고 '일(一)'이 곧 '만(萬)'이라
는 일(一)'과 '만(萬)'의 통일성을 강조했다. 이렇게 현학의 '일(一)'과
'중(衆)'의 대립과 부조화는 완전히 해소되고, '지리(至理)'와 '물리(物
理)' 사이의 큰 간극은 좁혀졌다. 이와 관련해 이학 역시 정신적 경지
에서 '유(有)'와 '무(無)' 사이의 갈등을 해소하고, 가치체계에 있어서의
'인문(人文)'과 '자연(自然)'의 분열을 봉합했다. 장재(張載)의『서명(西
銘)』에는 송대 유학의 본체론, 가치관, 경지관(境界觀) 상의 이런 특징
을 전형적으로 나타내고 있다. 장재는 다음과 같은 관점을 제시했다.

> 건(乾)은 곧 천(天)이고 부친을 칭하고, 곤(坤) 즉 지(地)로 모친을 칭한
> 다. 우리 인간은 이렇듯 미소하지만 천지지도(天地之道)를 모두 지니고
> 있으며 천지지간(天地之間)에 위치해 있다. 이렇게 천지에 충만해 있는
> 기(氣)가 우리 인간의 몸을 이룬다. 기의 본성은 천지간의 통솔자이며,
> 우리 인간의 천성을 형성한다. 민중은 같은 부모를 둔 형제이며 만물은
> 우리와 동류에 속하는 동반자이다. … 살아서는 하늘의 뜻에 따라 일을
> 하고 죽을 때에는 돌아간다고 생각해야 한다.

여기서 천지만물의 자연과 부모형제의 인문은 가치관념 상에서 일
체이고, 정신적 경계에 있어서 유아(有我)와 무아(無我) 또한 서로 위
배되는 것이 아니라는 이런 가치관념과 정신적 경지의 동일성은 바로
본체론의 '일리(一理)'(혹은 성일(性一), 태극(太極))과 '만리(萬理)'(혹은
성(性), 태극(太極))의 합일에서 비롯된 것이다. 따라서 송대 유학자들
은 항상『서명(西銘)』중의 '천지 간에는 하나의 이(理)가 있는데 이
이(理) 는 만사만물 속에서 구현된다. 즉 사물마다 자기만의 한개의

이(理) 가 존재한다'라는 이일분수(理一分殊)의 본체론 사상을 강조했다. 정호(程顥)·정이(程頤) 형제의 제자들은 본체론의 원리를 거듭 강조한 바 있으며, 주희(朱熹)는 다음과 같이 말했다.

『서명(西銘)』전편에 걸쳐 '이일분수(理一分殊)'의 본체론 원리를 언급했다. 『역경(易經)』의 건괘(乾卦)를 만물의 아버지라 칭했으며 또 곤괘(坤卦))를 만물의 어머니라고 칭했는데 이것이 바로 '이일분수(理一分殊)'이다. '우리 인간은 이렇듯 미소하지만 천지와 가로막힘 없이 그 안에 존재한다'는 것이 바로 분수리일(分殊理一)이다. '천지 간에 충만한 기(氣)가 우리 인간의 신체를 구성한다. 기의 본성은 천지지간의 통솔자이며 우리 인간의 천성을 형성한다.' 이것이 바로 분수리일(分殊理一)이다. '민중은 같은 부모를 둔 우리의 형제이며 만물은 우리와 동류인 동반자이다.' 이것이 바로 '이일분수(理一分殊)'이다. 구구절절 모두 '이일분수(理一分殊)'의 도리를 언급한 것이다."337)

주희(朱熹)의 『서명(西銘)』에 대한 이해 및 논술에서 알 수 있듯이, 『서명(西銘)』은 '이일분수(理一分殊)'의 '인격-우주' 본체론으로 구성되었기 때문에 자연과 인문이 상호 통합된 가치관념 및 무아(無我)와 유아(有我)가 상호 통합된 정신적 경지를 나타낼 수 있었다.

현학의 성리학설은 비록 인간으로부터 하늘에 이르는 인격본체론을 정립하였으나, 하늘로부터 인간에 이르는 우주론적 배경이 결여되어 있어 그 이론적 설득력과 신앙적 정복력은 매우 취약했다. 이학은 성리학이 필요로 하는 우주론적 배경을 한층 더 보완했다. 이학 사상

---

337) 『주자전서(朱子全書)』 제17권, 『주자어류(朱子語類)』 권98, p.3316.

체계의 핵심과 관건은 분명히 성리학이다. 이는 일종의 인격 본체를 통해 우주 본체와 소통하는 즉, 인성(人性)으로부터 천리(天理)에 도달하는 학설로서 이런 이론과 현학은 일맥상통한다. 그러나 이학의 성리학설에는 우주론의 배경이 있어야 한다는 중요한 이론적 배경과 사상 전제가 있었다. 이 점은 이학의 개산자 주돈이(周敦頤)의 이학체계에서 뚜렷하게 드러난다. 주돈이의 가장 주요 저서는 『통서(通書)』인데 그 철학체계의 이론적 토대는 '성(誠)' 중심의 인격본체론으로 성리학의 범주에 속한다. 그리고 『통서(通書)』외에 전문적으로 우주의 생성과정을 논술한 저서로서 무극태극(無極太極), 음양오행(陰陽五行), 만물생성의 우주생성 과정을 포함하고, '성(誠)'의 인격 본체에 우주론적 이론 배경을 제공한 『태극도설(太極圖說)』이 있다. 주돈이는 이학의 개산자로서 우선 하늘로부터 인간에 이르는 우주론체계를 구축한 후 더 나아가 인간으로부터 하늘에 이르는 인격본체론 학설을 구축하여 이학의 철학적 구조를 위한 이론적 기반을 마련하였다. 이학 창시자 중의 한 사람인 장재(張載)의 사상체계의 핵심은 의심할 바 없이 성리학설과 관련된 '인성(人性)', '물성(物性)', '천성(天性)', '천지의 성(性)', '기질(氣質)의 성(性)', '견문(見聞)의 지(知)', '덕성(德性)의 지(知)', '심통성정(心統性情)' 등과 같은 주요 개념과 명제에 있다. 또한 장재는 '성리(性理)' 학설에 대해서 먼저 '진성(盡性)'한 후에 사물의 이치를 탐구하는 '자성명(自誠明)' 및 먼저 사물의 이치를 탐구한 후에 '진성(盡性)'하는 '자명성(自明誠)'의 두 가지 다른 인격본체의 경지에 대해 독특한 해석을 내놓았다. 하지만 이런 일체의 인격 본체에 관한 성리학설은 모두 '태허(太虛)', '태화(太和)', '기화(氣化)'의 우주론을 기반으로 구축된 것이며, 그는 풍부하고 다채로운 우주론적 모식을 구축했기에 그 성리학설은 곧 우주론적 배경에 근거하고 있다. 그는 다음과 같이 언급했다.

> 태화(太和)의 기(氣)는 도(道)라 할 수 있는데, 그 자체에 부침(浮沉), 승강(昇降), 동정(動靜) 및 상호 감응(感應)의 능력을 내포하고 있다. 이는 음양 두 기가 조화와 융합, 상호 격동, 강약과 기복 변화를 일으키는 근원이 된다. … 태화지기(太和之氣)가 분산되면 제각기 서로 다르게 되는데 능히 관찰할 수 있는 형상을 '기(氣)'라 하고, 순수하고 청명하며 볼 수 없는 형상을 '신(神)'이라 한다. 『장자(莊子)』에서 형용한 야생마와 같지 않거나, 『주역(周易)』에서 형용한 천지 음양의 기가 서로 작용하는 인온(絪縕)상태와 같지 않다면 태화지기(太和之氣)라 부를 수 없다.[338]

비록 여기에서 언급한 것은 '야생마', '인온'의 기화(氣化)우주론이지만 중요한 점은 인격 본체와 과련있는 '성(性)', '이(理)', '성(誠)'이 모두 그 속에 내포되어 있어 인격본체와 우주본체의 소통에 철학적 기반을 마련했다는 것이다.

정호(程顥) · 정이(程頤) 형제와 주희(朱熹)는 이 문제에 대해 더욱 분명한 태도를 보였다. '성(性)'과 '이(理)'를 동일시하는 사상은 후한(後漢) 시기에 이미 나타났다. 정현(鄭玄)은 『예기 · 악기(禮記 · 樂記)』의 주석에서 "이(理)가 곧 성(性)이다"라고 기술했다. 하지만 진정으로 철학적 수준과 이론적 체계에서 '성즉리(性即理)'라는 관점을 증명함

---

338) 『장재집(張載集)』, 『정몽 · 태화편(正蒙 · 太和篇)』, p.7.

으로써 성리학을 온전히 정립한 것은 정호(程顥)·정이(程頤) 형제가 창시하고 주희(朱熹)가 집대성한 정주학파(程朱學派)이다. 그래서 정주학파를 성리학 체계의 집대성자라고 말한다. 정호(程顥)·정이(程頤) 및 주희(朱熹)가 제시한 '성즉리(性即理)'라는 명제는 원래 인격본체론 및 수신론(修身論)의 이론적 기반이었다. 그 예로 주희(朱熹)는 다음과 같은 관점을 제시했다.

> 희로애락(喜怒哀樂)은 모두 정(情)이다. 그것들은 발작하지 않을 때는 성(性)이다. 치우침이 없기에 중(中)이라 부른다. 발작한 후에는 모두 규칙과 부합하기에 바로 단정한 정(情)이다. 위배되는 것이 없기에 화(和)라 부른다. 대본(大本)은 바로 천명지성(天命之性)이다. 천하의 이(理)는 모두 여기에서 나오는데 이것이 바로 도(道)의 체(體)이다. 달도(達道)란 즉 본성에 순응하는 것이고, 천하가 예로부터 지금까지 함께 지켜온 것으로 바로 도(道)의 용(用)이다. 이것은 성(性)과 정(情)의 덕을 말하는 것으로 도(道)는 분리될 수 없다는 의미를 설명한다.[339]

여기에서 주희는 "대본(大本)은 바로 천명지성(天命之性)이다. 천하의 이(理)는 모두 여기에서 나온다"라는 관점을 통해서 내재적 인격본체로부터 외재적 우주본체로 통한다는 성리학설을 충분히 나타냈다. 이와 관련해 주희는 또 인격 수양을 통해 "천지(天地)가 자기가 있을 곳에 안착할 수 있고, 만물은 자기의 생명을 완성할 수 있다"라는 일련의 내향적 수도(修道) 공부를 제시하며 말하길, "천지만물과 나는 원래 일체이다. 나의 마음이 단정하면 천지의 마음도 단정해진다.

---

339) 『주자전서(朱子全書)』 제6권, 『중용장구(中庸章句)』, p.33.

나의 기(氣)가 막힘없으면 천지지기(天地之氣)도 막힘이 없게 된다. 그래서 그것의 효험이 이런 경지까지 도달하게 되는 것이다"340). 이 말은 인간으로부터 하늘에 이르는 인격본체론 철학의 특징을 잘 나타내고 있다. 그러나 주희(朱熹)의 인간에서 하늘에 이르는 것에 관한 인격론은 바로 하늘에서 인간에 이르는 우주론을 토대로 구축된 것이다. 그래서 그는 '성즉리(性卽理)'라는 인격본체론을 논하기에 앞서 항상 천도음양(天道陰陽), 만물화생(萬物化生)의 우주론 철학을 설명했다. 앞서 말한 내재적 심성(心性)으로 천리(天理)를 소통한다는 성리학설을 언급하기 전에 그는 먼저 이기화생(理氣化生)의 우주론적 배경을 강력히 주장했다.

> 하늘은 음양오행(陰陽五行)으로 만물을 낳아 기르며 이(理)도 함께 주어지는데 마치 명령과도 같다. 그리하여 인간과 만물의 출생은 각기 하늘이 부여한 이(理)에 힘입어 건건(乾健), 곤순(坤順), 오상(五常)을 구비한 덕행을 형성하게 되는데, 이것이 바로 이른바 본성이다.341)

이는 인격본체론과 관련된 성리학설이 성립할 수 있는 우주론적 전제이다. '성(性)'이 인격본체가 될 수 있고 또한 우주본체와 상통할 수 있는 까닭은 이기(理氣)가 진화되는 우주론적 화생(化生)과정이 먼저 존재하기 때문이다. 이로써 주희의 제자들이 『주자어류(朱子語類)』를 편집할 때 그 이학체계를 '이기(理氣)', '성리(性理)', '학(學, 工夫論)'

---

340) 『주자전서(朱子全書)』 제6권, 『중용장구(中庸章句)』, p.33.
341) 『주자전서(朱子全書)』 제6권, 『중용장구(中庸章句)』, p.32.

세 구성 부분으로 나눈 것을 이해하고 해석할 수 있다. 주희 제자들이 이학사상을 가장 잘 대표할 수 있는 '성리(性理)'론보다 천지화생에 관한 '이기(理氣)'를 전면에 내세운 것은 명백히 정주학파의 성리학에 하나의 우주론적 이론전제와 사상배경을 설정하기 위해서이다.

이처럼 위진 현학에서 양송의 이학에 이르기까지 성리학은 중국 고대의 끊임없는 진화 발전하는 핵심문제가 되었다. 지금 우리가 한 걸음 더 나아가 사고하고 토론해야 할 문제는 바로 성리학설이 어떻게 중국 고전철학에서 가장 많은 성취를 거둔 현학 및 이학의 공통된 주제가 될 수 있었을까 하는 것이다. 현학 및 이학은 어떻게 성리(性理) 문제에 있어서 이토록 상통하는 이론적 취지, 사변방식과 형상구조를 나타낼 수 있었는지, 또한 이학은 어떻게 현학을 계승하여 성리학설을 완벽하게 보완할 수 있었는가 하는 것이다. 이런 문제를 파악하려면 역사상 성리학의 구축과정을 중국 철학구조의 큰 배경 속에 두고 깊이 사고해야 한다.

표면적으로 볼 때에 성리학은 단지 일종의 역사적 시기 구분의 사상적 이론일 뿐이지만 그 학술적 본질에 있어서는 중국 사상문화의 특색을 대표하며, 중국 철학정신의 집약적 구현으로 중국 철학구조의 총체적인 추세를 나타내고 있다. 이제 중국 철학의 정신에서 성리학의 철학적 함의를 살펴보기로 한다.

성리학은 중국 철학의 어떤 방면의 정신을 대표하고 있는가?

첫째, 주체정신이다.

중국 고전철학의 사고 목표는 역사적 사실 현상을 통해 본질을 제시해 자연현상과 인류사회 간의 상호작용 관계를 탐구하는 구천인지제(究天人之際)였고, 고대 중국의 명현들은 궁극적 문제에 대한 사고의 기점과 종착점을 시종 '천인합일(天人合一)'에 두었다. 고대 그리스 명현들이 전적으로 자연 질서에 대한 경이로움과 호기심에 그랬던 것과는 달리 중국 고대 명현들의 눈에 비친 우주 자연은 순수 객관적 자유자재의 객체가 아니라 인류가 그 가운데에 참여하는 끊임없는 생장·번성과정이있다. 중국 고대 명현들은 천(天)의 자연과정은 인간의 참여에 의해서 원만히 완성될 수 있다는 점을 강조했다. 마찬가지로, 인간의 역사 발전과정은 천(天)의 진화과정의 제한을 더욱 많이 받아야 했다. 이 때문에 중국 고전철학은 강한 주체성의 정신을 나타내고, 주체적 정신의 발로가 우주 발전과정에 매우 중요하다는 점을 강조했다. 예를 들어, 『중용(中庸)』제1장에서 인도(人道)와 천도(天道) 사이의 깊은 연관성에 대해 "희로애락이 표현되지 않을 때를 '중(中)'이라 하며, 표현된 후에 절도(節度)에 부합하면 '화(和)'라 한다. '중(中)'은 모든 인간이 갖고 있는 본성(本性)이며 '화(和)'는 인간마다 지켜야 하는 원칙이다. '중화(中和)'의 경지에 도달하면 천지(天地)는 각자의 자리에 놓이게 되고 만물은 아주 왕성하게 생장한다"라고 서술했다. 여기에서 인간의 내재적 정성(情性)은 우주천지의 대본(大本)과 상통하고, 인간은 자신의 주체성 정신을 실현하는 동시에 '천지위(天地位)', '만물육(萬物育)'의 우주 발전을 촉진함으로써 '천지의 생명 육성을 돕고', '천지와 함께 나란히 참여하는' 경지에 이를 수 있다는 것이다. 이런 관념은 중국 고전철학의 주체적 정신을 비교적 뚜렷하게 드러냈다.

성리학은 바로 중국 고전철학의 주체적 정신에 대한 학술적 표현이다. '성(性)'은 인간의 내재적 정신이자 잠재력이고, '이(理)'는 사물의 외재적 법칙이다. 성리학은 언제나 인간의 주체성에서 출발하여 인간의 내재적 인격 및 정신적 잠재력에 의해 외재적 우주질서와 발전과정에 참여하고 영향을 미친다. 주희의 성리학은 이와 같은 정신적 특성을 충분히 나타낸다.

> 마음은 인간을 지배하며 인간의 영기(靈氣)가 존재하는 곳이다. 따라서 마음은 천하만사를 다스릴 수 있다. '성(性)'은 마음이 갖고 있는 '이(理)'의 전달체이고, '이(理)'는 하늘에서 온 것이다. … 인간의 도덕수양과 이성인식은 마음속 고유의 선단(善端, 선량한 말과 행동의 발단)을 발굴하고 확충하는 데 있다. 즉, 마음을 다해야 비로소 성(性)을 알 수 있으며, 인성 중의 고유한 선덕(善德)을 인식하고 그 성(性)을 알 수 있을 뿐만 아니라 천리(天理) 역시 알 수 있는 것이다. 갓난아기와 같은 지극지순한 마음을 보존하고 선량한 성(性)을 수련한다면 실천 중에서 '이(理)'를 실현할 수 있다.[342]

주자(朱子)는 '성(性)'은 인간의 내재적 인격 본체이며, 인간의 주체적 존재의 본질이자 잠재력이고, '이(理)'는 주체가 외재적 사물에 참여하고 대응하는 객관적 법칙으로서 객관적인 우주 발전과정의 필연적인 흐름이라고 여겼다. 하지만 그는 또한 "자기의 본심을 확충하고 최대한 발휘해 하늘이 인간에게 부여한 본성을 인식해야 하며", "갓난

---

342) 『주자전서(朱子全書)』 제6권, 『맹자집주(孟子集注)』 권13, 『진심장구상(盡心章句上)』, p.425.

아기와 같은 지고지순한 마음을 보존하고 선량한 성을 함양해야 한다"라는 주체적 확장을 통해 "만사에 응할 수 있을"뿐만 아니라 "그 이치도 만들어낼 수 있다"라고 여겼다. 송대 유학자들 유파 중에서 주희는 본래 이(理)가 객관적 법칙임을 가장 많이 강조한 사람이었지만, 그는 일단 성리학의 관념에 따라 인간의 내재적 심성(心性)의 주체성에서 발단하면서 중국 철학의 주체성 정신을 충분히 드러냈다.

둘째는 실천정신이다.

중국 전통철학은 역사적 사실현상을 통해 본질을 제시하고, 자연현상과 인류사회 간의 상호작용 관계를 탐구하는 '구천인지제(究天人之際)'를 궁극적 목표로 삼고 있기 때문에 '천지의 생명 육성을 돕고', '천지와 함께 나란히 참여하는' 주체적 정신은 필연적으로 일련의 실천활동을 통해 나타남으로써 중국 고전 철학은 매우 강한 실천적 정신을 지닌다. 중국 고전 철학은 항상 인간이 어떻게 천지에 참여하고 돕는지, 주체가 객체의 실천활동과 운영과정에 어떻게 작용하는가를 사고의 요점으로 삼고, 자유자재한 우주자연의 본질과 법칙에 대해 순수하고 객관적인 사고와 파악을 고집하지 않는다. 헤겔(Hegel)은 철학을 일종의 자아 성찰, 즉 사유에 대한 재사유라고 강조했다. 서양철학은 주로 순수한 지식에 대한 재사유이고, 중국 철학은 인간의 운영실천에 대한 재사유를 더욱 강조하기 때문에 중국 고전철학은 항상 아주 강한 실천정신을 나타낸다. 예를 들어, 유가의 인의(仁義), 심성(心性)에 관한 도덕철학은 본래 의례활동에 대한 자기 성찰이고, 『주역(周易)』의 대립적 통일에 관한 음양(陰陽)철학은 실천활동의 결과인 득실과 길흉우환에 대한 성찰에서 기원된 것이다. 『손자병법(孫子兵法)』의 변증철학은 전쟁 중의 공격과 수비, 전진과 후퇴, 강약, 허실, 동정, 혼란퇴치의 군사적 행동에 대한 성찰이다. 요컨대 중국의 전통적인 군사, 농업, 의학, 예술의 운영 실천활동은 중국 고전철학의 성찰의 대상이자 중국 고전철학의 사회생활 실천의 기초이기 때문에 전통 철학의 실천적 정신을 규정하였다.

성리학 역시 중국 고대 철학의 실천적 정신을 충분히 드러낸다. 성리학에서의 '성(性)'과 '이(理)'는 모두 정태적인 본질과 법칙이 아닌 일종의 주체적인 인격의 활동과정 및 외재적 양상이다. 인격본체로서의 '성(性)'은 과연 어떤 함의를 가지고 있는지, 객관적 법칙으로서의 '이(理)'는 어떻게 만사만물을 지배해야 하는가에 대해 성리학은 이 모든 것은 반드시 인간의 실천활동을 통해 이해할 것을 요구한다. 비록 성리지학(性理之學)이 '오지성(吾之性)'의 내재적 인격본체와 '천지지리(天地之理)'의 외재적 우주본체의 상통은 인정하지만, 실제로 이런 내재와 외재, 인격과 우주의 소통을 실현하기 위한 근본적 방법은 바로 실천이라는 것이다. 지성(知性), 양성(養性)에 있어 성인적 재덕을 내재하는 내성(內聖)의 수양활동이든 경세치국(經世治国)의 외왕(外王)적 사회활동이든 사실은 모두 동일한 목표를 지향하는 것으로, 즉 내적 인격본체와 외적 우주본체의 소통과 실현이다. 이것이 성리지학의 근본적 요구이며, 송대 유학의 성리지학은 이 점을 제대로 보여준다. 주희(朱熹)는 다음과 같이 말했다.

천명지성(天命之性)은 만반(萬般)의 도리를 가지고 있으며, 희로애락은 각각에 어느 정도 걸맞는 것이 있다. …모든 사람이 천성적으로 지니는 '성리(性理)'는 극치를 탐구하는 실천을 통해 나타난다. 성리(性理)가 정적인 상태에 있으면 나의 마음이 똑바른 것이 된다. 그러면 천지지심(天地之心) 역시 똑바르게 되고, 음양과 동정(動靜)이 각기 제자리로 돌아가게 되며, 천지 역시 곧 제자리로 돌아가게 된다. 만사가 모두 화(和)적인 상태에 놓이면 나의 기(氣)도 곧 순조로워지고 천지의 기도 순조로워진다. 따라서 가득하여 틈새가 없고 즐겁고 흥분되어 왕래가 막힘이 없이 원활하여 만물 역시 잉태되어 태어나게 된다.[343]

모든 사람이 천성적으로 가지는 '성리(性理)'는 반드시 미루어 지극히 하는 '추치(推致)'의 실천활동을 통해서만이 나타날 수 있고, '천지가 제자리를 얻어', '만물이 생육하는' 자연법칙과 우주질서의 형성을 이끌어 낼 수 있다는 것이다. 이와는 반대로 주희는 '일월성(日月星) 삼진(三辰)이 그의 정상적인 궤도를 벗어나면 산악이 붕괴하고 하천이 마르는 현상'이 나타나는 원인은 자연질서의 '불위(不位)'에 있고, '전쟁으로 인해 사회가 혼란해지고 기근이 들며, 태생(胎生)과 난생(卵生)의 동물이 태어나기도 전에 죽게 되는 현상'이 나타나는 원인은 만물의 '불육(不育)'에 있으며, 또한 사람이 인간의 내재적 성리(性理)를 완전히 실천하지 못하는 것은 '중(中)'과 '화(和)'를 제대로 행하지 않아 초래된 결과'[344]때문이라고 주장했다.

셋째, 인문정신이다.

---

343) 『주자전서(朱子全書)』 제6권, 『중용혹문(中庸或問)』 상, pp.558-559.
344) 『주자전서(朱子全書)』 제6권, 『중용혹문(中庸或問)』 상, pp.559-560.

중국 전통철학은 사실을 통해 본질을 밝히고 자연현상과 인간사회 사이의 상호 의존과 대립의 관계를 탐구하는 '구천인지제(究天人之際)' 를 추구했고, 고대 철학자들은 인도(人道)와 천도(天道)의 결합을 통한 인문과 자연의 통합에 노력했다. 그러나 전통 유가철학은 이런 통합 실현에서 인도(人道)를 천도(天道)로 승화시키는 경우가 많았기 때문에 우주 속에서 인간이 갖는 의미를 부각시키는 강한 인문정신을 나타낸다. 전통철학에서는 비록 우주의 본시(本始), 보편적 필연 및 최상의 지배자인 '천(天) · 천도(天道) · 태극(太極)' 등이 높은 위상을 차지하지만 조금 더 깊이 분석해 보면, 이런 숭고한 지위를 차지하고 있는 개념 범주는 서양철학의 이념, 형식, 천주, 규율과는 다르다. 중국철학에서 '천(天) · 천도(天道) · 태극(太極)'은 항상 인간의 사회질서, 도덕적 이념, 생명의 의미 등과 연관되어 있고, '오직 덕을 갖춘 자만이 천명을 이어 받을 수 있다', '하늘의 운동은 강건하며, 그에 상응하게 군자의 처신 역시 하늘처럼 자력으로 힘껏 진보를 추구하고 장직하게 분발해서 강해져야지 게으른 본성이 되어서는 안된다', 중용의 도는 결코 인간을 멀리하지 않는다' 등 명제로 이런 범주의 인문적 의미를 충분히 표현해내고 있음을 알 수 있다. 성리학 역시 중국 전통철학의 인문정신을 뚜렷하게 나타내고 있다. 선진 이래의 역대 철학자들은 모두 인성과 천도의 관계 문제를 사유하고 해결하는 데 주력함으로써 인성(人性) · 인도(人道) · 인문(人文)의 정신적 가치에 공간적 보편성과 시간적 보편성의 의미를 부여했다. 역사적으로 성(性)과 천도(天道)의 연결에 관한 여러가지 학설이 수없이 많이 제기되어 왔지만, 성리학은 이런 인문정신을 가장 잘 구현하면서도 깊은 사변을 띤 학설이라 할 수 있다. 성리학의 구축 및 형성은 중국 고대 철학에서 인문정신의 자아실현을 대표한다. 한 방면으로, 성리학은 중국의 전통적인 인문정신을 대표하는 인성에 관한 개념을 가장 중요하고 핵심적인 위치에 두고, '자아의 성'에서 '타인의 성'으로 연장하고 다시 '사물의 성'으로 확장했다. 그리고 이 '성(性)'의 핵심내용은 모두 "성(性)의 내용은 오지 인의예지(仁義禮智)만 있을 뿐이다. 그것들이 외재적 사물에 의해 접촉될 때에 측은(惻隱), 사손(辭遜), 시비(是非) 그리고 인성(人性)으로 표현되는 것이며, 인성으로 표현되어야 비로서 정(情)인 것이다"[345]라는 주희의 표현대로 인정 및 인륜과 직접적으로 연관되어 있다. 이를 통해 성리학의 인문정신을 뚜렷하게 드러냈다. 다른 한 방면으로, 이 '이(理)'는 비록 '천리(天理)'를 의미하지만 역사상의 '천(天)·천도(天道)·태극(太極)'과 마찬가지로 우주의 본체이자 천지자연의 지배자이기도 하다. 그 실현과정으로 보자면, 성(性)의 이치는 '오지성'로부터 비롯된 것이다. 즉 주희(朱熹)가 말한 대로 "인간의 도덕적 수양과 이성적 인식은 마음속에 갖고 있는 고유한 선단(善端)을 발굴하고 확충하는 데 있으며 이것이 바로 진심(盡心)이다. 마음을 다하면 그 성(性)을 알 수 있고, 인성 중의 고유한 선덕(善德)을 인식하면 성(性)을 알 수 있을 뿐만 아니라 천리(天理) 역시 알 수 있는 것이다"[346]라는 의미이다.

---

345) 『주자전서(朱子全書)』 제14권, 『주자어류(朱子語類)』 권5, p.227.
346) 『주자전서(朱子全書)』 제6권, 『맹자집주(孟子集注)』 권13, 『진심장구상(盡心章句上)』,

성리학은 상술한 주체정신, 실천정신, 인문정신을 갖추고 있는 중국 철학정신의 전형이자 대표이다. 그래서 성리학의 구축과정은 사실 중국 철학의 구축과정이며, 성리학의 완성은 중국 고전철학의 성숙이라고 말할 수 있다.

제4장

현학 및 이학의 경전 해석 방법과 연관성

제1절 서론

중국 학술사상사에서 선진(先秦) 제자의 뒤를 이어 사상학설 방면에서 가장 이론적이고 혁신적인 학술체계로는 현학과 이학이 있다. 이는 중국 전통학술이 범주체계, 논리구조, 형상사변(形上思辨) 등에서 도달한 가장 높은 철학 수준을 대표한다.

이 양대 사상체계는 많은 공통점을 가지고 있는데, 경전에 대한 해석을 통해 사상을 구축하는 과정만으로도 중요한 공통점을 알 수 있다. 첫째, 이 양대 학술사상의 체계는 모두 선진의 경전에 대한 의리(義理)적 해석을 중요시했으며, 이들이 구축한 새로운 사상은 전통 경전에 대한 재해석과 무관하지 않다. 현학자의 심오하고 현묘한 도리를 논하고 따지는 담현석리(談玄析理)는 경전과 깊은 연관이 있고, 이런 현학자들은 대개가 경전 해석의 대가들이다. 이런 현학자들은 특히 유가(儒家) 경전인『주역(周易)』,『논어(論語)』와 도가(道家) 경전인『도덕경(道德經)』,『장자(莊子)』에 대한 해석을 중시했고, 현학의 대가인 왕필(王弼)과 곽상(郭象)의 해석은 이후 역대 왕조와 그 시기 학자들에게 큰 영향을 미쳤다. 이학자들은『역(易)』,『서(書)』,『시(詩)』,『예(禮)』,『춘추(春秋)』등의 '오경(五經)'을 새롭게 주석하는 한편『논어(論語)』,『맹자(孟子)』,『대학(大學)』,『중용(中庸)』의 '사서학(四書學)'을 창안했으며, 이들이 의리(義理)로 해석한 유가 경전은 후세 사람들이 보편적으로 존숭하는 권위적인 해석이 되었고, 이들의 경학(經學) 주석은 후세 사람들의 필독서가 되는 등 새로운 경전 주석의 열풍을 이끌었다.

둘째, 현학과 이학의 학술사조는 모두 경전에 대한 새로운 해석을 통해 역사적인 사상혁신 및 학술변혁의 문화운동을 촉진했다. 이들은 모두 이전 시기 및 당대 주소지학(注疏之學)의 강력한 전통적 작용에 직면했으나, 그들은 경전에 대한 새로운 해석을 통해 사상 영역에 새로운 문화적 기상을 창출했다. 양한(兩漢)의 주소지학(注疏之學)에 과감히 도전한 현학자의 경전 재해석과 철학적 사변은 우주 및 인생의 일련의 중대한 문제를 전례 없던 사상적 수준으로 끌어올리고 깊은 사고를 유도했다. 이학자들은 사회적 우환의식 및 문화적 우환의식의 마음으로 당시의 학술적 변혁, 사상적 혁신 운동에 심취했다. 그들은 또한 한당(漢唐) 시기 유가의 경전에 대한 해석을 의심하고 심지어 폄훼까지 하였으며 그들의 경전 재해석은 유가 윤리, 우주 원리 및 철학적 사변을 결합한 유학(儒學) 혁신운동을 야기했다.

현학과 이학 학술사상의 형성과정에서의 두 가지 공통점은 그 방법론적 연관성에서나타난다. 본래 한 가지의 새로운 학설은 항상 새로운 방법과 결부된다. 예를 들어, 중국 현대 철학자 딩용동(湯用彤)이 말한 바와 같이, "새로운 시기의 첫시작을 여는 학술은 항상 새로운 방법의 발견에 의존하게 된다."[347] 현학 및 이학은 모두 경전 해석을 통해 학술적 혁신을 이룩한 것이다. 사실 그들은 언의지변(言意之辨), 본말체용지변(本末體用之辨)의 동일한 경전 해석법을 채용했다. 현학자들에게 있어서 언의(言意), 본말(本末) 문제에 관한 사고 및 논쟁은 우선적으로 방법론적 의미를 말한다. 문자적 측면에서 볼 때, 언의지변(言意之辨)은 언어와 그 표현 사상 간의 관계를 연구하는 것이다. 그러나 그것이 현학자들의 보편적인 관심을 끄는 이유는 언의지변(言意之辨)은 경전 해석을 통해 새로운 사상을 창조하는 가장 중요한 방법이기 때문이다. 현학자들에게서 언(言)과 의(意) 사이의 관계는 경전의 언어를 통해 옛사람의 사상과 의지를 어떻게 사고하고 파악할 것인가와 관련된 동시에 어떻게 옛사람들이 완전하게 표현하지 못한 미진한 뜻을 충분히 이용하여 사상적 취지의 개척을 실현할 것인가

---

347) 탕용동(湯用彤): 『위진현학론고(魏晉玄學論稿)』, 상해세기출판그룹(上海世紀出版集團), 2005 년판, p.19.

하는 문제와도 관련있다. 언의지변(言意之辨)과 연관되는 본말지변(本末之辨) 역시 마찬가지로 방법론적 의미를 띠고 있다. 현학자들은 모든 형하적 현상 배후는 모두 형상적 본체의 제약을 받기 때문에 본말지변(本末之辨) 역시 그들이 경전을 해석하고 사물을 사고하는 중요한 사상방법이라고 강조했다. '말(末)과 본(本)', '적(迹)과 소이적(所以迹)'의 구별 및 연계는 현학자의 철학사상 체계 구축의 기본 원칙과 방법이다. 또한 현학자들은 언의지변(言意之辨)과 본말지변(本末之辨) 사이에는 내재적 연관성이 있다고 주장했다. 언의(言意)의 관계에서 그 의미를 완전히 표현하지 못하는 정황이 나타나는 것은 '의(意)'가 워낙 다층적인 의미 체계를 갖고 있기 때문이며, 그 최종적 의미는 필연적으로 무적(無迹)·무위(無爲)·무심(無心)이고, 지리(至理)·지도(至道)라고 불리는 '본(本)'이 된다. 그래서 '언(言)'은 '적(迹)'을 표현하고 '의(意)'는 '본(本)'을 대표함으로 언의(言意) 문제는 본말(本末) 문제와 연결된다는 것이다.

현학은 언의지변(言意之辨)과 본말지변(本末之辨)의 방법으로 경전을 해석하고 사상을 구축함으로써 송대 유학자의 학술적 혁신활동에 깊은 영향을 미쳤다. 위진(魏晉) 명사(名士)의 언의(言意), 본말(本末) 관련 방법론 사상은 송대 유학자가 이학을 구축하는 사상적 전제 및 역사적 조건으로 작용했다. 물론 송대 유학자들의 언의지변에 관한 토론 정도는 위진 시기보다 현저히 뒤떨어진 것은 분명하며, 학술 사상계에서 보편적으로 논의되는 주관심사가 되지는 못했으나, 위진 시기의 언의지변에 관한 학술적 성과가 경전해석 활동을 하던 송대 유학자들에게 흡수된 것은 분명하다. 언의지변과 관련된 본말지변은 송대 유학자들에 의해 체계적인 체용지변(體用之辨)으로 발전되어 송학(宋學)이 경전을 해석하고, 체계를 구축하는 기본방법 및 핵심문제가 되었다. 우리는 송대 유학의 경전해석 사상 및 독서 방법에 대한 토론에서 송대 유학자들이 언의지변을 근거로 현학의 본말지변을 보다 높은 철학적 사변 수준의 체용지변(體用之辨)으로 발전시켜 중국 전통학문을 더욱 고차원적 발전으로 끌어올렸음을 알 수 있다. 그래서 필자는 여기서 현학과 이학의 경전 해석방법과 그 내재적 관계에 대해 전문적으로 고찰해 보고자 한다.

제2절 현학 및 이학의 언의지변(言意之辨)

현학과 이학은 모두 일종의 경전에 대한 해석을 통해 사상적 혁신을 이룩한 학술사조이다. 위진(魏晉), 송명(宋明) 시기의 학자들은 항상 경전에 대한 새로운 해석 과정에서 사상적 혁신을 이룩했는데, 이를 위해 그들은 우선적으로 방법상에서 새로운 발견과 확장이 요구되었고 언의지변(言意之辨)이 바로 그들이 경전 해석을 통해 사상적 혁신을 이룩하는 새로운 방법이었다.

언의지변은 원래 사상이 활발하던 선신 시기 제자들이 관심 갖던 학술적 문제로 유가와 도가는 이 문제에 대해 서로 다른 해답을 가지고 있었다. 유가 경학(經學)이 독존하던 양한(兩漢) 시기에 이르러 언의지변(言意之辨)은 잠적했다. 그러나 위진 시기부터 학계에서 보편적으로 언의지변에 관심을 돌리며 그 영향이 양송(兩宋) 시기까지 지속된 것은 언의지변의 방법론적 의미가 완전히 재발견되었기 때문이다. 언(言)과 의(意) 사이에는 공통성과 모순성이 공존했는데, 이는 바로 위진과 양송의 학자들이 경전 해석을 통해 학술적 혁신을 이룩하는 기회와 방법이 되었다. 그래서 탕용동(湯用彤)은 언의지변(言意之辨)에 대한 논술에서 "현학의 체계적인 성립은 언의지변(言意之辨)에 의존한다"[348]라고 말했다. 또한 현학의 언의지변(言意之辨) 방면에서 그 학술적 성과는 현학 체계의 구축을 결정했을 뿐만 아니라 이학의 체계적인 발전도 함께 촉진했다.

따라서 현학 및 이학의 언의지변(言意之辨)을 방법론적 의미에서 분석하고 토론함으로써 이 양대 사조의 경전해석 방면에서의 계승·발전의 논리적 관계를 살펴볼 필요가 있다.

1. 경전 해석과 언의지변

현학 및 이학의 언의지변(言意之辨) 방법 중시는 경전 해석의 학술적 형태와 분리할 수 없다. 언의지변(言意之辨)은 원래 언어 기호와 사상적 의미 사이의 관계 문제를 가리키는 말이다. 한편으로, 이는 저작자(성인)들이 언어 기호를 통해 자신들 마음 속의 사상을 표현할

---

348) 탕용동(湯用彤): 『위진현학논고(魏晉玄學論稿)』, p.20.

수 있는가, 다른 한편으로는 독자들이 언어 기호를 통해 저작자의 사상을 이해할 수 있는가 하는 것이다. 현학과 이학이 구축한 학술적 체계는 경전에 대한 재해석에 근거하기 때문에 언의(言意)의 관계에 관심이 많았다.

언의지변(言意之辨)은 일찍이 선진(先秦) 시기부터 제자들이 사고하고 토론하던 중요한 문제였다. 유가의 사상 전통은 언의(言意)의 일치를 긍정했다. 유기 경전 『주역 · 계사전(周易 · 繫辭傳)』에서 일찍이 이 문제를 탐구했다. "공자가 말하길, '글은 사람의 말을 다 표현하지 못하고, 말은 사람의 뜻을 다 드러내지 못한다'고 했다. '그렇다면 성인의 뜻을 어떻게 인식할 수 있습니까'라고 묻자 공자는 '성인은 상계(象系)를 창설해 자신의 뜻을 완전히 표현하고 괘계(卦系)를 창설해 진위(眞僞)를 명시한다. 괘효(卦爻)에 문사(文辭)를 곁들여 그의 말을 완전히 표현한다'라고 말했다."[349] 『역전(易傳)』의 저자는 언(言) · 상(象) · 의(意) 사이의 관계를 논하면서, 한편으로는 "글로는 마음 속 말을 다 표현할 수 없고, 말로 마음 속의 뜻을 다 표현할 수 없다"라고 하면서 성인의 말과 성인의 뜻이 일치할 수 없는 모순관계가 존재한다고 여기면서 양자 사이의 내재적 모순을 강조했다. 그러나 다른 한편으로는, 성인은 언(言) · 상(象)을 통해 자신의 뜻을 표현할 수 있으며 이와 관련해 독자 역시 언(言) · 상(象)을 빌어 성인의 뜻을 이해할 수 있다고 인정했다. 이렇게 『역전(易傳)』의 언의지변(言意之辨)은

---

349) 『십삼경주소(十三經注疏)』 상권, 『주역정의 · 계사상(周易正義 · 繫辭上)』, 중화서국 (中華書局), 1980 년판, p.82.

후대의 유학자들에게 경전을 해석하는 방법론적 근거를 남겼다. 그리고 도가의 사상 전통은 언의(言意) 사이의 모순을 한층 더 강조했다. 노자(老子)는 『도덕경(道德經)』의 첫머리에 "도(道)라고 말할 수 있는 도는 항상하는 도가 아니고, 무엇으로 이름 불리워지는 이름은 항상하는 이름이 아니다"[350]라고 서술하며 도(道)와 언(言)의 모순을 제기했다. 노자는 항상하는 도(道)는 언어로 표현할 수 없고, 언어로 표현할 수 있는 도(道)는 항상하는 도(道)가 아니라고 주장했다. 『장자(莊子)』에서는 "언어로 표현할 수 있는 것은 유형(有形) 사물의 조잡한 일면뿐이며, 무형(無形) 사물의 깊고 오묘함은 의념(意念)으로 상상할 수 있다. 언어로 표현할 수 없기에 정교함과 조잡함의 범위에 국한되지 아니한다"[351]라고 서술하며 언의(言意) 양자 사이의 모순은 통일될 수 없음을 강조했다. '언(言)'은 단지 '조잡한 사물'만 표현할 수 있고, '의(意)'만이 '세밀한 사물'을 표현할 수 있다고 한다면 언(言)과 의(意) 간에는 소통할 수 없는 아주 긴장된 관계가 존재하게 된다. 그래서 장자(莊子)가 『육경(六經)』을 성인의 조박(糟粕)함, 선왕의 옛 자취라고 거론한 것도 역시 언의(言意) 사이의 모순 및 긴장 관계를 강조하기 위해서이다.

위진(魏晉) 현학이나 송명(宋明) 이학은 일종의 새로 흥기한 학술사조로서 우선은 중국 학술사상에 새로운 경학(經學)의 형태로 등장했

---

350) 『제자집성(諸子集成)』 제3권, 『노자본의(老子本義)』 제1장, 상해서점(上海書店), 1996년판, p.1
351) 『제자집성(諸子集成)』 제3권, 『장자집해(莊子集解)』 권4, 『추수제17(秋水第十七)』, 상해서점(上海書店), 1996 년판, p.102.

다. 현학자는 선진 유가 경전에 대한 새로운 해석을 통해 (동시에 도가 경전 『노자(老子)』, 『장자(莊子)』에 대해서도 해석함), 새로운 사상체계를 구축한 것이다. 그들의 경학 저서인 하안(何晏)의 『논어집해(論語集解)』, 왕필(王弼)의 『주역주(周易注)』, 『주역약예(周易略例)』, 『논어석의(論語釋疑)』, 황간(皇侃)의 『논어의소(論語義疏)』등은 중국 경학사에서 매우 중요한 학술적 위치를 차지하고 있다. 그리고 이학은 더욱 중요한 성학사조와 유파인 이른바 송학(宋學)사조, 송학(宋學)학파이다. 이학자는 유가 경전의 새로운 해석을 통해 성인의 도를 부흥시키겠다는 뜻을 세운 경학자 집단이다. 그들은 한대(漢代) 경학에서 중시한 '오경(五經)'을 새롭게 해석하는 동시에 『논어(論語)』·『맹자(孟子)』·『대학(大學)』·『중용(中庸)』의 '사서학(四書學)' 체계 구축에 주력했다. 훗날 송대 이학자가 해석한 경학은 송원명청(宋元明清) 시기의 주류 의식형태 및 학술형태로 거듭났다. 현학과 이학은 반드시 경전에 대한 해석을 통해 사상학설을 구축해야 했기 때문에 언의지변(言意之辨)은 그들이 매우 주목하는 주요한 방법이었다. 이때에 『역전(易傳)』의 언(言)·상(象)·의(意) 사이의 내재적 긴장과 관련된 사상을 새롭게 발견하고 부각시킴으로써 경학의 혁신에 뜻을 둔 학자들의 열띤 토론의 문제로 대두했다.

현학과 이학의 경전에 대한 해석은 필연적으로 언의지변(言意之辨)의 방법과 사고가 나타날 수 밖에 없는데, 이는 중국 고대의 경전 해석이라는 독특한 학술적 형태의 내재적 모순에 의해 결정된 것이다. 현학자와 이학자들은 비록 모두 중국 사상사에서 가장 혁신적인 철학가, 사상가들이지만 그들의 사상 혁신은 자신들의 독자적인 이론 저술로 체현된 것이 아니라 경전에 대한 해석으로 발현된 것이다. 예하면, 왕필(王弼)의 『주역주(周易注)』・『논어석의(論語釋疑)』・『노자주(老子注)』, 주희(朱熹)의 『주역본의(周易本義)』・『사서장구집주(四書章句集注)』・『시집전(詩集傳)』등이 있는데, 이들이 철학가 및 사상가로서의 입지를 다질 수 있던 것은 바로 이러한 고대 경전에 대한 새로운 해석 덕분이었다. 이러한 경전에 대한 해석을 통한 사상체계 구축은 필연적으로 경전 문헌의 역사성과 사상혁신의 시기성 사이의 모순적 긴장관계에 직면하게 된다. 따라서 경전 해석 활동에는 문헌과 역사적 지향 및 현재와 현실 지향이라는 두 가지 지향이 나타나게 된다.[352] 사실 현학자나 이학자를 막론하고 그들이 경전 해석이라는 학술형식을 채용할 경우 반드시 이 두 가지 지향의 요구를 고려해야 한다. 또한 혁신적 사상에 뜻을 가진 학자일수록 이 두 가지 지향 사이를 헤매는 곤혹을 더욱 느끼게 된다.

선진 유가와 도가의 언(言)・의(意) 문제에 관한 모순된 견해는 현학과 이학의 경전 해석의 역사성, 시기성, 이중 지향에 방법론적 근거를 제공하게 된다. 언(言)・의(意) 사이의 내재적 연관성과 일치성을 강조한 견해는 경전 문헌을 향한 역사적인 지향에 도움이 될 수 있다. 『주역・계사전(周易・繫辭傳)』의 "괘상(卦象)을 세워 복잡한 견해를

---

352) 유소감(劉笑敢)의 『두 방향 사이를 헤매기(掙扎遊走於兩種定向之間)』, 『중국 철학과 문화(中國哲學與文化)』 제3집 참고, 광서사범대학출판사(廣西師範大學出版社), 2008 년판, p.108.

투철하게 표현해야 한다", "문사(文辭)를 덧붙여 하고 싶은 말을 마음 껏 토로해야 한다"라는 견해는 경전 해석의 역사적 지향에 방법론적 근거를 제시하고 있다. 언(言)이 상(象)을 완전히 표현할 수 있고, 상 (象)이 의(意)를 완전히 표현할 수 있다고 한다면, 역사가 남긴 경전 문헌에 충실하고 문헌의 언어에서 성인의 의(意)를 탐구하는 것은 충분히 가능하며 또한 아주 필요한 것이다. 그리고 언(言)·의(意) 사 이의 모순성과 긴장성을 강조하는 견해는 경전 해석 과정에서 현실적 요구에 따라 사상적 혁신을 추진하는 현실적 지향에 도움이 된다. 『주역·계사전(周易·繫辭傳)』에서 말하는 "글자는 마음 속을 말로 다 표현하지 못하고, 말 역시 마음 속 생각을 다 표현하지 못한다", 특히 『도덕경(道德經)』의 "언어로 표현할 수 있는 '도(道)'는 항상하는 '도(道)'가 아니다", 『장자·외물(莊子·外物)』의 "말은 사상의식을 표 현하는 도구이고, 사상의식을 파악하고 나면 곧 말을 잊게 된다" 등의 설법은 경전 해석의 현실적 지향에 방법론적 근거를 제공했다. 언 (言)·의(意) 사이는 항상 모순되고 긴장된 상태에 있기 때문에 성인의 의(意)는 역사적 문헌이나 언어로는 표현될 수가 없고, 경전 해석자의 주관적인 체득에 전적으로 의지해야 하는데, 이는 경전 해석의 현실 적 지향에 편의를 마련해 주었다. 사실 현학자 및 이학자들이 모두 "언어로 마음 속의 생각을 다 표현할 수 없다", "사상의식을 파악하고 나면 곧 말을 잊게 된다"라는 방법으로 현실적 지향의 사상 혁신을 실현하고, 그들이 천명한 성인의 '의(意)'는 언어로 표현하기 어렵다는 것이야말로 바로 그들의 가장 사상적 혁신이다.

이로부터 알 수 있다시피, 언의지변(言意之辨)의 방법론적 사고는 "언어로 마음 속의 생각을 다 표현할 수 있다"와 "언어로 마음 속 생각을 다 표현할 수 없다"의 두 가지 기본 지향일 뿐이다. 현학자들이 언의지변(言意之辨)의 사고에 열중하게 된 것은 전적으로 경전에 대한 해석을 통해 사상 혁신을 원하는 학술형태에 의해 비롯된 것이다. 현학의 언의지변(言意之辨)에 관한 두 가지 기본적 지향은 모두 이학에 영향을 미쳐 이학의 경전 해석을 통한 사상 구축의 방법론적 전제조건이 되었다. 현학과 이학은 방법론 상에서 역사적 계승과 논리적 관계를 나타낸다. 아래에서는 진일보로 현학 및 이학의 언의지변(言意之辨) 상의 사상적 연관성을 분석하고자 한다.

2. 현학과 이학의 역사문헌에 대한 긍정: 언(言)과 의(意)의 연관성

경학적으로 볼 때, 현학과 이학은 모두 일종의 의리지학(義理之學)이며, 현학자 및 이학자들은 모두 경전 상의 의리(義理)적 연구와 발휘에 중점을 두었다. 그들이 '언외지의(言外之意)'의 탐구를 중시하고 언의지변(言意之辨)의 방법 탐구에 특히 관심을 가진 이유는 언의지변을 통해 경전 문헌의 본뜻을 바꾸는 창조적 해석을 원했기 때문이다. 그러나 현학자 및 이학자들이 경전에 대한 해석을 통한 사상체계 구축의 길을 선택한 이상, 경전 해석의 전제조건은 우선적으로 경전을 열독하고 해석하는 것이 성인의 의(意)를 이해하고 설명하는 근본적 방법과 경로임을 인정하는 것이었다. 그렇지 않으면 그들의 경전해석 활동은 완전히 무의미한 것이고, 그들 역시 경학가 및 학자가될 수 없다는 것이다. 그렇다면 그들은 반드시 언(言)·의(意) 사이의내재적 연관성을 인정하고, 또한 '언(言)'을 통해 '의(意)'를 이해할 필요성과 필연성을 인정해야 했다.

위진 시기의 현학자들은 경전 해석의 필요성 때문에 보편적으로언의지변(言意之辨)에 관심을 기울였다. 비록 그들이 언의(言意) 문제에 대한 사고로 '언어로는 마음 속의 사상내용을 다 표현할 수 없다', '언어로 마음 속 사상내용을 다 표현할 수 있다', '괘상(卦象)을 세워서복잡한 사상을 확실하게 표현한다', '함축되고 정교하고 요묘한 언사(言辭)로 우리의 의사를 표현할 수 있다', '함축적이고 섬세하고 오묘한 언어로 우리의 마음을 표현할 수 있다', '함축적이고 섬세한 말과미묘한 광경으로 우리의 의사를 표현할 수 있다', '어떤 사상 감정을시문(詩文)에 두어 우리의 의사를 표현할 수 있다' 등의 다양한 관점을표명했으나, 개별의 극단적인 견해를 제외하고는 대다수 현학자들은모두 '언(言)'은 '의(意)'를 표현하는 중요한 도구이며, '언(言)'과 '의(意)'사이에는 중요한 내재적 연관성이 존재한다고 인정했다. 현학의 창시자 왕필(王弼)은 '언(言)'과 '의(意)' 사이의 내재적 연관성에 대해 아주핵심적으로 서술했다.

상(象)이란 뜻(意)이 나오는 것이다. 말(言)이란 상을 밝히는 것이다. 뜻을 표현하는 데 있어서 상보다 더 좋은 것은 없으며, 상을 표현하는 데 있어서 말보다 더 철저하게 설명할 수 있는 것은 없다.

말(言)은 상(象)에서 생겨나기 때문에 말을 탐구하는 것을 통해 상을 체험하고 관찰할 수 있다. 상(象)은 뜻(意)에서 생겨나기 때문에 상을 규명하면 뜻을 이해할 수 있다. 뜻은 상을 통해 표현되고 상은 말을 통해 드러난다. 그러므로 말이라는 것은 상을 밝히는 것인 까닭에 상을 얻은 후에는 말에 집착하지 말아야 한다.[353]

왕필(王弼)의 말은 비록 『주역(周易)』의 언(言) · 상(象) · 의(意)의 관계에 대한 토론이지만 언의지변(言意之辨)의 일반적인 방법론적 의미에서 이해할 수도 있다. 그는 '의(意)'는 상(象)'에서 생겨나고, '상(象)'은 '언(言)'에 의해 표현된다고 주장함으로써, 언(言)은 상(象)을 밝히고, 상(象)은 의(意)를 표현한다는 방법론적 의미를 충분히 인정했다. 언의지변(言意之辨)의 관점에서 분석해 보면 왕필은 언(言)으로 의(意)의 체현, 즉 언어로써 사상내용을 완전히 표현할 수 있음을 주장했다. 왕필 등 현학자들이 큰 노력을 기울여 『주역(周易)』 · 『논어(論語)』 · 『노자(老子)』 · 『장자(莊子)』등 유가와 도가의 경전을 연구하며 경전을 통해 성현의 사상을 이해하고 설명하는 것, 즉 '언(言)'으로 성현들의 '의(意)'를 파악할 수 있음을 긍정했다.

물론 위진 시기에 언어로 그 사상을 다 표현할 수 있다는 '언진의(言盡意)'에 대한 긍정적 절차에는 차이가 존재했다. 대부분 현학자들의

---

353) 『왕필집교석(王弼集校釋)』 하권, 『주역략예 · 명상(周易略例 · 明象)』, 중화서국(中華書局), 1980년판, p.609.

언의지변(言意之辨)에 대한 태도는 언(言)·의(意) 간의 동일성을 긍정하면서도, 양자의 모순 즉, 『역전(易傳)』의 '언(言)으로 의(意)를 다 표현할 수 없다'라는 관점과 '상(象)으로 의(意)를 다 표현할 수 있다'라는 관점의 통합을 강조했다. 그러나 현학자들의 '언(言)으로 의(意)를 표현할 수 있다'라는 관점과 언의(言意) 통합의 사상을 정점으로 발전시킨 사람은 서진(西晉)의 명사 구양건(歐陽建)이다. 구양건은 언어로 사상내용을 다 표현할 수 있다는 '언신의(言盡意)'의 사상관점을 더욱 발전시키고 체계적으로 논술했다. 그의 저서 『언진의론(言盡意論)』에서 '언능진의(言能盡意)' 주장에 대한 이론 상의 탐구와 총결을 내렸다. 그는 천지만물에 대한 인간의 인식은 반드시 말을 통해서만이 표현될 수 있다고 인정하면서 이르기를, "그러나 고금에도 사무(事務)에는 모두 정확한 명칭이 있었다. 성인도 언어문자를 포기할 수 없다. 이는 무엇 때문인가? 만약 마음 속에 도리법칙을 얻으면 언어를 사용하지 않고서는 막힘이 없이 표현할 수 없기 때문이다. 사물은 외계(外界)에 존재하기 때문에 개념과 명사를 사용하지 않고서는 차별해 낼 방법이 없다"[354]라고 강설했다. 구양건은 더 나아가 '의(意)' 및 '언(言)'의 관계를 "형체(形體)가 존재하면 그림자는 그에 의지해서 따를 뿐이다"라는 체용(體用)의 관계로 간주하고, '언진의(言盡意)'의 이론과 방법을 충분히 표현하며 다음과 같이 피력했다. "객관적 사물의 실제를 분별하려면 서로 다른 명칭을 사용해야 한다. 인식과 의지

---

354) 구양건(歐陽建): 『언진의론(言盡意論)』, 구양순(歐陽詢) 『예문류취(藝文類聚)』 권19, 『인부삼·언어(人部三·言語)』, 상해고적출판사(上海古籍出版社), 1982년판, p.348.

를 표현하고 선양하려면 반드시 그것의 명칭을 내세워야 한다. 명칭은 객관적 사물에 따라 바뀌고 언어도 도리법칙에 따라 바뀐다. 이는 마치 소리가 나간 후 메아리로 호응하고 형체가 존재하면 그림자가 달라붙어 따르는 도리와 마찬가지이다. 억지로 서로 상관없는 두 개의 사물로 갈라놓을 수 없다. 만약 서로 상관이 없는 두 개의 사물이라면 언어로 그 의미를 명확하게 설명할 수 없다."[355] 그는 체용(體用)의 관계로 언의(言意)의 관계를 해석함으로써 '언능진의(言能盡意)'라는 사상방법을 새로운 이론적 고도로 격상시켰다.

위진 현학자 중에서 곽상(郭象)은 도가의 언의관(言意觀)의 영향을 가장 많이 받은 사상가이며, 특히 장자(莊子)의 언어(言語)로는 우리의 뜻을 표현할 수 없다는 '언부진의(言不盡意)'의 사상관념을 깊이 체감하고 있었다. 그러나 그는 선진 경전의 해석에 주력한 학자로서 다른 현학자들과 마찬가지로 언(言)·의(意) 사이의 내재적 연관성을 긍정했다. 한편으로, 곽상 역시 성현들은 항상 언어를 통해 자신들의 사상 감정을 표현하려 했다는 것을 긍정했다. 이른바, "최상의 이치는 언어로 명백히 해석할 수 없는 것이지만, 언어와 사상이 유사하기에 사상을 언어에 기탁하는 것이다."[356] 그렇다면 유가와 도가의 경전은 바로 성현들이 '사상을 언어에 기탁'한 것으로 자신들의 사상을 표현하는 방법과 수단이라는 것이다. 다른 한편으로, 곽상은 후학들 역시

---

355) 구양건(歐陽建): 『언진의론(言盡意論)』, 구양순(歐陽詢) 『예문류취(藝文類聚)』 권19, 『인부삼·언어(人部三·言語)』, 상해고적출판사(上海古籍出版社), 1982년판, p.348.
356) 『장자집석(莊子集釋)』, 『제물론(齊物論)』, 중화서국(中華書局), 1961년판, p.79.

반드시 경전의 언어를 통해 성현의 사상을 이해하고, 언의(言意)의 표현을 통해 무언무의(無言無意)의 도(道)의 본체를 깨우쳐야 한다고 주장하면서, "언론과 억측은 모두 실재하는 것이지만 이 실제 존재하는 것으로 존재하지 않는 무(無)를 탐구한다는 것은 불가능한 것이다. 무(無)를 탐구하려면 문자와 언어에 국한되지 않고 사상 감정을 깨닫는 언의지표(言意之表)를 탐구하여 무언무의(無言無意)의 경지에 도달하면 된다"357)라고 언급했다. 곽상은 언(言)으로 의(意)를 표현함으로써 최종적으로 본체지도(本體之道)의 경지에 이르러야 한다고 주장했다. 결론적으로 곽상은 언의(言意) 사이의 내재적 연관성을 강조함으로써 유가와 도가 경전 해석의 합리성을 인정했다.

양송(兩宋) 시기에 흥기한 이학 사조는 일종의 유학(儒學)부흥운동으로 이학자들은 선진 유가 경전에 대한 새로운 해석을 통해 유가 윤리를 핵심으로 하고 성(性) 및 천도(天道)를 근간으로 하는 사상학술 체계를 구축했다. 위진 현학과 비교해 볼 때, 이학자들은 선진 경전에 대한 연구와 사고를 더욱 중시했으며, 경전에 대한 해석과 설명에 열중했기 때문에 '언(言)'과 '의(意)'의 통일성을 더욱 강조함으로써 언의지변(言意之辨)의 방법은 이학자들이 경전을 해석하는 중요한 방법이 되었다. 현학과 이학의 차이점은 언의지변(言意之辨)에 관한 논의는 위진(魏晉) 시기에 보편적으로 주목받았던 주류 학술어로서, 현학자들은 서로 주장이 크게 엇갈려 열띤 논쟁을 벌였고, 양송(兩宋) 시기

---

357) 『장자집석(莊子集釋)』, 『추수편(秋水篇)』, p.573.

의 이학자들은 언의지변(言意之辨)에 관한 문제에 대해 거의 논쟁을 벌이지 않아 언의지변(言意之辨)은 더 이상 이 시기의 주류 학술어가 아니었다는 점이다. 논의하지 않고 논쟁하지 않았다고 해서 이 문제가 중요하지 않은 것은 아니며, 언의지변(言意之辨)은 이학자들이 경전을 해석하는 주요 방법일 뿐만 아니라 그들은 이 문제에 대해 공감대를 형성했다. 이학자들이 논쟁을 하지 않은 것은 현학이 유가와 도가의 서로 다른 언의관(言意觀)을 융합해 모순된 견해를 가지고 있었던 것에 반해 이학자들은 유학 부흥의 취지 하에 선진유가의 언의관(言意觀)을 주장해 언의(言意) 문제에 중대한 학술적 이견(異見)이 생기지 않았기 때문이다.

그래서 양송의 이학자들은 여전히 언의지변(言意之辨)의 방법 문제를 매우 중시하여, 『역전(易傳)』의 언(言)으로 상(象)을 나타내고, 상(象)으로 의(意)를 표현한다는 사상 방법을 보편적으로 받아들여 말로 뜻을 다 표현할 수 있다는 '언진의(言盡意)'의 원칙을 인정했다. 비록 그들이 언어로 사상내용을 다 표현할 수 있는지 여부에 대해 논쟁은 벌이지 않았으나 '언능진의(言能盡意)'의 사상 방법과 원칙은 보편적으로 설명했다. 정이(程頤)는 자신의 저서 『주역전서(周易傳序)』에서 우선적으로 그가 『역(易)』에 접근하는 방법과 원칙을 밝혔다.

> 길흉의 소장(消長), 진퇴존망(進退存亡)의 이치는 괘사(卦辭), 효사(爻辭) 중에 모두 갖추어져 있다. 괘사(卦辭)와 효사(爻辭)를 추론하고 괘상(卦象)을 고찰해 보면 그 중의 변화를 알 수 있는데 물상(物象), 점복(占卜)도 그중에 있음을 알게 된다. 때문에 군자는 집에 안거할 때는 그 물상을

관찰하여 그 괘사와 효사를 음미한다. 문을 나서 움직일 때에는 그 중의 변화를 관찰하여 그 점험(占驗)을 음미한다. 괘사, 효사의 문자적 뜻은 알지라도 그 이면의 깊은 뜻을 통달하지 못하는 경우도 있다. 하지만 괘사, 효사의 문자적 뜻을 알지 못하면서 그 이면의 깊은 뜻을 통달한다는 것은 불가능한 것이다. 이치는 지극히 미묘하고 물상은 지극히 분명한 것이다. 나의 『역전(易傳)』은 『주역(周易)』중의 언사(言辭)만을 해석했는데 언사를 통해 그 이면의 깊은 뜻을 이해할 수 있을지는 개인에게 달려 있다.[358]

정이(程頤)는 여기에서 득의(得意), 구리(求理), 문도(聞道)에 관한 목적성 추구는 '사(辭)'의 수단이 필요하다고 강조했다. 성인은 '사(辭)'를 통해 '의(意)'를 표달하고, 후대의 학자들은 다만 '사(辭)'로 의(意)를 구할 수 밖에 없으며, 또한 "사(辭)를 통하지 않고 의(意)를 표현할 수 있는 사람은 없다"라고 강조했다. 이는 다음 표시와 같다.

성인 : 의(意) → 사(辭)
학자 : 사(辭) → 의(意)

이렇게 말로 뜻을 구할 수 있고, 말로 뜻을 다 표현할 수 있다는 것이 이학자들이 연구하고 배우고, 경전을 해석하는 기본 원칙과 중요한 방법이었다.

주희(朱熹)는 이런 유언득의(由言得意), 언능진의(言能盡意)의 학술적 원칙과 방법에 대해 진일보로 논술했다. 그는 '언(言)'은 성인의 '의(意)'를 파악하는 필수적인 수단이자 방법이라고 강조하면서 다음

---

358) 『이정집(二程集)』 하권, 『역전서(易傳序)』, 중화서국(中華書局), 1981 년판, p.689.

과 같이 말했다.

성인의 뜻은 주로 경전의 언어문자 중에 존재함으로 학자는 반드시
먼저 언어문자에 힘써서 성인의 뜻을 깨닫고, 성인의 뜻에 따라 천지의
이치를 구해야 한다.[359]

주희는 경전체계의 '선달지언(先達之言)'은 성인의 사상내용을 파악
하는 필수적인 수단이고, '성인지의(聖人之意)'는 천지의 이치에 대한
체득이기에 '성인지의(聖人之意)'와 '천지지리(天地之理)'를 이해하려면
경전체계에서의 '선달지언(先達之言)'에 대한 공부와 이해가 필수적이
라고 주장했다. 그래서 주희 역시 현학의 '언능진의(言能盡意)'의 관점
과 방법을 계승하면서도 경전에 대한 학습과 언어문자에 대한 노력을
더욱 강조했으며, 관련해서 다음같이 말했다.

경전을 공부함에 있어 언어문자를 보지 않고 그 중의 도리를 터득한
자는 없다.[360]
경전을 해석하는 것은 반드시 글자의 뜻을 먼저 해석하고 그 다음에
문장의 뜻을 밝혀야 한다. 그 다음 책 전체에서 그 중에 내포된 이치를
탐구해야 한다. 그것의 깊고 얕고 멀고 가깝고, 상세하고 조밀한 것들은
매우 규칙적이다. 만약 다급하게 읽다 보면 난잡하기 마련이다. 그리고
경전을 대강 해석하면 문장의 뜻과 사물 및 그 명칭을 대충대충 해석할
수도 있다. 가장 중요한 것은 스스로 부단히 노력할 것을 요구하는 것이
자신의 학문연구에 도움이 될 것이다.[361]

---

359) 『주자전서(朱子全書)』 제22권, 『주문공문집(朱文公文集)』 권42, 『답석자중(答石子重)』,
   상해고적출판사(上海古籍出版社), 2002 년판, p.1920.
360) 『주자전서(朱子全書)』 제24권, 『주문공문집(朱文公文集)』 권81, 『서중용후(書中庸後)』,
   p.3830.

보다시피 주희는 "언(言)으로 의(意)를 다 표현할 수 있다"라는 관점을 제기한 사람이자 수호자였다. 그는 경전에 대한 연구와 공부를 중시했을 뿐만 아니라 문자훈고(文字訓詁)에도 많은 공을 들였다. '성인의 뜻'과 '천지의 이치'에 대한 추구를 실현하기 위해 그는 경전문헌 및 언어문자 방면에 많은 노력을 기울였다.

이로부터 현학과 이학을 막론하고 모두 경전에 대한 학습과 해석을 중요시했고, 경전 해석의 전제로 먼저 '성인의 의(意)' 즉 성인의 사상 내용이 경전 문헌 속에 존재한다는 것을 인정해야 하며, 경전의 언(言)과 성인의 의(意) 사이에 깊은 내재적 연관성이 존재한다는 것을 알 수 있다.

3. 사상 혁신의 근거 : 언(言)과 의(意)의 차이점

언의지변(言意之辨)의 문제에 있어 현학과 이학은 모두 언(言)·의(意) 사이의 차이를 강조하였고, 말로 그 뜻을 다 표현할 수 없다는 '언부진의(言不盡意)'는 그들의 공통된 사상적 토대였다는 공통점도 있다. 가령 언능진의(言能盡意)가 현학과 이학의 경전 해석의 사상적 전제라면, '언부진의(言不盡意)'는 곧 경전 해석을 통한 사상 혁신을 실현하는 근거가 된다.

중국 사상학술사에서 현학과 이학은 모두 시기적 요구에 부응하기

---

361) 『주자전서(朱子全書)』 제21권, 『주문공문집(朱文公文集)』 권31, 『답경부맹자설의의(答敬夫孟子說疑義)』, p.1352.

위한 사상 혁신을 완성한 학술사조이며, 그들의 사상혁신은 역사문헌이나 경전문헌을 떠나 독립된 새로운 사상체계를 구축한 것이 아니라 경전에 대한 창조적인 해석을 통해 사상 혁신을 이루어낸 것이며, 이러한 사상 혁신은 또한 '성인의 의(意)'라는 명분 하에 실현된 것이다. 사상 혁신의 목적 달성을 위해 그들은 반드시 경전 문헌과 역대 학자들이 서술한 '성인의 의(意)'에 대한 창조적인 이해와 해석은 필수적이다. 그렇다면 그들은 반드시 경전 문장의 '언(言)'과 성인 심중의 '의(意)' 사이의 차이와 모순을 강조해야 하고, '언부진의(言不盡意)' 및 '언외지의(言外之意)'에 대한 탐구가 현학과 이학이 필요로 하는 경전 주석의 원칙과 사상 방법이라는 것을 인정해야 한다.

현학은 사상 해방, 학술 혁신을 갖춘 사조로서, 사상 학술 혁신의 필요를 실현하기 위해 위진(魏晉) 시기의 학자들은 아주 보편적으로 '언부진의(言不盡意)'의 사상 원칙 및 방법을 신봉했었고, 또한 '언외지의(言外之意)' 추구를 통한 사상 혁신의 목적 실현을 희망했다. 그래서 일찍이 위(魏)나라 중기에 학자들 사이에서 '언부진의(言不盡意)'의 사상이 성행했다.

> 세상의 의론에 종사하는 사람이 말로 뜻을 명확하게 표현할 수 없다고 인정하는데 이는 유래가 아주 오래되었다. 고금의 지식을 통달하고 재능과 식견을 겸비한 사람은 모두 다 그렇게 생각한다. 예하면 장제(蔣濟)는 눈동자를 보면 그 사람을 꿰뚫어 볼 수 있는데, 종회(鍾會)와 부하(傅嘏)가 재(才)와 성(性)의 같은 점과 다름 점을 담론할 때 이 이치를 인용하지 않은 적이 없다.[362]

이로부터 당시 학계 명사들은 거의 모두가 언어로는 그 뜻을 다 표현할 수 없다는 '언부진의(言不盡意)' 사상을 인정하면서, 학자들은 주로 이 사상으로 경전을 주석하기보다는 인물을 품평하는 데 주력했음을 알 수 있다. 그러나 위진 명사는 곧바로 '언부진의(言不盡意)'의 사상과 방법을 경전 해석에 도입했다. 순찬(荀粲)은 먼저 이 방법으로 경전의 언어문자로 성인의 사상내용을 다 표현할 수 없다는 것에 대해 논술했다.

> 순찬(荀粲)은 오직 도(道)에 대해 담론하기를 즐겼으며, 언제나 자공(子貢)이 '공자가 말하는 성(性)과 천도(天道)는 들어 이해할 수가 없다'고 말했으니, 설사 육경(六經)이 존재하더라도 성인이 남긴 지게미와 쌀겨에 지나지 않는다고 생각했다.363)

순찬(荀粲)은 자공(子貢)의 말을 빌려 "공자가 담론한 성(性)과 천도(天道)에 대해 이해할 수가 없다"라고 말하고, 육경의 문자와 성인의 사상내용 사이의 모순과 긴장 관계를 강조했다. 특히 그는 언진의(言盡意)와 언부진의(言不盡意) 이 두 가지 방법을 겸용했는데, 이는 경전 해석을 통해 사상 혁신을 이루려는 모든 학자들이 반드시 정면으로 돌파해야 할 문제였다. 역사서에 다음과 같이 기재되어 있다.

---

362) 구양건(歐陽建): 『언진의론(言盡意論)』, 구양순(歐陽詢)의 『예문류취(藝文類聚)』 권19, 『인부삼 · 언어(人部三 · 言語)』, p.348.
363) 『삼국지 · 위서(三國志 · 魏書)』 권10 『순혹전(荀彧傳)』주석 『진양추(晉陽秋)』, 중화서국(中華書局), 2005년판, p.240.

순찬(荀粲)의 형제 순오(荀俣)가 질문했다. "『역전(易傳)』에서 성인은 '상사(象辭)'로 도리를 표현하고, '계사(繫辭)'로 깊고 미묘한 언사를 표현할 것을 주장했다. 그렇다면 무슨 연고로 우리가 미묘하고 심오한 뜻을 습득하고 이해할 수 없다고 말하는가?" 순찬이 대답하길 "무릇 이치가 미묘한 것은 물상(物象)으로 능히 대변할 수 있는 것이 아닌데 지금 '상사(象辭)'로 이치를 밝힌다고 말하는 것은 이미 표현된 뜻 이외의 뜻은 포함되지 않는다. '계사(繫辭)'로 미묘한 언사를 표현한다는 것은 전달하고자 하는 뜻의 전부가 아니라 그저 표면적인 뜻을 표현할 뿐이다. 그러나 더욱 심오한 뜻은 즉, 상(象)을 벗어난 뜻이며, 설명을 넘어선 말로 그 속에 함축되어 있어서 밖으로 표현해낼 수 없는 것이다."[364]

순찬(荀粲)은 『역전(易傳)』의 '언(言) → 상(象) → 의(意)' 사이의 내적 관련을 인정해 언능진의(言能盡意)를 긍정했다. 또 한편으로는 상사(象辭)와 계사(繫辭)로는 미묘한 말과 심오한 뜻은 표현할 수 없다고 여겨 언불진의(言不盡意)를 긍정했다. 전자는 경전 주석의 필요성을 강조했고, 후자는 말로는 표현할 수 없는 뜻을 탐구하는 합리성을 긍정한 것이다.

그 이후의 위진 명사들은 모두 이 기본 발상을 따라 진일보로 사고하고, 이론은 더욱 심도있고 원융(圓融)해졌다. 왕필(王弼)은 한편으로는 '언(言) → 상(象) → 의(意)'의 내재적 연관성을 확고하게 굳힌 학자로 "의(意)는 상(象)을 통해 묘사할 수 있고, 상(象)은 언(言)을 통해 서술할 수 있다"[365]라는 주장을 제기했다. 다른 한편으로는 '언(言)·

---

364) 『삼국지 · 위서(三國志 · 魏書)』 권10 『순혹전(荀彧傳)』주석 『진양추(晉陽秋)』, 중화서국(中華書局), 2005년판, p.240.
365) 『왕필집교석(王弼集校釋)』 하권, 『주역략예 · 명상(周易略例 · 明象)』, p.609.

상(象)·의(意)' 사이의 모순과 긴장 관계를 긍정하며 뜻을 얻으면 상(象)은 잊어야 하고, 상(象)을 얻으면 말(言)을 잊어버려야 한다는 주장을 제기했다. 후자는 바로 그가 사상적으로 자유롭게 '성인의 뜻'을 밝힐 수 있는 근거를 제공했다. 바로 그가 말한 바와 같이, "언(言)이 존재하게 되면 상(象)을 밝힐 수 없고, 상(象)이 존재하게 되면 의(意)를 구할 수 없다. 괘상(卦象)은 미묘하고 심오한 뜻에서 비롯되기에 괘상이 존재하는 것이지, 존재하는 것이 괘상(卦象)이 아니다. 문사언어는 괘상에서 비롯되었기에 문자언어가 존재하는 것이지, 문자언어가 존재하는 것이 아니다. 이런 연고로 괘상을 잊어야만 미의(微意)를 얻을 수 있으며, 문자언어를 잊어야만 괘상을 얻을 수 있다"[366]라는 것이다. 왕필(王弼)은 언(言)·상(象)·의(意) 사이의 관계에서 사람들이 '망상(忘象)', '망언(忘言)'을 해야만이 진정으로 '득의(得意)'할 수 있다고 여긴 것을 보면 상(象)·언(言)으로는 의(意)를 다 표현할 수 없다는 것을 알 수 있다. 그렇다면 '의(意)'는 '언(言)', '상(象)'을 벗어나서 다만 학자의 내심적 체득에 의존하고 언어로는 전할 수 없는 것이 된다. 왕필의 언어로는 그 본의를 설명해낼 수 없다는 '언외지의(言外之意)'에 대한 추구는 사실 그의 경전 해석에 있어서 가장 혁신적인 사상이다.

  왕필의 언(言)·의(意)에 대한 관점은 유가(儒家)의 『역전(易傳)』을 기본으로 한 것이고, 곽상(郭象)은 도가의 『장자(莊子)』를 기본으로

---

366) 『왕필집교석(王弼集校釋)』 하권, 『주역략예·명상(周易略例·明象)』, p.609.

하였으나, 현학이 경전 해석을 통해 사상 특색을 구축하면서 그들의 언(言)·의(意) 관념을 통일시켰다. 곽상은 한편으로는 언(言)으로 의(意)를 표현할 수 있고, 성인들은 항상 '언(言)'을 통해 '의(意)'를 표현했기에 학자들도 마땅히 언(言)으로 성인들의 의(意)를 밝혀야 한다고 주장하여, 그가 '언(言)'과 '의(意)' 사이의 내재적 연관성을 긍정하고 있음을 알 수 있다. 그러나 다른 한편으로 그는 지극한 이치는 말로 해석하여 설명할 수 없다는 '지리무언(至理無言)'을 강조해 언어로는 뜻을 다 표현할 수 없다는 점을 인정했다. 그래서 언의지변(言意之辨)의 문제에 있어서 그는 '기언출의(寄言出意)'의 학술 주장을 제기하여 언능진의(言能盡意)와 언불진의(言不盡意)를 융합했다. 그는 '기언의(寄言意)'에 대해 다음과 같이 서술했다.

> 장자(莊子)는 태평안정을 천하에 미루어 평론하고자 했기 때문에 매번 언어에 기탁하여 자신이 하고자 하는 의(意)를 표현하면서도, 도리어 공자를 비방하고 노자를 경멸했으며 삼황(三皇)을 비난하여 자신을 모욕하였다.[367]

곽상은 장자(莊子)의 의(意)는 반드시 '언(言)'에 의거하여 표현해야 한다고 생각했지만, '언(言)'은 단지 일종의 일시적으로 '의(意)'를 표현하는 수단일 뿐이며, 결코 본뜻과 동일시할 수 없고 사람 내심의 '의(意)'는 아주 복잡한 것이라고 여겼다. 곽상은 특히 본체세계의 '지리(至理)'와 '도(道)'는 완전히 순수한 '무(無)'로서 더욱이 언어로는 표현

---

367) 『장자집석(莊子集釋)』, 『장자·산목(莊子·山木)』, 중화서국(中華書局), 1961년판, p.699.

할 수 없다고 강조하며 이르기를, "최상의 이치는 언어로 명백히 설명할 수 없는 것이지만, 언어와 사상이 유사하기에 사상을 언어에 기탁하는 것이다"368). 그가 말하는 '지리(至理)'는 사실 무언무의(無言無意)의 영역이다. 다시 말해서, 모든 언어와 사상을 초월하는 본체적 세계이다. 곽상은 기언출의(寄言出意)의 해석방법을 운용해 언의지변(言意之辨)의 문제를 해결하였기 때문에 그는 유가와 도가 경전을 해석할 때 성현이 나타내고자 했던 사상내용 표현에 경선 문상의 구애를 받지 않고도 더욱 창의적인 이해방식을 운용했다. 그는 『장자 · 소요유(莊子 · 逍遥游)』를 주석할 때 다음과 같이 서술했다.

> 장자가 표현하려는 핵심적인 뜻은 정신적 자유의 경지에 노닐며, 무위에 맡겨 스스로 만족하는 것에 있다. 그러므로 대(大)와 소(小)의 극치를 철저히 보여줌으로써 대소(大小) 양자의 타고난 성질의 구별을 밝혀낸다. 사리에 밝은 사람은 그 중의 심오한 뜻을 파악해야 하고 거기에 주석을 단 쓸데없는 글자는 버려야 하며 각 구절마다 주석을 달 필요가 없다.369)

곽상은 장자(莊子)의 대의(大意)를 이해하기 위해서는 "그 중의 심오한 뜻을 파악하고, 그 중의 해석에 사용한 쓸데없는 문자를 버려야 한다"라는 태도를 취할 것을 강조했다. 그러면 그가 이해한 '장자(莊子)의 의(意)'는 언어적 원문에서 벗어날 수 있다는 것인데, 사실 이는 그가 하나의 혁신적 사상의 언의관(言意觀)을 구축하고 확인하기 위함이다.

---

368) 『장자집석(莊子集釋)』, 『장자 · 제물론(莊子 · 齊物論)』, p.79.
369) 『장자집석(莊子集釋)』, 『장자 · 소요유(莊子 · 逍遙遊)』, p.3.

위진 시기 현학자들 사이에서 성행한 언불진의(言不盡意) 논조는
유가 경전을 신봉하던 양송(兩宋) 시기에 와서는 더 이상 성행하지
않았고, 공개적으로 언불진의(言不盡意)의 관점을 주장하는 송대 유학
자는 거의 찾아보기 어려웠다. 그러나 양송 시기는 중국 경학사의
개방시기로서 송대 성리학이 경학사에 남긴 중대한 개척은 한당(漢
唐)의 경학(經學)을 송명(宋明)의 의리지학(義理之學)으로 전환시킴으
로써 경학(經學)의 역사적인 변화를 가져왔다는 것이다. 송대 유학자
가 이해한 '성인의 의(意)'와 경전 및 그 주소(注疏) 사이에는 여전히
모순과 긴장이 존재했기에 송대 유학자의 사상 발전 및 학술 혁신은
반드시 경전 해석에 있어서 기존의 경전 주소지학(注疏之學)의 울타리
에서 벗어나야 했다. 송대에 흥기한 의경(疑經) 사조는 바로 한당(漢
唐) 경학(經學)이 독점한 경전 해석에 대해 의심하고 비판하여 성인의
도(道)로 회귀하자는 취지의 경학사조이다. 겉으로 보기에는 일종의
복고주의 학술사조 같지만 실질적으로는 시기의 발전 변화에 따라
'성인지도(聖人之道)', '성인지의(聖人之意)'에 대한 새로운 이해가 형성
된 것이다. 그래서 송대 유학자들에게는 한당(漢唐) 주소지학(注疏之
學)의 '언(言)'에 대한 새로운 도전 제기가 절실하게 요구되었다.
　　송대의 의경(疑經) 사조는 사실 경학 분야에서 '성인지도(聖人之道)'
와 한당(漢唐) 제유지언(諸儒之言)에 관한 모순과 긴장 관계의 발로이
며, 언불진의(言不盡意) 관념은 그들이 경학(經學)을 다루는 사상방법
에 내포되어 있다. 남송의 시인 육유(陸游)는 다음같이 언급했다.

당대(唐代)와 송초(宋初)의 학문을 구하는 사람들은 감히 공안국(孔安國), 정강성(鄭康成)을 비난하지 못했으니 하물며 공자(孔子)야 더 말할 나위가 있겠는가. 하지만 경력(慶歷) 이후에 유생들은 경서의 요의(要義)를 밝혀내어 선인들이 필적할 수 없는 정도에 이르렀는데도,『사계(系辭)』를 배척하고『주례(周禮)』를 비방하였으며『맹자(孟子)』를 의심하고, 상서(尙書)』중의『윤정(胤征)』,『고명(顧命)』을 의심하고,『시(詩)』의『서(序)』를 얕잡아 보았다. 주공(周孔)의 경전마저 배척했으니 경전 저서를 해석한 문자야 더 말할 나위가 있겠는가.[370]

육유(陸游)의 언급에 따르면, 송대의 여러 유학자는 '경서의 요의(要義)를 밝혀내었기에' 즉 그들이 존경한 '성인의 의(意)'에 대해 자기 나름대로 이해하게 되면서 점차적으로 한당(漢唐)이 구축한 경학체계에 도전하기 시작했다. 송대 유학자의 한당(漢唐) 경학의 '언(言)'에 대한 의심은 세 가지 차원으로 나뉜다. 첫째, 한당(漢唐)의 제유(諸儒)가 지은 주(注)와 소(疏)에 대한 의심으로, 이런 주소(注疏)의 '언(言)'이 '성인의 의(意)'를 표현해 내지 못한다고 여겼기에 한당(漢唐) 제유의 방대한 주소(注疏) 체계에 대한 질의와 비판을 제기했다. 송대 유학자는 한당(漢唐)의 유학자들이 "훈고장구(訓詁章句)만 알고 성인의 의(意)에 대해서는 연구할 줄 모른다"[371]라고 비평하는 경우가 많았다. 둘째, 선대 유학자와 현인들의 전(傳)과 기(記)에 대한 의심이다. 공자 이후의 많은 선대 유학자와 현인들은『역전(易傳)』·『춘추(春秋)』三

---

370) 왕응린(王應麟)『경설인(經說引)』, 문연각(文淵閣)『사고전서(四庫全書)』제854권,『곤학기문(困學紀聞)』권8, p.323.

371)『주자전서(朱子全書)』제24권,『주문공문집(朱文公文集)』권75,『중용집해서(中庸集解序)』, p.3640.

傳・『예기(禮記)』・『시서(詩序)』등을 포함한 '오경(五經)'에 대해 다량
의 전(傳)과 기(記)를 남겼다. 경학사에서 이들 전(傳)과 기(記)는 대부
분이 경(經)과 동일시될 정도로 줄곧 매우 높은 위치를 차지했다. 그
러나 송대 유학자들은 이런 전(傳)과 기(記)의 '언(言)'이 성인의 '의(意)'
를 표현하고 있는지 의심을 제기했다. 그들은 이러한 '언(言)'이 성인
에서 비롯된 것이 맞는가 의심하기도 했는데, 예하면 구양수(歐陽修)
는 『역동자문(易童子問)』에서 『계사(繫辭)』・『문언(文言)』・『설괘(說
卦)』・『서괘(序卦)』・『잡괘(雜卦)』가 공자의 설(說)이라는 것을 의심
했다. 또한 송대 유학자들은 『예기(禮記)』・『춘추(春秋)』三傳・『시서
(詩序)』등 전(傳)과 기(記)의 언(言)이 성인의 의(意)를 제대로 표현하고
있는지 의심하며, 이런 전(傳)과 기(記)의 '언(言)'이 성인의 '의(意)'를
밝히는데 많은 결함이 존재한다고 여겼다. 셋째, 경문(經文)의 진실성
및 저자 문제를 포함한 경(經) 자체에 대한 의문을 제기했다. 예하면,
송대 유학자의 고문 『상서(尚書)』가 진경(眞經)인지에 대한 의심, 『주
례(周禮)』가 주공(周公)의 저작인지에 대한 의심을 제기했다. 경문과
저자가 의심스럽다면 그 '언(言)'이 성인의 의(意)를 나타낼 수 있을지
는 더욱 의심스러운 문제가 된다.

이로부터 송대 유학자들에게서도 '성인지도(聖人之道)', '성인지의
(聖人之意)', '성문지미지(聖門之微旨)'와 경전 및 그 전(傳)・기(記)・주
(注)・소(疏)의 '언(言)' 사이에는 여전히 심각한 긴장관계가 존재하고,
이들 역시 현학자와 마찬가지로 언(言)으로 의(意)를 다 표현할 수
없다는 언불진의(言不盡意)를 인정했음을 알 수 있다. 그래서 송대

유학자들은 현학과 마찬가지로 '언(言)'과 '의(意)'의 긴장관계를 운용해 의리(義理)를 발휘하여 '성인의 의(意)'를 새롭게 변화시킴으로써 사상 학술의 발전과 혁신을 이룩했다. 송학(宋學)의 대표적 인물인 주희(朱熹)는 이런 견해에 대해 다음과 같이 논술했다.

> 나는 일찍이 진한(秦漢) 이래로 유가의 경전은 훼손되어 더는 전래될 수 없으며, 유생학자들은 훈고장구(訓詁章句)나 알 뿐 성인들의 뜻을 연구함과 동시에 한 걸음 더 나아가 성명도덕을 밝히는 학문을 천명하지 못하리라고 생각했었다. 송대(宋代)에 이르러 선각자들이 의리(義理)와 성명도덕(性命道德)의 학술을 창제한 덕분에 비로소 학자들이 이전 한학(漢學)의 실수를 알게 되었다.[372)]

주희(朱熹)는 훈고장구(訓詁章句)의 '언(言)'과 성명도덕지귀(性命道德之歸)의 '의(意)'는 동일시할 수 없고, 양자 사이의 모순되고 긴장된 관계를 반드시 직시해야 한다고 강설했다. 따라서 주희는 한편으로는 각고의 노력으로 경전 문헌을 열독하여, "성인의 의(意)는 반드시 문장의 구절에 숨어 있는"만큼 문헌의 '언(言)'을 통해 성인의 '의(意)'를 체득해야 한다고 강조했다. 다른 한편으로는, 성인이 가르쳐 준 미묘한 뜻은 문자훈고의 가르침이 아님으로 '장구훈고(章句訓詁)'에 빠져서는 안되며, 내심의 유유한 체득을 통해 위대한 지혜가 유구한 경지에 들어가야만 성인의 깊고 오묘한 뜻인 '미지(微旨)'를 터득할 수 있다고 강조했다.

---

372) 『주자전서(朱子全書)』 제24권, 『주문공문집(朱文公文集)』 권75, 『중용집해서(中庸集解序)』, p.3640.

언(言) · 의(意) 사이의 모순과 긴장으로 송대 유학자들은 경전을 해석할 때마다 단순히 경전 문헌의 문맥에만 힘을 기울일 뿐 아니라, 해석자는 스스로를 뒤돌아보면서 항상 마음을 바로잡는 '반구제심(反求諸心)' 및 자신의 내심으로부터 의리(義理)를 깨닫는 공부를 통해 진정으로 '성인의 미지(微旨)' 혹은 '천지지리(天地之理)'를 파악할 것을 강조했다. 주희(朱熹)는 다음과 같이 말했다.

성현들의 깊고 미묘한 말씀과 깊은 뜻을 파악하려면 자기의 내심으로 의리를 체득하는 노력이 필요하다. 이 과정에서 그 속에 깊이 침잠하여 반복적으로 의미를 깊이 새겨보고 그 뜻을 헤아려야 한다. 일상생활 실천 중에서 그 속의 이치를 자세히 관찰하고 탁마하여 미세한 차이도 세밀하고 신중하게 판별해야 한다. 그렇게 세월이 거듭되면 내적 검증의 확장을 통해 진정한 반성이 생기게 되고 공자와 맹자의 사상을 대체로 알 수 있게 된다.373)

공자와 맹자의 사상과 성현의 말씀을 깨닫는 것은 단순히 책을 읽는 것을 통해서만이 아니라, '반구제심(反求諸心)'하고 자아 내재적 '검증의 확장'을 통해 자신의 심(心)과 성현의 심(心)을 상통시켜야 한다는 것이다. 또한 주희는 성인의 의(意)를 파악함에 있어서, 이러한 일상생활에서의 체험과 관찰 및 검증의 확충이 독서보다 더욱 중요하다고 여겼다. 그는 "학문이란 곧 자기 스스로의 깨달음과 탁마, 체험과 관찰, 검증의 확장을 통해 얻어야 한다. 독서를 통해 얻는 것은

---

373) 『주자전서(朱子全書)』 제22권, 『주문공문집(朱文公文集)』 권43, 『답진명중(答陳明仲)』, p.1943.

근본적인 의의가 아니라 제이의(第二義)이다. 학문은 자신의 일상생활의 실천을 통해 깨닫는 것이지 외부에 의존해서 얻을 수 있는 것이 아니다"[374]라고 피력했다. 그는 성인의 심(心)과 천지지리(天地之理)를 체험하고 관찰하는 데 있어서 언어·문자적으로 공을 들이는 독서 활동은 부차적인 '제이의(第二義)'이고, 일상생활의 실천에서 공을 들이는 체험과 관찰, 검증의 확충이 바로 근본적인 의의를 가지는 '제일의(第一義)'이라고 주장했다.

송대 유학자는 문자 훈고의 독서에 그치지 않고 의리(義理)에 대한 인식을 통해 '체험·관찰·검증을 몸소 체험하고 힘써 실천하는 실제적인 느낌'에 의존할 것을 강조하였기 때문에 그들의 '성인지의(聖人之意)', '의리지학(義理之學)'에 대한 이해는 사상적·학술적으로 창조적인 활력이 충만했다. 심지어 송대 유학자가 언(言)·의(意) 사이의 긴장으로 인해 보편적으로 경전에 대한 의심을 제기하는 경우, 그 의경(疑經)의 근거는 그들이 체득한 '의리(義理)'였다. 주희(朱熹)는 자신의 의경(疑經)에 대한 원칙과 방법에 대해 다음과 같이 언급했다.

> 금세에서 살고 있는 내가 옛 사람들의 책을 읽을 때 경전의 진위를 판별할 수 있는 근거는 아래 두 가지에 있다고 생각한다. 첫째, 그 의리(義理)가 타당하고 정확한가 여부에 따라 판단하는 것이고, 두번째는 그 관련 증거와 같은지 혹은 다른지의 시각으로 의문의 여부를 살펴보는 것이다. 이상 두 가지 원칙의 검증없이 주관적으로 추측하고 무책임하고 근거없이 그 진위를 판단할 수 있는 사람은 없다.[375]

---

374) 『주자전서(朱子全書)』 제14권, 『주자어류(朱子語類)』 권10, p.313.

주희가 '의리(義理)의 합당과 정확 여부'를 근거로 경전의 진위를 판단한 이유는 그가 경전 해석에서 사상·학술적 혁신을 중시하고 선호했기 때문이며, 그는 당연히 '성인지의(聖人之意)'의 소급과 사상 학문의 혁신이 통합되기를 희망했다. 그러나 양자가 통합되지 않을 때 송대 유학자는 사회와 시기에 부합하기 위해 필요한 사상학술 혁신을 더욱 추구하는 것 같았기에 주희는 '의리(義理)의 합당과 정확 성'을 옛사람들의 저서 진위 여부를 판단하는 근거로 삼곤 했다.

제3절 현학의 본말지변(本末之辨)과
이학의 체용지변(體用之辨)

현학과 이학은 유가와 도가의 경전에 대한 해석을 통해 사상체계를 구축했는데, 경전 해석에 있어서 본말(本末)과 체용지변(體用之辨)의 본체적 해석방법을 중시했기 때문에 본체론을 궁극적인 근거로 하는 사상체계를 구축할 수 있었고, 중국 사상사에서 가장 사변적 색채를 띠고, 형상적 의미를 가장 잘 나타내는 철학체계가 되었다. 이런 본체 론적 해석 방법에 힘입어 현학은 중국 고전 본체론철학의 창시자가 되었고, 이학은 중국 고전 본체론철학의 완성자가 되었다. 따라서 현학과 이학의 본말(本末)과 체용(體用)의 경전 해석방법의 전수와 계

---

375) 『주자전서(朱子全書)』 제21권, 『주문공문집(朱文公文集)』 권38, 『답원기중(答袁機仲)』, p.1664.

승 및 발전 관계는 우리에게 중요한 관심사가 되었다.

'본체적 해석 방법'이란 즉, 현학자 및 이학자가 경전을 해석할 때 본말(本末), 체용(體用)의 본체적 사유방법을 운용하여 성인들이 남긴 경전과 언론에서 거론한 구체적인 사실로부터 그 중의 초월적인 측면과 형상적인 의미를 깨닫는 것을 말한다.376) 현학자와 이학자는 경전에 기록된 성인의 말은 비록 구체적인 정치문제나 윤리문제를 이야기하고 있지만, 그 말의 이면에는 더욱 깊은 형상(形上)학적 의미를 띠고 있다고 여겼다. 현학 및 이학의 경전 해석학은 유가 경전의 윤리와 정치의 형이상적 의미 해석이 공통된 목표이다. 이들이 이런 목표를 실현할 수 있었던 것은 본말(本末)과 체용(體用)의 방법으로 경전을 해석하고 사상체계를 구축했다는 공통성 때문이다. 또한 이 방법은 언의지변(言意之辨)과 분리할 수 없는 내재적 연관성을 가지고 있다. 현학 및 이학은 언의지변(言意之辨)의 문제에 있어서 점차적으로 언능진의(言能盡意)와 언불진의(言不盡意) 관점을 결부시킴으로써 경전 해석의 합리성과 혁신성의 통일을 확신했다. 경전 해석의 유효성을 인정하려면 반드시 언능진의(言能盡意)를 긍정해야 하고, 경전 해석을 통한 학술혁신을 이루려면 문헌의 언어적 한계가 있다는 점을 강조하기 위해 언불진의(言不盡意)를 주장해야 했다. 만약 경전 해석을 통해

---

376) 다년간 성중영(成中英)이 줄곧 창도한 '본체 해석학'은 주로 당대 철학자들이 구축한 중국 철학 본체론의 학설을 가리킴. 필자의 이른바 '본체 해석방법'은 중국 고대 사상가들이 '본말(本末)', '체용(體用)'의 본체 사유방법으로 경전을 이해하고 해석한 것을 가리키는데 이는 일종의 경전의 해석방법으로 이 양자는 서로 연관됨. 다시 말해서 중국 전통 사상 가운데에 포함된 본체적 존재에 대한 철학적 사고를 긍정한 것임.

형이상적 본체론을 구축하려면 더욱 언불진의(言不盡意)를 강조해야만 했다. 그래서 현학자들은 언불진의(言不盡意)를 논할 때, '의(意)'에는 두 개의 서로 다른 차원의 의미를 포함하고 있다고 보았다. 하나는 현실적 차원의 의미일 수 있고, 다른 하나는 형이상적 차원의 의미일 수도 있다. 전자는 '유(有)'로서 언(言)으로 의(意)를 다 표현할 수 있다는 것이고, 후자는 '무(無)'로서 언(言)으로 의(意)를 다 표현할 수 없다는 것이다. 순찬(荀粲)이 『주역(周易)』의 '성인지의(聖人之意)'를 언(言)과 상(象)에서 표현되는 의(意), 언(言)과 상외지의(象外之意) 이렇게 셋으로 구분했었는데 바로 그런 뜻이다. 사실상 현학이나 이학 모두 '의(意)'의 초월적 차원과 형이상적 의미를 특히 중시했고, 또한 '성인지의(聖人之意)'에 대한 이해와 논술 및 형이상학적 구조에서 탁월한 성과를 거두었다. 그러나 현학과 이학의 언외지의(言外之意)에 대한 이해 및 발휘는 모두 본말(本末), 체용(體用)의 본체적 해석방법으로 이루어진 것이다. 그래서 본말(本末)·체용(體用)의 경전 해석방법의 관점에서 현학과 이학 사이의 학술적 발전 논리를 탐구해 보고자 한다.

1. 현학의 경전 해석방법: 본말지변

중국 사상사에서 유가 경전의 해석을 통해 본체론적 학설을 성공적으로 구축한 것은 현학과 이학이다. 중국의 2천여 년에 걸친 경전 해석 역사에 있어서 왜 현학과 이학만이 유가 경전 해석을 통해 이러한 형이상적 의미의 본체론을 구축할 수 있었을까? 사실 이에 대해서는 우선적으로 그들의 본체적 해석 방법을 살펴봐야 한다.

현학과 이학 모두 본체적 해석 방법을 통해서 '성인의 의(意)'를 이해하고 발휘했지만, 구체적으로 말하자면 현학은 주로 '본말(本末)' 범주를 통해 이러한 본체적 사유방법을 표현했다. 그렇다면 '본말(本末)'의 사유방법은 어떻게 구축되었는가? 우선 현학의 '본말지변(本末之辨)'부터 살펴보도록 한다.

'본(本)'과 '말(末)'은 중국 고대에 생겨난 한 쌍의 개념으로, 그 본뜻은 나무의 근본(根本)과 지엽(枝叶)이다. 즉, 『설문(說文)』에서 "본(本)은 나무 아래 부분을 말한다"라고 풀이했고, 후에는 사물의 경중(輕重), 주종(主從) 관계를 비유하는 말로 사용되었다. 선진(先秦)부터 한위(漢魏)에 이르는 문헌에는 대량의 본말(本末) 대립쌍의 개념이 존재한다. 예를 들자면 다음과 같다.

> 모든 사물에는 근본적인 것과 부차적인 것이 있으며, 모든 일에는 시작과 종결이 있는 법이다.[377]
>
> 국정과 정책을 잘 다스리는 사람은 성(性)과 정(情)을 적합하게 따르고 음과 양의 순서에 순응하며 본(本)과 말(末)의 도리를 통달한다. 천(天)과 인(人)의 관계에 영합하는 사람이다.[378]

---

377) 『십삼경주소(十三經注疏)』 하권, 『예기정의 · 대학(禮記正義 · 大學)』 권60, 중화서국(中華書局), 1980년판, p.1673.

378) 한영(韓嬰): 『한시외전(韓詩外傳)』 권7, 연각(淵閣) 『사고전서(四庫全書)』 제89권, p.834.

무릇 자기의 지위를 공고히 할 수 있는 사람은 틀림없이 자신의 이모저
모를 주도면밀하게 살펴본 다음에 공정하고 적당한 주장을 취하는 사람
이다.379)

여기에서 '본말(本末)'은 모두 사물의 중요 정도, 주종관계 측면에서
말한 것이다. 즉, 주도적이고 중요한 것이 '본(本)'이고, 추종적이고
부차적인 것을 '말(末)'이라 한다. 『한시외전(韓詩外傳)』의 '통본말지리
(通本末之理)' 역시 경중, 주종의 의미적으로 말한 것이다. 위진(魏晉)
시기에 본말 대립쌍 설법이 아주 성행했는데, 그 함의는 한편으로는
선진(先秦), 양한(兩漢) 이래로 중요의 정도, 주도적 관계로 본말(本末)
을 논한 것을 계승한 것이다. 예하면 왕필(王弼)이 주석한 『노자(老子)』
제26장에 '중(重)을 근본으로 한다'라는 견해가 있다. 그러나 다른 한
편으로, 왕필은 진정한 본체론적 의미에서 '본말(本末)'을 활용하기
시작했는데, 그가 『노자(老子)』를 주석하면서 도(道)를 본(本)으로 하
고, 만물을 말(末)로 삼으며, 도(道)에 의해 만물이 생성되고, 도(道)는
또한 만물 가운데에 존재하는 지배자라는 관점을 견지함으로써 본말
(本末)의 관계는 우주 중의 본체와 현상의 관계로 나타내었다.

본래 현학의 본체적 해석법은 언의지변(言意之辨)의 방법과 밀접하
게 연계되어 있다. 현학자들은 대부분 이 '의(意)'를 본체의 '무(無)'로
여겼기 때문에 언불진의(言不盡意) 관점을 주장했다. 또한 그들은 '무
(無)'는 모든 '유(有)'의 본체이고, '무(無)'는 '본(本)'이고, '유(有)'는 '말

---

379) 『십삼경주소(十三經注疏)』 하권, 『춘추좌전정의(春秋左傳正義)』 권8, 『장공·전6년
(莊公·傳六年)』, p.1764.

(末)'이라 여겨 무를 본체로 삼는 '이무위본(以無爲本)'과 본질적인 것을 추구하고, 현상에 미혹되지 말아야 한다는 '숭본식말(崇本息末)'의 본체론적 해석법을 확립했다. 현학자들은 '본말(本末)'의 범주를 운용해 자신들의 본체적 해석법을 표현하고, '본말(本末)'의 범주에 형이상의 본체론적 의미를 부여했다. 그들이 운용한 본말(本末) 본체적 해석방법에서 이 '본(本)'은 무형(無形)·무상(無象)·무언(無言)의 우주본체론적 의미를 지닌다. 왕필(王弼)은 '본말(本末)'의 해석방법으로 『노자(老子)』를 이해하고 해석하면서 다음과 같이 말했다. "『노자(老子)』, 이 책의 요지는 미묘하고 심원하다! 한마디로 개괄할 수 있다. 아! 근본적인 것을 숭상하고 지엽적인 것을 양생한 것뿐이다. 이 책 요지의 유래를 살펴보려면 그것의 귀의(歸依)와 그것의 언어가 만물의 대요(大要)를 멀리 벗어났는가, 그것의 행위가 사물의 취지를 위배하지는 않았는지 따져야봐야 한다"[380]. 왕필은 이러한 '숭본식말(崇本息末)'의 방법으로 '도(道)'를 우주의 본체로 삼는 철학체계를 확립했다. 그는 '도(道)'를 본(本)으로 간주하고 이르기를, "자연만물이 생기는 원인과 사회적 공리가 성취되는 근거는 반드시 형상이 없고 칭호가 없음을 말미암아 생긴 것이다. 이 무형무명(無形無名)의 것이 바로 모든 사물의 종주(宗主)이다"[381]. 이렇게 왕필(王弼)이 언급한 '본(本)'은 형이상적 본체적 의미를 띠게 되었고, 그의 '본말(本末)'의 방법으

---

380) 『왕필집교석(王弼集校釋)』 상권, 『노자지략(老子指略)』, 중화서국(中華書局), 1999년 판, p.198.
381) 『왕필집교석(王弼集校釋)』 상권, 『노자지략(老子指略)』, 중화서국(中華書局), 1999년 판, p.195.

로 경전 해석은 일종의 본체적 해석법이 되었다. 또한 왕필 본인 역시 이런 본말적 방법으로 유가 경전을 해석했다. 그는 『논어(論語)』에 공자의 '여욕무언(子欲無言)'에 주석을 달면서 다음과 같이 서술했다.

공자가 '나는 아무 말도 할 생각이 없다'라는 무언의 체득으로 근본을 밝히고, 근본을 파악하고 즉 '무(無)'를 중점삼고 지엽적인 것을 통일하여 구체적인 문제를 합당하게 처리하고자 했다. 공자가 입언(立言)으로 가르침을 주고 언어에 뜻을 기탁하여 이치를 통달하고 정도(正道)를 밝히는 데는 반드시 폐단과 번잡한 문제가 있다. 탐구하려는 이치는 명백히 논술할 수 없는 것이고 또한 지배할 수 있는 것이 아니기 때문에 문헌을 윤색하는 것에 그쳐야지 입언(立言)으로 표현하지 말아야 한다. 그렇게 하면 천도(天道)는 자연적으로 운행하게 되는 것이다. 소박하고 돈후한 마음으로 관찰한다면 천지의 이치가 무언(無言) 중에 운행되는 것을 보게 된다. 겨울과 여름이 바뀌면서 사계절 내내 무언(無言)의 계절이 운행되는 것을 이렇게 보면 하늘은 항상 간곡하게 타이르는 자이다.[382]

왕필은 본체적 존재로서의 '무(無)'는 언어로 표현할 수 없는 것이고, 성인의 '무언(無言)'은 '명본(明本)', '거본통말(擧本統末)'의 본체론적 사유방법을 체현한 것이기에 '본말(本末)'의 '본(本)'은 형이상의 본체 의미라고 여겼다. 경전 해석의 측면에서 보자면, 왕필은 『논어(論語)』중에서 공자가 언급한 '여욕무언(子欲無言)'에 대한 해석은 '문헌을 윤색함에 있어서 입언(立言)으로 표현하지 말아야 한다', '천도(天道)가

382) 황간(皇侃): 『양화제17(陽貨第十七)』, 『유장(儒藏)』정화편에 기재, 『논어의소(論語義疏)』 권9, 북경대학출판사(北京大學出版社), 2006년판, p.527.

자연적으로 운행된다', '천지의 이치는 모두 무언(無言) 속에서 운행된다'라는 관점을 통해 본체적 의미와 형이상에 대한 추구를 나타냈다. 이로부터 위진 시기에 이르러 '본말지변(本末之辨)'은 현학자들이 유가·도가 양가의 경전을 해석하는 본체적 해석방법이 되었다.

원래 현학은 이전에도 체용(體用) 대립설이 있었으나 성행하지 않았고, 철학본체론적 의미는 더욱 없었지만 현학자들은 유가와 도가의 경전을 주석할 때 '체용(體用)'의 범주를 활용했었다. 그러나 학계에서는 예로부터 현학의 언의지변(言意之辨)과 체용지변(體用之辨)의 관계를 인정해왔기 때문에 본체론적 철학과 연관있다. 예를 들면, 중국 현대 철학자이자 불교사학자인 탕용동(湯用彤)은 "왕필(王弼)은 현학의 시조로서 체용지변(體用之辨)에 정통하였기 때문에 선인들의 언불진의(言不盡意) 관점을 취해 변통함으로써, 뜻은 얻고 언어는 잊어버려야 한다는 '득의망언지설(得意忘言之說)'을 주장하였다"[383]라고 언급했다. 그러나 탕용동(湯用彤)의 견해는 사람들의 의심을 받았으며, 사람들의 더 깊은 연구 결과로 왕필(王弼)이 『노자(老子)』, 『주역(周易)』을 주석할 때 운용한 '체(體)'와 '용(用)'의 개념은 그가 반복적으로 사용했던 '본말(本末)'의 개념과는 다르다는 점을 발견함으로써 '용(用)'과 '체(體)'의 조합은 왕필의 철학 용어 중에 본체와 현상의 관계를 표현하는 한쌍의 범주가 아니라고 여겼다.[384] 왕필의 『노자주(老子

383) 탕용동(湯用彤): 『위진현학논고(魏晉玄學論考)』, 상해세기출판그룹(上海世紀出版集團), 2005년판, p.21.
384) 왕효의(王曉毅): 『왕필평전(王弼評傳)』, 남경대학출판사(南京大學出版社), 1996년판, p.235.

注)』에서는 '유(有)'를 '체(體)'로 하고, '무(無)'를 '용(用)'으로 여기는데 이는 그의 '무(無)'를 근본으로 삼는 이무위본(以無爲本)의 본체론적 사상과는 전혀 다르다는 것을 알 수 있다. 또한 그의 『주역주(周易注)』에서도 체용(體用)을 서로 대립되는 개념으로 운용했는데 그가 말한 '체(體)'는 괘효(卦爻)의 뜻을 나타내고, '용(用)'은 괘의(卦義) 및 효의(爻義)를 나타낸다[385]. 왕필의 체용관(體用觀)은 단지 『주역(周易)』의 괘체(卦體), 효체(爻體)에만 활용되었을 뿐 '본말(本末)'처럼 하나의 유가와 도가의 경전을 관통하는 보편적인 철학방법의 가치는 지니지 않는다. 이로부터 현학자들이 유가·도가 양가의 경전을 해석할 때 비록 체용(體用)의 범주를 사용했지만, 이들이 '체용지변(體用之辨)'을 운용할 때에는 훗날 송대 유학자와 같은 그런 성숙된 철학적 안목을 갖고 있지는 않았음을 알 수 있다.

그래서 현학의 본체론적 사유방식은 '본말지변(本末之辨)'에서 비롯된 것이다. 현학은 주로 본말지변(本末之辨)의 경전 해석방법으로 본체론을 구축했다. 현학자에게 '본말지변(本末之辨)'은 한편으로는 우주 생성의 의미를 나타내며, '본(本)'과 '말(末)'의 관계는 '모(母)'와 '자(子)', '도(道)'와 '만물(萬物)'의 생성 관계이다. 다른 한편으로 '본(本)'과 '말(末)'의 관계는 본체론적 의미를 나타내는 동시에 일종의 '무(無)'와 '유(有)' '일(一)'과 '만(萬)'의 관계이기도 하다. 전자는 현학이 선진(先秦), 양한(兩漢)의 우주론 철학의 계승을 나타내는 일종의 생성론적

---

385) 왕보현(王葆玹): 『정시현학(正始玄學)』, 제로서사(齊魯書社), 1987년판, p.277.

사유방법이고, 후자는 현학의 우주 본체론의 학술혁신과 사상발전을 나타내는 일종의 본체론적 사유방법이다. 물론 이 두 가지 사유방법이 결합되면 그 본체론적 사유의 발전을 제한할 수도 있다.

이어서 현학의 본말지변(本末之辨)의 실질에 대해 더 깊이 분석하고자 한다.

현학은 중국 사상사에서 가장 일찍 비교적 완전한 본체론 철학을 구축했고, 그 본체론은 본말지변(本末之辨)의 성선 해석방법을 통해 구축되었다. 왕필(王弼)은 유가와 도가 경전을 주석할 때 '숭본식말(崇本息末)' 등의 본말지변(本末之辨)을 그 주요 해석방법으로 삼았다. 그는 『노자(老子)』를 주석할 때 "『노자(老子)』, 이 책의 요지는 미묘하고 심원하다! 한마디로 개괄할 수 있다. 아! 근본적인 것을 숭상하고 지엽적인 것을 양생한 것에 지나지 않는다!"[386]라고 말했다. 『주역(周易)』을 주석할 때는 "그러므로 스스로 총화하고 탐구해야 한다. 사물은 비록 다양하지만 일반적인 법칙을 알면 모든 것을 장악할 수 있다. 사물의 근본부터 관찰해야 하고, 비록 이치는 많지만 일반적인 이치를 알면 모든 것에 대해 말할 수 있다"[387]라고 강조했다. 『논어(論語)』를 해석할 때 성인의 무언(無言)은 본(本)을 밝히는 명본(明本)을 위함이라 여기면서, "근본을 내세워 구체적인 만물을 하나의 근본에 귀결시킴으로써 천지만물의 총화를 나타내는 것이다"[388]라고 언급했다.

---

386) 『왕필집교석(王弼集校釋)』 상권, 『노자지략((老子指略)』, p.198.

387) 『왕필집교석(王弼集校釋)』 하권, 『주역략에(周易略例)』, p.591.

388) 『왕필집교석(王弼集校釋)』 하권, 『논어석의(論語釋疑)』, p.633.

이로부터 왕필은 본말지변(本末之辨)에 힘입어 경전을 이해하고, 본체론적 사유방식으로 경전을 새롭게 해석하여 경학사(經學史)에 획기적인 공헌을 기여했음을 알 수 있다.

현학의 본말지변(本末之辨)의 방법은 어떻게 본체론적 사유를 가능하게 했을까? 현학자들은 본말지변(本末之辨)에 힘입어 사람들의 습관화된 물상(物象)의 세계, 윤리도덕의 세계에서 또 다른 형이상적 본체세계를 보게 되는데, 그들은 이 물상(物象), 윤리도덕의 세계를 '말(末)'로 보고, 그 배후에는 이 물상(物象)세계를 지배하는 '본(本)'이 존재한다고 여겼다. 그들은 본(本)과 말(末) 양자 사이의 차이점을 무(無)와 유(有), 이(理)와 물(物), 일(一)과 다(多), 모(母)와 자(子), 자연과 명교(名教) 등과 같은 아주 많은 범주를 이용해 서술했다. 즉, 본체적 세계로서 존재하는 '본(本)'은 또한 무(無), 이(理), 일(一), 모(母), 자연(自然)이다. 현상세계로 존재하는 '말(末)'은 그와 서로 상응하는 유(有), 물(物), 다(多), 자(子), 명교(名教)라는 것이다. 현학자들은 우리가 생활하고 있는 이 기물(器物)의 세계, 윤리도덕의 세계는 전적으로 본체적 세계가 지배하고 있다고 믿었다. 왕필(王弼)은 다음과 같이 말했다.

> 자연만물이 생기는 원인과 사회적 공리가 성취되는 근거는 반드시 형상도 없고 칭호도 없는 것에서 생긴다. 이 무형무명(無形無名)의 것이 바로 모든 사물의 종주(宗主)가 된다.[389]

---

389) 『왕필집교석(王弼集校釋)』 상권, 『노자지략(老子指略)』, p.195.

사물의 나타남은 임의적인 것이 아니기에 반드시 그것의 법칙을 따른
다. 통일될 때에는 반드시 근원이 있기 마련이고, 모일 때에는 반드시
우두머리가 있기 마련이다. 때문에 만물은 잡다하지만 난잡하지 않으며,
사람은 많으나 인심은 혼란스럽지 않은 것이다.[390]

왕필은 사물, 실존과 명칭, 공훈과 업적의 배후에는 '사물을 생성시
키고', '공적을 이루게 하는' 본체 즉, 무형(無形), 무명(無名)의 무
(無)·이(理)·일(一)이 존재한다고 확신했다. 이 물상(物象)의 세계가
"만물은 잡다하지만 난잡하지 않고", "사람은 많으나 인심은 혼란스
럽지 않은" 이유는 '이(理)'와 '일(一)'이 지배하고 통솔하기 때문이라고
여겼다.

서양철학의 본체론에서도 현상세계의 다음에는 본체세계가 존재한
다고 여겼고, 서양 철학자들은 항상 이 두 세계는 서로 분리되어 있으
며 즉, 본체는 영원하고 진실하며, 현상은 일시적이고 허위적인 것이
라고 강조했다. 그러나 현학이 정립한 본체론은 하나의 본(本)과 말
(末), 무(無)와 유(有), 이(理)와 물(物), 일(一)과 다(多)의 범주로 조합된
분리불가능한 통합세계로서, 그들은 본(本), 무(無), 이(理), 일(一)의
본체적 지위를 확립했을 뿐만 아니라 본체와 말(末), 유(有), 물(物),
중(衆)의 분리불가를 강조했다. 그래서 그들은 항상 본(本)과 말(末),
무(無)와 유(有), 이(理)와 물(物), 일(一)과 다(多)의 대응관계로 세계의
현상과 본체를 서술하고, 본체와 현상의 쌍방향 해석, 상호 표현의
바탕 위에 현학의 본체론을 구축하여 이 고전 철학의 본체론을 민족

---

390) 『왕필집교석(王弼集校釋)』 하권, 『주역략예(周易略例)』, p.591.

문화의 뚜렷한 특색으로 구현했다. 현학의 본체론은 본(本)과 말(末), 무(無)와 유(有), 일(一)과 다(多)의 대응관계에서 이해와 논술이 요구된다. 비록 현학자는 물(物), 유(有), 말(末)의 물상으로부터 이(理), 무(無), 본(本)의 본체적 존재를 터득할 것을 강조했지만, 또한 물상과 본체 양자는 실체적으로는 서로 표현되는 동질관계이고, 개념적으로 서로 해석되는 대응관계임을 더욱 강조하고 있다.

한편으로, 현학은 본체가 필연적으로 현상을 지배하고 결정한다는 점을 강조하며, 말(末)은 본(本)의 지배를 받는다는 이본주말(以本主末)을 주장했다. 비록 현학자는 항상 본(本)과 말(末), 무(無)와 유(有), 이(理)와 물(物), 일(一)과 다(多)의 상호관계로 본체론을 설명했지만, 본말지변(本末之辨)에서는 '본(本)'이 우선적이고 주도적이다. 현학자들은 '본(本)'은 비록 무형무명(無形無名)이지만 항상 유명유형(有名有形)의 '말(末)'을 주재한다고 강조했다. 왕필(王弼)은 『주역(周易)』의 '대연지수(大衍之數)'의 '일(一)'과 '사십유구(四十有九)'의 관계로 이 원리를 설명했다.

> '무(無)'는 독립적으로 존재할 수 없고, '무(無)'는 '유(有)'에 순응해서 자신을 드러낼 뿐이다. 천지만물을 총합하는 데 '무(無)'는 그 본체이다. 천지만물의 여러가지 현상을 이해하려면 반드시 그 '소유지종(所由之宗)'을 이해해야 한다.[391]

그래서 왕필은 『주역주(周易注)』에서 항상 무형의 괘의(卦義)가 유

---

391) 『왕필집교석(王弼集校釋)』 하권, 『주역주 · 부(周易注 · 附)』, p.548.

형의 괘상(卦象)을 어떻게 결정하는지를 반복적으로 설명하였다. 그는 괘의(卦義)는 주도자이고 근본이며 항상 유형의 세계를 대표하는 괘상(卦象)을 주재한다고 여겼다. 그는 『건괘(乾卦)』와 『곤괘(坤卦)』를 주석하면서 다음과 같이 말했다.

> 천(天)은 형상(形象)의 명칭이며, 건(健)은 형상을 묘사하는 단어이다.[392]
>
> 지(地)는 형상의 명칭이며, 곤(坤)은 형상을 묘사하는 단어이다.[393]

천(天)과 지(地)는 건(乾), 곤(坤)의 괘상(卦象)으로서 유형자(有形者)이고, 건(健)과 곤(坤)은 모두 괘덕(卦德)과 괘의(卦義)를 가리키며 형이상의 지배자로서의 형상을 묘사하는 '용형자(用形者)'이다. '용형자(用形者)'는 항상 '형자(形者)'로부터 자신의 존재와 역할을 나타낸다. 요컨대, '용형자(用形者)'는 무형무상(無形無象)의 주재자이기 때문에 필연적으로 유형유상(有形有象)의 물상(物象)을 결정하고 주재하게 된다.

다른 한편으로, 현학자들은 모든 물상(物象)이 그 형이상의 본체를 표현하고 나타낸다는 점을 강조하면서 본(本)은 말(末)의 영향을 받는다고 주장했다. 사람들은 항상 자신의 이목(耳目) 감관을 통해 그 유형유상(有形有象)의 기물(器物) 세계를 접하지만, 단순히 이 기물 세계에 집착한다면 이는 '말(末)'에 대한 곤혹이요, '물(物)'에 대한 미망이다.

---

392) 『왕필집교석(王弼集校釋)』 상권, 『주역주 · 상경 · 건(周易注 · 上經 · 乾)』, p.213.
393) 『왕필집교석(王弼集校釋)』 상권, 『주역주 · 상경 · 곤(周易注 · 上經 · 坤)』, p.226.

현학자들이 숭본식말(崇本息末)의 관점을 강조한 이유는 사람들이 '말(末)'을 통해 '본(本)'을 찾고, '물(物)'을 통해 '이(理)'를 깨닫고, '유(有)'에서 '무(無)'를 파악하기를 원했기 때문이다. 왕필은 『노자주(老子注)』에서 이러한 본(本)은 말(末)의 영향을 받는다는 본체론적 관점을 거듭 강조했다.

> 만물은 모두 저마다의 형태를 갖고 있지만 그들의 근본은 모두 일(一)이다. 어떻게 일(一)을 얻겠는가? 바로 무위(無爲)를 통해야 한다. 무위로부터 일(一)에 이른다면 일(一)은 무(無)와 동일한 것인가? … 때문에 나는 만물 발전의 변화를 주도한다는 것을 알고 있다. 비록 만물의 형태는 다양하지만 그것들을 지배하고 영향을 미치는 힘은 오직 일(一) 뿐이다.[394]
> 사물은 모두 근본과 연원을 지니고 있다. 그렇기 때문에 지금 눈앞에 발을 드리운 왕관을 쓰고서도 속임을 당할까봐 두려워하지 않으며, 귓가에 옥을 드리운 모자를 쓰고서도 속임을 당할까봐 두려워하지 않는다는 것이다.[395]

왕필은 만물의 제각기 형태는 사람들의 감각기관을 통해 드러나지만 사람들은 절대로 이러한 외재적 표상(表象)에 현혹되지 말고, 만물의 제각기 형태 속에서 항상적인 본체, 즉 형기(形器) 세계를 지배하는 본(本), 무(無), 도(道), 일(一)을 파악해야 한다고 주장했다. 특히 왕필은 사람들이 항상 만물만형(萬物萬形)의 현상세계에 미혹되어 본말(本

---

394) 『왕필집교석(王弼集校釋)』 상권, 『노자도덕경주(老子道德經注)』 하편, 제42장, p.117.
395) 『왕필집교석(王弼集校釋)』 상권, 『노자도덕경주(老子道德經注)』 하편, 제49장, pp.1
29-130.

末)을 알지 못하고 유무(有無)를 이해하지 못하기 때문에 "근본을 버리고 도(道)에서 생기는 말단(末端)의 산물을 추구한다"[396]라는 잘못된 태도를 취한다고 비판했다. 그는 사람들은 만물만형의 세계에서 가장 근본이자 지배자인 본(本), 모(母), 무(無), 일(一)을 파악해야만이 '무위이무불위(無爲而無不爲)'의 성인이 될 수 있다고 여겼다. 따라서 왕필은 "근본을 알면 제한적이고 비근본적인 것을 파악할 수 있고, 주요한 깃과 근본적인 것을 버리고 부차석이고 비근본적인 것을 추구해서는 안된다"[397]라는 점을 거듭 강조하면서, "사물은 무명(無名)이기에 그의 명(名)으로 사람들의 믿음을 받을 수 있고, 사물은 무형(無形)이기에 그의 형상은 완전함을 형성시킬 수 있다. 모체(母體)를 단단히 지키는 것으로 모체가 생성한 사물을 보존하고 근본을 숭상함으로써 파생된 생물과 부차적인 부분의 지위를 끌어올려야 한다. 이렇게 형체와 명칭이 모두 있게 되며 부정당한 것은 생성되지 않는다. 위대한 아름다움은 하늘에 비하여 천박하고 화려한 외양을 갖지 않는다"[398]라고 피력했다. 그는 천지만물을 지배하는 근본을 터득해야 만이 "본(本)을 통해 말(末)을 알 수 있고, 본(本)을 통해 말(末)을 이끌어 갈 수 있다"라고 주장했다.

이로부터 현학의 본말지변(本末之辨)에서 본(本)과 말(末)은 일종의 쌍방향적으로 규정되고 상호 표현되는 범주임을 알 수 있다. '본(本)'

396) 『왕필집교석(王弼集校釋)』 상권, 『노자도덕경주(老子道德經注)』 하편, 제38장, p.95.
397) 『왕필집교석(王弼集校釋)』 상권, 『노자도덕경주(老子道德經注)』 하편, 제52장, p.139.
398) 『왕필집교석(王弼集校釋)』 상권, 『노자도덕경주(老子道德經注)』 하편, 제38장, p.95.

은 '말(末)'을 생성시키고 지배하지만 '본(本)'은 '말(末)'에 의존해 자신을 드러낼 수 밖에 없고, '말(末)'은 비록 '본(本)'을 통해 드러내지만 '말(末)'은 '본(本)'의 제약을 받는다. 요컨데 현학은 '본(本)'과 '말(末)'의 쌍방향적 해석 속에서 그 본체론을 구축했다.

2. 이학의 경전 해석방법 : 체용지변

양송(兩宋) 시기에 체용지변(體用之辨)은 송대 유학자들이 유가 경전을 해석하는 심오한 철학적 함의와 보편적 의미를 띤 방법이 되었다. 송대 유학자는 경전 해석을 통해 유가의 윤리 관념을 형이상의 본체론적 사상체계를 구축했는데 그 본체론을 구축한 기본 방법이 바로 체용론(體用論)이다. 바로 대만 유학자 양유빈(楊儒賓)이 "체용론(體用論)은 송명(宋明) 이학의 가장 근원적인 논술이다. 여기에서 말하는 체(體)는 비록 용(用)과 불리할 수 없는 것이지만, 이 체(體)는 용(用)의 서술어가 아닌 근원적인 본체이다. 또한 성(性)과 천(天)이 상통한다는 성천상통(性天相通)을 추구하는 이학자들의 궁극적인 배려 하에 정호(程顥)와 정이(程頤), 주희(朱熹), 육구연(陸九淵), 왕양명(王陽明)은 모두 이 본체에 대해 깨달음을 갖게 되었다. 이학체계가 비록 복잡하지만 주류 이학파의 선험적인 본체에 대한 긍정 및 성천상통 경지 추구에 대해서는 대체로 차이가 없을 것이다. 그들이 제기한 중요한 명제는 기본적으로 체용론을 위해 초석을 정립하는 것이며, 이는 이학 사상사를 관통하는 가장 근본이며 핵심이다"[399]라고 강설한 바와 같다. 양유빈(楊儒賓)은 체용론을 송명 이학의 근본이자 핵심이고, 송명 이학의 학술체계와 기본명제는 모두 체용론의 전제 하에서 전개된 것이라고 여겼다. 이렇게 이학자들이 체용론의 방법과 관점을 운용했기 때문에 경전에 대한 새로운 해석을 통해 윤리 · 정치를 핵심으로 하는 역사적 문헌을 형이상적 본체의 의미를 지닌 철학체계로 발전시킬 수 있었다.

선진(先秦) 시기 초기 유학(儒學)과 한당(漢唐) 유학에 비해, 송명 시기의 유학은 여전히 유가 경전을 존숭했지만 그들의 경전에 대한 주석에서는 개념의 범주가 더욱 풍부하고 사상관념이 더욱 정교했으며, 이론체계가 더욱 방대했다. 지금의 학자들이 마음내키는 대로 이학자들의 유가 경전에 대한 주석을 펼쳐보면 유가 경전에 실린 개념들이 새롭게 주석되어 있는 것을 쉽게 찾아볼 수 있는데, 그 중에는 인(仁) · 의(義) · 도(道) · 덕(德) · 성(性) · 천(天) · 양지(良知) · 미발(未發) · 기발(已發) · 존덕성(尊德性) · 도문학(道問學) · 격물(格物) · 치지(致知) · 거경(居敬) · 신독(愼獨) · 지언(知言) · 집의(集義) · 진심(盡心) · 지성(知性) · 구방심(求放心) 등이 포함되고, 이외에도 무극(無極) · 태극(太極) · 이(理) · 기(氣) · 태허(太虛) · 천명지성(天命之性) · 기질지성(氣質之性) · 도심(道心) · 인심(人心) · 심통성정(心統性情) · 성즉이(性卽理) · 존이멸욕(存理滅慾) · 성위미발(性爲未發) · 심위기발

---

399) 양유빈(楊儒賓): 『「중용(中庸)」, 「대학(大學)」이 경전으로 전환한 여정: 성명지서(性命之書)의 관점으로부터 입론(「中庸」, 「大學」変成經典的歷程: 從性命之書的觀點立論)』, 이명휘(李明輝)의 『중국 경전 해석 전통(中國經典詮釋傳統)』(2)에 기재, 대만희말라야 연구발전기금회(臺灣喜瑪拉雅研究發展基金會), 2002년판, p.113.

(心爲已發) 등과 같은 도입되거나 재창립된 수많은 범주와 명제가 포함된다. 이러한 범주와 명제들은 대부분 송대 이전의 경전 서적 특히 선진 유가의 경전에서 유래된 것이다. 그러나 송대 유학자의 주석과 해설을 거치면서 그 의미가 크게 달라졌으며, 원래 이런 범주와 명제들이 표현한 뜻은 극히 세속적·실용적인 것으로 생활상의 일용적인 것과 윤리정치의 일상적 요구와 연관되어 있다. 하지만 송대 유학자의 눈높이에서 이러한 인륜적이고 일용적인 것은 모두 범상치 않은 의미를 띠고 있었는데, 자연적 심리감정의 희로애락(喜怒愛樂)이나 개인적 도덕 수양의 양심존심(養心存心), 혹은 사회적 인륜이나 일용의 충효인애(忠孝仁愛)는 결국 모두 유가의 인간의 이치에 관한 기본적 원리인 '대본대원(大本大源)'의 천도(天道)·천리(天理)·태극(太極)에 통하게 된다고 여겼다. 그렇다면 이학자들은 무엇을 근거로 선진유가의 그러한 세속적이고 실용적인 인륜, 일용과 대본대원(大本大源)의 천도(天道), 천리(天理)를 연관시켰을까? 분명히 그들이 근거로 삼은 것은 바로 체용지변(體用之辨)의 경전 해석방법과 본체적 사유방법이다.

이학의 체용지변(體用之辨)은 현학이 본말지변(本末之辨)을 통해 본체를 찾는 방법을 계승한 것으로, 현학자들은 만물의 현상세계에서 형이상의 근거를 찾는 방법을 터득했기 때문에 '형(形)'의 현상에서 '용형자(用形者)'의 본체 존재를 탐구할 수 있었고, '적(迹)'의 사물에서 '소이적(所以迹)'의 궁극적 근거를 소급할 수 있었던 것이다. 그리고 이학자들도 '용(用)'의 현상세계에서 '체(體)'의 본체 세계를 찾아냈다.

그러나 이학자들은 현학자들이 본말(本末)의 관계를 모자(母子) 관계로 보는 것과는 달랐으며, 현학의 '이무위본(以無爲本)', '숭본식말(崇本息末)', '집일통중(執一統衆)'의 본말(本末) 관념을 반드시 극복해야 했다. 이러한 관념은 본말(本末) 관계의 긴장을 초래하기 쉽고, 이학자들이 추구하는 즉용즉체(卽用卽體), 체용일원(體用一源), 현미무간(顯微無間)의 경지에 도달할 수 없기 때문이다. 정이(程頤)는 『주역정씨전(周易程氏傳)』에서 이학의 체용지변에 대해 경전적으로 서술하면서 다음과 같이 말했다.

> 도리(道理)는 극히 미묘하고 물상(物象)은 매우 뚜렷하다. 본체와 그 사용은 같은 근원을 두고 있다. 밖으로 드러나는 것과 은미한 것 간에는 그 어떤 간격도 없다.[400]

여기서 '이(理)'는 『역(易)』의 이(理)이며 천지만물의 이(理)를 가리킨다. '상(象)'은 괘(卦) 및 효(爻)의 상(象)이자 천지만물의 상(象)을 말한다. 따라서 정이의 본체와 그 사용은 같은 근원을 두고 있으며, 밖으로 드러나는 것과 은미한 것 간에는 그 어떤 간격도 없다는 '체용일원(體用一源), 현미무간(顯微無間)'은 단순히 『주역(周易)』에 대한 해석만으로는 이해할 수 없으며, 즉 『주역(周易)』의 이(理)와 괘효(卦爻)의 상(象) 사이는 즉체즉용(卽體卽用), 일체동원(一體同源), 불가분리(不可分離)의 관계라는 것이다. 그리고 『주역(周易)』의 원리 및 학설은 인간 생활의 자연 및 인문 세계에서 비롯되었기 때문에 현실세계에서 '체

---

400) 『이정집(二程集)』하권, 『역전서(易傳序)』, 중화서국(中華書局), 1981년판, p.689.

(體)'의 형이상적 '이(理)'와 '용(用)'의 형이하적 물(物)도 마찬가지로 일종의 즉체즉용(即體即用), 일체동원(一體同源), 불가분리(不可分離)의 관계라는 것이다. 『주역(周易)』은 바로 사람들에게 유형(有形)의 사(辭)와 상(象)에서 그러한 무형(無形)의 이치를 알려주는 것이다. 즉, "『주역(周易)』중의 괘(卦), 효(爻)의 상(象)은 모두 형상이 있으므로 볼 수 있다. 형상이 있고 볼 수 있는 사물은 말로 묘사할 수 있다. 형상이 없고 볼 수 없는 사물은 말로 이름을 지을 수 없다. 그렇다면 이른바 『주역(周易)』은 과연 이러한가? 이는 학자들이 마땅히 알아야 할 것이다"[401]. 이렇게 이학의 체용지변(體用之辨)은 현학의 본말지변(本末之辨)에서 본체는 무(無)라고 지나치게 강조하고, 특히 '숭본식말(崇本息末)', '집일통중(執一統衆)' 같은 내적 긴장을 갖는 본말(本末)의 관계를 지나치게 강조한 점을 극복했다. 이학자들은 즉용즉체(即用即體), 현미무간(顯微無間)의 체용(體用) 관계를 창도하고, '유체이무용(有體而無用)', '유용이무체(有用而無體)'의 단편적인 관점을 반대하여 전자를 불교와 노자의 학문인 '불로지학(佛老之學)', 후자는 속된 학자와 무능한 관리같은 '속유속리(俗儒俗吏)'이며, 유가의 성인지도(聖人之道)는 바로 '즉체즉용(即體即用)'이라고 주장했다. 사물 속의 은미한 본원과 표출된 현상 사이는 상호작용하는 통일된 관계라는 '체용일원(體用一源)'의 관념은 이학이 경전을 해석하고 사상 체계를 구축하는 기본방법이 되었고, 이학자들은 최종적으로 사물 속의 은미한 본원과 표출된 현

---

401) 『이정집(二程集)』 하권, 『역서(易序)』, p.691.

상 사이에는 상호작용하는 '체용지변(體用之辨)'의 방법으로 유가 경전을 창조적으로 해석하였다.

　초기 유학의 저서에서 공자와 그 제자들이 주목한 것은 현실사회의 윤리정치 문제였고, 용(用)을 중시하고 체(體)에 대해서는 관심없었던 듯하며, '성(性)과 천도(天道)'에 대한 관심도 부족했고, 송대 유학자 같은 형이상의 도(道)에 대한 열정은 더 더욱 없었다. 그러나 송대 유학자는 오히려 '제용일원(體用一源)'의 본체적 해석방법을 통해 초기 유학의 저서에 대해 '체용일원(體用一源)'의 창조적인 해석을 내놓았다. 예를 들어, 『논어(論語)』에서 공자는 '예(禮)'와 '인(仁)'을 많이 언급해 사회정치 규범과 개인의 도덕적 정서를 결합시켰다. 형상사변적 관점에서 보면, 이러한 것들은 모두 사회생활의 '용(用)'의 범위에 속하며, 궁극적인 형상의 체(體)와는 다른 것이다. 그러나 송대 유학자들의 창조적인 해석을 거치면서 그 '용(用)' 중에 '체(體)'가 있게 되고, 드러나는 것과 은미한 것 사이에는 간극이 없다는 현미무간(顯微無間)의 경지에 이르게 되었다. 예를 들어, 주희(朱熹)가 『논어(論語)』의 '예지용(禮之用), 화위귀(和爲貴)'를 주석할 때에, "예(禮)는 천리(天理)의 음악 장단이자 문장의 수식이며, 세속사회의 의식과 규칙이다. 화(和)는 태연자약하다는 의미를 지닌다. 예(禮)의 본질은 엄숙하지만 모두 자연의 이치에서 나온 것이기 때문에 이것을 응용할 때는 반드시 침착해야 비로서 값진 것이라 할 수 있다"[402]라고 서술했다. '예

---

402) 『주자전서(朱子全書)』 제4권, 『논어집주(論語集注)』 권1, 『학이제일(學而第一)』, p.60.

(禮)'는 즉체즉용(卽體卽用)인 것이 분명하며, 주희(朱熹)는 예(禮)의 '용 (用)', 즉 이른바 '세속사회의 의식과 규칙'과 '태연자약함'에서 예(禮)의 '체(體)' 속에 깊이 숨어있는 '자연의 이치'를 깨닫고, '천리(天理)의 음 악 장단과 문장 수식'으로 '예(禮)'를 해석함으로써 예(禮)의 체용일체 (體用一體)의 특징을 깊이 파악했다. 또한 주희의 '인(仁)'에 대한 해석 을 보면, '극기복예위인(克己復禮爲仁)'을 다음과 같이 풀이했다. "인 (仁)은 마음의 덕행을 온전하게 한다. 마음 속의 온전한 덕행으로 인 해 천리(天理)가 아닌 것이 없지만, 사람들의 사욕에 의해 파괴되지 않는다는 것은 불가능하다. 그래서 인(仁)을 추구하는 사람들은 반드 시 사욕을 이겨내고 예(禮)로 돌아갈 수 있는 능력을 갖춰야 한다. 그러면 만사가 모두 하늘의 이치가 되며, 본심(本心)의 덕행이 온전히 나에게 존재하게 되는 것이다"[403]. 주희 역시 '인(仁)'의 심리감정의 '용(用)'을 통해 "본심(本心)의 덕행이 온전하게 나에게 존재하게 되는 것이 천리이다"는 '체(體)'를 체득했다. '인(仁)'은 체(體)이자 용(用)으 로서 이른바 즉용즉체(卽用卽體)의 도덕적 감정과 천리(天理)의 법칙 이라는 것이다. 이로부터 송대 유학자들은 체용지변(體用之辨)의 방법 으로 초기 유학의 윤리정치적 이념을 일종의 체용일원(體用一源)의 학설로 끌어올렸음을 알 수 있다.

사실 사회적 윤리도덕의 예(禮)와 인(仁)뿐만 아니라 또한 주체의 내재적 심(心)·성(性)·정(情) 등의 중요한 범주도 포함된다. 초기 유

---

403) 『주자전서(朱子全書)』 제4권, 『논어집주(論語集注)』 권6, 『안연제12(顔淵第十二)』, p.155.

가의 저서에서 이런 개념은 모두 감성적이고 경험적인 색채가 아주 짙었으나 송대 유학자들의 체용(體用)방법을 운용한 해석을 거치면서 그 또한 '체용일원(體用一源)'의 특색과 의의를 갖게 되었다. 주희도 『맹자 · 진심(孟子 · 盡心)』을 해석할 때 체용(體用)으로 '심(心)'에 대해 사고했는데, '미발지심(未發之心)'을 성(性)이라 하고, '기발지심(已發之心)'을 정(情)이라 했으며, 성(性)은 체(體)이고, 정(情)은 용(用)이며, 심(心)은 곧 체용(體用)을 검한다고 했다. 이와 관련하여 그는 다음과 같이 언급했다. "미발지심(未發之心)은 체(體)이고, 기발지심(已發之心)은 용(用)이다. '미발지심'에 포함된 인의예지(仁義禮智)는 단지 상상만으로 얻을 수 있는 것이 아니다. '이발지심'은 생활의 자잘한 부분에서 체현되지만 '미발지심'은 종종 그중에 포함되기도 한다. 때문에 체(體)와 용(用)은 분리될 수 없다. 『맹자(孟子)』에서는 이발(已發)로 미발(未發)을 밝혀놓았는데, 공부하려는 사람은 스스로 체득해야 할 것이다"[404]. 초기 유학에서 인간의 내면세계에 대해 경험적 개괄한 심(心) · 성(性) · 정(情)의 개념은 송대 유학자의 체용지변(體用之辨)으로 인해 형이상(形而上)과 형이하(形而下), 선험(先驗) 및 경험(經驗)의 철학적 함의를 띠게 되었다.

종합하자면, 송대 유학자는 체용지변(體用之辨)의 방법론을 성공적으로 운용함으로써 초기유학에서 원래 정치윤리적 효용을 중시하던 사상학설이 심오한 형이상(形而上)의 본체적 의미를 지니게 됨에 따라

---

404) 『주자전서(朱子全書)』 제4권, 『맹사혹문(孟子或問)』 권13, p.818.

유학을 철학적 깊이와 체계이론을 갖춘 사상학설의 차원으로 발전시켰다.

3. 이학의 체용지변과 현학의 본체적 해석방법의 전승관계

이학이 창도하고 운용한 체용지변(體用之辨)은 현학의 노력으로 본말(本末)의 쌍방향 규정과 상호표현을 통해 구축된 유가 명교의 본체론을 계승했고, 이학의 체용지변은 본체와 현상의 관계를 즉체즉용(卽體卽用), 체용일원(體用一源)의 관계로 발전시켜 중국 고대 유가본체론 철학을 새로운 단계로 향상시켰다.

서양철학처럼 본체와 현상을 이원적인 분열, 대치의 세계로 보는 것이 아니라, 현학의 본말지변(本末之辨)은 하나의 무(無)와 유(有), 일(一)과 다(多)의 분리불가적인 일원적인 세계를 구축했고, 이런 범주들은 실체적으로 상호 표현하고, 개념적으로 상호 해석함으로써 명교와 자연의 통일을 실현했다. 그리고 이학의 본체적 해석방법은 바로 현학의 본말지변을 계승한 것으로, 이학이 구축한 유가 도덕의 형이상학(形而上學)은 일종의 즉체즉용, 체용일원의 본체론이며, 이학자들이 경전을 해석하고 본체를 구축한 방법이 체용지변(體用之辨)이다. 원래 일찍이 위진의 현학자들에게서 '체용(體用)'에 관한 견해가 나왔지만, 그들의 경전 해석에서 '체용(體用)'은 '본말(本末)'처럼 철학체계를 구축하는 기본방법과 고착적 범주로 형성되지는 못했다. 바로 현대 역사학자 왕효의(王曉毅)의 말대로, "곽상(郭象)은 왕필(王弼)과 마찬가지로 '체용(體用)'이라는 범주를 사용하지 않았다"405). 사실 왕필은 '체(體)'를 논술하면서 "그리고 무(無)를 용(用)으로 삼아야 비로소 만물의 특성과 역할을 발휘할 수 있으며 무(無)의 근본을 버릴 수 없다"406), "형체가 아무리 크다해도 본체(本體)를 구속하거나 속박해서는 안된다"407)라는 견해를 제기했다. 여기서 말하는 '체(體)'는 모두 형이하(形而下)의 형체이지 이학에서 말하는 형이상(形而上)의 본체가 아니다. 실제로 형이상의 본체와 형이하의 현상의 관계를 체용(體用) 범주로 사용한 것은 수당(隋唐) 시기에 성행한 불학(佛學)이다. 당대(唐代) 불학(佛學)에서 체용지변(體用之辨)은 일종의 중요한 본체 해석방법이었다. 화엄종(華嚴宗)은 바로 체용방법으로 법계연기론(法界緣起論)을 창시하고 다음과 같은 관점을 제기했다.

> 제법(諸法)의 연기는 법계를 체(體)로 하고, 법계는 연(緣)을 따라 제법의 용(用)을 일으킨다. 때문에 체(體)는 용(用) 외에 달리 그 체(體)를 지니는 것이 아니라 용(用)에 의해 드러난다. 용(用) 역시 체(體) 외에 달리 그 용(用)을 지니는 것이 아니라 체(體)에 의해 드러나는 것이다. 이렇듯 체(體)와 용(用)은 서로 융합되며 아주 밀접한 관계를 갖고 있다.408)

---

405) 왕효의(王曉毅):『왕필, 곽상 해석방법 및 그 변화 원인(王弼, 郭象詮釋方法及其變化動因)』, 유소감(劉笑敢)의『중국 철학과 문화(中國哲學與文化)』제2집, 광서사범대학출판사(廣西師範大學出版社), 2007년판, p.115.

406) 『왕필집교석(王弼集校釋)』상권, 『노자도덕경주(老子道德經注)』하, 제38장, p.94.

407) 『왕필집교석(王弼集校釋)』상권, 『노자도덕경주(老子道德經注)』상, 제4장, p.11.

408) 『대정장(大正藏)』제45권, 『화엄책림(華嚴策林)』, 태북신문풍출판회사(臺北新文豐出版公司), 1995년판, p.597.

화엄종의 견해에 따르면, 불법(佛法)은 법계를 체(體)로 하고, 법계는 연(緣)에 따라 용(用)을 드러낸다. 법계의 체(體)는 인연에 따른 용(用)에 의해 드러나고, 인연에 의한 용(用)은 법계(法界)의 체(體)로부터 비롯되기에 체(體)와 용(用)은 서로 조화·융합되는 '원통일제(圓通一際)'의 관계라는 것이다. 화엄종은 이러한 체용일체(體用一體)의 방법으로 색(色)의 체는 모두 진공(眞空)이고, 진공(眞空)의 체는 색(色)과 다르지 않다는 '색공무애(色空無碍)'의 '진공관(眞空觀)' 및 근본과 현상은 차별이 없다는 '이사호통(理事互通)'의 '이사무애관(理事無碍觀)' 등의 불교 교리를 설명했다. 선종(禪宗) 역시 체용(體用)의 방법으로 그 이론을 논증했다. 예하면 "등(灯)은 빛(光)의 체(體)이고, 빛은 등의 용(用)으로써, 비록 이름은 다르나 실상은 하나이다"[409]. 선종에서는 '등(灯)'과 '빛(光)'으로 체용(體用)관계를 비유하며 체용(體用)은 일체로써 차별이 없다는 도리를 설명했다.

송대 유학자들이 보편적으로 체용(體用)의 범주와 방법을 사용하여 경전을 해석하고, 유가의 도덕적 형상학(形上學)을 구축한 것은 그들이 불교 화엄종과 선종의 영향을 받은 것과 분명히 관계가 있으며, 심지어 명대(明代)의 유학대가 당순지(唐順之)는 "유가는 '체용일원(體用一原)'을 주장하고 불가에서도 '체용일원'을 주장한다. 유가는 '현미무간(顯微無間)'을 주장하고 불가에서도 '현미무간'을 주장한다. 그 누

---

409) 『금강경·심경·단경(金剛經·心經·壇經)』, 『육조단경·정혜품제사(六祖坛经·定慧品第四)』, 중화서국(中華書局), 2008년판, p.185.

가 분별할 수 있겠는가?"410)라고 제기한 바 있다. 주자학의 대가 진영첩(陳榮捷)은 정이(程頤)의 『역전서(易傳序)』중의 '체용일원(體用一源), 현미무간(顯微無間)'이란 말이 불교 경전에서 나왔다는 증거는 아직까지 없다고 주장했다. 불교 화엄종의 '체용전수(體用全收), 원통일제(圓通一際)'는 이학의 '체용일원, 현미무간'의 사유방법에 확실히 깊은 영향을 미쳤다고 할 수 있다. 그러나 우리는 이학의 체용지변(體用之辨)의 방법이 불학(佛學)의 영향을 받았다고 긍정하는 동시에 이학의 체용지변과 현학의 본말지변 사이의 깊은 내재적 연관성에 특히 주목해야 한다.

첫째, 본말(本末)·체용(體用)의 사변적 방법으로 분석해 본다. 본체적 해석방법으로서의 송대 유학 체용지변(體用之辨)은 위진의 본말지변(本末之辨)을 계승한 것이다. 본체론은 우주론과 다르며, 우주론은 우주천체의 형성 및 진화과정에 대한 탐구에 치중했는데, 본체론은 사물의 형성 및 변화의 근거에 대한 탐구이다. 현학은 중국 고전 본체론 철학의 창시자이자 설립자이며, 모든 사물 및 그 현상을 하나의 본체적 존재에 귀결시켰다. 왕필(王弼)은 이 본체를 본(本)·무(無)·일(一)이라고 불렀고 이들은 현상세계의 말(末)·유(有)·다(多)를 결정하고 지배한다고 여겼으며, 곽상(郭象)은 이러한 현상과 본체의 관계를 적(迹)과 소이적(所以迹)이라고 했다. 현학이 근거로 삼은

---

410) 당순지(唐順之): 『중용집약서(中庸輯略序)』, 문연각(文淵閣) 『사고전서(四庫全書)』 제1276권, 『형진집(荊川集)』권6, p.311.

'본(本)과 말(末)', '무(無)와 유(有)', '적(迹)과 소이적(所以迹)'의 범주와 방법은 본체와 현상 사이의 상호관계와 일체불분(一體不分)의 대응관계를 매우 적절히 나타내어 이학의 경전 해석과 본체의 구축에 영향을 주었다.[411] 이학은 이(理)와 기(氣), 도(道)와 기(器), 태극(太極)과 음양(陰陽), 성(性)과 정(情), 도심(道心)과 인심(人心) 등 본체와 현상 사이의 대응관계의 범주를 더욱 풍부하게 표현했지만 그 핵심적 범주와 기본방법은 체용지변에서 유래된 것이다. 정이(程頤)는 체용지변의 본체적 해석방법의 주창자이다. 그는 '체용일원(體用一源), 현미무간(顯微無間)'이라는 핵심적인 개괄로 '즉체즉용(即體即用), 체용일원(體用一源)'의 본체와 현상 사이의 관계를 깊이있게 표현했는데 사실 정이(程頤)의 이러한 개괄은 현학의 영향을 받은 것이 분명하다. 현학자 곽상(郭象)은 현상과 본체의 관계를 적(迹)과 소이적(所以迹), 의(依)와 소이의(所以依), 축(畜)과 소이축(所以畜)의 대응관계로 요약해 현상과 현상 배후에 근거한 본체 간의 대응관계를 아주 적절히 표현함으로써 본체와 현상 간의 '즉체즉용(即體即用), 체용일원(體用一源)'의 철학적 사고에 도달했다. 정이가 '체용일원(體用一源)'의 명제를 개괄해낼 수 있었던 것도 '적(迹)'과 '소이적(所以迹)'의 사고방식을 바탕으로 한 것이다. 예를 들면, 정이는 다음과 같은 사고방식을 자주 운용했다.

---

411) 필자가 인정컨대, 현학, 이학의 '연(然)'과 '소이연(所以然)'의 사유 모델이 표현한 것은 현상 사물과 본체 근거 사이의 관계로 일종의 본체론적 서술이지 현상 사물 사이의 논리관계에 관한 서술이 아님.

음양(陰陽) 모두 도(道)가 아니다. 음양 사이의 변화에 작용하는 근본적 이치만이 도(道)이다. 음양은 기(氣)이다. 기(氣)는 형이하이고 도(道)는 형이상이다.[412]

성인의 도리는 정밀하고 조잡함, 크고 작음의 구별이 없다. 물을 뿌려 마당을 청소하고 손님을 맞이하는 것부터 높고 심오한 이치에 이르기까지 모두 하나의 이치로 관통되어 있다. 비록 물을 뿌려 마당을 청소하고 손님을 맞이하는 작은 일일지라도 성현의 성심과 경의의 마음가짐을 어떻게 구현하는지 알 수 있다.[413]

정이(程頤)의 현상과 본체에 대한 개괄은 '음양과 음양 사이의 변화 작용하는 근본적 이치', '물을 뿌려 마당을 청소하고 손님을 맞이하는 것과 성현의 성심과 경의의 내심'의 대응관계는 완전히 곽상(郭象)의 '적(迹)'과 '소이적(所以迹)'의 사고방식이다. 정이는 '용(用)'을 '연(然)'으로 보고, '체(體)'를 '소이연(所以然)'으로 보았으며, '연(然)'과 '소이연(所以然)' 사이는 즉용즉체(即用即體)의 관계이기 때문에 그는 이를 일종의 '체용일원(體用一源)'의 관계로 개괄했다.

둘째, 본말(本末)·체용(體用)의 방법으로 해결해야 할 문제를 짚어 본다. 현학이 본말지변(本末之辨)의 방법론을 제기하여 해결하고자 했던 문제는 명교(名敎)의 본체적이고 궁극적인 근거를 구축하는 것이었다. 현학자가 보기에 명교(名敎)는 누구나 꼭 준수해야 할 사회윤리 질서이며, 명교는 비록 현실적으로 존재하는 '유(有)'이자 본체의

---

412) 『이정집(二程集)』, 『하남정씨유서(河南程氏遺書)』 권15, 『이천선생어일(伊川先生語一)』, p.162.

413) 『이정집(二程集)』, 『하남정씨유서(河南程氏遺書)』 권15, 『이천선생어일(伊川先生語一)』, p.152.

제약을 받는 '말(末)'이다. 자연(自然)은 천도(天道)의 표현으로 비록 '무형무물(無形無物)'의 '무(無)'이지만 만사만물을 결정하는 '본(本)'으로 보았다. 현학자들이 거듭 설명한 '숭본거말(崇本擧末)', '집일통중(執一統衆)'은 바로 명교를 위한 형이상적 근거 구축에 대한 바람이었다. 왕필(王弼)은『논어(論語)』중의 공자가 말한 "외외호유천위대, 유요칙지(巍巍乎唯天爲大, 唯堯則之 : 숭고하구나! 오직 하늘만이 가장 높고 크거늘, 오직 요(堯)임금만이 하늘을 본받을 수 있다)"를 주석하면서 다음과 같이 서술했다.

성인은 조물주의 덕(德)을 본받을 수 있는데, 오직 요(堯)임금만이 하늘을 본받을 수 있다고 말하는 까닭은 오직 요임금만이 시시각각 하늘을 본받았기 때문이다. 그 덕은 광활하여 모양새도 이름도 없다. 이름을 붙일 수 있는 것에 이름을 붙인다. 선량한 환경에서 성장하면 현저하게 드러나며 인애(仁爱)한 환경에서 생겨나면 보존할 수 있다. 선악(善惡)은 서로 의존하지만 명성과 형체는 서로 분리된다. 큰 사랑은 사심이 없는데 인애는 어디에서 생겨나는가, 지극한 아름다움은 편파적이지 않은데 명성은 어디에서 생겨나는가? 그래서 하늘을 본받아 교화(敎化)를 완성하고 명교와 자연을 통합하여 그의 자식을 편애하지 않고 그의 신하를 통치할 수 있게 된다.[414]

왕필(王弼)이 보기에 '성인'은 '숭본거말(崇本擧末)'과 '집일통중(執一統衆)'을 할 수 있는 사람으로, 이 '숭본(崇本)'과 '집일(執一)'이 바로 하늘을 본받아 교화를 이루고 명교와 자연을 통합하는 경지에 이를 수 있다는 것이다. 이학자들이 체용지변(體用之辨)의 방법론을 창도한

---

414)『왕필집교석(王弼集校釋)』하권,『논어석의(論語釋疑)』, p.626.

것 역시 명교(名敎)의 형이상적 근거를 구축하기 위해서이다. 이학자는 개인적 안신입명(安身立命)이나 사회적 제세경방(濟世經方)은 모두 반드시 가장 큰 근본과 보편적인 규칙인 대본달도(大本達道)의 형이상적 근거에 의지해야 한다고 여겼다. 즉, 유가가 숭배한 명교(名敎), 정사(政事)의 용(用)은 반드시 자연천도(自然天道)의 체(體)를 그 근거로 삼아야 한다는 것이다. 주희(朱熹)는 다음과 같이 말했다.

> 이후로 넓고 큰 우주 속에 마음 편안하게 거처할 보금자리가 있다는 것은 안신입명(安身立命)할 수 있는 지각(知覺)의 지배처이며, 근본을 세우고 모두가 알고 있는 규범을 실행하는 관건이 된다는 것을 알게 된다. 겉으로 드러나지 않는 은미(隱微)한 이치와 확연하게 드러나는 현상은 서로 통합되어 틈이 없다. 그 이유는 바로 여기에 있는 것이다.[415]

주희가 논한 '체용일원(體用一源), 현미무간(顯微無間)'은 개체적 안신입명(安身立命)과 사회의 명교예절을 포함되어 있다. 그래서 주희는 '천리(天理)'를 '체(體)'로 하고, 구체적인 분수(分殊)의 윤리를 '용(用)'으로 삼으며 이르기를, "만물에는 모두 삼강오상(三綱五常)의 기본 도덕 원칙과 규범이 있고 그 근원도 모두 같다. 그러나 처한 위치가 다르기에 쓰임새 역시 다르다. 예를 들면, 군주는 자애로워야 하고, 신하는 공경심이 있어야 하고, 자녀는 효심이 있어야 하고, 부모는 인자한 마음을 가져야 하며, 세상만물은 모두 삼강오상(三綱五常)이 있지만 세상만물은 또한 서로 다른 작용을 하고, 한 가지 도리만 행해

---

415) 『주자전서(朱子全書)』 제12권, 『주문공문집(朱文公文集)』 권32, 『답장경부(答張敬夫)』, p.1392.

지는 것은 아니다"[416]. 도덕적 명교의 '용(用)'과 천리자연(天理自然)의 '체(體)'를 결합한 것은 현학의 본말지변(本末之辨)에 명교와 자연을 결합한 것과 일맥상통한다.

이로부터 이학의 체용지변(體用之辨)은 전적으로 현학의 본말지변(本末之辨)의 사상적 논리와 방법의 발전 결과물이라는 것을 알 수 있다. 따라서 사상적 특성과 학술적 방법 관점에서 보자면 현학의 본말지변 역시 이학의 체용지변에 큰 영향을 미쳤다. 현학의 본(本)과 말(末)은 쌍방향적 규정과 상호 표현되는 범주에 속하기에 현학자들은 항상 '본(本)'은 '말(末)'에 영향을 미친다고 주장하면서 '본(本)'은 '말(末)'을 생성시키고 지배한다고 인정했다. 또한 '말(末)'은 '본(本)'에 영향을 미친다고 주장하면서 '말(末)'은 '본(本)'을 드러내고 표현한다고 인정했다. 결국 현학은 '본(本)'과 '말(末)'의 쌍방향 관계 속에서 양자의 서로 표현하고 규정하는 일체의 구분이 없는 본질을 이해해야 한다고 주장했다. 이학의 체용지변(體用之辨)은 바로 현학의 본말지변(本末之辨)의 정신적 함의와 사상의 핵심을 심도있게 파악하는 것이고, 이학자들의 열띤 토론 속의 '체(體)'와 '용(用)'의 관계는 이러한 쌍방향적 규정과 상호 표현의 범주이며, 이학자들은 항상 '체(體)'가 '용(用)'에 영향을 미치고, '용(用)'이 '체(體)'에 영향을 미친다는 쌍방향적 관계에서 그 사상적 특징을 파악했다.

따라서 이학자들이 보편적으로 운용한 체용지변(體用之辨)은 바로

---

416) 『주자전서(朱子全書)』제14권, 『주자어류(朱子語類)』권18, p.606.

이러한 본체와 현상이 상호 표현되고 일체로 분리불가하다는 본체론적 해석이다. 한편으로, 이학은 체(體)로부터 용(用)에 이른다는 '유체달용(由體達用)'의 관점을 주장했다. 이에 주희(朱熹)는 "가장 원초적인 혼돈의 기운에서부터 만물의 생성까지 오직 하나의 이치가 있을 뿐이다. 이것이 먼저 있은 후에 저것이 있는 것이 아니다. 모두 같은 원천에서 온 것이다. 본체(本體)에서 용처(用處)에 이르고, 미소(微小)한 것에서 현저(顯著)한 것에 이른다"417)라고 언급했다. 만물의 생성이든 윤리의 일상생활화이든 모두 대본대원(大本大源)의 '태극(太極)', '천리(天理)', '천도(天道)'에 의해 결정되고 통괄되기에 '태극(太極)'의 체(體)로부터 만물의 생성 및 윤리의 일상생활화의 용(用)에 이를 수 있다는 것이다. 주희는 이런 체(體)로부터 용(用)에 이른다는 '유체달용(由體達用)' 방법을 설명하면서 "체(體)는 그 이치이고, 용(用)은 그것의 쓰임새를 뜻한다. 예를 들면, 귀는 들을 수 있고 눈은 볼 수 있는 것은 본래부터 그러한 것으로 그것이 바로 이치이고, 눈을 뜨고 만물을 보는 것과 귀로 소리를 듣는 것이 곧바로 그 쓰임새인 용처이다"418)라고 했다. 그는 이치의 체(體)가 이치의 용(用)을 결정하고, 귀로 듣고 눈으로 보는 이치(理)가 귀로 소리를 듣고 눈으로 사물을 보는 용(用)을 지배한다고 생각했다. 다른 한편으로, 이학자들은 또 용(用)에서 체(體)에 이른다는 관점을 주장했는데, 현학자와 마찬가지로 '체(體)'로서의 천도(天道), 천리(天理)는 무형무상(無形無象)이기 때문에 사람

---

417) 『주자전서(朱子全書)』 제17권, 『주자어류(朱子語類)』 권94, p.3123.
418) 『주자전서(朱子全書)』 제14권, 『주자어류(朱子語類)』 권6, p.239.

들은 오로지 '용(用)'을 통해서만이 '도(道)'와 '이(理)'의 '체(體)'를 인식하고 관찰할 수 있다고 주장했다. 주희는 "비록 '체(體)'와 '용(用)'은 서로 다른 두 글자이지만 근본적으로 서로 분리된 것이 아니며, 용처는 바로 본체가 성행하는 원인이다"[419]라고 했다. 성인 역시 일월산천(日月山川), 세소응대(灑掃應對) 등 '용(用)'을 통해 그러한 무형무상(無形無象)의 천도(天道), 천리(天理)를 인식할 수밖에 없다. 바로 주희가 주장한 바와 같이, "천지가 만물을 낳아 오고가기를 반복하며 생멸의 순환이 끊임없는 까닭은 법칙의 근본이 바로 그러하기 때문이다. 그것이 가리키는 도리를 쉽게 알아차릴 수 있는 것은 끊이지 않고 흐르는 시냇물의 흐름만한 것이 없기에, 이 감회를 통해 많은 사람들에게 시사하는 바이다"[420]라는 것이다. 그는 사람들은 '강의 흐름'의 용(用)으로 '생멸의 순환이 끊이지 않는' 도체(道體)의 본연(本然)을 인식할 수 있다고 여겼는데, 이것이 바로 "용(用)으로부터 체(體)에 이른다"라는 체용관(體用觀)이다.

4. 이학의 체용지변: 현학의 본체적 해석방법에 대한 발전

이학이 단지 해석방법에서 현학을 계승하고, '체용(體用)'의 범주로 현학의 '본말(本末)'을 대체한 것에 불과하다고 여긴다면 이는 이학의 체용지변(體用之辨)에 대한 완전한 이해가 부족함이 분명하다. 실제로

---

419) 『주자전서(朱子全書)』제15권, 『주자어류(朱子語類)』권42, p.1513.
420) 『주자전서(朱子全書)』제15권, 『주자어류(朱子語類)』권36, p.1353.

이학의 체용지변은 해석방법에서 현학의 본말지변(本末之辨)의 사상 핵심을 흡수했을 뿐만 아니라, 체용지변은 더욱 깊은 사상적 함의와 철학적 지혜를 내포하고 있어 현학 본말지변의 본체적 해석에 존재하는 결함을 해결함으로써 유가의 도덕적 형이상학(形而上學)을 성숙한 역사적 단계까지 발전시켰다는 점에 주목할 필요가 있다.

현학이 본말지변(本末之辨)의 방법으로 구축한 본체론에는 이론상의 중요한 결함이 존재하는데, 그 가장 큰 문제는 두 방면에서 나타난다. 첫째는 이론형식 상의 문제이다. 현학이 방법론 상에서 본(本)과 말(末)의 쌍방향 규정 및 상호 표현의 관점을 주장하는 것은 본체와 현상이 대립적이면서도 통일되는 변증의 관계라는 것을 긍정한 것이다. 그러나 현학의 본말지변(本末之辨)은 이론형식의 구축에 있어서는 오히려 유(有)와 무(無), 일(一)과 다(多)로 그 본체론을 해석하고 있다. 현학의 '숭본식말(崇本息末)'은 본체이론 구조상으로 볼 때 '이무위본(以無爲本)' 및 '집일통중(執一統衆)'이며, 항상 본체와 현상 사이의 관계를 '중(重)'과 '경(輕)', '주(主)'와 '종(從)'의 관계로 나타냈는데, 이는 너무 단편적이다. 또한 현학의 철학체계에서 우주본체로 삼는 것은 바로 천지만물을 통괄하는 '무(無)'이다. '무(無)'란 무엇인가? 모든 유형유명(有形有名)의 사물은 모두 말할 수 있고, 정의를 내릴 수 있고, 논평할 수 있지만, 무형무명(無形無名)의 본체는 성인을 포함한 모든 사람들이 말로 표현할 수 없는 것이다. 배휘(裴徽)는 왕필(王弼)에게 "무(無)는 만물 생성의 근원이라는 것은 이미 모든 사람들의 공통된 인식이지만, 공자는 이에 대해 아무 말도 하지 않았다"라고 정곡을

찌르는 문제를 제기한 적이 있다. 이에 대해 왕필은 "공자는 능히 몸소 도(道) 즉 무(無)를 체득했지만, 무(無)는 말로 해석하기 힘든 것이다. 따라서 공자는 무(無)에 대해 입 밖에 내지 않았다"[421]라고 명쾌하게 대답했다. '무(無)'는 성인들도 체(體)로 느낄 뿐 말로 표현할 수 없는 것이다. 현학은 본체론을 구축함에 있어서 유와 무를 통한 쌍방향 해석 및 상호 규정을 시도하는 데 매우 큰 어려움이 있었고, 말로 나타낼 수 없는 '무(無)'로 '유(有)'를 해석 · 표현 · 규정함에 항상 이론적 명료함과 자족감이 부족했다. 바로 왕필(王弼) 자신이 말한 바와 같이, "도(道)는 무명무형(無名無形)의 상태로써 만물을 생성하기 시작한다. 만물은 출현부터 완성까지 자신이 왜 이렇게 되는지 모른다. 때문에 '검은 것 중에 가장 검은 것'이라고 하고, 도(道)는 지극히 은밀하고 심원해서 볼 수 없는 것이다"[422]. 이렇듯 현묘하고 그 깊은 뜻을 알 수 없는 개념으로 본체론을 구축하기에는 해석 상에 어려움이 따를 수 밖에 없었으며, 왕필의 주장에 따르면 노자(老子)가 거듭해서 '무(無)'를 언급한 것은 바로 노자가 무(無)의 유(有)를 체득하지 못했기 때문이라는 것이다. 그렇다면 왕필 자신이 노자의 『도덕경(道德經)』을 주석하면서 '무형무명(無形無名)'의 '무(無)'를 반복적으로 언급했는데, 이것으로 무릇 '무(無)'를 주장하는 것은 모두 무(無)의 유(有)를 체득하지 못했기 때문임을 증명할 수 있을까? 이는 심지어 해석자마저도 궁지에 빠지게 한다. '무(無)'의 본체적 의미를 반복적으로 설명

---

421) 『삼국지 · 위서(三國志 · 魏書)』권28 『종회전(鐘會傳)』 주석, p.591.
422) 『왕필집교석(王弼集校釋)』 상권, 『노자도덕경주석(老子道德經注)』 상편 제1장, p.1.

하지 않고서는 '유(有)'를 본체로 해석할 수 없으며, 이는 곧 양한(兩漢)의 학자와 같이 본(本)을 멀리하고 말(末)을 추구하는 '사본구말(舍本求末)'이 될 수밖에 없다. 그러나 경전을 해석함에 있어서 반복적으로 '무(無)'는 '본(本)'이며, 수많은 '유(有)'와 '말(末)'의 본체라고 설명한다면, 노자(老子)와 마찬가지로 '바로 유이다'로 표현될 수 밖에 없기에 본체의 경지에 이를 수 없게 된다.

둘째, 현학의 본말지변(本末之辨)도 사상내용 측면에 있어서는 매우 중대한 결함이 존재하는데, 현학의 본말지변은 본체론 형식 상으로는 유무(有無)의 분별이고, 사상적 본질은 명교와 자연의 분별이다. 바로 현대 철학자 여돈강(余敦康)의 말대로, "현학의 주제는 자연과 명교의 관계이다. … 이 문제를 둘러싸고 그들이 발표한 다양한 견해는 순수한 사변철학에 대한 냉철한 사고라기보다는 오히려 합리적인 사회 존재에 대한 열정적인 추구이다"[423]. 현학자들의 '본말지변(本末之辨)', '유무지변(有無之辨)'에 대한 토론은 전적으로 철학사변의 형식은 아니며, 본말·유무의 관념과 자연·명교의 가치 추구는 서로 밀접하게 연관되어 있다. 현학은 철학본체론 상에서는 무(無)를 본(本)으로 하고 유(有)를 말(末)로 여겼고, 가치관념 상에서는 자연을 본(本)으로 하고 명교(名教)를 말(末)로 여겼다. 현학자들이 보기에 '자연'은 '무(無)'이자 '본(本)'이며, "자연은 언설(言說)할 수 없는 언설이고, 명명(命名)할 수 없는 명명(命名)이며, 시간 및 공간의 무한히 광활한 개념이

---

423) 여돈강(余敦康): 『위진현학사((魏晉玄學史)』, 북경대학출판사(北京大學出版社), 2004년판, p.1.

다"[424]라고 여겼다. 다른 한편으로, 현학자가 보기에 '명교'는 '유(有)'이자 '말(末)'로서 그들은 항상 명교(名教)와 육경(六經)의 '말(末)', '적(迹)'에서 자연의 '본(本)', '소이적(所以迹)'을 발견하길 원했다. 곽상(郭象)은 『장자 · 천운(莊子 · 天運)』을 주석하면서 "소이적(所以迹)은 성인의 진성(眞性)이며, 성인은 만물을 경험해 진성을 체득한 사람이다. 그의 발자취는 『육경(六經)』에 널리 분포되어 있다", "더군다나 오늘날 인간세상의 일은 자연을 신발로, 『육경(六經)』을 발자취로 삼는다"[425]라고 서술했다. 곽상의 사상체계에서 '소이적(所以迹)', '진성(眞性)', '도(道)', '자연(自然)'은 모두 '적(迹)', '물(物)', '육경(六經)', '명교(名教)'를 결정하고 지배하는 본체를 말한다. 현학자들은 자연과 명교의 결합을 원했으나 가치 지향에 있어서 자연은 항상 명교보다 높은 위치에 처했다. 주지하다시피 전한(前漢) 이후의 중화제국들은 이미 유교적 국가의식형태, 사회생활규범, 개체의 안신입명(安身立命)이 최고 지위를 점거했었다. 만약에 유가의 명교를 '말(末)'로 삼고, 도가(道家)의 자연을 본(本)으로 삼는 사상을 숭상했다면 국가와 사회는 물론 개인까지 모두 최고의 형상(形上) 의거를 상실함으로써 정신적 위기를 맞게 되었을 것이다. 따라서 현학이 유가를 위한 형이상학 구축에 전력을 다했지만 그 임무를 완수하지 못했기 때문에 훗날의 이학을 기대하게 된 것이다.

---

424) 『왕필집교석(王弼集校釋)』 상권, 『노자도덕경주(老子道德經注)』 상편 제25장, p.65.
425) 『장자집석(莊子集釋)』, 『장자 · 천운(庄子 · 天運)』, 중화서국(中華書局), 1961년판, p.532.

이학의 체용지변(體用之辨)은 현학의 본말지변(本末之辨)의 사변적 방법과 철학적 지혜를 계승한 동시에 더 나아가 본말지변의 이론적 결함을 보완함으로써 이론사변은 더욱 원융명료하고, 사상내용에 있어서 사회역사적 요구를 충족시킬 수 있는 사상체계를 구축할 수 있었다.

첫째, 철학적 사변(思辨)의 형식 상에서 살펴보면, 현학의 본말지변(本末之辨)은 우주의 모든 유형유명(有形有名)의 물상(物象)을 '말(末)'로 보고, 무형무명(無形無名)의 '무(無)'를 '본(本)'으로 보았는데, 이러한 '이무위본(以無爲本)'의 이론은 성인들조차 말로 나타내려 하지 않는 표현과 논설의 어려움이 있을 뿐만 아니라, 이 무형무명(無形無名)의 '무(無)'가 실제적으로 존재하고 변화하는 천지만물의 '유(有)'를 어떻게 지배할 수 있는가를 설명해내기도 어렵다. 이학은 체용지변(體用之辨)으로 경전을 해석하고, 유가의 도덕적 형상학을 구축했으며, 이학의 '체(體)'에 관한 철학적 사변은 현학의 유무(有無) 철학의 지혜를 계승하면서도 이론의 결함을 보완했다. 현학은 '무(無)'를 천지만물의 본체라고 인정하는 반면, 이학은 '이무위본(以無爲本)'의 관점을 반대하며 천지만물의 본체는 '천도(天道)', '천리(天理)', '태극(太極)'이며, '도(道)', '이(理)'를 본체로 삼는 것은 무(無)와 유(有)의 통합이라고 주장했다. 현학의 유무지변(有無之辨)은 도가의 학설 계승에서 비롯된 것으로서, '유(有)'는 유형유명(有形有名)의 '말(末)'을 가리키고, '무(無)'는 무형무명(無形無名)의 '본(本)'을 가리킨다. 이학은 '태극(太極)', '도(道)', '이(理)'에 대한 해석에 유무지변(有無之辨)의 방법을 운용하고,

'유(有)'와 '무(無)'의 변증관계를 이용해 본체의 특징을 설명했다. 주돈이(周敦頤)의 『태극도설(太極圖說)』에 '무극이태극(無極而太極)'이란 이론이 있는데, 많은 사람들은 현학의 '이무위본(以無爲本)'의 관점에 의거해 이해하면서 이는 '이무생유(以無生有)'의 표현이라고 여겼으며, 주희(朱熹)는 이를 매우 중시하며 거듭 유무통일(有無統一)의 관념으로 본체로서의 '태극(太極)', '천리(天理)'를 해석하면서 다음과 같이 말했다.

> 이(理)로 해석하면 '유(有)'라 부를 수 없고 '물(物)'로 해석하면 '무(無)'라 부를 수 없다. 무극(無極)이 바로 태극(太極)이다. 즉 형상은 없지만 이치는 있다. 무극이라 부르는 것은 바로 그것이 형상을 지니지 않기 때문이다. 무극은 물(物)의 앞 쪽에 있을 것이라고 생각하지만 물(物)의 뒤쪽에 존재할 수도 있고, 음양의 바깥 쪽에 있을 것이라고 생각하지만 음양 중에 존재할 수도 있으며, 만물 중에 존재할 것으로 생각하지만 어디에나 존재한다. 그러나 소리, 맛, 형상, 울림이 없어서 언어로 표현할 수 없다. 무극을 언급하지 않는다면 태극은 무극과 같은 것으로 만물화생(万物化生)의 근본이 될 수 없다. 태극을 언급하지 않는다면 무극은 공허한 것으로 전락할 수 밖에 없으며 만물의 근본이 될 수 없다.[426]

주희는 우주본체로서의 이(理)와 태극(太極)을 한편으로는 '무(無)'라고 생각했으며, 무(無)는 '형상이 없는 것'이기 때문에 있다고 말할 수 없는 '소리·냄새·모양·울림'이라 여겼다. 다른 한편으로는 또한 '유(有)'라고 여겼는데, 그것은 항상 유형(有形)의 세계에서 객관적

---

426) 주돈이(周敦頤): 『주돈이집(周敦頤集)』, 『주자태극도해설(朱子太極圖說解)』, 중화서국(中華書局), 1985년판, p.4.

인 역할을 하기 때문이며, 또한 이는 '물(物) 뒤에 있고, 음양 중에 존재하고, 전체를 관통하고, 어디에나 있는 것'이기 때문에 없다고 말할 수 없는 '만사만물 생성의 근본'이라는 것이다. 주희가 이(理), 태극(太極)이 가진 '무(無)'의 특징을 논할 때는 확실히 현학자들의 "무형무명(無形無名)의 존재가 바로 모든 사물의 종주(宗主)이다"라는 견해와 매우 일치해 양자 사이의 내재적 연관성을 나타냈다. 그러나 주희는 또한 '이무위본(以無爲本)'의 견해에 대해 완강히 반대하면서 거듭 '무형이유리(無形而有理)'의 관점을 강조해 '이(理)'는 '무(無)'와 '유(有)'의 일체임을 주장했다. 송대 유학자들은 '이(理)'를 '무(無)'로 여김으로써 공허함에 빠지는 것을 막기 위해 '실(實)'로 '이(理)'가 지닌 '유(有)'의 특징을 해석할 것을 특히 강조했다. 왕필(王弼)은 『논어(論語)』중의 공자가 "나는 더 이상 아무 말도 하지 않을 생각이다"라고 한 말에 대해 주석하면서, 이는 '명본(明本)' 및 '거본통말(擧本統末)'을 위한 것이라고 강조했는데, 이는 '본(本)'은 말로 표현할 수 없는 '무(無)'라는 점을 인정했기 때문이다. 또한 주희는 "구학자(求學者)들은 대부분 언어에 의거하여 성인을 관찰하는 경우가 많다, 천리(天理)에 의해 널리 행해지는 사실들은 고찰할 수 없으며, 말하지 않아도 분명한 것들도 있다"[427]라고 해석했다. 그는 '천리에 의해 널리 행해지는 사실들'에 의하여 이 '실(實)'과 '유(有)'의 천리(天理)는 말하지 않아도

---

427) 『주자전서(朱子全書)』제4권, 『논어집주(論語集注)』권9, 『양화제17(陽貨第十七)』, p.224.

매우 명확하게 알 수 있는 것이라고 여겼다. 이로부터 이학은 본체의 실재적 존재 특징을 더욱 강조했음을 알 수 있다. 이처럼 현학은 본체를 '무(無)'로 보았기 때문에 '본(本)'을 논할 때는 항상 '심묘하고 심오함'으로 표현함으로써 이론적으로 원만한 통섭과 자족(自足)을 성취하기 어려웠다. 그리고 이학에서는 본체를 유무(有無) 합일의 '이(理)'로 보았고, 이학자는 이론적으로 천리(天理)의 이론적 구조를 만족스럽게 논술할 수 있었기 때문에 이학의 철학적 이론은 더욱 원융하고 명료했으며, 주희는 마침내 규모가 방대하고, 내용이 상세하며, 역사문화를 전면적으로 종합한 방대한 이학체계를 완성해냈다.

둘째, 체용지변(體用之辨)의 사상적 내용 면에서 살펴보자면, 현학의 '본말지변(本末之辨)'은 '이무위본(以無爲本)'의 본체론을 확립한 것으로 '자연을 종주로 삼는다', '명교는 자연에서 비롯된 것'의 가치관을 구현한 것이다. 현학은 비록 자연의 근본을 숭상하면서도 '명교(名敎)'의 말(末)을 제기했다. 그러나 가치등급에서 '자연(自然)'은 언제나 '명교(名敎)'보다 높으며, 이는 또한 '명교(名敎)'가 세워지는 근거가 되기도 한다. 이학의 체용지변(體用之辨) 역시 '이(理)'와 '도(道)'를 체(體)로 삼았고, 이학자들은 '이(理)'와 '도(道)'를 '천도(天道)의 자연' 또는 '자연의 천리(天理)'라고 부르며, 이를 유가 윤리의 본체적 근거로 삼기도 했다. 그러나 현학의 본체론 상에서 무(無)와 유(有)의 분별로 인한 대립과 긴장 국면이 존재하듯이, 가치관념 상에서 자연과 명교 사이는 가치지향 상의 뚜렷한 차이로 인해 대립과 긴장이 존재했다. 이학은 본체론적 유무(有無)의 합일로 '무(無)'와 '유(有)'의 대립과 긴장을 해소한 동시에 인륜도덕과 자연천리의 합일로 가치지향적 대립과 긴장 역시 해소했다. 예를 들어, 왕필(王弼)의 역학(易學)에서는 의리(義理)를 박다(博多)의 의리와 지약(至約)의 의리로 구분했는데, 이러한 박다(博多)의 의리는 바로 자연사회 중의 구체적 의리를 말하고, 지약(至約)의 의리는 일(一), 무(無), 도(道)를 말한다. 왕필은 박다의 의리는 '대연지수(大衍之数)' 중의 '사십구(四十九)'와 관련된 것이고, 지약(至約)의 의리는 '대연지수(大衍之数)' 중의 '일(一)'에 의해 결정된다고 강조했다. '일(一)'은 곧 태극(太極)이고, 무위(無爲)이며 자연이다. 이는 사실 중리(衆理)와 일리(一理), 명교와 자연을 관계를 갈라놓은 것이다. 그리고 이학의 각 분수지리(分殊之理)는 항상 즉체즉용(即體即用)하는 것임으로 명교와 자연을 합일할 수 있었다. 정이(程頤)는 다음과 같이 말했다.

> 본성(本性)으로 보면 모두 선량하다. 성인들은 선량함, 즉 인의예지신 (仁義禮智信)으로 세상에 이름을 널리 알렸다. 본성은 실행에서 차이가 있기 때문에 인의예지신으로 구분하게 된다. 합치면 천도(天道)이고 분리 해도 역시 천도이다.[428]

정이의 설명에 따르면, '인의예지신(仁義禮智信)'을 합쳐서 말하자면 천도(天道), 천리(天理)이므로 당연히 '체(體)'이며, 이 다섯 가지를 갈라놓고 말해도 역시 천도, 천리이기에 역시 '체(體)'이다. 이학자들은

---

428) 『이정집(二程集)』 상권, 『하남정씨유서(河南程氏遺書)』 권25, p.318.

이일분수(理一分殊)로 '일리(一理)'와 '만리(萬理)'의 관계를 표현했는데 '일리(一理)'는 '체(體)'이고, '만리(萬理)' 역시 '체(體)'라는 것이다. 그렇다면 '용(用)'은 단지 '체(體)'에 의해 생성된 작용일 뿐이다. 이렇게 '일리(一理)'로서의 천리와 천도는 즉체즉용(即體即用)일 뿐만 아니라 각 만수(萬殊)의 분리(分理) 역시 즉체즉용이다. 주희는 '이일분수(理一分殊)'의 체용(體用)을 논할 때 다음과 같이 말했다.

> 그 지극히 성실하고 멈추지 않는 것은 도(道)의 체(體)이며, 만사만물의 공통적인 본질이다. 만사만물은 제각기 적재적소에 존재하는데 이는 도(道)의 용(用)이며, 공통적인 본질로서 다양한 표현이다.[429]

'일본(一本)'으로서의 도(道)와 이(理)는 체(體)이며, '분수(分殊)'의 만리(萬理) 역시 '체(體)'이다. 다만 이(理)가 만물에 대한 지배작용으로 나타나는 것이 바로 용(用)이기에 주희는 또 다음과 같은 관점을 제기했다.

> 본체(本體)로 말하면 인의예지(仁義禮智)가 있고, 작용(作用)으로 말하면 측은(惻隱)·수오(羞惡)·공경(恭敬)·시비(是非)가 있다.[430]

유가 윤리의 인의예지는 '체(體)'이고, 심리적 감정의 측은과 수오는 '용(用)'이다. 이렇게 이학의 체용지변(體用之辨)은 가치 지향적으로 유가의 윤리 관념의 위상을 높였다.

이학의 체용지변(體用之辨)은 이론적 형식이든 사상적 내용이든 현

---

429) 『주자전서(朱子全書)』 제6권, 『논어집주(論語集注)』 권2, 『이인제4(裏仁第四)』, p.96.
430) 『주자전서(朱子全書)』 제14권, 『주자어류(朱子語類)』 권6, p.242.

학의 본말지변(本末之辨)이 남긴 문제를 해결했음을 알 수 있다. 그래서 이학은 체용지변(體用之辨)의 본체적 해석방법을 제시함으로써 진정으로 유가 형상학(形上學) 구축의 임무를 완성한 것이라고 말할 수 있다.

제5장

현학 및 이학의 논어학(論語學)과 학술적 논리

　　중국 경학(經學)의 중요한 구성부분인 논어학(論語學)은 2천여 년의 역사발전 과정을 거쳤다. 논어학은 오랜 학술적 발전 역사를 거쳤으나 가장 주목받던 전성기는 바로 위진(魏晉)과 양송(兩宋) 두 시기이다. 이 두 시기의 논어학은 특히 저술이 풍부하여 위진 시기 하안(何晏)의 『논어집해(論語集解)』, 황간(皇侃)의 『논어의소(論語義疏)』, 양송 시기 형병(邢昺)의 『논어주소(論語注疏)』, 주희(朱熹)의 『논어집주(論語集注)』등과 같은 논어학의 역사적 대표작도 나왔다. 앞의 두 저술은 위진 현학의 논어학 대표 저작이고, 뒤의 두 저술은 송대 이학 논어학의 대표 저작이다.

상술한 두 가지 논어학은 각각의 학술적 성과와 특색이 있지만 많은 공통점을 지니고 있다. 예를 들면 양자는 경학 중의 의리파(義理派)로서 모두 중국 전통의 내면적으로 성인의 재덕을 갖추는 내성지도(內聖之道)에 대한 확장과 구축에 중점을 두고 있다. 이들은 또한 학리적으로 밀접한 내재적 논리를 가지고 있으며, 중국 학술문화 발전의 법칙과 특색을 나타내고 있기 때문에 깊이 사고하고 연구할 가치가 있다. 이에 논어학의 역사적 배경을 기반으로 현학 및 이학의 경학 해석의 특색과 그 내재적인 학술적 논리를 고찰하고자 한다.

제1절 서론

유가(儒家)학파는 중국 문화사에서 지배적인 위치를 차지하고 있으며, 공자가 바로 유가학파의 창시자이자 정초자이다. 『시경(詩經)』·『서경(書經)』·『예기(禮記)』·『역경(易經)』·『춘추(春秋)』등 문헌은 모두 공자와 밀접한 관련이 있을 수 있지만 실제로 공자의 언행 및 사상을 직접적이고 완전하며 체계적으로 그리고 신빙성 있게 표현한 것은 바로 『논어(論語)』뿐이다. 중국 전한(前漢) 말기 고문경학파의 창시자 유흠(劉歆)의 말에 따르면, "『논어』는 공자가 자신의 제자 및 그 당시 사람들의 질문에 답하고, 그 제자들이 서로 문답한 내용을 기록한 저서이다. 당시 제자들은 각자 공자의 언행에 대해 기록했다. 공자가 죽은 후에 문인들은 그것을 서로 수집하고 기록했기에 『논어

(論語)』라고 칭했다"431)라고 알려져 있다. 오늘날 사람들의 고증에 의하면, 『논어』는 기원전 400여 년경의 전국시기 초기에 공자의 제자 및 재전(再傳) 제자들이 편찬한 저서이다. 『논어』는 공자의 사상 및 행적을 다방면에서 사실적으로 기록하고 묘사한 저서로 후세의 공자 및 유가 사상 학습과 연구에 중요한 문헌이 되었다.

『논어』는 유가의 경학체계 중에서 특별한 위치를 차지하고 있다. 경학이 형성된 신진(先秦), 진한(秦漢) 시기의 학자들은 유가 경학의 체계를 경(經)과 경(經)에 대해 주석·해석한 전(傳)·기(記)·주(注) 등으로 구분했다. 이들 문헌은 문체형식 상에서 경(經)은 『역(易)』·『서(書)』·『시(詩)』·『예(禮)』·『악(樂)』·『춘추(春秋)』 육경(六經)만을 가리키고, 전(傳)·기(記)·주(注)는 육경(六經)에 대해 주석을 달고 해석한 문체로 『역전(易傳)』·『예기(禮記)』·『춘추전(春秋傳)』 등이 포함된다. 이들 문헌들의 내용으로 보자면, '경(經)'은 하(夏)·상(商)·주(周) 3대 주로 서주(西周)가 남긴 각종 전장(典章)제도를 특징으로 하는 역사문헌이며, 3대 시기의 종교·정치·윤리를 일체한 예악(禮樂)문화를 포함하고 있다. 전(傳)·기(記)·주(注)는 춘추전국 시기 이래의 유가학자들이 이러한 역사문헌과 전장제도에 대해 본문에 주석을 달고 사상을 발휘한 것으로 하(夏)·상(商)·주(周) 3대 예악문명의 계승과 발전이다. 전한(前漢) 시기에는 흔히 주공(周公)의 예악과 공자의 사상을 결부시킨 주공지교(周孔之敎)를 유학 또는 유가 경학이라 칭했

---

431) 『한서(漢書)』 권30 『예문지(藝文志)』, 중화서국(中華書局), 2002년판, p.1717.

는데, 주공(周公)은 예법과 악률을 제정하고 육경의 내용을 확립한 대표자이고, 공자는 육경을 정리 · 해석하여 유가학파를 창설한 대표자이다. 그래서 유가 경학을 주예지교(周禮之敎)로 지칭하는 것은 아주 정확하고 적절하다. 공자는 유가학파의 창시자이자 육경의 가장 중요한 해석자로서 공자의 언행에 대해 완벽하게 기록한 『논어』는 서주(西周)의 예악문명에 대한 공자의 이해와 창의적 발전을 다방면으로 보여준다. 『역전』 · 『예기』 및 새로 출토된 간백(簡帛) 문헌에 공자의 작품 또는 사상이 일부 포함될 수 있지만, 『논어』는 논쟁의 여지없이 한대(漢代)에 공자의 사상 및 언행에 관한 가장 중요한 저작이기에 유가 경학체계에서 '전(傳)'을 대표하는 저작이기도 하다. 그래서 일찍이 전한(前漢) 시기에 "역대로 전해져 내려오는 작품 중에 『논어』가 으뜸이다"[432]라는 설까지 나왔는데, 다시 말해서 유가학파의 육경(六經)에 대한 전(傳) · 기(記) 문헌 중에서도 『논어』가 가장 권위있는 경전 해석이며 가장 중요한 학술적 위치를 차지한다. 따라서 전한(前漢) 시기에는 조정에서 『시(詩)』 · 『서(書)』 · 『예(禮)』 · 『역(易)』 · 『춘추(春秋)』오경(五經)박사를 전문적으로 설치하여 유생들은 일반적으로 그 중의 한 가지 경(經)을 전문적으로 배웠지만, 『논어』는 독특한 지위로 모든 유생의 기본 교재 또는 필독서였으며, 후한(後漢) 시기에는 또 '칠경(七經)'설까지 나왔을 정도로 『논어』와 『효경(孝經)』은 경학의 중요한 위치를 차지하게 되었다. 더욱이 양송(兩宋) 이후에는

---

432) 『한서(漢書)』 권57하 『양웅전(揚雄論)』, p.3583.

주희(朱熹)가『사서집주(四書集注)』를 펴냄으로써『논어(論語)』·『맹자(孟子)』·『대학(大學)』·『중용(中庸)』등 사서(四書)의 위상이 오경(五經)보다 높았는데, 이 중에서『논어』가 사서의 으뜸이었기 때문에 이 시기『논어』는 유가 경학체계에서 더욱 중요한 위치를 차지했다.

『논어』가 공자의 언행을 기록한 문헌에서 여러 경(經)의 전(傳) · 주(注)의 으뜸이 되고, 점차적으로 '경(經)'으로 변화 · 발전되면서 최종에는 경학의 핵심이 되는 사서(四書)의 으뜸을 차시하게 된 것은 결코 우연이 아니며 그 근본적 이유는『논어』의 사상내용에 있다. 『논어』는 기본적으로 유가학파의 사상관념 및 학술적 주지의 기반을 다지고, 유교문명의 가치체계와 정치 · 종교적 이념을 구축했다. 서주(西周) 시기에 세워진 예악문화는 중화 제도문명의 토대를 마련했으며, 유학 및 유가 문명의 기초를 세운『논어』는 공자가 서주의 예악문명을 계승한 토대 위에서 중화문화의 발전과 혁신을 충분히 체현하고 있다. 공자는 사회제도적 차원에서 예악정치와 인의도덕을 결합하고, 개인의 정신세계에서는 왕도정치를 지향하는 외왕(外王)의 선구적 업적 개척과 내면으로 성인이 되는 내성(內聖)의 인문정신을 결합하여 춘추시기 이래 중화문명 형성시기의 요구와 특징을 다차원적으로 표현했다. 따라서 아래에서 사회적 및 개인적 차원에서 이 문제에 대해 검토하고자 한다.

우선, 사회적 차원에서 보면 서주(西周)는 혈연에 기반한 종법(宗法) 제도를 세우고 보완했으며, 주공(周公)은 '예법과 악률의 제정'을 통해 종교 · 정치 · 윤리를 통합한 예악문화를 확립하고 완성시켰다. 공자 및 『논어』는 서주의 예악문명을 계승·발전시켰고 '주공지교(周孔之教)'의 유교 문명이 형성되기 시작했다. 『논어』는 공자가 서주(西周)의 예악문화를 전반적으로 계승했지만, 인(仁)으로 예(禮)를 해석함으로써 예악문화를 전면적으로 개조·승화시켰음을 보여준다. 공자는 예(禮)는 일종의 외재적인 사회 규범으로서 반드시 인(仁)의 내재적·도덕적 정서 및 심리적 욕구와 결합되어야 한다고 강조했다. 공자의 서주(西周) 예악문화에 대한 개조와 승화는 예악문화의 종교적 요소를 더욱 희석시키고 해소했으며, 그 중의 인문 도덕적 요소를 증가·보완하여 원래 종교와 정치로 통합된 예악제도를 윤리와 정치가 통합된 예악문화로 발전시킴으로써 도덕적이고 이성적인 인문적 색채를 더 띠게 했다. 공자는 주공(周公)의 '진제(盡制)', '진륜(盡倫)'을 기반으로 인도(仁道)의 윤리사상을 발전시켜 일련의 '예(禮)와 인(仁)' 일체의 유교 문명을 구축함으로써 기타 민족이 종교를 정신적 지주로 삼는 것과는 달리 도덕적 인문 특색에 치중하는 유교 문명의 기초를 확립했다.

다음으로 정신적 차원에서 보면, 공자는 유가의 문화적 신앙을 가지고 사회적 의무를 감당하는 사군자(士君子)의 인격적 정신을 제창했다. 유가 문명의 구축과 완성은 반드시 독립적으로 정신문화 창출에 종사하고, 유가의 가치적 신앙을 가지며, 도(道)로 세상을 바꾸는 경세(經世)적 정서를 소유한 상류계층의 인물에 의존해야만 했다. 『논어』는 공자의 성(聖)·군자(君子)·사(士) 같은 새로운 이상적 인격의 소환과 추구를 다각도로 논술·전개하여 후세 2천여 년의 사대부 정신

인격의 형성 및 발전의 기초를 세웠다. 원래 공자와 유가사상에서 상고시기의 성왕들은 항상 덕행과 권위를 가졌지만 이는 단지 요원한 상고시기에 존재했던 인격적 이상에 불과하고, 봉건적 예교의 규정제도가 붕괴하던 춘추시기에 이르러서 중대한 역사적 변화가 일어났다. 그 당시 국왕은 항상 권위는 차지하고 있었지만 덕행은 없었고, 상류 지식계층인 사군자(士君子)는 덕행을 추구했으나 권위가 없었다. 공자로 대표되는 유가학자들은 적극적으로 사군자 및 성현의 새로운 인격을 창도했는데, 이러한 인격들은 당시 비록 권위는 없었지만 항상 인(仁)·지(智)·용(勇)의 품행을 추구하며 자신을 충실하게 하고 향상시키기 위해 공부하는 '위기지학(爲己之學)'과 백성을 더욱 잘 다스리기 위해 자신의 수양을 높이는 '수기치인(修己治人)'을 자신의 영원한 삶의 추구로 삼았다. 이런 이상적인 인격은 천하의 일을 자신의 소임으로 삼고 세상을 구제하겠다는 뜻을 견지하면서 미래에 입신출세하면 도(道)로 세상을 변화시킬 수 있기를 기대했다. 물론 그들의 숭고한 이상과 열정적 지향은 지혜를 다투고 무예를 숭상하던 춘추전국시기에서는 늘 진부하고 쓸모가 없었다. 공자는 열국들을 두루 돌아본 후 "중용지도(中庸之道)는 그 실현이 불가능하구나"하고 한탄할 수 밖에 없었다. 현실 정치에 대해 극도로 실망한 공자는 "하늘을 원망하거나 사람을 책망하지 말고, 일상적인 지식들을 학습한다면 생각 밖으로 매우 깊은 도리를 투철하게 이해할 수 있다. 나를 아는 것은 오직 하늘 뿐이다!"[433]라고 깊은 한탄을 내뱉을 수 밖에 없었다. 그럼에도 불구하고 공자 자신의 암울한 정치적 현실에서의 도덕적 이상의 추구에 대한 집착과 『논어』의 사군자와 성현의 이상적인 인격 및 그 숭고한 덕성에 관한 규정과 기대는 모두 유가 사대부의 인격 형성을 위한 토대를 마련함으로써 후대 사대부들이 추구하는 인격적 이상이 되었다.

이로부터 알 수 있다시피, 공자는 하(夏)·상(商)·주(周) 3대 전적(典籍)의 주요 정리자 및 해석자이고, 『논어』는 육경(六經) 중에서 '전(傳)'의 으뜸으로써, 그 외재적 예악문명의 제도와 내재적 개인 정신인격의 구축에 역사적으로 큰 공헌을 남겼다. 그러나 공자와 『논어』는 외재적 사회 예악제도이든 내재적 개인의 정신인격이든지 이를 구축할 수 있는 근본과 근거는 무엇인가라는 중대한 사상적 난제를 후대 사람들에게 남겼다. 원래 이 문제는 3대(三代) 시기의 사람들에게는 별로 문제가 되지 않았다. 공자 이전의 사회질서와 개인의 정신세계는 모두 최고주재자인 '제(帝)'와 '천(天)'에 의지해 유지되었으며, 인격신(人格神)으로서의 '제(帝)' 혹은 '천(天)'은 사회예의의 질서를 세우고 수호하는 궁극적인 근거이자 모든 개인 정신세계의 궁극적인 의지였다. 공자와 『논어』가 중국 사상문화사에서 기여한 가장 큰 공헌은 하·상·주 3대 시기의 인격신(人格神)에 의존한 종교문화를 도덕과 인문에 근거한 예악제도 문명으로 전환시킴으로써, 귀신의 발 아래 머리숙이던 의탁적인 인격을 인의(仁義)의 가치를 추구하는 독립적인 인격으로 전환시켰다는 점이다. '인(仁)'과 '군자(君子)'는 모두 종교적

433) 『십삼경주소(十三經注疏)』 하권, 『논어주소(論語注疏)』 권14, 『헌문(憲問)』 제14, 중화서국(中華書局), 2003년판, p.2513.

신에 의존하지 않는 독립성을 지니며, 또한 이 양자 사이에는 "군자가 인덕(仁德)을 버린다면 어찌 자신의 명성을 떨칠 것인가?"[434]로 표현되듯이 내적 연관을 지닌다. 그러나 공자와 유가학파 창시자들은 천제와 귀신의 종교적 의존에서 벗어난 후에 독립적인 인문적 가치는 어디에 의존할 것인가? 사회 예제와 개인 인격을 위한 정신상의 궁극적인 근거를 어떻게 확립할 것인가? 『논어』의 기록에 따르면, 공자는 이 문제에 대답하지 않았거나 회피한 것 같다.

> 자공(子貢)이 말하길, '우리는 스승님이 문헌에 관해 언급한 것은 들을 수 있었으나, 천성(天性)과 천도(天道)에 대해 언급한 말씀은 듣지 못했다'.[435]

선진(先秦)의 사상세계 및 관념체계에서 사회 예제와 개인 인격의 궁극적인 근거를 제공할 수 있는 핵심관념은 '성(性) 및 천도(天道)'임이 분명하지만, 유가학파의 창시자인 공자는 오히려 이런 매우 중요한 사상관념 방면에서 후학들에게 필요한 논술을 제공하지 않았다. 공자가 확립한 유가사상 전통은 "우주와 인간에 관한 형이상학적 사고방식은 현묘한 이치를 탐구해내지 못하고, 자신의 사상적 논리 전개를 위한 궁극적인 발판을 마련하지 못한 상황에서 현실의 실제적 문제를 다루는 윤리적, 도덕적 및 정치적 사고방식에 지나치게 관심을 기울였기 때문이다"[436]. 이렇게 초기유학이 궁극적인 문제에 대해

---

434) 『십삼경주소(十三經注疏)』 하권, 『논어주소(論語注疏)』 권4, 『이인(裏仁)』 제4, p.2471.
435) 『십삼경주소(十三經注疏)』 하권, 『논어주소 (論語注疏)』 권5, 『공야장(公冶長)』 제5, p.2474.

남긴 문제는 필연적으로 후대 유가학자들의 더욱 절실하고 강열한 탐구와 사고를 불러일으킬 수밖에 없었고, 바로 이런 절실함과 강열한 탐구와 사유가 논어학(論語學) 역사의 발전을 더욱 촉진시켰다.

논어학 역사상 두 차례의 학술고조 시기가 있었는데 바로 위진과 양송 시기이다. 마침 이 두 시기의 논어학은 "스승님의 천성(天性)과 천도(天道)에 관한 말씀은 우리는 들을 수가 없었다"라는 관건적인 문제에 대해 다양한 탐구와 사고를 거침으로써『논어』의 사상적 함의와 사고 영역은 크게 확장되고 따라서『논어』해석에 새로운 국면과 정점을 맞이했다.

원래『논어』는 공자와 그의 제자들이 구체적인 역사적 상황 속에서 인생·사회·정치·윤리와 관련된 문제에 대해 세상의 흐름에 따라 마음에 느껴지는 생각을 나타내는 '응세수감(應世隨感)' 식의 사고와 토론한 것에 불과했다. 후대의 주석가들도『논어』의 이런 특징을 잘 알고 있었다. 예하면 남북조시기 남조(南朝) 양(梁)나라의 경학자 황간(皇侃)은, "공자는 세상 흥망성쇠의 변화에 순응했다. 여러 가지 일에 맞닥뜨릴 때마다 자신의 감정에 따라 행동했기에 교육의 내용도 달랐다", "하지만『논어』는 여러 가지 환경에 적합한 저서로 모두 공자가 평생 그때그때의 상황에 맞춰 전수한 것으로 변화다양하다"[437]라고 말했다. 이로부터『논어』는『주역』·『상서』·『의례』·『시경』 등

---

436) 갈조광(葛兆光):『7세기 전 중국의 지식, 사상 및 신앙 세계(七世紀前中國的知識, 思想 與信仰世界)』, 복단대학출판사(復旦大學出版社), 1998년, p.441.
437) 황간(皇侃):『논어의소자서(論語義疏自序)』,『유장(儒藏)』정화편에 기재,『논어의소 (論語義疏)』권1, 북경대학출판사(北京大學出版社), 2005년판, p.9.

366 현학과 이학의 학술사상 발전경로에 관한 연구

육경(六經)처럼 "모두 선왕이 나라를 다스리는 전장(典章)제도"438)와는 확연이 다르다는 것을 알 수 있다. 사적(事迹)이 다양하고, 마음에 느껴지는 그대로의 생각을 표현한 『논어』의 특징 때문에 이러한 구체성, 우연성, 무작위성의 형이하적 내용이 어떻게 경전이 필히 갖춰야 할 보편성, 영원성, 신성성의 형이상적 근거를 얻을 수 있겠는가? 황간(皇侃) 등 후대의 주석가들은 『논어』의 내용이 공자의 '교화를 받는 대상에 따라 교육하고, 행하는 일에 고정된 원칙은 없다'는 관점으로 일관되어 있음을 잘 알고 있었지만, 그들은 『논어』에 기록된 성인의 말은 반드시 보편성, 영원성, 신성성의 특징을 나타냄과 아울러 형이상적 궁극의 근거를 갖춰야만이 중화 문명을 대표하는 기본 경전이 될 수 있음을 더욱 의식하게 되었다. 이 역시 그들이 『논어』의 중요한 입지를 호소하면서 진술한 『논어』는 "위로는 공자를 추앙하고, 아래로는 후세에게 물려줄 준칙이다", "영원한 원칙이다"439)라는 것이다. 후대의 유학자들은 어떻게 교화를 받는 대상에 따라 교육하고, 행하는 일에 고정된 원칙이 없는 공자의 일상적인 언행에 관한 기록을 후손만대에 길이 전해지고, 고금을 아우르는 경전으로 해석해 낼 수 있을까? 물론 언어 문자의 훈고(訓詁) 및 전장제도에 대한 고증만으로는 이 점을 실현할 수 없다. 논어학의 확장은 원래는 구체성, 우연성, 무작위성을 띤 일상적인 생활 및 도덕적 정치와 관련된 인문

---

438) 장학성(章學誠)저, 엽영교(葉瑛校) 주(注):『문사통의교주(文史通義校注)』권1, 『역교상(易敎上)』, 중화서국(中華書局), 2005년판, p.1.
439) 황간(皇侃):『논어의소자서(論語義疏自序)』,『유장(儒藏)』정화편에 기재,『논어의소(論語義疏)』권1, 북경대학출판사(北京大學出版社), 2005년판, pp.9-11.

적 지혜를 보편성, 영원성, 신성성을 띤 인문적 신앙으로 전환시키고, 특히 형이하의 사(事)에서 깨달아 형이상의 도(道)를 세울 수 있는 창의적 해석에 의존해야 한다.

그래서 『논어』에서 공자의 제자들이 "들을 수 없었다"라고 한 '성(性)과 천도(天道)'는 오히려 위진 현학자, 양송 이학자들이 특히 관심을 갖는 문제가 되었다. 분명한 것은 중국 고전 사상문화 관념에서 '성과 천도'는 철학 및 종교의 궁극적 이념과 연관되어 있기에 후대의 유학자들이 가장 중요한 궁극적 문제를 해결해야 만이 『논어』에서 공자가 중시했던 명교(名教)제도와 개인 인격에 대한 궁극적 의지를 성취할 수 있고, 또한 공자의 마음에 느껴지는 그대로의 생각을 표현하는 도덕정치적 교언(教言)도 철학적 깊이와 종교적 추구를 갖출수 있게 된다는 것이다. 그래서 현학자와 이학자들 모두 공자의 제자들이 '얻어들을 수 없었다'라고 한 '성(性)과 천도(天道)'에 관한 문제는 공자가 중점적으로 사고하지 않았던 문제가 아니며, 공자가 현실세계의 정치적 윤리에만 주목하여 형이상의 궁극적인 문제를 회피한 것은 더욱 아니라는 것에 동의했다. 이와는 반대로 공자는 이에 대해 매우 깊이 인식하고 있었으며, 공자가 관심 가지고 담론한 정치·윤리적 문제는 모두 형이상적 도(道)의 심오함을 드러냈다고 현학자와 이학자는 강조했다. 현학자와 이학자들은 자신들이 『논어』를 해석하는 중대한 사명은 바로 심오한 도리를 탐색하는 방식으로 '성(性)과 천도(天道)'의 형이상의 궁극적 근거를 원활히 개도하여 발굴하는 것이라고 여겼다. 따라서 여기에 아주 흥미로운 현상이 존재하는데, 현학자와 이학자들은 모두 자공(子貢)이 말한 "성과 천도에 대해서는 들을 수가 없었다"라는 것에 대해 새롭고도 동일한 이해와 해석을 했다는 것이다. 위진(魏晉)의 현학 주석가 황간(皇侃)은 공자의 '성(性) 및 천도(天道)'에 관한 가르침과 의논을 들을 수가 없었다는 자공의 말에 대해 다음과 같이 해석했다.

공자의 육경(六經)은 모든 사람들이 흔히 볼 수 있다. 그러나 육경의 핵심적 요지는 귀로 들어서 배울 수 있는 것이 아니다. 그러므로 공자의 성(性)은 천지대길(天地大吉)의 도(道)와 마찬가지로 의미가 깊어 일반 사람들이 알 수 있는 것이 아니기에 공자의 언설은 귀로 들어서 배울 수 있는 것이 아니다.[440]

송대(宋代)의 이학 주석가 사양좌(謝良佐) 역시 다음가 같이 여겼다.

성(性)과 천도(天道)에 대해 비록 공자가 담론하고 싶었지만 어찌 담론할 수 있었겠는가? 때문에 귀동냥으로 얻어 들은 것에 의존해 배울 수 없다. 자공(子貢)의 재능과 지혜로는 성과 천도를 충분히 배워낼 수 없었는데 어떻게 이것을 담론할 수 있겠는가? 공자는 언사(言辭)에 더없이 능했고, 자공은 학습에 얼마나 능했는가! 후대의 학자들이 성과 천도에 대해 토론한 것이 많고, 언론도 매우 많았지만, 많은 사람들에게 널리 알려지지 않았고 공자의 견해와도 달랐다.[441]

현학자와 이학자들 모두 자공(子貢)의 "성(性) 및 천도(天道)에 대해

---

440) 황간(皇侃): 『공야장제5(公冶長)』, 『유장(儒藏)』 정화편에 기재, 『논어의소(論語義疏)』 권3, p.81.

441) 『주자전서(朱子全書)』 제7권, 『논어정의(論語精義)』 권3상, 『공야장제5(公冶長)』, 상해 고적출판사(上海古籍出版社), 안휘교육출판사(安徽教育出版社), 2002년판, p.180.

서는 들을 수가 없었다"라는 대목을 이해함에 있어서 다음과 같은 공통된 견해를 제기했다. 첫째, 이들은 모두 공자가 '성(性)과 천도(天道)'라는 이 궁극적인 관심사에 대해 매우 깊은 내적 인식을 지녀서 일반 사람들이 따라올 수 없는 경지에 이르렀다고 인정했다. 둘째, 자공 등 제자들이 공자가 '성(性) 및 천도(天道)'에 관한 문제를 언급하는 것을 듣지 못했다는 것은 공자가 이 문제에 대해 무관심했던 것이 아니라 이와는 반대로 공자가 이 문제를 너무나도 중요하고도 심오한 문제로 보았기에 섣불리 사람들에게 말하지 않았을 뿐이라고 여겼다. 이와 같은 현학자와 이학자의 결론은 아주 명백한데, 즉 『논어』를 해석하는 것은 공자가 내면적으로 깊이 인식하였으나 섣불리 남한테 이야기하지 않는 형이상적 궁극의 문제에 대해 설명하는 것이다.

현학과 이학은 비록 사상적 취지에서 차이점이 큰 두 학술 사상이지만 현학자의 논어학과 이학자의 논어학은 그 학술적 특성 및 사상적 성취에서는 공통점을 나타낸다. 그들은 모두 『논어』의 해석을 통해 일종의 형이상적 의미의 내성지도(內聖之道) 구축을 희망했다. 현학자는 『논어』에 주석을 달 때 성인의 도(道)는 매우 중요한 형이상적 의미를 지니고 있으며, 모든 형이하적 사물을 결정하고 지배하는 것으로, '거본통말(擧本統末)'은 바로 성인의 도의 인격적 기본 특징이라고 강조했다. 이는 왕필(王弼)이 『논어 · 양화(論語 · 陽貨)』를 해석할 때 말한 바와 같다.

공자는 '나는 아무 말도 할 생각이 없다'는 무언의 체득으로 근본을 천명하고, 근본 즉 '무(无)'를 중점으로 삼고 지엽적인 것을 통일하려 한 생각은 구체적인 문제를 합당하게 대처한 것이다. 공자가 입언(立言)을 통해 가르침을 주고, 언어에 뜻을 기탁하여 도리를 완벽하게 이해하고 정도(正道)를 천명하려 했기에 거기에는 반드시 폐단이 있고 번잡한 문제가 야기된다. 탐구하려는 도리는 명백하게 논술할 수 없을 뿐만 아니라 지배할 수도 없는 것이다. 때문에 문본(文本)을 윤색하는 것에 그쳐야지 입언으로 표현하지 말아야 한다. 그러면 천도(天道)는 자연스럽게 운행되는 것이다.[442]

왕필은 공자의 "나는 아무 말도 할 생각이 없다"라는 대목의 해석을 통해 성인의 도(道)는 말과 문장의 글귀로 표현할 수 없는 형이상적 본체라고 강조했다. 다시 말해서 '성(性) 및 천도(天道)'가 형이상 자체이기 때문에 성인의 '무언(無言)'은 '명본(明本)', '거본(擧本)', '수본(修本)'을 위한 것이라는 의미이다. 물론 현학은 이 '본(本)'을 곧 '무(無)'라고 여겼는데, 성인은 왜 '무(無)'를 언급하지 않는가? 이에 대해 왕필은 "공자는 무(無)를 체험·관찰했으나, 무(無)는 말로 표현할 수 없기 때문에 말할 때에는 반드시 '유(有)'를 거론했으며, 노자(老子)와 장자(莊子)는 '유(有)'를 초월할 수 없기 때문에 언제나 그들에게 부족한 '무(無)'에 대해 설명하였다"[443]라고 해석했다. 현학자들은 『논어』의 내성외왕지도(內聖外王之道)를 내성지도(內聖之道)로 귀결시키고, 내성(內聖)으로 외왕(外王)을 통섭해야 한다고 주장하면서 내성지도(內

---

442) 황간(皇侃): 『양화제17(陽貨第十七)』, 『유장(儒藏)』 정화편에 기재, 『논어의소(論語義疏)』 권9, p.318.

443) 『왕필집교석(王弼集校釋)』 하권, 중화서국(中華書局), 1980년판, p.639.

聖之道)를 일종의 형이상적 본체로 규정했다. 이렇게 공자 문하의 유학이 창도한 모든 인의(仁義)·예악(禮樂)의 사회 명교와 성현·군자의 개체 인격은 모두 하나의 형이상적 도(道)에 의존하게 되었는데, 이것이 바로 현학자들이 『논어』에 대한 해석을 통해 설명한 '성(性) 및 천도(天道)'이고, 그들이 구축한 내성지도(內聖之道)를 설명하는 본체적 근거이기도 하다.

이학자들이 해석한 『논어』 역시 성인지도(聖人之道)를 형이상적 의미의 본체적 근거로 확립하기 위한 것이며, 단지 그들은 성인지도를 '이(理)' 또는 '천리(天理)'로 규정지었을 뿐이다. 이학자는 '이(理)'는 천도(天道)의 본질이자 인성의 본체라고 여겼기 때문에 그들은 자공(子貢)의 "들을 수가 없었다"라는 것은 '성(性)과 천도(天道)'에 대해 깊고 체계적으로 설명해내어 '이(理)'로 귀결시켰다. 『논어』에 스승 공자로부터 성과 천도에 대해서는 들을 수가 없었다는 자공의 말이 기록되어 있지만, 이학자들은 하필이면 공자가 언급하지 않은 문제에 대해 체계적으로 논술했으며, 주희(朱熹)는 이 대목을 해석하면서 다음과 같이 말했다.

> 성(性)이란 인간이 천성적으로 타고난 천리(天理)이다. 천도(天道)가 천리(天理)의 자연적인 본체(本體)라는 것도 사실은 같은 이치이다. 공자의 글이 날마다 외부에 표출되기에 자연스럽게 구학자들도 공통적으로 알게 되었다. 성(性)과 천도(天道)에 관해서는 공자가 매우 적게 언급했기에 따라서 학생들도 알 수 없었다. 성문교인(聖門敎人)들이 순서를 건너뛰지 않았기에 자공에서 지금에 이르기까지 알게 되었을 뿐만 아니라 그것의 아름다움에 대해 찬탄했다.[444)]

이학자들은 공자가 드물게 언급한 '성(性) 및 천도(天道)'에 대한 이러한 창의적인 해석을 통해 초기 유학의 궁극적인 문제의 취약점을 합리화하는 논증을 얻었을 뿐만이 아니라, 사회적 명교제도와 개인적 정신인격의 궁극적인 의존 문제도 해결했다. 현학자가 『논어』의 사상적 취지 및 학술적 논리를 해석한 것과 마찬가지로 이학자들 역시 『논어』의 내성외왕지도(內聖外王之道)를 내성지도(內聖之道)로 귀결시켜서 반드시 내성(內聖)으로 외왕(外王)을 봉섭할 것을 강조하면서 내성지도를 형이상적 본체로 귀결시켰다. 다만 이학자들은 이 본체는 실제로 존재하는 '실유(實有)'의 '이(理)'라는 점을 강조해 선진유학의 도덕적 정신 및 경세적 전통으로 회귀함으로써 진정으로 유가 내성지도(內聖之道)의 형상적 구조를 완성시켰다.

현학·이학이 어떻게 『논어』의 해석을 통해 유가학설의 형이상적 도(道)의 사상 구축을 완성할 수 있었을까? 현학과 이학 사이의 내재적 논리와 사상적 연관성은 어떠한가? 이것이 우리가 본격적으로 탐구해야 할 문제이다.

제2절 현학의 논어학과 내성지도(內聖之道)

『시(詩)』·『서(書)』·『예(禮)』·『역(易)』은 상고시기 성왕들이 남긴 왕정대전(王政大典)·경세문헌(經世文獻)으로 주로 하·상·주 3대

---

444) 주희(朱熹): 『논어집주(論語集注)』권3, 『공야장제5(公冶長第五)』.

시기의 전장제도(典章制度)·정강치술(政綱治术, 정치강령 및 나라를 다스리는 방법과 책략)과 관련된 것이고, 『논어』는 공자와 그 제자 등 일반 학자들의 말과 행적에 관한 기록으로 주로 공자가 제자들에게 가르친 일상생활·교학활동과 관련있다. 이는 황간(皇侃)이 『논어의소(論語義疏)』의 서문에서 "『논어』는 여러 환경에 적합하고, 모두 공자가 평생 그때그때 상황에 따라 전수한 것으로 변화가 다양하다. 때로는 군주와 엄중히 항의하기도 하고, 때로는 제자들과 함께 담론하고, 때로는 세상과 동떨어져 홀로 있고, 때로는 속세와 어울리고, 같은 문제에 다른 답을 주고, 하는 말은 비슷하나 의미가 깊다"[445] 라고 말한 바와 같다. 『논어』는 공자의 "평생동안 그때의 상황에 맞게 임의대로 제자들을 교화한다"라는 기록이지만, 공자가 신성의 경계에 이르는 유가의 대성인으로 성화(聖化)되고, 『논어』가 경전 해석에 있어서 으뜸가는 저서 혹은 경전으로 승화됨에 따라 후대 유가 사대부들로부터 점점 더 관심을 받고, 유가 후학들의 끊임없는 해석을 거쳐 경전화(經典化)의 과정을 완성하게 되었다.

학계에서는 일반적으로 위진 시기는 사대부 개체 인격이 보편적으로 각성된 시기였으며, 위진 현학은 주로 일종의 인격철학이라고 인정하고 있다. 중국 현대 철학자 탕용동(湯用彤)은 위진 시기의 일반적 사상의 중심 문제는 "이상적인 성인의 인격은 과연 어떠한 것인가?"[446]라고 주장했다. 따라서 위진 현학은 어디까지나 일종의 철학적

---

445) 황간(皇侃): 『논어의소자서(論語義疏自序)』, 『유장(儒藏)』 정화편에 기재, 『논어의소 (論語義疏)』 권1, pp.9-10.

깊이의 수준을 지닌 내성(內聖) 인격에 관한 학설이다. 중국 현대 철학자 이택후(李澤厚) 역시 "인격에 대해 본체 구축이 곧 위진 현학의 주요 성과이다"[447]라고 인정했다. 이러한 새로운 인격본체론을 구축하기 위해 『주역(周易)』·『도덕경(道德經)』·『장자(莊子)』 이른바 '3현(三玄)'이 현학 명사들의 특별한 관심을 받은 것 외에도, 『논어』역시 위진 학자들의 보편적인 주목을 받았으며, 그들은 지속적으로 『논어』의 주석을 통해 철학적 수준의 내성지도(內聖之道)를 구축함으로써 논어학 발전의 절정을 이루었다. 위진 시기의 주요 현학자들은 거의 모두가 『논어』 주석에 대한 저서를 남겼다. 일부 학자들의 집계에 따르면, 위진 시기의 기록되어 있는 논어학(論語學) 전문 저서만도 전국 진한(秦漢)시기보다 4배 많은 84여 부에 달하며, 이 중에는 하안(何晏)의 『논어집해(論語集解)』, 왕필(王弼)의 『논어석의(論語釋疑)』, 곽상(郭象)의 『논어체략(論語體略)』, 강희(江熙)의 『논어집해(論語集解)』, 황간(皇侃)의 『논어의소(論語義疏)』 등이 포함된다. 그리고 현학자들은 『논어』를 주석할 때 매우 중요한 학술적 특색을 형성하며 일련의 상당한 학술성과를 이룩했다. 이는 특히 '내성지도(內聖之道)'에 관한 인격 본체의 이론적 구축에서 명확히 나타나는데, 그들은 『논어』의 내성지도(內聖之道)에 대한 창의적인 해석을 통해 『논어』의 사상적 함의를 크게 확장시켰으며, 특히 명교 제도와 인격 이상의 형이상적

---

446) 탕용동(湯用彤) 『위진현학논고(魏晉玄學論稿)』, 탕일개(湯一介) 『독서안내(導讀)』, 상해세기출판그룹(上海世紀出版集團), 2005년판, p.7.

447) 이택후(李澤厚):『중국고대사상사론(中國古代思想史論)』,『장현선만술(莊玄禪漫述)』, 시기풍운출판사회사(風雲時代出版社), 1990년판, p.225.

의존 문제를 해결하였다.

위진 현학은 어떻게 이 목표를 실현하였을까? 현학자들은 주로 유가와 도가를 회통(會通)하는 방식으로『논어』의 해석을 완성했다고 봐야 한다. 공자와『논어』는 비록 명교 및 사군자(士君子)를 위해 형이상의 궁극적 근거를 찾지는 못했으나 도가(道家)의『노자(老子)』·『장자(莊子)』는 이 방면에서 탁월한 성취를 이루고 많은 사상적 자원을 남겼다. 위진 현학의 기본 사상적 관념 중의 하나가 바로 유가와 도가의 가치 관념과 학술적 취지의 일치성, 이른바 '유교와 도교의 합일' 주장이며, 이를 통해 유가의 성인지도(聖人之道)를 위해 도가의 사상적 자원을 탐구하자는 것이다. 정시(正始)현학이 주창한 "명교는 자연에서 비롯된다"라는 관점이나 곽상(郭象)의 "명교가 곧 자연이다"라는 관점은 모두 사실 유가와 도가를 회통하는 방식을 통해 유가의 내성지도(內聖之道) 재구축을 희망한 것이다. 그래서 위진 현학자들은『도덕경(道德經)』·『장자(莊子)』에 대해 주석을 달고 해석할 때에 항상 유가의 사상관념을 노자와 장자의 도가(道家) 학설과 통합시켰다. 마찬가지로『논어』를 주해·해석할 때도 예외없이 도가의 사상관념을 유가의 경전에 통합시켰다. 이렇게 위진 명사가 주해한『논어』는 일종의 현학화된 논어학이고, 그들이 구축한 내성지도 역시 현학화된 내성지도이다.

『논어』는 원래 유학의 창시자인 공자의 언행 기록으로 현학자들은 도가로 유가를 해석하는 방식으로『논어』를 해석함으로써 유가의 내성지도(內聖之道)를 일종의 숭고한 정신적 경지 및 형이상의 궁극적 의존을 지닌 인격적 이상으로 현학화했다. 이런 점은 다음의 몇 가지 방면에서 구현된다.

1. 성인지도(聖人之道)의 가치 지향 : 자연(自然)과 명교(名敎)

공자와 그 유가학파는 명교(名敎)의 창도자, 추구자이며, 이른바 '명교'란 사회적 명분을 통한 교화를 말한다. 공자는『논어』에서 "군주는 군주다워야 하고, 신하는 신하다워야 하며, 아버지는 아버지다워야 하고, 자식은 자식다워야 한다"[448]라고 피력하면서 군신부자(君臣父子)의 사회적 명분 교화를 통해 이러한 도덕적 강상의 질서를 지켜나갈 것을 주장했다. 노자와 장자 및 그 도가유파는 '자연(自然)'의 창도자, 추구자이다. 노자 및 장자의 이른바 '자연(自然)'이란 일종의 인위(人爲)와 대립되는 자연적인 과정 및 결과를 의미한다. 그들은 천지만물은 "누군가 그들에게 아주 높은 작위(爵位)를 하사해서 그런 것이 아니라 모든 것이 언제나 그렇듯 순리에 따르는 것은 당연한 것이다"[449]라고 여겼다. 그들이 추앙한 '도(道)'는 바로 이 자연무위(自然無爲)의 과정 및 결과이며, '자연(自然)'은 곧 천지만물의 생존 및 변화의 근거이며 더욱이 인간이 추구해야 할 삶의 의미와 가치 목표

---

448)『십삼경주소(十三經注疏)』하권,『논어주소(論語注疏)』권12,『안연(顏淵)』제12, pp. 2503-2504.

449)『제자집성(諸子集成)』제3권,『노자도덕경(老子道德經注)』제51장, 중화서국(中華書局), 1996년판, p.31.

이다.

유가와 도가 양가는 명교와 자연의 문제에 있어서 각자의 주장
관점이 있었으나, 양가의 학설이 서로 융통할 수 있는 부분이 없지는
않았다. 중화문명의 최고 추구로 대표되는 천지만물의 '도(道)'는 원래
일종의 규칙성과 목적성 일치의 보편적 법칙과 이상적 목표인 반면
선진제자(先秦諸子) 각 유파들의 학술적 주장은 단지 '도(道)'의 어느
일면에 대한 파악과 표현에 불과하다. 유가 및 도가가 각각 단편적으
로 '명교' 혹은 '자연(自然)'을 자신의 취지로 견지했지만, 두 유파의
종사(宗師)들은 다른 학파의 사상적 요소와 가치 추구를 완전히 배제
하지는 않았다. 이 점은 공자 및 『논어』에서 확연히 드러나는데, 공자
는 명교를 취지로 삼았음에도 일정한 조건 하에서는 여전히 '자연(自
然)'의 관념을 긍정하고 수용했다. 예를 들면, 공자는 명교와 관련된
사람의 성품관계에 있어서 인간의 본연적인 천성 및 자연적인 정(情)
과 예악·명교의 내재적 연관성을 인정했다. 공자는 예악과 명교의
중요성을 인정했으나, 사람의 진실한 감정은 예악과 명교의 내재적
요구라는 점을 더욱 강조하면서, "예(禮)여, 예(禮)여, 말한다는 것이
고작 옥기와 비단 뿐이더냐? 악(樂)이여, 악(樂)이여, 말한다는 것이
고작 종고(鐘鼓) 등 악기뿐이더냐?"[450], "인애(仁愛)하는 마음이 없는
사람이 예의를 지킨다한들 무슨 소용이 있단 말인가?"[451]라고 언급했

---

450) 『십삼경주소(十三經注疏)』하권, 『논어주소(論語注疏)』권17, 『양화(陽貨)』p.17,
    P.2525.
451) 『십삼경주소(十三經注疏)』하권, 『논어주소(論語注疏)』권3, 『팔일(八佾)』p.3, p.2466.

다. 이렇게 공자는 예악은 사람의 진실한 감정을 그 기본 함의로 삼아야 한다고 여겼다. 또한 공자는 성자가 덕치(德治)로 명교를 행함에 있어서 유덕자(有德者)로서의 최고 경지는 일종의 무위(無爲)의 상태임을 깊이 긍정했다. 공자는 다음과 같이 여러 차례 찬탄했다. "무위(無爲)로 천하를 다스린 자는 아마 순(舜) 임금 외에 누가 또 있는가? 그는 어떻게 하였던가? 장엄하면서도 단정하게 조정의 왕위에 앉아 있었을 뿐이다"452), "도덕적 원칙으로 나라를 다스리는 것은 마치 북극성처럼 일정한 위치에 자리잡고 있으면 모든 별들이 그를 에워싸고 도는 것과 같다"453). 공자는 고대 성왕들은 무위이성(無爲而成), 자연이지(自然而至)의 최고의 인생 경지와 사회조화의 상태에 도달할 수 있다고 확신했다. 요컨데 명교의 함의로 보든 명교의 추진과정으로 보든 공자는 자연·무위의 이념을 그대로 겸용하고 있었다. 사실 도가(道家) 입장에서도 노자와 장자 역시 절대적으로 유가의 인애 등 도덕적 이념을 배척한 것이 아니였으며, 단지 자연의 본성에 부합하는 진실된 사랑을 추구해야 함을 강조하면서, 이런 진실된 사랑이 바로 진정한 인의(仁義)이고 또는 유가에서 말하는 인의보다 높은 경지의 사랑이라고 인식했던 것이다. 노자(老子)가 주장한 "인애를 숭상하는 군주는 항상 선하고 인애로운 일을 하고, 그 어떤 사욕도 차리지 않고, 아무런 이익도 탐하지 않는다"454)라는 언변 중의 인애를 숭상

---

452) 『십삼경주소(十三經注疏)』 하권, 『논어주소(論語注疏)』 권15, 『위령공(衛靈公)』 p.15, p.2517.
453) 『십삼경주소(十三經注疏)』 하권, 『논어주소(論語注疏)』 권2, 『위정(為政)』 p.2, p.2461.

한다는 것이 바로 '자연'의 본성에 부합하는 인애를 의미한다. 그러나 유가와 도가의 차이는 뚜렷하며, 위에서 언급한 도가의 설법은 마치 유가가 요구하는 진실한 감정과 일치하는 것 같지만, 도가에서 자연·무위는 최고의 가치이념이며 유가가 인륜질서를 최고의 가치이념으로 삼는 것과는 다르다.

왕필(王弼), 곽상(郭象), 황간(皇侃) 등 현학자들은 『논어』를 주석할 때에 『논어』 중의 예악과 명교는 사람의 진실한 감정을 바탕으로 해야 한다는 공자의 사상을 매우 중요시했으며, 이를 도가의 '자연' 이념과 결합시켜 공자의 명교에 관한 진실한 감정과 인애를 기반으로 하는 사상을 도가의 '자연(自然)'을 궁극적 목표로 삼는 사상으로 전환시켜서 '명교는 자연에서 비롯된다' 또는 '명교가 곧 자연'이라는 결론을 도출해냈다. 『논어·자로(論語·子路)』에는 공자의 "아버지가 아들을 위해 숨기고 아들이 아버지를 위해 숨겼음에도 솔직하고 정직한 것이 바로 여기에 담겨 있는 것이다"라는 관념이 기록되어 있는데, 황간(皇侃)은 이에 대해 『논어의소』에서 "이는 아버지와 아들의 천성(天性)이 솔직하고 정직하며 자연스럽게 흘러나오는 감정을 가졌기에 서로 숨기게 되는 것이다"[455)]라고 설명했다. 황간은 부자지은(父子之隱)의 윤리적 규범을 부자 간의 '자연지성(自然之性)', '자연지정(自然之情)'으로 귀결시켰다. 또 다른 예로, 『논어·이인(論語·里仁)』에 기록

---

454) 『제자집성(諸子集成)』 제3권, 『노자도덕경(老子道德經注)』 제38장, p.23.
455) 황간(皇侃): 『자로제13(子路第十三)』, 『유장(儒藏)』 정화편에 기재, 『논어의소(論語義疏)』 권7, p.234.

된 공자의 "인(仁)을 갖춘 사람은 인도(仁道)에 안주한다"라는 말에 황간은 『논어의소』에서 "만약에 본성이 인(仁)이라면, 인도(仁道)에 안주할 수 있다"[456]라고 서술했다. 이른바 '본성이 인(仁)'이라 함은 바로 본성에서 비롯된 '자연'적인 인(仁)이라는 것이다. 현학자들은 『논어』 주석을 통해 '자연'은 '명교'의 기초이자 근거라는 사상을 밝혔는데, 이는 왕필(王弼)의 『논어·태백(論語·泰伯)』 주석에 잘 표현되어 있다. 『논어·태백(論語·泰伯)』에는 공자의 "사람의 수양은 시(詩)를 배우면서 시작되고, 예(禮)를 배우면서 자립하며, 악(樂)을 배우면서 완성된다"라는 주장이 있는데, 이 대목에서는 사군자(士君子)의 인격 함양에 있어 시교(詩教), 예교(禮教), 악교(樂教)의 여러 방면의 특징과 기능을 논술하고 있다. 그러나 현학자 왕필(王弼)은 이 대목을 해석할 때 새로운 의미를 부여해 다음과 같이 설명했다.

> 나라를 다스리는 것에는 순서가 있다. 기쁨, 두려움, 슬픔, 즐거움은 백성의 자연스러운 감정이다. 감정의 변화에 따라 노래를 부르기도 하고 시가와 민요를 통해 백성과 사회의 분위기를 이해할 수 있다. 사회 분위기를 이해한 후 곧 득실을 알 수 있다. 때문에 민속에 의거해서 제도를 수립하고 예제를 완성해야 한다. 풍속을 바로잡고 형법을 점검해도 민심을 교화할 수 없기에 성악(聲樂)으로 감화해서 마음을 편안하게 하는 것이다. 만약 민간의 시가를 이해하지 못한다면 풍속을 이해할 수 없고, 풍속이 어긋나고 괴팍하다면 예제도 설 자리가 없다, 만약 예제를 제정하지 않으면, 악(樂)은 사람들을 즐겁게 할 수 없게 된다. 만약 악이 예(禮)에

---

456) 황간(皇侃): 『이인(裏仁)』 제4, 『유장(儒藏)』 정화편에 기재, 『논어의소(論語義疏)』 권2, p.60.

부합하지 않으면 아무런 쓸모가 없다. 그래서 이 셋은 서로 조화로워야 하지만, 사용법에 있어서는 선후의 구분이 있어야 한다.[457)

왕필의 설명은 명확하게 유가의 예악과 명교를 '자연지정(自然之情)'의 기반 위에서 세우고, '명교'에서 '자연'의 본시(本始)적 지위를 강조했다. 그는 위정(爲政)의 순서에서 백성들의 희로애락 등 자연적인 감정은 예악과 명교의 가장 중요한 조건이자 사상적 토대라고 여겼다. 원래 공자의 '시(詩) - 예(禮) - 악(樂)'의 순서에 관해서는 단지 백성들의 자연적인 정서를 통치자의 '위정(爲政)'의 출발점으로 여기고, 인위적인 예악제도의 구축과 추진을 거쳐 '성악(聲樂)으로 감화'를 통해 최종적으로 자연스럽게 화합되는 상태로 회귀할 것을 생각한 것이다. 왕필의 "사람의 수양은 시(詩)를 배우면서 시작되고, 예(禮)를 배우면서 자립하며, 악(樂)을 배우면서 완성된다"라는 창의적인 해석은 공자의 예악사상을 도가의 자연적인 사상에 포함시킴으로써, 『논어』역시 명교는 자연에서 비롯된다는 사상을 주장한다고 인식을 유도하여 공자 및 유학의 명교적 가치를 도가의 자연이념에 귀결시켰다.

현학자들은 『논어』를 해석할 때 '자연지정(自然之情)'과 '자연지성(自然之性)'을 내성지도(內聖之道)에 포함시켜 내성(內聖) 인격의 궁극적 근거 및 최고의 목표로 삼았을 뿐만 아니라, 또한 그들은 이 성정(性情)은 자연적으로 우러나오는 것이기 때문에 "사람은 기물(器物)에

---

457) 『왕필집교석(王弼集校釋)』 하권, 『논어석의(論語釋疑)』, 중화서국(中華書局), 1980년 판, p. 625.

대해 어느 정도 애호(愛好)할 수는 있으나 그 구속을 받아 거추장스런 존재가 되게 해서는 안 된다"[458]라는 인식을 한층 더 갖게 되었다. 그래서 현학자들은 『논어』를 해석할 때 '성인지정(聖人之情)'의 특징을 반복적으로 검토·설명하면서, '성인지정'은 사람의 마음에서 자연적으로 우러나는 것이기에 외적인 것에 의해 거추장스런 존재가 되지 않는다고 주장했다. 『논어·선진(論語·先進)』에 "안연이 죽자 공자는 통곡하면서 비통해마지 않았다"라는 기록이 있다. 곽상(郭象)은 이에 대해 "성인의 정(情)은 자연적으로 우러나오기에 즐거울 때는 즐거워하고 슬플 때는 슬퍼한다. 이것이 바로 정(情)에 의해 이끌리지 않는 체무(體無)와 순유(順有)의 인생경지이다"[459]라고 주석했다. 곽상은 '성인지정'은 자연적으로 우러나는 것이기에 즐거울 때는 즐거워하고 슬플 때는 슬퍼하는 것으로 이는 일종의 정(情)에 의해 얽매이지 않는 체무(體無) 및 순유(順有)의 인생 경지라고 인정한 것이다. 그래서 현학자들의 『논어』 중의 성인은 정(情)에 의해 좌지우지되지 않는다는 관점에 관한 가치 추구와 인생 경지를 밝히는데 열중한 흔적이 많은 곳에서 나타나고 있다. 예를 들어, 현학자들은 공자의 "무위(無爲)로 천하를 다스린 자는 아마 순(舜) 임금 외에 누가 또 있는가?"라는 대목을 해석할 때 순 임금은 조심스럽고 공경하는 마음으로 처사하

---

458) 『삼국지·위서(三國志·魏書)』 권28 『종회전(鐘會傳)』하소(何劭)의 『왕필전(王弼傳)』에서 인용, 중화서국(中華書局), 2006년판, p.591.
459) 황간(皇侃): 『선진제11(先進第十一)』, 『유장(儒藏)』 정화편에 기재, 『논어의소(論語義疏)』 권6, p.190.

고, 편안하고 한가롭게 어진 정치를 베풀었기에 무위(無爲)로 천하를 다스릴 수 있었던 것이다"[460]라고 여겼다. 현학자들은 외재적인 정치 업적이나 공훈이 아닌, 내재적인 '정(情)'에 의해 좌지우지되지 않는 정신적 경지에서만 성인의 인격을 찬양하고 인정함으로써 현학자들이 추앙하는 성인지도(聖人之道)의 도가적 특징을 나타냈다. 예하면, 현학자들은 공자의 "나의 뜻은 증점(曾点)과 같다"라고 한 말에 대해, 증점(曾点)은 "낙도(樂道)에 만족을 느낄 때 외재적인 공리(功利)에 얽매이지 않고, 아무런 구속도 받지 않고 자유롭게 살았다"[461]라고 해석했다. 또한 공자의 지향점은 증점과 서로 같고, 외재적인 공리(功利)에 미혹되지 않는 인생 경지를 소유하고 있다고 인정했는데, 이 역시 도가의 장자(莊子)가 추앙하는 '낙도지시(樂道知時)', '소요유영(逍遙游咏)'의 내성(內聖)의 최고 경지를 의미한다.

현학자들은 '유가와 도가의 일체'의 학술적 취지에서 『논어』를 해석하고, 『논어』의 내성지도(內聖之道)의 인격적 이상을 설명했으며, 또한 유가적 명교, 도가적 자연이라는 이중적 가치 목표를 인정하면서도 가치 등급에서는 자연'을 '명교'보다 우위에 두고, 가치 근원에서는 '명교'가 '자연(自然)'에서 비롯된 것이라 주장함으로써 위진의 논어학을 일종의 현학화된 내성지도의 학설로 정립했다.

---

460) 황간(皇侃): 『위령공제15(衛靈公第十五)』, 『유장(儒藏)』 정화편에 기재, 『논어의소(論語義疏)』 권8, p.274.

461) 황간(皇侃): 『선진제11(先進第十一)』, 『유장(儒藏)』 정화편에 기재, 『논어의소(論語義疏)』 권6, p.206.

2. 성인지도(聖人之道)의 본체(本體) : 도(道)와 무(無)

『논어』에 기록된 공자는 인문적 관심으로 가득 찬 학자로서 그의 언행은 항상 구체적인 역사적 환경 및 사회적 현실과 연관되어 있다. "때로는 군주와 도리를 따지기도 하고, 때로는 제자들과 깊이 담론하고, 때로는 홀로 이론 연구에 몰두하고, 때로는 대중들 속에 들어가 체험을 실천하기도 했다"[462]. 또한 공자가 언급한 것은 모두 구체적이고 현실적인 문제이기에 그의 제자들은 형이상적 '성(性) 및 천도(天道)' 문제에 관해서는 '들을 수가 없었다'. 그러나 위진 현학자들은 『논어』를 해석할 때 성(性)과 천도(天道)를 담론했을 뿐만 아니라 '무형무상(無形無相)'의 형이상적인 도(道)의 초월적 의미도 부여했다. 이는 바로 그들이 성인지도(聖人之道)의 가치 지향에서 유가의 '명교'보다 도가의 '자연'을 더 높여서 '명교'의 근원으로 삼고, 성인의 인격 본체에 있어서 도가의 '무(無)'를 유가의 '유(有)'의 궁극적인 근거로 삼은 것과 같은 맥락이다. 이렇게 『논어』는 원래 공자가 형이하의 환경에서 직면한 구체적인 경험 및 인생 체험 등에 대한 기록일 뿐인데, 현학자들의 창의적인 해석을 거치면서 형이상의 철학적 의미를 얻게 되었다.

『논어』에서 공자는 자주 '도(道)'의 개념을 사용했으나 그가 언급한 '노(道)'는 모두 세상살이의 처세와 사람 및 사물에 대응하는 방법

---

462) 황간(皇侃): 『논어의소(論語義疏)』, 『유장(儒藏)』 정화편에 기재, 『논어의소(論語義疏)』 권1, p.9.

및 사회질서에 관한 사람의 도(道)이며, 도가의 노자와 장자 등이 부여한 화생천지(化生天地), 신귀신제(神鬼神帝)에 관한 우주본원 또는 세계지배 등의 의미는 띠고 있지 않다. 그러나 현학자들은 『논어』를 해석하면서 공자의 '도(道)'에 형이상적 도(道)의 깊은 함의를 부여했다. 몇 가지 예를 들자면 다음과 같다.

공자는 "증자(曾子)! 내가 말한 도(道)는 하나의 기본사상으로 관철하고 있다"라고 말했다.

황간(皇侃)은 도(道)를 다음과 같이 해석했다. 공자가 증자에게 "내가 말하는 도(道)란 하나의 기본사상을 시종일관 관철하는 것이다"라고 설명했다. 그래서 왕필(王弼)은 "관(貫)이란 곧 합일이다. 만물은 모두 본원(本源)에 귀결되며, 이치는 모두 한데 모아져 통일을 이룬다. 때문에 만물의 본원으로 귀결 본원을 이해하면 설사 사물이 아무리 번잡하고 복잡할지라도 통섭할 수 있게 된다. 이 일반적이고 보편적인 이치를 깨닫게 되면, 이치가 아무리 많더라도 철저히 파헤칠 수 있다. 마치 황제가 백성을 통솔할 때 '일(一)'이 '중(衆)'을 제약하는 것과 같은 도리이다"라고 해석했다.[463]

공자가 이르기를, "사람이 도(道)를 더욱 확대·발전시키는 것이지, 도(道)가 사람을 확대·발전시키는 것이 아니다."

황간(皇侃)은 이에 대해 "도(道)의 기묘한 점은 통물(通物)할 수 있는 것이다. 통물의 방법은 능히 통하는 사물에서 생겨나고, 통하지 않는 사물에서는 나타나지 않는다"라고 해석했다. … 그래서 채모(蔡謨)는 "도(道)는 비록 객관적이고 변화할 수 없는 것이지만 인재(人才)는 세계의 주체이며 사람만이 도(道)에 순종할 수 있기 때문에 '사람이 도(道)를 크게

---

463) 황간(皇侃): 『이인제4(里仁第四)』, 『유장(儒藏)』 정화편에 기재, 『논어의소(論語義疏)』 권2, p.65.

넓힐 수 있다'라고 말하는 것이다. 도(道)가 사람에게 순종할 수 없기에 '도는 사람을 크게 넓힐 수 없다'라는 것이다'라고 설명했다.[464]

공자가 이르기를, "도(道)를 지향(志向)으로 삼고 덕(德)을 근거로 하고 인(仁)을 의거로 함과 동시에 예(禮)·악(樂) 등 6예(六藝)의 범위에서 활동해야 한다.

황간(皇侃)은 이에 대해 "뜻이 있는 사람의 내심은 도(道)를 추구한다. 하지만 도(道)는 흔히 볼 수도 만질 수도 없는 것이다. 때문에 뜻이 있는 자는 항상 마음 속에 도(道)를 품어야 할 뿐 아니라 도의 규범을 벗어난 일을 해서는 안된다"라고 해석했다.[465]

왕필(王弼)은 "도(道)는 곧 무(無)이며, 무본(無體)·무상(無象)·무성(無聲)·무소부재(無所不在)한 것이며, 구체적으로 존재하는 사물이 아니다[466]라고 말했다.

왕필(王弼), 황간(皇侃) 등 현학자들의 주석 중의 공자는 원래 사람들의 삶과 일상생활에 매우 접근하는 충서(忠恕)의 도(道)를 지녔고, 추상적인 초월성의 특징을 띠고 있으며, 『주역(周易)』·『도덕경(道德經)』·『장자(莊子)』 등 '삼현(三玄)'만이 갖고 있는 우주 본체적 함의로 표현되고 있다. 현학자들은 공자의 도(道)는 '천하 만리를 관통할 수 있고', '적연부동(寂然不動)', '무형상(無形相)'의 형상적 의미와 본체적 특징을 띠고 있기에 도(道)를 무(無)라고 여겼다.

하지만 특히 주목해야 할 점은 현학자들이 『논어』를 주석하면서

---

464) 황간(皇侃): 『위령공제15(衛靈公第十五)』, 『유장(儒藏)』 정화편에 기재, 『논어의소(論語義疏)』 권8, p.284.
465) 황간(皇侃): 『술이제7(述而第七)』, 『유장(儒藏)』 정화편에 기재, 『논어의소(論語義疏)』 권4, p.111.
466) 『왕필집교석(王弼集校釋)』 하권, 『논어석의(論語釋疑)』, p.624.

설명한 이무위본(以無爲本)의 본체론은『역전(易傳)』과『도덕경(道德經)』에서 논술한 우주본체론과는 다르며, 서양철학의 실체적 본체론과는 더욱 상이한 이상적 인격의 최고 정신적 경지인 가치본체론 또는 인격본체론이라는 것이다. 형식상으로 보면 이 본체론은 본말(本末)·유무(有無)·일다(一多) 등 범주의 이론적 사변(思辨)을 통해 표현되지만, 내용 상으로 보면 현학 본체론의 본말(本末)과 유무(有無)의 분별은 가치지향 상의 자연(自然)과 명교(名敎)의 분별과 불가분의 관계이며, 이들은 모두 내성(內聖)의 이상적 인격 및 정신적 경지와 밀접하여 분리할 수 없다. 많은 당대 학자들이 이 점을 지적하며 "자연와 명교의 분별 및 본말과 유무의 분별은 바늘과 실처럼 뗄 수 없는 관계이다. 자연(自然)과 무(無), 명교와 유(有)는 동일한 의미를 지닌다. 인간의 자연본성은 바로 본(本)이고, '명교'는 말(末)로써 이 양자는 모순되지 않는다. 자연과 명교의 분별과 본말과 유무의 분별은 상통한다. 혹은 위진 시기의 현학은 본체론의 높이에서 자연과 명교의 관계를 이해하고 규정했다고 말할 수 있다"[467]라고 언급했다. 자연과 명교의 분별이든 유무와 본말의 분별이든 사실은 모두 내성지도(內聖之道)와 상관되고, 이상적 인격의 가치지향 및 궁극적 근거로 체현되었다.

　유무지변(有無之辨)과 명교자연지변(名敎自然之辨)은 어떻게 내재적 연관성을 형성할 수 있었을까? 또한 내성지도(內聖之道)와 어떤 관

---

467) 고신양(高晨陽):『유도회통 및 정시현학(儒道會通與正始玄學)』, 제로서사(齊魯書社), 2000년판, p.31.

계를 갖고 있을까? 위진 현학은 "도(道)가 곧 무(無)이다"라는 관점을 제기하고 '이무위본(以無爲本)'으로 선진도가의 '이도위본(以道爲本)' 관점을 대체한 것은 위진 시기의 자연무위(自然無爲)의 사회 사조(思潮)를 숭상한 것과 내재적 연관성이 있는 것이 확실하다.[468] 사실 위진 현학이 언급한 '무(無)'는 일종의 실체적인 객관적 존재가 아니라 주체적인 인격의 경지이고, "무(無)를 만물의 종주 혹은 본체로 삼는다는 것은 사실 주체적인 심경(心境)을 말하는 것이다. 만물의 자생자화(自生自化)는 바로 심경(心境)의 용(用)으로 심체(心體)에서 생겨나는 일종의 경지 관조이다".[469] 그러므로 현학에서 말하는 본체적 '무(無)'는 주체적 심경(心境)에서 생겨나는 인생 태도의 '무위(無爲)', '무집(無執)', '무저(無著)', '무루(無累)'와 서로 일치하는 '무(無)'이고, 이런 '무(無)'의 경지가 곧 '자연(自然)'이라는 것이다. 이 점은 현학자들의 공자와 『논어』에 대한 해석에서 잘 나타난다. 현학자들이 보기에 성인은 사심없이 남을 사랑하고, 도덕적 선과 정치적 공적을 지녔으면서도 '무위(無爲)', '무집(無執)', '무루(無累)', '무언(無言)'의 생명 경지를 소유한 사람들인데, 그 이유는 바로 그들이 도가 반영하는 법칙은 자연적이라는 '도동자연(道同自然)'으로부터 '무(無)'의 본체적 경지를 체득했기 때문이라고 인정했다. 공자는 상고시기 성왕들의 숭고한 인격에 대해 "요(堯)임금은 한 나라의 군주로서 참으로 위대하고 숭고하도다!

---

468) 왕효의(王曉毅): 『왕필평전(王弼評傳)』, 남경대학출판사(南京大學出版社), 1996년판, p.246.

469) 고신양(高晨陽): 『유도회통 및 정시현학(儒道會通與正始玄學)』, 제로서사(齊魯書社), 2000년판, p.45.

세상에서 가장 높고 큰 하늘을 본받은 자가 요임금뿐인가 하노라. 그의 은혜는 정말로 광대하여 백성들은 어떻게 그를 칭송해야 할지 모를 정도이다"라고 진심으로 찬탄해마지 않았다. 왕필(王弼)은 현학적 관념으로 고대 성왕들을 재해석하여 다음과 같이 설명했다.

> 성인은 하늘의 덕(德)을 본받을 수 있는 성품을 가지고 있다. 그래서 오직 요임금만이 하늘의 도를 본받아 하늘의 도를 실행할 수 있다. 요임금의 박대한 은혜는 모양도 이름도 없는 칭호이다. 상고성왕(上古聖王)이라 불리우는 요임금은 정치를 보완하고 역법을 제정하여 사회의 선악을 분명히 하였다. 만약 이러한 사심이 없는 큰 사랑이 있다면 그것은 아주 평등하게 백성들에게 널리 보급되었을 것이다. 하지만 그것이 평등하기 때문에 백성들은 자신이 어떤 은혜를 입었다고 특별히 느끼지 못한다. 그래서 요임금의 품덕은 칙천성화(則天成化)·도동자연(道同自然)의 경지에 도달했다. 어느 한쪽으로 치우치지 않고 신하를 예를 갖추어 대하였다.[470]

왕필은 상고시기 성왕 요(堯)·순(舜)의 공덕과 업적에 대한 공자의 진심어린 찬탄의 의미를 확대하여 '무위(無爲)', '무집(無執)'의 칙천성화(則天成化), 도동자연(道同自然)'의 '무(無)'의 정신적 경지로 끌어올렸다. 상고시기의 성왕 요(堯)는 명교 중의 높고도 아름다운 호칭을 얻고, 때를 얻어 천하 소유를 성취할 수 있었는데, 여기에서 언급한 '유(有)'는 유가 명교 이념 중의 성왕의 이상과 완전히 부합된다. 또한 요(堯)는 '무형무명(無形無名)'의 '무(無)'의 정신경지에 도달하였기에

---

[470] 『왕필집교석(王弼集校釋)』 하권, 『논어석의(論語釋疑)』, p.626.

도가의 '자연(自然)' 이념에도 완전히 부합되며, '칙천성화(則天成化)·도동자연(道同自然)'의 '무(無)'의 최고의 경지에 도달했다. 이로써 여기에서 해석한 성인지도(聖人之道)는 바로 가치적 의미상의 명교와 자연의 합일이고, 또한 본체적 의미상의 유(有)와 무(無)의 합일임을 알 수 있다.

현학자가 해석한 『논어』의 내성지도(內聖之道)는 비록 유무(有無)와 본말(本末)의 범주를 본체성의 철학적 사변으로 사용했지만, 이 본체론은 인격본체론으로써 '자연(自然)'의 가치적 특징을 나타내고 있다. 이 점은 왕필의 『논어』의 다양한 어록의 해석에서 충분히 드러난다. 『논어』에 공자가 "나는 아무 말도 할 생각이 없다", "하늘이 언제 무슨 말을 한 적이 있는가? 사계절이 평소대로 교체되고, 만물이 평소대로 생장하는데 하늘이 무슨 말을 한단 말인가?"라고 말한 기록이 있는데, 왕필은 공자의 '무언(無言)'에 대해 다음과 같이 해석했다.

공자는 나는 아무 말도 할 생각이 없다는 무언의 체득으로 근본을 천명하려 한 것이다. 근본을 통제한다는 것은 즉 '무(無)'를 중점 삼아서 지엽적인 것을 통일함과 동시에 구체적인 문제를 합당하게 처리하는 것을 말한다. 공자는 입언(立言)을 통해 가르침을 주고 언어에 뜻을 기탁하여 도리를 완벽하게 이해하고 정도(正道)를 천명하려 했기에 필연적으로 폐단과 번잡한 문제를 야기하게 된다. 탐구하려는 도리는 명백하게 논술할 수 없을 뿐만 아니라 지배할 수도 없다. 때문에 원문을 윤색하는 것에 그쳐야지 입언(立言)으로 표현하려 하지 말아야 천도(天道)가 자연스럽게 운행하게 되는 것이다. 소박하고 돈후한 마음으로 관찰한다면 천지의 이치가 무언 중에 운행하는 것을 보게 된다. 겨울과 여름은 교체되고

바뀌는데 사계절 내내 운행하는 무언(無言)의 절기를 보아하니 이는 하늘
의 간곡한 가르침이 아니겠는가.[471]

공자의 '무언(無言)'에 대한 왕필의 해석을 보면, 성인은 본래 이무
위본(以無爲本)하고, 본체는 말로 나타낼 수 없는 것이기 때문에 성인
은 '무언(無言)'하다는 것이다. 왕필이 거론한 논리적 관계는 무언(無
言) - 명본(明本) - 거본통말(擧末統本) - 칙천행화(則天行化)이다.   이처
럼 '무언(無言)'은 성인의 무위(無爲)·무집(無執)의 인생태도와 거본통
말(擧末統本)·칙천행화(則天行化)의 형상적 정신경지를 나타낸다.

3. 성인지도(聖人之道)의 방법 : 체무(體無)와 명도(明道)

위진 현학의 『논어』의 내성지도(內聖之道)에 대한 해석은 또한 방
법상의 문제와도 관련된다. 이 내성지도(內聖之道)의 방법에는 두 방
면이 포함된다. 첫째, 성인 '체무(體無)'의 방법인데, 즉 성인은 어떻게
자신의 형이하적 도덕적 성취에서 '무(無)'의 형이상적 본체를 체득했
는가 하는 것이다. 둘째, 성인 '명도(明道)'의 방법인데, 즉 '득의망언
(得意忘言)'의 방법으로 언어 문헌과 본체적 경지의 문제를 해결하는
것이다. 위진 현학은 『논어』의 해석을 통해 위의 두 가지 문제를
풀어냈다.

첫째, 성인체무(聖人體無)의 방법이다.

---

471) 황간(皇侃): 『양화제17(陽貨第十七)』, 『유장(儒藏)』 정화편에 기재, 『논어의소(論語義
疏)』 권9, p.318.

오늘날의 학술 언어로 현학자 논어학의 내성지도(內聖之道)를 해명함에 있어서 우리는 일반적으로 '자연(自然)'이 가치관념이고 '무(無)'가 그 본체이며, '무위(無爲)'가 곧 체무(體無)의 방법이라고 여기고 있다. 그러나 현학사상의 본의(本意)에서 보면 '자연(自然)', '무(無)', '무위(無爲)'의 본질은 일치하고, 이들은 성인지도(聖人之道)의 전체적 대용(大用), 즉 성인의 '칙천성화(則天成化) · 도동자연(道同自然)'의 형이상적 본체 및 정신적 경지를 표현하고 있다. 따라서 '무(無)'는 '자연(自然)', '무위(無爲)'와 상통하고, '자연(自然)', '무위(無爲)'는 '무(無)'의 본체적 경지로 통하는 과정이다. 마찬가지로 '무(無)'의 본체는 객관적이고 자유자재한 실체적인 존재가 아니라 성인의 '자연(自然)', '무위(無爲)'의 과정에서 나타나는 형이상적 본체 및 정신적 경지이다. 따라서 위진 현학은 '체무(體無)'를 성인의 '무위(無爲)', '자연(自然)'의 과정으로 보았다. 중국 현대 불교학자이며 철학자인 탕용동(湯用彤)은 "현학은 공부(工夫)를 그다지 강조하지 않았는데 그 이유는 현학자들은 '성인은 지혜를 갖춘 사람이고, 성인은 일반 사람들의 학습방법을 따를 필요가 없으며 … 오로지 성인이 체무(體無)하기만 하면 체(體)가 어떠어떠하다는 것을 딱히 말할 필요가 없고, 단지 유가 명교만 설명하면 된다'고 믿었기 때문이다"[472]라고 제기했다.

현학자들이 '무(無)'의 본체적 경지를 주로 언급하고, 공부(工夫)를 통해 어떻게 이런 경지를 실현할 것인가에 대해서는 그다지 강조하지

---

472) 탕용동(湯用彤): 『위진현학논고(魏晉玄學論稿)』, pp. 131-132.

않은 이유는 성인의 체무(體無)는 인위적이고 집의적인 노력의 결과가 아니기 때문이다. 성인은 다만 그 본성인 자연에 순응하고 의식적으로 노력의 공을 들이지 않으며, 성인이 인재를 잘 분별하여 등용하고 정치적 공적을 쌓을 수 있는 것 역시 '무위이무불위(無爲而無不爲)'의 결과이다.

그렇다면 현학자가 『논어』를 해석할 때 원문 중에 있는 성인 공부에 관한 문제를 어떻게 해결했을까? 원래 『논어』는 공자의 집념적인 학문 탐구의 인생역정을 기록한 것이며, 비록 현학자들이 서술한 성인은 체용여일(體用如一), 본체즉공부(本體卽工夫)의 이상화된 인격이지만 그들이 성인지도(聖人之道)를 해석함에 있어서 공자의 '성인화'를 회피할 수 없었던 것은 확실히 실천을 통한 수양인 '하학(下學)'의 노력을 거쳤다는 것이다. 이렇게 그들은 공자의 "나에게 몇 년의 수명만 더 주어진다면, 50세 때에 가서 『역경(易經)』을 배우게 하면 큰 허물은 없을 것이다"라는 말을 주석할 때도 역시 '학(學)'의 노력을 언급했는데 황간(皇侃)은 다음과 같이 말했다.

> 50세에 이르러서 『역경(易經)』을 학습하겠다는 것은 50세가 하늘의 이치를 알고 천명을 알 수 있는 나이이기 때문이다. 『역경』은 천하만물의 근본원리를 탐구하고 인류의 심체자성(心體自性)을 철저하게 통찰함으로써 인류운명을 변화시키는 숭고한 목표에 도달하게 하는 책이기 때문에 50세에 『역경』을 학습할 것을 강조한 것이다. 『역경』중의 도리를 학습하고 실천한다면 큰 과실을 저지르지 않게 된다. … 왕필이 말하길 "주역(周易)은 신(神)의 이야기를 예로 들며, 안회(顏回)가 그 중의 깊고 미묘한 이치를 궁리함으로써 잘못을 알고 바로 고칠 수 있는 경지에 도달할 수

있다면 우리는 『역경』의 세밀하고 깊고 현묘한 이치를 터득할 수 있으므로 반드시 배움과 동시에 행동 실천으로 증명해야 한다.[473]

『역(易)』은 '천하만물의 근본원리를 탐구하고 인류의 심체자성(心體自性)을 철저하게 통찰함으로써 인류운명을 변화시키는 숭고한 목표에 도달하게 하고 깊고 오묘한 이치를 속속들이 깊이 연구하는 책이지만, 『역(易)』을 배우는 것 역시 일종의 실천을 통한 수양 공부인 하학(下學)이기 때문에, 현학사들은 한편으로 공자의 '50세에 『역(易)』을 공부하고', '배움을 통해 그 이치를 터득하고', '화(禍)가 일어나기 전에 경계하고 사리에 맞는 교훈을 하며', '학습과 동시에 실천으로 증명하는' 하학(下學) 공부의 필요성을 인정했으며, 공자 역시 '50세에 『역(易)』을 학습하면' 하학(下學)의 공부를 거쳤기에 '큰 과실을 범하지 않는' 경지에 도달할 수 있다는 것을 인정했다. 다른 한편으로 현학자들은 성인을 거듭 강조하면서 『역경』중의 도리를 배우고 실천하고, 『역경』의 도(道)는 심묘(深妙)해서 잘못을 경계하고 가르침을 밝히며, 『역경』의 세밀하고 깊고 현묘한 이치 체득의 정신적 경지를 즐겨 담론했다. 이것 또한 일종의 즉체즉용(即體即用), 본체가 곧 공부(工夫)라는 성인의 경지임에 틀림없다. 현학자들은 『논어』의 성인지도(聖人之道)를 해석할 때에 "성인의 체도위도(體道爲度), 무유용의(無有用意)의 지(知)" 및 "만약 명(名)이 적(迹)에서 오고 사(事)에서 드러난 것으로 안다면 무(無)는 종적이 없는 것이 된다. 그렇다면 어떻게 그

473) 황간(皇侃): 『술이제7(述而第七)』, 『유장(儒藏)』 정화편에 기재, 『논어의소(論語義疏)』 권4, p.118.

것의 존재를 알 수 있겠는가? 유독 그것만이 무(無)를 지니기에 무(無)는 어디에나 존재하며 응하지 않는 것이 없다"[474]라는 것을 더 많이 주장했다. 그래서 현학자들은 이른바 도(道)를 구하는 공부(工夫) 문제에 대해 전혀 중요하게 생각하지 않았다.

한마디로 말해서, 현학자들은 『논어』를 해석함에 있어 성인의 공부론(工夫論) 문제에 대해서는 아무런 관심과 흥미도 없었고, 그들이 중시한 것은 성인의 '신명지덕(神明之德)', '무형지도(無形之道)'를 어떻게 '칙천성화(則天成化) · 도동자연(道同自然)'의 방식으로 표현 해내느냐 였으며, 이는 애써서 공부하지 않고도 자연스럽게 자신의 자유로운 인격을 나타내는 것이다. 현학자들은 성인의 자유로운 경지를 다음과 같이 묘사했다.

> 공자는 전체 국면을 총체적으로 살피고 시기와 형세를 잘 파악한 다음에 자기가 몸을 기탁할 곳을 선택하였으며, 이러한 경험을 빌어 여러 제자들을 교화하였다. 때문에 국세가 혼잡하고 어수선한 곳을 선택하지 않았다. 성인의 계획은 주도면밀하고 원대한 생각은 상황이나 정세에 따라 변한다. 난세일지라도 그들의 순수한 사상은 변화시키지 못했으며, 흉악함도 그들의 개성에 영향을 미치지 못했다. 때문에 그들이 비록 난세에 처해도 사방으로 도피하지 않아도 스스로 온전하게 보호할 수 있다.[475]

---

474) 황간(皇侃): 『자한제9(子罕第九)』, 『유장(儒藏)』 정화편에 기재, 『논어의소(論語義疏)』 권5, p.151.

475) 황간(皇侃): 『자한제9(子罕第九)』, 『유장(儒藏)』 정화편에 기재, 『논어의소(論語義疏)』 권5, p.151.

성인의 사상경계는 미묘하고 현통하고 심오하여 헤아릴 수 없다. 성인
은 비록 난세에 처해서 위험과 재난에 직면해도 형기세계(形器世界)에서
세상의 법도를 따라 살아감을 지향했다. 하지만 성인은 깨달음이 매우
높고 자질이 우월하기에 일반 사람들처럼 어떤 인위적인 하학(下學) 공부
에 집착하지 않는다.[476]

현학자들이 생각하기에 성인은 비록 난세에 처해 위험과 재난에
직면해도 형기세계(形器世界)에서 세상의 법도를 따라서 살아감을 지
향한다. 그러나 성인은 천성적으로 '계획과 생각이 원대하고 면밀하
고', '사상 경계가 미묘하고 현통한' 자질과 지혜를 타고났으며, '신속
하게 상황에 대응하고, 상황에 따라 변화를 행할 수 있기 때문에'
일반 사람처럼 그렇게 인위적으로 하학(下學) 공부에 집념할 필요가
없다.

둘째, 성인명도(聖人明道)의 방법이다.

성인은 천성적으로 '체무(體無)'의 재성(才性)과 지혜를 지닌다. 그
러나 무(無)의 체(體)가 무형무명(無形無名)임에도 불구하고 성인은 어
떻게 말로 표현할 수 없는 형상적 본체의 도(道)를 표현하고 전수하였
을까? 후학은 또 경전의 언어 문헌과 성인의 체도(體道)의 의미 관계
를 어떻게 다루었을까? 이는 바로 현학에서 매우 중요한 방법론적
문제로 여기는 언의지변(言意之辨)과 연관된다. 언의지변(言意之辨)은
성인의 '명도(明道)'의 방법이자 후학들이 성인의 도(道)를 깨닫는 중요

---

476) 황간(皇侃): 『위정제2(爲政第二)』, 『유장(儒藏)』 정화편에 기재, 『논어의소(論語義疏)』
권1, p.22.

한 방법이기도 하다.

　원래 공자가 주목했던 것은 현실사회 속의 실제적인 문제이고, 도덕정치를 통해 이런 현실적 문제들을 해결하길 바랬다. 『논어』에서도 공자의 일상적인 언행과 사회적 주장을 매우 평이하게 기술했으며, 언의지변(言意之辨) 등의 추상적인 방법론 문제에 대해서는 논하지 않았다. 하지만 『주역(周易)』·『도덕경(道德經)』·『장자(莊子)』 등 '삼현(三玄)'은 언어와 도(道)의 관계에 대해 깊이 있게 탐구했고, 그 중의 언의지변(言意之辨)에 관한 관념은 현학자들에게 영향을 미쳤으며, 현학자들이 사고한 언외지의(言外之意)의 도(道)와 무(無)에 대해 중요한 방법론적 의미를 지닌다. 현학자들이 이미 『논어』를 통해 이 무위본(以無爲本)의 무명무형(無名無形)의 본체를 천명한 이상 그들은 공자가 왜 무(無)에 관한 문제를 언급하지 않았는지에 대해 반드시 해답을 내놓아야 한다. 『위지·하소왕필전(魏志·何劭王弼傳)』에 다음과 같은 유명한 대화가 기록되어 있다.

> 배휘(裴徽)는 왕필(王弼)을 만나자마자 그가 범상치 않다고 여기고 매우 신임했다. 왕필에게 "무(無)는 참으로 만사만물의 본원(本源)임에도 성인마저 많이 언급하지 않았습니다. 하지만 노자(老子)는 '무(無)'에 대해 끊임없이 언급했습니다. 이는 무슨 이치입니까?'라고 물었다. 왕필이 대답하길, "성인은 '무(無)'를 본체(本體)로 인정했습니다. '무(無)'는 무엇이라 설명할 수 없는 것입니다. 일단 설명하기만 하면 '유(有)'로 변합니다. 때문에 '무(無)'에 대해 설명하지 않는 것입니다. 노자가 도(道)에 대해 논하면서도 '유(有)'를 완전히 버리지 못했기 때문에 항상 부족한 경지인 '무(無)'에 대해 언급한 것입니다."[477)

왕필은 공자가 비록 무(無)에 대해 담론하지 않았지만 그의 평생의
행적은 성인이 '체무(體無)'의 경지에 이를 수 있다는 사상적 경지를
체현해 내었으며, 무(無)에 대해 끊임없이 언급하는 노자(老子)는 오히
려 체무(體無)의 경지에 이르지 못했다고 생각했다. 왕필의 이런 사상
에 따르면, 성인의 '체무(體無)'의 경지는 그 자신의 생명의 역정을
통해 펼쳐지는 것이다. 그러나 한편으로, '무(無)'는 언어로 표현할
수 없는 것이기에 성인은 무(無)에 대해 언급하려 하지 않았고, 『논어』
등 경전도 단지 무의 본체를 표현하는 통발과 올무인 전제(筌蹄)일
뿐이고, 전제로 물고기나 토끼는 잡을 수 있으나 그 자체는 물고기나
토끼가 아니라는 것이다. 왕필의 이런 교묘한 대답은 오히려 언(言)과
의(意) 사이의 모순을 뚜렷이 드러낸다. 즉, 무(無)를 언급하지 않은
자는 체무(體無)의 경지에 이를 수 있으나, 항상 무(無)를 언급하는
자는 체무(體無)의 경지에 이르지 못한다는 것이다.

　그래서 현학자들은 성인의 도(道)와 경전의 관계 또는 언의지간(言
意之間)에 대해 독특한 이해를 갖고 있었고, 양자 사이의 차이점에
대해서도 인식하고 있었다. 『논어』에 기술된 자공(子貢)의 말에 대해
황간(皇侃)은 독특하게 표현했다.

　　자공(子貢)이 말하길, "스승님이 전수한 예(禮)·악(樂)·시(詩)·서(書)
　　에 관한 지식은 귀로 들어 배울 수 있는 것이지만, 스승님이 전수한 인성
　　(人性) 및 천도(天道)에 관한 이론은 귀로 들어 배울 수 있는 것이 아니다."

---

477) 『삼국지·위서(三國志·魏書)』 권28, 『종회전(鍾會傳)』 『왕필전(王弼傳)』에서 인용,
　　p.591.

황간(皇侃)의 주석: "문장이란 바로 육경(六經)을 가리킨다. 육경을 열독하면 성인지의(聖人之意)의 중요한 방법과 경로를 이해할 수 있다. … 공자가 한 말은 바로 문장에서 서술한 내용이다. 성(性)은 공자가 태어날 때 갖고 있는 천성이다. 천도(天道)는 바로 일신지도(日新之道)이다. 그러므로 우리가 비록 공자의 문장을 배울 수 있을지라도 문장 중의 공자의 정신사상은 귀로 듣는 것에 의존해서는 배울 수 없다. 공자의 성(性)은 타고난 천성이며 천도(天道)에 부합하며 그 중의 심원한 의미는 일반 사람들이 능히 이해할 수 있는 것이 아니기 때문에 우리가 귀로 듣는 것에 의존해서는 배울 수 없는 것이다."478)

황간(皇侃)의 이 주석의 가치는 원문에 대한 소통에 있는 것이 아니라, '공자의 문장은 귀로 들어 배울 수 있지만, 성(性) 및 천도(意)는 귀로 들어 배울 수 있는 것이 아니다'라는 사실에 대한 자공의 말을 통해 언(言)과 의(意), 육경(六經)과 성인의 취지 간의 복잡한 모순관계를 도출해 낸 것에 있다. 황간은 언(言), 육경(六經)은 모두 물고기와 토끼를 잡는 통발과 올무이기에 도구의 성질을 띠고 있다고 강조했다. 또한 그는 성인지의(聖人之意)야말로 우리의 정신적 목표이고, 통발과 올무가 잡아야 할 물고기와 토끼라고 지적했다. 따라서 왕필은 한편으로는 언(言)으로 의(意)를 표현할 수 있고, 육경(六經)을 열독하는 것이 성인지의(聖人之意)를 이해하는 중요한 방법 및 경로라고 강조했다. 또 다른 한편으로는 왕필은 언(言)으로 의(意)를 다 표현할 수 없고, 육경(六經)으로 성인지의(聖人之意)를 완전히 표현할 수 없

---

478) 황간(皇侃):『공야장제5(公冶長第五)』,『유장(儒藏)』정화편에 기재,『논어의소(論語義疏)』권3, pp.80-81.

다고 강설했다. 따라서 그는 '득의망언(得意忘言)'을 제기하면서 이를 통해 언(言)·의(意) 간의 관계를 도구 및 목표의 관계로 삼아 해결할 수 있기를 바랐다.[479] 왕필은 '득의(得意)하자 올무를 망각'하고, '물고기를 얻자 통발을 망각'하는 것을 비유로 들어 '득의망언(得意忘言)'의 결론을 도출해냈다.

위진 시기에 전개된 이러한 언의지변(言意之辨)은 성인은 어떻게 '명도(明道)'하고, 후학은 어떻게 성인지도(聖人之道)를 체득할 수 있는 냐에 대해 중요한 방법론적 의미를 지닌다. 위진 현학자들은 『논어』, 육경(六經) 등 경전 문헌의 의미를 통발과 올무의 도구적 의미로 인식했기 때문에 『주역(周易)』·『논어』·『도덕경(道德經)』·『장자(莊子)』의 해석을 적극적으로 진행함으로써 중요한 학술적 성과를 낼 수 있었다. 특히 그들은 '언(言)'과 '성인지의(聖人之意)' 사이의 중요한 연관성을 인식하고, 『논어』를 해석할 때 '기언출의(寄言出意)', '선회기의(善會其意)'할 수 있었고, 한대(漢代)의 유학자들이 문자에 얽매여 문의(文義)를 제대로 나타내지 못했던 상황을 바로잡는 데 큰 성과를 이룩했다. 현대 철학자 탕용동(湯用彤)은 『위진현학논고(魏晉玄學論稿)』에서 왕필(王弼)·이충(李充)·무협(繆協) 등 학자들이 '선회기의(善會其意)', '기언출의(寄言出意)'에 의존하여 『논어』를 해석한 것은 한(漢)나라 사람들의 '문자에 얽매여 문의(文義)를 나타내지 못한 깃'을 바로잡

479) 왕효의(王曉毅)의 『왕필평전(王弼評傳)』참고, 남경대학출판사(南京大學出版社), 1996 년판, p.223.

아 경전의 원문을 더욱 잘 이해할 수 있도록 한 점을 열거하면서, "위진 남북조 시기에 경전 해석에 있어 이런 사고방식을 운용한 사람들이 아주 많아 상세하게 서술할 필요는 없다. 무릇 의미를 이해하고 문자에 얽매이지 않는 사람이라면 모두 그 정신적 본질을 이해할 수 있다"[480]라고 요약적으로 피력했다.

다음으로 더욱 중요한 것은 현학자들은 이러한 언의지변(言意之辨)의 방법론을 운용하여 성인지의(聖人之意)로 경전을 이해하는 목표를 확립함으로써 경전 해석 및 『논어』의 내성지도(內聖之道) 확장에 창의적인 학술적 성과를 이루어 냈다. 『논어』 원본에서 공자는 분명히 인문적 이상과 세상을 구제하려는 제세의 염원을 품은 적극적인 입세자(入世者)가 분명하지만, 현학자들의 '기언출의(寄言出意)', '선회기의(善會其意)'의 창의적인 해석을 거친 후 공자는 명교에 집념하면서도 자연초탈적인 성인이 되고, '유(有)'에서 '무(無)'의 경지에 도달할 수 있는 이상적인 인격자로 거듭났다. 『논어 · 헌문(論語 · 憲問)』에서 공자가 이르길, "군자가 지켜야 할 것이 세 가지 있는데 나는 다 해내지 못했다, 즉 인덕(仁德)을 갖춘 자는 근심이 없고, 지혜를 갖춘 자는 미혹되지 아니하고, 용감한 자는 두려움이 없다", 자공(子貢)이 말하길, "이는 스승님께서 바로 자신에 대해 묘사한 것이다"라는 단락에 대해 황간(皇侃)은 다음과 같이 해석했다.

---

480) 탕용동(湯用彤): 『위진현학논고(魏晉玄學論稿)』, 상해세기출판그룹(上海世紀出版集團), 2005년판, p.22.

공자가 해내지 못했다고 말했지만 실제로는 해냈다는 것이다. 그래서 자공(子貢)이 "이는 스승이 자신을 묘사한 것이다"라고 말했다. 강희(江熙)의 설명: "성인은 매우 겸허하다. 아무리 큰 성과를 거두었다 해도 교만하지 않고 다른 사람의 의견에 겸허하게 귀를 기울여서 자신을 보완하고 변화시켜 나간다. 때문에 공자가 '나는 그렇게 해내지 못했다'라고 말했다. 그러나 자공은 그것은 공자 스스로의 겸손이라고 생각해서' 이는 스승님이 자신에 대해 묘사한 것이다'라고 말했다.[481]

공자는 인(仁)·지(智)·용(勇)을 유가 군사의 인격의 도덕적 준칙으로 삼았으며, 스스로 평생 이러한 덕행을 추구해야 한다고 생각하면서도 아주 겸손하게 "나는 해내지 못했다"라고 말했다. 황간(皇侃)은 논어의소(論語義疏)에서 공자가 겸손하게 "나는 해내지 못했다"라고 한 말을 성인의 체무(體無)의 경지에 도달로 이해하고, "성인의 체(體)는 극히 중허(中虛)하고, 신무(神武)를 잊고 영지(靈智)를 남기는 것"이라고 주장했다. 이것은 바로 명교의 '실유(實有)' 속에서 정신적 초월에 도달한 이상적인 성인의 형상을 깊이있게 부각시킨 것이다. 위진 현학은 『논어』 중의 성인지도(聖人之道)에 대해 창의적인 해석을 해냄으로써 유학사상의 역량을 극대화하고, 내성지도(內聖之道)의 심오한 함의를 확장시켰다.

---

481) 황간(皇侃): 『헌문제14(憲問第十四)』, 『유장(儒藏)』 정화편에 기재, 『논어의소(論語義疏)』 권7, p.261.

제3절 이학의 논어학과 내성지도(內聖之道)

위진남북조 시기는 논어학 발전의 정점을 이루었고, 논어학의 저작 수량, 사상 혁신, 학술적 수준은 모두 역사적인 정점에 이르렀다. 그러나 수당(隋唐) 시기에 이르러 이런 상황은 급격히 쇠퇴했다. 양송(兩宋) 시기에 이르러 다시 논어학 연구 열풍이 일어나 논어학의 발전은 새로운 정점을 맞이하게 되었다. 양송 시기에는 논어학의 저술 수량, 학술적 수준 및 사상적 발전 등 방면에서 위진 남북조를 능가했을 뿐만 아니라 더 중요한 것은 논어학의 학술적 형태의 변혁인데, 즉 현학형에서 이학형으로 전환을 완성한 것이다.

이학사조의 취지는 유가의 내성지학(內聖之學)으로 회귀이다. 이학자의 논어학 역시 『논어』에 대한 해석을 통해 유가 윤리를 본위로 하는 내성지도(內聖之道)를 구축한다는 이론이다. 그러나 이학자들은 위진현학의 도(道)를 근본으로 삼아 유가와 도가를 회통하는 방식으로 해석한 『논어』를 인정하지 않았다. 현학사조는 비록 명교와 자연, 유(有)와 무(無)를 결합시키려 했지만 현학의 논어학은 오히려 도(道)를 체(體)로 하고, 유(儒)를 용(用)으로 삼는 이도위체(以道爲體), 이유위용(以儒爲用)의 내성지도(內聖之道)가 되었다. 이학사조는 일종의 유가 윤리를 부흥시키려는 사조로서, 이학자들은 유가 윤리의 본체적 위상을 확립하고자 했다. 따라서 이학사조는 여전히 불가(佛家)를 포함해 유가와 도가를 통합해야 했으나, 그들은 현학의 도(道)를 체(體)로 하고, 유(儒)를 용(用)으로 삼는 도체유용(道體儒用)의 내성지도(內

聖之道)를 유가 윤리를 체용(體用)으로 하는 내성지도(內聖之道)로 전환시켰다.

이학 학술사상이 부상하게 된 데에는 깊은 역사적 근원이 있다. 중국 사상사에서 내성지학(內聖之學)은 사실 고대 사대부의 이상적 인격에 관한 학설일 뿐이다. 사대부는 원래 중국 고대의 일종의 특수한 사회계층으로 그들은 관료와 학자의 이중적 신분을 가지고 있었고, 사회정치직 관리와 문화지식 장소의 이중 기능을 수행해야 했다. 이렇게 그들의 정신적 추구, 문화적 정체성은 종종 복잡하고 모순된 특징을 반영한다. 관료 구성원으로서 그들은 반드시 군신부자(君臣父子)의 강상윤리의 질서를 수호해야 하는 명교의 충실한 신도이자 실천자이다. 또한 학자로서 그들은 항상 정신적 자유를 갈망했고, 전제군주제 및 암흑정치 세력의 억압에 직면해서도 여전히 자신들의 독립적인 인격과 자유를 추구하는 정신적 경지를 유지했다. 위진 현학은 유가와 도가를 회통하는 방식으로 사대부의 이상적인 인격을 명교와 자연이 합일된 성인으로 묘사했다. 이에 대해 곽상(郭象)은 "비록 성인은 그 몸을 조정에 두고 공적인 일을 처리하지만 그의 마음은 산림 속에 있으니, 세상 사람들이 이를 어찌 알겠는가"482)라고 형상적으로 묘사했다. 이러한 유가·도가를 회통하는 이상적인 인격은 사대부의 사회윤리적 책임과 개인의 정신적 자유라는 이중적 요구를 어느 정도 충족시킬 수 있었다. 하지만 위진현학이 구축한 성인지도(聖人之道)는

---

482) 『장자집석(莊子集釋)』 권1 상, 『소요유제1(逍遙遊第一)』, 중화서국(中華書局), 2004년 판, p.28.

일종의 정신적 분열의 이중인격으로서 사대부의 출세와 입세(入世) 사이에서 배회하는 고심함, 명교적 책임과 자연적 초탈 사이의 어려운 선택, 조정에 출사와 산림 은거의 정신과 육체의 분리로 나타났으며, 이러한 이중적 인격은 궁극적으로 많은 심각한 폐단을 초래할 뿐이다. 당연히 관료와 학자를 겸한 이중신분의 사대부로서 그들은 사회적 책임감을 가지고 적극적으로 입세해야 하고, 수신(修身)·제가(齊家)·치국(治國)·평천하(平天下)의 길을 통해 삶의 가치를 실현하는 데 힘써야 하는 즉 유학의 충실한 신도가 되어야 한다는 것이다. 만약 사대부가 한편으로는 그몸은 조정에 출사하여 치국평천하의 정치적 공훈과 업적을 적극적으로 쌓기 위해 노력함으로써 명교의 사회질서를 지키려하고, 다른 한편으로는 내심 산림 은거의 정신적 자유를 동경하면서 이무지도(以無之道)를 자신의 삶의 궁극적인 목표로 삼는다면 이러한 사상이론은 심각한 부정적인 작용을 야기하게 된다. 개인적으로는 결국 정신분열의 고통과 인생행로의 혼란에 빠질 것이고, 사회적으로는 예제의 사회구조와 의리의 문화구조의 혼란을 초래해 결국에는 문화적 인재의 규범 상실 및 사회질서 문란을 초래하게 된다. 그러므로 현학이 구축한 명교와 자연이 합일된 성인지도(聖人之道)는 단지 위진남북조라는 특수한 시기 한때에 사대부의 모순된 심리적 욕구를 충족시켰을 뿐이며, 역사적으로 지배적 지위를 차지하는 인생 철학은 될 수 없었다. 현학의 출현은 사회역사적으로 일종의 체용(體用)을 겸비하고, 출사와 초탈이 공존하는 인생 철학에 대한 강열한 요구를 반영하는 것으로, 현학의 급속한 쇠퇴는 바로 이러한 이무위본(以無爲本), 이자연위종(以自然爲宗)의 내성지도(內聖之道)가 지배적인 사상문화가 될 수 없음을 나타낸다.

이로써 초기 유학을 부흥시키고 유가 윤리를 되살리자는 취지의 이학사조가 일어난 것이다. 이학 사조의 등장은 현학과 깊은 내재적 연관성을 갖고 있다. 이학사조는 바로 현학사조가 해결을 원했으나 제대로 풀지 못한 문제를 해결하기 위해 나타난 것이다. 표면적으로는 현학의 '명교는 자연에서 비롯된 섯이다'와 '명교가 곧 자연이다'라는 관점은 사대부의 명교와 자연·출사와 은거·도덕과 자유에 대한 이중적 요구를 해결할 수 있는 것처럼 보인다. 그러나 현학은 '자연(自然)', '무위(無爲)', '소요(逍遙)' 등을 삶의 궁극적인 목적과 인격의 궁극적인 근거로 삼았기 때문에 사대부가 입신으로 의지하던 명교는 형이상적 근거를 상실하게 되었다. 이렇게 현학이 구축한 도가의 체(體)와 유가의 용(用)은 분열되어 체용이 합일할 수 없는 양극이 되고, 이런 내성지도(內聖之道)는 사대부의 안신입명(安身立命)의 요구를 충족시킬 수 없었다. 이학의 목적은 명교를 핵심으로 하는 유체유용지학(有體有用之學)을 구축하는 것이고, 명교는 형이하의 일상화의 윤리도덕일 뿐만 아니라 형이상의 초월적 본체이기도 하다. 이학자가 구축한 사상체계에서 성인의 도(道)는 일종의 명교에 근거한 사상체계일 뿐만 아니라 출사와 초탈, 명교와 자연, 도덕과 자유, 현실과 이상, 형이하와 형이상으로 통합된 학설이다. 이학이 구축한 내성지도(內聖之道)야말로 유가 사대부의 체용여일(體用如一)의 생활과 정신적으로 의존할 수 있는 안신입명(安身立命)의 도(道)이며, 이는 명교지용(名敎之用)

의 긍정적 가치에 힘입어 완전히 인정받았을 뿐만 아니라 명교 자체로부터 하나의 형이상적 본체의 근거로 승화되었다.

이학사조는 유가 이념에 부합하는 내성지도(內聖之道)의 구축에 노력했고 이에 『논어』에 대한 창의적인 해석을 원만히 완성해 내야 했다. 이학자들은 초기 유학으로 회귀하여 유가의 윤리적 가치에 근거하는 이상적 인격을 재구축하기 위해서는 『논어』에 대한 재해석을 중시하지 않을 수 없었다. 그 이유는 『논어』는 공자 및 초기 유가학파의 사상학설 중에 가장 중요한 역사적 문헌이기 때문에, 역대 유가학자들은 항상 『논어』에 대한 재해석 방식을 통해 사상 혁신의 학술적 자원을 탐구함으로써 새로운 사상체계를 구축하여 했다. 북송의 교육가인 호원(胡瑗)은 유학을 체(體)·용(用)·문(文) 세 방면으로 나누었고, 송대 유학자들 역시 경전해석(文)·본체구축(體)·하학공부(用) 등 세 가지 측면에서 창의적인 공헌을 했기 때문에 본 절에서는 이 세 가지 측면에서 이학자가 해석하여 발전시킨 논어학을 분석하고자 한다.

1. 경전 해석

중국 고대의 경전 해석은 다른 경전을 근거로 경전을 해석하는 '이경해경(以經解經)'의 전통적 특색을 띠고 있는데, 현대 해석학에서는 이런 방법을 '다문헌적 해석 (Cross text interpretation)'이라 부른다. 현학자들이 주석한 『논어』는 대체적으로 『노자(老子)』·『장자(莊

子)』를 근거로 주석하여 유가의 성인의 이상을 '자연', '무위(無爲)', '소요(逍遙)'의 도가적 색채로 구현했으며, 궁극적으로 유가의 정치·윤리강상의 용(用)을 도가의 자연무위(自然無爲)의 체(體)에 통합시켰다. 이학의 성인지도(聖人之道)를 유가 윤리 중심의 유체유용학(有體有用學)으로 구축하려면 이학자들 역시 반드시 '이경해경(以經解經)'의 해석방법을 통해서만이 유가 명교를 위한 형이상적 본체를 확립할 수 있다. 그러나 이학자들은 현학자들처럼 도가 경전에서 이무위체(以無爲體)의 우주본체론을 인입(引入)할 수 없었기에 유가 경전에서 이런 학술적 자원을 탐구해야만 했다. 송대 유학자들이 탐구할 수 있는 학술적 자원은『논어』에서 그다지 언급하지 않은 '성(性) 및 천도(天道)'에 관한 학술 자원이 많이 들어있는 유가 경전 중의『중용(中庸)』·『대학(大學)』·『맹자(孟子)』및『주역(周易)』등이었다.

원래『논어』에 기록된 공자는 인간사에 관심이 많고 현실사회의 예악(禮樂)·정교(政敎)·인정(人情)에 대해 관심이 많았는데, 공자의 제자들은 공자의 '성(性) 및 천도(天道)'에 대한 의논은 거의 들을 수 없었다. 그러나 이학은 '성(性) 및 천도(天道)'에 관한 형상적 사상 방면에 방대한 체계를 구축했고, 정주이학(程朱理學)은 이에 대해 "공자 문하 제자들의 교학에서 절차를 뛰어넘지 않았고, 자공(子貢)은 덕행의 기초가 다져진 후에야 비로소 그 이치의 현묘함을 이해하고 찬탄했다"483)라고 해석했다. 이학자들은『논어』를 주석함에 있어 공자의

---

483) 주희(朱熹):『공야장제5(公冶長第五)』,『유장(儒藏)』정화편에 기재,『논어집주(論語集注)』권3, p.28.

언행에서 성(性, 心·情 포함) 및 천도(天道, 天命·天理·太極 포함)에 관한 많은 형상적 사상을 도출해 내어 일종의 이학화된 성인지도(聖人之道)를 구축했다. 현대 해석학적으로 볼 때 이러한 '성인지도(聖人之道)'는 분명히 이학자들의 '선견(先見)'에서 비롯된 것이다. 물론 이 '선견(先見)'의 근원은 선진(先秦)에서 양송(兩宋)에 이르는 다양한 사상학술의 유파 및 그 교집을 포함하여 매우 복잡하지만, 이런 '선견(先見)'을 구성하는 주체적 내용은 여전히 사맹학파(思孟學派)가 주체가 된 『대학(大學)』·『맹자(孟子)』·『중용(中庸)』 등의 유가 경전이다. 유가 내부에서 파생된 이 학파는 공자가 상세하게 이야기하지 않은 '성(性) 및 천도(天道)'에 관한 사상을 크게 확장시켜 유학의 형상적 사상 발전에 중요한 개척적 의미를 부여했다. 송대 유학자들은 『논어』를 해석할 때 먼저 사맹학파의 '선견(先見)'으로 공자를 이해함으로써 공자의 제자가 "공자의 심오한 관점을 이해하고 나서 찬탄하는 말이다"이라고 굳게 믿었다. 여기에서 말하는 '심오한'이란 바로 공자의 '성(性) 및 천도(天道)'의 관점을 말한다.

공자는 '성(性)'에 대해 아주 드물게 언급했을 뿐만 아니라 형상적 의미에서 성(性)을 논한 적은 더욱 없다. 그러나 주희(朱熹)는 『논어』의 제1편 제1장을 해석할 때 '성(性)'을 강설하며 인성(人性)에 대해 다중적으로 철학적 의미를 부여했다.

> 공자가 이르기를, "배우고 때때로 그것을 복습하는 것이 즐겁지 않은가?"

주희(朱熹)의 주석: '학(學)'이란 개념은 모방이라는 의미이다. 인성(人性)은 모두 선(善)한 것이지만 깨달음에는 선후가 있는 법이다. 후에 깨달은 자는 반드시 먼저 깨달은 자의 모든 행동을 모방해야만이 비로소 선(善)이란 어떤 것이고 본성으로 돌아가는 원초(原初)가 무엇인지 알 수 있다.[484]

한대(漢代) 이래 각 주석자들은 공자의 이 말을 예교적인 측면에서 많이 해석했다. 물론 위진 현학 역시 "성왕의 경전을 사용하여 일반 사람의 성품 중의 악한 면을 배제하고, 학(學)을 통해 인간 본연의 자각심을 일깨워 본연의 상태를 회복시킨다"[485]라는 관점을 제기했으며, 이런 '학(學)'과 인간의 감정을 결합시킨 것은 송대 유학에 대해 계몽적인 의미를 갖는다. 하지만 주희(朱熹)는 이 대목을 해석하면서 한층 더 많은 새로운 의미를 부여했다. 먼저, 주희는 맹자(孟子)의 성선학설(性善學說)을 차용 및 근거로 인성(人性)은 모두 선함을 강조하고, 이를 모든 배우는 공부(工夫)의 가장 중요한 전제조건으로 삼았다. 이 전제조건이 강조하는 것은 학자로서 배움의 목적은 지식 추구가 아니라 도덕적 선량함을 분명히 아는 '명선(明善)'의 추구이며, 또는 지식 추구 역시 명선(明善)을 추구하기 위한 것이라 할 수 있다. 학자의 학습방법은 반드시 '사람의 본성은 모두 선량하다'라는 바탕 위에 세워져야 함으로 방법상에서도 사람이 본래 지니고 있는 선한

---

484) 주희(朱熹): 『학이제1(學而第一)』, 『유장(儒藏)』 정화편에 기재, 『논어집주(論語集注)』 권1, p.1.
485) 황간(皇侃): 『학이제1(學而第一)』, 『유장(儒藏)』 정화편에 기재, 『논어의소(論語義疏)』 권1, p.2.

본성을 어떻게 깨우치고 확충하고 유지할 것인가를 유념해야 한다고 강조했다. 다음으로, 주희(朱熹)는 '성(性)'에 형이상의 본체적 의미를 부여하고, '학(學)'과 '복기초(復其初, 원래의 상태로 복귀함)'의 형상적 의미를 연관시켰다. '복기초(復其初)'의 원래의 뜻은 '복성(復性, 선한 본성으로 되돌아감)'이며, 당대(唐代) 학자 이고(李翱)가 처음 제기했다. 그러나 송대 유학자의 '복성(復性)'은 결코 인간의 선량한 본성을 회복하는 인도적 의미는 아니며, 이학체계가 전제적으로 설정한 '성(性)'이 바로 천도(天道)·천리(天理)·태극(太極)이기 때문에 '복기초(復其初)' 또한 인성(人性)에서 천도(天道)에 이르는 형상적 본체의 의미를 지닌다. 정호(程顥)·정이(程頤)는 공자의 "천성(天性)은 모두 비슷한 것이고, 후천적으로 처한 환경과 받은 교육이 다르기 때문에 서로의 습성에 큰 차이가 나는 것이다"라는 문구를 "여기에서 말하는 것은 기질적인 성(性)이지 성(性)의 본체(本體)는 아니다. 만약 성(性)의 본체에 대해 말한 것이면 성(性)은 바로 이(理)이다. 이(理)는 선하지 않은 것이 없다. 맹자(孟子)가 말한 '성선(性善)'과 마찬가지이다"[486]라고 해석하여, 인간의 본성과 천리(天理)를 동일시했다. 그렇다면 '복기초(復其初)'는 천리(天理)에 귀결되는 최상의 의미를 가지게 된다.

공자도 '천도(天道)'에 대해 아주 적게 언급했으며, 『논어』에서 말하는 도(道)는 모두 인도(人道), 즉 사람의 처신에 관한 도인 위인지도(爲

---

486) 주희(朱熹):『양화제17(陽貨第十七)』,『유장(儒藏)』정화편에 기재,『논어집주(論語集注)』권9, pp.110-111.

人之道)를 가리킨다. 그러나 송대 유학자는『논어』를 주석하면서 공자가 언급한 도(道)에 천도(天道)의 함의를 부여했다.『이인(里仁)』편에는 공자가 증삼(曾參)에게 "증삼(曾參)아, 내가 말하는 도(道)는 하나의 기본적인 사상으로 관철되어 있다"라고 말한 기록이 있다. 제자들은 이 '도(道)'를 "공자의 학설은 충(忠)과 서(恕)일 뿐이다"라고 해석했다. 분명한 것은 공자의 도는 모두 어떻게 조화로운 사회관계를 세울 수 있을까 하는 위인지도(爲人之道)가 분명하다. 하지만 송대 유학자들은 자신의 처지를 미루어 다른 사람의 형편을 헤아리는 추기급인(推己及人)의 인도(人道)에서 '천도(天道)'를 깨닫고 그 도리를 설명했다. 주희(朱熹)는 다음과 같이 해석했다.

> 성인의 마음이 바로 완전한 하나의 이(理)이지만, 반응이 광범하면서도 각자 타당하며 응용은 제각기 다르다. … 공자의 일리(一理)는 혼연하여 광범하게 반응하면서도 저마다 아주 합당하다. 마치 천지(天地)의 운행이 지극히 성실하면서도 멈춤이 없어서 만물이 각자 제자리에 있는 것과 같다. … 지극히 성실하면서도 멈추지 않는 것이 바로 도(道)의 체(體)이며 만물만사의 본원(本原)이 되는 것이다. 만물이 각자 자기가 있을 자리에 있는 것이 바로 도(道)의 용(用)이며 이는 한 본원(本原)이 일만 가지로 다양해지는 것이다. 이로써 관찰한다면 하나로 관통된다는 '일이관지(一以貫之)'의 실상이 명확해진다.[487]

주희는 공자의 '일이관지(一以貫之)'의 인도(人道)를 해석함에 있어『중용』·『맹자』의 '성(誠)'으로 인도와 천도를 통합한 사상을 흡수하

---

487) 주희(朱熹):『이인제4(里仁第四)』,『유장(儒藏)』정화편에 기재,『논어집주(論語集注)』권2, pp.22-23.

여 인도(人道)로부터 "마치 천지(天地)의 운행이 지극히 성실하면서도 멈추지 않음으로써 만물이 각자 제자기에 있는 것과 같다"라는 천도 (天道)를 추론해냈다. 특히 주희는 공동된 하나의 본원이 다양하게 표현된다는 '일본만수(一本万殊)'의 우주 철학으로 도(道)의 체용(體用) 및 천도와 인도의 관계를 논증했다. 이러한 것은 모두 『논어』에는 없는 사상이며, 이는 주희가 『중용』·『맹자』를 포함한 여러 가지 사상을 종합하여 『논어』를 해석한 결과이다.

송대 유학(儒學)자는 『논어』를 해석할 때 '성(性)'과 '천도(天道)'에 대해 많이 담론했을 뿐만 아니라 성(性)과 천도(天道)를 결합시켰으며, 이러한 관점 역시 사맹(思孟)학파를 계승한 결과이다. 『논어』에서 공자가 '성(性) 및 천도(天道)'에 관하여 언급하지 않았다고 기록한 만큼 이 양자를 연관시키지 않는 것은 당연지사이다. 그러나 『맹자·진심 (孟子·盡心)』에는 "사람은 심력(心力)을 다하면 곧 본성에 대해 알게 된다. 본성을 알게 되면 따라서 천(天)을 알게 된다"라고 기록되어 있다. 『중용(中庸)』의 첫 장에도 "사람의 자연적인 천성을 '성(性)'이라 한다"라고 기록되어 있다. 이로부터 사맹학파는 인성(人性)은 천도(天道)와 연결되어 있다고 주장함을 알 수 있다. 주희 역시 『논어』를 해석할 때 『중용』·『맹자』의 사상을 빌려 인성과 천도를 연결시키려 애썼다. 그는 자공(子貢)이 "스승님의 성(性) 및 천도(天道)에 관한 말은 들을 수가 없었다"라고 한 말을 해석하면서 '성(性) 및 천도(天道)'의 내재적 연관성에 대해 논증하고 제자 자공(子貢)이 '성(性) 및 천도(天道)'에 관해 들었다고 확신하면서 다음과 같이 말했다.

성(性)은 바로 사람이 천성적으로 타고난 천리(天理)이다. 천도(天道)·
천리(天理)의 자연스러운 본체(本體)가 바로 이(理)인 것이다.[488]

주희는 천도(天道)가 곧 '천리(天理)의 자연적인 본체'이고, 인성(人
性) 또한 인간의 천성적인 천리(天理)이기에 인성(人性)이 인간과 천도
의 연결을 실현시킨다고 여겼다. 정주이학(程朱理學)은 공자의 "오십
이지천명(五十而知天命)"라는 말을 해석하면서, 원문 중의 '천명(天命)'
이 원래 지니는 운명이라는 함의를 배제하고 우주의 본체인 '천도(天
道)'와 인격의 본체인 '성(性)'의 함의를 부여했다. 정호(程顥)·정이(程
頤)는 "입(立)은 도(道)를 스스로 세울 수 있다는 것이다. 불혹(不惑)은
곧 의혹이 없음을 뜻한다. 지천명(知天命)이란 바로 사물의 이치와
본성을 철저하게 깨닫는 것과 같다"라고 해석했다. 주희는 "천명(天
命)이란 바로 천도(天道)가 유행(流行)함에 따라 사물에 부여되는 것이
며, 사물이 마땅히 그렇게 된 원인과 근거이다. 이 점을 인식하게
되면 인식은 곧 정통(精通)의 극치에 이르게 됨으로써 의혹이 없음은
더 말할 필요도 없다"[489]라고 해석했다. '천도(天道)의 유행(流行)' 및
'사물에 부여된 것'으로 '천명(天命)'을 해석함으로써 '천명(天命)'이라
는 이 모호한 운명의 개념은 '천도(天道)'와 '성(性)'이라는 이중적 의미
를 얻게 되었다. 『중용(中庸)』의 "사람의 자연적인 천성을 '성(性)'이라
한다", 『맹자(孟子)』의 "본성에 대해 알게 되면 곧 천(天)을 알게 된다"

---

488) 주희(朱熹): 『공야장제5(公冶長第五)』, 『유장(儒藏)』 정화편에 기재, 『논어집주(論語
集注)』 권3, p.28.
489) 주희(朱熹): 『위정제2(爲政第二)』, 『유장(儒藏)』 정화편에 기재, 『논어집주(論語集注)』
권1, p.7.

등은 공자 문하 후학의 영향하에 형성된 관념들이다. 따라서 정호(程顥)·정이(程頤)가 "철저하게 사물의 도리를 캐고, 투철하게 인간의 천성을 이해하는 '궁리진성(窮理盡誠)'으로 '지천명(知天命)'을 해석한 것 역시 '성(性)'과 '천명(天命)'의 내재적 연관성을 전제적으로 설정한 것이다.

송대 유학자의 『맹자(孟子)』·『대학(大學)』·『중용(中庸)』의 관점으로 『논어』를 해석한 것은 그들의 『논어』 주석 중에 수없이 많다. 이런 결과로 위진 현학자들이 『노자(老子)』·『장자(莊子)』로 『논어』를 해석하는 학술 풍조는 끝나면서 유학체계로 회귀하게 되었고, 이로 인해 신유가(新儒家)의 경전체계가 구축되었다. 선진(先秦)에서 양한(兩漢)에 이르기까지 유가가 확정한 경전체계는 『시경』·『서경』·『예기』·『역경』·『춘추(春秋)』의 '오경(五經)'이며, '오경(五經)' 체계의 취지와 핵심은 예(禮)를 핵심으로 삼는 전장제도(典章制度)였다. 따라서 '오경(五經)'과 관련된 성인의 이상적인 역사적 공헌과 문화적 능력은 덕성수양과 제도 구축 두 방면에서 완벽한 경지에 도달하는 '진륜(盡倫)', '진제(盡制)'에 있었다. 양송(兩宋) 유가가 주목한 문제의식은 "이미 공자가 극히 드물게 언급한 '천도성명(天道性命)'에 관한 의제로 전환되면서 '진륜(盡倫)'과 '진제(盡制)'가 중요하지 않은 것은 아니었지만, 성왕들의 이러한 공적들은 지금에 와서는 '성명(性命)'의 기반 위에 세워져야만이 더욱 깊은 의미를 갖게 된다고 인식하기 시작했다".490) 그래서 송대 유학자들은 '성(性) 및 천도(天道)'를 주지와 핵심으로 삼아 경전을 새로 선택하고 해석해야 했으며, 그들이 확정한 새로운 경전체계는 『논어』・『맹자(孟子)』・『대학(大學)』・『중용(中庸)』의 이른바 '사서(四書)'이다. 『논어』에는 공자가 '성(性)과 천도(天道)'에 대해 아주 드물게 언급했다고 기록되어 있고, 송대 유학자들의 사상 혁신의 중점은 바로 '성(性)과 천도(天道)'이었기 때문에, 그들이 취한 방법은 『맹자(孟子)』・『대학(大學)』・『중용(中庸)』중의 '성(性)과 천도(天道)'에 관한 사상적 자원으로 『논어』를 해독하는 것이다. 이런 유가의 새로운 경전체계 재구성의 결과로 송대 유학의 논어학은 위에서 서술한 학술적 형태에 중대한 변화가 생겼을 뿐만 아니라 특히 사상적 내용을 크게 변화시키게 되었다.

2. 본체 구축

위진 현학자들은 『논어』를 주석하면서 성인의 인격을 위한 형이상적 본체를 구축하고 명교의 궁극적 근거를 탐구하는 데 주력했다. 하지만 이 본체적 근거는 사실상 도가의 무지도(無之道)・자연지도(自然之道)이다. 표면적으로는 위진 명사가 유가의 성인의 이상을 추앙하여 현실생활의 명교를 따를 것을 강조하면서 성인과 명교를 위한 형이상적 근거를 탐구한 것으로 보여진다. 그러나 위진 명사들은 성인의 본체를 무(無)로 귀결시키고, 명교의 근거를 자연으로 귀결시켰

---

490) 양유빈(楊儒賓): 『「중용」,「대학」이 경전으로 전환된 여정 : 생명지서(性命之書)의 관점에서 입론(「中庸」,「大學」变成经典的历程: 從性命之書的觀點立論」, 이명휘(李明輝)의 『중국 경전해석 전통(中國經典詮釋傳統)』(2)에 기재, 『유학편(儒學篇)』, 대만희말라야연구발전기금회(臺灣喜瑪拉雅研究發展基金會), 2002년판, p.154.

기 때문에 근본적으로 유가의 가치적 이상을 희석시키고 심지어는 제거해 버렸다. 송대 유학자들이 완수해야 할 근본적인 사명은 바로 유학의 인문적 가치를 부흥시키는 것이다. 구체적으로 말하자면, 유가의 명교를 천도(天道)로 격상시켜서 유가의 이상적 인격을 위한 하나의 명교적 본질을 지닌 형이상적 천도(天道)를 구축하는 것이다. 송대 유학자들 역시 『논어』를 새롭게 해석하고 주석함으로써 위에서 서술한 학술사상의 추구를 실현하고 표현했다.

유가 사상의 사회적 기반은 중국 전통의 종법(宗法) 사회이다. 유학은 종법(宗法) 사회의 질서를 유지하는 명교를 추앙하며, 모든 사회구성원이 자신의 지위에 상응하는 정치전장제도와 생활 일상적 예의를 포함하여 도덕적 규범 및 행동 준칙에 복종할 것을 요구하였다. 위진 사대부 역시 명교의 긍정적 가치를 인정했지만, 명교의 규범과 인간의 진실된 성정 사이에 모순과 괴리가 발생될 때는 명교를 말(末)로 하고, 자연적인 성정을 본(本)으로 삼는 '이무위본(以無爲本)', '숭본식말(崇本息末)' 주장을 제기하곤 했다. 유가의 모든 가치이상과 사상체계는 사회의 윤리강상과 명교의 질서 유지를 기초로 구축되었기 때문에 송대 유학자들은 이런 명교를 폄하하거나 희석시키는 주장을 용인할 수 없었으며, 이는 국가적 기강 부진과 사회적 혼란의 결과를 초래할 수 있다. 그들은 유가의 명교는 본래 궁극적인 초월의 의미를 지니며, 형이상적 도(道)는 명교의 일상적인 생활 속에 존재한다고 강조했다. 여기에서 『논어 · 자장(論語 · 子張)』편 중의 한 구절과 이정과 주희의 주석에 대해 분석하고자 한다.

자유(子游)가 말하길, "자하(子夏)의 학생들이 손님을 접대하기 위해 물을 뿌리고 마당을 쓰는 등 집안을 들락날락 하면서 정성을 보이는 것은 그야말로 가상한 일이 아닐 수 없습니다. 하지만 이러한 것들은 자질구레한 일에 지나지 않습니다. 근본적인 학문은 배우지 못했는데 이래서야 어떻게 되겠습니까? ", 자하(子夏)가 이 말을 듣고 나서, "어허! 언유(言游)의 말이 틀렸습니다. 군자가 학문을 가르침에 있어서 어떤 것들을 먼저 전수하고 어떤 것들은 나중에 전수해야 하는 것은 마치 초목(草木)과 같이 여러 가지 단계로 구분되는 것입니다. 군자의 학문을 어찌 왜곡할 수 있겠습니까? 시작과 끝이 있는 순서대로 점진적으로 학문을 배울 수 있는 사람은 오로지 성인뿐이 아니겠습니까!"라고 말했다.

　　주희(朱熹)가 이정(二程)의 주석을 인용해 다음과 같이 해석했다. "물을 뿌리고 마당을 쓸어 손님을 맞이하는 행동은 곧 형이상의 범주에 속한다. 이치에는 크고 작음의 구분이 없기 때문에 군자는 자기 홀로 있을 때에도 도리에 어긋나는 일을 삼가한다". 또한 "성인의 도(道)에는 정(精)과 조(粗)의 구분이 없다. 물을 뿌리고 마당을 쓸어 손님을 맞이하는 행동과 사물의 가장 심오하고 미묘한 이치를 깊이 연구하여 신묘한 경지에 도달하는 '정의입신(精義入神)'은 서로 관통하는 오직 하나의 이치에 속할 뿐이다. 비록 물을 뿌리고 마당을 쓸어 손님을 맞이하는 행동이지만 그가 이렇게 행동하는 사상의 바탕이 무엇인가를 알아보기만 하면 된다"라고 말했다. 또 "물을 뿌리고 마당을 쓰는 등 손님을 맞이를 위해 애쓰는 것을 통해 성인의 경지에 도달할 수 있는 것이다"라고 말했다.[491]

위진(魏晋)을 비롯한 역대의 유학자들은 자유(子游)와 자하(子夏)의 이 구절을 주석할 때 모두 배우는 데는 순서가 있다는 것에서 물을 뿌리고 마당을 쓸어 손님을 맞이한다는 말(末)과 대도(大道)의 본(本)

---

491) 주희(朱熹): 『자장제19(子張第十九)』, 『유장(儒藏)』 정화편에 기재, 『논어집주(論語集注)』 권10, pp.122-123.

간의 관계를 이해했다. 송대 유학자의 주석 역시 이 구절의 문장에 대한 기본적인 이해의 틀에서 벗어나지 못했다. 그래서 주희(朱熹) 역시 "배우는 자는 단계적이고 점진적으로 배워나가야 하며, 말(末)을 멀리하고 본(本) 을 추구해서는 안 된다"[492]라고 언급했다. 정호(程顥)·정이(程頤)와 주희는 이 대목에서 사람을 가르치는 데는 차례가 있다는 교수법 원칙에 대해 이해했을 뿐만 아니라 더 나아가 형이상과 형이하의 불가분적인 본체론원칙까지도 이해했다. 송대 유학자의 입장에서 보면, 물을 뿌리고 마당을 쓸어 손님을 맞이하는 '쇄소응대(灑掃應對)'는 형이하(形而下)이지만, 쇄소응대의 이(理)는 형이상(形而上)이며, '이(理)'는 대소(大小) 및 정조(精粗)로 구분할 수 없는 형이상적 도(道)이기 때문에 이정(二程)과 주자는 물을 뿌리고 마당을 쓸어 손님을 맞이하는 것은 바로 '형이상적 도(道)'이자 고상한 사람은 일을 함에 있어서 공로를 다투지 않는 '성인지도(聖人之道)'라고 여겼다. 보다시피 위진 명사(名士)는 '자연(自然)'과 '무(無)'를 명교의 궁극적 근거로 삼았고, 송대 유학자는 '이(理)'를 명교의 궁극적 근거로 삼았는데 여기에서 말하는 이(理)는 바로 명교에 존재하고 있는 것, 즉 명교 자체라는 것을 알 수 있다.

송대 이학은 명교를 본위(本位)로 형상지학(形上之學)을 구축했으며, 이는 그들의 『논어』의 인학(仁學)에 대한 해석에서 가장 뚜렷하게

---

492) 주희(朱熹):『자장제19(子張第十九)』,『유장(儒藏)』정화편에 기재,『논어집주(論語集注)』권10, p.123.

구현된다. '인(仁)'이라는 단어는 공자 및 『논어』보다 앞서 등장했지만 공자가 유가 인학(仁學)사상의 창시자라는 것은 확실하다. 『논어』에서 공자는 '인(仁)' 자에 대해 많은 의미를 부여했는데, 그 주요 함의는 명교 질서를 수호하는 도덕적 정서와 도덕적 원칙으로 인륜적 감정 및 일상적인 윤리강상과 관계되는 도덕과 인문적 법칙일 뿐이며 결코 형이상적 또는 우주론적 의미는 담고 있지 않다. 그러나 송대 유학자들이 유가 윤리와 명교를 본위로 삼아 형이상학(形而上學)을 구축함으로써 공자 및 『논어』중의 '인(仁)'을 그들의 철학적 사고 및 학술적 토론의 중점으로 삼았기 때문에 '인(仁)'은 명교와 천도(天道)를 소통시키는 핵심이 되었다. 송대 유학자들은 어떻게 이 점을 이룰 수 있었을까? 송대 유학자들은 항상 체용(體用) 관통의 사유방식으로 인학(仁學)을 사고함으로써 일상생활 중의 인학(仁學)을 형이상적 도(道)로 승화시킬 수 있었다. 송대 유학자들은 공자가 『논어』에서 언급한 인(仁), 예를 들면, "널리 국민에게 이로운 점을 베풀 수 있을 뿐만 아니라, 또한 모두가 잘 생활하도록 도와야 한다", "스스로 자립하는 동시에 다른 사람도 자립할 수 있도록 도와주고, 스스로를 만사형통하게 해야 하는 동시에 다른 사람도 만사형통하게 도와야 한다"과 명교와 연관된 '진륜(盡倫)', '진제(盡制)' 등은 모두 인(仁)의 효용 및 방법이지 인(仁)의 본체는 아니라고 여겼다. 그렇다면 인(仁)의 체(體)는 무엇인가? 이에 대해 송대 유학자들은 다양한 해석을 내놓았다.

정호(程顥)가 말하길, "인간과 천지만물은 밀접하게 연관된 유기적 관계의 총체이다. 어떤 사물을 자기 자신으로 여기거나 혹은 자기 자신의 일부라고 여긴다면 도달하지 못할 곳이 없다. 당신이 만약 그것을 자기의 일부라고 여기지 않는다면 당신과 아무런 상관이 없게 된다. 마치 수족이 마비되고 몸 전체의 기(氣)가 관통하지 않게 된다. 이때에 곧 몸이 자신의 것이 아니라는 생각을 갖게 된다."[493]

사상채(謝上蔡)가 말하길, "천리(天理)는 자연의 이치로서 추호의 꾸며 냄도 없다. 죽은 자를 위해 우는 슬픔은 살아 있는 자에게 보여주기 위함이 아니다. 도덕을 관철하고 품행이 단정하지 않은 사람을 멀리하는 것은 한자리를 도모하기 위함이 아니다. 언어는 반드시 믿음직스러워야 하는 바 이는 다른 사람들에게 나의 행동이 단정하다는 것을 알게 하기 위함이 아니라 천리의 근본이 바로 그러하기 때문이다. 이러한 자연적인 방법이 바로 자연적인 행위인 것이다."[494]

여대림(呂大臨)이 말하길, "인간과 천지는 동고동락의 유기적 관계이다. 이는 천하의 질서이며 인간세상 역시 모두 이러하다. 인간이 물(物)과 한몸이 되지 못하는 중요한 이유는 자기 자신만 알고 사심이 있기 때문이다. 자기 자신만 알고 사심이 있으면 자신과 외물은 대립하게 되는데 그러면 '물아동체(物我同體)', '물아겸체(物我兼體)'에 도달할 수 없게 된다. 그래서 인(仁)을 구하기 위해 공을 들이는 것은 바로 자신과 사심을 없애는 것이고, 자신을 잊고 천리로 돌아가면 '물아겸체(物我兼體)'의 경지에 도달할 수 있다."[495]

호오봉(胡五峰)이 말하길, "천지와 일치할 뿐만 아니라 귀신과 통할 수 있는 것은 무엇입니까? 대답하길, 바로 인(仁)입니다. 인간이 인(仁)을

---

493) 『이정집(二程集)』 상, 『하남정씨유서(河南程氏遺書)』 권2상, 중화서국(中華書局), 1981 년판, p.15.

494) 사상채(謝上蔡): 『상채어록(上蔡語錄)』 권1, 문연각(文淵閣)의 『사고전서(四庫全書)』 제698권에 기재, p.3.

495) 여대임(呂大臨): 『남전려씨유착집교(藍田呂氏遺著輯校)』, 『논어해・안연제12(論語解・顔淵第十二)』, 중화서국(中華書局), 1993 년판, p.454.

이루면 우주의 여러 가지 자연현상의 무심(無心)한 운행의 힘을 빌려 자유자재로 행동할 수 있으며, '육기(六氣, 음(陰)·양(陽)·풍(風)·우(雨)·회(晦)·명(明))의 변화를 파악할 수 있으며, 인간을 도와 노동에 참가하도록 교화함으로써 세상만물을 키우고 하늘과 땅과 더불어 나란히 할 수 있는 여천지삼(與天地参)의 경지에 도달할 수 있게 되는데, 이것이 곧 인의 근본인 '인지도(仁之道)'입니다. '인지도(仁之道)' 하나로 천하의 근본을 꿰뚫을 수 있습니다."496)

주희(朱熹)는 주석에서 이르길, "인(仁)이 말하고자 하는 것은 이(理)로써 상하로 관통되는 것이다. … 자신을 비춰 다른 사람을 미루어 생각하는 것이 인자(仁者)의 마음이다. 이로부터 고찰해 보면 천리(天理)의 유행(流行)은 간극이 없음을 알 수 있다. 인(仁)의 본체를 형용함에 있어서 이것보다 더욱 적절한 것은 없다."497)

이상에서 인용한 송대 유학자들의 인지체(仁之體)에 대한 해석은 비록 그 구체적인 함의는 다르더라도, 천인일체(天人一體)의 경지에서 인지체(仁之體)를 논하거나, 천리(天理)의 운행으로 인지체(仁之體)를 표현하였다. 그러나 그들의 해석은 또 하나의 공통적 특징이 있는데, 그것은 바로 『논어』의 위인지도(爲人之道)의 인(仁) 및 도덕적 감정의 인(仁)을 일종의 천지만물을 관통하는 우주정신 및 세상 만상을 지배하는 보편적인 법칙으로 승화시켰는데, 이른바 천지, 만물, 귀신을 주유하는 형이상의 천도(天道)라는 것이다. 따라서 송대 유학자에 의해 "천지만물은 일체(一體)이다", "우주의 여러 가지 자연현상에 의

---

496) 호굉(胡宏): 『호굉집(胡宏集)』, 『지언·한문(知言·漢文)』, 중화서국(中華書局), 1987
    년판, p.192.
497) 주희(朱熹): 『옹야제6(雍也第六)』, 『유장(儒藏)』 정화편에 기재, 『논어집주(論語集注)』
    권3, pp.38-39.

해 무심하게 운행하면서 스스로 육기(六氣)의 변화를 파악하고, 인간을 도와 노동에 참가하도록 교화하고 세상만물을 키우는 것" 등과 같이 묘사되는 인(仁)이 실현해 낸 효능도 아주 신기하다. 송대 유학자의 인지체(仁之體)는 완전히 형이상적 천도(天道)의 특징 및 영향을 지니고 있어 위진 현학의 '무(無)', '자연(自然)'에 해당한다. 물론 이 모든 것은 '인지체(仁之體)'의 측면에서 말한 것이고, '인지용(仁之用)'의 측면에서 말하자면 '인(仁)'은 여전히 전통적인 종법(宗法) 사회의 명교적 질서 및 일상생활의 윤리강상의 덕행으로서 늘상 세속의 일상적인 생활 및 정치적 효능과 일체되어 분리될 수 없다. 즉 공자가 『논어』에서 거듭 논술한 '널리 은혜를 배풀어 많은 사람을 구제한다', '인덕한 자는 스스로의 성공을 위해 남을 우선적으로 성공하도록 돕는다', '사람을 아끼며', '스스르를 자제하고 모든 일을 예로 귀결시킨다' 등이다.

송대 유학자들은 공자의 인도적 원칙을 천도적 법칙으로 격상시킴으로써 송대 유학자 논어학의 기본적인 특색과 주요한 업적이 되었는데, 이런 점들은 그들의 『논어』 주석에서 수없이 찾아볼 수 있다. 예하면 그들이 『논어·이인(論語·里仁)』편의 "나의 학설은 하나의 근본적인 원칙으로 관통될 수 있다"에 대한 해석 역시 원래는 사람의 처신을 위한 충서지도(忠恕之道)의 '도(道)'를 체용(體用)으로 나누어, 일상생활 중에 "사물을 세심하게 관찰한 후에 행동하는 것"의 도(道)를 '도지용(道之用)'으로 귀결시키고, 도지체(道之體)를 "이일분수(理一分殊)란 사실은 도지체(道之體)를 일(一)로 하고 도지용(道之用)을 수

(殊)로 한 것이다. 즉, 본체지리(本體之理)를 일(一)로 하고, 이(理)는 물(物)의 구체적인 분리를 수(殊)로 삼는 것이다"[498]라고 해석했다. 결론적으로 '물을 뿌리고 마당을 쓸어 손님을 맞이하는' 일상적인 예법규칙, '스스로의 성공을 위해 남을 우선적으로 성공하게 한다'는 충서지도(忠恕之道) 및 '널리 베풀어 많은 사람을 구제하는' 인덕을 갖춘 성인의 공훈 등은 모두 송대 유학자들의 해석을 거치면서 만물을 관통하는 '천지지심(天地之心)', 우주를 지배하는 '천지지리(天地之理)'로 격상되었고, 우리가 생활하는 형이하의 세계를 관통·지배·유행하는 형이상적 천도(天道)로 승화되었다.

3. 하학상달(下學上達)의 공부(工夫)

송·명(宋明)시기 이학은 '본체(本體) - 공부(工夫)'의 상호 규정 및 쌍방향적 해석을 통해 자신의 사상학설 혹은 철학체계를 구축하는 것이다. 이는 중국 고전의 본체학설이 일종의 순수하고 이성적인 지식 고찰에 의해 구축된 추상적 이론이 아니고, 생활실천을 통한 형상적 초월에 의해 체득된 정신적 체험이기 때문이다. 마찬가지로 고대 사대부들의 위학공부(爲學工夫) 역시 일종의 생활적인 기예(技藝)일 뿐만 아니라 형이상적 도(道)에 통달하는 궁극적인 관심사였다. 사실 위진 현학은 두 방면의 특징을 지니고 있다. 한 방면으로, 무형무상의

---

498) 주희(朱熹): 『이인제4(裏仁第四)』, 『유장(儒藏)』 정화편에 기재, 『논어집주(論語集注)』 권2, p.23.

허무한 실체인 '무(無)'를 세계만물의 근원으로 삼는 '이무위본(以無爲本)'은 현학자들이 구축한 우주와 인격에 관한 본체학설로서 천지만물의 존재 및 성인 인격의 근거는 무형(無形)·무상(無象)·무명(無名)의 도체(道體)임을 강조한다. 다른 한 방면으로, '이무위본(以無爲本)'은 또한 현학의 형이상적 본체의 경지로 들어가는 방법이기도 한데, 그들은 성인은 반드시 무집(無執)·무위(無爲)·자연(自然)·충허(沖虛)의 수증(修證) 공부를 거쳐 '무(無)'의 본체적 경지에 도달한다고 여겼다. 이로부터 현학자들이 말하는 '이무위본(以無爲本)' 등 명제학설은 본체론이자 공부론(工夫論)임을 알 수 있다.

이런 점은 송대 이학에서도 아주 명확하게 드러난다. 송대 유학자가 구축한 성인지도(聖人之道)의 근거는 도가의 자연이 아니라 유가의 '명교'이기 때문에 유학자들은 일상생활 속의 수양(修養) 공부를 더욱 강조하면서, 공자가 제기한 하학(下學)으로 상달(上達)에 이르는 수신공부론(修身工夫論)를 고수했다. 『논어』에서는 성인이 되는 하학(下學) 공부에 대해 많이 담론했는데, 송대 유학자들은 이런 하학(下學) 공부를 해석하면서 이것이 바로 상달지도(上達之道)라고 강조했으며, "성인지도(聖人之道)란 한 가지 이치로 모든 일을 꿰뚫는 것인데 현미(顯微)한 것이 없으며 내외(內外)도 없다. 다만 하학(下學)하는 것에 심혈을 기울여 깊고 오묘한 이치를 터득한다면 절묘한 경지인 천도(天道)에 상달(上達)하게 된다. 공자의 언행을 기록한 『논어』는 물을 뿌리고 마당을 쓰는 등 손님을 맞이하기 위해 집안을 들락날락 하는 등의 하학공부(下學功夫)로부터 시작하여 천도(天道)에 상달(上達)하는 성도지학(聖道之學)을 밝히는 것을 취지로 삼는다"499)라는 견해를 강설했다. 송대 유학자들은 유가의 성인지도(聖人之道)가 바로 현미무간(顯微無間)·내외합일(內外合一)·본말일관(本末一貫)이기 때문에 공부론(工夫論)상에서 절대로 현학자처럼 '숭본식말(崇本息末)'이 아니라 일종의 하(下)에서 상(上)에 이르고, 말(末)에서 본(本)에 이르는 수양(修養) 과정이라고 주장했다. 따라서 인정(人情) 및 사리(事理)에 대한 공부를 통해 자연의 법칙을 인식하는 '하학상달(下學上達)'이 송대 유학 공부론(工夫論)의 기본 원칙이 되었다. 송대 유학자들은 『논어』를 해석함에 있어서 모든 유생은 '하학상달(下學上達)'의 원칙을 견지해야 한다고 강조했으며, 이 원칙은 다음의 치지(致知)·함양(涵養) 두 방면에 잘 나타나 있다.

먼저, 송대 유학자의 논어학의 치지공부(致知工夫)를 살펴보기로 한다.

송대 유학자의 본체론은 인도적 윤리강상의 명교를 근거로 하는데, 일상적인 윤리와 명교 질서에 관한 형상적 특징을 논증하기 위해 천지간의 이치는 하나이며 이 이치가 만사만물 속에 구현된다는 '이일분수(理一分殊)'의 이론을 채택해 윤리강상의 명교의 이치(理)가 곧 '분수지리(分殊之理)'이자 '일본지리(一本之理)'임을 설명했다. 따라서 치지(致知)의 공부론(工夫論)을 통해 이를 체현했는데, 송대 유학자는 유생들에게 모든 사물의 이치를 탐구하는 하학(下學) 공부를 통해 지식을 축적하고, 궁극적으로 만사만물의 이치를 파악한 토대 위에서

---

499) 주희(朱熹): 『이락연원록(伊洛淵源錄)』 권9, 문연각(文淵閣)의 『사고전서(四庫全書)』 제448권에 기재, p.19.

'이일(理一)'을 확연히 관철하고 깨닫는 경지에 이를 것을 요구했다. 이는 현학의 '이무위본(以無爲本)'의 공부론(工夫論) 및 '위도일손(爲道日損)'의 방법과는 확연히 다른 것으로, 도가는 항상 지식을 점차적으로 버리고 도(道)의 본체를 감득할 것을 강조했다. 송대 유학자는 이러한 하학(下學)을 포기하고 상달(上達)을 추구하는 공부론(工夫論)을 반대하면서 인정(人情)과 사리(事理)를 배우는 '하학인사(下學人事)'를 통해 나아가 자연의 법칙을 인식하는 '상달천리(上達天理)'를 주장했다. 주희(朱熹)의 『논어혹문(論語或問)』에 다음과 같이 기록되어 있다.

> 인정사리(人情事理)에 대한 학습을 통해 자연법칙을 인식한 사람은 모두 하학(下學)으로 시작하고 나서 천리(天理)에 상달(上達)해야 한다고 말한다. 최근 정자(程子)는 인정사리에 대해 학습하는 것이 바로 자연의 법칙을 인식하는 것이라고 인정했는데 당신은 어떻게 생각합니까? 주자(朱子)가 대답하길, 인정사리에 대해 학습하는 것은 유형적인 형이하학(形而下學)입니다. 사물의 도리(道理)가 바로 자연의 도리이며 형이상(形而上)의 범주에 속합니다. 배운 것은 비록 일이지만 오히려 그중의 도리를 깨달은 것입니다. 이와 같이 이른바 형이하(形而下)로부터 시작하여 형이상(形而上)에 도달하는 것이 곧바로 자연의 법칙을 인식한 것이 아닐까요?[500]

주희(朱熹)는 '하학인사(下學人事)'의 치지(致知) 공부를 통해서만이 진정으로 '상달천리(上達天理)'의 본체를 실현할 수 있다고 여겼다. 또한 이런 '하학인사'의 공부는 반드시 모든 사물의 이치에 대한 치지(致

---

500) 『주자전서(朱子全書)』 제6권, 『논어혹문(論語或問)』 권14, 『헌문제14(憲問第十四)』, p.839.

知)를 통해서만이 완성할 수 있다고 인정했다.

따라서 송대 유학자들이 형이하의 사물에 대한 '하학(下學)'을 매우 중시했던 이유는 유가가 집요하게 추구했던 도덕적 인격 이상 및 명교적 사회의 이상은 모두 일상생활과 밀접해 있고, 유가 경전에도 반영되어 있듯이 이들 모두는 '하학(下學)'의 대상이기 때문이다. 송대 이학은 『논어』및 『대학(大學)』의 '격물치지(格物致知)' 이론에 대한 해석을 통해 일종의 점진적인 학문 탐구의 원칙 및 시식 축석의 지지(致知) 공부를 강조했다. 주희(朱熹)는 『논어 · 자장편(論語 · 子張篇)』의 주석에서, "학문을 추구함에 있어서 순서를 밟아 점진적으로 해야 하고, 말(末)을 버리고 본(本)만을 추구해서는 안 된다. 이와 제1조의 의미는 상호 보완하는 관계이다. 말(末)이 곧 본(本)이라는 것이 아니라 말(末)을 습득하게 되면 본(本)도 같이 배우게 된다는 것이다"501)라고 지적했다. 이로부터 알 수 있다시피 위학(爲學)의 학문 추구에 있어서 '일정한 순서에 따라 점진적으로 해야만이' 비로소 '말(末)'에서 '본(本)'에 이를 수 있고, '하학(下學)'에서 '상달(上達)'에 이를 수 있다는 것이다. 무엇 때문에 반드시 하학(下學)의 점진적인 공부를 거쳐야만 상달(上達)을 실현할 수 있다는 것인가? 주희(朱熹)는 『대학(大學)』 '격물치지(格物致知)'의 원리를 해석하면서 이에 대해 아주 잘 설명했다. 어떤 이가 물었다. "격물(格物)이란 모든 사물에 대해 격물(格物)을 해야 한다는 것입니까? 한 사물에 대한 격물로 모든 도리를 터득할

---

501) 주희(朱熹): 『자장제19(子張第十九)』, 『유장(儒藏)』 정화편에 기재, 『논어집주(論語集注)』 권10, p.123.

수 있습니까?" 주희가 답하기를, "한 사물에 대한 격물로 모든 도리를 터득할 수 있다는 것은 안자(顔子)마저도 그러한 경지에 이르지 못했다. 오늘 한 가지 사물에 대해 격물(格物)을 하고, 내일 또 다른 한 사물에 대해 격물하고, 격물하는 과정에서 끊임없이 쌓아야만이 사물 자체에서 벗어나 그 중의 도리를 관통할 수 있다. … 세상 만물은 모두 나름대로의 이치를 갖고 있지만 그들의 근원은 같은 것이다. 이것이 바로 아무런 구속도 받지 않고 자유롭게 관통하게 되는 이치이다'.[502] 송대 유학자는 한편으로는 말(末)은 본(本)이 아니기에 한 가지 사물을 격물(格物)하는 데만 그치지 말고 꾸준히 격물 속에서 지식을 축적해야 한다는 관점을 견지했으며, 다른 한편으로는 본(本)은 바로 말(末) 중에 있으므로 지식 축적을 통해 아무런 구속도 받지 않고 자유롭게 관통함으로써 궁극적으로 '상달(上達)'의 경지에 이를 수 있다는 관점으로 일관했다.

송대 유학자들은 불가와 도가 및 현학이 '상달(上達)'만을 언급하고 '하학(下學)'을 언급하지 않은 것을 반대하면서도 동시에 많은 유학자들이 '하학(下學)'에 얽매여 '상달(上達)'하지 못하는 것에 대해서도 반대하기도 했으며, 이런 위학(爲學) 공부는 성인지도(聖人之道)에도 부합되지 않는다고 여겼다. 주희(朱熹)는 『논어 · 위령공(論語 · 衛靈公)』 제2장을 해석할 때, 공자와 자공(子貢)이 나눈 "너는 내가 많은 것을 배우고, 배운 지식을 모두 마음에 아로새기는 사람으로 생각하느냐?"

---

502) 『주자전서(朱子全書)』 제6권, 『사서혹문(四書或問)』, 『대학혹문(大學或問)』 하, p.525.

라는 대화를 빌어 이 같은 주장을 설명했는데, 『논어혹문·위령공(論語或問·衛靈公)』에 기록된 주희의 해석은 다음과 같다.

자공(子貢)의 학식은 비록 해박했지만 그는 일사일물(一事一物)의 이치만 보고 깨달았을 뿐 이러한 이치들이 모든 일을 꿰뚫을 수 있으며, 하나로부터 추리하여 다른 것까지 알 수 있는 촉류방통(觸類旁通)은 몰랐다. 만약 그렇다면 수많은 도리가 존재한다는 것은 알지만 그것들을 통일시킬 수 없게 된다. 사람을 대하고 다른 사물과 접촉할 때 반드시 그 중의 이치를 이해하고 깨닫는 것을 시도해야 한다. 만약 그렇지 않다면 세상의 온갖 이치를 통달할 수 없게 된다. … 공자가 이렇게 말한 것은 자공에게 세상에 그렇게 많은 이치가 있음에도 사실 도(道)란 한 가지 이치로 모든 것을 꿰뚫을 수 있다는 이치를 알려주기 위해서이다. 천하의 만물 모두 그러하기 때문에 본질을 파악하면 요약해서 향상할 수 있고 경험을 얻을 수 있으므로 다른 일에 있어서도 유추하여 알 수 있게 된다.503)

자공(子貢)이 일사일물(一事一物) 속에서 폭넓은 지식을 습득한 것은 그의 장점이지만 그가 '천하의 이치는 모든 것을 꿰뚫을 수 있다는 이일관지(以一貫之)의 이치는 체득하지 못했기'에, 즉 '하학(下學)'의 과정을 거쳐 '상달(上達)'의 경지에 이르지 못했기 때문에 성인의 체용합일(體用合一)·현미무간(顯微無間)의 도(道)는 아니라는 것이다.

둘째, 이학의 함양공부(涵養工夫)에 대해 토론해 보고자 한다.

인정사리(人情事理)에 대한 공부를 통해 자연의 법칙을 인식하는 하학상달(下學上達)의 원칙은 치지와 함양의 두 가지 공부(工夫)에 부

---

503) 『주자전서(朱子全書)』 제6권, 『논어혹문(論語或問)』 권15, 『위령공(衛靈公)』제15, pp.846-847.

합되지만 치지(致知)와 함양(涵養)의 차이는 명백하다. 치지(致知)는 외재적인 지식을 습득하기 위한 것이고, 함양(涵養)은 내재적인 정(情)·의(意)를 조절하기 위한 것이다. 치지(致知)는 일종의 지식을 추구하는 인지(認知)활동이고, 함양(涵養)은 일상생활 중의 실천 활동이다. 치지(致知)의 하학상달은 만사의 이치는 일관된다는 인식을 깨달을 것을 요구하고, 함양(涵養)의 하학상달은 곧 자신의 희로애락의 미발(未發)과 이발(已發)에서 내심의 '천하지대본(天下之大本)'을 체증하는 것이다. 함양(涵養) 공부는 송대 유학의 내성지도(內聖之道)와 더욱 밀접하게 연관되어 있어 송대 유학자들로부터 특히 중시되었다.

원래 이학의 공부론(工夫論)은 그 철학적 본체론과 직접적인 연관성을 갖고 있다. 만약에 송대 유학자의 치지론(致知論)의 이론적 예설(豫設)이 물물유리(物物有理)·만리위일(萬理爲一)의 이일분수(理一分殊)이고, 치지(致知)의 궁극적 목표가 "천하의 도리로 모든 것을 꿰뚫을 수 있다는 이치를 아는 것이다"라고 한다면, 이학의 함양론(涵養論)의 이론적 예설(豫設)은 희로애락의 미발(未发)을 성(性)으로 하고 이발(已發)을 정(情)으로 하는 심통성정론(心統性情論)이며, 함양(涵養) 공부의 궁극적 목표는 "일상생활에서 본심(本心)을 빛나게 할 수 있고, 세상의 이치에 따라 자신의 의지와 소망을 의탁하는"[504] 삶의 경지에 도달이다. 이로써 송대 유학자의 함양공부론(涵養工夫論)은 심성론(心性論)과 밀접하게 연관되어 있으며, 또한 하학이상달(下學而上達)을 통해 형이

---

504) 주희(朱熹):『위정제2(爲政第二)』호씨(胡氏) 주(注) 인용,『유장(儒藏)』정화편에 기재,『논어집주(論語集注)』권1, p.7.

상적 성체(性體)에 대해 스스로의 경험으로 깨우쳐 증명하는 체증(體證)을 실현하는 것임을 알 수 있다. 그래서 송대 유학자들은 『논어』의 함양공부론(涵養工夫論)을 해석할 때도 원전(原典)과 그다지 크게 상관 없는 심성론(心性論)과 초월경계론(超越境界論)을 만들어 낸 것이다. 『옹야(雍也)』편에 공자가 "안회(顔回)는 배우기를 즐기고, 남의 노여움을 사지 않고, 같은 잘못을 범하지 않았다"라고 안회를 칭찬한 말이 기록되어 있는데, 이 말은 당연히 덕성 함양의 경지를 말하는 것이지만 송대 유학자의 해석은 여기에 국한되지 않았다. 주희(朱熹)의 『논어집주(論語集注)』에서는 정호(程顥)·정이(程頤)의 해석을 인용하여 다음과 같이 서술했다.

이정(二程)이 말하길, "학습을 통해 어떻게 성인지도(聖人之道)에 도달할 수 있는지를 배우는 것이다", "어떻게 배워야 할까요?" 답하길, "천지에는 정기(精氣)가 깃들여져 있다. 오행수기(五行秀氣)를 얻으면 사람이 된다. 이 본원(本原)은 진실하고 평온하다. 그것이 발작되지 않았을 때에 오성(五性)은 즉 인의예지신(仁義禮智信)을 갖추고 있다. 일단 형체(形體)가 생성되면 외물(外物)이 형체를 자극함으로써 내심(內心)이 발동하게 된다. 내심이 자극에 발동하면 칠정(七情) 즉 희로애구애악욕(喜怒哀懼愛惡慾)을 드러내게 된다. 감정이 뜨거워지면 더욱 방탕해지고 그 본성은 곧 괴팍해진다. 때문에 학사는 자기의 감정을 단속함으로써 감정을 평온하게 유지하고 마음을 바르게 하고 자기의 본성을 수양해야 한다. 하지만 반드시 마음속으로 먼저 어디로 향해 나갈지에 분명히 알고난 다음 실행하고 성취를 위해 노력해야 한다. 안회(顔回)는 예(禮)가 아니면 보지도 듣지도 말하지도 움직이지도 않았으며, 엉뚱한 곳에 화풀이를 하지 않고 잘못을 거듭 범하지도 않았다. 이는 그가 확실히 예를 좋아할 뿐만 아니라 학습방법이 정확했기 때문이다. 그러나 그는 성인에 도달하지 못했다. 그 까닭은 그가 이러한 것들을 견지는 하였지만 자기의 몸에 동화시키지 못했기 때문이다. 만약 그가 수명이 좀더 길었더라면 얼마지나지 않아 동화되는 경지에 이르렀을 것이다."[505]

송대 유학자들에게 있어서 함양 공부의 목표는 바로 '성인의 경지에 도달하는 것'이다. 그렇다면 안회(顔回)를 비롯한 학자들은 왜 성인의 경지에 도달하려는 것일까? 송대 유학자는 이는 사람의 본성(本性)이 천리(天理)에서 비롯되고, 그것이 발작하지 않을 때에는 오성(五性)을 갖추고 있지만, 일단 형체(形體)가 생성되고 외물(外物)이 형체를 자극함으로써 내심(內心)이 발동하기 때문이라고 여겼다. 함양 공부에는 명심(明心)·양성(養性)·성찰(省察)·지양(持養)·거경(居敬) 등이 포함되며, 그 과정은 단지 두 가지 방면에 집중된다. 한 방면은 자신의 형체가 외물(外物)의 자극으로 발동되어 생성된 정(情)과 욕(欲)을 경계, 인도, 자제하는 것이고, 다른 한 방면은 자신의 내면 깊은 곳에 있는 선량한 본성을 발견, 보존, 확장하는 것이다. 송대 유학자들이 거듭 언급한 존양(存養), 성찰(省察), 주경(主敬) 등은 유학자의 '하학(下學)' 인사(人事)의 공부이자 천리(天理)에 '상달(上達)'하는 공부이기도 하다.

이로부터 송대 유학자는 치지(致知) 공부에 하학(下學)·상달(上達) 두 가지 방면이 포함될 뿐만 아니라 함양(涵養) 공부에도 마찬가지로

---

505) 주희(朱熹): 『옹야제6(雍也第六)』, 『유장(儒藏)』 정화편에 기재, 『논어집주(論語集注)』 권3, p.33.

하학(下學)·상달(上達) 두 가지 방면이 포함된다는 것을 인정했음을 알 수 있다. 그들은 한 방면으로는 함양(涵養) 공부는 학자들이 자신의 일상생활에서 자신의 여러 가지 감정과 염려, 보고 듣고 말하고 행동하는 것에 대해 성찰함으로써 기질(氣質)에서 비롯되는 감정적 욕망이 명교질서를 넘어서지 않도록 해야 한다고 강조했다. 다른 한 방면으로, 이러한 함양(涵養) 공부는 학자들로 하여금 자신의 감정현상의 깊은 곳에 있는 천지지성(天地之性)을 빌건하도록 할 수 있으며, 이러한 성(性)이 바로 자아(自我)와 영원한 천리일체(天理 一體)의 증명이라고 거듭 강조했다. 그래서 그들은 『논어』의 곳곳에 존재하는 덕성함양(德性涵養)에 대한 공부를 해석할 때 항상 이러한 일상적인 공부에 형이상의 초월적 의미를 끊임없이 부여했다. 주희(朱熹)는 『태백(泰伯)』편에서 공자가 용모를 정중하게 하고, 안색을 단정하게 하며, 언사와 어투를 신분에 걸맞게 해야 한다는 군자의 함양지도(涵養之道)에 관한 말에 대해서, "비록 도(道)가 어디에나 있다고 말하지만 군자가 중시할 것은 이 세 가지에 지나지 않는다. 이는 모두 수신(修身)의 요령이고 행정의 근본으로서 학문을 추구하는 자들은 응당 늘 자신을 반성하고 관찰하는 것을 잊지 말아야 한다. 다시 말해서 아무리 황급하거나 궁핍하거나 이리저리 떠돌아다니는 상황에 처하더라도 이를 어겨서는 안된다는 것이다"[506]라고 해석했다. 도체(道體)는 어디에나 존재한다는 것은 바로 용모를 장중하게 하고, 안색을 단정하게 하며,

---

506) 주희(朱熹): 『태백제8(泰伯第八)』, 『유장(儒藏)』 정화편에 기재, 『논어집주(論語集注)』 권4, p.49.

언사와 어투를 신분에 걸맞게 해야 한다는 하학(下學) 공부에 형이상적 상달(上達)의 의미를 부여한 것이다. 또 다른 예로, 주희는 공자의 인(仁)을 근거로 해야 한다는 '의우인(依于仁)'의 덕성 공부를 주석할 때도 역시 천리(天理)의 궁극적 의미로 설명하였다. "의(依)는 바로 거스르지 않는다는 뜻이다. 인(仁)은 바로 이기심을 없애고 도덕심을 갖추는 것이다. 노력을 들이면 언제이건 인(仁)을 거스르지 않게 되고, 본심을 보존하여 바른 성정을 기르는 존심양성(存心養性)의 경지에 이를 수 있다. 천지의 어느 곳에 가든 항상 마음 속으로 천리(天理)를 참구하고 도(道)를 따라 행동해야 한다"[507]라고 해석했다. 이러한 일상생활에서의 욕망을 버리고 본심을 지키는 함양(涵養) 공부는 내적인 마음의 덕(德)을 온전히 실현하기 위해서일뿐만 아니라 더욱이 '천리(天理)를 탐구하고 도(道)를 따라 자기의 행동 방향표로 나아감'을 완성하는 것에 있다는 견해이다.

제4절 현학 및 이학 논어학의 학술적 논리 고찰

위진(魏晉), 양송(兩宋) 시기에 논어학은 두 차례 절정기를 맞이했는데, 이 두 절정기의 배후에는 현학 및 이학 양대 학술사조와 사상형태가 있었다. 원래 현학과 이학은 중국 고대의 서로 다른 유형의 학술사

---

507) 주희(朱熹): 『술이제7(述而第七)』, 『유장(儒藏)』 정화편에 기재, 『논어집주(論語集注)』 권4, p.41.

조 및 사상형태로서 현학은 이도위본(以道爲本)을 전제로 유가와 도가의 회통을 주장해 당대 학자들로부터 '신(新)도가'라고 불리웠고, 이학은 유학(儒學)으로 회귀하여 유가 도통(道統)의 주체적 위상을 재정립한 토대 위에 도가와 불가를 통합할 것을 요구함으로써 현대 학계에서 '신(新)유가'로 불린다. 그러나 현학자와 이학자 모두 전통적 경학(經學)의 주소(注疏) 풍조에 불만을 품고 각자 자신들의 새롭고 참신한 사상과 독창적인 학술로 『논어』를 새해석 및 창의적으로 설명함으로써 그들은 논어학의 사상적 함의를 부단히 확장하는 과정에서 새로운 발전을 이룩했을 뿐만 아니라, 더욱 돋보이는 것은 이 두 사조의 논어학은 정신적 기질, 사상적 관념, 학술적 방법 등 면에서 깊은 연관을 보이고, 시기적으로 선후 계승되는 내재적 사유논리를 나타내고 있어 깊이 사고해 볼 가치가 있다. 그렇다면 이 두 가지 논어학의 연관성은 어떻게 성립된 것인가? 이들의 내재적 사유논리는 어떤 방면에서 나타나는가?

1. 본체론적 해석방법의 일치

역대 사대부들의 심중에서 『논어』는 모두 공자의 언행에 관한 원본 기록으로, 그들이 『논어』를 읽고 해석하는 의미는 아주 명확한데 그 것은 바로 공자의 도(道)에 대한 학습과 탐구를 통해 이를 자신의 삶의 목표와 본보기의 귀감으로 삼는 동시에 사회 전체가 숭배하는 대상과 정신적 의지처로 삼았다. 그러나 현학과 이학의 학술적 이념 차이가 엄연히 다르기 때문에 그들이 주석한 논어학에도 역시 큰 차이가 존재한다. 현학자는 자연이 명교의 근본이고 성인의 최고 정신경지가 바로 자연이라고 주장하는 반면, 이학자는 명교의 존속을 삶의 궁극적인 목적으로 삼고 성인은 항상 명교질서 속에서 최고의 삶의 경지에 도달한다고 주장했다. 따라서 현학자들은 성인지도(聖人之道)는 이무위본(以無爲本)이고, 성인은 항상 '무위(無爲)', '무집(無執)', '무루(無累)', '무언(無言)'의 정신적 경지를 추구하고 또한 그러한 경지에 도달할 수 있기를 소망했으며, 이와 관련해서 현학자들은 성인의 사물의 신묘(神妙)를 깊이 파헤치고, 사물의 심오함과 은미함을 탐구하고 연구하는 궁신연기(窮神研幾)가 바로 무집(無執)·무위(無爲)의 자연적 과정이기에 인위적인 하학(下學) 공부는 필요 없다고 여겼다. 반면 이학자들은 성인지도(聖人之道)는 실제적으로 존재하는 천리(天理)를 근본으로 하고, 성인의 정신적 경지는 객관적이고 진실한 '천리(天理)의 유행(流行)'이라는 관점을 주장했다. 또한 이학자들은 '성현기상(聖賢氣象)'은 학자들이 끊임없이 사물의 이치를 탐구하고 심성(心性)을 함양한 결과라고 여겼으며, 오로지 하학(下學) 공부를 통해서만이 초월적인 경지에 도달할 수 있다고 주장했다. 그러나 중국 고대 사상사에는 현학과 이학의 내성지도(內聖之道)가 교대로 등장했고, 그 사이에 존재하고 표현된 공통된 사상논리와 학술이론은 상술한 사상학술적인 차이에 의해 가려지는 것이 아니라 오히려 현학과 이학은 『논어』해석 방면에서 전후로 승계되는 역사적 맥락과 학술적 논리를 뚜렷이 보여준다.

중국 고대 논어학의 양대 학술적 정점인 현학과 이학이 해석한 『논어』는 모두 학술사상의 목표를 내성지도(內聖之道)의 구축에 초점을 맞추고 있다. 공자와 『논어』에 대한 재해석을 통해 구축한 내성지도(內聖之道)가 사대부의 안신입명(安身立命)의 정신적 욕구를 충족시키고, 전통사회의 주류 이념이 되기를 기대했다. 이러한 성인지도(聖人之道) 구축의 목적 달성을 위해 그들은 모두 논어학의 해석방법으로 경전을 의리론적으로 해석하는 주소(注疏)의 방법을 채택했다. 즉 한대(漢代) 경학(經學)자들의 장구훈고(章句訓詁)를 취합한 바탕 위에서 『논어』의 잠재적이고 은연하여 드러나지 않는 의리(義理)를 창의적으로 해석함으로써 성인지도(聖人之道)를 초월적인 형상의 도(道)로 향상시켰다.

그러나 현학 및 이학은 『논어』에서 공자가 말한 개개인의 다른 성질에 따라 다르게 설교해야 한다는 실제기록에서 형상적 의미의 성인지도(聖人之道)를 밝혀 내길 희망했으며, 그들이 의존한 사고방식과 학술방법은 동일한 것으로 즉 '용(用)'에서 '체(體)'에 이르는 본체론적 해석방법이다. 원래 『논어』는 공자가 '평소에 개개인의 서로 다른 성질에 따라 다르게 설교를 하고 통일된 기준은 없었다'는데, 어떻게 "성인은 세상만사에 대응하고 복잡번다한 사물에 직면함에 있어서 자신의 느낌에 따라 대처한다"[508]라는 말에서 성인의 숭고한 정신적 경지 및 심오하고 미묘한 형상적 본체를 깨달을 수 있을까? 물론

---

508) 황간(皇侃): 『논어의소자서(論語義疏自序)』, 『유장(儒藏)』 정화편에 기재, 『논어의소(論語義疏)』 권1, p.9.

현학자들은 『논어』등 유가경전을 해석할 때 '용(用)으로 체(體)를 나타내는 데 치중하면서 줄곧 공자의 명교에 관한 사상을 '체무(體無)'의 수준으로 끌어올렸다'.509) 마찬가지로 이학자들의 『논어』주석에서도 이러한 용(用)으로 체(體)를 나타내는 방법을 채택하여 인륜(人倫)으로 천리(天理)를 나타내는 데 중점을 두고 공자의 인의도덕(仁義道德)을 형이상적 천도(天道)로 격상시켰다. 이렇게 현학과 이학이 해석한 성인지도(聖人之道)는 형상적 의미를 띠게 되었다.

『자한(子罕)』편에는 공자가 사상적 방법론을 자술한 구절이 적혀 있는데, 황간(皇侃)과 주희(朱熹)의 주석에서는 모두 이를 성인지도(聖人之道)를 이해하는 본체적 해석방법으로 승화시켰다. 그 내용을 아래와 같이 인용한다.

> 공자가 말하길, "나에게 지식이 있는가? 지식이 없다. 어떤 저속한 사람이 나에게 질문을 던졌지만 나는 그가 말한 질문에 대해 전혀 아는 바가 없었다. 나는 그가 제기한 문제의 앞뒤 양측면을 탐구하고 나서 내가 아는 바를 모두 동원해 그에게 도움을 주었다."
> 황간(皇侃)의 주석: 성인은 도리의 체득을 추구하는 것을 준칙으로 삼지만 문제를 연구하고 처리하는 지식을 갖추지 못했기 때문에 먼저 자기의 제자에게 "나에게 지식이 있는가?"라고 물은 것이다. … 무협(繆協)은 해석하길, "사물의 명칭은 그것의 흔적에 의해 생기게 된다. 때문에 지식은 사물 중에서 드러난다. 아무 것도 없는데 어디에서 지식이 오겠는가? 오직 무(無)만이 여러가지 문제를 처리할 수 있다. 설사 저속한 사람

---

509) 어돈강(余敦康): 『위진현학사(魏晋玄學史)』 제7장, 『왕필의「논어」석의(王弼的「論語」釋疑)』, 북경대학출판사(北京大學出版社), 2004년판, p.267.

이 나에게 질문을 던진다 해도 나는 기필코 사물의 본말(本末)을 철저하게 파헤치는 것으로 그에게 답을 줄 것이다."510)

　　주희(朱熹)의 주석: 양단(兩端)은 양끝을 의미하는데, 시종(始終)·본말(本末), 상하(上下)·정조(精粗) 등을 비롯해서 모든 것이 포함된다. 이정(二程)이 말하길, "성인은 다른 사람을 가르칠 때 이렇듯 굽히면서도 다른 사람들이 높고 심원하여 가까이하지 않을까 두려워했다. 성인지도(聖人之道)란 바로 반드시 자기를 한껏 낮추는 것이다. 그렇지 않다면 사람들은 가까이 다가서지 않을 것이다. 현인의 말은 반드시 높고 심원한 곳으로 뻗어나가야 한다. 그렇지 않다면 도(道)의 숭고함을 드러낼 수 없다. 공자와 맹자도 그것을 모르는 바가 아니다". 윤돈(尹焞)의 해석: "성인의 말은 상하(上下) 모두를 철저하게 밝혀 낸다. 알기 쉽게 말하면 모든 사람이 다 이해할 수 있다. 설사 성인일지라도 한마디도 더 보탤 수 없었다. 이것을 두고 양단(兩端)이라고 한다. …"511)

　　공자의 "문제의 앞뒤 양단을 모두 탐구해야 한다"는 설법은 자신이 어떤 구체적인 문제의 양단에서 어떤 합당한 중용(中庸)적 방법론을 찾을 수 있다는 설명일 것이다. 그러나 황간(皇侃), 주희(朱熹)의 주소(注疏)는 모두 상황에 따라 적절한 방법을 취한다는 집양용중(執兩用中)의 방법론을 본체론으로 발전시킴으로써 말(末)에서 본(本)에 이르고, 현(顯)에서 미(微)에 이르며, 유(有)에서 무(無)에 이르는 형상적 본체를 탐구하는 사유방식을 도출해 냈다. 사실상 현학 및 이학의 내성지도(內聖之道)와 그 사상체계는 모두 이러한 유무합일(有無合

---

510) 황간(皇侃):『자한제9(子罕第九)』,『유장(儒藏)』정화편에 기재,『논어의소(論語義疏)』권5, p.151.

511) 주희(朱熹):『자한제9(子罕第九)』,『유장(儒藏)』정화편에 기재,『논어집주(論語集注)』권5, p.55.

一)·본말일치(本末一致)·현미무간(顯微無間)의 철학적 해석방법을 통해 세워진 것이다.

현학 및 이학이 『논어』를 해석할 때 취한 것이 바로 이러한 용(用)에서 체(體)에 이르는 본체론적 해석방법이다. 비록 공자가 거론한 것은 구체적 상황의 용(用)이며 본체에 대해서는 언급하지 않았다. 그러나 현학자와 이학자들은 『논어』를 해석함에 있어 항상 활용 가능한 모든 사상적 자원을 최대한 활용하여 본체론적 해석을 했다. 예하면 왕필(王弼)이 『양화(陽貨)』에서 공자가 "나는 아무 말도 할 생각이 없다"라고 한 말에 주석을 달 때에 채택한 것이 바로 본체론적 해석방법이다. "공자는 '나는 아무 말도 할 생각이 없다'라는 무언의 체득으로 근본에 대해 설명하려 했다. 근본을 체득한다는 것은 즉 '무(無)'라는 강(綱)으로 말절(末節)을 합일시키면 구체적 문제를 적절하게 처리할 수 있다".512) 현학자들이 생각하기에 성인의 '무언(無言)'의 표상(表象)은 매우 깊은 형이상적 의미를 담고 있기에 해석자들은 반드시 이 본체적 의미를 설명해 내야 한다고 여겼다. 그래서 왕필(王弼)은 성인의 '무언(無言)'은 '명본(明本)' 및 '거본통말(擧本統末)'을 위한 것이라고 여겼는데, '무언(無言)'은 제자들에게 형이상적 본체는 일상용어로는 표현될 수 없는 것이기에 오로지 성인의 수많은 언행적 현상에서 무형무상(無形無象)의 본체를 깨달을 수 밖에 없음을 암시하기 위

---

512) 황간(皇侃): 『양화제17(陽貨第十七)』, 『유장(儒藏)』 정화편에 기재, 『논어집주(論語集注)』 권9, p.318.

한 것이기 때문이다. 이학자 주희(朱熹)는 공자의 '나는 아무 말도 할 생각이 없다'는 이 말을 설명하면서 용(用)에서 체(體)에 이르는 본체적 해석방법을 계승하여 이 말은 체용일원(體用一源)·본말일치(本末一致)라고 강조하고, 성인지도(聖人之道)는 성인의 일상적인 어묵동정(語默動靜)의 본체적 존재라고 인정하면서 학자들은 구체적인 사회현상 속에서 '천리유행(天理流行)의 실상'을 깨닫고 명확히 관찰해 밝혀낼 것을 요구했다. 주희는 공사의 무언(無言)에 대해 다음과 같이 주석했다. "구학자들은 대부분 언어에 근거하여 성인을 관찰하기 때문에 천리(天理)가 유행하는 그러한 사실들을 고찰할 수 없다. 어떤 것들은 말하지 않아도 아주 뚜렷하다. … 성인의 일언일행(一言一行) 어느 것 하나 묘도(妙道)와 정의(精義)에서 발현되지 않은 것이 없다. 또한 하늘과도 같은 것이다. 꼭 말을 해야만이 비로서 드러나는 것이겠는가?"513) 이학자들은 『논어』를 해석할 때 현학자들의 말(末)에서 본(本)에 이르고, 용(用)에서 체(體)에 이르며, 유(有)로부터 무(無)에 이르는 본체론적 해석방법을 계승하여 성인의 일어일묵(一語一默)·일동일정(一動一靜)·일언일행(一言一行)에서 묘도(妙道)와 정의(精義)를 체득하려고 노력하고, 이로부터 '천리유행(天理流行)'의 사상체계를 구축했다.

---

513) 주희(朱熹): 『양화제17(陽貨第十七)』, 『유장(儒藏)』 정화편에 기재, 『논어의소(論語義疏)』 권9, p.114.

2. 정신적 경지의 상통

현학·이학의 논어학의 학술적 논리는 원래 상통성이 존재했는데, 즉 그들의 사상적 취지는 성인지도(聖人之道)를 구축하여 이를 사대부가 추구하는 이상적인 삶과 숭고한 정신의 본보기로 삼는 데 있다. 그래서 성인지도(聖人之道)는 일종의 인격적 이상이자 정신적 경지이기도 하다. 그렇다면 이 성인지도(聖人之道)의 사상적 함의는 무엇인가? 현학과 이학은 이 방면에서 또한 상통하는 내재적 연관성을 보인다.

현학과 이학은 모두 『논어』의 성인지도(聖人之道)를 해석할 때 명교와 예악(禮樂)을 기반으로 했다. 사실 현학자들의 실제적 신분은 무엇보다도 유가 사대부(士大夫)로서 가문의 학문적 배경으로나 사회적 역할로 보나 모두 유가 명교를 자신 삶의 행로 및 사상 학술적 출발점으로 삼아야 했다. 공자는 외재적 예악은 반드시 사람의 내면의 감정과 부합해야 함을 애써 창도했고, 예악과 인생의 일치를 추구했다. 현학의 명교에 대한 긍정 역시 공자의 이러한 사상을 인정하는 것에서 출발했는데, 예악과 명교는 원래 유가 사대부의 사상적 전제 및 행위의 기초였다. 왕필(王弼)은 『양화(陽貨)』편의 주석에서 공자의 예악사상을 다음과 같이 설명했다. "예(禮)는 경(敬)을 주체로 해야 하며, 옥과 비단은 다만 경(敬)을 표시하는 데 사용하는 것이다. 악(樂)의 주체는 화(和)이며, 종고(鐘鼓)는 다만 악(樂)을 표현하는 도구에 지나지 않는다. 당시의 소위 예악(禮樂)은 예물을 중히 여기고 존경을 등한시하였다. 종고의 음악을 연주하면서도 『아(雅)』와 『송(頌)』을 연주하지 않음으로 그 뜻을 바로잡는 것이다".514) 이학은 일종의 새로운 유학 형태로서 원래는 유가 윤리를 부흥시키고, 유가 명교를 진흥하여 중국 사상문화사에 등장했다. 이학자들은 유가의 윤리강상 유지에 힘썼고, 유가 명교를 몸소 행하고, 유가 법도 추앙을 자신의 삶의 행로 및 사상학문 구축의 출발점으로 삼았다. 이학자들이 내세운 '천리(天理)'가 사회 현실과 삶의 행로에 구체적으로 정착된 것이 바로 인의예지신(仁義禮智信)의 일상적 윤리이다. 이로부터 현학 및 이학을 막론하고 그들이 추구한 성인지도(聖人之道)가 궁극적으로 아무리 현묘하고 심오할지라도 그 출발점은 모두 전통적인 종법사회의 윤리도덕과 명교질서를 벗어날 수 없다는 것을 알 수 있다.

사회질서와 개인의 자유 사이에는 항상 모순이 존재하는데, 어떻게 이 양자의 긴장관계를 해소할 것인가 하는 것이 각종 사상학설의 영원한 주제인 것 같다. 현학과 이학은 모두 정신적 경지의 승화로 이러한 모순을 해결하기를 희망했는데, 이상적 인격의 성인으로서 이 양자의 긴장관계를 완화시키고, 사회질서 및 개인의 자유 사이에서 공자가 언급한 "자기의 뜻대로 하되 규범을 벗어나지 않는다"라는 경지에 도달하는 고도의 조화롭고 일치된 정신적 상태를 말한다. 비록 현학과 이학은 각자 서로 다른 학술자원과 언어로 성인지도(聖人之道)를 서술했으나 실제적으로 지향하는 것은 모두 이러한 이상적인

---

514) 황간(皇侃): 『양화제17(陽貨第十七)』, 『유장(儒藏)』 정화편에 기재, 『논어의소(論語義疏)』권9, p.314.

인격이 도달하는 조화롭고 일치된 정신적 경지이다.

　현학은 유가와 도가의 회통을 통해 유가의 명교질서를 지키는 동시에 도가적 관점의 개인의 정신적 자유를 유지할 수 있기를 바랬다. 현학자들은 『논어』를 해석할 때 무엇보다도 유가 명교질서의 합리성과 필요성을 충분히 긍정했다. 그러나 그들 역시 도가는 개인의 정신적 자유를 그 학문적 취지로 삼고, 도가의 '도(道)', '무(無)', '자연(自然)', '지락(至樂)' 등 일련의 핵심개념은 모두 개인의 정신적 자유에 대한 추구를 표현한다는 것을 알고 있었다. 그래서 현학자는 『논어』에 대한 해석을 통해 성인의 이상을 구축함에 있어서 유가와 도가의 회통을 통해 이러한 중요한 자원을 성공적으로 활용했다. 예를 들어, 현학자들은 무(무명(無名)·무위(無爲)·무집(無執)·무형(無形)) 및 자연의 사상으로 '성인'의 지고하게 자유로운 정신적 경지를 해석했다. 현학자들은 성인의 덕(德)은 항상 '무형무명(無形無名)'하며 그 정신적 경지는 일종의 '칙천성화(則天成化)·도동자연(道同自然)'의 자연스러운 본진의 상태라고 여겼다. 그러므로 성인이 천하를 다스리는 것은 비록 '무위(無爲)' 하나, 오히려 소위 "흉악한 자는 저절로 자신을 징벌하게 되고, 선량한 자는 저절로 공덕을 쌓게 되며, 성과가 있어도 그 영예를 내세우지 않으며, 징벌을 하면서도 형벌을 가중시키지 않는 것이 백성들이 날마다 사용하는 도리이지만 그 중의 연유에 대해서는 깨닫지 못하는 것이다"[515]라는 유가의 이상적 상황과 공리적

---

515) 황간(皇侃): 『태백제8(泰伯第八)』, 『유장(儒藏)』정화편에 기재, 『논어의소(論語義疏)』 권4, p.141.

목적을 달성할 수 있다. 현학자들은 성인은 도가에서 말하는 '자연(自然)', '무위(無爲)', '성화(成化)'의 정신적 경지에 도달하는 것이라고 긍정했는데, 즉 성인의 인격과 그가 처한 외부환경이 고도의 조화로움을 이루어 이미 자아와 타인, 내적과 외적, 명교와 자연 사이의 내재적 긴장감이 없기에 성인의 내심은 화목하고 아름다운 즐거움으로 가득 차 있음을 말한다. 현학자들의 『논어』주석에서 성인지도(聖人之道)에 대한 서술은 이디에시나 읽을 수 있다. "성인은 도리를 주구하고 인지하는 것을 준칙으로 삼으면서도 문제를 연구하고 다루는 지식은 없었다."516), "사물의 명칭은 그 흔적을 근거로 생성되는 것이기에 지식은 사물에서 드러나는 것이다. 아무 것도 없는데 지식이 어디서 나왔단 말인가?"517), "성인은 미묘하고 심원하며 임기응변에 능하고 심오하여 헤아리기 어렵다. 세상사를 접하면서 준칙을 이해하는 사람이 어찌 물체를 통해 인도하지 않겠는가?"518) 이러한 묘사는 모두 내재과 외재, 자아와 사회, 자연과 명교의 고도로 조화로운 경지를 표현하고 싶어하는 서술들이다. 성인은 비록 '접세궤물(接世軌物)'을 통해 명교의 윤리강상에 관여하지만 정신적 차원에서는 '무위(無爲)', '무명(無名)', '무집(無執)'의 자유의 경지, 즉 '무(無)'의 경지에 도달해

---

516) 황간(皇侃): 『자한제9(子罕第九)』, 『유장(儒藏)』 정화편에 기재, 『논어의소(論語義疏)』 권5, p.151.

517) 황간(皇侃): 『자한제9(子罕第九)』, 『유장(儒藏)』 정화편에 기재, 『논어의소(論語義疏)』 권5, p.151.

518) 황간(皇侃): 『위정제2(爲政第二)』, 『유장(儒藏)』 정화편에 기재, 『논어의소(論語義疏)』 권1, p.22.

있다는 것이다.

　마찬가지로 이학자들이 성인지도(聖人之道)를 추구할 때 지향하고 표현하는 정신적 경지는 현학자들과 매우 일치한다. 이학자들은 현학의 유가와 도가의 회통방식을 계승했고, 도가의 사상개념 혹은 도가화된 불학(佛學)을 그대로 사용해『논어』를 해석하기도 했다. 물론 이학자들은 흔히『중용(中庸)』·『맹자(孟子)』·『주역(周易)』의 개념적인 언어로『논어』를 해석하는 경우가 많았으나 그 사상적 함의는 여전히 도가 또는 현학을 겸용했다. 이러한 상황은 이학이 구축한 성인의 인격과 그 사상적 경지를 현학자들이 묘사한 것과 매우 유사하게 만들었다. 원래 도가의『노자(老子)』·『장자(莊子)』등 저서에서는 성인의 도(道)의 초월적 경지에 대한 추구에 치중했는데 이는 유가학자들이 공리적 경지와 도덕적 경지를 중시한 것과는 다르다. 현학이 도가의 정신적 경지로『논어』의 성인지도(聖人之道)를 보완함으로써 유학의 경지에 관한 학설을 더욱 풍부하게 더 높은 단계로 끌어올린 것은 확실하다. 이학자들은 모두 도가의 사상 학문적 우위성을 인정하지 않을 수 없었다. 정호(程顥)와 정이(程頤), 주돈이(周敦頤) 등 이학의 대가들도 "장자(莊子)가 묘사한 도체지론(道體之論)은 독창적인 면이 있다. 노자(老子)의『곡신불사(谷神不死)』라는 문장의 묘사는 정말 훌륭하다"[519], "장자(莊子)는 그가 어떤 도의(道義)를 전수하는지는 몰랐지만 도체지론(道體之論)은 자연스럽게 이해가 된다"[520]

---

519) 『이정집(二程集)』 상, 『하남정씨유서(河南程氏遺書)』 권3, p.64.
520) 『주자전서(朱子全書)』 제14권, 『주자어류(朱子語類)』 권16, p.565.

라고 언급했다. 이학자들은 장자(莊子)의 '도체(道體)를 묘사한 말'을 감상했을 뿐만 아니라 장자의 '저절로 도체(道體)에 대한 이해'를 지향해 현실을 초월한 정신적 경지에 도달을 더욱 동경했다고 봐야 할 것이다. 그래서 일부 이학자들 역시 때로는 도가의 사상을 운용해 『논어』를 해석해 현학과 일치하는 인격적 이상과 정신적 경지를 표현했다. 북송(北宋)의 주돈이(周敦頤)·장재(張載)·정호(程顥)·정이(程頤)·소옹(邵雍) 등 다섯 사람의 힉문은 도가의 사상과 학설을 대량으로 받아들였다. 주돈이(周敦頤)는 『태극도설(太極圖說)』을 저술해 '무극(無極)'을 우주 본체로 삼고, 개인의 사욕을 없애야 만이 마음에 안착할 수 있다는 '무욕고정(無慾故靜)'을 인생의 경지로 삼아 이학의 사상과 이론의 기초를 마련했지만, 사실 '무극(無極)'의 본체와 '주정(主靜)'의 경지에 대한 용어와 그 사상은 모두 도가에서 유래한 것이다. 그래서 그가 항상 언급했던 '공자와 안회의 소락지처(所樂之處)'는 바로 『논어』에서 공자와 안회가 체현한 숭고한 도덕적 경지일 뿐만 아니라 도가의 '무(無)'를 흡수한 정신적 경지이다. 주돈이는 이정(二程) 형제에게 도학사상(道學思想)을 전수할 때 항상 그들에게 '공안낙처(孔顏樂處), 인하소악(因何所樂)'을 감득할 것을 요구했는데 이는 이정(二程) 형제의 사상에 큰 영향을 미쳤다. 정호(程顥)는 성인의 도(道) 및 그 정신적 경지를 논술하면서 "천지(天地)가 항상 변함없이 존재하는 것은 천지가 광대한 덕(德)으로 만물지심(万物之心)을 자기의 마음으로 가지며 사심이 없기 때문이다. 성인이 항상 변하지 않는 것은 성인이 만물지정(万物之情)을 자신의 정(情)으로 여기는 것에 순종하고 망각자아(忘却自我)에 도달하여 사사로운 정에 얽매이지 않기 때문이다"521)라는 관점을 제기했다. 여기에서 말한 '무심(無心)', '무정(無情)'의 정신적 경지에는 도가의 『장자(莊子)』와 현학 사상이 융합된 것이 분명하다. 정이(程頤)는 '안자지학(顔子之學)'을 주석하면서 "깨달음을 이룬 사람은 자기의 감정을 억제하여 중도(中道)에 부합하게 하며, 자기의 내심을 바로잡고 자기의 본성(本性)을 유지하기 때문에 성기정(性其情)이라고 일컫는다. 즉 본성을 통제하여 감정을 이끌어 나간다"522)라는 관점을 제기했다. 이 말은 현학자 왕필(王弼)이 언급한 성인지도(聖人之道)를 계승한 것이 분명하다. 이런 사상은 훗날의 이학자 및 그들의 『논어』에 대한 주석에 영향을 주었는데, 주희(朱熹)의 『논어집주(論語集注)』에서는 정이(程頤)의 말을 인용하고 있다. 이정(二程)의 제자 사양좌(謝良佐)는 『논어』를 주석할 때 공안지락(孔顔之樂)에 대한 서술에 직접적으로 도가의 노장(老莊) 사상 및 개념을 그대로 흡취했으며, 『옹야(雍也)』편의 "안회(顔回)는 현덕(賢德)을 갖춘 사람이로다"라는 말을 "안회는 물질을 중요시하지 않았기에 물욕이 없었다. 다시 말해 자신의 욕망을 충족시키지 못하는 물질이 없는 것이 바로 천하에서 가장 즐거운 일인 것이다"523)라고 설명했다. 『술이(述而)』편의 "잡곡을 먹고 냉수를 마신다"의 관련 단락에 대해 설명하면서 "그렇다면 공자는 아마 즐거울 일이 없었을 것이고, 즐거

521) 정호(程顥): 『이정집(二程集)』 상, 『답횡거장자후선생서(答橫渠張子厚先生書)』, p.460.
522) 정호(程顥): 『이정집(二程集)』 상, 『안자소호하학론(顔子所好何學論)』, p.577.
523) 『주자전서(朱子全書)』 제7권, 『논어정의(論語精義)』 권3하, p.215.

울 일이 없다는 것이 세상에서 가장 즐거운 일이다"524)라고 말했다. 사양좌(謝良佐)가 위에서 언급한 "마음은 물질을 중요시하지 않는다", "즐거울 일이 없다", "세상에서 가장 즐거운 일" 등의 언어와 사상은 주로 도가에서 나온 것으로 특히『장자(莊子)』와 아주 접근해 있다. 종합하자면, 북송(北宋) 이학자들이『논어』해석을 통해 서술한 성인지도(聖人之道)의 경지는 위진(魏晋) 현학자들과 매우 근접하며, 이는 모두 도가 또는 현학을 종합히여 유가 명교에 승화시킨 일종의 '무위(無爲)', '자연(自然)', '지락(至樂)'의 초월적인 경지임이 분명하다.

물론 이학은 현학과는 다르다. 현학자가 직접적으로 도가학설을 계승·선양하고 유가와 도가를 통합했던 것과는 달리 이학자는 공자와 맹자를 지도자로 삼고 유학을 존숭하는 취지하에서 거리낌 없이 함부로 도가학설을 운용할 수가 없었다. 주희(朱熹)는 이학 내부를 비평한 적이 있었으며, 예하면 사량좌(謝良佐)의『논어』주석에 대해 "노자(老子)와 불교에 접근하는 범주에 속한다"525)라고 지적했다. 하지만 이학자들은 여전히 도가가 추앙한 초자연적인 성인의 경지를 몹시 흠모했으며, 성인 경지의 숭고함, 초연함과 신기함을 표현하고 싶을 때에 역시 도가사상을 활용하기도 했다. 예를 들면, 주희(朱熹)는『위정(爲政)』편 제1장의 '도덕적 교화로 정사를 다스리면 마치 북극성처럼 스스로 일정한 위치에 자리 잡고, 뭇별들이 그 주위를 에워싸고 돈다'를 주석할 때 다음과 같이 설명했다.

---

524)『주자전서(朱子全書)』제7권,『논어정의(論語精義)』권4상, p.262.
525)『주자전서(朱子全書)』제6권,『논어혹문(論語或問)』권6, p.724.

덕으로 나라를 다스리면 무위(無爲)로도 천하의 백성들이 집심으로 그를 따르게 되는데 그것의 상징이 바로 이러한 것이다. 정자(程子)는 "덕으로 나라를 다스리면 무위(無爲)를 달성하게 된다"라고 말했다. 범조우(范祖禹)는 "덕으로 나라를 다스리면 굳이 행동하지 않고서도 사람들을 감화시킬 수 있으며, 굳이 말하지 않고서도 사람들의 신임을 얻을 수 있는데, 이로써 무위(無爲)하면 성공할 수 있게 된다. 주장하는 것이 아주 적으면서도 매우 많은 것을 지배할 수 있으며, 지극히 고요한 경지에 처해서도 모든 운동을 통제할 수 있으며, 일에 관여함이 매우 적으면서도 많은 사람들의 마음을 설득시킬 수 있는 것이다"라고 말했다.[526]

주희(朱熹)는 "무위(無爲)로 천하의 사람들이 모두 그를 따르게 된다"는 말로 성인의 '위정이덕(爲政以德)'의 숭고한 경지를 서술했을 뿐만 아니라, 또한 범조우(范祖禹)의 성인지도(聖人之道)에 관한 "굳이 외부의 힘에 의존하지 않고서도 자연스럽게 백성을 교화할 수 있으며, 굳이 말을 하지 않고서도 사람들의 신임을 얻을 수 있으며, 일을 의도적으로 하지 않아도 자연스럽게 이룰 수 있다"라는 서술 및 "주장하는 것이 아주 적으면서도 매우 많은 것을 지배할 수 있고, 지극히 고요한 경지에 처해서도 모든 운동을 통제할 수 있으며, 일에 관여함이 매우 적으면서도 많은 사람들의 마음을 납득시킬 수 있다"라는 서술을 인용했다. 이는 현학의 논어학에 나타나는 성인의 정신 경지와 매우 일치하는 것으로 주희가 도가의 영향을 크게 받은 것이 확실하다.

---

526) 주희(朱熹): 『위정제2(爲政第二)』, 『유장(儒藏)』 정화편에 기재, 『논어집주(論語集注)』 권1, p.6.

3. 동일구조의 철학체계

현학 및 이학은 성인지도(聖人之道)의 가치적 본질 측면에서 내재적 연관성을 갖고 있을 뿐만 아니라 철학적 사변체계에도 동일한 구조 관계가 존재하고 있다. 2천여 년 동안 『논어』를 주석했던 학자들은 모두 논어는 유가의 성인의 도(道)에 관한 저서임을 인정했지만, 진정 으로 이 성인지도(聖人之道)를 하나의 철학사상의 체계로 구축한 것은 현학과 이학 양대 학술사조뿐이다. 중국 고전철학이 사고했던 근본적 인 문제는 천인지제(天人之際)로서 각 철학유파는 모두 인성(人性) 및 천도(天道)에 대한 문제를 중시하였다. 그러나 『논어』에서 공자의 제 자들이 하필이면 스승이 '성(性)과 천도(天道)'에 관하여 의논하는 것을 들을 수 없었다고 하였기 때문에 역대 유학자들이 『논어』의 주석을 통해 철학적 체계를 구축하는 것은 실로 매우 어려운 일이었다. 결국 『논어』는 『주역(周易)』·『중용(中庸)』·『노자(老子)』·『장자(莊子)』 등 경전과 달리 천도(天道)와 인성(人性) 문제에 대한 논술을 많이 갖 고 있지 않았기에 철학체계를 구축함에 있어서 반드시 다른 경전의 사상적 자원을 차용(借用)해야만 했다. 현학 및 이학의 논어학 관련 저작에서 그들이 여러 학파의 사상학설을 종합하여 성(性) 및 천도(天 道)와 상통하는 철학적 구조를 구축하여 성인지도(聖人之道)를 위한 사상적 깊이를 갖춘 철학체계를 확립했음을 알 수 있다.

성정론(性情論)은 현학 및 이학이 내성지도(內聖之道)를 요지로 하 는 철학체계의 가장 중요한 문제이며, 그 속에서 양자의 공통적인 학술적 사유 논리 및 사상적 연관성을 가장 잘 살펴볼 수 있다. 현학 및 이학이 『논어』의 해석을 통해 구축한 철학은 일종의 성인지도(聖人之道)이며, 그 관심의 초점은 바로 이상적 인격의 본체이며 성정론(性情論)은 바로 이러한 인격본체론의 핵심사상이다. 현학자와 이학자들은 유가 경전의 해석자로서 모두 사람의 '정(情)'을 철학적 사고의 출발점으로 삼았으며, 정(情)은 감정적 개체가 존재하는 절대적인 현실이자 사회 명교를 수립하는 가장 중요한 전제기도 하다. 원래 『논어』에서는 추상적인 철학적 문제를 논의한 적이 없으며, 정(情)·성(性)은 모두 공자 사상의 핵심개념은 되지 못했다. 하지만 공자는 인(仁)으로 예(禮)를 해석하고, 애경애락(愛敬哀樂)의 진실한 감정을 예악(禮樂)형식의 근본으로 삼은 만큼 이미 정(情)과 성(性) 간의 이론적 문제를 다룬 것 같다. 그러므로 사맹(思孟)학파와 순자(荀子)학파는 공자의 사상을 하나의 성정학(性情學) 이론으로 발전시킨 것이다. 출토된 전국(戰國)시기 유가 문헌에 "사회적 도리와 인간된 도리는 사람들 사이에 감정이 생겨나면서부터 있게 된 것으로, 사람의 희로애락(喜怒哀樂)의 감정은 인성(人性)에서 비롯된다"[527]라는 성정(性情) 이론이 나타난 것은 결코 우연이 아니라 이는 『논어』의 공자의 사상적 논리를 근거로 발전된 성정(性情)이론이다. 그 후에 맹자(孟子)는 측은지심(惻隱之心)의 사단지정(四端之情)을 사덕지성(四德之性)으로 확충시켰는데 후학들은 이를 사람의 희로애락(喜怒哀樂)의 정(情)으로 인

527) 『곽점초묘죽간(郭店楚墓竹簡)』, 문물출판사(文物出版社), 1998년판, p.179.

성(人性)을 검증하는 '이정검성(以情驗性)'이라고 일컫었다. 또한 순자(荀子)는 "천성(天性)에서 나타나는 호악희로애락(好惡喜怒哀樂)의 감정이 곧 정(情)이다"[528]라는 관점을 제기함으로써 유가의 성정이론을 더욱 발전시켰다. 현학 및 이학이 『논어』를 해석하면서 체계적으로 설명한 성정(性情) 철학은 선진(先秦)에서 양한(兩漢)에 이르는 성정(性情) 학설에 기반한 것이다. 그들의 성정(性情) 이론에서의 가장 큰 공헌과 특색은 바로 본말(本末), 체용(體用)의 철학적 사변으로 이 두 경험적 특징의 개념을 사유했다는 점이다. 유소(劉劭)는 『인물지·구정(人物誌·九征)』에서 "사람의 재능과 성정의 근원은 정신활동에서 생성된다"[529]라고 말했다. '정(情)'은 하나의 감성적 경험의 개념으로서 개개인이 태어날 때부터 지니게 되는 희(喜)·노(怒)·애(哀)·낙(樂)·애(愛)·악(惡)·구(懼)의 감정을 나타내며, 이 역시 성(性)과 마찬가지로 개체의 생명 및 그 의미의 근본이다. 현학은 초기 유학의 '정(情)'에 관한 개념을 계승하고, '정(情)'을 성인지도(聖人之道)의 기본 전제로 삼았다. 원래 '정(情)'은 성인이 갖춰야 할 가장 중요한 실상으로 "성인이 보통 사람과 같은 것은 희로애락원(喜怒哀樂怨) 다섯 가지 감정을 지니고 있다", "성인의 오정(五情)은 보통 사람과 같은 것이기에 크게 슬프거나 기쁜 일에 부딪히면 성인의 정서 역시 상응하게 나타난다"[530]는 것이다. 왕필(王弼)은 『논어석의(論語釋疑)』에서 한걸

---

528) 왕선겸(王先謙): 『정명편제22(正名篇第二十二)』, 『제자집성(諸子集成)』 제2권, 『순자집해(荀子集解)』 권16, p.274.

529) 유소(劉劭): 『인물지·구정제1(人物志·九征第一)』, 『위진전서(魏晉全書)』 제1권, 길림문중출판사(吉林文中出版社), 2006년판, p.428.

음 더 나아가 유가의 예악제도 역시 인류가 보편적으로 지니는 '정(情)'의 토대 위에 세워진 것이라고 지적하면서, "기쁨, 두려움, 슬픔, 즐거움은 백성의 자연스러운 감정이다. 이 감정은 느낌에 따라 변하는데 성악(聲樂)으로 표현된다. 때문에 시가(詩歌)와 민요를 듣는 것을 통해 민풍(民風)·민의(民意)를 알 수 있다. 민풍을 이해했다면 곧바로 원래의 기초에서 수정해야 하며 각지 사로 다른 풍속에 의거하여 적합한 예의규범을 제정해야 한다"[531]라고 강설했다. '정(情)'은 비록 성인지도(聖人之道)의 전제조건이지만 본말(本末) 및 체용(體用)의 사유방법으로 봤을 때 '정(情)'은 단지 말(末)과 용(用)일 뿐이고, 정(情)의 본(本)과 체(體)는 성(性)이다.[532] 현학의 '숭본식말(崇本息末)', '득본지말(得本知末)'의 기본적인 사변방법 및 사상원칙에 따르면 성인은 '정(情)에 얽매이지 말고', '성(性)으로 정(情)을 주재해야 한다'. 성인은 어떻게 물(物)에 얽매이지 않는 '무루우물(無累于物)'의 경지에 도달할 수 있는 것일까? 그건 바로 '성기정(性其情)' 즉 사람의 내재적 본성으로 외부 사물에게서 느끼는 정(情)을 통제할 수 있기 때문이다. 황간(皇侃)은 『양화(陽貨)』편 중의 '성상근(性相近)'이란 장구를 주석하면서, "성(性)은 타고난 것이에 '생(生)'이라고도 한다. 정(情)은 욕망이 사물에 발현되기에 '성(成)'이라 한다. 성(性)에는 선악(善惡)의 구분이

---

530) 『삼국지·위서(三國志·魏書)』 권28 『종회전(鐘會傳)』 하소(何劭)의 『왕필전(王弼傳)』 주(注) 인용, p.591.
531) 황간(皇侃): 『태백제8(泰伯第八)』, 『유장(儒藏)』 정화편에 기재, 『논어의소(論語義疏)』 권4, p.136.
532) 왕효의(王曉毅), 『왕필평전(王弼評傳)』, p.326 참고.

없으며 강함과 약함의 구분이 있다. 정(情)이란 욕망의 마음이기에 정사(正邪)의 구분이 있다. … 왕필(王弼)이 '성(性)'으로 정(情)을 통제하지 않고서야 어찌 오래 정(情)을 유지하고 정도(正道)에 부합할 수 있겠는가?"라고 말했다. 성(性)은 정(情)을 주재하는 정도(正道)이다. 만약 마음이 심하게 흔들리고 올바르지 않고 순수함을 잃게 되면 이것이 바로 사도(邪道)이다. 그래서 정(情)을 통해 성(性)을 이해한다는 것은 바로 성(性)으로 정(情)을 제약해야 한다는 것이나"[533]라고 설명했다. 성(性)과 정(情)의 관계에서 성(性)은 체(體)이자 본(本) 및 성인 인격의 본체이며, 정(情)은 용(用), 말(末) 및 성인의 필연적인 사물의 느낌을 통해 움직이는 현상이다. 현학의 철학적 체계에 따르면 이 본체의 성(性)은 사람이 천성적으로 타고나는 '자연(自然)'이며, 세계의 '유(有)'로서의 본체적 '무(無)'이다.

이학의 성정(性情)은 완전히 현학의 학문적 논리의 연속선 상에 있다. 이학자들 역시 체용(體用)과 본말(本末)의 논리로 성(性)과 정(情) 사이의 관계를 사고하고, '정(情)'을 성인의 외재사물의 접촉에 의해 필연적으로 생성되는 경험현상으로 여겼다. 그러나 이러한 현상을 지배하는 본체는 바로 성(性)이기에 성(性)으로 정(情)을 통제해야 한다는 입장을 견지했다. 정이(程頤)는 『안자소호하학록(顏子所好何學論)』이란 저서에서 성(性)과 정(情)의 체용(體用) 관계에 대해 훌륭한 논술을 펼쳤는데, 그는 다음과 같이 말했다.

---

533) 황간(皇侃): 『양화제17(陽貨第十七)』, 『유장(儒藏)』 정화편에 기재, 『논어의소(論語義疏)』 권9, p.306.

"학습을 통해 성인이 될 수 있습니까?" 대답하길, "그렇습니다". "어떻게 학습합니까?" 정이(程頤)가 대답하길, "천지간은 정기(精氣)로 가득 차 있으며 오행의 수기(秀氣)를 천성적으로 타고난 것이 바로 사람입니다. 사람의 천성은 진실하고 고요합니다. 감정으로 표현되기 전에 본성(本性)은 인의예지신(仁義禮智信) 등 선성(善性)을 지니고 있습니다. 사람의 형체(形體)가 형성된 후 외물(外物)이 사람의 형체를 자극하면 사람의 내심은 동요됩니다. 내심이 동요하면 곧바로 칠정(七情)이 생깁니다. 이른바 칠정이란 희(喜)·노(怒)·애(哀)·구(懼)·애(愛)·악(惡)·욕(慾)을 말합니다. 감정이 격렬한 지경에 이르면 사람의 마음은 더욱 동요되고 사람의 본성(本性)은 상처입게 됩니다. 그래서 현명한 사람은 자기의 감정을 단속함으로써 감정의 평온함을 유지하고, 자기의 마음을 바르게 하고 자기의 본성을 수양합니다. 그래서 성(性)으로 정(情)을 통제한다는 것입니다. 그러나 우매한 사람은 통제해야 한다는 것을 모르고 자기의 감정을 방임함으로써 사리에 어긋나고 비뚤어지게 됩니다. 이로써 순수하고 착한 본성(本性)을 구속하여 상실하게 됩니다. 때문에 이는 정(情)으로 성(性)을 구속하는 것입니다."[534]

이 문장의 영향력은 아주 컸는데, 주희(朱熹)는 『논어집주(論語集注)』 중의 『옹야(雍也)』편에서 공자가 안회(顏回)를 품평하며 "배우기를 즐겨하며 분노를 다른 사람한테 발산하지 않고 같은 잘못을 범하지 않는다"라는 문장에 주석을 달 때 정이(程頤)의 이 단락을 인용하기도 했다. 이로부터 본말(本末)과 체용(體用)으로 '성(性)'과 '정(情)'의 사상을 사고하는 것은 분명히 이학자들의 중요한 관점이라는 것을 알 수 있다. 또한 정이(程頤)의 원문에 있는 "그래서 성(性)으로 정(情)을

---

534) 『이정집(二程集)』 (상), 『하남정씨문집(河南程氏文集)』 권8, p.577.

통제하고", "정(情)으로 성(性)을 구속한다"라는 설법의 관점 및 용어
는 모두 왕필(王弼)의 『논어석의(論語釋疑)』를 그대로 인용했다. 물론
현학자가 말하는 성(性)은 자연적인 본성이기 때문에 '성기정(性其情)'
은 사람의 자연적인 본성으로 정(情)을 통제하는 것이고, 이학의 성
(性)은 인의예지신(仁義禮智信)의 윤리적 성(性)으로, 즉 "성(性)의 근본
을 놓고 말한다면 성(性) 곧 이(理)이고, 이(理)는 선하지 않은 것이
없으며, 맹자(孟子) 역시 성(性)은 모두 신한 것이라고 했다"[535]라고
여겼다. 그러므로 정이(程頤)의 '성기정(性其情)'은 인간의 사회도덕적
인 성(性)으로 정(情)을 통제하는 것이다. 그렇다 할지라도 철학적 형
태의 사유적 논리로 말하자면 현학과 이학의 성정론(性情論)은 동일한
구조를 띠고 있다.

현학 및 이학의 내성지도(內聖之道)의 철학적 동일구조의 관계는
한걸음 더 나아가 '성(性)과 천도(天道)'가 상통하는 사변(思辨)에서 구
현된다. 현학 및 이학은 약속이나 한 듯이 '성기정(性其情)'을 주장하면
서 즉, 사람의 희로애락(喜怒哀樂) 및 심리적 감정은 반드시 '성(性)'의
통섭 및 통제를 받아야 한다고 주장했다. '성(性)'은 어떻게 이렇게
강력한 정신적 권위를 가질 수 있게 되었는가? 현학과 이학은 모두
성(性)과 천도(天道)는 상통한다고 여겼고, 현학의 본말(本末) 및 체용
(體用)으로 성정(性情)을 사고했으며, '성(性)'은 인간과 사물의 근본으
로 그 자체가 곧 형이상의 초월적 의미를 지닌다는 관점을 인정했다.

---

535) 주희(朱熹): 『양화제17(陽貨第十七)』, 『유장(儒藏)』 정화편에 기재, 『논어집주(論語集
注)』권9, pp.110-111.

그래서 황간(皇侃)은 『공야장(公冶長)』편의 '스승님의 인성(人性) 및 천도(天道)에 관한 말씀은 들을 수가 없었다'라는 단락에 주석을 달 때 "성(性)은 공자가 사람들의 품성을 표현하는 말이다. 천도(天道)란 도가의 '원형이정(元亨利貞)'의 괘사(卦辭)이다. … 때문에 공자가 말한 천성과 도가의 '원형지도(元亨之道)'는 서로 합치된다. 그속에 담긴 심오한 뜻은 일반 사람들이 이해할 수 있는 것이 아니며, 그 문본(文本)을 통해 배울 수 있는 것도 아니다"536)라고 강설했다. 현학에 있어서 성(性)과 천도(天道)는 도덕에 부합하고, 천도(天道)의 함의는 곧 도가의 '자연(自然)' 및 '무(無)'이기 때문에 성인의 인격적 근거 역시 '자연(自然)' 및 '무(無)'이다. 왕필(王弼)은 『노자(老子)』에 주석을 달 때에, "성인은 자연의 섭리와 역량을 충분히 발휘해 만물의 의지를 자상하게 보살피고 순종하기 때문에 법칙을 답습할 뿐만 아니라 제멋대로 행동하지 않으며, 흐름에 순종할 뿐만 아니라 자기의 영향력을 과시하지 않는다. 미혹을 일으키는 요소를 제거해 마음은 고요하고 어지럽지 않으며, 사물의 본성도 충분히 체현하고 발휘시킬 수 있는 것이다"537)라고 명확히 서술했다. 성인의 자연지성(自然之性)이 바로 천도(天道)의 발현이기 때문에 그것은 자기 인격의 내재적 본성이자 천지만물의 내재적 본성이다는 것이다. 위진 현학자들이 『논어』를 주석하면서 '도(道)'의 철학적 함의를 설명함에 있어서 때때로 '천도(天

---

536) 황간(皇侃): 『공야장제5(公冶長第五)』, 『유장(儒藏)』 정화편에 기재, 『논어의소(論語義疏)』 권3, pp.80-81.
537) 『왕필집교석(王弼集校釋)』 하권, p.77.

道'를 논술했지만 실제로 이는 성인의 본체적 '성(性)'을 논술한 것이고, 때로는 성인지본(聖人之本)의 성(性)을 설명하지만 실제는 음양(陰陽)의 도리를 속속들이 탐구하여 만물의 본성을 철저히 통찰하는[538] 천도(天道)로 확장시킨 것이다. 바로 이렇게 현학의 철학체계에서는 성인의 성(性)과 천도(天道)가 합일하기 때문에 현학자들은 『논어』를 주석하면서 도(道) 및 성(性(덕, 德)) 의 본질 및 특성을 다음과 같이 논술했다.

> 덕(德)이란 바로 득(得)이다. 군왕이 나라를 다스릴 때 반드시 만물의 천성을 터득해야 하기에 "이덕(以德 혹은 以得)"이라고 한다. 그래서 곽상(郭象)은 "만물의 천성을 이해하고 깨닫는 것을 덕(德)을 베푼다라고 하는 것이다. 나라의 정무를 돌보는 사람은 무엇을 해야 하는가? 만물의 천성을 이해하고 깨달아야 하기 때문에 덕(德)을 베푼다고 하는 것이다"라고 말했다.[539]
> 도(道)란 곧 통달(通達)하고 막히지 않는 것이다. 도는 언제나 통달하고, 통달함에 형상과 모양도 없다. 따라서 인간은 반드시 항상 마음 속에 뜻을 품어야 하며, 단 한시라도 지향(志向)을 버리거나 멀리해서는 안 된다.[540]
> 성인은 하늘과 같은 덕행(德行)을 갖고 있기에 "오직 요(堯)임금 만이 하늘을 본받을 수 있다"라고 말한다. 오직 요임금만이 시시각각 천도(天道)를 터득하여 백성에게 교화를 베풀 수 있기 때문이다. 광원무제한

---

538) 황간(皇侃): 『술이제7(述而第七)』, 『유장(儒藏)』 정화편에 기재, 『논어의소(論語義疏)』 권4, p.118.
539) 황간(皇侃): 『위정제2(爲政第二)』, 『유장(儒藏)』 정화편 기재, 『논어의소(論語義疏)』 권1, p.19.
540) 황간(皇侃): 『술이제7(述而第七)』, 『유장(儒藏)』 정화편 기재, 『논어의소(論語義疏)』 권4, p.111.

대덕(大德)은 어떠한 언어로도 찬양할 수 없고, 형상도 없는 사물에 대한 호칭이다.[541]

왕필(王弼)과 곽상(郭象) 등 현학자들이 해석하는 천도(天道)·천덕(天德)·만물지성(萬物之性)은 사실 모두 동일한 '무형무명(無形無名)'의 형이상적 본체를 가리키며, 이들의 본질은 모두 '자연(自然)', '무위(無爲)'이다. 그러므로 현학의 철학적 체계에 있어서 소위 자연(自然) 및 명교지변(名教之辨)·유무지변(有無之辨)·본말지변(本末之辨)·성정지변(性情之辨)은 모두 서로 소통하고 연관되어 있으며, 그 주제는 궁극적으로 모두 성인지도(聖人之道)의 실현으로 귀결된다. 자연(自然)·무(無)·본(本)·성(性) 등 철학적 범주는 결국 모두 성인지본(聖人之本)을 표현한 것이다.

이학의 방대하고 정교한 철학체계 역시 사실은 현학의 학술적 논리를 근거해 '성(性) 및 천도(天道)'가 상통하는 철학적 체계를 확립한 것이다. 이학자가 거론하는 '성(性)'은 더 이상 선진(先秦)과 양한(兩漢) 시기에 거론된 인성(人性)이 아니라 바로 일종의 형이상적 천도(天道)와 완전히 상통하고 근본이 일치되는 성인지본(聖人之本)이다. 이 점에 대해 주희(朱熹)는 『논어집주(論語集注)』에서 체계적으로 논증하고, 그는 '스승님의 인성(人性) 및 천도(天道)에 관한 언론을 들은 적이 없었다'라는 단락에 대해 다음과 같이 설명하고 있다.

---

541) 황간(皇侃): 『술이제7(述而第七)』, 『유장(儒藏)』 정화편 기재, 『논어의소(論語義疏)』 권4, p.141.

성(性)은 바로 사람이 누구나 타고나는 성품으로 천리(天理)이다. 천도 (天道) 및 천리(天理)의 자연스러운 본체가 사실은 바로 이(理)인 것이 다.542)

주희(朱熹)는 '천리(天理)'의 개념에서 '성(性) 및 천도(天道)'를 통합 했으며, '성(性)'과 '천도(天道)'의 본질을 모두 '천리(天理)'로 규정했 다. '성(性)'은 사람이 타고나는 성품인 천리(天理)이며, '천도(天道)'는 바로 천리(天理)의 자연적 본체라고 여겼다. 그러므로 철학적 체계에 서 보면, 천리론(天理論)이 구축한 것은 천지만물의 본체적 근거를 논증하는 일종의 우주본체론이다. 성인지도(聖人之道)의 관점에서 보면 천리(天理)는 성인 인격의 근거에 불과한 것이고, 천리론(天理 論)은 궁극적으로는 본체론이라 할 수 있다. 이학자가 주석한 『논어』 에는 항상 천리(天理)에 관한 논술이 등장하는데, 주요하게는 천도자 연(天道自然)의 본체 특히 성인 인격의 본체를 주장하고 있다. 주희 (朱熹)는 공자의 "나의 학설은 하나의 근본적인 원칙으로 관통할 수 있다"라는 말을 주석하면서 "공자가 말한 하나의 도리는 혼연일체 (渾然一體)하여 광범하게 반응하면서도 저마다 아주 합당하다. 마치 천지(天地)의 운행이 지극히 성실하면서도 멈춤이 없어서 만물이 각 자 제자리에 있는 것과 같다"543)라고 설명했다. 그는 또 공자의 "나 는 증석(曾晳)의 생각에 찬후한다"라는 말을 주석하면서 "증점(曾点)

<hr>

542) 주희(朱熹): 『공야장제5(公冶長第五)』, 『유장(儒藏)』 정화편에 기재, 『논어집주(論語 集注)』 권3, p.28.

543) 주희(朱熹): 『이인제4(裏仁第四)』, 『유장(儒藏)』 정화편에 기재, 『논어집주(論語集注)』 권2, p.22.

의 말에서 대체적으로 인간 욕망의 멸진함을 볼 수 있다. 말 속에 하늘의 이치(天理)를 담고 있으며 마디마디 미진함이 없다. … 말 속에 탁 트인 흉금과 시원 시원한 성격은 천지만물과 필적할 수 있다. 만물은 합당한 위치의 묘의(妙義)에 처해 있으며 은연 중에 언외(言外)의 안일한 귀은지정(歸隱之情)이 자연스럽게 나타난다"[544]라고 해석했다. 이학자들이 말하는 '일이혼연(一理渾然)', '천리유행(天理流行)'은 표면적으로는 '천지(天地)는 지성지선(至誠至善)하고 영원히 멈추지 않는다', '만사만물은 모두 적절하게 안치(安置)된다', '천지만물과 상하동류가 된다'는 우주론과 관련되어 있어 보이지만, 그 사상적 취지 및 철학적 본질은 항상 성인의 인격본체와 정신경지에 귀결되는 일종의 인격본체론인 것이다.

결론적으로 현학 및 이학은 『논어』를 해석할 때 모두 공통적인 학술적 논리로 내성지도(內聖之道)를 핵심으로 삼는 철학체계를 구축했다. 아래의 도식을 통해 이런 철학체계를 개괄하여 현학 및 이학의 철학체계의 동일구조 관계를 살펴볼 수 있다.

현학과 이학의 철학체계의 동일구조 관계를 도식으로 간략하게 요약해 보면 현학과 이학의 공통적인 특징이 선명하게 드러난다. (1)양자 모두 체용(體用)으로 인격 본질의 정성(情性)을 규정하여, 정(情)을 용(用)으로 하여 성(性)을 나타내고, 성(性)을 체(體)로 하여 정(情)을 제약해야 한다고 주장했다. (2)양자 모두 성(性)과 천도(天道)는 상통

---

544) 주희(朱熹): 『선진제11(先進第十一)』, 『유장(儒藏)』 정화편에 기재, 『논어집주(论语集注)』 권6, p.72.

하고 무형무상(無形無象)의 형이상적 본체로 여겼으며, 그 취지는 성인의 인격 본체로 체현된다. (3)양자 모두 정(情)과 명교(名敎)를 성체(性體) 및 천도(天道)에 상달(上達)하는 형이하(形而下)의 용(用)으로 삼았다. 양자 모두 정(情)과 명교(名敎) 사이에는 상호 관련 있는 상호작용의 관계가 존재하고, 정(情)은 명교의 원인이며, 명교는 감정을 표현하고 또한 제한한다는 점을 인정했다. (4)양자 모두 명교(名敎)와 천도(天道)는 상통하는 관계라고 주장했다. 물론 이상은 현학 및 이학의 철학적 동일구조인 점에 대한 언급일 뿐이다. 사실 양자의 차이점은 아주 명확하게 나타난다. 예를 들면, 현학은 '정(情)'의 진실과 자연을 더 중요시하며, 명교에 내포한 진실한 정성(情性)으로 천도(天道)에 도달할 것을 주장했고, 이학은 '정(情)'의 합리성을 더욱 중시하고, 명교에 내포한 이(理)로 천도(天道)의 체득을 주장했다. 이러한 차이는 두 사상 유파의 서로 다른 가치적 지향과 사상적 연원에 의해 결정된 것이다.

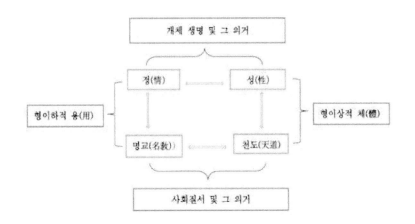

제6장

현학 및 이학의 『주역』의리학과 사상적 논리

제1절 서 론

『주역(周易)』은 중국 고대 문화사의 기서(奇書)이다. 중국 문화의 발전 과정은 자체적으로 독특한 길을 걸었는데 특히 주역학 방면에서 잘 드러난다. 괘효(卦爻)의 상(象)·사(辭)로 이루어진 『역경(易經)』과 '십익(十翼)'으로 이루어진 『역전(易傳)』으로 구성된 『주역(周易)』은 중화 문명의 태동기부터 차축시기(Axial Age, 기원전 8세기~기원전 3세기)에 나타난 가장 상징적인 정신문화의 성과일 것이다. 이 중요한 전적(典籍)에는 상고시기의 중화 선민(先民)이 그린 팔괘(八卦)부터 춘추전국시기의 위대한 성철들이 완성한 『역전(易傳)』에 이르는 기나긴 역사적 과정의 문화적 기호·사상적 관념 및 학문적 체계가 담겨 있다. 고대 선현들은 『주역』의 기원을 새끼를 매듭지어 일을 기록하던 상고시기를 탐구·추적했을 뿐만 아니라, 또한 실제적으로 그 시기의 무술(巫術)과 관련된 부호·관념을 그 속에 많이 포함시켰다. 복희(伏羲)가 팔괘(八卦)를 그리기 시작했고, 각 씨족문화의 중요한 대표자인 신농(神農)·황제·요(堯)·순(舜) 등 성인들이 참여·제작했다. 주문왕(周文王)에 이르러서는 또 팔괘(八卦)를 64괘(六十四卦)로 발전시켜 괘사(卦辭)를 짓고, 그의 아들 주공(周公)이 효사(爻辭)를 만들고, 마지막으로 세계문화의 차축시기에 이르러 공자와 그 제자들이 '십익(十翼)'을 지어 본경(本經)을 해석함으로써 최종적으로 『주역』의 경(經)·전(傳) 체계가 완성되었다. 이것이 곧 역사상의 이른바 "『역경』은 상고(上古)·중고(中古)·하고(下古) 세 시기에 걸쳐 복희(伏羲)·주문왕(周文王)·공자(孔子) 세 성인에 의해 완성되었다"라는 것이다. 중화문화의 태동에서부터 중화문명의 형태로 진화·발전해 가는 기나긴 역사 과정 속에서 『주역』은 최종적으로 중요한 유가 경전으로 자리매김했을 뿐만 아니라 더욱이 경전의 으뜸이 되었다.

사실 일찍이 신석기시기 말기부터 중국 땅의 선민들 사이에서는 여러 가지 점복(占卜)에 관한 무술(巫術)이 성행하기 시작했으며 『주역』의 서점(筮占)은 단지 여러 점복술(占卜術) 중의 일종이었다. 다른 구복(龜卜)·골복(骨卜) 등의 점복(占卜) 형식과 비교해서 서점(筮占)은 시초(蓍草)의 숫자 배열 등의 변화에 따라 길흉을 예측하는 것으로, 형식적인 면에서 체계성·규칙성·완전성을 구비함에 따라 더욱 발전할 수 있는 기회를 얻었다. 이 괘(卦)와 효(爻)의 집합으로 구성된 질서정연한 기호체계는 결국 주역학의 기초가 되었다. 따라서 옛사람들이 『주역』의 기원을 상고(上古)의 어업 및 수렵 시기로 거슬러 올라가는 것은 역사적 근거가 있다고 말할 수 있다. 상고(上古) 씨족사회에서 중국 고대 초기문명으로 넘어오는 과도기 시기인 은주(殷周) 시기에는 원래 서점(筮占)에 사용되던 기호체계 외에 또 문자로 뜻을 표현하는 괘명(卦名)·괘사(卦辭)·효사(爻辭)를 주가했다. 원래 서점(筮占)에 사용된 괘효(卦爻)의 상수(象數) 체계는 비록 형상이 생동감있고 질서정연하게 배열되어 있지만, 그 사상문화의 함의는 모호하고 불확실하였는데 괘효사(卦爻辭)의 문자 기호가 나타난 후에 이르러서야 모든 괘(卦)와 효(爻)는 비로소 정확하고 풍부한 사상 문화적 의미를 지니게 되었다. 또한 『역경』중의 괘효사는 은주(殷周)시기 사람들의 사회생활, 정치활동, 사상관념에 관한 원시기록으로써 그 시기의 역사적 상황을 더욱 충실하고 깊이 반영하고, 그 시기와 연관된 정치·윤리·종교·철학·과학기술 방면의 여러 가지 사상문화 관념을 표현하고 있다. 그래서 『역경』의 출현은 단순히 상고시기 무술(巫術) 문화의 본질을 대변하고 구현한 것일 뿐 아니라 은주(殷周) 문명시기의 사상관념과 문화 관념을 나타낸다. 물론 이러한 문화적 성과는 결국 몽매한 시기에 중화 선민의 무술문화만 계속 발전시키는 결과를 양산했을 뿐이며, 그 사상적 특성상으로 볼 때 이는 여전히 복서(卜筮)의 무술문화 체계에 속했다.

춘추전국시기 문명의 차축시기에는 또 『역경』의 상(象)·수(數)·

사(辭)를 포괄적이고 체계적으로 해석한 '십익(十翼)'이 출현했는데 일명 『역전(易傳)』이라고도 한다. '십익(十翼)'의 문장 형성에는 시기적 선후의 구분이 있고, 그 저자는 유가학파의 공자와 그 제자들이라는 게 통설인데 필자 역시 이러한 관점에 동의한다. 『역전』은 『역경』에 대한 창조적인 해석을 통해 원래 복서(卜筮) 기록 위주였던 무술(巫術) 기록을 천지만물을 설명하는 의리학(義理學) 저술로 발전시켰다. 예를 들어, 『역경』64괘의 각 괘(卦)는 모두 6효(六爻)로 구성되어 있는데, 그 형성 원인은 복서(卜筮)의 서법(筮法)과 관련 있고, 특별한 문화적 의미는 없으며, 괘사(卦辭)와 효사(爻辭)에서도 이에 대해 설명한 적이 없다. 그러나 『설괘전(說卦傳)』에서는 괘상(卦象)이 어떻게 6효(六爻)로 구성되었는지에 대해 의리(義理)적인 해석을 했다. "옛날 성인은 『역경』을 만들어 그것을 통해 우주만물의 본질적 법칙을 탐구하려고 했다. 따라서 천도(天道)를 음(陰)과 양(陽)으로, 지도(地道)를 유(柔)와 강(剛)으로, 인도(人道)를 인(仁)과 의(義)로 개괄했다. 팔괘(八卦)는 천(天)·지(地)·인(人) 세 가지 의미를 겸하고 있을 뿐만 아니라 각각 두 개의 효위(爻位)로 하나의 급위(級位)를 구성하여 표시했다. 그러므로 팔괘(八卦) 중의 각 괘는 육효(六爻)로 구성되었다. 그 사이에는 음양의 구별이 있으며 강유(剛柔)의 관계로 얽혀 있다. 그래서 이러한 의미를 나타내는 6개의 효위(爻位)가 일정한 괘체(卦體)를 형성하고 있다".545) 『역전』에서는 『주역』이 6효(六爻)로 괘(卦)를 구성

---

545) 이학근(李學勤) 주필: 『십삼경주소(十三經注疏)』 제1권, 『주역정의(周易正義)』 권9, 『설괘(說卦)』, 북경대학출판사(北京大學出版社), 1999년판, p.326.

한 것은 바로 성인이 천(天)·지(地)·인(人) 삼재(三才)의 이치를 본떠서 세상 만물의 성명지리(性命之理)에 순응한 것이라고 보았다. 이렇게 6효(六爻)로 구성된 괘(卦)의 서법(筮法)은 중요한 의리학(義理學)적 의미를 지니게 되었고, 철학적 사상 수준까지 이르게 되었다. 그리고 64괘를 '별괘(別卦)'라고 하는데, 각 괘(卦)는 모두 여덟 개의 기본적인 괘상(卦象)인 '경괘(經卦)'로 구성되어 있다. 그렇다면 경괘(經卦)의 팔괘(八卦)는 또 이떻게 생성되있는가? 이들은 어떤 의미를 띠고 있는가? 사실 팔괘(八卦) 역시 원래는 서법(筮法)을 통해 얻어진 홀수와 짝수의 효로서 다른 특별한 의미는 없다. 『역경』의 괘사(卦辭) 및 효사(爻辭)에서도 역시 이 문제에 대해 언급한 적이 없다. 그러나 『역전』에서는 오히려 이 여덟 개의 경괘(經卦)에 대해 많은 의리적 해석을 했으며, 건(乾)·곤(坤)·진(震)·손(巽)·감(坎)·이(離)·간(艮)·태(兌)로 명명된 팔괘(八卦)는 사실 천(天)·지(地)·뢰(雷)·풍(風)·수(水)·화(火)·산(山)·택(澤) 여덟 가지 자연현상의 상징이고, 이들의 괘상 역시 자연현상에서 상(象)을 취해 얻어진 것이며, 각종 자연현상의 덕성, 즉 '괘덕(卦德)'을 구비하고 있다고 여겼다. 이렇게 『역전』의 저자들은 팔괘(八卦) 및 팔괘의 조합에 대해 많은 의리화(義理化)적인 해석을 했다. "하늘과 땅은 일정한 위치를 갖고 있으며, 산과 못의 기운이 서로 유통되고, 바람과 우레는 서로 부딪치며, 물과 불은 서로 상통한다. 팔괘(八卦)는 이런 여덟 가지 물질이 서로 의존함을 상징한다. 역사를 이해하는 것은 과거로부터 현재로의 전진이며, 미래의 추정은 현재에서 미래로 역 추정하는 것이다. 그러므로 미래를 추론하는 역괘는 하위(下位)로부터 고위(高位)에 이르는 역 추정에 속한 다", "우뢰는 만물을 진동시키고, 바람은 만물을 흐트리고, 물은 만물을 윤택하게 하고, 태양은 만물을 쪼이고, 산과 소택은 만물을 막아주며, 하늘과 땅은 만물을 존숭(尊崇)하고 은폐하는데, 이는 팔괘(八卦)의 팔상(八象)을 빌어 인도(人道)를 가리키는 것이다".546) 이런 의리적 해석에는 짙은 철학적 의미가 담겨 있고, '중국철학'의 특색을 띠고 있다. 원래 『역전』의 의리(義理)체계는 일련의 순수한 철학의 범주를 통해 구축된 것이 아니며, 『역전』의 모든 철학적 의미의 개념·범주·명제는 모두 복서(卜筮) 저술인 『역경』의 각 괘효의 상수와 분리할 수 없는 내재적 연관을 지니고 있다. 그래서 『역전』은 비록 주요하게 의리학(義理學)에 관한 저술이지만 그 의리의 학문적 근거는 여전히 서법(筮法)과 관련된 괘효상수(卦爻象數)이다.

『역경(易經)』·『역전(易傳)』으로 조합 구성된 유학 경전 『주역』은 상고(上古) 어업·수렵시기부터 은상(殷商)의 청동기시기를 거쳐, 춘추전국의 차축시기에 이르기까지의 문화기호와 사상관념을 포용하고 있는 것은 확실하다. 이러한 3대(三代) 시기의 집성물 저서로서 각종의 조잡하고 심오하거나 주술적이고 철리적인 특징을 지니고 있어서 다소 난잡한 듯하지만 그런 것들이 이 중요한 유가 경전 속에 아주 조화롭게 공존하고 있다. 겉으로 보기에는 『역경』은 팔괘·64괘·괘사·효사 등의 문헌적 요소가 상고(上古) 이래의 역대 성인, 예하면

---

546) 『십삼경주소(十三經注疏)』 제1권, 『주역정의(周易正義)』 권9, 『설괘전(說卦傳)』, pp.32 6-327.

복희(伏羲)·신농(神農)·황제·요(堯)·순(舜)·문왕(文王)·주공(周公) 등에 의해 완성된 것이기 때문에 숭고한 문화적 지위를 지니고 있으며, 유가의 『역전』은 단지 성인의 의(意)에 상달(達)을 위해 『역경』을 해석한 것일 뿐이기에 전(傳)은 경(經)에 의거해야 하고, 전(傳)의 사상문화적 의미는 경(經)에서 비롯된 것이다. 그러나 실제로 보면 『역전』의 해석으로 인해 원래는 단지 복서(卜筮)로만 사용되던 점복(占卜) 기호와 기록은 사상 문화석 자원으로 향상되었고, '경(經)'은 '전(傳)'에 의존해야 하고, '경(經)'의 사상 문화적 의미는 '전(傳)'에서 유래했기 때문에 '전(傳)'에 의존하게 되었다. 이것이 바로 중국 고대 경전의 형성과 해석의 중요한 사상 문화적 특색이다. 훗날의 해석자들은 원전(原典)의 의미와 문화적 함의를 풍부하게 했을 뿐만 아니라 심지어 완전히 새로운 문화적 범위·관념체계·사상적 차원에 포함시킴으로써 사실 하나의 새로운 사상문화를 재구축한 것이라고 말할 수 있다. 여기서 『역경』의 괘효상수와 괘사 및 효사는 『역전』의 사상적 요소 혹은 문화적 자원으로 흡수되었으며, 그들의 사상 문화적 의미는 새로운 문화사상체계에서 새롭게 규정되었다.

『역전』의 창의적인 해석으로 역학은 하나의 새로운 학문으로 부상했다. 그 후에 나타난 이른바 양파육종(兩派六宗) 역시 『주역』이 후대 학자들에 의해 끊임없는 새롭게 해석된 것과 관련 있다. 『사고진서총목(四庫全書總目)』에서는 다음과 같이 개괄했다.

『주역(周易)』이 책이 된 이유는 천도(天道)로 인간사를 유추했기 때문이다. 『좌전(左傳)』에 기록된 많은 점복(占卜)은 태복(太卜)이 남긴 전장 법규와 유사하다. 한대(漢代)의 유가가 언급한 상수는 고대로부터 얼마되지 않았으며, 제1차 변혁 인물로 경방(京房)과 초연수(焦延壽)는 기상종(機祥宗)에 속하고, 제2차 변혁에 참여한 진단(陳摶)와 소옹(邵雍)은 조화종(造化宗)에 속하며, 당시 『역(易)』은 백성들이 사용하지 않았다. 왕필(王弼)은 상수를 전반적으로 부정하고 노자(老子)와 장자(莊子)에 대해서만 논했다. 제1차 변혁의 대표인물인 호원(胡瑗), 정호(程顥)와 정이(程頤)가 유가 이론을 설명하기 시작했고. 제2차 변혁의 인물인 이광(李光), 양만리(楊萬里)가 사사(史事)를 참고하고 검증함으로써 『역(易)』은 점차적으로 쟁론의 원인이 되었다. 이 두 파의 육종(六宗)은 이미 서로 비난하며 반박하기에 이르렀다.[547]

여기서 말하는 양파(兩派)는 상수(象數) 및 의리(義理) 두 파벌을 말하며, 비록 이 두 파벌은 모두 '천도(天道)로 인간사의 유추'를 원했지만 그 사상적 취지 및 학문적 형태에서 큰 차이점이 존재했다. 사실이 같은 역학의 내부에서 '상호 질책과 반박'의 원인은 『역경』자체에서 비롯된 것이다. 『역경』의 원문에는 괘효(卦爻)로 구성된 상수(象數) 및 어떤 의미의 원리를 표현하는 의리(義理)가 포함되어 있는데,『역전』은 『역경』을 새롭게 해석하는 과정에서 그 중의 상수 및 의리에 대해 보다 체계적이고 충분한 설명을 추가했다.

첫 번째로 『역전』은 『역경』에 원래 있는 상수(象數) 형식에 대해 많은 사상성과 학문성을 띤 체계화된 해석을 했다. 괘효(卦爻)의 조합

---

547) 기균(紀昀) 등『흠정사고전서총목(欽定四庫全書總目)』,『경부 · 역류1(經部 · 易類一)』, 중화서국(中華書局), 1997년판, p.3.

으로 구성된 상수체계는『역경』에 보존된 최초의 문화기호로서 이들은『역(易)』의 최초의 형태이자 학문의 전제이며, 괘효사(卦爻辭) 및 전주(傳注) 등 문자기호는 모두 후에 덧붙여진 것이다. 이 상수기호는 원래 점서(占筮)에서 파생된 것인데, 그것들은 항상 모종의 신비한 신의(神意)와 밀접하게 관련되어 있으므로 상수가 지닌 종교적·문화적 의의는 계속 보존될 수 있었다. 다시 말해서 춘추전국시기에 이르러 사람들의 이성적 정신이 날로 부각되면서 상수 기호와 우주 체계가 결합된『역전』의 상수에 대한 철학적 사고가 형성되었으나 이러한 상수지학(象數之學)의 종교적 신비화 특색은 여전히 농후했다. 예를 들어,『계사전상(繫辭傳上)』에는 "역괘(易卦)가 추론하는 대수(大數)는 50이지만 49까지만 사용했다. 49개의 시초를 임의로 두 묶음으로 양분하여 그것으로 하늘과 땅을 상징한다. 상방(上方, 하늘을 상징)에 놓인 시초묶음 중에서 한개를 뽑아 두 시초 묶음 사이에 세로로 세워서 천(天)·지(地)·인(人)을 상징한다. 상방에 놓은 시초묶음 중에서 4개를 뽑아 1조로 구성해 사계절을 상징하고 나머지 시초는 세로로 걸려 있는 시초의 왼쪽에 놓아 윤달(閏月)을 상징한다. 음력으로 매 5년마다 두차례 윤달이 돌아온다. 따라서 반드시 상술한 순서를 반복해야 한다. 하방(下方)에 놓인 시초묶음 중에서 4개를 1조로 구성하고 나머지 시초는 세로로 걸린 시초 오른쪽에 놓는다. 이로써 제1차 점서(占筮)가 완성된다. 하늘이 1(一)이 되면 땅은 2(二)가 되며, 하늘이 3이 되면 땅은 4가 되며, 하늘이 5가 되면 땅은 6이 되며, 하늘이 7이 되면 땅은 8이 되며, 하늘이 9가 되면 땅은 10이 된다. 천수(天數)

는 5개의 홀수에 속하고 지수(地數)는 5개의 짝수에 속한다. 5개의 수는 서로 더하여 각각 하나의 총합 수를 갖게 된다. 천수(1, 3, 5, 7, 9)를 더하여 얻어지는 총합 수는 25가 되며, 지수(2, 4, 6, 8, 10)를 더하여 얻어지는 총합 수는 30이다. 천수와 지수를 더하여 얻어지는 총합 수는 55이다. 천수와 지수의 총합 수가 괘효(卦爻) 변화의 의거가 되기에 점을 치면 귀신처럼 영험하게 추론할 수 있다"[548]라고 서술되어 있다. 여기에서 언급한 '대연지수(大衍之數)'는 서법(筮法)을 통해 어떻게 효수(爻數)와 괘상(卦象)을 형성하느냐를 말하는 것이지만, 『역전』의 저자 입장에서 이는 단순히 복서에 운용하는 서법(筮法)에 관한 문제만이 아니라 더욱 중요한 것은 서법이 운용한 수(數)는 '천지지수(天地之數)'라는 점이다. 천지지수는 '숫자 상징을 운용하여 형성·변화된 철학으로 음양귀신(陰陽鬼神)의 오묘한 이치를 꿰뚫을 수 있는 것'으로, 신비한 '천의(天意)'를 이 상수학(象數學) 체계에 융합한 것이 바로 우주질서와 법칙을 나타내는 『주역(周易)』철학이다. 한대(漢代) 유가가 계승 발전시킨 것이 바로 『역전』의 상수 문제에 관한 사고이며 이를 통해 역학(易學) 중의 상수역학(象數易學)이 형성되었다. 한대(漢代)의 상수역학의 대표적인 인물인 맹희(孟喜)와 경방(京房)은 모두 『주역』의 괘상(卦象)과 일부 특정 숫자를 중점적으로 연구했으며, 한대(漢代)의 천문(天文)·물후(物候)·역법(曆法)·음양(陰陽)·오행(五行) 등의 학설을 괘효(卦爻) 상수와 결합해 이들 사이에 존재하

---

548) 이학근(李學勤): 『십삼경주소(十三經注疏)』 제1권, 『주역정의(周易正義)』 권7, 『계사상(繫辭上)』, pp.279-281.

는 상징 및 비유의 대응관계를 강조했다. 한대 『역(易)』의 상수지학은 우주자연 철학의 특징과 함께 종교적 신비의 문화적 요소를 동시에 지니고 있다.

두 번째로 『역전』은 『역경』에 포함된 의리(義理)의 내용을 더욱 깊이 설명해 냈다. 『역전』은 『역경』의 의리(義理)에 대해 사상적 깊이와 철학적 지혜를 발휘했기에 후대의 역학(易學)에 더욱 큰 영향을 미쳤다. 역학에서 의리(義理)는 일반적으로 『주역』의 의미와 원리를 가리킨다. 『역경』의 괘명(卦名)과 괘효사(卦爻辭)에는 인생에 대한 지도적 의미와 소이연(所以然)의 원리가 포함되어 있다. 그리고 『역경』의 괘명(卦名)과 괘효사(卦爻辭)는 주로 괘효(卦爻) 상수가 상징하는 물상(物象)·사리(事理) 및 길흉(吉凶)·회린(悔吝)의 결과에 대한 설명이기 때문에 의리(義理)는 원래 상수와 관련이 있다. 그러나 『역전』의 주요 학문적 특색은 그래도 의리(義理)를 밝히는 것으로, 그 중의 대량의 의리(義理)는 중국 고전시기의 우주철학·자연철학·도덕철학 또는 정치철학의 전형적인 형태가 되었고, 역학(易學)에서의 의리지학(義理之學)의 학문적 성취와 사상적 높이를 반영한다. 『역전』에서는 "성인은 괘상(卦象)을 구상하여 복잡한 관념을 확실하게 표현했고, 64개 괘(卦)를 설치해 은밀한 진위(眞僞)를 낱낱이 밝혀 냈으며, 문장에 기입해 하고자 하는 말을 마음껏 쏟아 냈다. 또한 시초점법을 만들어 괘효(卦爻)의 변화를 짐작할 수 없게 반복적으로 상통(相通)하게 함으로써 역괘의 역할을 충분히 발휘하여 사람들이 신념을 굳히고 역괘(易卦)를 미신하게 하여 그것의 신기함을 최대로 나타나게 하였다"549)라고 인정했다. 성인이 입상설괘(立象設卦)로 창안한 『주역』의 상수는 궁극적으로 표현하려는 내용을 최대로 표현하고, 점서 기호와 연관된 문사로 주장을 최대한 살렸다. 궁극적으로 표현의 내용이 합당하고 또한 여러 사람이 함께 시행할 수 있는 역경의 장점을 최대한 살렸으며, 문자가 사람의 정서를 북돋아 주는 책으로 역경은 선도·교화적 역할을 극대화했다. 이로부터 상수는 단지 매개 및 수단일 뿐이고 의리야말로 그 목적인 것이다. 그러므로 『역전』의 중점은 『역경』에 내포된 깊은 의리를 밝히는 것이다. "역괘(易卦)가 나타내는 세계와 천지는 마찬가지로 광대하기 때문에 하늘과 땅 사이의 모든 이치를 포용할 수 있다. 역괘를 창제한 성인은 머리를 들어 천문(天文)을 관찰하고 머리를 숙여 지리(地理)를 관찰하였기에 어둠과 광명의 도리를 알게 되었다. … 성인의 도는 천도의 도와 서로 부합되기에 상충하지 않는다. 성인의 지혜는 한없이 깊고 넓으며 만물에 두루 미치기에 그의 법칙으로 천하를 구제하면 잘못을 범할 일이 없을 것이다".550) 『역전』의 저자는 『주역』의 의리(義理)가 객관적 천지만물에서 비롯된 것이기에 천지만물의 준칙으로서 천지의 도(道)를 대표하고 실현할 수 있다고 강조했다. 상수역학(象數易學)이 종교적 신화의 요소가 다소 짙다면 의리역학(義理易學)은 일종의 이성(理性)을 요지로 하는 우주와 인생에 관한 철학체계이다. 『역전』이 비록 체계

---

549) 이학근(李學勤): 『십삼경주소(十三經注疏)』 제1권, 『주역정의(周易正義)』 권7, 『계사상(繫辭上)』, p.291.

550) 이학근(李學勤): 『십삼경주소(十三經注疏)』 제1권, 『주역정의(周易正義)』 권7, 『계사상(繫辭上)』, pp.266-267.

적으로 의리학(義理學)의 이론을 설명했지만, 정작 상수파(象數派) 역학과 길을 달리한 의리파(義理派) 역학을 형성한 것은 위진(魏晉)의 왕필(王弼)로부터 시작된 것이다. 왕필(王弼)은 노장(老莊)철학을 흡수하여 상수를 일소하고, 방법에서도 '득의망상(得意忘象)'을 주창하여 일련의 『주역』중의 의리(義理) 설명에 치중하는 의리역학(義理易學)을 내놓았다. 왕필의 뒤를 이어 송대(宋代) 이학사조의 정초자 정이(程頤)는 의리역학파의 발전을 더욱 촉진했다. 정이는 역학대가이자 이학의 종사(宗師)로서 왕필의 의리역학 전통을 계승했으나, 왕필의 노장설로 『역(易)』을 논하는 학문 방법을 배제하고, 초기유가의 대표적인 저서들, 예하면 『논어(論語)』·『맹자(孟子)』·『대학(大學)』·『중용(中庸)』의 의리관념으로 『주역』을 해설해 냄으로써 의리역학은 완전히 유가사상 전통으로 통합되었다. 정이의 역리(易理)는 그가 이학사상 체계를 구축하는 학리적 근거가 되었으며, 또한 일종의 도덕적 이성을 바탕으로 하는 유가철학 형태의 성숙을 상징한다.

본 장에서는 주로 현학과 이학의 『주역』의리학(義理學)에 대한 구축과정 및 사상 특색을 연구분석하고, 『역전』후에 의리역학(義理易學)의 구축에 큰 공헌을 한 왕필과 정이에 대해 중점적으로 분석하여, 그들의 의리역학에 대한 토론을 통해 현학 및 이학의 내재적 학문 논리 및 이러한 의리역학이 중국 사상문화사에 남긴 공헌을 심도있게 탐구해 보고자 한다.

제2절 왕필(王弼)의 『주역』의리학(義理學)

역학사(易學史)에서 왕필(王弼)은 의리파 역학의 뛰어난 대표인물 중의 한 사람임에 틀림없다. 그는 양한(兩漢) 시기 경학자들이 역학상 수의 신비 풍조를 탐닉하던 것에서 탈피하여, 『역전』이 이미 다져놓은 의리역학의 사상전통을 더욱 확대 · 발전시켜 역학사에서 의리학 형태를 구축하고 완성시켰다. 중국 현대 철학자 탕용동(湯用彤)은 "위진 경학의 위대한 업적 중에 왕필의 『역(易)』이 으뜸이다"551)라고 평가한 바와 같다.

학문계에서는 역대로 왕필의 『주역』관련 학문 연구를 중시해 왔으며, 이미 왕필의 『주역』의리학의 내용 및 학문적 특징에 대해 다각도로 탐구 · 분석해왔다. 본장에서는 선인들의 연구성과를 바탕으로 이러한 역학 형태의 의리학에 대해 한 단계 더 나아가 이론적으로 사고해 보고, 현학자의 역학이라는 독특한 학문적 형태를 『역(易)』의 역사와 연결시켜 역사적 차원에서 고찰해 보고자 한다.

1. 의리(義理)의 학문형식적 특징

왕필(王弼)이 역학사에서 중요한 지위를 차지한 것은 그가 상수역학(象數易學)에 과감히 도전하여 의리역학의 학문적 체계를 확립하고

---

551) 탕용동(湯用彤): 『위진현학논고(魏晉玄學論稿)』, 상해세기출판그룹(上海世紀出版集團), 2005년판, p.69.

완성시켰기 때문이다. 그렇다면 '의리(義理)'란 무엇인가? 하는 문제
는 그와 대응되는 '상수'와 연계하여 논의해야만 한다. 『주역』은 원래
길흉을 점치는 복서(卜筮) 서적으로, 『역경』에는 원래 점서(占筮)에
사용되었던 음효(陰爻, --)·양효(陽爻, -)·팔괘(八卦)·64중괘(六十四
重卦)·384효(爻)로 구성된 상수체계가 포함된다. 다른 한편으로『역
경』에는 64괘·384효와 대응하는 괘명(卦名)·괘사(卦辭)·효사(爻
辭) 등이 포함되어 있는데 이러한 문자에는 사회·인생 경험의 '의리
(義理)'가 담겨 있다. 『역전』은 복서(卜筮) 저서인 『역경』을 사상이론
으로 승화시켰다. 그러나 『역전』의 사상체계는 『역경』의 점서(占筮)
문화를 기반으로 세워졌기 때문에 우주와 인생의 대의(大義)를 밝히
는 '의리(義理)'의 특색을 지니고 있지만, 그 학문체계에는 여전히 '상
수'와 '의리' 두 방면이 포함되어 있다. 향후 『주역』을 연구하는 학자
들 역시 모두 이 상수와 의리라는 두 가지 방법에서 벗어날 수 없었다.
물론 상수와 의리는 모두 『주역』의 원형, 즉 복서지학(卜筮之學)과
연관된 것이고 모두 길흉화복의 결과에 대한 저자의 사유와 예측을
나타내고, 길흉회린(吉凶悔吝)에 대한 저자의 강한 관심을 나타낸 것
으로, 바로 『주역·계사(周易·繫辭)』에서 언급한 바와 같다.

그래서 『역(易)』은 혼돈의 본체(本體)를 지니고 있으며, 본체가 천지를
생성시키고, 천지가 사시(四時)를 생성시키고, 사시가 팔괘(八卦)를 생성
하며 팔괘가 길흉을 결정하며 길흉이 일의 미래 전망을 결정한다. …
역괘는 소음(少陰)·소양(少陽)·노음(老陰)·노양(老陽) 등 사상(四象)을
갖추고 그것으로 음양유강(陰陽柔剛)의 변화를 표시함과 동시에 문사(文

辭)를 덧붙임으로써 복점(卜占)의 결과를 나타낸다. 길흉을 확정하고 이로써 의난(疑難)을 판정한다.[552]

그러므로『역(易)』에 함축되어 있는 것은 괘상(卦象)이다. 괘상(卦象)이란 괘체(卦體)로 여러가지 사물을 상징하는 것이다. 상(象)은 곧 판결이다. 대효(大爻)의 변화는 천하 사물의 변화를 모방한 것이다. 그래서 길흉이 그 속에서 생기고 회린(悔吝)이 그 속에서 드러난다.[553]

여기에서 "『역』은 혼돈의 본체를 지닌다"라는 말은 서법(筮法)을 말하는 것이지 우주의 생성을 일컫는 말은 아니다. 서법(筮法)에는 원래 상수와 의리 두 가지가 포함되어 있는데 이들은 모두 행동결과의 성패와 득실 문제를 탐구하기 위한 것으로, 즉 가능한 빨리 길흉회린(吉凶悔吝)에 대한 운명을 예측해 내기 위한 것이다.

왕필(王弼)의 역리(易理)는 『역전』의리학을 계승・발전시킨 것이다. 왕필은 노장 도가의 형상적 지혜와 철학적 사변으로『주역』의 의리를 해석했지만, 그가 밝힌 것은 길흉회린(吉凶悔吝)의 결과를 예측하는 실용적 이성이지 우주의 원리와 철학적 이론을 탐구하는 이른바 '순수 이성'은 아니다.[554] 따라서 왕필의 의리역학을 해독할 때는

---

552) 『십삼경주소(十三經注疏)』제1권, 『주역정의(周易正義)』권7, 『계사상(繫辭上)』, pp. 289-290.

553) 『십삼경주소(十三經注疏)』제1권, 『주역정의(周易正義)』권8, 『계사하(繫辭下)』, p. 303.

554) 여돈강(余敦康)은 인정하기를, 왕필(王弼)이 말한 이(理)는 "추상적인 사변지리(思辨之理) 및 객관적 세계에 대한 순수한 이성적인 인식이 아닌 일종의 사람들의 실천과 밀접히 연관되어 있는 행위의 모델 및 준칙이며, 일종의 형세를 추진하여 유리한 방면에서 전환하는 응변의 방식임."(『위진현학사(魏晉玄學史)』, 북경대학 출판사, 2004년판, p.219). 왕효의(王曉毅) 역시 인정하기를, "왕필의 의리역학(義理易學)은 추상적인 철학적 원리를 총화하기 위한 것이 아닌 운명적인 법칙을 탐구함으로써 인류를 위해 최소 손실로 최대의 공리(功利)를 얻도록 하기 위해 봉사하는 것임." (『유석도와 위진현학의 형성(儒釋道與魏晉玄學形成)』, 중화서국(中華書

먼저 그와 연관되는 '의리(義理)'의 특징을 명확히 이해해야 한다. 왕
필의 '의리(義理)'는 결국 복서지서(卜筮之書)인『주역』을 바탕으로 재
탄생한 것이고,『주역』은 원래 사람들에게 길흉화복 속에서 정확한
판단을 내릴 것을 경고하는 것이기 때문에 의리역학은 순수이성의
철학적 원리 및 이론적 사변이 아니라 일상적 실천 및 실제적 공리(功
利)와 밀접히 연관되는 생활지혜의 결정체인 것이다. 왕필은『명괘적
변통효(明卦適變通爻)』에서 다음과 같이 서술했다.

> 괘(卦)는 어떤 한 시세(時勢)의 대의(大義)를 총괄한다. 효(爻)는 이러한
> 시세의 구체적인 변화에 호응하는 것이다. 시세에는 폐쇄되어 통하지
> 못하는 부폐(否閉)와 앞뒤가 열려 통하는 통태(通泰)의 구분이 있다. 그래
> 서 실제 응용에서 통태하면 실행하고 부폐하면 숨긴다. 괘(卦)에는 소인
> 의 도(道)와 군자의 도(道)가 있다. 소인의 도는 사험(辭險)이고 군자의
> 도는 사역(辭易)이다. 어떤 괘시(卦時)는 제지하다가 결국에는 반대로 작
> 용하고, 어떤 괘시는 길상(吉祥)이지만 결국에는 흉험(凶險)으로 뒤집히
> 게 된다. 그래서『역(易)』괘의 서열은 서로 결합하여 뒤집히지 않으면
> 바로 변하는 순서로 배열되며, 그 효(爻)는 괘체(卦體)의 변화에 따라 달라
> 진다. 그러므로 실제 응용할 때 일반적인 법칙이 따로 없다. 사물의 운행
> 은 일정한 궤도와 양도(量度)가 없으며, 움직임에서 정지에 이르고, 굽힘
> 에서 펼침에 이른다. 오직 효상(爻象)의 변화만이 그것에 맞출 수 있다.
> 그래서 그 괘명(卦名)을 호칭하게 되면, 길흉은 겸비길류(謙比吉類), 건박
> 흉류(蹇剝凶類) 등의 제각각의 종류에 따라 모이게 된다. 그 괘시(卦時)를
> 총괄할 때 동정(動靜)으로 실제에 응용한다. 괘명(卦名)을 조회하여 그

局), 2003년, p.113)

길흉을 살피고, 그 괘를 열거할 때는 그 동정(動靜)을 관찰하는 것으로써 괘체(卦體)의 변화법칙을 볼 수 있다.555)

왕필은 괘의(卦義)·효의(爻義)에 관한 논술에서 음양은 상대적이고 운동변화의 변증법적 관념을 깊이 표현했는데, 이른바 "시세(時勢)에는 부폐(否閉)와 통태(通泰)의 구분이 있다", "결국에는 반대로 작용하게 된다"라는 음양 대립이 있는가 하면, "둘은 서로 결합되고 뒤집히지 않으면 곧바로 변한다", "오직 효상(爻象)의 변화만이 그에 맞출 수 있다"라는 운동 변화도 있다. 하지만 그것은 일종의 순수한 철학적 변증법적 사유가 아닌 현실의 공리득실의 생활실천과 밀접히 연관되는 실용적 이성과 결정의 사고이다. 왕필의 괘시부태(卦時否泰)에 대한 변증법적 사고는 원래 "움직임에서 시작하여 정지에 이르며, 구부림으로부터 시작하여 펴는 것에 이른다. 오직 효상(爻象)의 변화만이 그에 맞출 수 있다"라는 주체적 행동의 방안을 모색하는 것이고, 결국에는 길(吉)은 나아가고 흉(凶)은 피하는 공리적 득실의 문제를 해결하기 위한 것이다. 그러므로 왕필이 괘의(卦義)와 효의(爻義)를 탐구하는 근본 목적은 '길흉(吉凶)을 관찰'하고, 스스로 합당한 행위를 찾는 것이라고 말할 수 있으며, 이 합당한 행동이 바로 '의(義)'이다. '의(義)'는 곧 '이(理)'이기도 하다. 왕필은 "잘못이 있다 하더라도 그것의 준칙은 아니다. 의(義)는 곧 이(理)이다"556)라고 말했다. 이로부터 알 수 있다

---

555) 『왕필집교석(王弼集校釋)』하권, 『주역약예·명괘적변통효(周易略例·明卦適變通爻)』, 중화서국(中華書局), 1980년판, p.604.
556) 『왕필집교석(王弼集校釋)』하권, 『주역주·하경·해(周易注·下經·解)』, p.416.

시피 왕필(王弼)의 괘의(卦義)·효의(爻義)는 괘효(卦爻) 중의 '의리(義理)'로 이해할 수도 있는데, 그것은 항상 길흉회린(吉凶悔吝)의 결과와 관련있다. 물론 왕필의 의리역학을 논할 때는 이러한 생활의 지혜 및 보편적 법칙에 대한 추구와 양한(兩漢) 상수역학(象數易學)의 중대한 차이 및 역사적 진보를 충분히 인정해야 한다. 양한 시기의 역학(易學)은 계속해서 『주역』의 경(經)·전(傳)의 상수에 관한 사상 학설을 발휘하여 『주역』의 팔괘(八卦)·64중괘(六十四重卦)·384효(爻)의 서로 다른 배열 조합과 음양 두 기(氣)의 소장(消長)에 관한 괘기설(卦氣說) 등의 음양재이설(陰陽災異說)을 결합시켜 일종의 음양재이(陰陽災異)를 포함하는 상수역학(象數易學)을 형성해 냈다. 양한(兩漢)의 상수역학은 인간사의 길흉화복과 정치적 흥망성쇠를 자연의 비바람과 한온(寒溫) 및 해와 달의 교체와 연결시킴으로써 인간 세상사를 신비화하는 뚜렷한 특징이 있다. 또한 왕필의 의리역학은 양한(兩漢)의 상수역학에 깃든 음양재이(陰陽災異)의 신비한 기운을 일소하고, 초인간적 신비한 힘에서 길흉화복의 원인을 찾는 대신 인간세상의 길흉화복 및 흥망성쇠를 일상생활 실천 및 실용적 이성으로 장악할 수 있는 '이(理)'로 귀결시켰다. 즉 그가 언급한 바와 같다.

> 사물의 발생은 임의적인 것이 아니라 반드시 그의 법칙을 따른다. 통일될 때에는 반드시 근원이 있고, 회집될 때에는 반드시 통치자가 있기 마련이다. 그러므로 만물은 잡다하지만 난잡하지 않으며 사람은 많으나 인심은 혼란스럽지 않은 것이다.[557]

---

557) 『왕필집교석(王弼集校釋)』 하권, 『주역약예·명단(周易略例·明彖)』, p.591.

왕필의 역학은 64괘·384효에 대한 연구를 통해 변화무쌍한 사회의 형세와 처세 방법을 탐구하는 것으로 이른바 '의(義)', '이(理)'이다. 왕필의 역학이 탐구한 '의리(義理)'는 생활 실천의 길흉화복과 흥망성쇄를 결정할 수 있는데 이는 초인간적인 신비한 힘에서 비롯된 것이 아니라 바로 인간세상에 원천을 두고 있다. 이로부터 실용적 이성은 왕필의 의리역학(義理易學)의 가장 큰 특징임을 알 수 있다.

따라서 비록 왕필의 역학은 여전히 만물의 변화에 관여하는 주체인 신(神)의 신묘함을 궁리하고, 미묘한 변화인 기미(幾微)를 밝히는 '궁신연기(窮神研幾)'를 교화하지만, 그의 '신(神)'과 '기(幾)'에 대한 인식은 초자연적이고 초인간적인 신비한 의지로 인도하는 숭배가 아니라 현실적인 인간세상의 의리(義理)에 대한 인식이다. 그는 다음과 같이 언급했다.

> 『역(易)』은 기(幾)와 신(神)을 전수(傳授)하였다. 안회(顏回)는 어쩌면 잘못을 시정할 수 있을지는 몰라도 신(神)을 규명하고 미묘한 변화의 기미를 밝히는 연구는 잘못을 범하지 않았을 것이다. 도(道)를 이해한다는 것은 너무나 심오하다. 잘못을 버리고 가르침에 통달하고 정세하고 심묘한 언사(言辭)를 많이 공부한다면 그 함의를 알게 될 것이다.[558]

왕필이 언급한 '궁신연기(窮神研幾)'의 공부 역시 '사물의 변화 발생을 예견하는 은밀한 징후'에 대한 인식 획득을 기대했지만, 그는 길흉화복의 변화를 초자연적인 신의(神意)에 귀결시키지 않고, 『주역』에

---

[558] 『왕필집교석(王弼集校釋)』 하권, 『논어석의(論語釋疑)』, p.624.

담긴 64가지의 서로 다른 시세의 사회적 법칙에 대한 탐구와 사고로 유도함으로써 각 괘(卦)의 정황과 연관된 '시의(時義)'를 탐구해 궁극적으로는 재화가 일어나기 전에 사리에 맞게 교훈하고, 길(吉)을 바라고 흉(凶)을 피하는 목적을 달성하는 것이다. 이는 일종의 인간 세상사로 모든 것을 설명하는 것을 통해 '소이연(所以然)의 이(理)'를 탐구하는 역도(易道) 공부로서 이는 왕필의 의리역학 중의 '궁신연기(窮神研幾)'의 사상적 취지를 잘 보여준다. 그래서 한대(漢代) 역학의 상수학파(象數學派)가 초인간적인 신의(神意)에 의존해 길흉화복을 구하는 것과는 달리 왕필은 항상 괘(卦)·효(爻)의 해석에 대해 취의설(取義說) 혹은 괘덕설(卦德說)을 견지하는 실용적 이성의 정신을 지닌다. 예를 들어 왕필은 『건·문언(乾·文言)』에서 다음과 같이 설명했다.

> 1장에서는 모두 인간 세상사로 설명했다. 9는 양(陽)에 속한다. 양(陽)은 강직함을 대표한다. 하지만 강직함이나 연약함은 천하의 가장 좋은 도리가 아니며 아직 그 능력이 미치지 못한다. 그러므로 제왕들은 9를 사용하여 천하를 다스렸다. 사물의 변화를 이해하면 전부의 인과도리를 알 수 있다. 용덕(龍德)은 비록 강직하고 웅장한 기질이지만 경거망동하지 않는다. 웅크려 숨어 밖으로 드러나지 않는 것은 무엇 때문인가? 약하기 때문에 조심하는 것이다. 밖으로 드러내는 것은 시세(時勢)가 유리해 졌기 때문일 것이다. 효(爻)를 인간에 비유하고 위(位)를 시세(時勢)에 비유할 경우 인간이 경거망동하지 않는다면 시세를 알게 된다. 희창(姬昌)이 『주역』64괘 중 36괘를 행하면 군왕이 알게 될 것이고 공자가 바깥으로 돌아다니니 백성들이 모두 알게 될 것이다.559)

---

559) 『왕필집교석(王弼集校釋)』 상권, 『주역주·상경·건(周易注·上經·乾)』, p.216.

건괘(乾卦)는 64괘 중의 첫번째 괘로 두 개의 건(乾)을 경괘(經卦)로 구성하며, 6효(六爻)는 모두 양효(陽爻)이기에 건괘(乾卦)는 항상 "우주가 끊임없이 운행하기에 사람은 마땅히 천지를 본받아 영원히 앞으로 나아가야 한다"라는 덕의(德義)를 나타낸다. 또한 6효의 효사는 '용(龍)'을 강건함의 상징으로 삼으며, 용(龍)이 서로 다른 상황에서 나타내는 효의(爻義)를 나타낸다. 왕필은 군덕(君德)으로 용덕(龍德)을 해석하면서 서로 다른 효위(爻位)에서의 용이 취하는 상이한 행위방식, 예하면 '잠용물용(潛龍勿用, 발전 추세는 비교적 좋으나 다소 약소하다)', '혹약재연(或躍在淵, 용이 심연 속에 머무를 때도 있으니 형세의 필요에 따라 앞으로 나아가거나 물러선다면 틀림이 없을 것이다)', '비용재천(飛龍在天, 제왕의 재위를 비유함)', '항룡유회(亢龍有悔, 높은 지위에 있는 자는 교만하지 말아야 한다. 그렇지 않으면 뉘우침이 있을 것이다)' 등은 즉 군자의 덕을 갖춘 자는 항상 정세를 살펴가며 행동하고, 도리에 어긋나는 일을 하지 않아야 한다는 뜻이며, 군자는 서로 다른 사회 정세 속에서 '소이연(所以然)의 이치'에 부합되는 행위방식을 탐구하는 사람이라고 여겼다. 왕필(王弼)이 언급한 "효(爻)를 사람에 비하고, 위(位)를 시세(時勢)에 비한다면 사람은 경거망동하지 말아야만이 시세를 알게 된다"라는 말은 길흉(吉凶)과 회린(悔吝)의 결과를 결정하는 것은 바로 구체적인 정세 중의 의리(義理)임을 강조한 것이 분명하다.

왕필(王弼)이 역학(易學)에서 추론하고 고취시킨 의리(義理)는 원래 복서(卜筮)에 응용하던 『주역』의 서법(筮法) 형식과 밀접한 관련이 있

다. 왕필이 언급한 의리(義理)는 원래 『주역』의 팔경괘(八經卦)·64중
괘(六十四重卦)·384효의 괘상(卦象)·괘명(卦名)·괘사(卦辭)·효사
(爻辭)와 형식 면에서 밀접한 관련이 있으며, 종종 서법(筮法) 형식을
통해 의미와 이치를 표현하고 있다. 예를 들어 64괘의 괘의(卦義)에
대한 이해를 어떻게 얻는지에 대해 그는 '일효위주(一爻爲主)'의 관점
을 제기하면서 "무릇 단(彖)이란 모두 괘(卦)의 본체를 말한다. 괘(卦)
의 본체는 모두 효(爻)를 위주로 하고, 효(爻)의 아름다움을 밝히는
것으로 괘에 내포된 의미를 해석하는데, 『대유(大有)』가 곧 이런 것이
다"560)라고 언설했다. 그러면서 왕필은 또한 효변설(爻變說)을 제기
했는데, 즉 각 괘(卦) 의 6효(六爻) 사이에는 매우 복잡한 변화관계가
존재하는데, 효위(爻位)가 서로 다름으로 인해 효의(爻義)의 변화가
초래된다는 관점이다. "효(爻)는 무엇인가? 변화를 표시한다. 변화란
무엇인가? 진실과 거짓의 작위(作爲)이며, 진실과 거짓은 천명에 필요
한 것이 아니다. 따라서 모였다 분리되고 진퇴하는 것은 체(體)와 어
긋나는 것이다"561)라고 했다. 아울러 왕필은 괘의(卦義)와 효의(爻義)
사이는 또한 연동관계라고 지적했는데, 괘시(卦時)의 서로 다름이 효
위(爻位)의 작용을 결정하게 되며, 즉 "괘(卦)는 시세이고, 효(爻)는
시세에 따라 변화한다"라는 것이다. 다른 한편으로 주효(主爻) 역시
마찬가지로 괘의(卦義)를 결정할 수 있는데, 이른바 "비록 6효가 서로
교착되지만 그 근본원칙을 제시함으로써 사람들에게 알게 할 수도

---

560) 『왕필집교석(王弼集校釋)』 하권, 『주역약예·약예하(周易略例·略例下)』, p.615.
561) 『왕필집교석(王弼集校釋)』 하권, 『주역약예·명효통변(周易略例·明爻通變)』, p.597.

있다"562)라는 것이다. 요컨데 왕필 역학의 의리(義理)는 각 괘(卦)의 괘시(卦時) 및 각 효(爻)의 효위(爻位) 중에서의 의미를 제시했을 뿐이며, 양한(兩漢)의 상수역학처럼 역학의 상수를 자연재해와 현상, 계절 등의 자연현상을 연결시켜서 천신(天神)의 신비한 의지를 추측하지는 않았다.

그러나 여기에서 언급한 것은 단지 왕필의 의리역학의 학문적 형식 상의 특징일 뿐이며, '의리(義理)'의 사상적 본질 및 사상사적 의미에 더욱 주목해야 한다.

2. 의리(義理)의 인문적 함의

왕필(王弼)이 『주역』에서 밝힌 의리(義理)는 일종의 인생의 길흉회린(吉凶悔吝)을 예측하는 서점(筮占) 형식에서 비롯된 것이다. 『주역』의 인생에 대한 예측은 서점(筮占)의 형식을 통해 나타나기 때문에 역학 중의 '의리(義理)'는 독특한 사상적 특징을 나타낸다. 중국 현대 철학자 주백곤(朱伯崑)은 "『역전』에는 두 가지 언어가 있다. 하나는 점서(占筮)에 관한 언어이고, 다른 하나는 철학적 언어이다"563)라고 말한 바 있다. 사실 『역전』이든 왕필의 역학이든 그들이 밝힌 '의리'는 모두 점서(占筮)와 철학을 일체화한 것으로 일종의 '점서-철학'이

---

562) 『왕필집교석(王弼集校釋)』 하권, 『주역약예 · 명단(周易略例 · 明象)』, p.591.

563) 주백곤(朱伯崑): 『역학철학사(易學哲學史)』 제1권, 곤륜출판사(昆侖出版社), 2005년 판, p.61.

합일된 학문형태를 나타낸다.

주역학은 한편으로는 점서(占筮)와 관련된 상(象) · 수(數) · 사(辭)의 학문적 형식의 특징을 나타내고, 다른 한편으로는 자연 · 사회 · 인생 등을 포함한 객관적 법칙과 관련되는 사상적 내용의 특징을 나타낸다. 왕필의 견해에 따르면, 『주역』의 64괘는 64가지의 괘의(卦義)를 포함하고 있으며, 각각의 괘상(卦象)은 하나의 시세를 나타내기 때문에 이런 상황과 관련된 의리를 내포하고 있다. 그렇다면 각 괘의 의리는 그 상(象) · 수(數) · 사(辭)의 '점서(占筮) - 철학'의 『주역』학문적 형식과 관련있고, 또한 괘효사(卦爻辭) 및 전주(傳注)의 사상적 내용과도 관련있다. 왕필의 건괘(乾卦)에 대한 주석의 분석을 통해 그의 의리역학(義理易學)의 특징을 살펴보자.

『주역』의 64괘 가운데서 건괘(乾卦)가 으뜸이다. 건괘의 괘사(卦辭)는 "건은 으뜸이면서 형통하고 이로우면서 올곧다". 건괘의 괘덕(卦德)은 강건함을 나타내고, '용(龍)'은 강건함의 대표이다. 그래서 건괘의 6효(六爻) 효사(爻辭)는 '용(龍)'을 상징으로 시간별 변화에 따라 취해야 할 대응방식을 나타낸다. 『역경 · 건 · 구이(易經 · 乾 · 九二)』: "용(龍)이 땅 위에 나타나니 곧 귀족 왕공 같은 대인을 만나 뵙는 것이 이롭다". 이에 왕필은 다음과 같이 주석했다.

수양(修養)을 감추고 나타나서 견룡(見龍)이라 하고, 땅에서 나타나서 재전(在田)이라 한다. 일반적으로 은혜를 베푸는 것은 중간에 위치하며 어느 한쪽으로 치우치지 않는다. 비록 군왕의 자리에 오르지는 못했지만 군왕의 덕행을 지니고 있다. 처음에는(초하루) 드러내지 않고 후에(초사

흘)에는 신중하고 조심하다가 그 뒤(초나흗날)에 하늘로 날아오르며 지나침이 항극(亢極)에 이른다. 귀족을 접견하기 가장 좋은 날은 초이튿날과 초닷새날 뿐이다.[564]

『건 · 구삼(乾 · 九三)』: "성품이 고상한 사람(군자)은 모름지기 하루종일 자강불식해야 한다. 깊은 밤일지라도 조심하고 신중해야 한다. 마치 위태로운 처지에 놓여 있는 것처럼 조금도 태만하지 않아야 재난을 당하지 않는다". 이에 대해 왕필(王弼)은 다음같이 주석을 달았다.

하류사회의 상층과 상류사회의 하층 이런 부적절한 위치에 있으면 중강(重剛)의 위험을 겪는다.[565] 상(上)이 하늘에 위치하지 않으면 마음이 편안하지 않게 되고, 하(下)가 심연(深淵)에 위치하지 않으면 마음이 편안하게 그곳에 안착할 수 없다. … 높은 지위에 있을지라도 교만하고 사치스럽지 않고 낮은 위치에 있어도 근심걱정을 가지지 않으며, 그때 상황에 따라서 신중하며 자신을 버리지 않는다면 위험하고 힘들지라도 재난은 면하게 된다.[566]

『건 · 구사(乾 · 九四)』: "용이 하늘로 뛰어오르거나, 심연 속에 머물거나, 형세의 필요에 따라 앞으로 나아가거나 물러선다면 틀림이 없을 것이다". 이에 대해 왕필은 다음과 같이 주석을 달았다.

564) 『왕필집교석(王弼集校釋)』 상권, 『주역주 · 상경 · 건(周易注 · 上經 · 乾)』, p.211.
565) 번역자 주: 『주역』중의 건괘(乾卦)는 두 개의 건(乾)이 겹쳐서 이루어진 것이다. 3효(三爻)와 4효(四爻)는 모두 두 개의 건(乾) 사이에 위치하여 상하가 모두 양(陽)을 갖고 있기에 중강(重剛)이라고 함.
566) 『왕필집교석(王弼集校釋)』 상권, 『주역주 · 상경 · 건(周易注 · 上經 · 乾)』, pp.211-212.

낮은 위치를 떠나 높은 지위의 아래 쪽에 처해 있다면 천도혁신(天道革新)의 때가 온 것이다. 상(上)이 하늘에 위치해 있지 않고 하(下)가 심연(深淵)에 위치해 있지 않으며 중(中)이 인간(人間)에 위치해 있지 않다. 중강(重剛)의 위험을 겪으면서도 고정된 위치가 없는 것이며, 이것이 바로 진퇴무상(進退無常)이다. … 공적인 일에 전념하고 사적인 이익을 위해 나아가지 않으며, 의문이 있을 때 숙고한다면 잘못된 결과를 초래하지 않게 된다. 따라서 허물도 없게 된다.[567]

『건·구오(乾·九五)』: "용이 하늘에서 비상하니 큰 인물이 나타나는데 이롭다". 이에 왕필은 다음과 같이 주석을 달았다.

성공하거나 입신양명하는 것은 모두 하늘에 달려 있거늘 하필이면 기어코 높이 비상하려고 애를 쓰겠는가? 그러므로 '비룡(飛龍)'이라고 부른다. 용덕(龍德, 뛰어난 덕)이 하늘에 오른다면 높은 지위에 있는 자의 관로(官路)가 곧 형통할 것이다. 재위(在位)에 있는 자는 덕(德)에 의지하여 흥성해야 하며, 덕(德)은 재위에 있는 자에 의지하여 이어져야 한다. 지상(至上)의 덕에 의지하여 높은 자리에 올라야 한다. 모든 만물을 살펴보면 모두 이러하다.[568]

건괘(乾卦)의 괘의(卦義)에 대하여, 왕필은 『단전(彖傳)』의 "왕성하고 성대한 건원(乾元)의 기운이며, 만물을 창시하고 화생하는 동력자원으로서 이러한 강력하고 끊임없이 생장하고 번성하는 동력자원은 모든 천도(天道)의 운행 과정에 일관되어 있다"라는 사상을 계승하여 다음과 같이 해석했다. "천도(天道)를 갖추면 영원히 결손을 보지 않

---

567) 『왕필집교석(王弼集校釋)』 상권, 『주역주·상경·건(周易注·上經·乾)』, p.212.
568) 『왕필집교석(王弼集校釋)』 상권, 『주역주·상경·건(周易注·上經·乾)』, p.212.

는다고 장담할 수 있다. 만물의 수장으로서 천도(天道)에 가장 능란하지 않겠는가? 시작과 결속의 도리를 알기에 여섯분이 시기의 추세를 잘 읽어내고 성공할 수 있었다".569) 왕필의 괘의(卦義)와 효의(爻義)에 대한 해석에서 이 '의리(義理)'는 분명히 두 가지 함의를 지닌다. 하나는 점서(占筮) 형식으로 발전되어 온 의리인데 이 중에는 건괘의 괘체(卦體)와 6효의 효위(爻位)가 나타내는 덕의(德義) 및 "낮은 위치에서 벗어나 높은 위치 아래에 처하게 되면 천도(天道) 혁신의 시기가 다가온 것이다" 등이 포함된다. 다른 하나는 괘효사(卦爻辭)가 나타내는 군자가 마땅히 갖추어야 할 덕의(德義)이다. 예를 들면, "전심전력을 다해 공적으로 일을 처리하고, 사리를 도모하지 않으며, 의문이 생기면 곧 심사숙고한다" 등이다. 그러나 이런 괘의(卦義)와 효의(爻義) 중에 이중적 함의를 겸한 경우가 더 많다. 예하면 "일반적으로 은혜를 베풀며 어느 한쪽으로 치우치지 않고 중앙에 위치해 있으며 비록 군왕의 자리에 있지 않더라도 군왕의 덕행을 지니고 있다", "높은 자리에 있어도 교만하지 않고, 낮은 자리에서도 근심하지 않는다", "재위(在位)에 있는 자는 덕(德)에 의지하여 흥성해야 하며 덕(德)은 재위에 있는 자에 의지하여 지속되어야 한다. 지상(至上)의 덕에 의지하여 높은 자리에 올라야 한다"라는 것 등이다. 이러한 건괘와 6효에 내포된 의리에 관한 논술은 괘시 및 효위에 포함되어 있는 서법적 의리인 동시에 군자 혹은 군주가 입신처세에 있어서 마땅히 지켜야

<hr />

569) 『왕필집교석(王弼集校釋)』 상권, 『주역주·상경·건(周易注·上經·乾)』, p.213.

할 인문적 의리를 말하기도 한다.

왕필의 주역학에서 의리는 비록 위에서 서술한 두 가지 방면의 함의를 포함하고 있지만 짚고 넘어가야 할 것은 『주역』의 서법(筮法)적 방면의 의리는 표면적이고 형식적이며, 인문적 방면의 의리는 잠재적이고 내용적이라는 것이다. 우리가 왕필의 의리학 사상내용을 사상사적 측면에서 이해하려면 반드시 그 의리의 정치 윤리적 함의를 더 분명히 밝혀내야 한다.

왕필의 괘의(卦義)에 대한 해석은 바로 '이(理)'에 대한 인식으로써 그는 '의(義)가 곧 이(理)'라고 긍정했다. 이 '이(理)'는 사람들이 필히 마주해야 할 천하의 만사만물과 연관되기 때문에 '번이불란(繁而不亂), 중이불혹(衆而不惑)', '물수중(物雖衆)', '의수박(義雖博)' 등 견해는 바로 '이(理)'의 다양성과 복잡성을 표현한 것이다. 이 '이(理)'의 내용을 더 분석해 보면 유가의 명교에서 애써 지켜온 강상(綱常)의 정치질서와 윤리도덕적 관념이 모두 이 의리체계에 귀결되어 있음을 알 수 있다. 유가의 정치·윤리에 대한 명교적 본질은 왕필 의리역학(義理易學)의 중요한 구성부분이 되었다.

유가의 명교는 혈연적 가족윤리를 본위로 삼기 때문에 왕필의 의리역학은 가족제도와 그에 상응하는 윤리적 규범, 이른바 '가도(家道)'를 직접적으로 논증하고, 가족 질서의 안정을 수호해야만이 길복(吉福)을 도모할 수 있다고 주장했다. 『주역』에는 『가인(家人)』괘가 있는데, 왕필은 『가인·구오(家人·九五)』중의 "그러므로 군왕은 가묘(家庙)에 가서 조상에게 제사를 올릴 때, 털끝 만한 우려마저 가지지 않아야만 비로소 조상들은 한 집안 식구 모두에게 복을 내려 보우해 주며 만사가 대길하게 된다"라는 말에 주석을 달면서 다음과 같이 말했다.

가(假)는 도달한다는 뜻을 지닌다. 정도(正道)를 몸소 실천하며 존귀한 자리에 있으며 손(巽)[570]을 깨닫는다. 군왕이 이러한 도리를 깨달을 수 있는 것은 가정이 있기 때문이며, 존귀한 자리에 있음에도 가정을 영위하는 도리를 터득하게 되면 그의 신하와 백성들 모두 그에게 감화된다. 아버지는 아버지로서의 책임이 있고, 자식은 자식으로서의 책임이 있으며, 연장자는 연장자로서의 책임이 있으며, 형제는 형제로서의 책임이 있으며, 남자는 남편으로서의 직책이 있으며, 여자에게는 아내로서의 부도(婦道)가 있다. 육친(六親)끼리 서로 화목하고 아끼고 사랑하며 가도(家道)가 바르면 천하가 곧 안정된다. 그러므로 군왕은 가묘(家廟)에 가서 조상에게 제사를 올릴 때 털끝 만한 우려마저 가지지 않을 때 비로소 조상들은 한 집안 식구 모두에게 복을 내리고 보우해 주며 만사가 대길하게 된다.[571]

부자 · 형제 · 부부 사이의 가족윤리는 명교 사회의 기반이고, 유가 '오륜(五倫)' 중의 '삼륜(三倫)'을 차지하기에 왕필은 "가정을 영위하는 도리를 알고 있어야 한다"라고 강조하면서, 가정을 제대로 다스려야 치국 · 평천할 수 있으며, 이른바 "가도(家道)가 바르면 천하도 역시 안정된다"라고 지적했다. 가족제도가 원래 존비(尊卑)질서를 근거로 삼기 때문에 이러한 명분하의 등급존비제도는 마치 『주역』중의 음양

---

570) 번역자 주: 손(巽), 팔괘 중의 하나로 풍(風)을 뜻함.
571) 『왕필집교석(王弼集校釋)』하권, 『주역주 · 하경 · 가인(周易注 · 下經 · 家人)』, p.403.

질서를 어지럽혀서는 안 된다는 것과 같이 아주 엄격했다. 즉 이른바 "지위에는 존비(尊卑)의 구분이 있고, 효(爻)에는 음양의 구분이 있는 바, 양(陽)은 존귀한 지위에 처해있고, 음(陰)은 저열한 지위에 처해있다"572)라는 것이다. 여기에서 말하는 효위(爻位)는 가족의 위계질서에 대한 표현이라고도 볼 수 있다. 왕필은 이상적인 사회윤리의 질서는 우선적으로 모든 사람이 가족의 명위(名位) 본분을 엄수할 것을 강조해야 한다고 여겼고, 동시에 존귀함과 비천함, 윗사람과 아랫사람 간에 화목하게 지내고, 반드시 '서로 사랑하고 아끼고 즐겁게 지내며, 가도(家道)를 바르게 유지해야 한다'라고 주장했다.

유가 명교의 핵심은 바로 군주와 신하가 기본적 강상질서인 정치사회이다. 유가의 '가국동구(家國同構)'라는 이념에 따라 가족구성원 간의 존비(尊卑)서열 및 친애(親愛)의 부자관계로부터 국가 즉 군인신충(君仁臣忠)의 정치윤리적 관계로 확장하는 것이다. 왕필은 『주역』을 주석하면서 설명한 괘의(卦義)에서 형식적·표면적으로는 음양강유(陰陽剛柔)의 존비(尊卑) 및 교감(交感)의 관계를 언급했고, 내용적·본질적으로는 명교사회의 정치윤리적 관계를 언급한 것이다. 『익·구오(益·九五)』에서는 "모든 사람이 원하는 대로 성실하고 백성을 이롭게 하는 것이니 묻지 않아도 대길이다. 성심성의껏 나의 은덕에 은혜를 베풀고 또한 성심성의껏 만물에게 은혜를 베푼다면 만물도 상응하게 보답할 것이다"라고 서술했다. 그러므로 효(爻)는 지존의 위치에

---

572) 『왕필집교석(王弼集校釋)』 하권, 『주역약예·변위(周易略例·辯位)』, p.613.

있는 것이며, 왕필의 주석에는 그 정치윤리적 의미를 다음과 같이 표현했다.

> 거취가 존귀한 위치를 얻으면 이익이 되는 주인을 얻게 된다. 이익을 구하는 것이 가장 중요하지만 이익을 구함과 동시에 성실하고 신용을 지켜야 한다. 백성을 이롭게 하는 마음이 가장 중요하지만 동시에 내심을 어겨서는 안 된다. 그러므로 백성을 사랑하는 사람은 백성의 이익을 구하기에 백성을 위하는 마음이 헛되지 않고, 모든 사람이 원하는 대로 성실하고 백성을 이롭게 하는 것이니 묻지 않아도 대길이다. 성심성의껏 나의 은덕에 은혜를 베풀고 또한 성심성의껏 만물에게 은혜를 베푼다면 만물도 상응하게 보답할 것이다. 그러므로 '나의 은덕에 성심성의껏 은혜를 베풀어야 한다'라고 말하는 것이다.[573]

여기서 왕필이 말하는 것은 바로 군주와 신하 및 군주와 백성 사이의 상호 호혜·호의적인 교감관계이며, 존귀한 지위에 있는 군주는 마땅히 성실하고 신용을 지키고, "백성을 이롭게 함으로써 이익을 도모"해야 하며, 신하과 백성은 군주의 성심과 은혜를 받고 그에 상응하는 보답을 하는 것이 조화로운 명교 질서라는 것이다. 왕필은 이런 정치질서 속에서 군주를 존경하고 백성을 중심으로 삼는 덕치(德治) 관념을 줄곧 주장했다. 그는 『관·구오(觀·九五)』에 주석을 달 때 "백성에 대한 군왕의 교화는 마치 바람에 흔들리는 풀과도 같은 것이기에 백성들의 관습을 살펴보면 곧 자신이 어떻게 백성을 통치하였는가를 살필 수 있다. 백성에게 죄가 있으면 곧 군왕의 허물이고, 백성

---

573) 『왕필집교석(王弼集校釋)』하권, 『주역주·하경·익(周易注·下經·益)』, p.430.

들이 모두 군자의 풍모를 지녔다면 군왕은 곧 허물이 없는 것이다. 군왕은 교화의 주인이니 자신의 잘못을 찾으려면 백성을 살펴보면 될 것이다"[574]라고 서술했다. 군주는 정치적으로 지존의 지위에 처해 있기에 조화로운 명교질서를 세우는 가장 큰 책임을 진다는 것이다.

왕필은 유가 명교의 사상전통을 계승해 가족 및 국가의 사회정치질서를 덕치와 인정(仁政)의 체계에 포함시켰다. 이는 중국 현대 철학자 탕용동(湯用彤)이 "왕필은 운의 좋고 나쁨은 모두 자신의 운명에 달려 있다는 것을 알면서도 사람들에게 바른 길을 갈 것을 권했다. 그렇다면 이는 형식적으로는 도가(道家)에 속하지만 왕필은 일을 처리하고 사람을 대하는 측면에서는 그래도 유가의 풍격을 매우 마음에 들어했다"[575]라고 평가한 바와 같다.

왕필의 의리역학(義理易學)을 연구하는 과정에서 그가 『주역』을 주석하면서 밝힌 의리(義理)는 유가 명교의 윤리를 그 중에 포함시켰고, 그가 언급한 "사물의 생성은 임의적이지 않고 반드시 그 자체의 이치가 있는 것이다"라는 주장에 들어있는 '이(理)'에는 유가 명교의 이(理)가 포함되어 있다. 또한 왕필은 항상 명교 및 예의 준수를 길흉회린(吉凶悔吝)의 결과와 결부시켰다. 그는 『주역』에 주석을 달 때 거듭해서 다음과 같이 말했다.

574) 『왕필집교석(王弼集校釋)』 상권, 『주역주 · 상경 · 관(周易注 · 上經 · 觀)』, p.317.
575) 탕용동(湯用彤): 『위진현학논고(魏晉玄學論稿)』, 상해세기출판그룹(上海世紀出版集團), 2005년판, p.85.

부녀자는 남편의 제약을 받고, 신하는 군주의 제약을 받으며, 정도(正
道)를 지켜야만 절개를 잃지 않게 되므로 "부녀자는 반드시 정도(正道)를
지키는 것으로 위험에 대비해야 한다" 라고 하는 것이다.576)

건장한 사람이 예의를 어기면 흉폭한 사람으로 변하여 건장함의 의미
를 상실하게 되기에 군자는 강하면서도 예의를 지켜야 한다.577)

만물을 몰래 숨기지 않으면 만물은 모두의 것이다. 만물을 의심하지
않으면 만물도 성실하게 상대해 준다. 공평무사하면서도 성실하고 신용
을 지킨다면 재난을 방비할 이유가 있겠는가? 말을 하지 않아도 행위를
가르칠 수 있는데 어떠한 작위(作爲)를 위신(威信)에 비할 수 있겠는가?
대유(大有, 괘명)가 이러한 도리를 행하지 않는다면 어찌 운수가 대통할
수 있겠는가.578)

왕필은 유가의 명교질서와 예의제도를 마땅히 지켜야 할 '이(理)'로
간주하고, 이 '이(理)'를 준수할 것인지의 여부는 길흉회린(吉凶悔吝)의
결과와 서로 연관되어 있음을 강조하였는데 이는 바로 의리역학(義理
易學)이 지닌 실용적 이성(理性)의 특징을 체현한 것이다.

3. 실용적 이성(理性)의 의리(義理)

왕필(王弼)이 구축한 의리역학(義理易學)은 양한(兩漢) 시기의 천상
재이(天象災異)로 『주역』을 설명하는 전통에 반대하면서 의리(義理)로
역학을 설명하는 데 중점을 두었다. 당나라 학자 이정조(李鼎祚)는

---

576) 『왕필집교석(王弼集校釋)』 상권, 『주역주 · 상경 · 소축(周易注 · 上經 · 小畜)』, p.267.
577) 『왕필집교석(王弼集校釋)』 하권, 『주역주 · 하경 · 대장(周易注 · 下經 · 大壯)』, p.387.
578) 『왕필집교석(王弼集校釋)』 상권, 『주역주 · 하경 · 대유(周易注 · 上經 · 大有)』, p.291.

"정현(鄭玄)은 주로 천상(天象)을 연구하고, 왕필(王弼)은 주로 인간사를 설명했다"[579]라고 평했다. 확실히 한대 유가의 상수역학(象數易學)은 음양재이(陰陽災異)에 대한 연구를 중시했기에 『주역』중의 원래 복서(卜筮)와 관련된 상수를 재이(災異) 및 길상과 관련있는 천상(天象) 및 물후(物候)와 결부시켰다. 그리고 왕필의 의리역학(義理易學)은 의리(義理)에 대한 사고를 중시했기 때문에 '소이연(所以然)의 이(理)'에 대한 인식, 이른바 그가 언급한 "사물의 변화를 이해하면 모든 인과관계에 관한 이치를 알 수 있게 된다"[580]라는 것이다. 왕필이 인간사로 『주역』을 해석했기 때문에 그가 이해하고 설명한 괘의(卦義)는 모두 인간사와 분리불가의 관계이며, 그가 인식하길 희망한 "소이연(所以然)의 이(理)"는 정치·군사·경제 및 사회생활 각 방면의 인간사 활동과 밀접한 연관을 맺고 있다.

『주역·계사전(周易·繫辭傳)』에는 "『역경』을 저술한 사람은 아마도 우환이 있는 것 같다"라는 말이 있다. 『주역』을 펴낸 사람이든 『주역』에 주석을 단 사람이든 모두 인간사회의 깊은 우환의식과 밀접한 관계를 갖고 있다고 봐야 한다. 사회적 삶의 자체가 원래 길흉화복이 교체하는 무상한 변화 속에 처해 있는 것이다. 그렇다면 이러한 변화무상한 사회적 삶 속에서 어떻게 예측할 수 없는 길흉회린(吉凶悔吝)의 결과를 파악해 낼 것인가? 사람들은 어떻게 합당한 행동 방안을 정확히 선택할 것인가? 상수역학이든 의리역학이든 모두 매우 강한

---

579) 이정조(李鼎祚):『주역집해서(周易集解序)』, 구주출판사(九州出版社), 2003년판, p.21.
580) 『왕필집교석(王弼集校釋)』 상권, 『주역주·상경·건(周易注·上經·乾)』, p.216.

우환의식을 갖고 있는데, 상수역학은 단지 외재적인 천문역수(天文曆數)의 변화에서 길흉회린(吉凶悔吝)의 근거를 찾으려 했을 뿐이며, 의리역학(義理易學)은 현실사회에서 길흉회린의 객관적 법칙을 탐구하고 결정하는 데 주력했다. 그래서 왕필의 의리역학은 늘 삶의 길흉회린에 대한 깊은 우환의식을 나타냈다. 그는 "길흉(吉凶)에는 모두 시기가 있기에 거슬러서는 안 된다. 동정(動靜)에는 도(度)가 있기에 그 선을 넘어서는 안 된다. 시기를 거스르는 것은 죄과가 크고, 도를 넘어서는 것 역시 죄과가 크다"[581]라고 강설했다. 또한 왕필은『주역』속에서 '의리(義理)'를 밝히는 데 열중했고, 그가 탐구한 이른바 '괘의(卦義)', '괘덕(卦德)', '효의(爻義)'는 사실 입신행사(立身行事)를 통해 객관적인 사회정세를 옳바르게 파악하여 합당한 행동방식을 선택함으로써 변화무상한 상황에서 맑은 정신을 유지하여 길흉화복(吉凶禍福)에서의 확고한 위치를 차지하기를 바란 것이다.

원래『주역』의 경전(經傳) 저자는 예의도덕과 길흉회린은 밀접한 내재적 연관이 있음을 강조했다. 하지만『주역』경전은 또한 그와 연관되는 근거를 세계를 지배하는 천신에게 귀결시켰기 때문에 이성적 정신은 억제되었다. 양한(兩漢)의 상수역학(象數易學)이 예교(禮敎)와 재이(災異)를 연관시킨 것도 역시 천신(天神)의 대군(大君)에 대한 신앙에 근간하기 때문에『역전』의 이성적 정신을 억압하였다. 왕필 의리역학의 가장 큰 특색은 천도무위(天道無爲)를 주장하고, 길흉회린과

---

581)『왕필집교석(王弼集校釋)』하권,『주역약예 · 명괘적변통효(周易略例 · 明卦適變通爻)』, p.604.

현실적인 이성적 사고를 결합시킴으로써 신령괴이(神靈怪異)에 대한 숭배를 배제한 것이다. 그러나 왕필 역학의 의리에서 길흉과 연관될 수 있었던 근거는 무엇일까? 이 문제의 해답을 얻기 위해서는 왕필 역학에서 의리의 이성적 본질에 대한 분석을 보다 더 심오하게 분석해야 한다.

왕필 역학의 의리(義理)에는 사실 시세 및 이칙(理則)에 대한 이성적 사고가 담겨 있다. 왕필의 역학에서 괘의(卦義)는 시세를 의미하고, 효의(爻義)는 주체가 응변함에 있어서 반드시 따라야 할 법칙을 의미한다. 괘의(卦義)는 종종 일종의 필연적인 이(理), 즉 "사물의 생성은 임의적이지 않고 반드시 그 자체의 이치가 있는 것"이고, 효의(爻義)는 주로 일종의 정의로운 도덕성을 위해 응당 행해야 할 행동들인 응연지의(應然之義)로 구현된다. 왕필은 괘의(卦義)는 각 괘(卦)에 의해 나타나는 시세(時勢)에 의해 결정되는 것이며, 『주역』64괘의 괘의(卦義)는 인생이 직면하는 온갖 안위 · 역경과 순경 · 길흉 · 득실의 서로 다른 시세에서 비롯된다고 주장했다. 왕필은 괘의(卦義)를 길흉(吉凶) 두 가지 유형으로 분류했는데, 이는 바로 시세에 관해서 말한 것이다. 비록 64괘는 각기 다른 시세에 의해 그와 연관되는 '필연적 이(理)'의 괘의(卦義)가 결정되지만, 각 괘 중의 개개의 일효(一爻)는 '시의 적절한 변화'를 거쳐야만 이런 각기 다른 시세를 충분히 이용하고 적응할 수 있다. 다시 말해서 괘의(卦義)를 파악함으로써 "위험에 처하더라도 대처할 수 있고", "약소하지만 적을 두려워하지 않고", "걱정은 하되 동란을 두려워하지 않고", "연약하지만 결단을 내릴 수 있다"[582]라는 것이다. 이러한 시세에 순응하여 '시의 적절한 변화'를 취하는 효의(爻義)가 바로 실용적 이성에 의해 구축된 응연지의(應然之義)의 이념이다. 각 효(爻)의 효의(爻義)는 종종 주체가 서로 다른 시세에 처해서 취하는 대응방식 및 행동방식과 연관된다.

왕필은 서로 다른 괘의(卦義)의 시세에 순응하기 위해 실용적 이성(理性)으로 일련의 '시의 적절한 변화'의 효의(爻義)를 만들기 위해 노력했다. 비록 이러한 효의(爻義)는 매우 복잡했기 때문에 '이수박(理雖博)', '의수박(義雖博)'의 견해가 나왔으나 결국에는 두 가지 유형으로 분류된다. 첫째는 변증법적 지혜 유형에 속하는 것으로 각종 유형의 생활경험을 이성화(理性化)로 개괄·총화 및 향상시키는 것이다. 예하면, 왕필이 『주역주(周易注)』에서 『곤괘·단전(坤卦·彖傳)』의 주석에서 언급한 '유순(柔順)'의 뜻을 포함한 64괘에 대해 주석을 달면서, "땅과 하늘이 서로 쟁탈한다면 기필코 양자에게 위험이 미칠 것이다. 땅의 형체는 강건한 천덕(天德)과 서로 화합하여 서로 쟁탈하지 않아야만이 비로소 장구함을 보장하고 만물을 생성하는 역할을 발휘하여 만물을 품을 수 있다. … 체(體)는 방정(方正)하고 성(性)은 강직하기에 태강(太剛)이라 한다. 그러므로 반드시 '암말(牝馬)'이어야 한다. 성은 유순하고 체형은 둥글어서 태유(太柔)라고 부르며, 반드시 올바름을 오랫동안 유지하는 '영정(永貞)'이다. 만약 그 곤(坤)에 '암말(牝馬)'도 없고 '영정(永貞)'도 없다면 안녕을 구하기는 매우 어려울

---

582) 『왕필집교석(王弼集校釋)』 하권, 『주역약예·명괘적변통효(周易略例·明卦適變通爻)』, p.604.

것이다"583)라고 서술했다. 『송괘·구오(訟卦·九五)』를 주석할 때 '중정(中正)'의 뜻을 논하면서, "95의 정중앙에 놓이는 것으로 시비곡직을 판단한다. 95의 정중앙에 자리하고 공정함을 지키면 실수를 범하지 않게 된다. 어느 한쪽으로 치우치지 않고 중정(中正)하면 사악(歪邪)하지 않게 되며, 강정(剛正)하면 깊이 미혹되지 않게 되며, 공정(公正)하면 편파적이지 않게 된다"584)라고 설명했다. 『태괘·육오(泰卦·六五)』를 주석하며 음양 '교태(交泰)'의 뜻을 논할 때, "태(泰)란 음과 양이 서로 융합될 때를 가리킨다. 제을(帝乙)의 누이는 지위가 존귀하여 상체지중(上體之中)의 군위(君位)에 오르게 되었다. … 이로써 음양교태(陰陽交泰)를 실현하는 데 큰 도움이 되는데, 이는 더없이 큰 상서로움이다"585)라고 묘사했다. 『수괘·구오(隨卦·九五)』의 주석에서 수시(隨時)의 뜻을 논할 때, "95의 정중앙에 위치해 세상만물을 따르고 적당한 시기를 따른다면 만물의 성실과 진심을 얻기 때문에 미선(美善)·길상(吉祥)이라 부른다"586)라고 설명했다. 『이괘·초구(頤卦·初九)』를 주석하며 '이양(頤養)'의 뜻에 대해서 "세상에 몸을 붙이고 살아가는 용신(容身)을 바란다면 타인과 다투거나 비교하지 말고, 수련을 통해 자신의 승화를 바란다면 스스로 마음을 가다듬어 정신 수양을 해야한다. 도덕과 도의를 지키면 복이 이르고, 고관봉록

583) 『왕필집교석(王弼集校釋)』 상권, 『주역주·상경·곤(周易注·上經·坤)』, p.226.
584) 『왕필집교석(王弼集校釋)』 상권, 『주역주·상경·송(周易注·上經·訟)』, p.251.
585) 『왕필집교석(王弼集校釋)』 상권, 『주역주·상경·태(周易注·上經·泰)』, p.278.
586) 『왕필집교석(王弼集校釋)』 상권, 『주역주·상경·수(周易注·上經·隨)』, p.305.

을 추구한다면 굴욕을 초래하게 될 것이다. … 자신을 길러주는 지극한 도를 버리고 타인의 고관봉록을 탐하고 비교하며 남에게 의지한다면 흉험할 수 밖에 없다"[587]라고 해석했다. 이상에서 인용한 의리(義理)는 모두 여러 가지 다른 상황과 시세 속에서 취해야 할 태도 및 책략을 가리키는데 그 내용은 주로 생활실천에 바탕을 둔 변증법적 지혜 및 실용적 이성이다.

둘째, 도덕관념에 속하는 것이다. 왕필의 『주역』주석 중의 효의에는 명교사회와 관련된 윤리준칙, 도덕관념도 많이 포함되어 있는데, 이것 역시 서로 다른 괘상(卦象)에서 규정한 상황과 시세 속에서 취해야 할 인생태도와 행동방식을 말한다. 예하면, 왕필은 『건·구오(乾·九五)』에 주석을 달 때 덕(德)과 위(位)의 동일함을 창도하면서 "지위가 높음으로 고상한 덕행으로 뒷받침해 주고, 덕행이 고상한 것은 높은 지위로 나타낼 수 있다. 지위가 높고 덕을 훌륭하게 갖춘 후에 세상만물을 굽어보는 것이 가장 마땅한 것이 아니겠는가 ! "[588]라고 언급했다. 『가인괘·상구(家人卦·上九)』에 주석을 달 때는 은위(恩威)를 다 같이 중시할 것에 대해 거론하면서, "만물이 만약 위엄과 명망을 근본으로 하면 곧 은혜 베풂이 부족할까 걱정하게 되고, 인애를 근본으로 하면 위엄과 명망이 모자라지 않을까 걱정하게 된다"[589]라고 서술했다. 『절괘·구오(節卦·九五)』주석에서 절의(節義)

---

587) 『왕필집교석(王弼集校釋)』 상권, 『주역주·상경·이(周易注·上經·頤)』, p.352.

588) 『왕필집교석(王弼集校釋)』 상권, 『주역주·상경·건(周易注·上經·乾)』, p.212.

589) 『왕필집교석(王弼集校釋)』 하권, 『주역주·하경·가인(周易注·下經·家人)』, p.403.

를 논할 때, "95의 정중앙에 위치하고, 알뜰한 마음이 어느 한쪽으로 치우치지 않고 중정(中正)을 지키면 백성들이 고생하거나 목숨을 잃는 일이 없게 된다"590)라고 서술했다. 『중부·구오(中孚·九五)』를 주석하면서 군자의 성신지의(誠信之義)에 대해 논하며, "중정(中正)에 처해서 옳바르고 성심함으로 사귀며, 지존의 자리에 위치해 있으며 세상만물을 통솔한다면 무엇이든 포기할 것이라 믿을 수 있겠는가?"591)라고 말했다. 첫번째 유형에서 인용한 효의(爻義)가 주로 인생경험을 바탕으로 한 변증법적 지혜를 구현한 것이라면, 여기에서 인용한 효의(爻義)는 주로 덕성수양·애민애양(愛民愛養)·성신상교(誠信相交)와 같은 일련의 인생경험을 바탕으로 한 도덕적 이성이다. 왕필은 이와 같은 유형의 명교윤리와 연관되는 도덕적 이성 역시 사람들이 처한 서로 다른 상황 속에서 흉(凶)을 길(吉)로 대처하는 수단이라고 여겼다.

이로부터 알 수 있다시피 왕필의 효의(爻義)는 상술한 지(智)와 덕(德) 양면을 모두 내포하고 있다. 물론 왕필의 의리역학(義理易學)에서 이 두 가지는 나란히 병렬되거나 혹은 동등하게 양분되는 것은 아니다. 훗날 송대 유학자의 의리역학은 덕성을 본위로 하고, 지성(智性)은 항상 덕성에 의존했다면, 왕필의 의리역학은 분명히 지성(智性)을 본위로 하고, 그 의리 중의 덕성은 지성에 의존한다고 볼 수 있다. 그 분량적인 측면에서 보자면, 왕필의 『주역주(周易注)』는 각 효(爻)

---

590) 『왕필집교석(王弼集校釋)』 하권, 『주역주·하경·절(周易注·下經·節)』, p.513.
591) 『왕필집교석(王弼集校釋)』 하권, 『주역주·하경·중부(周易注·下經·中孚)』, p.517.

의 효의(爻義), 특히 각 괘(卦)의 주효(主爻)의 의미에 대한 규명에 있어서 길흉(吉凶) 시세에 대처하는 생활경험 및 변증법적 지혜에 대한 것이 많으며, 이들이 주요하게 의존하는 것은 음양교감 · 중정불편(中正不偏) · 적시지변(適時之變) 등의 생활경험에 기초한 변증법적 지혜이다. 그러나 도덕적 품성 및 명교질서 방면에 관한 효의(爻義)는 다소 가볍게 다루었을 뿐 아니라 항상 지성적 선택의 결과로써 생활경험에 의존하는 경우가 많았다. 그 중요성으로 말하자면, 효의(爻義)의 지적인 요소는 시세에 대처하고 길흉을 파악하는 관련 방면에서 더욱 효과적이다. 그것은 효의는 행동주체가 여러 가지 매우 복잡하고 변화무상한 정황 속에서 선택하는 행동방안을 나타내는 것이며, 왕필의 의리는 가족에서 조정(朝廷), 전쟁에서 치국(治國), 형옥(刑獄)에서 예의에 이르기까지 항상 길흉화복의 과정과 결과를 더욱 강조하였기 때문에 위험한 정세에 대처하는 변증법적 지혜가 여기에서 매우 중요한 위치를 차지하게 된다. 그리고 덕성의 효의 역시 시세를 따르고 길흉을 파악하는 일종의 지성적 선택이다. 예를 들면 어떤 상황 하에서 그가 설명한 효의 중의 덕성적 요소는 결국에는 지성적 요소에 의존하게 된다. 왕필은 『겸괘(謙卦)』를 주석하면서 다음과 같이 말했다.

　길상(吉祥) · 흉험(凶險) · 회한(悔恨) · 인색(吝嗇) 이 모든 것들은 행위
　동작에서 비롯된다. 행위동작의 유발 원인은 바로 눈앞의 이로움에서
　기인한다. 그러므로 자기의 음식 방면의 권익을 보호하기 위해서는 반드
　시 논쟁하게 된다. 논쟁이 붙게 되면 기필코 많은 사람들이 행동을 취하

게 된다. … 그러므로 육효(六爻)가 설사 실위(失位)·무응(無應)·승강(乘剛)과 같은 위험한 상황에 처하더라도 흉험·회한·인색함은 존재하지 않으며 겸손이 주도하게 된다. "겸손은 존귀한 자를 더욱 빛나게 하여, 비천한 자로부터 더욱 존중을 받게 한다"라는 말은 믿어볼 만한 가치가 있다.[592]

소송 및 징벌을 포함한 싸움에서 겸손의 의미는 사람을 대하는 덕성이자 일을 처리하는 지혜이기도 하다. 그러나 왕필은 겸손이 중요한 덕의(德義)인 것은 무엇보다도 사람들이 재앙과 회개의 결말을 제거하여 길상의 목적에 도달할 수 있게 하는 것이라고 여겼다. 여기에서 지성(智性)의 실용적 이성(理性)이 지배적인 위치를 차지하고, 덕성적 요소는 곧 길흉회린(吉凶悔吝)에 관련된 삶의 지혜에 의존하게 된다. 이것이 왕필의 의리역학(義理易學)을 이해함에 있어서 소홀히 할 수 없는 점이다.

4. 본체론의 의리(義理)

생활경험을 중시하는 변증법적 지혜이든 명교적 질서를 중시하는 덕성 준칙이든 모두 왕필의 전적으로 인간사를 해석하는 의리역학에서 중시되었다. 왕필은 64괘·384효에 체현되는 여러 가지의 서로 다른 의리에는 천하의 만사만물에 대한 주도적 역할이 함축되어 있다는 것을 충분히 인식했다. 하지만 왕필은 『주역』을 해석하면서 수많

---

592) 『왕필집교석(王弼集校釋)』 상권, 『주역주·상경·겸(周易注·上經·謙)』, p.296.

은 의리 가운데 가장 근본적인 '지리(至理)'(혹은 태극(太極), 일(一))가 근본적인 결정 역활을 한다는 중요한 사상을 자주 내비쳤으며, 다음과 같이 논설했다.

> 그래서 스스로 총화하고 탐구해야 한다. 사물은 비록 번다하지만 일반적 법칙을 안다면 모든 것을 통제할 수 있다. 사물의 근본부터 관찰해야 한다. 비록 이치는 많지만 일반적인 이치를 안다면 모든 것에 대해 설명할 수 있다.[593)]

왕필이 언급한 '일(一)'은 천지만물을 지배할 수 있고 만사만물의 이치를 파악할 수 있는 것으로 그것은 바로 이른바 태극(太極)·지리(至理)·신(神)이다. 왕필은 이 '신(神)', '지리(至理)', '일(一)'의 천지만물을 통치하는 특징에 대해서 설명한 바 있었는데, 그는 『관괘·단전(觀卦·彖傳)』의 "성인은 신성한 도(道)로 교화하였기에 천하 백성들이 믿고 복종하지 않은 이가 없었다"라는 말에 주석을 달면서 다음과 같이 말했다.

> 총체적인 서술은 관앙(觀卬)을 대도(大道)로 삼는다. 형법제도로 만물을 마음대로 부린 것이 아니라 관앙(觀卬)을 관찰하는 것으로 만물을 감화하였다. 신도(神道)는 모양새가 없다. 대자연의 자연적인 운행을 볼 수 없으며 사계절의 교체는 오차가 없다. 성인이 백성을 마구 부리지 않으면 백성들은 자연스럽게 신하의 예절로 섬기게 되는 것이다.[594)]

'신(神)', '지리(至理)', '일(一)'이 비록 천지만물을 지배하지만 그 자체

---

593) 『왕필집교석(王弼集校釋)』 하권, 『주역약예·명단(周易略例·明彖)』, p.591.
594) 『왕필집교석(王弼集校釋)』 상권, 『주역주·상경·관(周易注·上經·觀)』, p.315.

는 무형무상(無形無象)한 것이다. 그렇다면 무형무상(無形無象)의 '신(神)', '일(一)'이 어떻게 천지만물을 지배할 수 있을까? 왕필은 대연지수(大衍之數)에 대한 창의적인 해석으로 이 문제를 풀었다.

'대연지수(大衍之數)'는 원래 점서(占筮)에 사용되는 시초의 수량을 말한다. 『주역』체계 중의 64괘 · 384효의 수많은 괘효(卦爻)는 사실 모두 고대인들의 시초를 사용하여 점을 치기 위해 산가지의 수를 셈하는 설시법(揲蓍法)에서 유래한 것이다. 시조로 점을 치는 설시(揲蓍) 과정에 사용한 방법은 『계사전(繫辭傳)』에서 언급한 "대연지수가 50이니 쓰는 수는 49이다", 즉 50개 중에 1개를 뽑아 내어 사용하지 않고 나머지 49개만 사용하여 각각의 괘(卦)와 효(爻)를 추론해 낸다. 양한(兩漢)의 상수역학은 '대연지수'에 대해 많은 신비한 해석을 내렸다. 왕필은 '집일통중(執一統衆)'의 우주본체론적 관점에서 『주역 · 계사전(周易 · 繫辭傳)』의 '대연지수(大衍之數)'에 대해 다음과 같은 새로운 해석을 내놓았다.

> 대연점복지도(大衍占卜之道)를 추산하는 데는 50가지의 시초가 필요하다. 그 중 49가지가 사용되고 1가지는 사용되지 않는다. 제외되는 1가지는 비록 사용되지는 않지만 다른 49수의 용도에 융회관통(融会貫通)되어 있으며, 비록 셈에는 넣지 않았지만 49수를 통솔하는 이 1은 태극(太極)을 나타낸다. '무(無)'는 모양새가 없을 수 없으며 반드시 '유(有)'를 통해 표시된다. 그러므로 '무(無)'는 항상 형상적인 물체의 극진처(極盡處)에 존재하며 틀림없이 그 근원을 똑똑히 밝히게 된다.[595]

---

595) 『왕필집교석(王弼集校釋)』하권, 『주역주부 · 한강백주계사상(周易注附 · 韓康伯注繫辭上』, pp.547-548.

왕필은 '1개는 사용하지 않는다'의 '일(一)'은 바로 태극(太極)이자, 형이상의 본체이며, 그 자체는 비록 사용되지 않지만 나머지 49 수의 운용에서 쓰임새가 발현된다고 주장했다. 왕필이 해석한 '대연지수(大 衍之數)' 중의 '일(一)', '태극(太極)'은 비록 형상이 없고 효용이 없는 '무(無)'이지만 오히려 형상이 있고 효용이 있는 '유(有)' 속에 존재한다 는 것이다.

이 점에 대해 왕필은 노자(老子)의 『도덕경(道德經)』을 주석하면서 더욱 명확히 논술하였다. "모든 사물은 무(無)에서 비롯된 것이기 때 문에 형상적으로 존재하는 사물이 없어 아무것도 이름을 붙일 수가 없을 때가 바로 만물의 초기단계인 것이다".596) "무형무명(無形無名) 의 도(道)가 곧 만물의 본원이다. 시기가 아무리 바뀌고 사물이 발전 한다해도 도(道)는 끊임없이 그 자체의 역할을 발휘하여 만물의 변화 를 촉진하고 조화시켜 왔다. 그래서 옛날의 도(道)로 오늘날의 일을 처리할 수 있다. 그것은 모든 지켜야 할 규칙은 변하지 않기 때문이 다".597) 왕필은 『도덕경(道德經)』은 무형무상(無形無象)의 '무(無)', '도 (道)'를 언급하지만 궁극적으로는 항상 '성치(成治)', '어금(御今)'의 '유 (有)'와 '물(物)'에 귀결시켰고, 그리고 『주역』은 인간사를 전적으로 해석하고 괘효(卦爻)의 '유(有)', '상(象)'을 논술하지만, '지리(至理)', '태 극(太極)', '일(一)'은 오히려 무소부재하게 '유(有)' 속에서 체현된다고 여겼다. 그럼에도 불구하고 왕필의 『주역』주석에서는 여전히 '유(有)'

---

596) 『왕필집교석(王弼集校釋)』 상권, 『노자도덕경주(老子道德經注)』 상편, 제1장, p.1.
597) 『왕필집교석(王弼集校釋)』 상권, 『노자도덕경주(老子道德經注)』 상편, 제14장, p.32.

속의 '무(無)'의 존재에 대한 논술을 발견할 수 있다. 앞에서 인용한 왕필의 『관괘(觀卦)』의 주석에서 이런 점이 잘 나타나 있다. 예를 들어 그는 『복괘·단전(復卦·彖傳)』의 "『주역』복괘(復卦)의 단사(彖词)는 아마 '천지지심(天地之心)'을 가장 적절히 해석한 것으로 볼 수 있다"라는 말을 해석하면서 다음과 같이 말했다.

> 『주역』의 복괘(復卦)는 실제로는 '반본(反本)', 즉 근본 혹은 본원으로 놀아가는 것을 말한다. 천지는 도(道)·무(無)를 그 근본으로 한다. 어떤 운동의 결과는 모두 필연적으로 평정(平靜)으로 돌아간다. 정(靜)은 동(動)이 있기에 비로소 존재하는 것이 아니다. 말의 결과는 틀림없이 침묵으로 돌아간다. 침묵은 말이 있기에 비로소 존재하는 것이 아니다. 천지는 광대하고 만물은 풍부하다. 또한 우레가 치고 바람이 불며 순식간에 천변만화한다. 그러나 '적연지무(寂然至無)'야말로 천지만물의 근본인 것이다. 동(動)은 상대적이고 일시적이며, 정(靜)은 절대적이고 영원하다. 천지는 반드시 무(無)를 근본으로 해야 한다. 만약 유(有)를 근본으로 삼는다면 이러한 근본과 상통하는 부분적인 사물만 성취시킬 수 있을 뿐 다른 사물은 등한시하거나 심지어는 부정하게 된다.[598]

왕필은 천지만물 중에는 만물의 운동변화는 궁극적으로 적막으로 돌아간다는 '적연지무(寂然至無)'의 본체가 존재하며, 이른바 '천지지심(天地之心)' 역시 이 '무(無)'를 본체로 삼는다고 주장했다.

이렇게 왕필의 역학에는 두 가지의 사상적 차원의 의리(義理)가 등장한다. 하나는 많은 괘의(卦義)와 효의(爻義)에 의해 나타나는 의리(義理)이다. 이는 사람들이 길흉화복(吉凶禍福)의 상황 하에서 올바른

---

598) 『왕필집교석(王弼集校釋)』 상권, 『주역주·상경·복(周易注·上經·復)』, pp.336-337.

이념을 세우고 합리적인 방안을 선택하는 것으로, 이러한 의리는 사람들이 길(吉)을 바라고 흉(凶)을 피하는 수단, 즉 이른바 "화와 복의 근원을 알면 함부로 말하지 않을 것이고, 대도(大道)의 이치를 알면 자신의 절개를 굽히지 않을 것이다"[599]라는 것이다. 분명 이런 의리는 일종의 실용적 의리이다. 다른 하나는 최고의 '지리(至理)', 즉 수많은 만물의 이치를 통제할 수 있는 태극(太極)·도(道)·일(一)이며, 이는 비록 형상이 없고 무작위(無作爲)한 것이지만 만물의 이치 사이에 존재하고, 수많은 만물의 이치를 통제하기에 이는 본체적 의리인 것이다. 이 두 차원의 의리(義理)의 차이점은 아주 뚜렷하다. 전자는 형이하의 현실적인 인생 및 사람들의 유위(有爲)적인 추구이다. 후자는 형이상의 초월적인 이상(理想)으로서 무위(無爲)적인 자연이다. 그러나 이 '태극(太極)', '도(道)'가 '불용이용(不用而用)', '무위이위(無爲而爲)'이기 때문에 사람들은 실생활에서 여러 괘효(卦爻)가 나타내는 구체적인 의리(義理)만 따르면 된다는 것이다. 왕필의 이러한 해석은 궁극적으로 태극(太極)의 존재를 해소시켰다. 그래서 왕필의 의리역학(義理易學)은 '유(有)'를 중점적으로 언급하고, '인간사에 대한 해석'을 통해 괘효(卦爻)의 의리(義理)를 설명했는데, 이는 그가 양한(兩漢)의 상수역학(象數易學)에서 천지만물을 지배하는 신비한 의지를 형상이 없고 무작위한 태극으로 대체했기 때문이다. 이에 따라 역학(易學)은 신의(神意)를 헤아리는 종교적 미신에서 의리(義理)를 숭상하는 실

---

599) 『왕필집교석(王弼集校釋)』 상권, 『주역주·상경·예(周易注·上經·豫)』, p.299.

용적 이성(理性)으로 진보하게 되었다.

왕필의 의리역학은 역학사에서 매우 중요한 사상적 위치를 차지하고 있다. 왕필은 학문사에서 최초로 본말(本末)의 철학적 사상으로 『주역』을 해석한 사상가로 역학 역사에서 개척성을 지닌 중요한 인물이 되었다. 중국 현대 철학자 탕용동(湯用彤)은 "왕필의 『주역』에 대한 주석 설명은 유가 형상학에 대한 새로운 해석의 성과이다"[600]라고 평가했다. 이런 탕용동의 왕필의 학문이 '유가의 형상학'에 중대한 공헌을 했다는 견해는 주목할 만하다. 사람들은 일반적으로 유가의 형상학 구축의 임무는 '신도가(新道家)'로 불리우는 현학과는 아무런 관련이 없다고 여긴다. 사실 현학의 기본적인 철학 사명이 바로 유가와 도가를 회통하여 명교와 자연을 합일시키는 것으로, 철학적으로 '자연'을 '명교'의 본체적 근거로 삼아 유가 윤리를 형이상학적 의미로 구현하는 것이다. 그래서 학계에서 현학을 '신유가(新儒家)'라고 부르는 까닭도 여기에 있다. 그러나 왕필 역학의 본체에 관한 철학이념은 『주역』 혹은 기타 유가 경전을 통해 취득·향상된 것이 아니라 바로 도가의 『도덕경(道德經)』에서 유입된 것이다. 이와 관련하여 왕필이 언급한 형이상적 본체는 형상이 없는 '무(無)'이고, 가치론적 측면에서는 무작위(無作爲)의 '자연(自然)'이므로, 유가가 추구하는 가치적 이상인 '유(有)'와 도가의 가치를 구현하는 '무(無)' 사이에 심각한 모순을 초래했으며, 유가가 숭상한 명교에 대한 실제 중시의 철학적 이념과

---

(600) 탕용동(湯用彤): 『위진현학논고(魏晉玄學論稿)』, 상해세기출판그룹(上海世紀出版集團), 2005년판, p.70.

도가가 숭상한 자연무위(自然無爲)의 철학이념 사이에 모순을 초래했다. 이런 의미에서 보면 왕필이 본말(本末) 관념으로 해석한 의리역학은 '유가의 형이상학'을 구축하는 임무를 완성하지 못했다고 말할 수 있다.

제3절 정이(程頤)의 『주역』의리학

중국 학술사에서 송학(宋學)의 흥기는 획기적인 역사적 의미를 가진다. 송학(宋學)은 『주역』의 연구를 매우 중시했으며 그 연구성과는 이루 말할 수 없이 많다. 그러나 많은 송대 역학의 연구 성과 중에서 가장 큰 위상과 영향력을 미친 것은 정이(程頤)의 『이천역전(伊川易傳)』으로 그 중요성은 송대(宋代) '사서학(四書學)'의 상징적인 성과인 주희(朱熹)의 『사서장구집주(四书章句集注)』에 견준다. 정이의 역학은 송학(宋學) 중의 의리파(義理派)에 속하며, 이학 사상체계의 경전적 근거이자 학리적 토대가 된다. 중국 현대 철학자 주백곤(朱伯崑)은 정이의 역학(易學)은 "의리학파를 새로운 단계로 끌어올림으로써 역학사적으로 획기적인 의미를 지닌다", "송명(宋明) 이학의 이론적 토대를 마련했다."[601]라고 인정했다.

중국 고대의 역학은 상수(象數)와 의리(義理)로 구분되는데, 북송(北

---

601) 주백곤(朱伯崑): 『역학철학사(易學哲學史)』 제2권, 곤륜출판사(昆侖出版社), 2005년 판, p.195.

宋) 시기에 역학이 크게 성행하면서 기본적으로 상수파와 의리파로 나누기도 하였다. 의리파(義理派) 역학의 대표자인 정이의 학술사상은 바로 왕필에게서 비롯된 것이다. 『사고전서총목제요(四庫全書總目提要)』에서는 역학의 의리파를 총논할 때 "왕필은 상수를 전면적으로 부정하고 노자(老子)와 장자(莊子)의 학설을 논술하고 연구했으며, 호원(胡瑗) · 정이(程頤) 시기에 이르러 유가 윤리를 천명하고 해석하기 시작했다"[602]라고 서술하고 있다. 이 단락은 왕필의 의리역학과 정이 사이의 밀접한 연관성을 설명하는 동시에 이 양자의 '노자와 장자의 학설을 논술 · 연구'와 '유가 윤리에 대해 천명 · 해석' 사이의 근본적인 차이도 지적하고 있다. 원래 역학사에서 의리파의 가장 중요한 대표 저서는 왕필의 『주역주(周易注)』와 정이의 『역전(易傳)』이다. 이 두 역학사의 명작은 전후의 전승 관계도 있지만 동시에 매우 중요한 차이점도 있다.

중국 학술사에서 정이 역학의 가장 큰 공헌은 유가 윤리의 형이상학 구축에서 창조적인 성과를 이룩했다는 것이다. 여기에서 정이『역전』의 왕필 학문에 대한 계승, 정이『역전』의 의리적 내용 및 철학사상을 포함하여 정이『역전』에 대해 연구하고, 유가 선비의 정신을 뒷받침하는 의리에 대한 탐구를 통해 송대 유학(儒學)의 의리역학과 현학의 의리역학 간의 계승 및 발전 관계를 파악해 보고자 한다.

---

[602] 기윤(紀昀) 등: 『흠정사고전서총목(欽定四庫全書總目)』, 『경부 · 역류(經部 · 易類)』, 중화서국(中華書局), 1997년판, p.3.

1. 정이의 의리역학(義理易學): 왕필의 의리학에 대한 학문적 계승

학계에서는 보편적으로 『이천역전(伊川易傳)』이 유가의 이치를 천명 · 설명하고 유가 윤리를 위한 형이상적 사상체계를 구축하는 데 큰 성과를 이룩했기 때문에 사람들이 정이(程頤)가 사상학술에서 선진의 공자(孔子)와 자사(子思)를 이어받고 호원(胡瑗)과 주돈이(周敦頤)에 근접한다고 여기는 것을 긍정하고 있다. 그러나 독특한 학문적 형태로서의 의리역학으로 보자면, 정이의 역학은 왕필 역학의 학문적 계승자이다. 정이는 제자들에게 『주역』에 대한 연구 경험과 방법을 강의하면서 다음과 같이 말했다.

> 역학을 연구한 저서는 수없이 많으니 모두 읽고 학습하기는 어렵다. 평소에 읽어본 적이 없어서 문장의 심오한 뜻을 이해하지 못할 경우에는 우선 왕필 · 호문정(胡文定) · 왕안석(王安石)의 역주(易注)를 읽고 숙독한 후에야 비로소 그 속에 들어있는 취지를 배울 수 있다.[603]

호문정(胡文定)과 왕안석(王安石)은 송대(宋代) 의리역학의 유명한 학자이다. 그러나 정이는 이전 역학의 대표인물로는 왕필 한사람만 꼽았으며, 세 사람 중에서 또한 왕필의 역학을 의리역학의 대표로 삼았다. 정이는 일생동안 역학 연구에 필사의 노력을 쏟았으며, 소년기에 역학을 접하기 시작해서 만년에 『이천역전(伊川易傳)』을 완성했

---

[603] 『이정집(二程集)』 상권, 『하남정씨유서(河南程氏遺書)』 권19, 중화서국(中華書局), 1981년판, p.248.

는데, 이 책에는 그의 모든 심혈이 깃들어 있다. 이에 그의 제자들은 "정이 스승님은 평생의 배움을 모두『역전』에 쏟으셨다. 스승님의 학문을 배우려면『역전』을 읽는 것만으로도 충분하다"라고 치하했다. 그러나 왕필의『주역주(周易注)』와 정이의『이천역전(伊川易傳)』을 비교해서 고찰해 보면 이 두 대가의 의리역학 사이에는 확실히 학맥의 계승관계가 존재함을 알 수 있다.

1) 역학의 독특한 학문형식 계승

왕필의『주역주(周易注)』와 정이의『이천역전(伊川易傳)』는 모두『주역』의 전주지학(傳注之學)이다. 비록 왕필은 '주(注)'의 형식을 취하고, 정이는 '전(傳)'으로 자신의 저작을 명명했으나, 이들은『주역』에 주석을 달 때에는 모두『역전』의『단전(彖傳)』·『상전(象傳)』·『문언(文言)』을 통해『역경』에 포함된 의리(義理)를 이해하고 설명했다. 왕필은 신비화된 양한(兩漢)의 상수역수(象數易數)를 가능한 배제하고『주역』원문에 표현된 우주자연 및 사회인생의 여러 법칙과 이치, 즉 이른바 '의리(義理)'를 이성주의적 태도로 이해하고 인식하기를 원했다. 왕필은 양한 시기에 성행한 신비적인 상수를 포기하고 공자가 지은 것으로 여겨지는『단전(彖傳)』·『상전(象傳)』·『문언(文言)』등을 직접 주석했다. 정이의『이천역전(伊川易傳)』은 왕필의 학문적 경로를 답습하여 이성주의적 태도로『주역』의 의리체계를 구축했고, 또한 공자의『단전(彖傳)』·『상전(象傳)』·『문언(文言)』을 통해『역경』에 담긴 의리를 이해하고 발휘했다. 왕필과 정이는 모두『역경』
에 직접 주석을 달아 의리를 구축하지 않고,『역경』에 대한『역전』의
해석을 자신의 학문적 기초와 전제로 삼았다.[604] 그리고 이들은 모
두 같은 문헌을 선택했는데,『이천역전(伊川易傳)』에서『서괘(序卦)』를
추가한 것 외에 그들이 선택한 것은 모두『단전(彖傳)』·『상전(象傳)』·
『문언전(文言傳)』이며, 『계사전(繫辭傳)』·『설괘전(說卦傳)』·『잡괘
전(雜卦傳)』은 전주(傳注)의 대상으로 선택하지 않았다. 이렇게 왕
필과 정이의 의리역학은 공통된 문헌 근거와 학문적 배경을 갖게
되었다.

또한 왕필과 정이는『주역』의 괘(卦)·효(爻)의 의미를 해석함에
있어서도 같은 길을 걸었다. 왕필의 의리학(義理學)은 주로 객관적
시세의 괘의(卦義)의 차이와 주체적인 상황 변화에 응변하는 서로 다
른 효의(爻義)를 탐구했다. 그는 "괘(卦)는 시기를 말하는 것이고, 효
(爻)는 시기의 변화에 적응하는 것을 말한다"[605]라고 언급했다. 그래
서 그는『단전(彖傳)』·『상전(象傳)』·『문언전(文言傳)』을 통해 해석
한 괘시로 의리(義理)를 이해하고 발휘하려고 노력했다. 정이의 역학
의리에 대한 연구 역시 이러한 학문적 경로를 취했다. 그는 괘시지의
(卦時之義)를 매우 중시하여 말하길, "『역(易)』을 독해하려면 반드시
우선 역괘(易卦)의 본체에 대해 잘 알아야 한다"[606], "『역』을 보고

---

(604) 정문후학주희(程門後學朱熹) 저작『주역본의(周易本義)』, 그는 주공(周孔) 이전의 역
(易)의 '본의(本義)'를 탐구하고,『역경(易經)』은 원래 복서지서(蔔筮之書)라고 주장함.
(605)『왕필집교석(王弼集校釋)』하권,『주역약예·명괘적변통효(周易略例·明卦適變通爻)』,
중화서국(中華書局), 1980년판, p.604.

520 현학과 이학의 학술사상 발전경로에 관한 연구

배우려면 반드시 괘시(卦時)를 이해해야 한다"[607]라고 강설했다. 그가 이해하는 괘체(卦體)·괘시(卦時) 역시 인생사에서 회피할 수 없는 다양한 객관적인 상황을 상징하는 것이다. 그렇다면 『주역』에서 이러한 서로 다른 객관적인 상황을 의미하는 64괘의 괘시(卦時)는 어떻게 형성된 것일까? 왕필이 제시한 취의설(取義說)·일효위주설(一爻爲主說)·효변설(爻變說)은 괘시(卦時)를 설명할 때 나타나는 다양한 객관적인 상황이다. 정이는 왕필의 학문적 접근방식을 계승하고, 또한 취의(取義)의 방법을 사용하여 64괘의 괘효(卦爻) 구조에서 괘시(卦時)를 분석했다. 그는 『분괘·단전(賁卦·彖傳)』에 주해를 달면서 다음과 같이 말했다.

무릇 괘(卦)는 상하 두 괘체(卦體)의 의미와 상하 두 괘(卦)의 괘상(卦象)으로 이루어진다. 예를 들어, 둔괘(屯卦)는 위험한 지경에 이르렀을 때 동작한다. 운뢰『송』(云雷『訟』)은 상체(上體)를 강(剛)으로 하며 하체(下體)를 험(險)으로 한다. 하늘과 물의 운행의 방향은 서로 어긋난다. 이 두 괘는 모두 그러하다. 한 괘 중의 어떤 한 효(爻)를 의(義)로 취하면 이 효는 바로 이 괘(卦)의 성괘(成卦) 원인이 된다. 65효를 음유(陰柔)의 효로 자리잡으면 상하(上下)의 효는 그에 호응하게 되는데 이것이 바로 『소축(小畜)』이다. 음유(陰柔)의 효가 존위(尊位)를 얻고 치우치지 않고 바르면 상하(上下)의 효와 서로 호응하는데 바로 『대유(大有)』이다. 상하 두 괘체(卦體)를 취하고 또 음양(陰陽)의 소장(消長)을 취하여 의(義)로 하면 우뢰(雷)가 땅속에 있으니 복괘(復卦)가 된다. 산은 땅에 붙어 있으며 박괘(剝卦)가 된다. 이 두 개 괘 역시 이러하다. 상하 두 괘의 괘상(卦象)을

606) 『이정집(二程集)』 상권, 『하남정씨유서(河南程氏遺書)』 권19, p.248.

607) 『이정집(二程集)』 상권, 『하남정씨유서(河南程氏遺書)』 권19, p.249.

취하고 또 겸하여 두 개의 효(爻)를 취하여 서로 변화시키는 것을 의(義)로 하는 것이 있는데, 상괘(上卦)는 바람이 되고 하괘(下卦)는 우뢰가 되는 것이 바로 익괘(益卦)이다. 또 겸하여 손(損)을 상(上)으로 하고 익(益)을 하(下)로 취하면 산 아래 연못이 있게 되는데 이것이 바로 손괘(損卦)이다. 또 겸하여 손(損)을 하(下)로 하고 익(益)을 상(上)으로 취할 수 있다. 이 두 개 괘는 바로 이러한 것이다. 상하 두 개의 괘상(卦象)을 취하기도 하고 괘 중의 효를 의(義)로 취할 수 있다. 부괘(夫卦)의 양강(陽剛)의 효가 음유(陰柔)의 효를 결단(決斷)하며, 구괘(姤卦)의 음유(陰柔)의 효가 양강(陽剛) 효를 만나기도 하는데 이 두 괘가 바로 그렇다. 그 용처에 의해 괘가 형성되는 것이 있는데, 물에 순종하지만 물의 위에 처해 있는 것이 바로 정괘(井卦)이다. 나무 위에 붙어 있는 것이 바로 정괘(鼎卦)이다. 이 두 개 괘 역시 이러하다. 『정(鼎)』은 괘의 형상(形狀)으로 상(象)을 취한 것이다. 형(形)으로 취상(取象)하는 것은 산 아래 우뢰(雷)가 있는데 이것이 바로 이괘(頤卦)이다. 입 안에 무엇이 있다면 이것이 바로 서합괘(噬嗑卦)이다. 이 두 개 괘 역시 이러하다. 이는 괘를 이루는 원리이다.[608]

정이가 여기에서 거론한 괘(卦)를 형성하는 심오한 의미인 '성괘지의(成卦之義)'는 가까이에서는 왕필에게서 취한 것이고, 문헌적으로는 『단전(彖傳)』과 『상전(象傳)』에서 취한 것이라 말할 수 있다. 물론 주요하게는 왕필의 학문적 영향을 받은 것으로 이는 앞에서 언급한 '이체지의(二體之義)', '취일효자(取一爻者)', '소장지의(消長之義)', '이효교변위의(二爻交變爲義)' 등 방면에서 나타난다.

괘시(卦時)는 객관적 정세를 규정하는 것이고, 효의(爻義)는 이러한 정세에 적응하는 주체적 이념 및 행동방식이다. 정이는 왕필의 효변

---

(608) 『이정집(二程集)』 하권, 『주역정씨전(周易程氏傳)』 권2, 『분(賁)』, p.808.

설(爻變說)를 계승하여 객관적인 추세에서의 응변과 책략 탐구에 주력했다. 그는 『역전서(易傳序)』에서 "길흉소장(吉凶消長), 진퇴존망(進退存亡)의 이치는 괘사(卦辭)와 효사(爻辭) 중에 모두 갖춰져 있다. 괘사와 효사를 추론하여 괘상(卦象)을 고찰하면 능히 그 중의 변화를 알 수 있으며 물상(物象)·점복(占卜)도 모두 그 중에 있다"[609]라고 언급했다. 이 '진퇴존망의 이치'는 바로 주체가 '수시변역(隨時變易)'의 객관적 정세 하에서 취하는 응변의 이치, 즉 이른바 '효의(爻義)'를 말한다. 정이(程頤)는 효의(爻義)에 대해 다음과 같이 논술했다.

> 계사(繫辭) 중에서 길흉을 판단할 때 이용하는 것을 효(爻)라고 한다. 천하의 광대하고 심원함은 비록 예측하기 어렵지만 그 중에 내포한 이치를 이해한다면 혐오하지 않게 된다. 천하만물의 운행 변화가 비록 무궁하지만 방법을 깨닫기만 한다면 난잡하다는 느낌이 들지 않는다. 추측하고 탐구한 후 발언하고, 토론하고 의론하는 방법으로 그 변화를 관찰하는 것이 바로 "그 발언의 변화, 행동의 변화를 확인함으로써(擬議) 『역경』의 변화를 이룬다"라는 것이다. 변화란 즉 효(爻)와 대응되는 시기와 함의이고, 의의(擬議)는 즉 의론과 탐구이다.[610]

정이는 "효(爻)란 시기의 변화에 적응하는 것을 가리킨다"라는 왕필의 학문적 관념을 계승했으며, "변화란 바로 효와 대응되는 시기와 함의"이기에 효사(爻辭)를 통해 그 의리를 탐구해야 한다고 강조했다. 다른 점이라면, 정이는 확언하게 '역변지도(變易之道)'의 법칙적 의미

609) 『이정집(二程集)』 하권, 『역전서(易傳序)』, p.689.
610) 『이정집(二程集)』 하권, 『하남정씨경설(河南程氏經說)』권1, 『역설·계사(易說·繫辭)』, p.1030.

를 더욱 강조했는데, 이는 왕필이 "길흉(吉凶)의 시기를 범해서는 안된다"라고만 강조한 시세의 의미와는 다른 것 같다.

2) 체용(體用) 결합의 계승

왕필 역학의 가장 큰 특징은 바로 괘효의 의리를 연구함에 있어서 본체적 사고의 깊이에 접근했다는 것이다. 바로 현대 철학자 탕용동(湯用彤)이 언급한 바와 같이 "왕필이 『주역』에 대해 주석을 달고 해석한 것은 유가의 형상학에 대해 새롭게 해석한 성과이다".[611] 이는 물론 왕필이 노자의 『도덕경(道德經)』연구를 중시하고, '무(無)'의 본체론 사상을 역학 연구에 운용한 것과 관련있다. 북송(北宋) 시기에 역학이 번창하고 송대 유학자들이 역학을 중시한 것은 바로 유가의 학문사상을 근거로 진정한 '유가의 형상학'이론 구축을 완성하려는 것이었다. 역학의 역사에서 정이의 『이천역전(伊川易傳)』의 가장 큰 공헌은 바로 '천리(天理)' 중심의 역학체계를 확립함으로써 '유체유용(有體有用)'의 유가 형상학을 완성했다는 점이다. 그러나 정이의 사상적 공헌은 왕필 의리역학의 기초 위에 세워진 것이다.

왕필의 역학에서 '이(理)'는 이미 매우 중요한 범주었다. 그가 『주역』에 주석을 달 때 설명한 서로 다른 괘의(卦義)는 즉 서로 다른 이(理)이다. 그는 "괘의(卦義)는 곧 이(理)이다"[612]라고 말했다. 그렇다면 사람

---

611) 탕용동(湯用彤): 『위진현학논고(魏晉玄學論稿)』, p.70.
612) 『왕필집교석(王弼集校釋)』 하권, 『주역주 · 하경 · 해(周易注 · 下經 · 解)』, p.416.

들이 64괘의 서로 다른 괘의(卦義)를 따르는 것은 사실 서로 다른 이(理)를 따르는 것과 같은 것이다. 이(理)와 구체적 사물의 차이는 바로 형이상과 형이하의 차이로써 바로 그가 『건(乾)』·『곤(坤)』두 괘시(卦時)에 주석을 달 때 언급한 바와 같이 "천(天)은 형상(形像)의 명칭이고, 건(健)은 천(天)의 형상을 서술하는 말이다"[613], "지(地)는 형상의 명칭이고, 곤(坤)은 지(地)의 형상을 서술하는 말이다"[614]라는 것이다. 이것은 바로 건(健)과 천(天), 곤(坤)과 지(地)를 형상(形上)과 형하(形下)로 구분한 것이다. 이로부터 왕필의 『역(易)』주해 중에는 비록 체용(體用)의 연용에 관한 견해는 없지만, 그의 역학은 일종의 '체(體, 형상(形上))'과 '용(用, 형하(形下))'가 결합된 의리지학(義理之學)으로 성립되었음을 알 수 있다. 정이가 전주(傳注)한 역학은 본체론으로 『주역』을 해석한 왕필의 사상을 계승하여 유학을 위한 유체유용(有體有用)의 도덕적 형상학(形上學)을 구축했다. 왕필은 "괘사·효사는 괘상(卦象)에서 비롯된 것이다", "괘상(卦象)은 의리(義理)에서 비롯된 것이다"[615]라는 설을 제기했는데 여기에서 말하는 '의(意)'는 바로 역의(易義)·역리(易理)이다. 정이는 괘상의 의리에서 비롯된 것이라는 의생상(意生象)의 관념을 이어받아 이생상수(理生像數)의 관점을 제시하면서, "의리(義理)가 생겨난 후 괘상(卦象)이 생겨났고, 괘상(卦象)이 생겨난 후 상수(像數)가 생겨났다. 『역』은 괘상을 통해 의리를

---

613) 『왕필집교석(王弼集校釋)』 상권, 『주역주·상경·건(周易注·上經·乾)』, p.213.

614) 『왕필집교석(王弼集校釋)』 상권, 『주역주·상경·곤(周易注·上經·坤)』, p.226.

615) 『왕필집교석(王弼集校釋)』 하권, 『주역약예·명상(周易略例·明象)』, p.609.

밝히고, 괘상을 통해 상수를 이해할 수 있다. 그 의리를 알게 되면 상수는 자연적으로 그 속에 함축되어 있음을 알게 된다"616)라고 말했다. 정이는 여기에서 '이(理)'의 본체적 지위를 확정지었는데 그 형식 상의 특징은 왕필이 언급한 '도(道)'에 해당한다. 즉 그가 논술한 바와 같이 "의리(義理)는 형체가 없기에 괘상(卦象)에 의해 의리(義理)를 표명하는 것이다. 의리가 괘사를 통해 나타나기 때문에 괘사를 통해 괘상(卦象)을 관찰하고 추정할 수 있다. 그래서 의리를 알게 되면 상수가 자연적으로 그 속에 들어 있음을 알게 된다는 것이다".617) 정이는 상(象)·수(數)를 형이하(形而下)의 기물(器物)로 보고, 이(理)·의(義)를 형이상(形而上)의 본체로 보았는데, 전자는 용(用)이고 후자는 체(體)로 삼았다. 이렇게 그는 역학(易學)의 언어로 체용(體用)이 결합된 유가 도덕의 형상학을 확립했다. 정이가 확정한 '이리위본(以理爲本)'의 본체적 관념은 64괘·384효(爻)에 대한 그의 해석 속에 일관되어 있다. 왕필은 『건(乾)』·『곤(坤)』두 괘의 주석에서 건(健)과 천(天), 곤(坤)과 지(地)의 관계에 대한 본체론적 해석을 했었으며, 정이는 왕필의 사상적 접근방식을 이어받아 『건(乾)』·『곤(坤)』두 괘의 상사(象辭)에서 무형무상(無形無象)이지만 또한 증감의 변화를 지배하는 형상적 이(理)를 깊이 인식하려고 노력했다. 그는 『건괘(乾卦)』중의 '초구(初九), 숨어있는 용(龍)은 자신의 기량을 펼치지 못한다'를 설명

---

616) 『이정집(二程集)』상권, 『하남정씨문집(河南程氏文集)』권9, 『답장민중서(答張閩中書)』, p.615.
617) 『이정집(二程集)』상권, 『하남정씨문집(河南程氏文集)』권9, 『답장민중서(答張閩中書)』, p.615.

하면서 다음과 같이 서술했다.

> 이(理)는 무형(無形)이기 때문에 물상(物象)을 빌어 자체의 의미를 나타
> 내고, 건(乾)은 용(龍)을 그 상징으로 삼는다. 용(龍)이란 물체는 민첩하고
> 변화에 능하여 추측하기 어렵기에 건도(乾道)의 변화, 양기(陽氣)의 소장
> (消長) 및 성인의 진취(進取)·퇴장(退藏)을 상징한다.[618]

정이 역시 '건(乾)'을 덕(德)·의(義)·도(道)·이(理)로 여겼고, '건
(乾)' 자체는 무형무상(無形無象)의 것이지만 천지의 변화를 결정할 수
있고, 양기(陽氣)의 소장 및 성인의 진퇴를 지배할 수 있다고 여겼다.
그리고 이 무형(無形)의 덕(德)·의(義)·도(道)·이(理)는 항상 용(龍)
의 상(象) 및 괘효(卦爻)의 사(辭)를 통해서 표현된다고 인정했다. 또
『곤괘(坤卦)』를 예를 들어, 정이는 『상전(象傳)』에 대해 "곤도(坤道)의
크기는 건도(乾道)와 같다. 성인이 아니면 누가 그것을 체득할 수 있겠
는가? 대지는 두껍고 지세는 평탄하다. 그러므로 대지의 평탄하고
두터운 상(象)을 취하여 지세곤순(地勢坤順)이라고 부른다. 군자는 곤
덕후중(坤德厚重)의 상(象)을 관찰하고 자신의 깊은 덕행으로 만물을
포용해야 한다"[619]라고 해석하였다. 정이 역시 '곤(坤)'은 '건(乾)'과
마찬가지로 형이상의 도(道)이고, 무형무상(無形無象)의 덕(德)·의
(義)·도(道)·이(理)이며, 만물을 포용하고 자생시키는 대지가 바로
그 구체적인 형상이라는 것을 긍정했다. "군자는 깊은 덕행으로 큰

---

618) 『이정집(二程集)』 하권, 『주역정씨전(周易程氏傳)』 권1, 『건(乾)』, p.695.
619) 『이정집(二程集)』 하권, 『주역정씨전(周易程氏傳)』 권1, 『곤(坤)』, p.708.

책임을 진다"라는 말은 바로 형이상적 천도(天道) · 천리(天理)의 지배적이고 결정적인 작용을 나타낸 것이다.

3) 천도(天道)로 인사(人事)를 밝히는 관점 계승

왕필은 양한(兩漢)의 역학 영역에 만연한 종교적이고 신비적인 분위기에 불만을 느끼고 음양재이(陰陽災異)의 상수지학(象數之學)을 이성주의적 의리(義理) 해석으로 대체했다. 그는 역학의 의리를 해석하면서 '모든 인간 세상사를 통해 그 의리를 밝힐 것'을 견지하며 의리의 근거를 현실사회의 질서와 추세 속에 심어 놓았다. 왕필의 『역주(易注)』는 인도(人道)에서 천도(天道)에 이르는 관점을 견지하였기에 그의 주석은 유가의 인문적 사상과 관념으로 충만하다. 북송(北宋) 시기 역학이 성행할 당시에도 상수(象數) · 의리(義理) 두 유파로 나뉘었는데, 상수파 역학은 천지화생(天地化生)에 대한 우주 모식 구축에 중점을 두었고, 정이로 대표되는 의리파 역학은 왕필의 인간사를 통한 의리 설명의 전통을 계승하여 인간사로 천도(天道)를 밝히는 철학관념을 새로운 사상 정점으로 발전시켰다. 정이는 다음과 같이 말했다.

> 천지 간의 도의(道義)는 저절로 이루어지지 못하므로 성인의 조정으로 이를 완성시켜야 한다.[620]
> 인간사를 이해하고 깨닫기만 하면 천리(天理)를 통달할 수 있게 된다.[621]

---

[620] 『이정집(二程集)』 상권, 『하남정씨유서(河南程氏遺書)』 권22상, 『이천선생8(伊川先生語八)』, p.280.

정이의 역학 역시 왕필의 인도(人道)에서 천도(天道)에 이른다는 관점을 견지하면서, 천지 간의 도의(道義)는 저절로 이루지 못하기 때문에 성인이 천지를 도와 생명을 기르고 형이상의 천도(天道)를 조정함으로써 이를 완성시킬 수 있다고 여겼다. 그러므로 학자들은『주역』중의 인간사의 의리를 이해하고 깨닫고 실천하여 천리에 도달할 수 있다고 생각했다.

정이기『주역』에 대해 인간사로 전노를 밝히는 주해(注解) 방식을 취한 것은 그가 성현과 군자의 일은 천도의 현시임을 강조하면서,『주역』의 64괘 · 384효를 역사적 일(事) · 인문적 이(理)로 이해하고자 주장한 것에서 뚜렷하게 반영되어 있다. 이 점은 그가 해석한『건괘(乾卦)』만을 예들어 설명한 것이다. 왕필의『주역 · 건괘(周易 · 乾卦)』주해에는 비록 '용(龍)'을 상(象)으로 삼고 있지만, 그는 곳곳에서 군주지덕(君主之德)의 인간사 문제를 다루고 있다. 정이 역시『건괘(乾卦)』6효(六爻)를 주석할 때 곳곳에서 성현의 인간사에 대해 설명하고 있다. 예하면 '초구(初九)' 효(爻)를 해석할 때 "성인은 몸을 숨겨 세상에 나타나지 않을 때 마치 용이 잠복하고 은폐하는 것처럼 능력이나 수완 따위를 발휘해서는 안 된다. 반드시 재능을 감추고 드러내지 말아야 하며 시운(時運)을 기다려야 한다"라고 서술했고, '구이(九二)' 효(爻)를 해석할 때 "성인을 놓고 말하자면 순(舜)임금이 밭을 경작하고 어렵(漁獵)할 때와 같다. 이 때 대덕(大德)을 지닌 군주를 만나기에

---

(621) 주희(朱熹)『사서집주(四書集注)』권7,『헌문(憲問)』, 악록서사(嶽麓書社), 1987년판, p.230.

유리하며 자신의 도(道)를 천하에 널리 펼쳐야 한다"라고 서술했다. 또한 '구삼(九三)' 효(爻)를 해석할 때는 "순(舜)임금의 깊은 덕행이 이 미 요(堯)임금에게 알려진 뒤와 같은 것이다. 이 때 만약 아침부터 저녁까지 방심하지 않고 신중하고 경계심을 가진다면 설사 위험한 곳에 있어도 피해가 없게 된다"라고 했고, '구사(九四)' 효(爻)를 해석할 때 "성인의 행동은 시운(時運)에 순응하지 않는 것이 없다", "순(舜)이 요(堯)의 시련을 받아들인 것과 같다"라고 설명했다. '구오(九五)' 효 (爻)에 대해서는 "성인은 천위(天位)를 얻은 이상 그 아래의 큰 덕을 갖춘 자를 만나 그와 함께 천하의 일을 도모할 수 있다"라고 해석했으 며, '상구(上九)' 효(爻)에 대해서는 "지나치면 후회가 뒤따르는 법이다. 성인만이 진퇴존망의 도리를 알고 과분한 일을 하지 않기에 후회하는 법이 없다"[622]라고 해석했다. 정이의 전(傳) 중에서 『건괘(乾卦)』6효 (六爻)의 용(龍)의 상(象)은 단지 비유 또는 상징일 뿐이며, 그가 곳곳에 서 표현한 것은 성인지도(聖人之道)와 인간사의 이(理)이다. 그는 『건 괘 · 문언전(乾卦 · 文言傳)』에서 이에 대해 다음과 같이 설명했다.

어떤 사람이 물었다. "건괘(乾卦)의 육효(六爻)에서 언급한 것은 모두 성인의 일입니까?" 대답하길, "성인은 천도를 체감하여 관찰하고 실천할 수 있으며, 구체적인 득실에 있어서는 길한 것도 있고 흉한 것도 있다. 건괘만 그러할까? 모든 괘가 그러하다".[623]

---

(622) 『이정집(二程集)』 하권, 『주역정씨전(周易程氏傳)』 권1, 『건(乾)』, pp.695-697.
(623) 『이정집(二程集)』 하권, 『주역정씨전(周易程氏傳)』 권1, 『건(乾)』, p.703.

이로부터 정이의 인식으로는『건괘(乾卦)』의 6효는 모두 성인지사 (聖人之事)를 말할 뿐 아니라 64괘의 모든 괘(卦) 역시 그러하다는 것을 알 수 있다. 물론 정이가 성인지사(聖人之事)를 언급한 목적은 성인 지리(聖人之理)를 밝힘으로써 여러 괘효(卦爻) 속에 내포된 인간사의 이(理)를 전면적으로 탐구하기를 원했기 때문이다.

정이의『주역』의 의리(義理)에 대한 이해는 항상 자연천리(自然天 理)의 형태로 체현됨을 엿볼 수 있다. 그는『주역』이 책은 괘사(卦 辭)·효사(爻辭)·『상전(象傳)』의 이치를 아주 완전하게 밝혔으며 천 지만물의 실상도 모두 표현하였다. … 64괘(卦)·384효(爻)는 모두 생명의 이치에 순응하기 위한 변화무쌍한 이치를 철저하게 밝혀냈 다"624)라고 강설했다. 하지만 그가 해석한 역(易)의 이(理)는 그 내용 으로 보면 모두가 인간사의 도리이다. 그가『부괘(否卦)』를 해석하면 서, 그 괘상(卦象)은 '곤하건상(坤下乾上)'이며, 자연의 도리로 봤을 때 는 "하늘과 땅이 서로 단절되어 서로 소통하지 않기 때문이다"라고 서술한 것과 같이, 정이는 인간사의 본질에 대해 깊이 탐구했으며 다음과 같이 강설했다.

천지의 기(氣)가 교류하지 않으면 만물은 생성될 도리가 없게 된다. 상하(上下)가 교류하지 않으면 천하에 나라를 세울 도리가 없다. 나라를 건립하는 것은 나라를 다스리기 위해서이다. 상위자(上位者)가 시정(施政) 을 펴고 백성을 다스릴 때 백성들은 군주를 받들어 명령에 따르며, 상하

---

624)『이정집(二程集)』하권,『주역정씨전·역서(周易程氏傳·易序)』, p.690.

(上下)가 교류해야만이 통치가 안정된다. 지금에 상하(上下)가 교류하지 않으면 나라의 도(道)가 없게 된다.[625]

정이는 군주와 백성이 서로 호응하는 나라의 도리로 『부괘(否卦)』가 담고 있는 의리(義理)를 논했다. 이렇게 인간사의 이치가 자연 이치의 참된 내용으로 되는 것이 바로 정씨의리 역학의 핵심사상이다.

왕필은 인간사로 『역』의 이(理)를 설명할 때 당연히 명교 질서를 역의 이(理)에 포함시켰다. 정이의 역학은 이러한 사상 전통을 계승했을 뿐만 아니라 이를 더욱 깊이있게 발전시켰다. 왕필은 『가인괘(家人卦)』에 주석을 달 때 '가도정(家道正)'에서 '천하정(天下定)'에 이르기까지 명교적 도리의 중요성을 설명했다. 정이의 『가인전(家人傳)』역시 이러한 사상관념을 취하고 있다.

가인(家人)은 즉 가족의 도리이다. 부자지간의 친정(親情), 부부지간의 정의(情義), 존비장유(尊卑長幼)의 질서, 윤리도덕을 올바르게 하고 은혜와 도의를 지향하는 것은 가족의 도리이다. 사람마다 자신을 엄격하게 요구하면 가정을 잘 다스릴 수 있고, 가정을 잘 다스리면 나라를 잘 다스릴 수 있으며 더 나아가 천하를 잘 다스릴 수 있다. 천하를 다스리는 도(道)는 가정을 다스리는 도(道)와 같은 것으로 다만 바깥에서 다스림을 널리 시행하는 것일 뿐이다.[626]

정이는 『대학(大學)』의 사상으로 『가인전(家人傳)』을 더욱 깊이 해석했는데, 그는 가정과 국가 일체의 명교 질서 및 자신의 수양을 높여

---

625) 『이정집(二程集)』 하권, 『주역정씨전 · 부(周易程氏傳 · 否)』, p.759.
626) 『이정집(二程集)』 하권, 『주역정씨전(周易程氏傳)』 권3, 『가인(家人)』, p.884.

가정과 나라를 잘 다스리고 천하 백성을 위로하는 수제치평(修齊治平)의 삶을 더욱 체계적으로 논술함으로써 인간사로써 천리를 밝히는 의리역학의 사상적 특색을 최고조로 발전시켰다.

이상과 같이 열거한 몇 가지 측면에서 보자면, 정이의 역학사상은 왕필이 세운 의리역학을 계승한 것이 확실하다. 그러나 간과할 수 없는 것은 정이의 역학은 의리역학을 한층 더 발전시켜서 왕필이 제대로 해결하지 못했던 유가 윤리의 형상학 등 일련의 문제를 해결했다는 점이다.

2. 체용일원(體用一源)의 역리(易理)

정이(程頤)의 『이천역전(伊川易傳)』의 역학사 및 유학사에서 가장 중요한 공헌은 유가 형상학의 사상 구축을 완성하여 유가의 윤리가 형이상적 천도(天道)·천리(天理)의 근거를 확고히 확립한 것에 있다. 정이가 이 역사적 사명을 원만하게 완수할 수 있었던 것은 그가 『역전서(易傳序)』에서 언급한 바와 같이 매우 중요한 역학 관념에 힘입었기 때문이다.

> 이치는 극히 미묘한 것이고, 물상(物象)은 극히 뚜렷한 것이다. 본체와 효용은 같은 근원에서 비롯된 것이고, 드러나 있는 것과 은미한 것의 사이에는 그 어떤 간격도 존재하지 않는다.[627]

---

627) 『이정집(二程集)』 하권, 『주역정씨전·서(周易程氏傳·序)』, p.689.

바로 이런 이론적 사변이 매우 풍부한 창조적인 사고에 힘입어 유가 의리역학의 형상적 본체론 관념에 중대한 변화가 생긴 것이다. 『외서(外書)』제12권에는 "윤순(尹焞)은 『역전서(易傳序)』를 읽고 나서 물은 적이 있다. '감추어져 나타나지 않는 사물은 이(理)이고, 뚜렷하게 드러나는 사물은 상(象)입니다. 체(體)는 본원·본체를 말하고, 이른바 용(用)은 현현(顯現)·작용(作用)을 가리킵니다. 체(體)와 용(用) 즉 은미한 이(理)와 현저한 상(象)은 통일되어 간격이 없습니다. 이렇게 말하면 천기(天機)를 너무 많이 누설한 것이 아니겠습니까?' 이천(伊川)이 대답했다. '이렇게 천기를 설명해도 어떤 사람들은 여전히 깊이 깨닫지 못합니다"[628]라고 기록되어 있다. 그만큼 정이의 사제 강학에서 이것은 학자들이 이해하기 어려운 주요 학문적 난제임을 알 수 있다.

원래 본체론 관념으로 『주역』을 해석한 창시자는 왕필이며, 그는 『역경』을 의리로 해석한 『역전』의 학문적 전통을 계승했을 뿐만 아니라 의리역학을 본체론적 사상 수준으로 발전시켰다. 이는 도가로 유가를 해석하고, 유가·도가 양가를 결합한 그의 창조적인 해석 덕분이다. 사실 본말(本末)·일다(一多)의 관념으로 경전을 해석한 것은 위진(魏晉) 현학에서 비롯되었다. 왕필은 『주역주(周易注)』에서 본말(本末)·일다(一多)의 관념으로 괘체(卦體, 괘의)와 효체(爻體, 효의)를 분석하고 이해했다. 이는 왕필의 역학이 일종의 본체론을 근거로 한

---

628) 『이정집(二程集)』 상권, 『하남정씨외서(河南程氏外書)』 권12, p.430.

의리(義理)라는 것을 보여준다. 그러나 이러한 본체론은 '유가의 형상학'이라는 과제를 진정으로 완성하지 못했으며, 그 이론에는 두 가지 중대한 결함이 있다. 하나는 본(本)과 말(末), 체(體)와 용(用)의 분리이다. 왕필은 전적으로 도가의 '무(無)'를 본(本) 과 체(體)로 하고, 유가의 '유(有)'를 말(末)과 용(用)으로 삼았다. 만약에 '무(無)'의 본질이 무형(無形)·무상(無象)·무위(無爲)이고, 유가의 끊임없이 노력하고 덕을 쌓는 자강불식(自强不息)·후덕재물(厚德載物)의 가치관 이상을 무형(無形)·무위(無爲)의 '무(無)'의 본체적 토대 위에 세운다면 필연적으로 본(本)과 말(末), 체(體)와 용(用)으로 분리되게 마련이다. 다른 하나는 일리(一理)와 중리(衆理)의 분열이다. 왕필은 많은 괘효(卦爻)가 각기 다른 의리(義理)를 지닌다고 긍정하면서도 또한 "사물의 근본으로부터 관찰하면 비록 이치가 많지만 일반적인 이치를 이해하면 모든 것을 말할 수 있다"[629]라고 주장했다. 다시 말해서 수많은 의리는 궁극적으로 최고의 의리, 즉 무(無)·태극(太極)·일(一)로 통괄된다는 것이다. 하지만 수많은 의리는 바로 유가의 실용적 이성이 반드시 의거해야 할 본체이고, 궁극적 의거인 본체가 무형상(無形象)·무작위(無作爲)한 '무(無)'인데 이 무작위(無作爲)한 '무(無)'가 어떻게 실용적인 공리(功利)의 '유(有)'를 지배할 수 있을까? 그러므로 중리(衆理)와 일리(一理)는 여전히 분열의 상태에 처할 수 밖에 없는 것이다. 그렇다면 정이의 『이천역전(伊川易傳)』은 또 어떻게 이 문제를 해결하여 유가의

---

629) 『왕필집교석(王弼集校釋)』하권, 『주역약예·명단(周易略例·明象)』, p.591.

형상학을 재구축할 수 있을까?

1) 체용일원(體用一源)을 통한 천리론(天理論) 구축

정이(程頤)의 『이천역전(伊川易傳)』은 본체론으로 역학의리를 구축한 왕필(王弼)의 사상 전통을 계승했고, 또한 왕필의 의리역학에서 중요한 위치를 차지한 '이(理)'의 범주를 흡수하여 자신의 역학에서 가장 중요한 핵심 범주로 삼았다. 정이는 '천리(天理)'를 우주 본체로 삼는 의리역학의 체계를 구축함으로써 근본적으로 왕필이 구축한 본체론 역학의 단점을 보완했다. 특히 그는 사물의 은미(隱微)한 본원 및 외적으로 표출되는 현상 사이에는 서로 내포되는 통일적 관계가 존재하고, 은미한 이(理)와 뚜렷한 상(象)은 양자가 통일되고 간극이 없다는 '체용일원(體用一源)·현미무간(顯微無間)'의 천리론적 이론 구축을 통해 진정으로 유가의 형상학 사상 체계를 완성시켰다.

정이의 역학은 체(體)와 용(用)의 결합을 실현하기 위해 사물 속에 숨은 본원(本原)과 표출되는 현상 사이에 서로 내포된 통일관계가 존재한다는 '체용일원(體用一源)'의 명제를 통해 체용합일(體用合一)의 본체론을 세웠다. 이정의 제자 윤돈(尹焞)이 이정의 체용일원(體用一源)·현미무간(顯微無間)을 '지나치게 천기(天機)를 누설하는 것'이라고 언급한 적이 있듯이 이는 확실히 정이로 대표되는 신유학이 천인지학(天人之學)을 구축하는 이론적 핵심이자 사상의 정수임에 틀림없다. 그렇다면 도대체 '체용일원(體用一源)·현미무간(顯微無間)'의 사상적 본질은 무엇인가? 그것이 유가 형상학의 체용(體用) 결합을 완성하고 표현할 수 있는 이유는 무엇일까? 이 문제는 가치의 본질과 사변의 형식 두 방면에 대한 분석을 통해서 신유학(新儒學)의 '천기(天機)'를 제대로 이해할 수 있다.

우선 가치의 본질부터 살펴보면, 왕필이 구축하려 했던 본체론적 역학은 유가와 도가의 결합을 통해 완성된 것이다. 그가 언급한 이무위체(以無爲體)·이유위용(以有爲用)의 본체사상은 가치론적 시각에서 보면 도가의 자연을 체(體)로 하고, 유가의 명교를 용(用)으로 삼는 것이다. 그러나 일단 도가의 자연을 명교의 형이상적 근거로 삼는다면 유가 윤리를 위한 형이상적 본체론을 제대로 정립할 수 없을 뿐만 아니라 심지어는 근본적으로 명교의 가치도 배제되어 버린다. 정이가 『주역』해석을 통해 세운 천리론 학설은 유가 윤리를 핵심으로 하는 체용 합일의 이론 구조를 구축하기 위한 것이다. 구체적으로 말하자면, 정이가 확립한 우주 본체는 '천리(天理)'라고 불리웠는데, 그는 역의 의리는 "만물의 이치를 모두 알게 되면 그 도의(道義)로 천하를 구제하기에 충분하다"[630]라고 여겼다. 그는 천도(天道)·천리(天理)를 통해 천지만물의 궁극적인 근거를 구축하기를 바랐으며, 이 천도·천리는 명교 이외의 '무(無)'가 아니라 오히려 명교 자체에서 유래된 것이며, 명교가 예의질서를 세울 수 있는 규범이자 준칙이라고 여겼다. 정이는 『간괘·단전(艮卦·彖傳)』에 대해 다음과 같이 주석을 달

---

630) 『이정집(二程集)』 하권, 『하남정씨경설(河南程氏經說)』 권1, 『역설·계사(易說·繫辭)』, p.1028.

있다.

시기를 놓치지 않으면 물리(物理)에 순응하게 되고 도의(道義)에 부합
하게 된다. 사물지중(事物之中)이 바로 '이(理)'이고, 처사지시(處事之時)가
바로 '의(義)'이다. … 무릇 사물은 모두 나름대로 준칙을 갖고 있다. 부친
은 자애로움에 머물고 아들은 효경(孝敬)에 머물며, 군왕은 인덕에 머물고
신하는 존경에 머문다. 만물의 제각기 사(事)는 모두 자기가 응당 처해야
할 곳을 가지고 있으며, 자신의 적당한 위치를 얻으면 평안하고, 자신의
위치를 잃으면 괴리된다.[631]

정이는 '이(理)'로 천인(天人)을 통달하고 체용(體用)을 관철시켰다.
한편으로, 이 이(理)는 천하에서 절대적인 지배성을 지니고 있다. 즉
이른바 "부자관계는 군주와 신하와의 관계처럼 하나는 위에 있고 하
나는 아래에 있는데, 이는 천하의 규정으로서 우리가 어떤 위치에
있더라도 모두 이 천하의 규정에서 벗어날 수 없는 것이다".[632] '천하
의 규정'으로 삼을 수 있는 것은 당연히 '체(體)'라는 것이다. 다른
한편으로, 유가의 충효와 인애의 이(理)는 필연적으로 일상생활 중에
나타나기 마련이다. 『외서(外書)』에 "윤돈(尹焞)이 이천(伊川)에게 묻
기를 '도(道)란 무엇입니까?' 이천(伊川)이 답하길, '행처(行處)이다
'"[633]라는 기록이 있는데, 이러한 일상적인 행처(行處)를 떠날 수 없는
도(道)와 이(理)는 '용(用)'으로 나타난다. 정이가 이해한 천리(天理)는
항상 즉체즉용(即體即用)으로써 체(體)가 아니면 천리(天理)라고 할 수

『이정집(二程集)』 하권, 『주역정씨전(周易程氏傳)』 권4, 『간(艮)』, p.968.

632) 『이정집(二程集)』 상권, 『하남정씨유서(河南程氏遺書)』 권5, p.77.

633) 『이정집(二程集)』 상권, 『하남정씨유서(河南程氏遺書)』 권12, p.432.

현학과 이학의 학술사상 발전경로에 관한 연구

없고, 용(用)이 될 수 없으면 역시 천리(天理)라고 할 수 없다는 것이다. 정리하자면 정이는 항상 체(體)와 용(用)의 결합을 '이(理)'와 관련된 개념으로 사용했다.

> 이른바 '우리 개인의 생활에서나 사회생활에서나 천지음양의 변화는 모두 도덕에 순응하고 이(理)는 의(義)에 의지한다'는 것이 바로 본체이며 작용이다.[634]
> 이(理)는 바로 의(義)이며, 체용(體用)의 힘일이다.[635]

정이는 이의(理義)로 체용(體用)을 논했는데, '이(理)'는 형이상적 체(體)로써의 지배성에 대해 말한 것이고, 이(理)는 일상생활에서 체현되기에 '의(義)'라고도 했다. 다시 말해서 순리를 따라 행하는 것이 바로 의(義)라는 것이다.[636] 따라서 이(理)가 곧 의(義)이며, 즉 체용합일(體用合一)이라는 것인데, 이것이 바로 정이의 '체용일원(體用一源)·현미무간(顯微無間)'의 진정한 함의이다. 왕필의 '자연'을 체(體)로 하고, '명교'를 용(用)으로 삼는 사상은 필연적으로 가치 지향적 측면에서 체용(體用)의 관계가 분리될 수 밖에 없는 것에 비해 정이의 천리론(天理論)은 명교 질서를 '천하의 정리(定理)'로 규정함으로써 '체용일원(體用一源)'을 실현한 것이다.

사변(思辨) 형식으로 보자면, 왕필은 일찍부터 본말(本末)·일다(一多)의 사고방법으로 『주역』을 해석한 사상가로 그가 의존한 사상적

---

634) 『이정집(二程集)』 상권, 『하남정씨유서(河南程氏遺書)』 권11, p.127.

634) 『이정집(二程集)』 상권, 『하남정씨유서(河南程氏遺書)』 권11, p.127.
635) 『이정집(二程集)』 상권, 『하남정씨유서(河南程氏遺書)』 권11, p.133.
636) 『이정집(二程集)』 상권, 『하남정씨유서(河南程氏遺書)』 권18, p.206.

자원은 노자(老子) 『도덕경(道德經)』의 도체(道體)에 대한 형이상적 사변이다. 왕필이 『주역』을 해석하는 과정에서 운용한 일(一)과 다(多), 본(本)과 말(末)의 사변형식은 항상 『도덕경(道德經)』의 '무(無)'의 도(道)를 일(一) 및 본(本)으로 하고, 『주역』의 괘효(卦爻) 단사(彖辭)에서 표현한 '유(有)'를 다(多) 및 말(末)로 삼았다. 이렇게 왕필이 인정한 '본(本)'은 '무(無)·일(一)·정(靜)'이고, 그가 언급한 '말(末)'은 '유(有)·다(多)·동(動)'으로 정리된다. 바로 중국 현대 철학자 여돈강(余敦康)이 말한 바와 같이 "철학적 이론의 입장에서 보자면 왕필의 이러한 체용(體用) 사상은 즉체즉용(即體即用)·체용일원(體用一源)의 사변적 수준에 이르지 못했다".[637] 왕필의 체용(體用)은 항상 분리되거나 심지어는 대립되는 상태에 처해 일체를 실현할 수가 없었다. 예를 들면 그는 체용(體用)의 관점으로 의(意)와 상(象)을 논해야 한다고 주장하면서 상(象)은 의(意)에서 비롯된다는 관점을 제창했었다. 하지만 그는 종종 체(體)만 중시하고 용(用)을 가벼이 여기며, 뜻을 제대로 파악하고 난 후에는 물상의 굴레에서 벗어나야 한다고[638] 주장하기도 했는데 이는 그의 체용관념의 분리와 대립을 나타낸다. 정이의 '체용일원(體用一源)'은 왕필 역학의 의(意)와 상(象)을 대립·분열시키는 사상 경향을 겨냥한 것으로 그는 의(意)와 상(象)·수(數)는 분리불가의 관계라는 관점을 견지하면서 다음과 같이 말했다.

---

637) 여돈강(余敦康): 『내성외왕의 관통(內聖外王的貫通)』, 학림출판사(學林出版社), 1997년판, p.368.
638) 『왕필집교석(王弼集校釋)』 하권, 『주역약예·명상(周易略例·明象)』, p.609.

군자는 집에서 안거할 때는 그 물상(物象)을 관찰하며 괘사(卦辭)·효
사(爻辭)를 깊이 새겨본다. 외출하여 움직일 때에는 그 중의 변화를 관찰
하며 그 점험(占驗)을 깊이 새겨본다. 괘사·효사의 문자 표면상의 의미
는 안다해도 그 이면의 깊은 뜻은 통달하지 못하는 경우도 있다. 하지만
괘사·효사의 문자 표면상의 의미를 모르고서는 이면의 깊은 뜻을 통달
할 수 없다.[639]

정이는 의(意)와 상(象) 분리불가의 철학적 사변에서 출발해 '체용일
원(體用一源)·현미무간(顯微無間)'이라는 결론을 얻어냈다. 『이천역
전(伊川易傳)』에서는 상(象)이 의(義)를 나타내고, 체용일원(體用一源)
의 철학적 관념으로 괘의(卦義)와 괘상(卦象)의 관계를 해석하는 관점
을 주장했다. 예를 들어, 『건괘·초구(乾卦·初九)』를 해석할 때 "이
치는 무형(無形)이기 때문에 물상(物象)을 빌어 자체의 의미를 나타내
고, 건(乾)은 용(龍)을 그 상징으로 삼는다. 용(龍)이란 물체는 민첩하
고 변화에 능하여 추측하기 어렵기에 건도(乾道)의 변화, 양기(陽氣)의
소장(消長) 및 성인의 진취(進取)·퇴장(退藏)을 상징한다"[640]라고 서
술했다. 여기에서 언급한 군자의 강건(剛健) 및 자강불식(自强不息)의
덕의(德義)는 항상 건괘(乾卦)의 괘상(卦象)과 용(龍)의 상징적인 형상
을 통해 표현된다. 정이는 또한 체용(體用)과 이상(理象)의 은둔과 현
현함, 어둠과 밝음의 특징에 대해서도 깊이 논술하였다.

---

639) 『이정집(二程集)』 하권, 『역전서(易傳序)』, p.689.
640) 『이정집(二程集)』 하권, 『주역정씨전(周易程氏傳)』 권1, 『건(乾)』, p.695.

천지의 이치를 이해한 다음 머리를 들어 천문의 법칙을 관찰하고 머리를 숙여 지리적 풍모를 관찰하며 저작과 기록을 검증한다면 곧 '어둠과 광명의 이치를 알게 된다'. 이(理)는 어두움이며 상(象)은 광명이다. '어둠과 광명의 이치를 알게 되면' 곧 이(理)와 물(物)의 이치를 깨닫게 된다.[641]

정이는 『주역』에 있는 '유명(幽明)'이라는 사상 자원에 근거해 체(體)와 용(用), 이(理)와 사물(事物) 사이의 분리불가한 일체적 관계를 설명했다. 그는 또한 『역전』 중의 관련된 철학적 사변 형식, 즉 "형이상을 도(道)라 하고, 형이하를 기(器)라 한다는 관점 및 무사무위(無思無爲)의 경지에 이르면 곧 차분해 질 수 있고, 세상만사에 대해 감응이 있으면 곧 만사가 잘 통할 것이다는 등의 관점과 관련된 형이상과 형이하, 도(道)와 기(器), 적(寂)과 감(感)의 일체대응(一體對應)으로 '체용일원(體用一源) · 현미무간(顯微無間)'의 중요사상을 확실하게 증명하였다.

2) 이일분수(理一分殊)를 통한 천리론(天理論)의 재구축

정이(程頤)가 『주역』해석을 통한 천리론(天理論) 중심의 유가 형상학을 구축하는 데 있어서 반드시 해결해야 할 문제가 바로 일리(一理)와 만리(萬理)의 관계 문제였다. 그는 『역서(易序)』에서 이 문제를 제기했었다.

---

641) 『이정집(二程集)』 하권, 『하남정씨경설(河南程氏經說)』 권1, 『역설 · 계사(易說 · 繫辭)』, p.1028.

『주역』은 괘사(卦辭) · 효사(爻辭) · 『상전(象傳)』의 이치를 아주 완전하
게 밝혔으며, 천지만물의 진실한 정황도 모두 표현되어 있다. … 64괘
(卦) · 384효(爻)는 모두 생명의 이치에 순응하기 위한 변화의 이치를 철
저하게 밝혀놓은 것이다.[642]

한 방면으로 정이는 만물에는 모두 그 이(理)가 있고, 64괘 · 384효
에는 각기 서로 다른 이(理)가 내포되어 있으며, 이른바 '만수(萬殊)의
이(理)'라고 여겼다. 다른 한 방면으로는 또 천하에는 하나의 이(理)만
존재하며,[643] 천지만물은 모두 이 '하나의 이(理)'가 지배한다고 주장
했다. 그렇다면 이 '만수지리(萬殊之理)'와 '일리(一理)'는 어떤 관계일
까?

사실 왕필은 『주역주(周易注)』에서 일찍이 이 문제에 직면했었는
데, 그는 이 문제를 유가와 도가의 회통 방식으로 해결하려 했다.
왕필은 의리(義理)로 『역(易)』을 해석하고, 64괘 · 384효에서 여러 분
수(分殊)의 의리(義理)를 해독하였으나 "사물의 발생은 임의적인 것이
아니라 반드시 그의 법칙을 따른다. 통일될 때에는 반드시 근원이
있고, 회집될 때에는 반드시 통치자가 있기 마련이다. 그러므로 만물
은 잡다하지만 난잡하지 않으며 사람은 많으나 인심은 혼란스럽지
않은 것이다. … 사물의 근본부터 관찰해야 한다. 비록 이치는 많지만
일반적인 이치를 안다면 모든 것에 대해 해석할 수 있다"[644]라는 관

---

642) 『이정집(二程集)』 하권, 『역서(易序)』, p.690.

643) 『이정집(二程集)』 상권, 『하남정씨유서(河南程氏遺書)』 권18, p.196.

644) 『왕필집교석(王弼集校釋)』 하권, 『주역약예 · 명단(周易略例 · 明彖)』, p.591.

점을 강조했다. 왕필은 수많은 의리(義理)는 궁극적으로 하나의 최상의 이(理)에 통합되어야 한다고 여겼다. 그는 '대연지수(大衍之數)'를 논할 때도 '1'과 '49'의 관계로 일리(一理)와 중리(衆理)의 관계를 설명했다. 이 '1'이 바로 '태극(太極)'이고 '지리(至理)'이며, '49'는 중리(衆理)를 대표하며 이들은 '지리(至理)'에 의해 지배된다는 것이다. 그러나 자세히 살펴보면 왕필 현학이 해결하려 했던 '일(一)'과 '만(萬)'의 관계 문제는 제대로 풀리지 않았다. 먼저, 왕필이 해석한 '대연지수(大衍之數)'로 보면, 『주역』의 64괘는 모두 서법(筮法)의 49개 시초로부터 추론된 것이며, 그가 '태극(太極)'으로 간주한 그 1개의 시초는 49개 시초에서 완전히 유리되어 있는데, 그렇다면 이 '1'은 어떻게 그 '49'를 지배하거나 구현할 수 있을까? 다음으로, 구체적인 의리와 통합적인 의리 사이의 관계를 논할 때 왕필은 만물과 중리를 지배할 수 있는 '태극' 또는 '지리'는 모두 자연무위(自然無爲) · 무형무상(無形無象)의 '무(無)'라는 관점을 견지했는데, 문제는 태극 · 지리는 '무위(無爲)'인데 그것이 어떻게 구체적인 사물 중의 중리를 지배할 수 있느냐는 것이다. 그리고 태극 · 지리는 고오(孤傲)하고 지정(至靜)한 것인데 어떻게 그것이 천지만물의 중리 속에 융합될 수 있을까? 이런 문제는 '일리(一理)'와 '만수(萬殊)' 간의 분열을 초래했다.

정이는 천리론을 통해 '일리(一理)'와 '만수지리(萬殊之理)' 사이의 간극을 해결하려고 노력했다. 그 역시 『주역』의 64괘 · 384효는 각기 다른 의리(義理)를 갖고 있기에 궁극적으로는 반드시 '종(宗)으로 통일되고', '일(一)로 통일되어야 한다'고 여기며, 다음과 같이 언급했다.

건곤(乾坤)은 천지에 비할 수 있다. 세상만물이 어찌 천지를 벗어날 수 있겠는가? 도(道)를 깨우친 사람은 천하의 사물이 하나의 종원(宗元)에 통일된다는 것을 안다.[645]

언어 및 사변의 형식으로 보자면, 정이의 견해는 왕필이 역학에서 거듭 논술한 "사물의 발생은 임의적인 것이 아니라 반드시 그의 법칙을 따른다. 통일될 때에는 반드시 근원이 있고, 회집될 때에는 반드시 통치자가 있기 마련이다" 및 "사물이 비록 많으나 일반적인 규칙을 알게 되면 모든 것을 통제할 수 있다"[646]라는 사상을 계승한 것이다. 그러나 왕필이 언급한 만리(萬理)를 지배하는 '일(一)'은 '무(無)'이자, 외롭고 거만하며 냉담한 무형무위(無形無爲)의 도(道)이기 때문에 '일(一)'과 '만(萬)' 사이에는 간극이 존재하게 된다. 정이는 이 '일(一)'이 곧 이(理)라고 강조했다. 그는 『함괘·구사(咸卦·九四)』에 주석을 달 때 다음과 같이 말했다.

사려(思慮)하는 사심(私心)으로 만물에 대한 감정을 느낀다면 편협적이게 된다. 천하의 이치도 이와 같다. 도달하는 경로는 다를지라도 목적지는 같다. 비록 사려(思慮)가 백 가지일지라도 목적은 하나이다. 만물은 구별이 있고 일은 천변만화할지라도 하나의 이치로 이러한 구별을 통일할 수 있으며, 누구도 이를 어길 수 없다.[647]

비록 '만수(萬殊)'의 물(物)은 각자의 이치가 존재하고, '만변(萬變)'

645) 『이정집(二程集)』 하권, 『하남정씨경설(河南程氏經說)』 권1, 『역설·계사(易說·繫辭)』, p.1031.
646) 『왕필집교석(王弼集校釋)』 하권, 『주역약예·명단(周易略例·明彖)』, p.591.
647) 『이정집(二程集)』 하권, 『주역정씨전(周易程氏傳)』 권3, 『함(咸)』, p.858.

의 사(事) 역시 각자의 이치가 존재하지만 '천하의 이치'는 궁극적으로 '일(一)'의 지배를 받게 된다는 것이다. 이 '일(一)'은 왕필이 언급한 '무(無)'가 아닌 만사만물 사이에 실제적으로 존재하고 '일(一)로 통일' 되는 이치(理致)이며, 바로 그가 해석한 "세상 만사·만물의 이치는 같기 때문에 어느 곳에 놓아도 모두 꼭 들어 맞는다. 천지만물의 이치 또는 요(堯)·순(舜)·우(禹) 삼왕의 이치를 고찰해 보면 이런 결론을 얻을 수 있다. 그러므로 공경을 표할 때 바로 이런 이치에 공경을 표해야 하며, 인의를 행할 때 바로 이런 인의를 행해야 하며, 성실함에 대해 말할 때 바로 요(堯)·순(舜)·우(禹) 삼왕을 믿어야 한다"[648]라는 의미와 같다. 경(敬)·인(仁)·신(信) 등 유가 윤리준칙 은 '만수(萬殊)'의 이(理)이지만 모두 이 '하나의 이(理)' 즉 일리(一理)로 체현된다. 정이의 이 '이일(理一)'은 몇 가지 다른 명칭이 있는데, 그 형체에 대해 논하면 천(天)이라 부르고, 지배성에 대해 논하면 '제(帝)' 라고 부르며, 그 효용에 대해 논하면 '귀신(鬼神)'이라 부르고, 신묘한 작용에 대해 논하면 '신(神)'이라 부르며, 성정(性情)에 대해 논하면 건(乾)이라 부른다.[649] 그러나 궁극적으로 정이 역시 세상에는 만물이 있고 모든 일은 천변만화하지만 하나의 이치에 의해 통일 된다'라는 '천리(天理)'에 귀결시켰다.

---

648) 『이정집(二程集)』 상권, 『하남정씨유서(河南程氏遺書)』 권2 상, p.38.
649) 『이정집(二程集)』 상권, 『주역정씨전(周易程氏傳)』 권22 상, p.288.

3. 괘재(卦才) 및 인생 경지

정이(程頤)는 왕필의 역학을 계승하고 개선하여 천리(天理)를 괘의와 효의의 궁극적인 근거로 삼아 이무위본(以無爲本)에 기초한 우주 본체론을 대체했다. 이런 근본적인 변화는 필연적으로 다른 일련의 중요한 관념의 변화를 초래할 수 밖에 없는데, 그 중에서도 가장 두드러진 것은 사람이 운명 및 천지의 법칙과 직면했을 때에 갖게 되는 주체적 능동성이다. 이 '괘재(卦才)'에 관한 이론은 송명(宋明) 이학이 높이 내세운 윤리적 주체성의 사상특징 및 송대(宋代) 사대부들이 선양한 '성현기상(聖賢氣象)', '공안낙처(孔顏樂處)'의 시대정신을 잘 보여주고 있다.

왕필의 의리역학의 핵심어는 '시의(時義)'이다. 원래 '시의(時義)'는 시세(時勢), 의리(義理)의 두 가지 의미로 풀이할 수 있다. 하지만 왕필의 역학에서는 시세(時勢)와 의리(義理)의 의미는 종종 상호 해석된다. 그는 '이(理)'를 '필연적 이(理)'라고 불렀고, '이(理)'는 항상 '세(勢)'의 필연적 경향을 나타낸다고 했으며, 그가 해석한 괘(卦)의 시세(時勢)에는 '세(勢)'가 '이(理)'의 필연적 법칙이라는 의미를 내포하고 있다. 그러나 전체적인 경향에 있어서 그의 '시의(時義)'는 '세(勢)'가 주도적으로 '어떠한 계획과 행동을 하려 할 때는 시기가 적절한지 살펴보고 실행 여부를 결정해야 하는 것'이기 때문에 주체로서의 대응전략 및 행동방안은 바로 어떻게 시세(時勢)의 효의(爻義)에 순응하는가를 나타내는 것이다. 괘시(卦時)는 늘 길흉(吉凶)·부태(否泰, 불운과 행운)

의 필연적 추세로 나타나고, 주체의 '동정굴신(動靜屈伸)'의 행동은 결국에는 단지 임기응변으로 각기 다른 상황에 적응하는 '유변소적(唯變所適)'의 길(吉)을 도모하고 흉(凶)을 피하는 것에 불과하다.

정이의 의리역학은 왕필의 학문을 계승하였기에 마찬가지로 64괘의 '시의(時義)'를 중시했으며, '시의(時義)'를 시세(時勢)와 의리(義理)의 합일로 보았다. 예를 들어, 정이 역학은 '천리(天理)'를 핵심으로 삼지만 『주역』 중의 시세(時勢)에 대한 인식과 파악을 특히 강조하면서 다음과 같이 자주 언급했다.

시운(時運)은 흥성과 쇠퇴가 있으며 형세(形勢)는 강할 때와 약할 때가 있다. 『주역』을 학습하는 사람은 이에 대해 반드시 깊이 체득해야 한다.[650]

『주역』에 대해 연구하는 사람들에게 있어서 가장 귀중한 것은 시세(時勢)의 경중(輕重)의 변화를 잘 인식하고 파악하는 것이다.[651]

정이는 '시세를 인식하고 파악하는 것'을 『역(易)』을 배우는 중요한 방법으로 꼽을 만큼 그 역시 왕필의 의리역학의 괘시(卦時)에 관한 기본 관점을 그대로 계승한 것이다. 그러나 정이가 이해한 '시세(時勢)'의 함의는 왕필과 큰 차이가 있다. 역학 중의 '시의(時義)'는 원래 '세(勢) - 이(理)'의 합일(合一)이라는 함의를 지니지만, 왕필이 언급한 '시의(時義)'는 주로 '세(勢)'가 주도하는 '세(勢) - 이(理)'의 합일체이고, 정이가 말하는 '시세(時勢)'의 함의는 '이(理)'가 주도로 하는 '이(理)

---

650) 『이정집(二程集)』 하권, 『주역정씨전(周易程氏傳)』 권2, 『대축(大畜)』, p.829.
651) 『이정집(二程集)』 하권, 『주역정씨전(周易程氏傳)』 권2, 『대과(大過)』, p.841.

- 세(勢)'의 합일체이다. 정이는 왕필과는 달리 '시세(時勢)'의 추세를 결정하는 내재적 법칙의 중요성을 더욱 중시했고, 시세를 인식하고 파악하는 동시에 천리(天理)에 대한 인식을 강조하면서 다음과 같이 강설했다.

> 사람은 행동할 때 반드시 먼저 가능한지 여부를 따져보고 결정하면 잘못을 범하지 않게 된다. 이치에 따라서 전진하여 승리하지 못했음에도 계속하여 진진한다면 재앙은 가히 심삭할 수 있다. 전진 중에 화를 입었다면 이는 모두 선택의 실수이다.[652]

정이는 사람은 마땅히 시세를 살펴가면 그 가능 여부를 결정해야 함을 강조했으며, 이 '세(勢)'는 '이(理)'에 의해 결정되고, '이(理)'는 '세(勢)'를 결정할 수 있는 필연적 역량이라고 여겼다. 그는 『대축괘(大畜卦)』・『대과괘(大過卦)』주해에서 '시운(時運)과 형세(形勢)를 인식하고 파악하는 것'의 중요성에 대해 언급할 때 "처한 위치가 올바른 이치에 들어서고, 시기에 맞게 행한다면 잘못을 범하지 않게 된다"[653], "지나치게 남성적이면 그가 하는 행동은 중화(中和)의 도(道)를 저버리고 민심을 거스르게 된다"[654]라는 관점에 대해 긍정하며, 이(理)를 인식하고 따르는 중화지도(中和之道)를 사람이 '시세(時勢)를 인식하고 파악하는지' 여부의 기준으로 삼았다. 이로부터 알 수 있다시피 정이의 유리한 상황을 중시하는 중세(重勢)는 왕필처럼 사람들

---

652) 『이정집(二程集)』 하권, 『주역정씨전(周易程氏傳)』 권3, 『쾌(夬)』, p.920.
653) 『이정집(二程集)』 하권, 『주역정씨전(周易程氏傳)』 권2, 『대축(大畜)』, p.829.
654) 『이정집(二程集)』 하권, 『주역정씨전(周易程氏傳)』 권2, 『대과(大過)』, p.841.

을 시세에 대한 굴복과 순응으로 인도하는 것이 아니라 이치를 인식하고 실천과정에서 시세를 잘 파악해야 함을 강조했다. 그러므로 괘시(卦時)에 순응하는 여부에 따라 길흉(吉凶)의 서로 다른 결과가 초래되는 것은 전적으로 '순리(順理)' 여부의 결과라는 것이다. 그는『대유괘(大有卦)』에 주석을 달 때 "상구(上九)는 괘(卦)의 종결지처(終結之處)에 있으며 양효(陽爻)가 음위(陰位)에 있고 음효(陰爻)가 양위(陽位)에 있는 것이다. 이는 크게 발전하여 극단에 달했어도 그 부유함을 차지하지 않은 사람을 가리킨다. … 부유함이 극점(極点)에 달했는데도 그 부유를 차지하지 않으면 충만함으로 인해 초래되는 재앙은 없게 된다. 이는 천리(天理)에 순응하는 사람이다. 95효(九五爻)는 성(誠)이다"[655]라고 서술했다. 이 '순리(順理)'는 바로 형세를 잘 헤아리는 도세(度勢)이며, 이는 행복과 불행 및 길흉의 행동결과를 결정할 수 있다.

　'시의(時義)'에 대한 창조적 이해로 정이는 객관적 시세에 대한 주체의 능동성을 중시하게 되었는데, 특출하게 나타난 것이 바로 그의『주역정씨전(周易程氏傳)』에서 언급한 매우 중요한 개념인 괘재(卦才)이다. 정이의 역학 사상에 관한 기존의 논저에서는 모두 역학에서의 '괘재(卦才)'라는 개념의 중요성을 인정하고 있다. 비록『주역정씨전』의 '괘재(卦才)'에 대한 구체적인 함의에 대해서는 아직까지도 상이한 견해들이 존재하지만, 정이의 '괘재(卦才)'에 대한 창조적인 발상은

---

[655]『이정집(二程集)』하권,『주역정씨전(周易程氏傳)』권1,『대유(大有)』, p.772.

확실히 왕필의 도가 정신을 배경으로 하는 의리역학에 대한 초월을 반영하며, 진정으로 유가만의 역학체계를 성공적으로 구축했음을 의미한다.[656]

그렇다면 정이의 '괘재(卦才)'는 어떻게 이해해야 할까? 왕필의 의리역학에는 두 개의 중요한 개념이 있는데 바로 괘시(卦時)와 효변(爻變)으로 각각 객관적인 시세와 주체적 응변으로 대표된다. 정이의 역학에서는 흔히 괘시(卦時)와 괘재(卦才)가 상호 대응되며, 이 역시 객관적 시세와 주체적 응변을 나타낸다. 다른 점이라면 정이는 '괘재(卦才)'를 논할 때마다 항상 이를 길흉화복(吉凶禍福)이 변화하는 객관적 시세 하에서 주체가 마땅히 갖춰야 할 능력으로 간주했으며, 왕필처럼 효변(爻變)을 '시의 적절한 변화'에 대한 순응으로 간주하지 않았다. 아래에 『주역정씨전』에서 괘재(卦才)'에 관한 논술 몇 단락을 인용하고자 한다.

> 괘재(卦才)로 말하자면, 95효는 군왕의 지위에 있으며 수요중(需要中) 제일 중요하다. 강건중정(剛健中正)한 덕성을 지니고 있을 뿐만 아니라 내심(內心)이 성실하고 충실한 바 이것이 바로 내심이 성실하여 믿음을 둔다는 뜻이다.[657]

656) 양립화(楊立華)의『괘서 및 시의: 정이의 왕필의「역」체례에 대한 초월 (卦序與時義: 程頤对王弼「易」體例的超越)』참고, 『중국철학사(中國哲學史)』계간(季刊), 2007 년 제 4기, pp.77-82.

657) 『이정집(二程集)』하권, 『주역정씨전(周易程氏傳)』권1, 『수(需)』, p.723.

어떤 것은 괘재(卦才)로 말한 것이다. 이를테면 『대유(大有)』의 '원형(元亨)'이 그러하다. 그 자체가 강건하고 문명하기 때문에 하늘의 흐름에 순응하여 움직이기에 능히 원형(元亨)할 수 있는 것이다.[658]

이는 곧 본괘(本卦)의 재성(才性)을 두고 한 말이다. 건괘(乾卦)의 체성(體性)은 강건하고 간괘(艮卦)의 체성(體性)은 독실(篤實)하다. 사람의 재능은 강건하고 독실해야만이 크게 온축(蘊蓄)하고 충실할 수 있으며, 영광스럽고 찬란할 수 있는 것이다. 끊임없이 축적되면 그 미덕이 나날이 새로워지게 된다.[659]

이는 괘(卦)의 재성(才性)에 근거를 두고 한 말이다. 상괘(上卦)와 하괘(下卦)가 모두 이괘(离卦)이니 곧 이중 광명의 뜻을 지닌다. 62효와 65효가 모두 중정(中正)의 위치에 있는 것은 정도(正道)를 따랐다는 뜻이다. 군주·신하 위아래가 모두 명덕(明德)을 지니고 중정(中正)의 위치에 놓이면 천하가 되어 사람들의 행위가 문명·예의에 부합하는 풍속을 이루게 된다.[660]

위에서 인용한 자료로 보자면, 정이가 언급한 '괘재(卦才)'는 모두 각 괘(卦)의 '괘시(卦時)'가 의미하는 서로 다른 객관적 시세 속에서 주체가 자신의 적극적인 노력을 통해 길형(吉亨)의 결과를 실현하는 능력을 말한다. 이로부터 괘재는 객관적 시세 하에서 주체적 능동성을 의미함을 알 수 있다.

그렇다면 '괘재(卦才)'는 어떻게 '효변(爻變)'을 대신하여 객관적 시세를 파악하는 주체적인 능력이 될 수 있는 것일까? 글자 그대로 보면 '괘재'는 괘(卦)를 구성하는 재질이다. 『주역·계사하(周易·繫

658) 『이정집(二程集)』 하권, 『주역정씨전(周易程氏傳)』 권1, 『대유(大有)』, p.768.
659) 『이정집(二程集)』 하권, 『주역정씨전(周易程氏傳)』 권1, 『대축(大畜)』, p.828.
660) 『이정집(二程集)』 하권, 『주역정씨전(周易程氏傳)』 권1, 『이(離)』, p.850.

辭下)』에서 이르기를, "그래서 『역경』의 내용은 괘상(卦象)이라는 것이다. 괘상은 괘체(卦體)로 각종 사물을 상징한다. 상(象)은 곧 판결같은 것이고, 대효(大爻)의 변화는 천하사물의 변화를 본뜬 것이다"661), '단(彖)'은 곧 괘체(卦體) 그 자체로 괘(卦)는 효(爻)로 구성되며 효화(爻畵)의 '재(才)'로 구성되어 있다고 말할 수 있다. 효(爻) 그 자체가 음양(陰陽)·강유(剛柔)의 상이한 특성을 지니고 있기에 각각의 효의 효위(爻位)기 디르고 '괘재'는 상이한 효위에 따라 서로 다른 덕성을 나타낸다. 『주역』은 길흉회린(吉凶悔吝)을 결정하는 근본을 64괘에 두고, 64괘 길흉회린의 근본은 또한 각 효위 및 그 음양·강유의 조합과 특질에 있음을 강조했다. 왕필은 각 괘의 하나하나의 효를 서로 다른 시세의 주체로 보고, 그 주체는 응당 서로 다른 괘시(卦時)가 상징하는 서로 다른 운명의 추세에 순응해야 한다고 주장했다. 그러나 왕필과는 달리 정이는 '괘재'가 괘시의 객관적 시세에 역작용할 수 있기 때문에 괘재가 객관적 시세에 능동적인 역할을 발휘하는 주체가 된다고 주장했다. 『주역정씨전』에서는 '괘재'의 능동적 작용에 대한 수많은 논증과 서술로 서로 다른 운명적 상황에 직면한 사람의 주관적이고 능동적인 역활을 나타내고 있다. 왕필이 『주역주(周易注)』에서 서술한 수많은 효의는 기본적으로 지(智)·덕(德)의 두 가지 순응방식으로 분류된다. 정이의 『주역정씨전』에서 '괘재'가 포괄하는 범위는 상당히 넓지만, 덕성과 지능 두 방면의 주체적 능력으로

661) 『십삼경주소(十三經注疏)』 제1권, 『주역정의(周易正義)』 권8, 『계사하(繫辭下)』, p.303.

개괄할 수 있다.[662] 앞에서 인용한 『주역정씨전』에서 '괘재(卦才)'를 논한 논설에는 괘재의 덕성을 나타내는 것으로는 '중정지덕(中正之德)', '성신(誠信)', '군주와 신하가 모두 덕을 갖추면 중정(中正)의 위치에 설 수 있다' 등이고, 지능 방면을 나타낸 것은 '강건독실(剛健篤實)', '응천시행(應天時行)', '강건하고 빛나는 재능을 갖춰야만이 천하 사람들의 몽매함을 깨우칠 수 있고, 계몽의 공훈과 업적을 이룰 수 있다'[663] 등이다.

『주역정씨전』은 괘재로 덕(德)·능(能)을 겸하고 있는데 사실은 이는 64괘의 '시의(時義)'와 서로 대응되는 것이다. 앞서 말한 바와 같이 정이는 '시의'는 객관적 시세(時勢)와 의리(義理)를 의미하며, 시세의 발전은 그 내재적인 의리에 의해 결정되기 때문에 시세와 의리는 합일체라고 여겼다. '괘재'는 주체의 응변 조건을 대표하는 것이기에 '괘재'는 필연코 '시의(時義)'와 상응해야 한다. 정이 역학의 의리(義理)는 기본적으로 인문세계의 응연(應然)의 규범과 자연세계의 필연의 법칙 두 방면으로 나뉜다. 전자는 '인문'이고 후자는 '천문'이다. 정이는 『분괘(賁卦)』를 주석하면서 이 양자의 차이과 연관에 대해 다음과 같이 논술한 적이 있다.

천문(天文)은 하늘의 도리이고, 인문(人文)은 인사(人事)의 도리이다. 천문이 나타내는 것은 일월성신(日月星辰)의 복잡한 배열이며, 한서음양

662) 호자봉(胡自逢)의 『정이천역학술역(程伊川易學述譯)』관련 괘재겸덕(卦才兼德), 능(能)의 관점 참고, 대만문사출판사(臺灣文史出版社), 1995 년판, p.163.
663) 『이정집(二程集)』 하권, 『주역정씨전(周易程氏傳)』 권1, 『몽(蒙)』, p.721.

(寒暑陰陽)의 교체변화이다. 천도(天道)의 운행을 관찰하는 것으로 사시 (四時)의 변천을 고찰해야 한다. 인문은 바로 인사도리(人事道理)의 질서 이다. 인문을 고찰하는 것을 통해 천하의 사람들을 교화하고, 천하의 사람들이 예의와 풍속을 갖추도록 하는 것이 바로 성인이 분(賁)을 운용 하는 도리이다.[664]

정이는 비록 '이(理)'를 인문의 이(理)와 천문의 이(理)로 구분하면서 도, 또한 양자는 같은 천리(天理)이고, 이들은 모두 시세(時勢) 발전을 대표하는 필연적인 이(理)로써 시세의 길흉회린(吉凶悔吝)을 결정할 수 있음을 강조했다. 앞에서 언급한 바와 같이 왕필이 인정한 이(理) 와 세(勢)의 합일은 '세(勢)'가 주도적이고, 명교의 이(理)는 '세(勢)'에 의존하기에 사람들이 명교에 순종하는 이유는 '세(勢)'의 힘에 순종하 기 때문이다. 그러나 정이가 생각하는 이(理)와 세(勢)의 합일은 '이 (理)'를 주도로 삼기 때문에 사람들이 '세(勢)'에 순종하는 까닭은 반드 시 '천리(天理)'에 복종해야 하기 때문이다. 그는 더 나아가 유가의 명교지리(名敎之理)와 인문지리(人文之理)를 '천리(天理)'의 핵심으로 삼았다. 『주역정씨전』에서 윤리강상의 명교는 종종 역리의 핵심이면 서도 시세와 길흉의 관건으로 나타난다.

> 부패와 과오를 바로잡는 방법이 만약 괘재(卦才)와 같다면 대선형통(大 善亨通)하여 천하를 크게 다스릴 수 있다. 부패와 과오를 바로잡는 사람이 만약 존비·상하(尊卑·上下)로 하여금 각자 자신의 자리에 있게 하여, 아래에 있는 자가 겸손하고 온순하며 순종하고, 위에 있는 자가 부패와

---

664) 『이정집(二程集)』 하권, 『주역정씨전(周易程氏傳)』 권2, 『분(賁)』, p.808.

과오를 멈추게 하여 백성을 정연하게 안정시켜서 만사가 화순(和順)하게 돌아갈 수 있다면, 어찌 부패와 과오가 바로잡히지 않을 수 있겠는가? 그가 행한 도(道)가 대선(大善)할 뿐만 아니라 형통(亨通)하니 천하가 다스려지게 되는 것이다.[665]

정이는 물론 시세(時勢)에 대한 천리(天理)의 결정 작용을 강조했지만 '괘지재(卦之才)'의 주체적이고 능동적인 작용 또한 중시했다. 특히 인문세계에서 주체의 덕성 능력을 강조하여 주체가 존비(尊卑)·상하(上下)를 정의로운 경지에 이를 수 있게 한다면 시세(時勢)의 흐름을 반전시켜서 오랫동안 쌓여온 폐단을 제거하여 천하가 태평하게 되는 결과를 유도할 수 있다고 주장했다. 그래서 정이의 '괘재(卦才)'는 비록 시기와 시세를 잘 파악하는 것과 의리를 행하여 천하를 구제하는 두 방면의 능력으로 나타나지만, 그의 천리론은 인문적 요소를 강조함으로써 그의 학설은 의리를 행하여 천하를 구제하는 주체의 능력이 더욱 확장되었다.

정이가 구축한 이학체계는 인도(人道)와 천도(天道)를 동일시하자는 근본 취지에서 비롯된 '시의(時義)'가 대표하는 시세와 의리의 통일은 큰 모순을 내포하고 있다. 앞에서 설명한 바와 같이 정이 역학에서 의리는 기본적으로 인문세계의 응연(應然)의 규범과 자연세계의 필연의 법칙으로 구분되며, 전자를 '인문', 후자를 '천문'이라 부른다. 자연적 세계에서의 시세와 의리는 완전히 통일된 것이지만, 인문적 세계에서 의리와 시세 사이에는 통일 또는 분리라는 두 가지 아주 다른

---

665) 『이정집(二程集)』하권, 『주역정씨전(周易程氏傳)』권2, 『고(蠱)』, p.789.

상황이 나타날 수 있다. 정이의 '괘재(卦才)'에 관한 제기에는 의리와 시세가 분리될 가능성이 있다는 이론적 전제조건을 포함하고 있다. 원래 의리역학의 기초이론 사전 설정은 시세와 의리의 통일이었다. 역학은 원래 사람들을 객관적 세계의 추세에 대한 사고를 유도하여 행동을 지도하는 것이기 때문에 정이 역시 『역』을 배우는 자들은 "시세를 살핌에 있어서 경중과 완급 및 시세의 변화를 중시해야 한다" 고 거듭 강조했다. 이른바 '의리(義理)' 역시 이러한 시세 속의 필연법 칙으로서 시세를 통해 확실히 인식하고 엄격히 따라야 한다는 것이 다. 그것은 시세와 의리는 모두 행위의 길흉회린(吉凶悔吝)의 결과와 밀접히 관련있기 때문이다. 그러나 '시의(時義)'에는 의리와 시세의 통일 및 분리의 두 가지 아주 다른 상황이 존재하기 때문에 괘재(卦才) 역시 마땅히 각각 다른 태도와 대책을 취해야 한다.

하나는 시세와 의리의 통일 상황이다. 이러한 상황 속에서 시세에 순종하는 것과 의리를 따르는 것은 일치한다. 예를 들면 『태괘(泰卦)』 는 '태(泰)'의 시세(時勢)와 '소왕대래'(666)의 괘의(卦義)가 통일된 것이 고, 괘재(卦才)는 원활한 시세에 순응하는 동시에 원활한 의리를 실현 하는 것이다. 정이는 다음과 같이 설명했다.

> 소(小)가 바로 음(陰)이고, 대(大)가 바로 양(陽)이다. '왕(往)'이란 바깥
> 으로 나가는 것이고 '내(來)'란 안에 머물러 있는 것이다. 음기(陽氣)가
> 하강하면 양기(陰氣)가 상교한다. 음양이 조화로우면 만물의 생성과 성장

---

666) 번역자 주: 小往大來, 음기가 외괘(外卦)로 향하면 양기가 내괘(內卦)로 향하는 것임.

이 순조롭게 되는데 이것이 바로 천지가 편안하고 태평하다는 것이다. 인사(人事)를 놓고 말하자면 대(大)는 군왕이고 소(小)는 바로 신하이다. 군주가 자기의 성심으로 신하를 위임하고 신하가 자기의 성심을 다해 군왕을 섬기고, 상하의 뜻이 서로 통하면 이것이 바로 조정(朝廷)의 편안 과 태평함이다. 양(陽)이 바로 군자이고 음(陰)이 곧 소인이다. 군자가 안에 머물러 있고 소인이 밖으로 나가 거주하는 것으로, 즉 군자가 권위를 얻고 소인이 그 아래에 있는 것과 마찬가지 형태로 이것이 바로 천하의 편안함과 태평함이다.[667]

음양이 조화로워 만물의 생성과 성장이 순조로워짐에 따라 '천지가 편안하고 태평해지는 것', 군주가 자기의 성심으로 신하를 위임하고 신하가 자기의 성심을 다해 군왕을 섬김으로써 '조정이 안정되고 태 평스러워지는 것'이 모두는 시세와 의리의 통일을 나타낸다. 『혁괘(革 卦)』의 시세와 의리 역시 통일을 이룬다. '혁(革)'은 추이에 따라 변화 를 가지는 추천개역(推薦改易)의 시세(時勢)를 나타내기도 하는데, 즉 이른바 "그중의 천지를 통극(通極)하는 변이와 시운의 시작과 끝을 알 수 있다"라는 것을 나타낸다. 또한 "위로는 천명에 순응하고, 아래 로는 인심을 따르는 것이다. 그래서 '하늘이 순응하고 사람이 호응한 다'"라는 추혁(推革)의 도(道)를 나타내기도 한다. 이때에 '괘재(卦才)' 가 나타내는 주체적 능동성이 바로 '혁(革)'의 시세와 의리에 순응하는 것이다. 정이는 "괘재(卦才)의 관점에서 변혁(變革)의 이치이다. … 만약 문명(文明)하다면 천리는 자기의 기능을 다하게 되며, 사물은 이해하지 못할 것이 없게 된다. 만약 즐겁다면 인심은 온화하게 된다.

667) 『이정집(二程集)』하권, 『주역정씨전(周易程氏傳)』권1, 『태(泰)』, p.753.

변혁은 사물의 도리를 똑똑히 관찰하고 인심을 순화시킴으로써 대형(大亨)에 도달함과 동시에 정정(貞正)을 얻게 된다"[668]라고 피력했다.

다른 하나는 시세와 의리가 분리된 경우이다. 이러한 괘상(卦象)에서는 괘시가 드러내는 객관적 추세와 효의가 나타내는 의리는 일치하지 않는다. 이 때에 괘재의 능동적 역할은 의리를 추구하고 고수함으로써 시세를 통제하고 파악해 내는 것이다. 예를 들면, 정이가 주석을 단 『둔괘(遯卦)』와 같다. '둔(遯)'은 "물러나 피하다"라는 뜻이며, 정이는 이 괘(卦)에 대해서 "둔(遯)은 음기가 성하고 양기가 쇠하므로 군자가 피해야 할 때를 말한다"라고 해석했다. 그는 『둔괘』가 드러내는 시세를 "음기가 성하고 양기가 쇠하며 소인배들이 득세한다"라고 설명했지만, 그는 군자는 도를 지키고 천하를 구제하는 마음을 가져야 하고, "군자는 이럴 때에 피해야만이 순탄하게 자신의 도(道)를 확장할 수 있고, 도를 굽히지 않으면 형통하게 된다"라는 의리를 견지하는 태도를 취해야 한다고 강설했다. 정이는 이 괘(卦)의 『단전(彖傳)』에 서술된 "92양효는 강(剛)이고 외괘(外卦)에 속하며 중위(中位)에 위치해 있다. 62음효는 유(柔)이고 내괘(內卦)에 속하며 중위(中位)에 위치한다. 소인배가 안에 둥지를 틀고 들어 앉아 있으며 온 세상을 얻은 듯 득의양양하고, 군자는 바깥에 물러나 은거하며 위험을 초래할 수 있는 일에 참여하지 않는 것과 같은데, 이는 시세가 만든 상황이다"라는 단락을 해석할 때 다음과 같이 서술했다.

---

668) 『이정집(二程集)』 하권, 『주역정씨전(周易程氏傳)』 권4, 『혁(革)』, p.952.

비록 군자가 피해서 살아야 할 그러한 시기에 처해도 결코 물러나 자취를 감추어야 하는 것은 아니다. 95효는 양효(陽爻)로 양위(陽位)에 있으면서 중(中)에 처하고 정(正)을 취하며, 또한 하(下)와 중정(中正)의 덕(德)을 갖춘 62효와 상응한다. 비록 음기가 강성하게 일어나는 때이지만 괘(卦)의 성질처럼 시기에 따라 나아가거나 혹은 물러서야 한다. 만약 최선을 다해야 할 곳에서 성심·성의껏 최선을 다해 도의(道義)를 바로잡아 도와주는 도리를 행하지 않는다면, 굳이 도망쳐 자취를 감추고 무소작위(無所作爲)할 필요는 없다. 그래서 시기에 따라 나아가거나 혹은 물러서야 한다.[669]

정이는 "이럴 때에 군자가 제때에 은둔하는 것은 매우 큰 의미를 지닌다"라는 말을 해석할 때 더 나아가 "도리를 지켜야 한다"라는 관념을 강조했으며, 또한 다음과 같이 말했다.

성인은 천하를 대함에 있어서 도의(道義)가 머지않아 곧 폐망할 것임을 알고 있을지라도 어찌 천하가 어지러워지는 것을 좌시하고 구원의 손길을 내밀지 않을 수 있겠는가. 성인은 틀림없이 일이 아직 완전히 악화되기 전에 자신의 힘을 보태여 노력할 것이며 쇠락해 가는 사물이 강성해지도록 시도한다. 이로써 소인의 앞길을 힘들게 하여 일시적으로 안전을 도모한다. 만약 그렇게 할 수만 있다면 공자와 맹자도 기꺼이 그렇게 했을 것이다. 왕윤(王允)과 사안(謝安)이 각각 한(漢)나라와 진나라(晉朝) 시기에 나타냈던 모습이 바로 그러한 예증(例證)이다.[670]

공자가 살았던 춘추시기는 도(道)와 세(勢)가 서로 분열된 시기였지만, 공자는 다른 은사(隱士)와 같은 삶의 태도를 취하지 않고 오히려

---

669) 『이정집(二程集)』 하권, 『주역정씨전(周易程氏傳)』 권3, 『둔(遯)』, p.866.
670) 『이정집(二程集)』 하권, 『주역정씨전(周易程氏傳)』 권3, 『둔(遯)』, p.866.

도(道)를 지키고 세상 구제를 희망하며 시세를 전환시키려 전력을 다했다. 정이는 『둔괘(遯卦)』에서 '괘재(卦才)'는 시세와 의리가 분리될 때 반드시 공자·맹자와 같은 그러한 도(道)를 지키고 세상을 구제하는 정신을 나타낸다고 강조했다. 이러한 이념은 다른 괘(卦)에서도 표현된다. 예를 들어, 『미제괘(未濟卦)』에서도 '괘재(卦才)'에 '형통하는 도(道)'가 있음을 긍정하면서, "미제(未濟)일 때 형통(亨通)의 도리가 있으며, 괘재(卦才)에서 형통하는 방법은 신중함에 있다"[671]라고 말했다. 여기에서 '미제(未濟)일 때'와 '형통(亨通)의 도리'는 통일되지 않는 것이지만 '괘재(卦才)'가 '형통(亨通)의 도리'를 견지하는 주관적인 노력을 통해 '미제(未濟)'를 가제(可濟)로 전환시킬 수 있다는 것이다.

이학자 정이에게 있어서 『주역』의 64괘 중에서 '시세(時勢)'와 '의리(義理)'의 두 가지 상태는 이학은 반드시 두 가지 철학 유형을 구축할 필요성을 충족시켜야 한다는 것을 나타낸다. 송대 유학자들은 원래 나라를 다스리고 온 세상을 편안하게 하는 경방치국(經邦治國)의 정치철학과 안신입명(安身立命)의 인생철학을 구축하는 이중적 사명을 지니고 있었기 때문에 정이가 언급한 '시세'와 '의리'의 통일은 이학자들의 정치적 철학 구축의 내재적 요구이다. 정이가 윤리강상 명교의 '인문'과 일월한서(日月寒暑)의 '천문'은 일치한다고 논증한 취지는 인륜질서를 자연법칙에 합치되는 필연적 추세라는 것을 논증하기 위함이다. 그래서 그는 천지도(天之道)에서 인지도(人之道)를 도출하거나

671) 『이정집(二程集)』 하권, 『주역정씨전(周易程氏傳)』 권4, 『미제(未濟)』, p.1022.

또는 인지도(人之道)로부터 천지도(天之道)에 도달을 피력했으며, 그것들이 나타내는 의미는 같은 것으로 즉 '의리'는 '시세'에 부합된다는 것이다. 정이는 군주는 인덕으로 신하를 대하고 신하는 충으로 군주를 대해야 한다는 것과 부모는 자녀를 자애롭게 대해야 하고 자녀는 부모에게 효도해야 한다는 것은 결코 단순한 도덕적 요구일 뿐만이 아니라, 이는 '시세'에 부합하고 길상에 이르는 객관적이고 필연적인 요구임을 증명하려 했다. 그는 "군신(君臣)이 서로 교감할 수 있다면 군신의 도리가 상통하게 되며, 상하급 간에 교감할 수 있다면 상하의 정서와 감정이 상통하게 된다. 이러한 이치는 부자·부부·친척과 친구 지간에 모두 적용된다. 즉 참된 정의(情意)로 교감한다면 반드시 화목하고 형통하게 된다. 사물은 모두 이러하다. 그러므로 함괘(咸卦)에는 형통의 도리가 있다"[672]라고 말했다. 이러한 '세(勢)'와 '이(理)'의 통일은 일종의 윤리주의 정치철학을 구축하기 위한 송대 유학자들의 내재적 요구였다. 정이가 강조한 "이른바 부자관계란 마치 군주와 신하 같은 관계이다. 하나는 위에 있고 하나는 아래에 있는 것이다. 이는 천하의 규정으로서 그 누구든 어디에 있든 간에 모두 이 하늘 아래에 있는 것이며 어느 누구도 이 규정을 벗어날 수 없다"[673]라고 강조했을 때에 이러한 이(理)·세(勢) 합일의 설법은 바로 윤리주의적 정치철학을 구축하기 위한 것이다.

　그러나 정이가 '시세'와 '의리'의 분리 및 '괘재'가 취하는 태도를

---

[672] 『이정집(二程集)』 하권, 『주역정씨전(周易程氏傳)』 권3, 『함(咸)』, pp.854-855.
[673] 『이정집(二程集)』 상권, 『하남정씨유서(河南程氏遺書)』 권5, p.77.

논할 때는 사대부들의 인생철학에 대한 언급이 주를 이룬다. 사실상 현실의 인문세계에서 시세와 의리의 분리는 일상적인 상황이다. 개인적 삶에 있어서, 유가 사대부들은 항상 시세와 의리의 분리 국면에 직면하고, 곤궁함과 험난함은 높은 사회적 이상을 품은 사대부들의 일상적인 생활이었으며, '도(道)가 없어질 것'이라는 우려는 분명히 그들 마음에 가장 큰 충격이었을 것이다. 따라서 정이는 '괘재(卦才)'를 논할 때 도(道)를 지키고 세상을 구제하는 방법으로 시세를 전환할 것을 강조하면서도 시세의 전환이 무엇보다 어려운 일이라는 것을 잘 알고 있었다. 사대부들의 인생철학의 주요 문제는 바로 이(理)와 세(勢)가 분리된 인문세계에서 어떻게 안심입명할 것인가 하는 것이다. 구체적으로 말하자면 온갖 환난과 궁핍함, 험난한 생활환경에서 어떻게 처신할 것인가 하는 문제이다. 정이의 역학은 이 문제에 대해 각별한 관심을 보이고 중시했다.

『이정수언(二程粹言)』의 기록에 의하면, 정이는 소년시절에 주돈이(周敦頤)의 문하에서 『역(易)』을 배웠는데, 주돈이가 중점적으로 강조한 것은 '공안지락(孔顏之樂)의 추구'였다고 한다. 역학을 유가 지식분자들의 안빈낙도 및 자신감 있는 처세 태도와 인생 경지를 추구하는 '공안낙처(孔顏樂處)' 추구에 귀결시킨 근본적 취지는 바로 이(理)와 세(勢)가 분리된 세계에서 어떻게 처신할 것인가에 대한 문제를 탐구하기 위해서였다. 『주역정씨전』에서 불리한 시세를 논할 때마다 이정은 항상 끊임없이 이 문제를 다루었으며, 사람이 우환의 세계에 직면했을 때 처신의 태도는 천도(天道)와 운명에 순응해야 한다고 주

장했다. 이것이 바로 주돈이가 정이에게 '공안낙처'를 탐구하게 한
취지이기도 하다.

『주역 · 곤괘(周易 · 困卦)』의 괘상(卦象)은 물이 늪 아래에 있기에
말라서 물이 없는 괘상으로 곤궁함과 모자람을 뜻한다. 이를 인간사
로 설명하면 즉 '군자가 소인에 의해 가로 막히고 매몰되면 곧 곤궁한
처지에 놓이게 된다'라는 것이다. 『곤괘(困卦)』가 상징한 것은 일종의
곤궁하고 험난한 시세이다. 그렇다면 군자와 대인을 대표하는 '괘재'
는 어떻게 처세해야 할까? 정이는 다음과 같이 생각했다.

> 괘재(卦才)의 관점에서 보면 이는 위험과 재난에 대처하는 방법을 나타
> 낸다. 아래의 감괘(坎卦)는 험난하다는 뜻이고, 윗쪽의 태괘(兌卦)는 즐겁
> 다는 의미를 지닌다. 이는 험난한 상황에 처해도 여전히 즐거워하는 의상
> (意象)을 지닌다. 비록 곤궁하고 험난한 상황에 처해도 천명을 즐기고
> 도의(道義)에 안주하기에 즐거워하고 만족할 수 있는 것이다. 비록 처한
> 시기가 곤궁할지라도 처한 곳에서 도의를 버리지 않기에 그의 도(道)는
> 형통하다. 이는 '곤궁해도 도의를 잃지 않기에 형통하다'라는 뜻이다. 이
> 렇게 할 수 있는 사람은 오직 군자 뿐이다. 만약 어떤 사람이 곤궁해야
> 할 시세에 오히려 형통하다면 비록 그가 형통 중에 있다 하더라도 그의
> 도의는 곤궁한 것이다.[674]

『곤괘(困卦)』의 괘는 시세와 도의의 분리를 극명하게 나타낸다.
도(道)의 형통을 추구하면 개인의 운명은 필연코 곤궁에 빠지게 되며,
개인 운명의 형통을 추구하면 도는 곤궁해진다. 군자는 이러한 시세

---

674) 『이정집(二程集)』 하권, 『주역정씨전(周易程氏傳)』 권4, 『곤(困)』, p.941.

에 처하게 되면 개인 운명의 형통을 추구할 것이 아니라 도의(道義)를 지키면서 자기의 처지에 만족하고 스스로 그 안에서 기쁨을 느껴야 한다는 것이다. 이것이 이른바 송·명 시기 이학자들이 추구한 이상 적인 경지인 '공안지락(孔顏之樂)'이다. 정이는 또한 곤궁한 시세에 대처하고 도의를 지키는 방법에 대해서도 진일보한 논술을 했다.

> 군자가 곤궁에 처해 모든 예방의 방법을 다했는데도 여전히 곤궁에서 벗어나지 못하면 그것은 바로 명(命)이다. 따라서 어떤 생각에 따라 자기 의 명(命)을 분명히 알아야 자기의 뜻을 이룰 수 있는 것이다. 이것이 숙명이라는 것을 알게 되면 설사 곤궁과 재앙의 상황에 처해도 마음이 흔들리지 않고 자기의 도의(道義)를 실천할 뿐이다.[675]

여기에서 말하는 '명(命)'과 '의(義)'의 분리는 바로 '시세(時勢)'와 '도 의(道義)'의 분리로써 군자는 천명을 알고 분수에 맞게 살기에 궁핍함 에 처해도 의(義)를 행하고, 외재적인 궁색함과 화복의 요소도 그 마음 을 움직일 수 없다는 것이다.

『주역정씨전』에는 시세와 도의가 분리될 때에 괘재가 어떻게 천 리와 천명에 순응할 것인가 하는 문제에 대해 논술한 사례가 아주 많다. 『부괘(否卦)』는 "천지가 단절되고, 음양이 서로 통하지 않는다" 라는 상(象)으로 "군자의 도(道)가 약화되면 소인의 도(道)가 강성해진 다"라는 시세를 나타낸다. 정이는 이에 대해 "군자가 하위(下位)에 있으면서 자기의 절개를 고수하는 것은 진취적인 것을 싫어하고 자기

---

(675) 『이정집(二程集)』 하권, 『주역정씨전(周易程氏傳)』 권4, 『곤(困)』, p.941.

한몸만을 꾀하는 것이 결코 아니다. 대도(大道)가 막혀 통하지 않을 때에는 공명의 길을 택하지 않는다. 그러므로 하위(下位)에 안주하지만 마음은 항상 천하에 관심을 두고 있다. 마음에 품은 뜻은 항상 군왕이 발탁해 주고 공명을 이룸으로써 천하를 구제하기를 바라기 때문에 군자는 항상 뜻을 품고 있다고 말한다", "대인(大人)은 대도(大道)가 막히고 통하지 않을 때에는 정도(正道)에 따라 스스로 처신해야 하지 어찌 자신을 굽히고 도의를 저버리면서 윗사람과의 순응을 꾀할 수 있겠는가? 다만 막히고 통하지 않는 것에 스스로 순응할 뿐이며, 그 처지가 막히고 통하지 않는 상황에 처해도 도의는 여전히 형통하게 된다", "대인(大人)은 막히고 통하지 않을 때에도 자기의 정도(正道)와 절조(操守)를 굳게 지키면서 소인(小人)의 무리에 섞이지 않는다. 자신이 막히고 통하지 않는 처지에 있어도 도의(道義)는 여전히 형통하기 때문에 "막힘이 형통하다"라고 말하는 것이다. 도의에 의지하지 않고 자신의 형통만 바라는 것은 바로 도의의 막힘과 곤궁함이다"[676]라고 강설했다. 이 역시 대인·군자는 도(道)와 세(勢)가 분리된 시세에 처해서 불행에 직면해도 감내하고 도(道)를 지키며 세상을 구제하는 소신을 고수해야 한다는 말이다. 이러한 불행에 처해도 감내하는 태도는 결코 '진취적이지 않은' 소극적인 인생이 아니라 오히려 시시각각으로 천하를 근심하고 군자로서 진취적이고 세상을 구제할 수 있기를 바라는 마음이라 할 수 있다. 또한 『미제괘(未濟卦)』의 시세

---

676) 『이정집(二程集)』 하권, 『주역정씨전(周易程氏傳)』 권1, 『부(否)』, pp.760-761.

역시 '군자가 어려운 처지'에 처했을 때이다. 정이는 구효(九爻)에 주석을 달 때 "미제(未濟)의 극점(極点)에 놓이면 성공할 수 있는 위치가 아니다. 성공할 수 있는 도리가 없기에 응당 천명을 순순히 따르는 수밖에 없다. 마치 부괘(否卦)가 결국에는 뒤집히듯이 이것이 바로 시세의 변화이다. 미제괘가 극점에 놓이지 않으면 자연히 성공할 도리이기 때문에 미제의 극점에 정지되어 있는 것이다. 지성을 다해 천리와 천명에 안주하고 스스로 즐거움을 찾는다면 잘못을 범하지 않게 된다"[677]라고 서술하면서 군자는 어려움에 처했을때 '천리와 천명에 순응'하는 삶의 태도를 취해야 한다고 주장했다.

정이의 의리역학은 왕필의 학문을 계승한 것으로 인생 관념에서도 마찬가지이다. 『역(易)』에 주목하는 것은 원래 인생의 길흉화복과 밀접한 관련 때문이며, 정이와 왕필 모두 '시세'와 '의리'가 서로 일치하는 객관적 '시의(時義)'에 순종하고 따르는 태도를 취해야 한다고 주장했다. 따라서 이들의 유가의 강상명교 및 윤리도덕을 따르는 문제에 있어서도 태도와 관념이 일치했다. 그러나 정이는 여전히 왕필의 역학을 "왕필은 『역경』의 주해에서 도(道)를 본체로 하지만 그의 무(無)를 도(道)로 삼는 것은 노장(老莊)의 사상이다"[678]라고 비평했다. 어째서 왕필의 역학에서는 도(道)를 찾아볼 수 없다고 말했을까? 그의 노장지의(老莊之意)에 대한 해설은 어디에 나타나 있을까? 이 점은 앞서 언급한 시세와 도의가 분리된 괘시(卦時)에서 아주 명확하게 드

---

677) 『이정집(二程集)』 하권, 『주역정씨전(周易程氏傳)』 권4, 『미제(未濟)』, pp.1025-1026.
678) 『이정집(二程集)』 상권, 『하남정씨유서(河南程氏遺書)』 권1, p.8.

러난다. 원래 사회 · 정치 · 철학 방면에서 현학과 이학은 비교적 근접하지만 왕필은 '명교'는 '자연'에서 비롯된 것이라고 주장하고, 정이는 인륜이 곧 천명이라고 주장하여 그 사상적 본질은 비교적 일치한다. 이런 점이 『주역』의 괘시에 나타나면 그건 바로 시세와 의리가 서로 일치되는 상황의 경우이다. 그러나 인생철학 방면에서 현학과 이학은 큰 차이를 보이는데, 특히 시세와 의리가 불일치하는 상황에서 나타난다. 왕필은 『주역주(周易注)』에서 64괘를 인생이 직면한 여러 가지 서로 다른 경지에 대한 상징으로 여겼다. 자신의 심신과 생명을 보전하고 흉구(凶咎) · 회린(悔吝)의 영향을 받지 않기 위해 이(理) · 세(勢) 합일의 상황에 처하든 이(理) · 세(勢)가 분리된 상황에 직면하든 왕필은 모두 객관적 시세에 순응하여 자신을 보전할 것을 주장했는데 이것이 곧 노장지도(老莊之道)의 인생철학이다. 그러나 정이의 주장은 달랐다. 이(理)와 세(勢)가 합일된 상황에 처할 시에는 정이 역시 시세에 순응할 것을 주장했는데 그 이유는 이(理)가 세(勢) 속에 처하기 때문에 세에 순응하는 것이 곧 이(理)에 순응하는 것이며, 이(理)를 따르는 것은 언제나 '괘재(卦才)'의 근본적인 추구이기 때문이다. 그러나 이(理)와 세(勢)가 분리된 상황에 직면한 것에 있어서 정이는 "군왕에게 순응하기 위해 본심을 어기고 정도(正道)를 벗어나서는 안 된다"라는 처곤지도(處困之道)에 대해서는 반대했다. 이 점에 대해서는 『부괘(否卦)』에서 왕필과 정이가 내세운 각기 다른 인생철학을 비교해 볼 수 있다. 『부괘(否卦)』는 "군자의 도(道)가 약화되면 소인의 도(道)가 강성해지게 된다"라는 상황을 상징한다. 왕필이 주장한 처세철학은 항상 어떻게 이러한 곤궁한 상황 속에서 시세에 순응하고 자신을 보전할 것인가에 대해 논했기 때문에 그는 초육(初六)에 주석을 달 때 "곤궁한 처지에 처해 있을 때 제멋대로 행동하면 잘못을 초래할 수 있다. 3음효(三陰爻)가 도(道)를 함께 하여 모두 나아갈 수 없다. 그러므로 동류의 사물은 서로 견인한다는 것이다"라고 말했고, 육이(六二)에 주석을 달면서는 "곤궁한 처지에 처했을 때에는 자신에게 적절한 위치를 찾아 그에 순응하면서 윗자리로 돌아가야 한다"라고 했으며, 구오(九五)에 주석을 달 때 "순탄한 처지에 놓여 있을 때에는 부도(否道)를 정지할 수 있다. … 군자의 도(道)가 쇠락할 때 자신이 존귀한 위치에 처해 있다면 어찌 마음이 편안할 수 있겠는가? 그래서 마음속으로 위기를 생각한다면 자신의 지금의 흥성함을 공고히 할 수 있다"[679]라고 설명했다. 이(理)와 세(勢)가 분리된 상황에서 왕필이 주목한 것은 인문의 도를 지키는 것이 아니라 시세에 순응하는 것이며, 시세에 순응하는 목적은 자신과 지위의 안전을 보호하기 위한 것일 뿐이었다. 그러나 앞에서 인용한 정이의 『부괘(否卦)』에 대한 주석에서 그는 항상 도의를 견지하고, 도(道)를 따르며, 군주의 신임을 받아 중용됨에 큰 뜻을 품고, 천하를 구제하는 유가 사대부들의 자강불식의 정신을 창도했다는 점에서 왕필의 『부괘주(否卦注)』와 뚜렷한 대조를 이룬다.

---

679) 『왕필집교석(王弼集校釋)』 상권, 『주역주·상경·부(周易注·上經·否)』, 중화서국(中華書局), 1980 년판, pp.281-282.

제4절 『주역』의리학(義理學)과 중국 전통 사고방식

역학(易學)사에서 왕필과 정이의 학문적 혁신은 『주역』의리학의 사상적 학문 구축을 완성했다는 것이다. 앞서 이미 왕필과 정이의 의리역학에 대해 일부 탐구와 논술을 했으며, 현학파 역학과 이학파 역학 사이의 계승 및 발전 관계도 분석해 보았다. 또한 이 두 가지 비교적 전형적인 의리역학의 학문적 논리에 대해서도 새로운 연구를 하였다.

의리역학(義理易學)은 중국 경학사(經學史)에서 중요한 위치를 차지하기 때문에 본 절에서는 주역학설의 역사, 특히 중국 사상문화사의 거시적 배경에서 왕필과 정이의 역학에 대한 조감식의 관찰과 사고를 통해 현학에서 이학에 이르는 사상적 발전 과정과 학문적 맥락을 탐구함으로써 이 학문 형태가 중국 문화사에 남긴 공헌에 대해 한층 더 깊이 사고해 보고자 한다.

1. 이성화(理性化)의 신령에서 이성화의 철학에 이르기까지

『주역』의 경(經)·전(傳)의 형성에서부터 위진 시기 왕필의 『역(易)』에 대한 주석, 그리고 이어서 정이의 『주역』전주에 이르기까지는 바로 주술적 『주역』에서 점차적으로 의리적 『주역』으로 전환되는 역사 과정이다. 이런 역사과정은 상고시기의 신령의 지배세계에서 춘추전국시기의 신령의 이성화(理性化)로 전환과 위진의 자연주의 철학에서 송대에 구축된 인문주의 철학에 이르기까지의 『주역』학설사 내지 중국 사상사의 중요한 발전과정을 함축하고 있다. 우리는 이 사상문화의 발전과정을 이성화된 신령에서 이성화된 철학의 완성과정으로 요약화할 수 있다.

일반적으로 요약해 보면, 『역경(易經)』은 원래 길흉의 예측하는 점복(占卜)에 대해 서술한 책으로 일종의 신령이 세계를 지배하는 무술(巫術) 사상의 형태이고, 『역전(易傳)』은 의리학적 해석서이며, 천지의 법칙이 세계를 지배한나는 철학사상 형태이다. 그러나 이는 단지 사상사에 대한 개괄적 설법일 뿐이며 실제적인 역사 상황은 이보다 훨씬 복잡하다. 『역경』은 비록 신령이 사람의 길흉의 운명을 지배한다고 믿는 점복을 기록한 서적이지만 일부 괘의 효사에서는 옛사람들의 외부세계에 대해 관찰과 사고가 나타나기도 하며, 많은 철리적인 언론에서는 고대 선민들이 역경에서 벗어나 길함을 추구하기 위해 노력한 경험과 이성적 사고들도 나타난다. 예를 들면, 『태괘 · 구삼(泰卦 · 九三)』에서는 "평탄하기만 하고 기울어지지 않음은 없으며, 잃는 것이 없으면 얻을 수 없다. 그러므로 처지가 어려울 때 정도(正道)를 굳건하게 지키며 근심과 걱정에 빠지지 않도록 해야 된다"라고 했고, 『건괘 · 구삼(乾卦 · 九三)』에서는 "덕과 재능을 갖춘 군자는 온종일 부지런히 노력하고, 밤에도 위험을 경계하기에 결국은 재난을 입지 않게 된다"라고 했으며, 『겸괘 · 초육(謙卦 · 初六)』에서는 "겸손하고 또 겸손한 군자는 큰 강을 건너도 안전하고 길하다"라고 했다. 상(商)나라 시기 유적지인 은허(殷墟)의 갑골복사(甲骨卜辭)와 비교해 보면 『역경』 중의 괘효사(卦爻辭)에는 신령을 미신하는 것 외에도 경험의

축적 심지어는 이성의 태동을 중요시하는 요소가 확실히 많이 나타나
는데, 이들 역시『역전』의리학(義理學)의 사상적 태동이 되었다. 그래
서 춘추시기에 이르러『주역』은 이미 점을 쳐서 일을 묻는 활동범위
를 넘어서게 되었고 괘효사(卦爻辭)와 점문(占問)이 분리되면서 사람
들은 이를 어떤 철리와 법칙의 증거로서 인용했다.[680] 전국시기에
이르러 완성된『역전(易傳)』은 천인지도(天人之道)를 종론한 의리학
저서로서 매우 높은 철학적 사변 수준을 보여준다. 하지만『역전』에
서 제기한 형이상의 도(道)가『역경』본유의 신령숭배를 완전히 대체
한 것은 아니며, 이러한 신령숭배와 이성적 사고는『역전』의 한축에
공존하는 경우가 많았다. 이 점은『역전』의 '천(天)'에 관한 서로 다른
설법에서 더욱 뚜렷히 나타난다.『계사전(繫辭傳)』에서는 '천(天)'에
대해 다음과 같이 논했다.

　　역괘(易卦)가 보여주는 세상은 천지와 마찬가지로 광대하기 때문에 천
　지 간의 모든 도리를 포용할 수 있다. 역괘를 창제한 성인은 머리를 들어
　천문을 관찰하고 머리를 숙여 지리를 살폈기 때문에 어둠과 광명의 도리
　를 알게 되었다.
　　그러므로 성인은 천성적으로 신기한 덕망 있는 사람을 모방하여 복서
　지법(卜筮之法)을 창제하고 천지변화를 모방하여 괘효의 계통을 만들었
　다. 상천(上天)은 여러 가지 천상(天象)을 현시하여 길흉을 나타내니 성인
　이 그것을 모방하여 64괘(六十四卦)를 추정했다.

---

(680) 진래(陳來)『고대 사상문화의 세계(古代思想文化的世界)』참고, 삼련서점(三聯書店),
　　　2002년판, p.27.

『역경』에 이르길, "상천(上天)의 보우(保佑)가 있으면 길상스러울 뿐만 아니라 순리롭지 않은 것이 없다". 공자가 이르길, "우(祐)란 곧 돕는다는 뜻을 지닌다. 하늘이 돕는 것은 반드시 알맞은 것이다. 사람이 돕는 것은 반드시 충성스럽고 성실한 자이다. 성실함을 이행하고 천도(天道)에 순응하는 것을 생각하고, 거기에다 현인을 숭상하기 때문에 상천(上天)은 틀림없이 그를 보우할 것이며 모든 것이 상서롭고 순리롭지 않은 것이 없게 된다."[681]

위의 글들은 천문을 우러러 보고, 지리를 굽어 보며, 객관적 사물 변화의 이치를 분석하여 천지의 도에 대한 인식과 파악을 체득하는 자연의 하늘에 대한 이성적 사고가 포함되어 있다. 또한 신령의 천(天)에 대한 미신 숭배도 들어 있는데 여기서 말하는 '천(天)'은 각종 신비한 기물(器物)과 변화무쌍한 물상(物象)을 통해 지고지상의 권위와 세계를 지배하려는 의지를 표현하는 인격적 의지를 갖춘 신령이다. 그래서 『역전』이 이성적 사고를 통해 천인지도(天人之道)를 포괄하는 철학체계를 구축했다면 사람들은 궁극적으로 이성에 복종해야 하는가 아니면 신앙에 복종해야 하는 것일까? 객관적인 법칙을 믿어야 하는가 아니면 신령의 지배에 의존해야 하는 것일까? 때로 『역전』은 애매모호하게 보일 때도 있다. 사실 『역전』뿐만이 아니라 모든 춘추전국시기의 사람들은 대체로 서로 다른 의미에서 동일한 '천(天)'자를 사용한 것 같다. 현대 학자들은 이를 신령의 천(天), 자연의 천(天), 의리(義理)의 천(天)이라 해명하는데 이러한 해명은 사상 분석에 있어

---

681) 『십삼경주소(十三經注疏)』 제1권, 『주역정의(周易正義)』 권7, 『계사상(繫辭上)』, p.266, pp.290-291.

타당한 점도 지닌다. 그런데 왜『역전』의 저자는 동일 저서의 문장들에서 이런 서로 다른 의미의 '천(天)'을 언급한 것일까? 이 문제에 해답하려면 오늘날 사람들이 해명한 후의 '천(天)'을 다시 역사의 세계로 되돌려 놓아야 한다. 사실『주역』의 경(經)·전(傳)은 해석을 통해 대화로 상호작용하는 총체를 전개한 것이고,『역전』은『역경』을 해석에서『역경』중의 수많은 변증적 사유의 발단을 의리철학으로 발전시킨 것 외에도 경문(經文)이 원래 지닌 신령숭배의 사상도 받아들였다. 이 점은 위에서 인용한『계사전(繫辭傳)』에 나타난 '천(天)'을 보면 알 수 있는데, 전문(傳文)에는『역경』시기에 원래 있던 신령의 천(天)에 대한 숭배를 전면적으로 수용하면서도 자연의 천(天), 의리의 천(天)에 대한 철학적 함의를 풍부하게 발전시켰다.『계사전(繫辭傳)』의 저자 입장에서 말하자면 몇 가지 다른 함의가 모두 '천(天)'으로 표현되는 것은 모순은 아니다. 왜냐하면 '천(天)'이 최고 권위의 신이자 세계의 지배자이기 때문에 사람들은 반드시 그에 복종하거나 본받아야 하기 때문이다. 그러나 '천(天)'은 또한 임의적이고 방종하는 신령이 아니라 이성의 자연법칙과 도덕준칙으로도 체현된다. 사람들은 '천(天)'을 신앙하기에 반드시 이성적 특징을 지닌 자연법칙과 인문준칙을 따라야만이 길한 결과를 얻을 수 있다. 결과적으로『역전』에 있어서 신령적 의지, 자연법칙 및 도덕적 규범은 일체이며, 이들은 모두 인간의 길흉회린(吉凶悔吝)의 결과를 결정하는 판정자이기 때문에 이들의 다른 의미는 결코 모순되지 않는다.

그래서 "복희(伏羲)가 팔괘를 그리고 주문왕(周文王)이 64괘로 나누고 괘에 효사를 붙였으며, 공자가 경전에 주석을 달고 해석했다. 『역경』은 상고(上古)·중고(中古)·하고(下古) 시기를 거쳐서 비로소 완성되었다"라고 알려진 『주역』은 사실상 신령의 숭배에서 신령의 이성화에 이르는 과정을 거친 것이다. 원래 『주역』의 점서(占筮)는 수(數)의 연역과 괘상(卦象)에 대한 분석을 비교적 중시했기 때문에 다른 점복(占卜) 방법보다 사람들의 인지능력과 주체적 능동작용을 더욱 잘 구현해 낼 수 있었다. 중국 고대 선민들의 이성적 능력이 더욱 향상되고, 사람들이 몽매하고 미신적인 의식형태에서 점차 벗어남에 따라서 귀신숭배에만 의존하던 점복의 형식은 포기되거나 민간에 유랑되는 신세가 되었지만 『주역』만은 남겨졌다. 또한 『주역』이 본래 지닌 이성적 요소는 끊임없이 확장되고, 특히 춘추전국 시기의 인문사조의 세례를 거치면서 『주역』의 이성화 발전과정은 한층 더 가속화되어 『역전』의 신령적 의지, 자연법칙 및 도덕준칙이 일체화된 사상체계가 형성되었다. '십익(十翼)'에서 논술한 의리체계는 분명히 하늘의 도(道)·땅의 도(道)·사람의 도(道)의 철학체계를 구축했다. 그러나 『역경』의 주술체계 속에서 의리가 태후한 것 처럼 『역전』의 의리체계에는 신령숭배가 존재한다. 『주역』의 경(經)·전(傳)의 완성과정은 사실 '신령(神靈)'의 지속적인 이성화 과정이라 할 수 있다. 그러므로 『역전』은 순수한 철학이 아니라 합리성과 신앙이 일체화된 사상의 형태이다. 『역전』이 인정하는 천지 지배는 신령의 의지와 이성의 법칙이라는 두 가지 의미를 지닌다. 『역전』의 저자 입장에서 『역전』에서 서술한 다중적 의미의 '천(天)'은 결코 모순되지 않으며, 이 지고지상의 '천(天)'은 바로 필히 숭배해야 할 신이자 반드시 이성을 통해 체득되는 객관적 법칙이다. 『주역』의 경(經)·전(傳)이 완성된 후 역학은 상수학(象數學)과 의리학(義理學)의 양대 학파로 발전했고 신령 숭배와 이성의 법칙 방면에서 서로 다른 사상적 성향을 나타냈다. 양한(兩漢)의 상수역학은 신비한 의지에 대한 숭배를 더욱 추구하여 천인감응(天人感應)의 상수학 체계를 구축했다면, 위진(魏晉) 및 양송(兩宋)의 의리역학은 천지만물의 객관적 법칙을 지속적으로 탐구함으로써 이성에 대한 추구를 나타내며 궁극적으로 이성화된 『주역』의리학의 철학적 체계를 완성시켰다.

위진(魏晉) 시기 왕필의 의리역학의 출현은 분명히 획기적인 의미를 지닌다. 앞서 설명한 바와 같이 『역전』의 뒤를 이은 것은 상수역학(象數易學)이 성행했던 양한(兩漢) 시기이다. 학문적 형태로 보자면, 왕필이 역학의 상수를 배제하고 의리를 추앙하였기 때문에 상수학이 성행한 양한(兩漢) 이후로 독자적인 의리역학(義理易學) 체계가 등장하게 된 것이다. 이 시기부터 역학 분야에 상수학파와 의리학파로 대표되는 양대 학파가 출현하면서 청나라 말기까지 이어졌다. 역학의 발전과정에서 왕필의 의리학 출현은 새로운 역학파의 형성뿐만이 아니라 역학사에서 독보적인 상수학(象數學)·의리학(義理學) 양대 학파가 공존하는 학문적 구도를 세웠다. 또한 왕필의리학의 출현으로 말미암아 『역전』의 천지만물의 객관적 법칙에 대한 이성적 추구가 강화되었고, 더 나아가 『역전』에 보존되어 있던 신령숭배를 자연의 도(道)로 해소함으로써 『주역』의 의리화 철학 구축이 크게 촉진되었다.

『역전』은 의리역학의 기초를 다진 저서로서 2천여 년의 의리역학의 이론적 체계, 사고방식 및 가치 차원 등을 확립하였고, 현학파·이학파의 의리역학은 모두『역전』을 사상의 발판으로 삼아 그 학문적 자원을 충분히 활용함으로써 발전해 왔다. 그러나『역전』의 사상체계는 어디까지나『역경』의 신령숭배에 대한 이성화에 불과했기 때문에 인간의 길흉회린(吉凶悔吝)에 관한 최종적인 지배자가 누구인가 하는 문제에서는 신령의 의지 및 이성의 법칙의 호환 양상을 나타냈으며, 이런 호환은 이성을 근본 원칙으로 하는 철학체계의 구축을 저해했다. 왕필이 구축한 의리역학은 가장 먼저『역전』의리학을 계승했고, 왕필이 구축한 역학의리 체계의 두 가지 가장 중요한 사상은 괘시설(卦時說)과 효위설(爻位說)로서 이는 사실 모두『역전』에서 유래한 것이다. 『주역·단전(周易·彖傳)』은 괘시(卦時)를 논할 때 64괘에 대한 분석을 통해 서로 다른 '시의(時義)' 해석을 중시했는데, 왕필은『단전(彖傳)』의 괘의(卦義)를 분석하는 방법을 계승하여 "모든 단(彖)에 대해 우리는 일괘(一卦)의 외재적 법칙이라 부른다. 일괘(一卦)·6효(六爻) 중에 어떤 일효(一爻)가 괘(卦) 전체 구조의 핵심이 될 수도 있다. 이 일효(一爻)만 파악하면 괘 전체의 기본적 특징을 파악할 수 있다"[682]라고 주장했다. 이런 괘의 분석방법은『단전(彖傳)』에서 나온 것이다. 마찬가지로 왕필의 효위설(爻位說)은『주역·계사전(周易·繫辭傳)』을 계승한 것으로, 『계사전(繫辭傳)』의 효위설(爻位

---

682) 『왕필집교석(王弼集校釋)』 하권, 『주역약예·약예하(周易略例·略例下)』, p.615.

說)과 관련된 여러 가지 관념, 예를 들면 상중하위(上中下位), 당위(當位), 상응(相應) 등은 왕필의 효위설(爻位說)에 직접적인 영향을 미쳤다. 왕필은 "사물의 발생은 임의적인 것이 아니라 반드시 그 이치가 있다"라는 것을 확고히 믿었다. 그가 괘시(卦時) · 효의(爻義)의 이성적 분석을 통해 설명한 의리(義理)는 천하 만사만물의 객관적 법칙에 대한 인식을 드러낸다. 물론『역전』에서 밝히고 있는 역도(易道) · 역리(易理) 역시 이와 같은 객관적 의미를 지니고 있지만,『역전』은 인문 준칙 · 자연법칙의 객관적 필연성의 의미를 서술하면서도 종종 이를 모종의 신비한 의지를 지닌 신령과 결합시키는 경우가 많았다. 그리고 왕필 역학의 가장 큰 특징은 '인간사 해석'이라는 의리적 해석에 있어서 '무위(無爲)', '자연(自然)'의 '지리(至理)'로써 그 의지를 담고 있는 '천(天)', '천도(天道)', '대항(大恒)'을 대신함으로써 현학자들의 의리 역학이 진정으로 신령숭배에서 벗어난 철학체계로 탈바꿈했다는 점이다. 왕필은 많은 괘의(卦義)에 대한 해석을 통해 만사만물을 통제할 수 있는 중리(衆理)를 설명했지만, 궁극적으로는 중리(衆理) 중의 근본적 역할을 하는 '이(理)'가 그 통솔자라고 여겼으며, 이 '이(理)'를 '지리(至理)', '태극(太極)', '일(一)'이라 불렀다. 의리체계 중의 인류 및 사물이 우주 속에서 차지하는 지위인 '위격(位格)'으로 보자면, 왕필의 '지리(至理)'와『역전』의 신의적 특징의 '천(天)'은 매우 근접하는 것으로 모두 인문세계와 자연세계의 최종적 결정자를 가르킨다. 그러나『역전』의 신비한 의지를 가진 '천(天)'은 상고시기의 신령숭배의 잔재로써『역전』의 이성적 의미와 철학적 함의를 약화시켰다. 그러나 왕필

의 '지리(至理)', '태극(太極)'은 자연주의적 사상 추구의 체현이며, 현학
파 의리역학의 이성에 대한 고양과 철학적 사고를 나타낸다. 왕필
역학의 '지리(至理)', '태극(太極)'은 흔히 무형무상(無形無象)이며 자연
무위(自然無爲)이다. 비록 이 역학의 태극(太極)은 만사만물의 '근본적
원인'이지만 그 자체가 갖고 있는 '불용(不用)', '무위(無爲)'의 특징으로
말미암아 현실 사물의 중리(衆理)의 '유용(有用)', '유위(有爲)'의 지배적
특징이 부각된다.

그래서 왕필 의리역학의 중요한 공헌은 바로 『역전』의 이성정신
및 철학의 전통을 선양한 동시에 『역전』에 남아 있는 신령숭배와
무술(巫術)관념을 해소했다는 것이다. 그러나 왕필 역학 중의 체용(體
用)의 결합은 그다지 원만하지 못했는데, 그 이유는 그 의리체계의
유위(有爲)와 무위(無爲), 인문과 자연, 공용과 본체가 항상 분열상태
에 처했기 때문이며, 이로 인해 유가 형상학 구축의 임무를 진정으로
완성하지 못했다. 『주역』의 학맥(學脉)으로 말하자면, 정이(程頤)의
이학파 역학은 현학파 역학을 계승한 것으로 왕필의 역학이 완성하지
못한 체용(體用) 결합의 의리지학은 정이의『주역정씨전(周易程氏傳)』
에 이르러 마침내 완성된다. 정이는 '천리론(天理論)'을 통해 유가 형
상학의 이론 구축을 완성했으며, 유가 명교의 용(用)과 체(體)의 즉체
즉용(即體即用)의 관계를 논증하기 위해 '체용일원(體用一源)·현미무
간(顯微無間)'의 심오한 철리를 총체화했다. 인문과 자연의 만리(萬理)
와 최고 지배자 일리(一理) 및 태극(太極)의 관계를 논증하기 위해 만
수지리(萬殊之理)와 일리(一理)에 대한 변증적 사고를 통해 궁극적으

로 천리론을 핵심 삼고 도덕적 이성을 본위로 하는 철학적 체계를 구축했다.

왕필은 최고의 지배권을 통솔하는 '지리(至理)'는 '자연(自然)', '무(無)'라고 주장했는데, 정이의 의리역학의 가장 큰 특징은 바로 현학에 의해 허무화(虛無化)된 '지리(至理)'를 실체화했다는 점이다. 정이의 "만물은 비록 서로 구별되고, 만사는 변화무쌍한 것이지만 하나의 도리로 이러한 구별을 통일시킬 수 있는 것은 규칙이다"라는 궁극적 이(理)에 대한 소급은 최종적으로 현실의 자연과 사회로 회귀할 것을 강조한 것이다. 그래서 정이는 천지만물 속의 '만수지리(萬殊之理)'가 존재한다고 여기면서도 또한 "세상에는 하나의 이(理)만 존재한다"라는 관점을 주장했다. 세상의 만사만물 중의 수많은 이(理)를 일리(一理)에 귀속시키고, 일리(一理)를 만물은 서로 구별되고, 만사는 변화무쌍하다는 것으로부터 실체화시킴으로써 유가의 인의예지신(仁義礼智信) 등 많은 인문법칙은 분수지리(分殊之理)일 뿐만 아니라 '통지이일(統之以一)'의 궁극적 이(理)이기도 하다고 강설했다. 이렇게 해서 정이의 의리역학은 일종의 인문주의적 도덕철학으로 거듭났다.

그리하여 『역경』으로 대표되는 경전은 중국 고대 종교 관념과 신령 숭배를 구현한 것으로 처음에는 『역전』을 통해서, 마직막에는 왕필과 정이의 이성화의 세례를 거쳐 이성화된 신령에서 이성화된 철학으로 완전한 전환을 실현했다. 정이의 의리역학에서 중국 문화를 배경으로 한 철학체계가 완전히 형성되었다. 이로부터 의리역학의 형성 발전과

정은 또한 실제적으로 중국 전통적 사고방식의 형성과정임을 알 수 있다.

2. 의리역학(義理易學)과 중국 전통 사고방식

『역전』을 기반으로 하고 왕필과 정이의 창조적 구축과 발전을 거친 의리적 형태의 역학은 역학사에 있어서 하나의 학문적 유파일 뿐만 아니라 중국의 전통적 사고방식과도 밀접한 내재적 연관을 지니고 있는 사상 형태이기도 하다. 중국의 학문사 및 문화사에서 의리역학의 의미를 파악하려면 반드시 의리역학과 중국의 전통적 사고방식의 관계에 대해 보다 깊이 탐구해 봐야 한다.

역학은 중국 전통 학문 중에서도 '무술(巫術) - 철학' 합일체의 문화적 사상 특징을 매우 전형적으로 나타내기 때문에 전형적 의미를 지닌 중국 전통적 학문형태이다. 세계적 각종 고대문명의 사상문화는 모두가 주술형태에서 철학형태로 이향하는 과도기를 거쳤는데, 여러 문명의 이러한 과도기는 거의 동시에 2천 년에서 2천5백 년 전 사이에 발생했으며 이것이 이른바 세계 문명의 축의 시기(Axial Period)이다. 이 문화형태의 중대한 전환은 '철학의 돌파'라고 불리기도 하는데 훗날에 나타난 중국 · 서양 문화의 차이가 바로 이러한 '철학의 돌파' 과정 및 결과와 연관된다. 고대 그리스 철학 역시 원시적 주술문화로부터 진화 · 발전했지만, 고대 그리스의 철학(논리학, 과학지식, 인문지식 포함)과 원시적인 주술 사이에 비약적인 변화가 일어나면서 양자 사이에 변증법적인 질적 변화가 생겨났다. 고대 중국에서도 '철학의 돌파'가 발생했으나 중국 고대 철학관념과 원시적 주술문화 사이는 점진적으로 진화·발전했기 때문에 주술문화는 이성화를 거쳐 직접적으로 철학적 사상체계에 들어서게 되었다. 바로 중국 현대 철학자 이택후(李澤厚)가 『설무사전통(說巫史傳統)』에서 주장한 바와 같이 "서방에서는 '무(巫)'에서 벗어나 과학과 종교의 갈림길로 나아갔다. 중국은 '무(巫)'에서 '사(史)'에 이른 후 바로 '예(禮)', '인(仁)'으로 과도되는 이성화가 형성되었다"[683]라는 것이다. 중국 철학의 형성은 바로 이런 '무(巫)'의 이성화 형태이다. 이 점은 특히 주역학(周易學)에서 두드러진다. 『주역』은 『역경』과 『역전』으로 구성됐고, 『역경』은 주로 원시적인 주술 문화를 나타내는 복서(卜筮) 저서이고, 『역전』은 주로 이성적 정신의 '철학적 돌파'를 드러낸다. 『주역』의 경(經)과 전(傳)의 일체로 형성된 사상학문과 '의리(義理)' 형태는 바로 '무술(巫術) - 철학'이 일체화된 중국식 철학이다.

『주역』의 경(經)과 전(傳) 의 결합은 단순히 무술과 철학이 일체화된 의리지학(義理之學)을 형성했을 뿐만 아니라 더욱 중요한 것은 일종의 중국 문화적 특징을 지닌 사고방식을 구축했다는 것이다. 의리지학의 개념체계 및 학술사상의 탄생은 오로지 이러한 독특한 사고방식의 형성 결과에 기인한다. 독일의 저명한 철학자 위르겐 하버마스(Jürgen Habermas)는 지식의 창조와 구축은 항상 선재하는 문화조건

---

(683) 이택후(李澤厚), 『역사본체론·기묘오설(歷史本體論·己卯五說)』, 『설무사전통(說巫史傳統)』, 삼련서점(三聯書店), 2003년판, p.165.

의 제약을 받는다고 주장했고, 이러한 선재적인 문화조건을 지식의 '초월적인 틀' 혹은 '취지구조'라고 표현했다. 필자는 지식의 창조와 취지의 구조는 하나의 상호작용의 관계이며, 『주역』의 경(經)과 전(傳)의 결합과정에서 형성된 사고방식은 의리역학이 구축한 초월적 틀과 취지구조를 제약한다고 생각한다. 또한 의리역학의 구축과정은 중국 전통적 사고방식 즉 지식의 '초월적인 틀' 및 '취지구조'의 구축과 강화의 과정이라고 여긴다. 그렇다면 중국 전통적 사고방식은 어떻게 『주역』의리학의 발전을 제약하는 것일까? 또한 『주역』의리학은 중국 전통적 사고방식에 어떻게 영향을 미치고 있는가? 이것이 바로 우리의 관심사이다.

중국 전통적 사고방식의 구조와 특징에 관한 문제는 줄곧 중국 전통문화를 주목하고 연구하며 중국과 서양의 문화 비교를 중시해온 학자들의 열띤 토론의 과제로써 많은 가치있는 학문적 관점들을 형성했다. 학계에서는 중국 전통적 사고방식에 대해 다양하게 서술하고 있지만, 필자는 중국 전통적 사고방식은 실천성·공리성·변증성 등 몇 가지 주요 특징을 지닌다고 생각한다.[684] 본 저서에서 토론한 『주역』의리학의 지식취지 및 사고방식은 이 몇 가지 특징을 극명하게 보여준다. 여기서 『주역』 의리학의 실행성·공리성·변증성의 몇 가지 사고방식의 특징을 중점적으로 분석하여 의리역학과 중국 전통적 사고방식 사이의 상호작용 관계를 분석하고자 한다.

---

684) 주한민(朱漢民), 『중국지식전통의 심사(中國知識傳統的審思)』참고, 『신산학간(船山學刊)』2003년 제3기, pp.5-9.

1) 의리역학(義理易學)과 실천적 사고

중국 전통적 사고방식의 특징 중의 하나는 실천성이다. 고대 중국인들의 문제를 사고하는 출발점은 전적으로 인간으로부터 독립된 대상 세계가 아니었고, 천지만물의 본질을 표현하는 개념체계 수립에는 개의치 않고 사람과 세계를 하나의 총체로 간주하여 사고의 출발점을 주체가 존재하는 세계의 실천방식과 실행 절차에 두었다. 요컨데 이런 사고방식의 중점적인 사고는 세계란 무엇이냐가 아니라 사람이 어떻게 해야 하는가에 초점을 맞춘 것이다. 예하면 전통 수학의 특색은 정의(定義)·공리(公理)의 개념적 수학이 아니라 실제적으로 연산 조작하는 절차적 '산술(算術)'이며, 전통 의학의 장점 역시 생리(生理)·병리(病理)에 관한 이론이 아니라 맥을 짚고 침을 놓으며 약을 쓰는 의술 실행에 있는 것과 같은 이치이다. 『역전』에서부터 왕필과 정이가 수립한 의리역학(義理易學)에 이르기까지 괘덕(卦德)·괘의(卦義) 등 심오한 이치에 대한 관심을 나타내며 일련의 천인(天人)의 도리에 관한 의리(義理)를 발휘했다. 그러나 이러한 의리(義理)는 처음부터 완전히 대상적이고 객관적인 인식이 아니었고 주체적 사고방식이나 언어형태도 아니었으며, 주로 어떻게 길(吉)을 바라고 흉(凶)을 면할 것인가 하는 실천성의 지식으로써 실행을 중시하는 사고방식의 특징을 지닌다.

『주역』은 원래 복서(卜筮) 저서로써 옛사람들이 신령에게 점을 치는 방식으로 행동 방안과 결과를 물어본 기록이다. 다시 말해서 『역경』은 목표에 대한 신중한 사고 및 행동의 방안과 직접적으로 관련있으며, 이 저서의 취지는 사람들의 정치·군사·생산·일상생활 등 각종 실천활동 참여에 실행 가능한 근거 제공에 있다. 『역전』이 밝힌 의리 역시 각종 실행활동과 밀접한 관련이 있다. 『역경』은 행동의 결과를 모종의 신비로운 신령 및 천의(天意)에 귀결시켰고, 『역전』은 행동 및 길흉의 결과를 결정하는 원인을 객관적인 법칙, 즉 의리에 귀결시킴으로써 어느 정도에 있어서는 인격화된 신령의 통제에서 벗어났다. 그러나 실천활동의 길상의 결과를 추구한 것은 『주역』의 경(經)·전(傳)의 공통된 특징이다.

왕필은 『역전』의 의리지학(義理之學)의 전통을 계승했고, 현학사조는 일종의 무(無)를 천지만물의 정신적 본원으로 하고 허위적인 것을 숭배하는 사상인 귀무숭허(貴無崇虛)의 학문사조이다. 그러나 왕필이 구축한 『주역』의 의리는 오히려 사변형식 혹은 자연이치에 대한 관찰이 아니며, 그가 서술한 의리체계에는 '유(有)'와 '실(實)'을 겸유하며 『역전』의 실천과 실행을 중시하는 사고방식을 명확하게 나타내고 있다. 왕필은 논어(論语)』에 기록된 "오십에 『역(易)』을 배운다"라는 공자의 말에 대해 다음과 같이 해석했다.

> 『역(易)』은 '기(機)', '신(神)'을 전수했다. 안회(顔回)가 잘못을 시정할 수 있을지는 몰라도 '신(神)'을 규명하고 '기(機)'를 연구한다면 잘못을 저지르지 않게 된다. 이치가 매우 심원하다는 것을 이해하고, 잘못을 없애고 가르침을 통달하고, 심오하고 현묘한 언사를 많이 학습한다면 그의 뜻을 알게 된다. (685)

그는 『주역』에 대한 기본정신을 포괄적이고 간략하게 서술하면서 『주역』은 사람들이 변화무쌍한 객관적 환경 속에서 옳바른 선택을 하도록 인도하는 저서라고 강조했다. 그가 언급한 "『역(易)』은 기(機)와 신(神)을 전수한다"라는 의미는 바로 모든 주체의 행동은 반드시 변화의 조짐과 길흉의 징조를 파악할 수 있는 조건으로 삼아야 한다는 것이다. 그러므로 왕필이 『주역』의 각 괘(卦)·효(爻)에서 해석한 '의(義)'와 '이(理)'는 항상 주체의 실천 활동과 밀접히 연관되어 있고, 그는 사물의 발생은 임의적인 것이 아니라 반드시 그 이치가 있으며, 이 이치를 인식하는 과정과 실천 활동은 분리불가의 일체관계라고 여겼다. 왕필의 의리역학에서 괘시(卦時)는 객관적인 상황을 대표하고, 효변(爻變)은 주체적 행동을 대표하며, 모든 의리는 이러한 객관적 상황과 주체적 행동 사이의 관계 속에 존재한다. 따라서 '상도(常道)', '궤도(軌度)'는 당연히 상황 속에 나타나는 객관적 법칙과 관련있고, 동시에 주체의 활동과정과도 연관된다. '동정(動靜)', '굴신(屈伸)', '행장(行藏)'은 물론 주체가 선택한 행동방식 및 실행활동이지만 또 다른 상황 속에서의 행동준칙이기도 하다. 이로부터 알 수 있다시피 왕필이 『주역』에서 설명한 의리는 천지만물에 대한 조용한 관찰 및 언어개념에 대한 사변이 아니라 일종의 괘시(卦時)와 효변(爻變)의 상호작용 과정에서의 실천활동 및 실행 절차이다.

정이가 『주역정씨전(周易程氏傳)』에서 설명한 의리 역시 마찬가지

---

(685) 『왕필집교석(王弼集校釋)』하권, 『논어석의(論語釋疑)』, 제1권, p.624.

로 이러한 의리가 생활실천의 실행 및 만물의 이치를 두루 깨달아 여러 가지 일들을 잘 처리하는 개물성무(開物成務)의 활동과 직접적인 연관성이 있다고 강조했다. 『외서(外書)』에 "윤화정(尹和靖)이 이천(伊川)에게 묻길, '도(道)란 무엇입니까?' 이천(伊川)이 대답하길, '도(道)는 행동 중에서 드러나는 것입니다'"[686]라는 기록이 있다. 역의 도(道)는 본질적으로 행동이지 순수한 지식이 아니다. 그래서 정이는 『주역정씨전서(周易程氏傳序)』에서 다음과 같이 말했다.

> '역(易)'은 '변화'라는 뜻이다. 시기에 따라 변화하고 대도(大道)를 따른다. 『주역』은 내용이 광대하고 여러 가지 도리를 모두 갖추고 있으며, 생명의 이치에 순응하기 위해서 숨기도 하고 드러나기도 하는 일 통달하고, 각종 사물의 진실한 정황을 철저하게 파헤침으로써 만물의 도리를 두루 깨달아 여러가지 일들을 잘 처리하는 이치를 밝힌다.[687]

정이는 『주역』은 비록 천지만물의 변화를 탐구하는 법칙이지만 이런 역도(易道)·역리(易理)는 사람들의 실천활동과 무관한 지식이 아니며, 이들은 객관적 환경과 주체적 활동이 상호작용한 결과이며, 주체적 실천활동 형태의 개물성무(開物成務)의 도(道)'라고 주장했다. 그는 『주역정씨전서(周易程氏傳序)』의 서문에서도 같은 사상을 피력했다. "『주역』은 괘(卦)·효(爻)·단(彖)·상(象)의 뜻을 갖추고 있으며, 천지만물의 실상도 모두 표현되어 있다. 성인이 천하의 후세를 근심함이 진정 지극하다. 천하의 사람들보다 앞서 세상만물의 도리를

---

686) 『이정집(二程集)』 상권, 『하남정씨외서(河南程氏外書)』 권12, p.432.
687) 『이정집(二程集)』 하권, 『역전서(易傳序)』, p.689.

이해하고, 천하의 사람들보다 후에 행해서 여러 가지 일을 완수해 내었다"[688]. 『주역』 중의 '괘·효·단·상의 이치'는 천지만물의 실상을 모두 나타낼 수 있다. 하지만, 이들은 모두 성인의 세상만물의 도리를 이해하고, 여러 가지 일을 완성하는 사회실천 활동에서 비롯된 것이며, 또한 지속적으로 후세 사람들의 세상만물의 도리를 이해하고, 여러 가지 일을 완성하도록 하는 실천 활동을 지도하는 것이다. 그래서 정의의 『주역정씨전(周易程氏傳)』은 의리를 논하는 동시에 체용일원(體用一源)·현미무간(顯微無間) 및 만리(萬理)·일리(一理)의 일련의 철학적 사변을 통해 세속세계의 유가적 윤리와 세계를 초월한 형상적 이(理)를 통합하여 유가 윤리를 위한 근원 탐구를 수행함으로써 윤리주의적이며 이성적인 철학을 수립해 냈다. 하지만 역학은 전반적으로 여전히 실천을 중시하는 사고방식의 특징이 뚜렷히 나타난다. 정이의 문하생들은 실천을 중시하는 스승의 『역전』의 특색에 대해 깊이 체득했고, 문하생들 사이에서는 "『역(易)』에서 말한 대로만 실천하면 된다"라는 설이 전해지기도 했다.

종합하자면 『역전』을 발단으로 해서 왕필과 정이에 이르기까지 완성된 의리역학은 비록 철리적 사변과 형상적 추구로 가득 차 있지만 이들은 언어적·논리적으로 형식화된 사고가 아니라 일종의 실천적 사고로 체현된다. 즉 현학과 이학의 역리(易理)·역도(易道)는 생활실천을 벗어난 허황되고 공허한 존재가 아니라 오히려 생활실천과

---

688) 『이정집(二程集)』 하권, 『역서(易序)』, p.690.

밀접히 연관되며, 변화무쌍한 객관적 환경 속에서 주체적 활동과정과 실행절차를 끊임없이 조정하는 실천적 특색을 나타낸다.

2) 의리역학과 공리성적인 사고

중국 전통 사고방식은 또한 공리성적인 특징이 뚜렷하게 나타나는데 이는 앞에서 언급한 사고의 실천성과 밀접한 관련이 있다. 어떤 실천활동도 모두 목적성을 지니는데, 이 목적성이 바로 넓은 의미에서 말하는 공리(功利)이다. 그러므로 그러한 실천성을 취지로 하는 의리역학 역시 마찬가지로 공리성을 인식의 취지로 삼는다.

의리역학의 공리적 취지 역시 『주역』의 경(經)·전(傳)으로 소급된다. 『역경』이 길흉회린(吉凶悔吝)의 결과를 우려하여 신령한테 점을 보는 것은 현실적 공리를 추구한 데서 비롯된 것이다. 『역전』은 길흉회린을 결정하는 것은 전적으로 임의적인 신령이 아니라 객관적 법칙성의 의리(義理)라는 것을 강조했다. 『역전』은 생활실천 주체의 길복(吉福)에 대한 공리적 추구를 바꾸는 것이 아니라, 오직 주체가 생활경험을 쌓고 이성적 주도를 중시하여, 즉 의리를 따르는 전제 하에서 길복에 대한 공리를 실현하는 것이며 마음대로 인간을 지배하는 신령을 믿는 것이 아니라고 강조했다. 따라서 『역전』은 사회적 공리에 대한 추구를 끊임없이 표현했다. "『역(易)』의 도리는 이미 한계에 다다랐다! 성인(聖人)은 『역(易)』으로 자신의 덕행을 쌓고 자신의 사업을 널리 알렸다"[689]. "효상(爻象)의 변화는 점괘를 가를 때 나타나며,

길흉회린은 성괘(成卦) 후에 표현되며, 공훈과 업적의 성패는 효상(爻象)의 변화 중에 나타나며, 성인의 감정은 괘사와 효사에서 드러난다"[690].『역전』에서는 사람이 반드시 따라야 할 '도(道)', '이(理)', '덕(德)', '의(義)'에 대해 수없이 많이 언급했는데 그 까닭은 이러한 의리(義理)는 항상 '길(吉)', '이(利)', '공(功)', '사업' 등과 관련 있다고 여겼기 때문이다. 다시 말해서『역전』의 의리에 관한 지식적 취지는 항상 명확한 공리성 추구를 지향했다.

왕필이 세운『주역』의리학은『역전』의 의리 사상관념을 계승 · 발전시켰을 뿐만 아니라 동시에 이러한 현실적 공리를 지식 취지로 하는 사고방식도 계승 · 발전시켰다. 왕필은『겸괘 · 상육주(謙卦 · 上六注)』에서 공리에 대한 추구를 사람들이 보편적으로 지니는 행동 동기로 간주하면서, "길상, 흉험, 회한, 인색함 등은 모두 행동에서 나온다. 동작 행위의 유발은 현재의 유리한 선택에서 비롯된 것이다"[691]라고 언급했다. 사람의 행동 동기는 '이(利)'에 귀결시킬 수 있기 때문에 사람은 행동하기 전에 '이(理)'를 인식하고 따르는 것은 모두 이 이(利)와 관련 있다는 것이다. 왕필이『주역』의 괘(卦) · 효(爻)에서 서로 다른 의리를 설명한 것도 사실 모두 사람의 이익을 추구하는 동기와 관련 있다. 그가 논술한 소위 '괘시(卦時)'란 사실 불행과 행운의 시운(時運)을 말하는 것이고, 이른바 '효변(爻變)'이란 것은 주

---

(689)『십삼경주소(十三經注疏)』제1권,『주역정의(周易正義)』권7,『계사상(繫辭上)』, p.273.
(690)『십삼경주소(十三經注疏)』제1권,『주역정의(周易正義)』권8,『계사하(繫辭下)』, p.297.
(691)『왕필집교석(王弼集校釋)』상권,『주역주 · 상경 · 겸(周易注 · 上經 · 謙)』, p.296.

체가 시운에 따라 이득을 선택하는 서로 다른 행동방식이라는 것이다. 이렇게 그는 서로 다른 괘(卦)·효(爻)의 의리 해석을 중시했는데, 사실은 모두 현실의 이해관계와 밀접하게 관련되어 있다. 『주역』의 리의 사고방식은 바로 현실적 이해결과에 근거를 두고 있다. 예하면 왕필은 『건괘·문언(乾卦·文言)』에 주석을 달 때 '전적으로 인간사의 이해득실을 "용(龍)'을 상징 형상으로 삼아서 드러나는 의리를 설명하는 것이다"라는 것에 대해서 "일의 운동변화는 모두 인사(人事)의 이해득실로 설명할 수 있다. 용(龍)은 덕행의 대표로서 경거망동과는 다르다. 몰두하여 수양만 할 뿐 움직이지 않는 것은 무엇 때문인가? 분명히 땅속에서 재능을 감추고 드러내지 않는 것이다. 만약 땅위로 모습을 보인다면 시기가 이미 도래했음을 나타낸다. 효(爻)로 사람을 보고 위(位)로 시기를 살핌과 동시에 경솔하게 행동하지 않는다면 시세(時勢)를 정확하게 포착할 수 있다"[692]라고 설명했다. 왕필의 '소이연의 이(理)'에 대한 인식은 객관적 자연법칙에 대한 냉정한 관찰이나 주체의 언어적 사고에 대한 사변이 아닌 일종의 '이효위인(以爻爲人), 이위위시(以位爲時)'의 주객(主客)이 상호작용하는 실천적 지혜이며, 시세(時勢)의 길흉 및 이해는 사람의 동정(動靜)과 진퇴(進退)를 제약하고, 사람의 동정 활동 역시 시세의 변화에 호응하거나 영향을 미친다. 여기에서 의리에 관한 사고방식은 분명히 공리성을 그 목적으로 한다. 길흉과 이해의 현실적 공리는 '이위위시(以位爲時)'의 객관

---

692) 『왕필집교석(王弼集校釋)』 상권, 『주역주·상경·건(周易注·上經·乾)』, p.216.

적 시세와 관련있을 뿐만 아니라 '이효위인(以爻爲人)'의 주체적 행동과도 관련이 있다. 이로부터 왕필의 『주역』의 의리에 대한 서술은 공리적 사고방식의 특징을 뚜렷이 드러내고 있음을 알 수 있다.

정이(程頤)의 의리역학은 왕필의 학문을 계승하고 발전시킨 것이다. 정이의 사고 대상 역시 괘효사(卦爻辭)에 담긴 의리(義理)이며, 또한 항상 괘시(卦時)·효변(爻變)의 상호관계에서 사람의 행위 근거인 의리를 탐구했는데, 이른바 시(時)에 따라 의(義)를 취하라는 사상이다. 그렇다면 의리(義理)란 무엇인가? 어떻게 의리의 객관적 필연성을 판단할 것인가? 정이는 여전히 공리적 사고방식으로 이 문제를 해결했다. '의리(義理)'는 사람과 무관한 이른바 객관적인 법칙도 아니고, 주체의 사고형식과 논리적 필연도 아니며 바로 사람의 실천과정에서 반드시 지켜야 할 행동원칙이다. 이는 사람의 길흉화복의 결과와 직접적으로 관련 있는 것이며, 길흉과 이해의 공리성 기준은 의리의 객관적 필연성을 판단하는 근거이다. 정이는 『주역정씨전』에서 일관된 사고방식으로 『역』의리의 객관적 필연성과 길흉·손익의 공리적 효과를 결합시켰으며 다음과 같이 거듭 강조했다.

'군자상소식영허, 천행야(君子尚消息盈虛, 天行也)'는 군자의 마음 속에 있는 음양지기(陰陽之氣)의 성장과 쇠퇴 및 충만과 허함의 이치를 말한 것이다. 이러한 이치에 순종하면 천도(天道)의 운행에 합당한 것이다. 하늘의 이치는 점점 감소하여 쇠락하기도 하고 생장이 왕성하여 충만하기도 한다. 이런 이치에 순응하면 길해지고 어긋나면 불길해진다. 군자는 시운(時運)에 따라서 자신이 숭상하는 도(道)를 돈후하게 하는데 이것이 바로 천도를 따르는 방법이다.[693]

정이가 언급한 '이(理)'는 한편으로는 객관적 필연성의 의미를 지니고 있기 때문에 군자는 시운에 따라 자신이 숭상하는 도를 돈후하게 하여 시세를 관찰하고 사고하는 것이며, 다른 한편으로는 주체적 실천성의 의미를 지니며, 즉 주체적인 음양지기(陰陽之氣)의 성장과 쇠퇴 및 충만과 허함의 행동을 의미한다. 또한 행동의 결과와 연관되는 길흉과 이해는 바로 주체의 행동이 천리(天理)를 따르는가를 판단하는 기준이 된다는 것이다. 이러한 의리에 대한 공리적 사고방식은 정이의 의리역학적 사고 전체를 관통한다. 예를 들면, 그가 『익괘 · 단전(益卦 · 彖傳)』의 "증익(增益)의 이치는 행동이 정당한 이치(正理)에 순응하는 데 있다. 그러면 증익(增益)은 날로 증가하여 광대하여 경계가 없어지게 된다. 행동이 정당한 이치에 순응하지 않는데 어찌 지대한 이익을 거둘 수 있겠는가?"[694]라는 문구를 해석할 때 언급한 '이(理)'는 사실 주체가 실천 활동에서 반드시 순종함으로써 궁극적으로 이득을 얻을 수 있도록 하는 필연성을 말하는 것이며 이것이 곧 공리적 사고방식의 의리관(義理觀)이다. 예를 더 들자면 정이의 『이괘(頤卦)』에 대한 전주(傳注)는 그의 공리적 사고방식을 더욱 극명하게 보여준다.

성인이 괘상(卦象)을 세운 것은 천지가 만물을 양육하고, 성인이 현인을 공양하여 그 은혜가 백성에게 미치게 하는 것에 의의가 있다. 이는 양생(養生) · 양형(養形) · 양덕(養德) · 양인(養人)과 밀접한 관련이 있으

(693) 『이정집(二程集)』 하권, 『주역정씨전(周易程氏傳)』 권2, 『박(剝)』, p.813.
(694) 『이정집(二程集)』 하권, 『주역정씨전(周易程氏傳)』 권3, 『익(益)』, p.913.

며 모두 양생(養生)의 도리이다. 예하면 자기의 마음으로 미루어 남을 헤아려 타인의 양생에 관심갖는 것은 바로 자기의 덕(德)을 양생하는 것과 같다. 이는 자신의 기운을 다스리고 몸을 보양하는 것에 이롭다. 인간의 도리를 다해 만물에게 은혜가 미치도록 하여 중생을 사랑하고 만물을 조화롭게 하여 공존과 영광을 누리게 한다. 성인이 괘를 만든 것은 양생을 널리 보급하는 의미를 가진다. 크게는 천지가 만물을 양육하고, 성인이 현인과 백성을 양육하며, 보통 사람들을 양생하고, 형체를 기르고, 품덕 및 타인을 양생하는 것은 모두 이괘(頤卦)의 양생의 이치이다. 동작(動作) · 생식(生息) · 절제(節制) · 선발(宣髮, 백발 섞인 머리) 등은 양생을 위함이고, 밥을 먹고 옷을 입는 것은 형체(形體)를 양생하기 위함이며, 위의행의(威儀行義)는 품덕을 양성하기 위함이며 자기의 마음으로 미루어 남을 헤아리는 것은 타인을 양생하기 위해서이다.

자연계의 하늘과 땅은 서로 화합하여 형통하고 현달한다. 성인은 천지운행의 이치를 배우고, 실제 합당한 이치를 적용하여 민중생활의 처사(處事)를 인도해야 한다. 성인은 천하를 양생하는 것에 숙고해야 한다. 새 · 짐승 · 초목을 다스릴 때에는 모두 자연의 법칙을 따라야 한다. 자연의 법칙과 천지는 서로 조화를 이루기 때문에 공자는 양생의 의미를 확충하고 천지와 성인의 공덕을 찬미하며 "이괘(頤卦) 괘사의 의미는 정말 심오하고 위대하구나"라고 말했다.[695]

정이는 각 괘(卦)의 '의(義)'와 '이(理)'에 대한 사상적 해석에서 항상 '공(功)'과 '이(利)'의 추구와 결부시켰고 『이괘(頤卦)』의 괘덕(卦德) · 괘의(卦義)의 목표를 양생(養生) · 양형(養形) · 양덕(養德) · 양인(養人)을 직접적으로 지향하는 공리적 요구로 설정했는데 이것이 바로 공리적 사고방식이다.

---

(695) 『이정집(二程集)』 하권, 『주역정씨전(周易程氏傳)』 권2, 『이(頤)』, pp.832-833.

3) 의리역학(義理易學)과 변증법적 직관 사고

중국 전통적 사고에는 실천성과 공리성의 특징 외에 일종의 변증법적 직관 사고방식이 있다. 경험적 귀납과 개념적 연역의 논리적 사고와는 달리 이른바 직관 사고라는 것은 일종의 경험 및 현상으로부터 인지대상의 전체 및 본질을 직접적으로 파악하는 사고방식이다. 한편으로 직관 사고는 생활 실천 중의 다양하고 구체적인 경험 및 수많은 현상에 대한 관찰 및 사고를 중요시하고, 다른 한편으로는 사고의 주체가 이러한 구체적인 경험 속에서 전체 대상을 직접 파악하여 수많은 현상에서 대상의 본질에 바로 접근하는 것이다. 또한 중국의 전통적인 직관 사고는 변증법적이며 생활실천에서 직면하는 모든 모순현상에 대한 변증법적 사고와 직감적 파악에서 뚜렷하게 드러난다. 고대 변증법적 사상이 가장 풍부하게 담겨 있는 『주역』·『손자병법(孫子兵法)』·『도덕경(道德經)』·『황제내경(黃帝內經)』에서 나타나는 것이 바로 이런 변증법적 직관 사고이다.

『역전』은 중국 고대의 변증법적 사상이 가장 풍부한 저서 중의 하나로 이러한 변증법적 사상이 바로 『주역』의 의리(義理)를 구성하는 사상적 정수 및 관념의 핵심이라 할 수 있다. 또한 『역전』에서 설명한 의리가 나타내는 변증법적 사상 역시 중국 전통적 직관 사고의 특색을 뚜렷이 보여준다. 『역전』의 변증법적 사상의 핵심은 '음(陰)과 양(陽)이 있어야만 비로소 도(道)가 된다. 즉 이것이 곧 사물의 발전법칙이라는 '일음일양지위도(一陰一陽之謂道)'라고 하는 명제이다. 표면적으로 『역전』의 음양관념은 『역경』의 '—', '- -' 이와 같은 두 개의 서로 다른 효상(爻象)으로 표현되지만 실질적으로 음양관념의 근원을 거슬러 올라가 보면 이것들은 중국 선민들이 대자연 중의 천지 · 남녀 · 자웅(雌雄) · 흑백 · 한서(寒暑) · 냉열(冷熱) 등의 서로 모순되는 현상에 대해 관찰하고 사고한 결과라는 것을 긍정할 수 밖에 없다. 『역전』의 의리 사상에는 이 변증법적 직관적 사고의 특징이 아주 뚜렷하다. 한편으로 이러한 음양 관념은 아주 뚜렷한 현상적이고 경험적 특징을 지닌다. 한서(寒暑) · 일야(日夜) · 냉열(冷熱) · 자웅(雌雄) · 흑백(黑白)의 자연현상이든, 길흉(吉凶) · 화복(禍福) · 득실(得失) · 난이(難易) · 시비(是非) 등의 경험적 축적이든 모두 생활실천에서 직접적으로 얻어지는 것이므로 귀납 · 연역의 논리적 법칙에 포함시킬 필요가 없다. 그러나 다른 한편으로 『역전』은 또한 이와 같은 현상적 · 경험적인 음양관념을 하나의 보편적 원리 및 우주의 법칙으로 승화시키고, 천지만물의 보편적인 본질과 법칙을 '일음일양지위도(一陰一陽之謂道)'로 표현하고 있는데, 이러한 사고방식의 비약적인 발전은 경험적이고 직관적인 활동을 통해 완성된 것이다.

『역전』의 변증법적인 음양관념을 계승한 왕필의 의리역학 역시 변증법적인 직관적 사고가 그 주요 특징이다. 왕필은 괘시(卦時)와 효변(爻變)으로 보편적 원리 및 우주 법칙에 관한 의리를 설명했고, 역시 음양의 변증법적 방법으로 그 의리를 파악했다. 예를 들어, 그는 '부태(否泰)'의 모순현상으로 시세(時勢)의 변증법칙을 설명했으며, '행장(行藏)'으로 주체행동의 변증법칙을 나타내며 다음과 같이 서술했다.

괘(卦)는 어떤 한 시세(時勢)의 대의(大義)를 총괄한다. 효(爻)는 이러한
시세의 구체적인 변화에 호응하는 것이다. 시세에는 폐쇄되어 통하지
못하는 부폐(否閉)와 앞뒤가 열려 통하는 통태(通泰)의 구분이 있다. 그래
서 실제 응용에서 통태하면 실행하고 부폐하면 숨긴다. 괘(卦)에는 소인
의 도(道)와 군자의 도(道)가 있다. 소인의 도는 사험(辭險)이고 군자의
도는 사역(辭易)이다. 어떤 괘시(卦時)는 제지하다가 결국에는 반대로 작
용하고, 어떤 괘시는 길상(吉祥)이지만 결국에는 흉험(凶險)으로 가게 된
다. 그래서 『역(易)』괘의 서열은 서로 결합하여 뒤집히지 않으면 바로
변하는 순서로 배열되며, 그 효(爻)는 괘체(卦體)의 변화에 따라 달라진다.
그러므로 실제 응용할 때 일반적인 법칙이 따로 없다. 사물의 운행은
일정한 궤도와 양도(量度)가 없으며, 움직임에서 정지에 이르고, 굽힘에
서 펼침에 이른다. 오직 효상(爻象)의 변화만이 그것에 맞출 수 있다.
따라서 그 괘명(卦名)을 호칭하게 되면 길흉은 겸비길류(謙比吉類), 건박
흉류(蹇剝凶類) 등의 제각각의 종류에 따라 모이게 된다. 그 괘시(卦時)를
총괄할 때 동정(動靜)으로 실제에 응용한다. 괘명(卦名)을 조회하여 그
길흉을 살피고, 그 괘를 열거할 때는 그 동정(動靜)을 관찰하는 것으로써
괘체(卦體)의 변화법칙을 볼 수 있다.[696]

왕필이 각 괘와 효에서 이해한 의리는 모두 음양의 변증법적인
방식으로 나타나는데, 예하면 괘시(卦時)는 길흉(또는 부태(否泰))의
상반 및 상생의 두 유형으로 나타나며, 동시에 이 두 가지 대립되는
시세 혹은 상태는 서로 전환될 수 있다. 다시 말해서 일시적 길함은
불길함으로 바뀔 수도 있다는 것이다. 왕필은 효변(爻變) 역시 동정(動
靜)(혹은 행장(行藏))의 두 가지 상반 및 상생의 상태로 구성된다고

---

696) 『왕필집교석(王弼集校釋)』하권, 『주역약예・명괘적변통효(周易略例・明卦適變通爻)』,
 p.604.

여겼으며, 이 역시 변증법적인 사고로 주체의 두 가지 상태 즉, "움직임에서 정지에 이르고, 굽힘에서 펼침에 이른다. 오직 효상(爻象)의 변화만이 그것에 맞출 수 있다"라는 상태의 전환을 파악했다. 다시 말해서 왕필은 길흉(吉凶)과 부태(否泰)로 객관적 시세의 서로 상반되면서도 상호 보완하는 변증법적인 관계를 서술하고, 동정(動靜)과 행장(行藏)으로 주체 행동의 모순된 변화의 변증관계를 표현했다. 더 깊이 분석해 보면 왕필이 서술한 이러한 변증관계는 우선 경험적이라는 것이다. 길흉과 동정은 모두 경험적인 것으로 실천 주체의 행동선택과 객관적 환경의 양극변화를 나타내는 경험의 축적을 나타내며, 이들은 개념적 추론도 아니고 논리적 귀납도 아니기에 항상 비논리적인 경험 형태의 특징을 유지한다. 다음으로 왕필은 또한 무슨 일을 하든 상황의 변화에 따라 시기를 파악해서 대응해야 한다는 '유변소적(唯變所適)' 관점을 강조했는데, 이 '적(適)'이 나타내는 것은 주체 행동의 목적성과 객관적 시세의 필연적인 조화와 일치로써 이는 바로 변증법적인 직관적 사고의 특징을 나타낸다. 즉, 이 '적(適)'은 길흉과 동정의 경험적 사고 속에서 보편적 원리에 대한 직관적 파악에 도달을 말한다.

　정이(程頤)는 『역전』과 왕필의 『주역주(周易注)』의 변증법적 직관적 사고를 최고조로 발전시켰다. 정이는 자신이 구축한 의리역학에서 '음양지도(陰陽之道)'를 『주역』의리지학의 근본으로 삼은 동시에 인생·사회·자연 및 우주의 보편적인 법칙으로 삼았다. 그는 '음양지도(陰陽之道)'를 논술하면서 다음같이 말했다.

『주역』은 세상만사의 길흉을 확정하고 천하 백성들을 안정시키는 대업을 일으키는 역할을 한다. 그래서 『주역』은 음양의 추상적인 이치에 대해 말하고, 각각의 괘(卦)는 음양이 나타내는 구체적인 물상(物象)을 나타내며, 각 효(爻)는 음양이 변동하는 구체적인 상태에 대해 말한다. 각 괘는 다르지만 모두 기수(奇數)의 효와 우수(偶數)의 효를 가지고 있다. 각 효는 모두 다르지만 양효(陽爻) 아니면 음효(陰爻)이다.[697]

도(道)는 음(陰)과 양(陽)을 포함한다. 동(動)과 정(靜), 음(陰)과 양(陽)은 모두 시작이 없고, 도(道)에 대해 알지도 못하는데 어떻게 그것을 인식할 수 있겠는가?[698]

정이가 언급한 '음양지도(陰陽之道)'는 한편으로는 『주역』의 도(道)로서 이는 『주역』의 괘(卦)와 효(爻)가 나타내는 의리를 이해하는 사상적 정수 및 핵심이다. 다른 한편으로 이는 또한 우주의 도이며 필연적으로 인생·사회·자연의 보편적인 법칙을 나타낸다. 비록 정이의 의리역학의 음양의 도는 일정한 추상적 의미를 지닌 보편적인 법칙이지만, 이는 여전히 서양의 언어적·개념적 변증법과는 달리 생활실천에서 전체를 직접적으로 파악하는 변증법적인 직관적 사고이다. 원래 정이가 언급한 음양지도(陰陽之道)는 자연현상(천지·일월·강유(剛柔)·영허(盈虛)·현미(顯微) 등)과 인간사 경험(진퇴·동정·어묵(語默)·행지(行止)·안위(安危)·길흉(吉凶)·화복(禍福) 등)에서 비롯된 것이다. 그는 이른바 '도(道)', '이(理)'는 대립되는 어느 한 일방에 존재하는 것이 아니며, 논리적인 법칙은 더욱 아니며, 단지

---

697) 『이정집(二程集)』 하권, 『역서(易序)』, p.690.
698) 『이정집(二程集)』 하권, 『하남정씨경설(河南程氏經說)』 권1 『역설(易說)』, p.1029.

실천활동 속에 존재하는 '중(中)', '의(宜)'일 뿐이라는 관점을 견지했다. 정이는『주역』의 괘효(卦爻)에 주석을 달 때 항상 각종 구체적인 '시세(時勢)' 및 행동방식의 '효변(爻變)'에서 직관적으로 이런 '중(中)'과 '의(宜)'를 파악했다.

정이는 항상 '중(中)'과 '의(宜)'를 길(吉)·이(利)와 연관시켰는데, 이는 '중(中)', '의(宜)'가 바로 주체가 행동을 선택할 때 따라야 하는 필연적인 법칙이라고 여겼기 때문이다. 그는『이괘(離卦)』에 주석을 달면서, "대선(大善)하고 길(吉)한 것은 그가 중도(中道)를 얻었기 때문이다. '정(正)'에 대해 말하지 않은 것은 이(離)가 중(中)을 중요하게 여기기 때문이다. 문명(文明)으로 변화한 것은 중도(中道)를 통해 이룩된 것이며, 정(正)은 바로 그 속에 있는 것이다"[699]라고 강설했다. '중(中)'은 주체행동의 필연적 법칙이기 때문에 "중(中)이란 행동을 함에 있어서 적절함을 놓치지 않는다"라는 것이다. 그래서 그는 "천지는 만물을 생성하고 양육하며, 그들을 각자의 위치에 안정시키는 것은 바로 정도(正道)를 따랐기 때문이다"[700]라는 관점을 강조했다. '의(宜)'와 '중(中)'은 뜻이 같은 글자로 상호 해석이 가능한데, 문제는 어떻게 하면 '의(宜)' 혹은 '중(中)'을 실현할 수 있는가, 즉 사람이 어떻게 '동(動)'의 실천 속에서 '중(中)'과 '의(宜)'를 파악할 수 있는가 하는 것이다. 정이는 항상 제자들에게 경험적 직관의 방식으로 '중도(中道)'를 체득할 것을 충고했다. 예를 들어, 그는 항상 전체적인 관찰을 통해 음양의

---

699)『이정집(二程集)』하권,『주역정씨전(周易程氏傳)』권2,『이(離)』, p.851.
700)『이정집(二程集)』하권,『주역정씨전(周易程氏傳)』권2,『이(頤)』, p.833.

도(道)를 직관적으로 파악할 것을 주장하면서, 전체적으로 관찰하려면 음양 양극의 연관성, 즉 음양의 '상감(相感)', '상합(相合)'의 관계를 파악해야 한다고 제기했다. 『함괘전(咸卦傳)』이 상감(相感)의 의리를 전문적으로 논한 것과 같이 그는 천지가 상감(相感)해야만이 천지의 도(道)가 이루어진다고 강조하면서 다음과 같이 언급했다.

> 군신상하(君臣上下)에서 만사만물에 이르기까지 모두 서로 느껴 통하는 도리가 있다. 사물이 서로 교감하면 곧바로 형통(亨通)하는 도리를 갖게 된다. 군신이 서로 교감할 수 있다면 군신의 도(道)가 통달하게 되며, 상하급 간에 서로 교감한다면 상하의 감정이 서로 상통하게 된다. 이러한 도리는 부자·부부·친척과 친구 간에 모두 적용된다. 즉 참된 감정으로 교감한다면 반드시 순리롭고 형통하게 된다. 사물은 모두 그러하기 때문에 함괘(咸卦)에는 형통의 도리가 담겨 있다.[701]

정이는 음양 양극의 상감(相感)을 통해서만이 '중(中)'의 도(道)'와 '의(宜)의 이(理)'를 나타낼 수 있으며, 궁극적으로 화순(和順)하면서도 형통(亨通)한 결과에 도달할 수 있다고 여겼다. 또한 '상합(相合)의 도(道)', 즉 음양 양극에서 '합(合)'과 '동(同)'을 파악하면 '중(中)'과 '의(宜)'의 도리를 터득함으로써 천지만물의 조화를 이룰 수 있다는 관점을 언급했다. 그는 "무릇 천하의 일, 더 나아가서는 한 국가와 한 가정의 여러 가지 일에 화합을 도모할 수 없는 이유는 모두 그 중에 간격이 있기 때문이다. 간격이 없다면 화합할 수 있다. 천지의 성장과 만물의 성장은 모두 화합 후에야 비로소 성취할 수 있다. 무릇 화합하

---

701) 『이정집(二程集)』 하권, 『주역정씨전(周易程氏傳)』 권3, 『함(咸)』, pp.854-855.

지 못하는 것은 모두 간격이 있기 때문이다. 예하면 군신·부자·친 척·친구 간에 위배, 반란 및 원망이 있는 것은 대체로 남을 헐뜯으며 달콤한 말로 아첨하는 사악한 소인이 훼방을 놓기 때문이다. 이러한 것들을 제거하면 화합할 수 있게 된다. 그래서 간격이 방해하는 것은 천하의 큰 화근인 것이다"[702]라고 말했다. 그는 군신·부모·자식· 부부 등의 국가 및 만물 속의 음양 관계에 순응하는 이치는 바로 음양 사이의 '화합(和合)'으로 '무간(無間)'한 것에 있기 때문에 '무간(無間)', '화합(和合)'의 직감 속에서 음양의 도를 파악할 수밖에 없다고 주장했다.

---

702) 『이정집(二程集)』 하권, 『주역정씨전(周易程氏傳)』 권2, 『서합(噬嗑)』, p.802.

결론

본 저서는 문헌자료를 충분히 발굴하고 학술적 분석작업을 통해
내재적 논리 · 계보학 · 경전해석학 · 비교철학 등 방법을 활용하여
현학과 이학 사이의 사상적 논리와 학술적 맥락에 대해 연구를 진
행했다.

결론

　학계에서는 일찍이 위진 현학과 송명 이학에 대해 비교적 깊은 연구를 거쳐 풍부한 성과를 거두었다. 또한 현학과 이학의 내재적 연관성에 관한 연구에 관심을 보이는 학자도 등장했다. 앞서 20세기 30년대 중국의 사학자 진연각(陳寅恪)은 선진 이후 위진 현학을 포함한 오랜 기간 동안의 사상 축적이 이학 사조의 형성에 미친 영향에 대해 지적한 바 있다. 80년대 이후 중국 철학자 풍우란(馮友蘭)은 현학과 이학의 관계에 대해 더욱 명확히 지적했다. 진연각, 풍우란은 비록 이 문제에 대해 구체적이고 상세하게 논술하지는 않았지만 연구가치가 있는 문제를 지적했었다. 그 후에 일부 현학 및 이학 연구를 하는 학자들 역시 종종 이 문제를 접하면서 일부 구체적인 문제에 대해 값진 공헌을 기여했다. 그러나 총체적으로 말하자면 학계의 현학과 이학의 내재적 연관에 대한 주요 과제의 연구는 아주 빈약하다.

　현학과 이학이 얼핏 보면 두 개의 아주 다른 학문적 형태, 사상적 체계로 보이지만 한발 더 나아가 깊이 연구해 보면 이 양자 사이에 내재적 논리가 있음을 알 수 있다. 현학과 이학의 내재 논리에 관한 본 저서의 연구는 현학과 이학의 서로 다른 학문적 형태에서 그 내재적 논리를 탐구하는 것에 의의를 둔다. 본 저서는 '현학은 왜 이학으로 전환되었는가?', 이학은 어떻게 현학을 수용하면서 동시에 현학을

대체하는 주류 학술사상이 될 수 있었는가?' 하는 문제를 풀어보고자
했다. 현학과 이학에는 하나의 중요한 공통점이 있는데 그것은 바로
선진(先秦)의 유가와 도가 두 학파의 학설을 회통함으로써 진한(秦漢)
이후의 중국 학술사상이 융합적으로 발전해 나가는 큰 흐름을 구현했
다는 점이다. 그러나 현학은 도가를 주체로 하면서 유가를 겸용했기
때문에 당대 학자들에 의해 '신도가(新道家)'로 불리웠고, 이학은 유가
를 주체로 하면서 불학을 포함한 도가를 겸용했기에 당대 학자들에
의해 '신유가(新儒家)'로 불리웠다. 송대 유학(儒學)자는 전통적 자원을
통합하여 유학의 재구축 실현 과정에 있어서 현학에 대한 계승은
매우 중요한 위치를 차지하는데, 그 이유는 위진 현학은 개체적 안돈
(安頓), 철학적 사변(思辨), 심신 수양 등 세 방면에 있어서 선진(先
秦)·한당(漢唐) 시기 유학에 미치지 못했기 때문이다. 현학은 일종의
중요한 전통적 자원으로서 유학의 발전에 가치 있는 공헌을 기여했
다. 본 저서는 현학과 이학의 사상적 논리를 연구의 대상으로 삼고
있으며, 이 분야의 학술연구의 부족함을 보완함으로써 송대 유학자가
어떻게 전통적 자원을 이용하여 사상문화의 시대적 쇄신과 이론적
재건을 이룩했는가 하는 문제를 명확하게 이해할 수 있기를 기대한
다. 본 저서에서는 현학과 이학의 학술적 맥락과 사상적 논리를 중점
적으로 탐구했기 때문에 주로 '내재적 논리'의 해석방법을 사용하여
현학과 이학의 내재적 연관성을 설명했다. 하지만 필자는 여전히 모
든 사상문화의 생성 및 진화·발전의 '내재적 논리'는 항상 일정한
사회역사적 조건 하에서 생성되는 것이라는 관점을 견지하기 때문에

본 저서에서 탐구하는 것은 일종의 사회역사의 '외연(外緣)조건' 하에서 변천 · 발전하는 '내재적 논리'이다.

필자는 현학과 이학의 내재 논리에 대한 연구는 현학과 이학에 대한 연구뿐만 아니라 중국 사상문화의 독특성 및 연속성에 대한 사고를 강화시키고, 또한 중국 문화의 유구한 생명력 유지 근거에 대한 사고도 더욱 심화시킬 수 있을 것이라 믿는다. 중국 사상 전통은 본래 자연 · 사회 · 인생에 대한 중국인의 독립적인 사고를 나타내며, 고유한 사고방식 및 시각을 형성하여 독특한 문제의식과 개념체계를 탄생시켰다. 중국 전통 학술사상이 지닌 '내재적 논리'는 중국 사상문화의 단계성과 연속성의 통일을 잘 보여준다. 필자는 현학과 이학의 내재적 논리에 대한 개별적 연구를 통해 최종적으로는 "중국 문화가 어떻게 중단없이 유구한 역사를 지닌 독특한 체계를 이룰 수 있었는가"에 대한 이해와 해석을 지향하길 희망했다.

본 저서는 문헌자료를 충분히 발굴하고 학술적 분석작업을 통해 내재적 논리 · 계보학 · 경전해석학 · 비교철학 등 방법을 활용하여 현학과 이학 사이의 사상적 논리와 학술적 맥락에 대해 연구를 진행했다. 필자는 주요하게 다음과 같은 몇 방면의 문제점 연구를 통해 이와 관련된 결론을 내렸다.

(1) 현학자와 이학자의 생활세계, 정신적 경지 및 인격적 이상 방면의 사상적 논리

위진 현학자들은 개체 존재의 의미와 가치, 인간의 내재적인 정신 경지의 향상을 중시했고, 일종의 소탈하고 유유자적하며, 세속을 초월한 명사(名士)의 풍도를 추구했다. 송명 이학자들 역시 '공안낙처(孔顏樂處)'의 정신적 경지에 대한 탐구에 열중하고, 자신들을 만물과 우주 속에 융화시키려 노력했으며, 자유자재하고 사리사욕없이 하늘 · 땅 · 인간의 조화로운 발전을 도모하는 '성현기상'을 추구에 했는데 이는 위진 풍도의 영향을 받은 것이 분명하다. 그러나 위진 명사는 흔히 예법에 얽매이지 않고, 본성에 따라 자신의 감정을 방임하는 생활방식과 연계되어 있다. 송명(宋明) 학자들의 '성현기상'은 항상 일종의 예교를 엄수하고, 천하를 구제하는 인생 추구를 나타냈다. 이학은 일상적인 생활 속의 사회윤리 관계에 근거하여 위진 풍도를 계승하고 개혁했으며, 정신적 경지의 향상 및 성현의 기상을 추구하는 수양 방면에서 일련의 새로운 사상학설을 제시했다.

(2) 현학 · 이학의 심신지학(身心之學)과 사상논리

심신지학(身心之學)은 개체적 존재에 관한 학설로서 자아와 관련된 신체 및 정신에 대한 사고이다. 심신 문제는 위진 현학의 사상적 기반인 동시에 학문적 공헌을 나타낸다. 원래 위진 명사(名士)는 개체 존재에 관한 철학 구축에 있어서 사람의 몸과 마음, 형체와 정신은 상호 의존하고 침투하는 일체적인 존재임을 강조하면서 개체 존재의 심신문제에 대한 많은 중요한 견해를 제시했다. 위진 명사의 심신관념은 송대 유학자의 심신지학에도 영향을 미쳤다. 송대 유학자의 심신지학은 개체적 존재 및 도덕적 수신(修身)의 이중적인 함의를 포함하고 있으며, 이는 심신일체(身心一體)의 사상적 토대 위에 세워진 것이다. 위진의 심신사상은 송대 유학자가 개체의 인생철학을 해결하는 데 중요한 사상적 자원을 제공했다. 현학·이학의 심신지학은 일맥상통하고 시기적 계승·발전의 '내재적 논리'가 존재한다.

(3) 현학·이학의 성리지학(性理之學)과 사상논리

'성리지학(性理之學)'은 일종의 사람의 내재적 본질과 우주의 보편적 법칙을 통합한 철학사상으로서 중국 전통의 인도(人道)에서 천도(天道)에 이르는 '구천인지계(究天人之際)'를 구현한 이론과 학설이다. 현학자들은 선진제자들이 논의한 성(性)·이(理) 개념을 철학적 수준으로 향상시킴으로써 '성리지학(性理之學)'의 사상적 체계 및 사유 모식 정립의 토대를 마련했다. 양송(兩宋)의 유가학자들은 본격적으로 '성리지학(性理之學)'의 명칭을 사용하여 자신들이 새롭게 세운 학문사상체계를 개괄·서술했을 뿐만 아니라, 사상적 심각성, 학문적 체계성 및 이론적 완전성 측면에서 성리지학을 보완했다. 본 저서는 중국 고전철학 발전의 시각에서 현학과 이학의 '성리지학'의 구축 과정 및 사상 논리를 제시한다.

(4) 현학·이학의 경전 해석방법과 내재적 논리

현학은 경전을 주석하는 학문적 형식을 취했는데, 경전 해석에서 현학가는 한대(漢代)의 훈고(訓詁)로 구절과 글자의 뜻을 밝히는 장구훈고(章句訓詁)를 중시하는 경전 주석방법을 반대하고, 경전 의리(義理) 해명에 중점을 두고 언의지변(言意之辨)·본말지변(本末之辨)을 통해 자신의 경학 관점을 논술함으로써 사람들의 철학적 사고를 계몽하였다. 이러한 경전 해석방법은 이학에 깊은 영향을 미쳤다. 이학자들은 경전의 요지에 대한 전통적인 해설을 의심하고, 한당(漢唐)의 장구훈고의 구속에서 벗어나 언의지변(言意之辨)·체용지변(體用之辨)을 통해 유가 경전을 설명하는 데 치중하여 의리지학의 특징을 뚜렷이 나타냈다.

(5) 현학·이학의 논어학과 내재적 논리

현학과 이학의 논어학 사이에는 많은 공통점이 존재한다. 예하면 양자 모두 경학의 의리파(義理派)로 중국 전통의 내성지도(內聖之道)의 확장과 구축에 그 중점을 두고서, 자신들의 『논어』를 해석하는 사명이 바로 『논어』에서 공자가 언급하지 않은 '성(性) 및 천도(天道)'의 형상적 의미를 발굴해 내는 것이라고 여겼으며, 양자 모두 유가와 도가를 회통한 사상적 특징을 지닌다. 다른 점은 현학은 유가 경전을 도가(道家)의 사상으로 해석하여 유가경전을 도가화(道家化)함으로써 유가와 도가를 겸융(兼融)하는 자체적인 학설을 세웠다는 것이다. 이러한 회통(會通) 정신의 영향으로 송대 이학자들은 경전을 해석하고 사상체계를 구축함에 있어서 현학의 결함에 대해 재고·검토하고, 유가의 본위적 입장을 확고히 견지했다.

(6) 현학·이학의 주역학 의리(義理) 구축과 내재적 논리

현학과 이학은 모두『주역』에 대한 해석과 연구를 중시했으며, 시기적 전후로 서로 맥락을 같이 하는 내재적 학문 논리를 보여준다. 현학자 왕필의 의리역학(義理易學)은 역학사에서 매우 중요한 사상적 위치를 차지하며, 그는 가장 먼저 본말(本末)의 철학사상으로『주역』을 해석했다는 점에서 여학사에서 가장 개척적인 중요한 인물이다. 이학자 정이(程頤)의 역학은 유가의 형상학(形上學) 구축에 창조적인 공헌을 했으며, 왕필의『주역주(周易注)』와 정이(程頤)의『이천역전(伊川易傳)』을 비교하여 고찰해 보면 이 두 대가의 의리역학 사이에 학맥적 전승관계를 발견할 수 있다. 본 저서는『주역』의리학의 구축과정과 사상특색의 시각에서 송대 유학자의 의리역학과 현학의 의리역학 간의 계승 및 발전 관계를 분류하여 토론하였다.

사실상 상술한 여섯 방면의 연구는 하나의 내재적 논리 관계로 연계된 통일체이다. 제1장은 역사적 현상에서 시작하여 주로 현학자 및 이학자의 생활세계, 정신적 경지 및 인격적 이상에 대한 사상적 논리에 대해 탐구하였다. 제2장과 제3장에서는 현학자와 이학자의 생활세계와 연관된 사상적 기반과 그 상호관계, 즉 현학 및 이학의 심신지학(身心之學)과 성리지학(性理之學)의 사상적 논리를 탐구한 것이다. 제 4, 5, 6장에서는 현학자 및 이학자의 사상관념을 탐구하는 경전적 근거, 즉 현학 및 이학의 논어학 및 주역학의 의리 구축의 내재적 논리에 대해 탐구했다. 이는 하나의 역사적 현상에서 사상적

관념으로, 다시 경전적 학문으로 이어지는 심화과정이다. 즉 '생활세계 → 사상관념 → 경전학문'의 점진적으로 심오한 경지에 이르는 기본적 맥락이자 학문적 탐구의 과정이기도 하다. 현학자 및 이학자는 그들만의 독특한 생활세계와 생활방식을 지니고 있으며, 이러한 독특한 생활세계와 생활방식의 이면에는 또 하나의 독특한 사상과 이념체계가 존재하는데, 그들은 이런 독특한 사상이념체계를 운용하여 경전을 제해석함으로써 일종의 새로운 경전학문을 구축해 내었다. 물론 이와는 달리 반대로 이해할 수도 있다. 현학자 및 이학자는 『논어』·『주역』 등 경전을 새롭게 읽고 해석함으로써 새로운 사상체계를 발견하고 정립했으며, 현학 및 이학의 심신지학(身心之學)·성리지학(性理之學)은 바로 그들이 경전 해석을 통해 구축한 것이라는 반론도 가능하다. 또한 그들은 심신지학 및 성리지학의 사상으로 자신들의 행동방식과 생활세계를 지도함으로써 위진의 '명사풍도(名士風度)'와 송명의 '성현기상(聖賢氣象)'이 있을 수 있었다. 이는 경전적 학문에서 사상적 관념으로 다시 현실적 생활세계의 사상적 관념으로 이어지는 과정 즉, '경전학문 → 사상관념 → 생활세계'의 내면에서 외면에 이르는 기본 맥락이다. 역사적으로 서로 다른 이 두 방향의 형성과정은 종종 동시에 발생하기도 한다. 이로부터 상술한 여섯 방면의 내용은 하나의 유기적 통일체임을 알 수 있다.

참고문헌

[1]이학근(李學勤) 주필: 『십삼경주소(十三經注疏)』, 북경대학출판사(北京大學出版社), 1999년판.

[2]『제자집성(諸子集成)』, 상해서점(上海書店), 1986년판.

[3]기윤(紀昀) 등: 『흠정사고전서총목(欽定四庫全書總目)』, 중화서국(中華書局), 1997년판.

[4]곽경번(郭慶藩): 『장자집석(莊子集釋)』, 중화서국(中華書局), 1961년판.

[5]진고응(陳鼓應): 『장자금주금역(莊子今注今譯)』, 중화서국(中華書局), 2007년판.

[6]양백준(楊伯峻): 『열자집석(列子集釋)』, 중화서국(中華書局), 2007년판.

[7]한영(韓嬰): 『한시외전(韓詩外傳)』, 『사고전서(四庫全書)』본.

[8]이영(李零): 『곽점초간교독기(郭店楚簡校讀記)』, 인민출판사(人民出版社), 2007년판.

[9]형문시박물관(荊門市博物館): 『곽점초묘죽간(郭店楚墓竹簡)』, 문물출판사(文物出版社), 1998년판.

[10]『노자도덕경하상공장구(老子道德經河上公章句)』, 중화서국(中華書局), 1993년판.

[11]사마천(司馬遷): 『사기(史記)』, 중화서국(中華書局), 1999년판.

[12]동중서(董仲舒): 『춘추번로(春秋繁露)』, 중화서국(中華書局), 1975년판.

[13]정만경(鄭萬耕): 『태현교석(太玄校釋)』, 북경사범대학출판사(北京師範大學出版社), 1989년판.

[14]반고(班固): 『한서(漢書)』, 중화서국(中華書局), 2007년판.

[15]범엽(範曄): 『후한서(後漢書)』, 중화서국(中華書局), 2001년판.

[16]진수(陳壽) 지음, 배송지(裴松之) 주: 『삼국지(三國志)』, 중화서국(中華書局), 2006년판.

[17]방현령(房玄齡) 등: 『진서(晉書)』, 중화서국(中華書局), 2008년판.

[18]유소(劉劭): 『인물지(人物志)』, 중주고적출판사(中州古籍出版社), 2007년판.

[19]유초초(俞紹初) 편집: 『건안칠자집(建安七子集)』, 중화서국(中華書局), 2006년판.

[20]누우열(樓宇烈): 『왕필집교석(王弼集校釋)』, 중화서국(中華書局), 1980년판.

[21]대명양(戴明揚): 『혜강집교주(嵇康集校注)』, 인민출판사(人民出版社), 1962년판.

[22]여가석(余嘉錫): 『세설신어전소(世說新語箋疏)』, 중화서국(中華書局), 2007년판.

[23]장만기(張萬起) 등: 『세설신어역주(世說新語譯注)』, 중화서국(中華書局), 2008년판.

[24]황간(黃侃): 『논어의소(論語義疏)』, 『유장(儒藏)』(정화편(精華編), 사서류(四書類), 논어속(論語屬)), 북경대학출판사(北京大學出版社), 2005년판.

[25]장휘명(莊輝明) 등: 『안씨가훈역주(顏氏家訓譯注)』, 상해고적출판사(上海古籍出版社), 2006년판.

[26]한격평(韓格平) 주필: 『위진전서(魏晉全書)』, 길림문사출판사(吉林文史出版社), 2006년판.

[27]엄가균(嚴可均) 편집: 『전진문(全晉文)』, 상무인서관(商務印書館), 2006년판.

[28]방현령(房玄齡) 등: 『진서(晉書)』, 중화서국(中華書局), 2008년판.

[29]노흠립(逯欽立) 편집: 『선진·한·위·진·남북조 시(先秦漢魏晉南北朝詩)』, 중화서국(中華書局), 1983년판.

[30]숙통(蕭統): 『문선(文選)』, 악록서사(嶽麓書社), 2002년판.

[31]구양순(歐陽詢): 『예문유취(藝文類聚)』, 상해고적출판사(上海古籍出版社), 1982년판.

[32]『화엄책림(華嚴策林)』, 『대정장(大正藏)』본, 타이베이신원풍출판회사(臺北新文豊出版公司), 1995년판.

[33]『금강경·심경·단경(金剛經·心經·壇經)』, 중화서국(中華書局), 2008년판.

[34]이강(李綱): 『양계집(梁溪集)』, 『사고전서(四庫全書)』본.

[35]구양수(歐陽修) 등: 『신오대사(新五代史)』, 중화서국(中華書局), 1974년판.

[36]구양수(歐陽修): 『구양수전집(歐陽修全集)』, 중화서국(中華書局), 2001년판.

[37]소식(蘇軾): 『소식문집(蘇軾文集)』, 중화서국(中華書局), 1999년판.

[38]주돈이(周敦頤): 『주돈이집(周敦頤集)』, 중화서국(中華書局), 1990년판.

[39]정호(程顥), 정이(程頤): 『이정집(二程集)』, 중화서국(中華書局), 1981년판.

[40]왕안석(王安石): 『임천선생문집(臨川先生文集)』, 중화서국(中華書局), 1959년판.

[41]소옹(邵雍): 『격양집(擊壤集)』, 『사고전서(四庫全書)』본.

[42]장재(張載): 『장재집(張載集)』, 중화서국(中華書局), 1978년판.

[43]조공무(晁公武): 『군재독서지(郡齋讀書志)』, (대만) 상무인서관((臺灣)商務印書館), 1978년판.

[44]사상채(謝上蔡): 『상채어록(上蔡語錄)』, 『사고전서(四庫全書)』본.

[45]여대림(呂大臨): 『논어해(論語解)』, 『남전여씨유저집교(藍田呂氏遺著輯校)』, 중화서국(中華書局), 1993년판.

[46]호굉(胡宏): 『호굉집(胡宏集)』, 중화서국(中華書局), 1987년판.

[47]주희(朱熹): 『주자전서(朱子全書)』, 상해고적출판사(上海古籍出版社), 안휘교육출판사(安徽教育出版社), 2002년판.

[48]주희(朱熹): 『논어집주(論語集注)』, 『유장(儒藏)』(정화편(精華編), 사서류(四書類), 논어속(論語屬)), 북경대학출판사(北京大學出版社), 2005년판.

[49]장식(張栻): 『장식전집(張栻全集)』, 장춘출판사(長春出版社), 1999년판.

[50]육구연(陸九淵): 『상산집(象山集)』, 중화서국(中華書局), 2008년판.

[51]원흥종(元興宗): 『구화집(九華集)』, 『사고전서(四庫全書)』본.

[52]나대경(羅大經): 『학림옥로(鶴林玉露)』, 『사고전서(四庫全書)』본.

[53]황진(黃震): 『황씨일초(黃氏日抄)』, 『사고전서(四庫全書)』본.

[54]왕응린(王應麟): 『곤학기문(困學紀聞)』, 『사고전서(四庫全書)』본.

[55]토크토아(脫脫) 등: 『송사(宋史)』, 중화서국(中華書局), 1985년판.

[56]증조장(曾棗莊) 주간: 『전송문(全宋文)』, 상해사서출판사(上海辭書出版社), 안휘교육출판사(安徽教育出版社), 2006년판.

[57]당순지(唐順之): 『형천집(荊川集)』, 『사고전서(四庫全書)』본.

[58]허형(許衡): 『노재유서(魯齋遺書)』, 『사고전서(四庫全書)』본.

[59]육세의(陸世儀): 『사변록집요(思辨錄輯要)』, 『사고전서(四庫全書)』본.

[60]『성리대전(性理大全)』, 『사고전서(四庫全书)』본.

[61]왕기(王畿): 『왕기집(王畿集)』, 봉황출판사(鳳凰出版社), 2007년판.

[62]황종희(黃宗羲): 『송원학안(宋元學案)』, 중화서국(中華書局), 1986년판.

[63]장백행(張伯行): 『염락관민서(濂洛關閩書)』, 중화서국(中華書局), 1985년판.

[64]장학성(章學誠) 지음, 협영교(葉瑛校) 주: 『문사통의교주(文史通義校注)』, 중화서국(中華書局), 2005년판.

[65]진인각(陳寅恪): 『김명관총고초편(金明館叢稿初編)』, 상해고적출판사(上海古籍出版社), 1980년판.

[66]종백화(宗白華): 『미학산책(美學散步)』, 상해인민출판사(上海人民出版社), 1981년판.

[67]서복관(徐複觀): 『중국 인성론사(中國人性論史)』, 화동사범대학출판사(華東師範大學出版社), 2005년판.

[68]이택후(李澤厚): 『미의 역정(美的歷程)』, 중국사회과학출판사(中國社會科學出版社), 1984년판.

[69]이택후(李澤厚): 『중국고대사상사론(中國古代思想史論)』, 인민출판사(人民出版社), 1986년판.

[70]이택후(李澤厚): 『역사본체론·이묘오설(歷史本體論·己卯五說)』, 삼련서점(三聯書店), 2003년판.

[71]이택후(李澤厚): 『실용이성 및 음감문화(實用理性與樂感文化)』, 삼련서점(三聯書店), 2005년판.

[72]주백곤(朱伯崑): 『역학철학사(易學哲學史)』제1권, 제2권, 곤륜출판사(昆侖出版社), 2005년판.

[73] 풍우란(馮友蘭): 『중국철학사(中國哲學史)』, 화동사범대학출판사(華東師範大學出版社)2000년판.

[74]풍우란(馮友蘭): 『중국철학사신편(中國哲學史新編)』, 인민출판사(人民出版社), 1988년판.

[75]부사년(傅斯年): 『생명고훈변증(性命古訓辯證)』, 광서사범대학출판사(廣西師範大學出版社), 2006년판.

[76]전목(錢穆): 『장노통변(莊老通辨)』, 대만동대도서회사(臺灣東大圖書公司), 1988년판.

[77]전목(錢穆): 『중국문화사도론(中國文化史導論)』, 상무인서관(商務印書館), 1994

년 수정본.

[78]진래(陳來): 『중국고대사상문화의 세계(古代思想文化的世界)』, 삼련서점(三聯書店), 2002년판.

[79]유가화(劉家和): 『고대 중국과 세계─한 고사 연구자의 사고(古代中國與世界──一個古史研究者的思考)』, 무한출판사(武漢出版社), 1995년판.

[80]당군의(唐君毅): 『중국철학원론(中國哲學原論)』, 중국사회과학출판사(中國社會科學出版社), 2005년판.

[81]왕금민(王錦民): 『고학경자(古學經子)』, 화하출판사(華夏出版社), 1996년판.

[82]여영시(餘英時): 『사와 중국 문화(士與中國文化)』, 상해인민출판사(上海人民出版社), 2003년판.

[83]여영시(餘英時): 『중국 지식인 역사의 고찰(中國知識人之史的考察)』, 광서사범대학출판사(廣西師大學出版社), 2004년판.

[84]엄보극(閻步克): 『사대부정치연생사고(士大夫政治演生史稿)』, 북경대학출판사(北京大學出版社), 1998년판.

[85]갈조광(葛兆光): 『7세기 전 중국의 지식, 사상 및 신앙세계(七世紀前中國的知識, 思想與信仰世界)』, 복단대학출판사(復旦大學出版社), 1998년판.

[86]모삼종(牟三宗): 『생명의 학문(生命的學問)』, 광서사범대학출판사(廣西師範大學出版社), 2005년판.

[87]장재림(張再林): 『신체철학으로서의 중국 고대철학(作爲身體哲學的中國古代哲學)』, 중국사회과학출판사(中國社會科學出版社), 2008년판.

[88]이신(李申): 『중국유교사(中國儒教史)』상, 하권, 상해인민출판사(上海人民出版社), 2000년판.

[89]주광경(周光慶): 『중국 고전 해석학 이론(中國古典解釋學導論)』, 중화서국(中華書局), 2002년판.

[90]당명귀(唐明貴): 『논어학사(論語學史)』, 중국사회과학출판사(中國社會科學出版社), 2009년판.

[91]양유빈(楊儒賓): 『유가신체관(儒家身體觀)』, 대만 중영원 중국문철 연구소 준비

처(臺灣中硏院中國文哲硏究所籌備處), 1996년판.

[92]강광휘(薑廣輝) 편집:『곽점간과 유학 연구(郭店簡與儒學硏究)』, 요녕교육출판
사(遼寧敎育出版社), 2000년판.

[93]곽기(郭沂):『곽점죽간과 선진 학술 사상(郭店竹簡與先秦學術思想)』, 상해교육출
판사(上海敎育出版社), 2001년판.

[94]양도(梁濤):『곽점죽간과 사맹학파(郭店竹簡與思孟學派)』, 중국인민대학출판사
(中國人民大學出版社), 2008년판.

[95]이명휘(李明輝) 편집:『중국고전전통해석(中國經典詮釋傳統)』(2), 대만히말라야
연구발전기금회(臺灣喜馬拉雅研究發展基金會), 2002년판.

[96]장염염(張豔豔):『선진 유도의 신체관 및 그 미학적 의의에 대한 고찰(先秦儒道
身體觀與其美學意義的考察)』, 상해고적출판사(上海古籍出版社), 2007년판.

[97]팽국상(彭國翔):『유교전통: 종교와 인문주의 사이(儒家傳統：宗敎與人文主義之
間)』, 북경대학출판사(北京大學出版社), 2007년판.

[98]왕보현(王葆玹):『금고문경학신론(今古文經學新論)』, 중국사회과학출판사(中國
社會科學出版社), 1997년판.

[99]탕용동(湯用彤):『한·위·양진·남북조 불교사(漢魏兩晉南北朝佛敎史)』, 중
화서국(中華書局), 1983년판.

[100]탕용동(湯用彤):『위진현학논고(魏晉玄學論稿)』, 상해세기출판그룹(上海世紀出
版集團), 2005년판.

[101]당익명(唐翼明):『위진청담(魏晉淸談)』, 인민문학출판사(人民文學出版社), 2002
년판.

[102]탕일개(湯一介):『과상과 위진 현학(郭象與魏晉玄學)』, 안휘교육출판사(安徽敎
育出版社), 1997년판.

[103]허항생(許抗生):『위진현학사(魏晉玄學史)』, 섬서사범대학출판사(陝西師大學
出版社), 1989년판.

[104]왕보현(王葆玹):『정시현학(正始玄學)』, 제로서사(齊魯書社), 1987년판.

[105]고신양(高晨陽):『유도회통과 정시현학(儒道會通與正始玄學)』, 제로서사(齊魯書

社）, 2000년판.

[106]나종강(羅宗强): 『현학과 위진사인의 심리상태(玄學與魏晉士人心態)』, 남개대
학출판사(南開大學出版社), 2003년판.

[107]여돈강(餘敦康): 『위진현학사(魏晉玄學史)』, 북경대학출판사(北京大學出版社),
2004년판.

[108]마소호(馬小虎): 『위진 이전 개체 '자아'의 변천(魏晉以前個體"自我"的演變)』, 중
국인민대학출판사(中國人民大學出版社), 2004년판.

[109]공번(孔繁): 『위진현담(魏晉玄談)』, 요녕교육출판사(遼寧敎育出版社),
1991년판.

[110]주여침(周與沉): 『신체: 사상 및 수행(身體：思想與修行)』, 중국사회과학출판
사(中國社會科學出版社), 2005년판.

[111]탕일개(湯一介) 등 편집: 『위진현학 연구(魏晉玄學研究)〉, 호북교육출판사(湖北
敎育出版社), 2008년판.

[112]모종삼(牟宗三): 『재성과 현리(才性與玄理)』, 광서사범대학출판사(廣西師範大
學出版社), 2006년판.

[113]마양회(馬良懷): 『붕괴와 중건 중의 곤혹(崩潰與重建中的困惑)』, 중국사회과학
출판사(中國社會科學出版社), 1993년판.

[114]왕효의(王曉毅): 『유석도 및 위진현학의 형성(儒釋道與魏晉玄學形成）』, 중화서
국(中華書局), 2003년판.

[115]왕효의(王曉毅): 『왕필평전(王弼評傳)』, 남경대학출판사(南京大學出版社),
1996년판.

[116]왕효의(王曉毅): 『곽상평전(郭象評傳)』, 남경대학출판사(南京大學出版社),
2006년판.

[117]고신양(高晨陽): 『완적평전(阮籍評傳)』, 남경대학출판사(南京大學出版社),
1994년판.

[118]강충건(康中乾): 『위진현학(魏晉玄學)』, 인민출판사(人民出版社), 2008년판.

[119](미국)Peter K. Bol 지음, 유녕(劉寧) 옮김: 『사문: 당송 사상의 전형(斯文：唐

宋思想的轉型)〉, 강소인민출판사(江蘇人民出版社), 2001년판.

[120]서홍흥(徐洪興): 『사상의 전형―이학 발생 과정 연구(思想的轉型 - 理學發生過程 研究)』, 상해인민출판사(上海人民出版社), 1996년판.

[121]호자봉(胡自逢): 『정이천이학술평(程伊川易學評述)』, 대만문사출판사(臺灣文史 出版社), 1995년판.

[122]진래(陳來): 『송명이학(宋明理學)』, 요녕교육출판사(遼寧教育出版社), 1991년판.

[123]주한민(朱漢民): 『송민이학통론(宋明理學通論)』, 호남교육출판사(湖南教育出版 社), 2000년판.

[124]주한민(朱漢民), 초영명(肖永明): 『송대 「사서」학과 이학(宋代〈四書〉學與理學)』, 중화서국(中華書局), 2009년판.

[125]노국용(盧國龍): 『송유미언(宋儒微言)』, 화하출판사(華夏出版社), 2001년판.

[126]모종삼(牟宗三): 『심체와 성체(心體與性體)』, 상해고적출판사(上海古籍出版社), 1999년판.

[127]당명방(唐明邦): 『소옹평전(邵雍評傳)』, 남경대학출판사(南京大學出版社), 1998년판.

[128]여영시(餘英時): 『주희의 역사세계(朱熹的歷史世界)』, 대만윤신문화실업주식 유한회사(臺灣允晨文化實業股份有限公司), 2003년판.

[129]김춘봉(金春峰): 『주희 철학 사상(朱熹哲學思想)』, 대만동대서적주식유한회사 (臺灣東大圖書股份有限公司), 1980년판.

[130]주한민(朱漢民): 『중국지식전통의 심사(中國知識傳統的審思)』, 『선산학간(船山 學刊)』, 2003년 제3기.

[131]양립화(楊立華): 『괘서와 시의: 정이가 왕필「역」체례에 대한 초월(卦序與時 義：程頤對王弼〈易〉體例的超越)』: 『중국철학사(中國哲學史)』(계간), 2007년 제 4기.

[132]양유빈(楊儒賓): 『「중용」, 「대학」은 경전으로 바꾸는 과정: 성명지서 관점에서 의 입론(「中庸」, 「大學」變成經典的歷程：從性命之書的觀點立論)』, 이명휘(李明

輝) 편집: 『중국경전해석전통(中國經典詮釋傳統)』(2), 대만히말라야연구발전기

금회(臺灣喜馬拉雅硏究發展基金會), 2002년판.

[133]유소감(劉笑敢): 『두 방향 사이를 헤매기(掙扎遊走於兩種定向之間)』, 『중국철학

과 문화(中國哲學與文化)』제3집, 광서사범대학출판사(廣西師範大學出版社),

2008년판.

[134]왕효의(王曉毅): 『왕필, 곽상 해석 방법 및 변화 동인(王弼, 郭象詮釋方法及其變

化動因)』, 『중국 철학과 문화(中國哲學與文化)』제2집, 광서사범대학출판사(廣

西師範大學出版社), 2007년판.